한울정치학강좌

국제관계론강의 2

·

김우상·김재한·김태현·박건영
백창재·신욱희·이호철·조기숙 편역

머리말

 국제관계론을 공부하면서, 그리고 길지 않은 기간 동안이나마 이를 강의하면서 우리는 부담스러운 책임감과 기다림을 마음 속에 접어두고 있었던 것 같다. 필요한 그 무언가가 결여되어 있다는 안타까움, 그것을 누군가가 해소시켜 주지는 않을까 하는 막연한 기다림, 그리고 그 누군가가 바로 우리가 아닌가 하는 부담 섞인 책임감이 늘 공존하였던 것이다.

 국제관계론 또는 그와 유사한 과목을 수강하는 학생들은 주로 문헌비평 중심의 독서에 의존하고 있었다. 문헌비평만의 독서는 비평가의 견해가 내포된 이론의 요약을 흡수하는 데는 도움이 되지만, 이론 자체에 대한 정확한 이해와 비판의 가능성을 처음부터 제한할 수 있고, 자칫 피상적이고 단편적인 지식의 습득에 그치도록 하기 쉽다. 더욱 심각한 것은 독자들이 '연구에 대한 연구를 연구'하는 꼴이 되어 '이론가의 독창성'을 왜곡되게 해석할 수도 있다는 점이다.

 이러한 문제를 보완하기 위해서는 '이론'이라고 일컬어질 만한 국제관계 분야의 '역작들'을 기존 교과서와 더불어 소개함으로써 이론가와의 보다 직접적인 대화를 모색하게 하는 방법이 필요하다. 이러한 교재(Reader)의 필요성을 절실히 느끼면서도 엄청난 시간과 에너지를 투자할 수 없어 기다리고만 있었던 사람들이 비단 우리만은 아니었을 것이다. 사실 나 아닌 다른 누군가의 글을 번역한다는 것은 나의 글을 창조하는 것보다 더 힘들 수 있기 때문이다. 그러나 누군가는 반드시 해야 할 일이고, 우리는 이 작업을 우리가 떠맡기로 하였다. 책 발간까지 시간이 꽤 걸린 것은 모자라는 능력 탓도 있지만 책을 제대로 만들어야 한다는 사명감 때문이었고 우리는 이를 위해 섣불리 서두르지 않았다. 이러한 형태의 교재의 생명은 번역의 정치성(精緻性)에 있으므로, 국제관계론 각 분야를 전공한 학자들이 자신의 글을 '창조하듯' 열과 성을 다하였다.

이 책은 1권과 2권으로 나뉘어 있다. 제1권은 국제정치, 제2권은 국제정치경제에 관한 이론을 담았다. 제1권의 내용은 현실주의와 자유주의로 구분되어 있다. 즉 국가를 합리적 단일행위자로 보고 이들 간의 생존 및 갈등과 관련한 문제를 핵심 연구주제로 보는 관점과, 이와는 달리 국가를 국제관계의 여러 행위자 중 하나로 파악하고 안보문제를 포함한 다양한 이슈를 협력의 가능성에 강조점을 두고 연구하는 관점으로 제1권의 주제를 나누었다. 물론 특정 이론가가 어느 저작에서는 현실주의에 다른 논문에서는 자유주의에 가까울 수도 있다. 따라서 구분의 대상은 이론가 개인이 아니라 글의 내용이 된다. 제2권에는 현실주의와 자유주의에 더하여, 국제관계를 세계경제사적 관점에서 조명하면서, 행위자와 상호작용하는 구조, 그리고 국제관계 변동의 주체로서 사회세력의 중요성을 강조하는 글로벌리즘까지 포함하여 실었다. 각 이론들은 연대순으로 배열되어 있어 독자들이 활용하기에 따라서는 이론의 논쟁, 수정, 진화과정을 용이하게 파악할 수 있을 것이다. 아울러 이해를 돕기 위해 1, 2권에 게재되어 있는 모든 저작들의 '국제관계 이론사적 자리매김'을 각 장 모두(冒頭)에 제시하였다.

우리는 이 책에 포함되지 못한 '이론들'이 많이 있음을 알고 있다. 특히 역사사회학적 이론들, 구성주의, 탈구조주의 등 비판이론들, 그리고 환경, 페미니스트 저작들은 앞으로 정선하여 필히 주워 담아야 할 것으로 생각한다.

이 책이 나오게 될 때까지 많은 분들이 수고를 아끼지 않았다. 특히 세심하게 교정을 봐준 서강대 최형덕, 도서출판 한울의 진경희, 이민정 님에게 고마움을 전하고 싶다. 우리의 작업성과가 세상의 빛을 보게 해준 도서출판 한울 김종수 사장님, 오현주 편집과장님께도 깊은 감사를 드린다.

1997년 2월
편역자들을 대신하여 박건영

차례

II 자유주의

III 글로벌리즘

8

I
현실주의

해외투자의 정치경제*

로버트 길핀

해외투자는 경제 선진국이 해외 경쟁국에 비해 상대적으로 쇠퇴하게 되는 역사적 추세의 원인이면서 또한 그러한 추세에 대한 대응이기도 하다. 경제 선진국은 상당기간 동안 기술과 노하우(know-how)의 전파를 통하여 부상하는 경쟁국에 비하여 초기의 비교우위를 점점 상실해 간다. 그 결과

---

* Robert Gilpin, "The Political Economy of Foreign Investment," *U.S. Power and the Multinational Corporation: The Political Economy of Foreign Direct Investment*, New York: Basic Books, Inc., Publishers, 1975, ch.2(이호철 옮김).

▶ 이 논문은 길핀의 저서, 『미국의 권력과 다국적 기업』(1975)의 2장이다. 길핀은 이 책을 통하여 두 가지 점을 강조한다. 하나는 국제관계의 정치경제적 연구의 필요성이고, 다른 하나는 해외직접투자의 원인과 결과에 대한 정치경제적 분석이다. 먼저 국제관계의 정치경제적 연구의 필요성과 관련해서 길핀은 국제경제관계의 국내정치 및 국제정치의 결정적 영향력을 강조함으로써 자유주의나 맑스주의 입장과 차별성을 보여준다. 즉 제2차 세계대전 이후 미국의 다국적 기업이 급증하게 된 것은 미국 주도의 정치질서의 재편이라는 정치적 조건이 그 필요조건이었다는 점을 강조한다. 길핀은 국제정치경제 연구에서 현실주의 입장을 전개하고 있는 것이다. 다음으로 길핀은 특히 번역된 이 논문을 통하여, 해외직접투자의 증대는 중심부 국가의 산업력의 성장과 쇠퇴의 원인이면서 그 결과라는 점을 지적한다. 해외직접투자를 통하여 중심부 국가는 결국 경제 중심으로서의 역할을 주변부로 이양하게 되어 장기적인 산업력의 쇠퇴를 맞게 되며, 그 결과 국제체계의 세력변화가 초래된다고 지적한다. 따라서 길핀은 미국의 입장에서 지나친 해외직접투자 의존적인 정책이 갖는 위험성을 경고하면서 국내경제의 활성화 및 무역의 중요성을 강조한다. 길핀의 이러한 주장은 오늘날 한국을 포함한 동아시아 국가들의 증대하는 해외투자와 관련해서도 많은 함의를 제시한다. 이 논문은 국제정치경제 연구에서 현실주의 시각을 대표적으로 보여준다.

산업 및 기타 경제행위의 중심이 국제경제의 중심부에서 주변부로 점차 이동하게 된다. 이러한 현상은 매우 근대적인 현상이기는 하지만 또한 역사적으로도 발견된다. 뛰어난 고전학자 월뱅크(R. W. Walbank)가 로마제국의 쇠퇴를 분석하면서 기술하고 있듯이, "최근의 연구들은 우리들의 사회에도 똑같이 적용될 수 있는 경제법칙이 로마제국에서 작동하고 있었음을 밝히고 있다. 즉 특정 산업은 그 생산품이 아니라 그 자체를 분산시키는 추세를 보이며, 무역은 오래된 경제지역으로부터 새로운 지역으로 이주하는 현상이다."[1] 이러한 추세의 결과 국제체계에서 부와 권력의 점진적 재분배가 일어나게 된다.

이 장에서 주장하고자 하는 명제는, 해외투자는 부상하거나 또는 쇠퇴하는 주도적 자본주의 경제 모두가 선택하는, 그러나 매우 다른 이유에서 선택하는 전략이라는 것이다. 해외투자는 영국과 미국이 교대로 흥하고 쇠하는 산업국가로서 선택한 중심적 전략이었지만, 해외투자가 국제관계의 역동성에 미치는 영향이라는 관점에서 그것을 분석한 연구는 전무하다. 이러한 이유에서, 이 연구는 국제정치의 변화라는 맥락에서 19세기 영국의 증권투자(portfolio investment)와 미국의 직접투자(그리고 그 주요 형태로서 다국적 기업)를 분석한다. 즉 경제 및 산업행위의 중심이 국제경제내에서 분산되어 가면서 권력의 국제적 분포 및 정치체제가 변화되는 추세의 관점에서 해외투자를 분석하고자 한다.

이러한 과정과 그 결과는 정치-경제관계에 관한 하나의 역동적인 모델을 검토함으로써 분석될 것이다. 이 모델은 국제정치 변화의 본질을 밝혀주는 데 유용한 통찰력을 제공하기는 하지만 국제체계 동학의 완전한 모델로서 의도하지는 않았다. 그러기 위해서는 군사력의 역할과 같은 다른 요인도 분석에 포함시켜야 할 것이다. 그러나 오늘날 산업능력과 군사력이 밀접하게 연계되어 있다는 점을 강조할 필요는 없을 것이다. 필자는 이하에서 국제관계의 체계적 변화에 대한 일반적 개념화를 시도해 보고자 한다. 보다 구체적으로 해외투자 행위를 분석함으로써 깊이있는 국제관계의 정치경제를 제시하고자 할 것이다.

---

1) R. W. Walbank, *The Awful Revolution: The Decline of the Roman Empire in the West*, Liverpool University Press, 1969, p.47.

필자는 해외투자가 산업국가 성쇠(盛衰)의 유일한 (심지어 주도적인) 원인이라고 주장하는 것은 아니며, 또한 모든 해외투자가 경제 선진국이 해외 경쟁국에 대해 상대적으로 쇠퇴하는 경향에 대한 대응으로서만 설명될 수 있다고 주장하는 것도 아니다. 어떤 경제든지 특정 시점에서 부상하고 쇠퇴하는 산업과 부문이 있게 마련이다. 각 산업이나 부문의 해외투자 행위는 물론 상이하다. 그러나 이 글에서 논의되는 이유들로 인해서, 해외투자의 정치경제는 초기에는 하나의 경제국가의 산업팽창이라는 관점에서, 그리고 이후에는 다른 경제국가에 대한 잠재적 혹은 실제적 쇠퇴의 대응으로서 대체로 이해될 수 있다.

상호의존적 국제경제의 초기 단계에서 해외투자는 주도적 경제국가 혹은 필자가 일컫는 바, '중심부 경제'의 힘의 표시이다. 기술 우위와 산업 효율성으로 인하여 중심부의 소득은 급속히 성장한다. 높은 수준의 저축이 이뤄지고, 이는 국내에서의 소비와 투자로 흡수되지 않는다. 중심부의 부와 저축이 축적됨에 따라서 자본은 세계경제의 주변부로 수출된다. 이 단계에서, 광업, 기간설비, 그리고 제조업 분야에 대한 해외투자는 대체로 중심부의 상대적인 경제적 힘의 작용이다.[2]

이후, 중심부와 주변부에서 일어나는 구조적 변화로 인하여 경제·산업 행위의 중심이 중심부에서 주변부로 점진적으로 이전하게 되고, 해외투자도 이를 반영하기 시작한다. 중심부는 금융 우위와, 적어도 미국의 경우 기술 우위 및 경영 우위를 유지하고는 있지만, 광업과 제조업은 점점 주변부로 이전하게 된다.

이 두 번째 단계에서, 해외투자는 점차 주도적 산업국의 상대적 쇠퇴에

2) '급진적' 저자들이 중심부-주변부 모델을 광범하게 사용하고 있으나, 보다 정통적 학자들의 입장에서 보면, 이들은 이 모델에 경멸적인 함의를 부과하고 있다. 이것은 잘못된 것이다. 왜냐하면 중심부-주변부 구별은 '존경할 만한' 계통도 있기 때문이다. 이 모델은 캐나다의 뛰어난 경제사가 이니스(Harold Innis)가 자신의 '성장의 스테이플 이론(staple theory of growth)'을 전개하면서 최초로 사용했다. 특히 그의 다음 책을 참조하라. *The Fur Trade in Canada: An Introduction to Canadian Economic History*, New Haven: Yale University Press, 1930. 중심-주변 모델은 또한 마이어(Gerald Meier)와 볼드윈(Robert Baldwin)의 경제발전에 관한 표준적 교과서에서도 중심적인 구성개념으로 사용되고 있다. 그들의 다음 책 참조.. *Economic Development*, New York: John Wiley, 1963.

대한 대응으로 전환되어 간다. 해외투자는 중심부에서 일어나는 두 가지 구조적 변화 중 하나를 반영하면서 가속화된다. 첫째는 주변부에 비해서 중심부에서 국내투자기회가 전반적으로 감소한다. 19세기 말의 영국이 이러한 경우였다. 둘째는 불완전한 자본시장과 기업구조가 존재하게 되고, 이것은 본국에 비용을 초래하면서 해외투자를 증대시킨다. 전반적으로 20세기 미국이 이러한 경우였다. 어느 경우든, 중심부의 금융가와 산업가들은 그들 자원의 하락하는 이윤율을 저지하기 위해서 해외에 투자한다.

해외투자가 중심부의 부상 혹은 쇠퇴를 반영한다면, 그 중 어느 경우인지 구별할 수 있는가? 달리 말하면, 중심부가 팽창에서 쇠퇴로 전환되는 시점을 확인할 수 있는 지표가 있는가? 그러한 전환의 시점이 정확할 수는 없지만, 증대하는 해외투자가 증대하는 힘의 표시인지, 아니면 상대적 쇠퇴의 표시인지를 반영하는 일련의 구조적 변화들이 중심부 및 주변부에서 일어난다. 이러한 지표로서 중심부와 주변부 경제의 상대적 성장률, 수입과 수출의 구성 변화, 조직적·기술적 혁신이 일어나는 중심지의 변화, 그리고 보다 질적으로 해외투자가 중심부의 수출과 산업발전에 미치는 결과 등을 지적할 수 있다. 이러한 지표들에 근거해 볼 때, 영국에서의 전환은 1870년 이후 어느 시점에서 일어났고, 미국에서는 1960년대 중반 이후 어느 시점에서 일어났다. 다음 부분에서는 해외투자가 일어나는 하나의 세계 경제모델을 제시한다. 이 중심-주변모델은 정치와 경제 간 상호작용을 지적했던 주장을 발전시키고 있다. 중심 혹은 주도적 경제국가는 자국의 이익이라는 관점에서 체계를 조직하고 관리한다. 그러나 시간이 경과함에 따라서 경제적·정치적 요인들로 인하여 부와 권력은 주변부에 유리한 방향으로 재분배된다. 이하의 논의에서는 해외투자의 국내정치적 측면을 분석하고, 가능한 전략들 중에서 이 전략을 선택하게 되는 근거를 밝힌다. 마지막으로 해외투자전략의 바람직하지 못한 경제적·정치적 결과를 논의한다.

1. 국제체계 변화의 일 모델

상호의존적 경제체계-지역적, 국가적 혹은 국제적 경제체계-는 주도적인 중심부 또는 중심지와 의존적인 주변부 또는 후배지로 구성되어 있는 위계적 구조이다.[3] 중심부 혹은 중심지는 체계를 조직하고 통제하는 요소이다. 런던이나 뉴욕과 같은 금융·상업도시이건 혹은 맨체스터나 피츠버그와 같은 산업도시이건, 중심부는 자원(식품, 원자재, 인력)을 주변부로부터 유입해서 상품, 서비스, 그리고 시장을 대신 제공한다. 중심부-주변부 관계는 다양하게 설정되지만, 중요한 점은 중심부가 체계의 행정과 통치에서 주도적 역할을 담당한다는 것이다.

중심부는 그 크기와 기술적 우위에 의해서 구별되고 규정된다. 19세기 영국 경제나 20세기 후반 미국 경제는 모두 다른 국가 경제들에 비해서 규모가 상당히 컸고 또한 기술적으로도 앞서 있었다. 그러나 중심부의 주변부에 대한 관계는 하나의 척도 이상이다. 그것은 오히려 기능적(functional) 관계이다.

중심부는 국제경제에서 수행하는 특정 기능에 의해서 규정된다. 첫째, 중심부는 국제은행으로서의 역할을 수행한다. 중심부는 국제통화와 유동성을 공급한다. 실제 중심부는 국제통화체제를 구축하고 관리한다. 둘째, 중심부는 국제무역체제를 형성하고 조직하는 데 결정적 역할을 수행한다. 영국의 곡물법 폐지(1846)의 경우는 일방적으로, 그리고 미국의 브레턴우즈(1944)의 경우는 다자적으로, 중심부는 자유무역체제를 창출하기 위해 그 영향력과 힘을 사용한다. 마지막으로 중심부는 민간투자 혹은 해외원조 혹은 이 양자를 통하여 투자자본을 공급하고 체제 전반에 걸쳐 발전을 유발시킨다. 간단히 말해, 중심부는 경제적 교환과 발전의 규칙을 만들고 집행한다. 주변부는, 이러한 규칙들은 부분적으로는 중심부의 힘에 의해서 그리고 부분적으로는 체제가 중심부와 주변부 모두에 성장을 가져오기 때문에 받아들인다.

중심부와 주변부의 이러한 정의는 맑스주의자들이나 다른 학자들의 개념과는 다르다. 맑스주의자들은 중심부는 모두 자본주의 경제로 구성되어 있고 주변부는 소위 제3세계로 구성되어 있는 것으로 간주하는 경향을 보인다. 한편 비맑스주의 경제학자들은 여러 개의 중심부―즉 뉴욕, 동경, 상

---

3) François Perroux, *L'économie du XXeme siécle*, Paris: Presses Universitaires de France, 1969, part 2.

파울로 등 거대 메트로폴리탄 지역 등—가 세계에 흩어져 있는 것으로 간주한다. 이러한 차이는 어느 정도 분석수준에서의 차이이다. 간혹 이러한 의미들도 사용될 것이다. 그러나 일반적으로 '중심부'라는 용어는 국제경제의 형성과 관리와 관련되는 특정의 정치적·경제적 기능을 수행하는 하나의 특정 민족국가를 말한다.

19세기 상호의존의 세계에서 중심부는 영국이었고, 저발전된 주변부는 19세기 말까지 국제경제의 대부분을 포함하고 있었다.[4] 1945년 이후 상호의존적 세계경제의 중심부는 미국이었다. 서유럽과 일본은 비록 고도로 산업화되었지만 여기서의 분석 기준으로는 주변부의 일부였다. 이들은 제2차 세계대전 직후 미국에 상당히 의존하고 있었으며, 기술, 경영, 그리고 산업조직에 있어서 미국에 비해 상대적으로 낙후되어 있었다. 전후 수십년간의 경제사는 중심부 미국과 이들 산업화된 주변부 간의 산업 및 기술에서의 격차가 줄어가는 과정으로 이해할 수 있다.

이러한 성쇠의 현상은 바로, 급속한 성장을 겪는 상호의존적 경제체제가 야기하는 주요한 결과는 부와 경제행위의 분배에 충격을 미친다는 사실을 보여주는 것이다.[5] 경제학자들이 지적하듯이 하나의 경제체제내에서 경제성장은 균등하게 일어나지 않는다. 성장은 특정 시기, 특정 장소에 집중된다. 이러한 성장극(growth poles)들이 체제내의 분기점을 형성한다. 저명한 프랑스의 경제학자 프랑스와 퍼루(François Perroux)의 말을 인용하면, "사실 성장은 모든 곳에서 동시에 발생하지 않는다. 성장은 몇몇 지점이나 극에서 일어나서 경제 전반에 상이한 효과를 미친다."[6]

결과적으로 경제성장은 경제체제내에서 부, 권력, 그리고 경제행위의 분배에 관하여 두 가지의 상반된 결과를 초래한다. 첫째로, 군너 미르달(Gunnar Myrdal)이 역류라고 부르고 알버트 허쉬만(Albert Hirschman)이 극화효과(polarization effect)라고 불렀던 현상, 즉 부, 산업 그리고 경제행위가 중심

4) Meier and Baldwin, *Economic Development.*

5) Mancur Olson, Jr., "Rapid Growth as a Destabilizing Force," *Journal of Economic History,* vol.23, December 1963, pp.529-552.

6) François Perroux, "Note sur la notion de 'pole de croissance': Materiaux pour une analyse de la croissance economique," *Cahiers de l'Institut de Science Economique Appliquee,* Series D 8, 1955, p.309.

부 혹은 최초의 시발점에 집중되는 경향이 일어난다. 이러한 응집과정과는 반대로 확산(미르달) 혹은 낙수 현상(허쉬만) 또한 일어나게 된다. 즉 시간이 경과함에 따라서, 부와 경제행위는 중심으로부터 주변으로 분산되고 체제내의 새로운 분기점으로 분배되는 경향이 나타난다.[7]

국제경제관계에 관한 지금의 문헌들에서 가장 논쟁이 되고 있는 주제는 바로 부의 집중화 경향(concentration tendency)과 확산 효과(spread effect)가 체제내의 특정 분기점들에 국한되는 경향이다. 집중화에 관해서는 기본적으로 두 가지의 대안적 설명이 있다. 하나의 그룹은, 풍요와 빈곤의 양극이 존재하는 것은 강자의 약자에 대한 착취의 결과라고 설명한다. 맑스주의자들과 중상주의자들의 견해에 따르면, 지난 수세기 동안 주변부로부터 산업화된 중심부로 부의 이전이 진행되었다. 중심부의 발전은 주변부의 착취와 저발전으로 설명된다. 즉 중심부는 그 경제력과 군사력을 이용하여 산업화의 초기 중심부에 부가 축적되고 다른 곳에는 저발전이 생성되도록 국제노동분업화를 창출했다는 것이다.[8]

중심부에의 집중과 주변부에서 확산 효과의 제한성에 관한 다른 주요한 설명은 성장 중심부에서 이윤율이 더 높다는 것이다.[9] 여기에는 여러 가지 요인들이 작용하는데, 기술적 우위의 달성, 자원의 가용성, 외부경제의 존재, 낮은 거래비용, 기존의 사회적·기술적 하부구조, 높은 저축률, 규모의 경제 등이 포함된다. 바로 이 높은 이윤율로 인해서 노동, 자본, 자원이 주변부에 손해를 입히면서 도시화되고, 산업화된 중심부에 모이고, 흡수된다는 것이다. 부, 권력, 그리고 산업이 중심부에 집중되는 것은 주로 시장과 가격기제의 작동으로써 설명된다.

여기에서 주변부에 대한 중심부의 근본적인 이점은 기술적 그리고 조직적 우위에 있게 된다. 중심부의 선진산업과 주변부의 저기술, 저기술 산업,

---

7) Albert Hirschman, *The Strategy of Economic Development*, New Haven: Yale University Press, 1959, pp.183-187; Gunnar Myrdal, *Economic Theory and Underdeveloped Regions*, New York: Harper & Row, 1971, pp.23-39.

8) Paul Baran, *The Political Economy of Growth*, New York: Monthley Review Press, 1957.

9) Douglass C. North and Robert Thomas, *The Rise of the Western World: A New Economic History*, Cambridge: Cambridge University Press, 1973.

혹은 원자재 생산업자 간의 국제노동분업을 지탱하는 것은 바로 이 지도력이다. 그러나 최초의 혁신적 주도와 산업적 우위로 인해서 중심부는 경제적 상대방으로부터 독점 지대 혹은 '기술적' 지대를 누릴 수 있는 위치에 있게 된다. 중심부는 요구되는 투자 혹은 노력의 한계 증대에 대해서 높은 이윤율을 얻게 된다.

그러면 산업화된 중심부에 부와 권력이 집중되는 것은 부분적으로는 시장의 힘과 경쟁 우위에 기인한다. 근대세계에서 불평등은 주로 기존의 산업화되고 도시화된 중심부의 보다 높은 효율성과 기술적 우위에 근거한다. 이러한 이점들을 발전과 저발전의 현상을 설명하기 위한 착취의 한 형태로 부를 수도 있을 것이다. 적어도 경제적 불평등이 착취—어떻게 정의하든—의 필요조건을 형성한다는 것은 사실이다. 마찬가지로 중요한 것은 산업화된 중심부는 산업주의(industrialism)의 확산을 막고자 한다는 것이다. 분명 초기 산업 중심부들의 거대한 경쟁 우위는 산업의 확산이 엄청나게 불리한 조건하에서 그리고 통상 기존 중심부들의 저항에 반해서 일어난다는 것을 의미한다.[10]

지속적 경제성장이 가져오는 두 번째의 그리고 대립적인 결과는 체계 전반에 성장과정을 분산 혹은 확산시킨다는 것이다. 산업주의와 상호의존적 세계경제의 등장으로 모든 생산요소—노동, 자본, 기술 그리고 심지어 토지 자체(즉 식품과 원자재)—는 어느 정도 이동성을 갖게 되었다. 산업은 숙련 노동의 이동, 무역의 확장, 그리고 해외투자를 통하여 중심으로부터 주변부였던 곳으로 확산된다. 이러한 유형의 생산요소의 확산이 아니라 하더라도 과학, 기술 지식의 확산은 새로운 산업 중심으로 산업화의 확산을 촉진한다.

계획, 억압 혹은 전쟁과 같은 정치적 요인에 의한 상쇄작용이 없다면, 단기적으로는 극화효과가 확산효과보다 우세할 것이다.[11] 말하자면 중심부에서 부와 경제행위의 성장률이, 부와 경제행위의 주변부로의 확산이나 분산보다 더 클 것이다. 비록 경제자원이나 생산요소는 중심부에서 주변부로

---

10) W. Arthur Lewis, *Theory of Economic Growth*, New York: Harper & Row, 1965, p.353.

11) Hirschman, *Strategy of Economic Development*, p.187.

지속적으로 확산되지만, 어느 시점에 이르러 주변부에서 성장 중심으로의 역류가 커지게 된다. 경제입지에 관한 한 전문가는 다음과 같이 기술하고 있다. "극화구조의 등장은 통상 일련의 전치과정(轉置過程)을 수반하게 되는데, 이는 주변부가 노동, 자본, 경영, 외환, 그리고 가공하지 않은 원자재 등 주요 생산요소의 중심으로 전환되는 것이다."[12]

더구나 성장과정의 확산은 체계 전반에 균일하게 일어나지 않는다. 원자재, 운송망, 그리고 다른 요소들의 분포는 한 지역이 다른 지역에 비해 유리하고, 따라서 무역, 투자, 이주의 형태에 영향을 미친다. 결과적으로 확산은 주변부의 특정 분기점에서 새로운 경제력과 부의 집중화 형태로 일어난다. 조만간 주변부의 일부였던 지역은 그 자체로서 성장 중심이 되고 성장의 확산을 위한 중심이 된다. 입지경제학(economics of location)이 새로운 중심부를 예측하는 데 대단히 유용한 것은 아니지만, 기본적 현상을 다음과 같이 기술한다.

그러므로 경제행위가 경제적 동기 외의 다른 요인에 의해서 방해받지 않고 그 자체로서 확산되도록 내버려둔다면, 판매 및 제조 중심들이 균등하게 분포되는 상황이 나타나지는 않는다. 반대로, 상업 혹은 산업 혹은 양자가 예외적으로 집중되는 몇몇 지점들이 나타나게 된다.[13]

시간이 경과함에 따라 산업 및 경제행위는 원래의 중심부에서 주변부의 몇몇 지점들로 확산되게 된다. 이러한 확산과정은 집중화 과정과 마찬가지로 적어도 부분적으로는 시장의 작용으로 설명될 수 있다. 비교우위는 점차 주변부의 새로이 등장하는 중심으로 이전한다. 경제성장 과정은 중심부에 다양한 변화를 가져온다. 즉 증대하는 임금률과 비용, 규모의 비경제, 자원의 고갈, 서비스 경제로의 전환, 자본축적으로 인한 이윤율의 저하 등의 변화가 나타나게 되고, 이로 인해 산업과 경제행위는 이주하게 된다. 중심부와 주변부의 차별적 이윤율로 인하여 중심에서 주변으로 자본 및 산업

12) John Friedman, *Regional Development Policy: A Case Study of Venezuela,* Cambridge: MIT Press, 1966.
13) R. G. Hawtrey, *Economic Aspects of Sovereignty,* London: Longmans, Green, 1952, p.70.

의 수출이 촉진된다.[14]

국제경제에 있어서 이러한 산업확산 과정은 소위 일 국가의 국제수지에서의 단계들에 반영되고 있다. 이 단계들이란 비록 부정확하기는 하나, 일 경제가 초기의 채무국에서 성장한 채권국으로 전환 혹은 진화되는 것을 말한다. 여기에서 기술하고 있는 과정의 관점에서 보면, 이들 단계들은 비산업적 주변부에서 산업 중심부를 거쳐 해외투자가로 전환하는 과정에 상응한다. 이러한 유형론이 비록 국제경제학자들 사이에서는 일반적으로 수용되고 있지만, 필자가 알기로는 아직 산업화된 경제들이 성장하고 상대적으로 쇠퇴해가는 맥락에서 분석되지는 않고 있다.

첫 번째 단계에서 일 국가는 해외투자의 수용인이다. 해외투자에 대한 의존은 사례에 따라서 커다란 차이를 보이기는 하지만, 초기의 채무국 혹은 주변부 경제는 제조업이나 채광산업을 발전시키기 위해서 자본을 도입한다. 경제가 발전함에 따라서 그 국가는 성숙한 채무국의 단계에 이르고 상환하기 시작한다. 그러면서 해외투자에 대한 의존을 감축한다. 일정 시간 후, 국가는 젊은 채권국이 되고 그 자체로서 자본을 수출하기 시작한다. 마지막으로 성숙한 채권국이 되고 지불보다 청구액이 초과한다. 이 마지막 단계에, 영국은 19세기 후반에 도달했고 미국은 1970년대에 도달했는데, 산업은 쇠퇴하고 일 국가의 국제수지에서 상품수출이 담당하는 역할은 감소한다. 대신에 그 국가는 점차 주변부와 새로이 등장하는 중심부에 대한 해외투자로부터의 수입에 의존하게 된다. 시간이 흐름에 따라서, 성숙한 채권국으로부터 새로이 부상하는 중심부로 산업 및 권력의 국제적 분포가 점차 이동하게 된다.

찰스 킨들버거(Charles Kindleberger)가 지적했듯이, 이러한 진화과정이 불가피한 것은 아니다. 사실 성숙한 채무국에서 젊은 채권국으로 진화한 국가는 얼마되지 않는다.[15] 더구나 그 과정은 주기적일 수가 있고 실제 그러했다. 킨들버거에 따르면, 터어키, 이집트, 인도는 한때 강력한 제국경제

---

14) Harry Johnson, *Economic Policies Toward Less Developed Countries*, Washington: The Brookings Institution, 1967.

15) Charles Kindleberger, *International Economics*, 3rd ed., Homewood, Ill.: Richard D. Irwin, pp.458-459.

를 건설했었으나 지금은 젊은 채무국이다. 보다 최근에 일본과 서독은, 지난 세기에 두 번 성숙한 채무국에서 젊은 채권국으로 변화했다. 금세기 초반과 1970년대 초에 두 국가는 쇠퇴하는 산업 중심부에 도전을 가했다. 이 두 번째 도전의 결과에 관해서는 결론에서 논의할 것이다.

중심부의 투자가들과 그 정치지도부는 주변부의 발전이 그들의 특수이익에 부합되도록 투자정책을 추진한다. 결과적으로 해외투자는 중심부의 금융업자 혹은 '고기술' 산업과 주변부의 원자재 생산업자 혹은 '저기술' 산업 간에 노동분업을 창출한다. 영국은 증권투자를 주로 함으로써 이러한 노동분업이 금융업자에게는 보다 높은 이윤율을, 그리고 영국 경제 전체로는 원자재에 대한 개선된 교역조건을 창출하게 하고자 했다. 미국은 직접투자를 주로 함으로써 이러한 두 가지 목적 외에도 주변부 지사공장에 대한 경영통제를 확보하고자 했다.

자유주의 정치경제모델에서는 집중과 확산이라는 상반된 추세가 정치적으로 심각한 결과를 야기하지 않는다. 동질적 문화와 정치적 경계가 없는 상황에서 생산요소의 이동성은 경제적·정치적 균형을 창출한다. 따라서 산업 및 경제행위를 도시화된 중심으로 이전하는 것은 주변부로부터 잉여노동을 흡수하고, 그 결과 인구과잉의 주변부에서 있을 수 있는 임금률 하락을 완화시킨다. 예를 들어 미국의 산업이 철과 석탄의 발견에 부응하여 서부로 이전함에 따라서 뉴잉글랜드 지방의 쇠퇴하는 제분 도시로부터 노동이주가 있었다. 비록 이러한 과정이 고통과 갈등을 수반하기는 하지만, 미국에서 생산요소의 상대적 이동성은 정치적 안정의 주요한 원천이었다.

문화적 차이와 민족적 경계가 중심부와 주변부를 갈라놓는 국제영역에서, 이러한 집중과 확산의 과정은 심각한 정치적 의미를 띤다. 초기에 부, 권력, 산업이 중심부에 집중화되고 해외투자를 통한 특정의 노동분업을 창출함으로써 좌절과 후회의 감정이 주변부에 야기되고, 이러한 감정은 경제민족주의를 부추기게 된다.

해외투자에 의해 창출된 국제노동분업에 따른 가장 중요한 정치적 결과는 주변부의 중심부에 대한 종속이다. 주변부의 중요집단들에게 가장 심각한 좌절감을 야기하고 경제민족주의 혹은 중상주의를 자극하는 것은 바로 이 해외투자의 '종속'이다.

'종속'의 개념은 지금의 국제관계 문헌에서 커다란 유행을 불러일으키고 있다.[16] 이러한 문헌들에 따르면, '종속'관계는 일종의 착취적 관계이다. 무역과 투자를 통하여 중심부는 주변부를 착취한다는 것이다. 여기서 이 문제를 다룰 수는 없다. 그러나 다음 장에서 논의되겠지만, 적어도 제조업 투자에 관한 한 그 반대가 맞다는 것을 주장할 만한 근거가 있다. 주변부는 중심부와의 통합으로부터 정확히 경제적으로 이득이 있기 때문에 종속되는 것이다. 중심부와의 관계를 단절하는 것은 주변부 경제에 감당할 수 없는 비용을 초래할 것이다. 그러므로 주변부는 중심부와의 통합에서 얻는 경제적 이득에 대한 대안이 없다는 점에서 종속되어 있는 것이다.

경제민족주의 혹은 중상주의의 목표는 주변부의 산업화를 가속시키고 중심부에 대한 종속을 완화시키는 것이다. 상업 및 다른 공공정책을 통하여 중상주의는 주변부에 유리하도록 경제성장 요인들을 조정하고자 한다. 이는 주변부 국가가 원자재 공급원, 지사공장의 경제·기술의 종속적 수입자로서의 역할을 벗어나기 위해서는 독자적인 산업 및 기술 기반을 확보하거나 강화해야 한다는 것을 의미한다. 사실 주변부에서 경제민족주의는, 부를 집중하고 이어서 국제경제를 선진 중심부와 종속적 주변부로 분할하는 시장의 힘에 대한 보호적 조치로서 강구된다.[17] 이는 주변부가 부, 직업, 그리고 권력이 존재하는 산업 중심을 보유하고 통제하려는 의도를 반영한다. 그 목표는 산업화를 통하여 노동분업을 변화시키고 주변부 국가를 상대적으로 독립적인 산업 중심으로 전환시키려는 것이다.[18]

중심부가 갖고 있는 초기의 산업적 우위와 경쟁 우위로 인해서, 주변부의 산업화가 늦어지면 질수록, 건실한 산업을 발전시키고 세계시장에 파고들기 위해서는 더 많은 노력이 요구될 수밖에 없고, 그 결과 부, 경제행위,

---

16) 이 개념에 관한 뛰어난 분석과 관련 문헌을 위해서는 다음을 참조. Benjamin Cohen, *The Question of Imperialism: The Political Economy of Dominance and Dependence,* New York: Basic Books, 1973, ch.6.

17) Michael Polanyi, *Primitive, Archaic, and Modern Economics-Essays of Karl Polanyi,* in George dalton(ed.), New York: Doubleday, 1968, p.xxc.

18) 민족주의적 주장에 관한 고전적인 논의를 위해서는 다음을 참조. Frederich List, *National System of Political Economy,* trans. G. A. Matie, New York: W. B. Lippincott, 1856.

그리고 권력을 중심부에 집중시키는 경향을 보이는 시장의 힘에 대응하기 위해서는 더욱 강력한 국가권위가 요구된다.[19] 이러한 이유로, 부의 집중과 마찬가지로 성장의 확산도 대체로 시장의 힘으로써 설명될 수 있겠지만, 주변부가 원하는 속도로 확산이 진행되기 위해서 필요한 조건은 기존 중심의 경제력과 시장의 집중화 경향에 대응할 수 있는 중앙집중화된 정치권력이 존재해야 한다는 것이다. (19세기) 독일에서 이러한 권위는 주로 은행기관들에 의해서 제공되었고, 미국에서는 고관세로 보호된 산업기업들에 의해서, 그리고 일본과 러시아에서는 중앙정부에 의해서 제공되었다.[20]

그러나 일단 산업화 과정이 착수되기만 하면, 이들 후발 산업화 국가들은 '후진성의 이점'을 누리게 되어, 궁극적으로 선진 산업국가들의 성장률을 따라잡게 된다.[21] 가장 선진화되고 효율적인 산업을 활용하고 선진국들의 교훈을 이용해서 이들 후발주자들은 최초의 산업중심부, 즉 영국을 19세기 후반에 따라잡거나 추월했고, 그럼으로써 세계 산업력의 중심을 이동시켰으며 그리고 물론 국제세력균형도 변화시켰다.

지금까지 기술한 이러한 과정은 다음과 같이 특징지을 수 있다. 19세기에는 영국에 의해서, 그리고 제2차 세계대전 이후 미국에 의해서 구축된 상호의존적 세계경제의 초기 단계에서는 극화효과가 확산효과를 제압하는 경향을 보인다. 그러나 시간이 경과함에 따라 중심부에서의 비경제와 주변부에서의 성장으로 인하여 확산이 시작되고 궁극적으로 극화를 추월하게 된다. 주변부는 성장하기 시작하고 중심부보다 더 빠르게 산업화한다. 이러한 현상이 일어나게 되면, 중심부로부터 독립을 요구함으로써 주변부에 발생하는 비용은 감소하기 시작하고, 중심부에 대한 종속의 이득도 하락하기 시작한다. 주변부의 경제적 힘이 증대함에 따라, 주변부내의 더 많은 집단들은 중심부로부터 경제적 독립을 더욱 강하게 주장함으로써 그들의 이익이 증진될 수 있다고 인식하게 된다. 증대하는 기대와 중심부에 대한 상

---

19) Alexander Gerschenkron, "Economic Backwardness in Historical Perspective," in Bert Hoselitz(ed.), *The Progress of Underdeveloped areas,* Chicago: University of Chicago Press, 1952, pp.27-29.

20) Ibid.

21) Thorstein Veblen, *Imperial Germany and the Industrial Revolution,* New York: Macmillan, 1915.

대적 힘의 증대를 인식하면서 이 집단들은 중심부로부터의 이탈로 급선회하게 된다. 따라서 주변부의 힘이 성장하게 됨에 따라 중심부로부터 이탈되어가는 경향을 보인다.

근대 세계에서 아마 이러한 현상의 최초의 예는 미국혁명일 것이다. 미국의 식민주들이 어느 정도의 발전 단계에 도달하자, 영국에 의해서 부과되던 제약들을 점차 수용할 수 없게 되어 갔다. 캐나다에서 프랑스가 패하고 안보를 위한 영국에의 의존이 감소하게 됨에 따라, 식민주들은 영국에 대한 종속의 대안을 갖게 되었다. 오늘날 캐나다의 급속한 산업화는 미국에의 경제적 종속과 경제적 통합을 단절하려는 캐나다인들의 욕구를 자극하고 있다. 그리고 유럽, 라틴 아메리카, 일본 등에서, 이들 주변부 경제의 미국 중심에 대한 증대하는 힘으로, 미국에 대한 종속을 완화하려는 노력이 모색되고 있다. 이들 각각의 경우 경제민족주의는 증대하는 힘과 기대의 표출로 나타나고 있다.

오늘날 주변부에서 민족주의가 증대하고 있는 것은 주변부 경제가 중심부 경제로부터 독립을 요구할 수 있는 능력이 증대했음을 반영한다. 첫째로, 주변부 경제의 발전, 특히 산업부문의 발전은 해외투자의 필요성을 감소시키고 있다. 주변부 경제는 점차 자체의 투자자본을 조달하고, 기술을 발전시키고, 경영기술을 개발하며, 혹은 적어도 이들 생산요소들을 보다 좋은 조건으로 구입할 수 있게 되었다. 천연자원의 경우, 한 번 투자가 이루어지면, 투자의 공급자보다는 수령인이 유리하게 된다. 둘째, 주변부 경제가 발전하고 투자가들의 선호도가 높아짐에 따라 해외투자가들 간의 경쟁이 가열되면서 주변부 경제의 중심부 투자가들에 대한 종속이 감소하고 있다. 이는 특히 지금의 세계에서 두드러지는데, 유럽과 일본의 투자가들은 미국 다국적 기업의 주도적 위치에 도전을 가하고 있다. 마지막으로, 중심부 경제의 상대적 쇠퇴는 중심부 다국적 기업들의 협상력을 더욱 약화시킨다. 그들은 점차 해외시장에 더욱 의존하게 되는 한편, 주변부 경제는 수출에 있어 중심부 시장에 점점 덜 의존하게 되었다. 이러한 변화의 결과, 주변부 입장에서 보다 민족주의적인 정책은 그 비용이 감소하고 있다. 즉 중심부로부터 독립을 선언할 수 있는 능력이 증대한 것이다. 주변부는 따라서 해외투자가 이루어지는 조건을 더욱 적극적으로 변화시킬 수 있게 되었다.

부와 권력이 재분배됨으로써 일어나는 궁극적인 결과는 주변부보다는 중심부, 특히 그 해외투자가들에 유리했던 경제적·정치적 질서가 와해되는 것이다. 주변부 국가들의 산업이 발전하고 그들의 힘이 증대함에 따라서 그들은 그들 자신의 경제적·정치적 이해에 더욱 부합하도록 세계경제를 재조직하려 한다. 그러므로 조만간 부와 권력의 재분배로 인하여 국제경제 관계는 체계내에서 부상하는 국가들의 힘과 이익을 반영하는 방향으로 재편되게 된다. 마찬가지로 추론할 수 있는 것은, 부상하는 주변부 경제가 성공적으로 해외투자를 그들의 이익에 부합하도록 하는 만큼, 중심부에서는 해외투자가 중심부에 가져올 수 있는 이득에 관해서 재평가가 제기된다. 중심부에서 중요한 집단들은 해외투자가, 그리고 미국의 경우에는 미국 기업의 지속적인 해외팽창이, 중심부의 경제적·정치적 이해에 부합하느냐에 관한 의문이 제기되기 시작한다. 따라서 해외투자 문제는 중심부와 주변부 모두에서 점차 정치화된다.

지금까지 필자는 해외투자, 그 원인, 그리고 그 결과를 시장과 경제적 요인의 작용의 관점에서 분석했다. 이하에서는 해외투자의 정치적 결정요인과 해외투자가 중심부의 국내 및 국제정책에 미치는 영향을 보다 구체적으로 분석한다.

2. 국내정치와 해외투자

국제정치에서와 마찬가지로 국내정치에서도 정치질서는 경제행위의 방향을 결정하는 주요 결정요인이다. 시장은 정치적 진공상태에서 작동하는 것이 아니다. 반대로 국내정치질서와 공공정책은 경제요인들을 한 방향 혹은 다른 방향으로 조절하고자 한다. 마찬가지로 국제정치에서처럼, 시간이 지남에 따라 경제적·정치적·기술적 요인들이 발전하게 되고, 이에 따라서 국내 이해관계가 재편되고, 이는 기존의 정치질서와 공공정책들을 부식시키는 경향을 보인다. 부상하거나 쇠퇴하는 경제적 이해관계가 국내 및 국제경제정책에 대해서 충돌하게 되면서 경제관계는 점차 '정치화'된다. 새로이 등장하는 국내정치질서 및 공공정책들은 경제적 요인들을 새로운 방향으로 재조정한다. 따라서 국제문제에서와 마찬가지로 국내문제에서도 정치와 경제의 관계는 상호적이고 역동적이다.

영국과 미국이 해외투자에 적극 의존하고 있었던 배후에는 국내 및 해외에서 자유경제질서에 대한 강한 신념이 있었다. 양국의 정치·경제 지도자들은 이러한 자유주의 시각을 공유했고, 이러한 시각을 국제영역에까지 적용했다. 자기조절적인 자유무역, 자본이동의 자유, 그리고 효율적인 국제노동분업으로 이루어진 자유주의 세계야말로 자연적이고 최상의 경제질서이며 모든 이성적 인간은 이러한 신념을 공유할 것이라고 가정했다. 정치지도부와 주도적인 경제집단들은 그들의 경제적·기술적 힘에 자신을 갖고 개방된 세계를 요구했으며, 그들의 수출업자 및 투자가들을 위한 타경제에의 접근(즉 개방)을 요구했다. 미국의 어느 국방장관의 말을 이용하면, 양국 경제의 확장은 다음과 같은 신념에 근거하여 정당화되었다. 제너럴 모터스(General Motors)에 좋은 것은 그 국가에 좋을 뿐만 아니라 세계 전체에도 좋은 것인데, 이는 경제성장, 생산기술의 확산, 그리고 자유기업정신 자체의 확산을 가져오기 때문이라는 것이다. 양국의 경제적 팽창은 자유주의 신념, 즉 경제교류 기저에는—정치관계와는 대조적으로—기본적인 이익의 조화가 있으며, 자유주의 국제경제질서를 창출함으로써 모든 사람들이 이득을 볼 수 있다는 신념을 구현해 왔다.

특히 국내정치질서와 공공정책은 해외투자의 능력과 경향에 영향을 미친다는 점에서 중요하다. 영국과 미국의 경우—독일, 프랑스 혹은 일본과 같은 다른 자본주의 국가들이 정치적·경제적 이유로 인해서 그들의 자산을 해외에 유출하기를 꺼려했던 것과는 대조적으로—공공정책과 자유주의 이념은 자본의 대규모 수출과 해외자산의 소유를 적극 촉진했다. 그러나 이하에서 논의되듯이, 이러한 해외투자에 대한 강조는 바로 그 해외투자전략이 근거하고 있었던 국내 및 국제정치질서를 부식시키는 결과를 가져왔다.

중심부에서 (국내 혹은 해외에의) 투자능력은 주로 소득분배의 함수이다. 국부(國富)의 많은 부분을 소비보다는 저축성향을 갖는 계급 혹은 집단들이 소유할 경우 상대적으로 높은 저축률을 보인다. 19세기 영국은 엄격

한 계층분화와 상대적으로 유화적인 하층계급을 보였는데, 국부의 상당부
분을 랑티에르(rentier) 계급이 소유했다. 미국의 경우 국부의 많은 부분을
거대기업들이 소유했다. 양국에 있어 이처럼 저축자 및 투자가들에 유리하
도록 부가 불균등하게 분배된 것은 그 사회의 국내정치의 결과이다. 소득
세나 기업세의 누진세제는 소득을 크게 재분배시켰을 것이고, 이는 중심부
의 해외투자능력을 심각하게 위축시켰을 것이다.

마찬가지로 중심부가 저축을 국내 혹은 해외에 투자하는 경향은 공공정
책에 의해서 영향받는다. 조세 및 다른 정책들은 전반적으로 누구의 손에
예금이 예치되느냐를 결정한다. 랑티에르, 기업 혹은 공공기관이 저축을
예치하느냐 하는 문제는 투자결정에 매우 높은 관련성이 있다. 더구나 공
공정책은 투자가들이 국내산업, 외국정부 공채, 주변부나 국내의 광업 혹
은 제조업에 투자할 유인과 비유인(disincentives)에 깊은 영향을 미친다. 간
단히 말해서, '잉여자본'과 자본수출은 자본주의의 내재적 특징이라기 보
다는 국내정치질서와 공공정책의 함수이다.

해외투자에 관한 자유주의 학자들은 국내의 정치 및 사회질서의 중요성
을 무시하는 경향이 있다. 이처럼 국내정치를 무시하는 이유가 중요한데,
이를 밝힘으로써 지금의 주제와 관련된 중요한 측면들을 알 수 있게 된다.

19세기 영국의 경우, 그리고 1960년대 중반까지 미국의 경우, 해외투자
는 국내정치의 쟁점이 아니었다. 그 이유는 해외투자가 중심부에 상대적으
로 비용을 초래하지 않았거나 초래하지 않는다고 인식하였기 때문인 것으
로 보인다. 달리 말해서 해외투자가, 그들의 이익 혹은 '국가이익'이라고
주장되는 것에 손해를 입힌다고 주장하는 강력한 집단이 중심부에 존재하
지 않았다는 것이다. 중심부가 누렸던 기술적 우위, 높은 저축률, 자국 화
폐의 국제통화로서의 역할, 그리고 자유주의 이념 등으로 인하여 중심부는
국내 이익집단들이 인식하기에 낮은 비용으로 자본, 기술, 기타 자원들을
수출할 수가 있었다. 그러나 산업력(industrial power)이 중심부에서 주변부
로 이전함에 따라 중심부 이익집단들에 대한 비용은 분명해지기 시작했다.
국내노동은 직업의 해외이전과 수입증대가 그들의 이익과 상반된다는 것
을 인식하기 시작했다. 다른 집단들은 산업의 상대적 쇠퇴와 산업력의 이
전을 우려하기 시작했다. 미국의 경우, 광업부문에의 해외투자에 대한 우

려는 미국이 에너지와 자원에 있어 정치적으로 취약한 해외지역에 점점 더 의존하게 된다는 우려로 표출되었다. 간단히 말해서, 해외투자는 산업력이 쇠퇴하는 국가에서 점차 정치화되어 갔다.

영국에 있어 해외투자의 정치화는 19세기의 마지막 10년간 일어났다. 처음으로 자본의 유출에 관한 강한 우려의 목소리가 나타났다. 미국에서는 이러한 국내에서의 도전이 케네디 행정부 때 표출되었다. 다국적 기업의 조세특권에 대한 최초의 공격이 1962년 제기되었는데, 이때 행정부는 산업수출을 우려하기 시작했다. 1962년의 무역확대법(Trade Expansion Act)에서 제안된 무역장벽의 감축은 부분적으로 유럽공동시장에 대한 해외투자를 감축하고 무역을 증대시키려는 조치로 의도되었다. 1970년대까지 해외투자는 국내정치의 주요쟁점이 되었다.

이러한 이유들—국내정치적 요인이 자본수출의 능력과 성향에 미치는 영향, 그리고 시간의 경과에 따라서 해외투자가 정치화되는 경향—로 인하여, 해외투자의 분석은 경제 및 시장요인의 작동에만 제한될 수 없다. 국내정치는 (그리고 국제정치도) 중심부가 상승하는 동안, 그리고 이어서 쇠퇴하는 동안에 해외투자전략을 선택하게 되는 중요한 결정요인이다. 이제 상대적으로 쇠퇴하는 중심부에 가용한 전략들을 살펴보자.

3. 산업의 쇠퇴와 국내의 반응

중심부가 산업의 상대적 쇠퇴에 대응하여 취할 수 있는 전략에는 기존의 시장을 유지하거나 새로운 시장을 모색하는 것 외에 기본적으로 네 가지 전략이 있다. 물론 어떤 나라도 다른 전략들을 배제하고 어느 하나만을 추진하지는 않았고 그럴 수도 없다. 그러나 어느 하나의 전략을 강조하는 것은 대단한 정치적·경제적 중요성을 갖는다.

첫째, 중심부는 산업화 과정의 국가나 비산업적 주변부에 대출 혹은 증권투자의 형태로 자본을 수출할 수 있다. 사실 중심부는 랑티에르가 될 수 있고 점차 해외투자 소득으로 살아가게 된다. 국내보다 해외에서 이윤율이 높고, 금융가들이 투자자본을 통제했기 때문에, 19세기 후반 영국은 이러한 증권투자전략을 선택했다.

하나의 대안적 전략은 제2차 세계대전 이후 그리고 특히 1958년 이후 미국이 점차 추진했던 것이다. 다음에 논의되겠지만 이 직접투자전략은 훨씬 복합적인 현상이다. 이것 역시 부분적으로 국내투자보다 해외투자가 유리한 자본의 차별적 수익률에 의해서 촉진된다. 그러나 만약 이자수입과 자본이득만이 미국 해외투자가들의 동기의 전부였다면, 미국 해외투자의 유형도 영국의 유형과 근본적으로 다르지 않을 것이다. 그리고 실제로 미국 해외투자의 상당부분은 증권투자이다.

미국의 직접투자전략과 영국의 증권투자전략의 근본적 차이는 미국의 주요 투자가들은 금융가나 은행가들이 아니라 기업들이었다는 사실에서 도출된다. 이러한 사실은 미국의 투자가들이 다국적 기업으로 진출하고 해외 지사공장 혹은 자회사를 설립하도록 만드는 다른 두 가지 요인을 내포하고 있다. 미국의 다국적 기업들은 어떤 과점적 우위(oligopolistic advantage)－즉 생산품 혹은 생산과정의 혁신, 잘 알려진 상표 혹은 우월적 자본동원 등－에서 나오는 부가적 지대를 획득하거나 보호하려 한다. 국내보다 높은 이윤율과 동시에 그러한 독점지대를 획득할 수 있다는 것은 영국의 투자가들 혹은 적어도 그들 다수에게는 불가능한 것이었다. 나아가 독점적 우위와 시장점유를 외국 (혹은 국내) 경쟁자들에게 상실당하는 위협은 미국 기업들의 해외직접투자를 더욱 촉진시키는 자극이었다. 이런 여러 가지 이유들로 인해서 미국 경제의 '성숙기'는 직접투자의 형태로 자본의 엄청난 유출을 가져왔다.

이러한 해외투자의 두 가지 전략 외에, 중심부가 위협적인 산업의 상대적 쇠퇴에 대응하여 취할 수 있는 세 번째의 전략이 적어도 이론적으로는 존재한다. 이것은 중심부 경제 자체의 재활성화(rejuvenation)이다. 이 전략은 특히 새로운 기술과 산업을 발전시키고 자본의 흐름을 경시된 부문으로 재유도하는 것을 의미한다. 예를 들면 연구·개발에 투자함으로써 자본은 새로운 상품과 산업과정을 혁신하는 데 사용될 수 있다. 정부정책은 공공부문(교육, 교통, 도시재개발 등)에 보다 많은 투자를 촉진할 수 있다. 이 전략은 또한 해외투자보다는 무역을 강조하는 대외 경제정책을 의미한다. 19세기 영국이 이러한 전략을 추진했더라면 영국의 국가이익에 기여했을 것이라는 주장은 근거가 있다. 유사한 주장을 오늘날 미국에 대해서도 제기할 수 있다.

단기적인 경제이득의 관점에서 볼 때 적어도 원칙적으로는 해외투자를 정당화할 근거가 있다. 높은 이윤율로 자본이 해외로 유인된다는 것은 자본이 보다 효율적으로 사용된다는 것을 의미한다. 그 결과 전 세계의 총경제적 부는 증대한다. 이러한 가정에 입각한 자유주의 시각은 정당한 것으로 보인다. 해외투자에 반대하는 주장은 주로 정치적이고 장기적인 경제의 관점에서이다.

국내정치적 관점에서 볼 때, 적어도 제조업 부문에 대한 해외투자에 반대하는 논거는 해외투자가 노동보다는 자본에 더 많은 이득을 가져다 준다는 것이다. 더 나아가서 해외투자는 실제 노동에는 해가 된다고 주장할 수도 있다. 이 점은 논쟁의 여지가 있지만, 해외투자는 그 투자가 국내산업에 대해 이루어졌을 경우에 비하면 노동에 더 적은 부를 가져다 준다. 해외투자의 결과 국민소득에서 노동이 차지하는 상대적 비중이 하락한다. 따라서 노동은 해외투자로 인해서 손해를 보는 것으로 간주하게 된다. 이것은 적어도 최근 미국의 경험에서 나타났는데, 여기서 조직화된 노동은 점차 해외투자와 다국적 기업에 대한 반대를 분명히 표명해갔다.

그러나 무역과 국내투자보다는 해외투자를 강조하는 대외 경제정책이 유발하는 다른 국내정치적 결과는 훨씬 치명적이다. 해외투자로 인해 직업이 상실되고 기업의 수출에 대한 관심이 떨어짐으로써 노동은 자유주의 국제경제라는 바로 그 신념에 반대하게 된다. 노동은 공장의 '탈출', 직업의 '수출', '값싼' 수입품에 맞서 보호주의자로 돌아서게 된다. 더구나 자유무역에 대한 노동의 지지 상실은 산업에 의해서도 완전히 보상되지 않는다. 거대기업들이 해외투자를 통하여 해외시장으로 진출하게 됨으로써 무역장벽을 철폐하기 위한 협상에 큰 관심을 갖지 않게 된다. 따라서 역설적으로 해외투자는 자유주의 국제경제에 대한 국내정치적 지지기반을 약화시키는 결과를 가져온다. 이에 관해서는 7장에서 다시 논의하겠다.

이러한 분석에 의하면, 상대적 쇠퇴에 대한 반응으로서 네 번째의 가능한 전략이 있을 수 있다. 이는 '전략'이라기보다는 '대응'이 보다 적절한 표현이다. 즉 중심부는 그 자체 내부로 철수하는 것이다. 주변부가 발전하고, 중심부에 대한 종속을 벗어나고, 투자조건이 주변부에 유리하도록 바꾸어 감에 따라서 중심부는 보호주의 혹은 특정형태의 특혜체계로 돌아서게 된다. 나아가 자본의 수출과 외국상품의 수입에 대한 장벽을 구축하고 특혜적 상업조치를 선호한다. 국내 산업기반을 활성시키기 위한 조치는 거의 이루어지지 않는다. 이러한 대응은 영국에서 오랫동안 추진되었고 점차 미국에서도 반향을 일으키고 있다.

증권투자나 직접투자전략이 장기적으로는 존속될 수 없다는 것을 나는 이미 암시했다. 달리 표현하면 주변부가 발전하고 중심부가 쇠퇴함에 따라서 주변부에서는 경제민족주의가, 그리고 중심부에서는 정치화가 유발되어, 그러한 전략은 해외투자정책을 지지했던 정치적 기반을 약화시키는 위험성을 내재하고 있다. 주변부와 중심부 양자 모두의 내부집단들은 해외투자에 반대하게 되고, 중심부는 밀려나갔다가 다시 되돌아오게 된다. 불행히도, 중심부의 철수는 그 자체로서 중심부 산업경제의 기술적·산업적 재활성화를 유발하지 않는다. 그 이유를 이해하기 위해서는 기술발전의 본질 및 그것이 경제에 미치는 영향을 연구해야만 한다.

슘페터(Joseph Schumpeter) 및 다른 학자들이 강조했듯이, 자본주의 세계경제 진화의 기저를 이루는 중요한 기술 및 조직의 혁신은 시간과 공간의 차원에서 집중되는 경향이 있다.[22] 산업적 방법과 기술적 생산에서의 주요한 발전은 불연속적 과정으로 진행되었고, 지속적 산업혁명과 일련의 주도적 중심부의 등장에서 볼 수 있었던 것처럼 여러 단계로 구별되는 급작스런 집중화 및 도약으로 특징지어진다.

산업혁명의 첫 단계와 세계경제의 중심부로서 영국의 부상은 증기동력, 제련, 그리고 섬유에서의 일련의 기술적 혁신에 기인했다. 뒤이어 철도와 신대륙의 개방은 국내 및 해외에서의 투자를 크게 자극했다. 19세기 후반, 새로운 방법의 산업조직, 새로운 산업(전기, 제철, 화학)의 개척, 그리고 과

---

22) Schumpeter, *Capitalism, Socialism, and Democracy*, New York: Harper & Row, 1962, pp.81-87. 슘페터 이론에 관한 체계적 분석을 위해서는 다음 참조. Richard Clemence and Francis Doody, *The Schumpeterian System*, Cambridge: Addison-Wesley Press, 1950, ch.8. 슘페터 모델은 다음에서도 사용되고 있다. Alvin Hansen, *Business Cycles and National Income*, New York: W. W. Norton, 1951, esp. ch.5.

학적 이론의 산업에의 적용 등으로 인하여 독일이 유럽대륙에서 산업 및 정치적으로 부상했다. 20세기 들어, 미국의 산업 및 경제적 패권은 주로 지난 반세기 동안 경제 및 산업성장의 근본적 요인이었던 경영기술과 선진기술(자동차, 전자공학, 석유화학)에서의 집중화된 일련의 혁신에 기인했다.

슘페터 체계에 있어 자본주의의 발전은 창조적 파괴의 과정으로 특징지어진다. 새로운 산업과 기술이 창출되고 구산업을 대체하는 이러한 과정을 통하여 지난 두 세기 동안 투자 및 기술진보의 큰 파고가 생성되었고 또한 투자기회가 고갈됨에 따라 간헐적인 공황이 유발되었다. 슘페터 모델은 혁신과 투자기회의 부상 및 하락에 따라서 경기순환(business cycle)의 장기적인 파동, 즉 50년 주기파동(혹은 콘트라티에프 주기)을 설명하고, 이는 자본주의 발전에 내재적이라고 보았다.

창조적 파괴의 과정 기저에는 쿠즈네츠(Simon Kuznets)가 산업성장법칙(Law of Industrial Growth)이라고 불렀던 것이 작동한다.[23] 이 경험적 관찰에 의하면, 특정 생산품의 산출은 시간의 경과에 따라 S자형 곡선을 그리는 경향이 있으며, 전반적으로 퍼센티지 성장률은 하락한다는 것이다. 이러한 형태는 특정 산업에서 그 발명 잠재력이 소진됨에 따라서 기술진보율이 지체된다는 것을 반영한다. 그러나 슘페터 모델이 제시하고 있는 것은 산업성장법칙이 특정 산업 전반에 적용될 수 있다는 것이다. 시간의 경과에 따라서 경제의 근본적인 재활성화가 일어나지 않는다면 기술진보율은 전반적으로 하락한다는 것이다.

이러한 슘페터의 자본주의 모델은 몇 가지 중요한 문제를 제기한다. 예를 들면, 콘트라티에프 파동은 자본주의적 발전의 내재적 특성인가? 이러한 장기파동을 설명하는 내재적 기제는 무엇인가? 만약 그것이 혁신적 행위라면, 그러한 행위의 증가 혹은 감소는 무엇으로 설명할 수 있는가? 그러나 이러한 큰 문제들은 이 연구의 관심 밖이다. 오히려 여기서 중요한 점은 근대 세계경제의 산업발전은 불연속적이었으며 일련의 단계들을 거쳤다는 슘페터와 다른 학자들의 경험적 관찰이다.

---

23) 이 법칙에 관해서는 다음 참조. Jacob Schmookler, *Patents, Invention, and Economic Change*, in Zvi Briliches and Leonid Hurwitz(eds.), Cambridge: Harvard University Press, 1972, pp.77-78.

각 단계들에 상응하는 기술 및 산업은 처음에는 중심부 경제에, 그리고
뒤이어 부분적으로는 해외투자를 통하여 세계경제 전반에 걸쳐서 투자자
본에 대한 수요를 크게 유발시켰다. 이러한 각 투자 단계들이 그 과정을 마
치게 되면, 새로운 혁신이나 동등한 사태발전(예를 들면 전쟁, 신대륙의 개
방, 건축 붐)이 대규모 자본투자 및 경제성장을 충분히 자극할 때까지 위기
가 도래하게 된다.

기술 및 산업발전에 관한 이러한 개념화는, 기술은 점진적으로 발전하며
경제에는 새로운 것이 지속적으로 도입된다고 보는 견해와는 대조를 이룬
다. 이 견해에 의하면 구산업이 쇠퇴하고 투자자본을 더이상 유인하지 못
하게 되면, 새로운 산업과 투자기회가 지속적으로 부상하여 그 자리를 메
꿔나간다고 한다.[24] 즉 특정 산업의 쇠퇴가 아니라 산업경제 전반의 상대
적 쇠퇴가 가능하다는 슘페터 모델의 함의를 거부한다. 다음 장에서 보게
되듯이, 이러한 일정률의 점진적 혁신이라는 개념화는 소위 해외직접투자
의 상품주기이론(product-cycle theory)의 기본적 전제이다.

그러나 기술변화에 관한 이러한 두 견해 중 어느 하나를 선택할 필요는
없다. 마치 토마스 쿤(Thomas Kuhn)이 과학적 발견에 대해 그랬듯이, 우
리가 '혁명적(revolutionary)' 기술혁신과 '정상적(normal)' 기술혁신을 구
별한다면, 슘페터적 개념화와 상품주기 개념화는 양립할 수 없는 것이 아
니다.[25] 자본주의적 발전의 각 단계에는 일정한 그리고 지속적인 기술발전
이 있었다. 그러나 이러한 점진적 발전은 역사에서 볼 수 있는 투자의 급상
승이나 자본주의의 고도로 진보적인 성격을 설명할 수 없다. 이러한 지속
적 과정 위에는 혁명적 기술혁신이 있었고, 이것이 일련의 자본주의 중심
부 경제의 부상과 침체를 설명하는 데 있어 우리들의 주요 관심사이다.

이 기술적 혁명은 19세기 초반 영국과 20세기 미국에서처럼 특정 중심
부 경제에 한정되었고, 투자행위는 주로 여기에 맞춰졌다. 이러한 기술혁
명은 중심부가 다른 사회들에 비해 상대적으로 급성장하고 급부상하게 된

---

24) 예를 들면 다음 참조. S. C. Gilfillan, *The Sociology of Invention*, Chicago: Follett,
   1935; A. P. Usher, *A History of Mechanical Investment*, Boston: Beacon Press,
   1954.
25) Thomas Kuhn, *The Structure of Scientific Revolutions*, Chicago: University of
   Chicago Press, 1970.

주요 요인이었다. 뒤이어 신기술과 산업은 주변부 경제로 확산되었다. 이러한 확산과정은 주로 중심부 경제의 해외투자에 의해서 촉진되었다. 따라서 처음에는 중심부 경제에서, 그리고 이후에는 부분적으로 해외투자를 통해 주변부 경제에서, 연속적인 기술혁신은 세계경제 전반에 걸쳐 고도의 투자율과 성장률을 촉진시켰다.

이러한 관점에서 볼 때, 주요한 기술적 혁신이 그 과정을 다하고 이로부터 창출된 산업이 더이상 혁신과 성장을 유발하지 못할 때 위기가 오게 된다. 슘페터는 주요 산업부문의 쇠퇴와 새로운 주도적 부문의 등장 사이의 국면으로써 경기순환의 장기파동을 설명했다. 그러나 주요한 기술적 혁신의 개발과 이의 소진이 중심부의 부상, 그 투자행위, 그리고 연이은 주변부 경제의 부상 등을 결정하는 주요 요인이었다는 것을 이해하기 위해서 굳이 슘페터 모델의 이러한 측면을 수용할 필요는 없다.

기술혁신의 본질과 중요성에 관한 이러한 개념화에 바탕을 두고 우리의 주요 관심사였던 문제―즉 쇠퇴하는 중심부 경제에 가용한 전략―로 돌아가도록 한다. 19세기 후반 영국이 그랬던 것처럼, 특히 미국이 기존 기술에 내재해 있던 잠재력을 소진했다면, 미국이 보호주의 전략보다는 재활성화를 추진할 전망은 어떠한가? 이 문제에 관심을 갖는 이유는 아주 실제적인 것이다.

산업경제는 매우 보수적이고 변화에 저항하는 경향이 있다. 기존 공장에 많은 투자를 한 기업에게 슘페터의 창조적 파괴 과정은 매우 높은 비용을 요구하는 것이다. 노동도 마찬가지로 저항적이다. 기업은 특정 산업부문이나 생산라인이 쇠퇴하고 있더라도 그 부문에 투자하는 성향을 보인다. 말하자면 그 부문은 혁신의 장으로서 쇠퇴하고 있고, 산업사회에서 더이상 선도적 부문이 아니다. 증대하는 해외경쟁과 상대적 쇠퇴에 대응하여 기업은 구(舊)상품을 팔기 위해 국내시장 혹은 새로운 해외시장을 보호하려는 경향을 갖는다. 이러한 구조적 경직성 이면에는 어떤 기업이든지 그 경험, 기존의 부동산, 그리고 노하우로 인하여 상대적으로 제한된 범위의 투자기회를 맞게 될 수밖에 없다는 사실이 존재한다. 그러므로 본능적인 대응은 갖고 있는 것을 보호하는 것이다. 그 결과 경제 전반에 걸쳐 에너지와 자원을 새로운 산업과 경제행위로 대규모 전환하는 데는 큰 관심을 기울이지 않는다. 간단히 말해서, 경제는 나이가 들수록 그 자체를 변혁시킬 수 있는 능력이 점차 제한되어 간다.

경제의 재활성화와 새로운 선도 부문으로의 자원 전환은 패전, 정치적 혁명 혹은 에너지 및 원자재 부족 등의 경제적 위기와 같은 파국으로부터 유발되는 것으로 보인다. 영국의 경우 제1차 세계대전에서 거의 패전함으로써 비록 철저하지는 못했지만 경제의 재구조화를 시도했다. 러시아의 붕괴와 볼셰비키 혁명은 러시아 산업화를 가속시켰다. 오늘날 가장 역동적인 산업국가, 즉 일본, 독일이 지난 세계대전에서 패전국이었다는 사실은 놀라운 것이 아니다. 뿐만 아니라 두 승전국, 즉 미국과 소련이 군사적 영역 외에서는 산업적으로 하락하고 있다는 것도 놀라운 일이 아니다. 지금의 경제위기(인플레이션, 자원부족, 하락하는 이윤능력)가 쇠퇴하는 미국 경제의 재활성화를 유발할 것인지는 다음 장에서 논의될 것이다.

결론적으로, 쇠퇴하는 경제를 소생시키기에 충분한 세력이 나타나게 될 때는 이미 너무 늦었을 때일 것이다. 그렇다면 두 가지의 유일한 전략은 해외투자(직접 혹은 증권)와 어떤 형태의 경제적 자급자족체제일 것이다. 영국과 미국 모두의 경우 자본 소유자들은 해외진출을 선호했다. 단기적으로 이러한 자본수출은 의미가 있다. 그러나 장기적으로 그것은 국내경제가 재활성화될 수 있는 가능성을 감축시킨다. 더구나 그것은 그 사회의 노동 및 여타 부문에서 보호주의적이고 패쇄적인 태도를 유발한다. 이러한 이유로 해외투자전략이 중심부에 가져올 수 있는 장기적 이득은 의문의 여지가 있다.

4. 산업의 확산과 국제 갈등

최초의 중심부가 쇠퇴하고 주변부에서 새로운 중심부가 산업적으로 '추격하게' 되면, 구(舊) 및 신(新)중심부는 시장, 원자재, 투자출구를 둘러싸고 점차 갈등관계에 들어가게 된다. 부상하는 산업국가는 초기의 중심부가 향유했던 이윤영역으로 파고 든다. 19세기 말—그리고 1970년대에 다시— 경제갈등이 발발했던 것은 중심부가 산업 선도력을 상실했던 것과 관련 있는 것으로 보인다.

이러한 상황에서 세 가지의 가능성이 있다. 첫째는, 최초의 중심부가 부상하는 중심부에 대한 그 주도적 위치를 어쨌든 유지하거나 재선언하는 것이다. 그것은 계속해서 규칙을 설정한다. 영국은 그 주도적 산업력이 없어진 이후에도 오랫동안—결국 대공황으로 이 체제는 붕괴했지만—적어도 국제통화체계 및 해외투자부문에서 이러한 역할을 계속할 수 있었다. 두 번째 가능성은 위계적으로 조직된 국제경제체계를 상대적으로 동등한 중심부들로 구성된 체계로 전환시키는 것이다. 다수의 중심부들이 무역, 통화, 투자를 관리할 규칙들을 공동으로 협의한다. 1970년대 중반 산업국가들이 달성하고자 했던 것은 본질적으로 바로 이것이었다.

마지막으로, 체계는 와해되어 갈등적인 제국체계들이나 지역블럭들로 분열되는 것이다. 이러한 경향은 19세기 후반의 주요한 현상이었고, 양차대전 간 세계경제의 주도적 특징이었다. 미국의 상대적 쇠퇴와 더불어 이러한 경향은 1970년대에 다시 나타났다.

세 가지 가능성의 어느 것도 불가피한 것은 아니지만, 이 연구의 주장은 세 번째 가능성이 가장 높다는 것이다. 적어도 체계가 붕괴 혹은 분열되는 경향은 최초 중심부의 상대적 쇠퇴로 인해서 증대한다. 중심부가 쇠퇴함에 따라 경제적·중상주의적 갈등이 야기될 수 있다.[26] 이러한 갈등은 일국이 새로운 주도적 중심부로 등장할 때까지 체계내에 만연할 것이다. 이를 방지하기 위해서는 경제적으로 강력한 국가들이 자제하면서, 새로운 경제 및 군사력의 국제균형을 반영하는 효과적인 규칙들을 협상하도록 바라는 수밖에 없다.

여기서 더이상 나아가지 않는다면, 우리는 레닌의 자본주의·제국주의 이론의 핵심에 이르게 된다. 레닌은 그의 『제국주의: 자본주의의 최고단계(*Imperialism: The Highest Stage of Capitalism*)』에서 제1차 세계대전 직전에 일어났던 경제적·제국적 충돌을 분석했다. 그는 분쟁이, 성장하고 팽창하는 자본주의 사회들(미국, 독일, 프랑스, 러시아)이 주도적 자본주의 국가(영국)에 대해 도전을 가함으로써 불가피하게 발생한 것으로 보았다. 세계

---

26) 이 과정은 다음에서 역사적으로 분석되고 있다. Sir John Hicks, *A Theory of Economic History*, London: Oxford University Press, 1969.

주변부의 경제적·영토적 분할에 대한 자본주의 사회들의 제국적 갈등을 분석함으로써 레닌은 그의 유명한 '불균등 발전 법칙(law of uneven development)'을 정식화했다.

자본주의하에서 영향권, 이익, 식민지 등을 분할하는 데 생각해 볼 수 있는 유일한 근거는 참여국들의 힘(strength), 그들의 전반적인 경제적·재정적·군사적 힘의 계산이다. 그리고 분할에 참여하는 국가들의 힘은 균등하게 변하지 않는다. 왜냐하면 자본주의하에서 상이한 기업들, 트러스트들, 자회사들 혹은 국가들의 균등한 발전이란 불가능하기 때문이다. 반세기 전 독일은 그 자본력을 당시의 영국과 비교할 때 비참하고 하찮은 국가였다. 일본도 마찬가지 방법으로 러시아와 비교할 때 그랬다. 10년 혹은 20년 후에도 제국주의 국가들의 상대적 힘이 변하지 않을 것이라고 '생각할 수' 있겠는가?[27] 따라서 레닌에 따르면, 하락하고 부상하는 자본주의 중심부 간의 충돌이 자본주의 시대에서의 제국주의와의 전쟁을 설명한다.

레닌 이론에 대한 비판을 여기서 전개하지는 않겠다.[28] 그러나 몇 가지 비판점은 이 연구의 주장을 명확히 하는 데 도움이 될 것이다. 우선 첫째로, 제1차 세계대전 이전 시기에 영국의 해외투자와 영국이 획득했던 식민 제국 간에는 거의 관련성이 없었다. 투자의 대부분은 다른 곳, 특히 미국과 라틴 아메리카의 백인 지역에 이루어졌다. 이러한 일반화에 대한 주요 예외는 인도인데, 여기에도 영국은 많은 투자를 했다. 그러나 인도는 레닌이 그의 이론으로써 설명하려는 사건들이 발발하기 훨씬 이전부터 영국의 식민지였다. 맑스주의자들은 그후의 식민지 획득은 인도에의 수송로를 보호하기 위해서 필요했다고 반박할 것이다. 물론 의심할 바 없이 이것은 사실이지만 영국의 의도를 제대로 파악하지 못한 것이다. 부분적으로 영국의 투자가들을 보호하려는 의도가 있었지만, 인도의 실제적 가치는, 부상하는 미국, 프랑스, 독일 등의 경쟁국들과 관련된 세계정치에서 인도가 영국에 제공했던 전략적 위치에 있었다.

---

27) Lenin, *Imperialism: The Highest Stage of Capitalism,* in *Selected Works,* vol.1, Moscow: Progress Publishers, 1967, p.770.
28) 구체적 비판을 위해서는 다음 참조. Cohen, *The Question of Imperialism,*, pp. 48-57.

레닌의 이론은 물론 몇 가지 점을 설명하는 데 유용하다. 그것은 부분적으로 전전간기(戰前期間)의 상업적 갈등, 그리고 심지어 식민지 갈등까지 설명한다. 그러나 그것은 분명 레닌 자신이 설명하고 있다고 믿었던 것, 즉 제1차 세계대전을 설명하지는 않는다. 보어 전쟁(Boer War)은 예외지만 모든 식민지 갈등은 외교적으로 해결되었다. 영국의 가장 격렬한 두 상업적·제국주의적 경쟁국, 즉 미국과 프랑스는 제1차 세계대전에서 영국의 연합국이었다. 요컨대 레닌의 '불균등 발전 법칙'은 산업의 확산과 영국 중심부의 상대적 쇠퇴로 인한 몇 가지 사태들을 설명할 지 모르지만, 그것은 제1차 세계대전으로 귀결되었던 동학(dynamics)을 결코 설명하지 못한다. 이를 설명하기 위해서는 산업의 확산이 국제 경제·정치관계에 미치는 효과를 면밀히 검토해야 한다.

자유무역과 자유주의에 대한 19세기 초 영국의 비판론자들은 다른 국가들이 산업화됨에 따라 그들은 영국 상품에 대한 그들의 시장을 폐쇄할 것이고 세계시장에서 영국의 경쟁국이 될 것이라고 주장했다. 산업주의의 확산은 불가피하게 영국의 산업과 힘을 쇠퇴시킬 것이기 때문에 방지되어야 한다고 주장했다. 이러한 주장의 대표자인 로버트 토렌스(Robert Torrens)의 이름을 따서 토렌스 명제라고 불리는 이 주장은 "세계의 여러 국가들이 부와 인구에서 발전하게 되면 그들 간의 상업적 교류는 점차 덜 중요하고 덜 이롭게 된다"고 주장했다.[29] 19세기에 이러한 견해를 공식적으로 수용함으로써 기계류의 수출과 숙련노동의 이주를 방지하려는 다양한 노력들이 강구되었다. 1820년대에 이 견해는 기각되었는데, 이는 영국의 기술적·산업적 우위가 막강해서 경쟁국들을 두려워할 이유가 없다는 자신감에 기인했다.

경제학의 관점에서 볼 때, 토렌스 명제의 약점은 산업주의 확산이 무역에 미치는 부정적 결과만을 고려하고 있다는 것이다. 그것은 산업의 확산이 두 가지의 상반된 결과를 유발한다는 사실을 무시한다.[30] 산업의 확산

29) *Essay on the Production of Wealth*, London: Longmans, Hurst, Rees, Orme, and Brown, 1821, p.288.
30) Albert Hirschman, "Effects of Industrialism on the Markets of Industrial Countries," in Bert Hoselitz(ed.), *The Progress of Underdeveloped Areas*, Chicago: University of Chicago Press, 1952, pp.270-271.

은 한편으로 신흥산업국가들이 공산품에 대한 수요를 스스로 조달할 수 있게 된다는 점에서 시장 파괴적(market-destroying)이다. 다른 한편으로, 여러 가지 이유로 산업의 확산은 시장 창출적(market-creating)이다. 신흥산업국가는 구산업화된 국가들로부터 자본재 및 여타 선진 기술재를 수입한다. 또한 신흥산업국가의 소득이 증대함에 따라 국내 생산품뿐만 아니라 수입품에 대한 수요도 증대하게 된다.[31]

시장 창출적 혹은 시장 파괴적 경향에서 어느 것이 주도적이 되느냐 하는 것은 여러 가지 요인들에 달려 있다. 구산업 중심부의 유연성과 수출품목을 조정할 수 있는 능력, 해외 보호주의의 성격과 강도, 산업국가와 비산업국가들에서의 성장률 등이다. 영국은 그 산업구조의 경직성과 보호주의의 부상으로 타격을 받고, 산업화국가 및 비산업국가들의 고도의 성장률로 인하여 비록 영국무역에서 수출의 상대적 점유율이 하락했지만, 절대적으로는 계속 성장했다.[32]

세계적으로 증대하는 시장과 더불어, 영국을 비롯한 산업국가들은 개도국뿐만 아니라 상대방의 국내시장으로도 파고 들었다. 이는 구 및 신산업 중심부 간에 공산품에 대한 노동분업을 지속적으로 변화시켰다. 보다 중요한 것은, 타국가들이 산업화되고 공산품에 대한 수요를 스스로 충족하게 됨에 따라 영국의 무역은 저발전된 주변부, 특히 라틴 아메리카와 극동지역의 새로운 시장으로 이동했다는 것이다. 따라서 산업화와 보호주의가 얼마간 무역을 위축시켰고 상업분쟁을 강화시키기는 했지만, 소위 다자간 세계경제의 시장 창출효과는 무역 파괴효과를 어느 정도 상쇄시켰다.

그러므로 전반적인 경제적 관점에서 볼 때 영국은 산업주의의 확산으로 이득을 보았다고 말할 수 있다. 영국은 부의 성장을 지속했고 유리한 국제수지 상황과 더불어 순조로운 성장률을 계속 유지했다. 신기술 분야에서 영국은 시장을 상실했고 뒤쳐졌지만, 이는 다자간 무역량의 막대한 증대에 힘입어 부분적으로 보상되었다. 더구나 무역, 수지, 투자의 다자간 네트워크가 강화됨으로써 영국은 유리한 국제수지를 유지할 수 있었다. 영국은 산업 경쟁국들에 뒤쳐지게 되자 자국의 엄청난 자본잉여에 더욱 의존하게

---

31) Meier and Baldwin, *Economic Development*, p.260.
32) Ibid., pp.260-262.

되었다. 자본수출과 해외투자 및 여타 무형자산으로부터의 소득으로 영국
은 지속적인 번영을 누렸다.

그러나 경제성장 및 산업주의 확산이 야기하는 경제적 결과에만 초점을
맞추게 되면, 국제관계에 있어서 정치적으로 가장 중요한 사실을 간과하게
된다. 이것은 산업의 확산이 국제체계에서 권력의 상대적 분포에 미치는
영향력이다.

19세기의 마지막 20년에 이르러 산업의 확산은 국제 세력균형을 근원적
으로 재편시켰다. 한편으로 유럽대륙과 해외에서 독일, 미국, 일본, 프랑스,
그리고 뒤이어 러시아 등의 산업국가들이 부상하고 있었다. 다른 한편으로
는 군림하고 있던 패권국 영국이 쇠퇴하고 있었고, 오스트리아 제국과 오
스만 제국의 세력이 약화되고 있었다. 비록 경제적 관점에서는 모두가 절
대적 이득을 보고 있었지만, 정치적으로 가장 중요한 점은 산업의 불균등
성장이 체계에서의 상대적 권력분포에 미치는 영향력이었다. 제1차 세계
대전의 발발은 궁극적으로 국제 세력균형에서의 이와 같은 근원적 변동의
결과였다. 국제경제의 붕괴와 전쟁의 발발은 민족국가들 간 정치적 경쟁의
결과였지, 자본가들 및 해외투자가들 간의 경제적 갈등의 결과가 아니었다.

5. 결론

산업력의 중심이 중심부에서 주변부로 이동하게 된 것은 물론 해외투자
에 전적으로 기인하는 것은 아니지만, 해외투자는 이러한 추세를 가속시키
고 또한 중심부의 산업기반을 재활성화시키려는 노력을 무산시키는 경향
이 있다. 해외투자는 자본의 소유자들(랑티에르와 다국적 기업)에게 이득
을 가져다 주지만, 이것은 노동과 그 중심부의 산업적 지위에 비용을 초래
하면서 이루어진다. 따라서 해외투자는 단기적으로 중심부의 힘을 증대시
키지만, 이는 중심부의 상대적 쇠퇴에 대한 장기적 해결을 가로막는 위험
성을 내포하고 있다. 그러므로 중심부의 산업력 및 정치력의 관점에서 볼
때, 해외투자전략은 문제의 소지가 있다.

경쟁하는 민족국가들의 세계―여기서 권력은 궁극적으로 산업기반에 근

거한다-에서, 해외투자는 중심부에 불리한 방향으로 권력의 국제적 재분배를 야기한다. 마찬가지로 중요한 것은, 투자가는 해외소득, 자원, 그리고 다른 혜택을 위해서 투자국 정부에 점차 의존하게 된다는 것이다. 쇠퇴하는 중심부가 부상하는 주변부에 의존하게 되는 것은 정치적 취약성의 근거가 된다. 해외투자는 또한 국제적 긴장을 악화시킬 수 있다. 이것은 19세기 영국의 경험이었고, 미국의 산유국에 대한 투자나 다른 국가들에 대한 제조업 투자가 보여주듯이, 1970년대 중반 미국이 겪었던 현상이라고 믿을 만한 충분한 근거가 있다.

국제경제를 주도하고 있었을 시기의 영국이나 혹은 오늘날 미국의 해외투자에 관한, 지금까지의 몇 가지 비판을 곡해해서는 안된다. 앞서 지적한 바를 반복하면, 이 책은 그러한 해외투자를 반대하고 경제적 고립을 주장하고자 하는 것이 아니다. 이어서 논의되겠지만, 해외투자를 주장할만한 타당한 근거들이 있다. 필자의 주장은, 오히려 국내경제의 재활성화나 해외무역을 경시하면서 해외투자를 지나치게 강조하는 것은 위험성이 내재되어 있다는 것이다. 이것이야말로 19세기 영국의 경험으로부터 도출할 수 있는 교훈이고, 이제 이를 살펴보도록 하자.

국력과 국제무역구조*

스티븐 크래스너

1. 머리말

요즈음 국제관계를 연구하는 학자들은 국가(state)를 다국적화 혹은 초국
적화시키고, 또 관료화시키거나 초정부화(超政府化, transgovernmentaliza-
tion)시키기도 함으로써 국가라는 것의 분석 개념을 거의 상실하도록 만들
고 있다.

다른 어느 분야보다도 특히 국제경제관계의 연구에 있어 이런 경향이
농후하다. 주권체가 아닌 비국가 행위자들이 창조한 초국가적 사회에 의해
국가가 갇혀 있다는 식의 주장이 국가에 기반한 전통적 기본가정을 훼손하
고 있는 것이다. 상호의존 역시 세력균형론의 시각처럼, 국가의 정책이나

---

* Stephen D. Krasner, "State Power and the Structure of International Trade."
  World Politics, vol.28, no.3, 1976(백창재 옮김).

▶ 국제경제질서의 수립, 유지, 변화를 설명하는 이론으로 얼마전까지 유행했던 것
  이 소위 '패권안정론(hegemonic stability theory)'이다. 패권안정론은 요컨대 개
  방적 국제경제질서가 수립, 유지되려면 강력한 패권국이 존재해야 하고, 반면
  패권국의 압도적 지위가 쇠락할 경우 국제경제질서가 폐쇄적이 된다는 설명을
  제시하였다. 이같은 시각은 1980년대 이후 논리적·분석적·이념적 차원들에서
  많은 비판과 도전을 받았고 최근의 국제경제질서는 이 이론의 타당성을 더욱 의
  심케 했다. 패권안정론의 대표적 연구로는 킨들버거의 *The World in Depression,*
  길핀의 *The Political Economy of International Relations* 등을 필독서로 들 수 있다.
  크래스너의 이 글은 국가 간의 힘의 관계(패권의 존재 여부)와 국제경제질서의
  성격(개방, 폐쇄) 간의 관계를 역사적 사례에 대한 경험적 분석을 통해 이론화하
  고 있다는 점에서 선택하였다.

선택을 반영한 것이 아니라 어떠한 일개 국가나 국가들의 체제로부터도 벗어난 요인들로부터 야기된 것으로 간주되고 있다.

아무리 긍정적으로 평가해도 이 시각은 근본적으로 오도된 것으로, 국제경제구조내에서 발생하는 특정 동향을 설명할 수 있을지는 모르나 구조 그 자체를 설명할 수는 없다. 이 구조는 제도적·행태적 측면에서 여러 가지 속성을 표출하고 있으나, 이를 핵심적으로 규정할 수 있는 요소는 개방(openness)의 정도이다. 국제경제구조는 모든 국가가 상호교역을 금지하고 있는 자족체제(autarchy)로부터 국가 간 교역에 아무런 규제도 존재하지 않는 완벽한 개방체제까지를 포함하고 있는 것이다. 이 글에서 필자는 국제경제의 한 측면으로서 국제무역구조, 즉 상품의 국가 간 이동이 개방된 정도에 대해 분석한다.

19세기에 접어든 이래 국제무역구조는 몇 가지 변화를 겪어 왔다. 이 변화는, 비록 완벽하지는 않으나 국력이론(state-power theory)으로서 설명될 수 있다. 국력이론은 우선 국가목표(national goals)를 최대화하려는 국가들의 국가이익(national interest)과 국력(state power)에 의해 국제무역구조가 결정된다는 가정에 근거한다.

이 이론의 첫째 단계는 상품이동의 개방화 정도를 네 가지 국가이익, 즉 총국민소득, 사회적 안정, 정치적 세력 및 경제성장에 연관짓는 것이다. 국가이익과 개방화 간의 관계는 특정국가의 잠재적(potential) 경제력에 의해 결정되며, 잠재적 경제력은 그 국가의 상대적 규모와 경제발전 수준으로 측정할 수 있다. 다음 단계에서는 잠재적 국력의 분포상태[예컨대 다극적 (multipolar) 분포 혹은 패권적(hegemonic) 분포 등]와 국제무역구조를 연관짓는다. 이 이론의 핵심적 결론은 잠재적 국력의 패권적 분포가 개방적 무역체제로 귀착될 가능성이 많다는 점이다. 이 주장은 완전하지는 않으나 대체로 경험자료에 의해 입증된다. 보다 완전한 분석을 위해서는 국내사회 구조 및 국제경제구조에 대해 과거에 국가가 내린 결정까지도 고려할 수 있도록 국력이론을 수정하는 작업이 필요할 것이다. 19세기 이래 무역구조를 조직했던 두 주요국인 영국과 미국의 경우, 과거의 국가정책에 의해 강력해진 사회집단들로 말미암아 국익에 따라 정책을 수정하지 못했던 것이다.

2. 국가이익, 국력, 국제무역구조 간의 인과관계

신고전주의(neoclassical) 무역이론은 각국이 경제적 총효용을 최대화하려 행동한다는 가정에 기반하고 있고, 이는 곧 국가들 전체의 최대 복지와 파레토 최적(Pareto optimality)이 자유무역 아래 달성된다는 결론을 유도한다. 따라서 설령 특정국가가 보호주의 정책을 통해 이득을 볼 수 있다 하더라도, 경제학에서는 전반적으로 이런 정책이 혐오되어 왔다. 최적관세(optimal tariff)에 관한 기념비적 연구를 이룬 해리 존슨조차 성공적인 최적관세의 부과가 오히려 양국 모두가 손해를 보는 상황으로 이끌 수 있다는 점을 지적하고 있는 것이다.[1] 또 신고전주의 역시 무역규제가 국내의 왜곡된 상태를 교정하고 유치산업을 육성하는 데 이용될 수 있다는 점을 인정하고는 있으나,[2] 이는 단지 자유무역의 옹호로 귀착되는 논리적 결론에서 일탈된 특수한 예외거나 단기적 현상으로 취급될 뿐이다.

1) 국가목표

역사적 경험으로 미루어 볼 때 정책결정자들은 지독히도 우둔하거나, 아니면 신고전주의 주장의 가정이 잘못된 것이다. 자유무역이 추구된 적이 거의 없기 때문이다. 정책결정자의 우둔성이란 것이 별로 흥미로운 분석대상이 아니라는 점을 감안할 때, 국제무역구조를 설명할 수 있는 대안적 접근은 국가가 추구하는 목적이 다양하다는 가정을 취해야 한다. 국가의 다양한 목적은 정치적 세력, 총국민소득, 경제성장 및 사회적 안정으로 구성되어 있으며, 개방의 정도에 따라 이 목적들이 이루어지는 방식은 상대

---

1) Johnson, "Optimal Tariffs and Retaliation," in Harry Johnson(ed.), *International Trade and Economic Growth*, Cambridge: Harvard University Press, 1967, pp.31-61.

2) Everett Hagen, "An Economic Justification of Protectionism," *Quaterly Journal of Economics*, vol.72, November 1958, pp.496-514; Harry Johnson, "Optimal Tariff Intervention in the Presence of Domestic Distortions," in Robert Baldwin and others(eds.), *Trade, Growth and the Balance of Payments: Essays in Honor of Gottfried Haberler*, Chicago: Rand McNally, 1965, pp.3-34; Jagdish Bhagwati, *Trade, Tariffs, and Growth*, Cambridge: MIT Press, 1969, pp.295-308.

적 규모 및 발전 정도로 규정되는 각국의 잠재적 경제력에 의해 결정된다.

총국민소득이 가장 명쾌한 예이므로 이것부터 설명하자. 앞에서 언급한 예외적 경우를 제외하고 전통적인 신고전주의 이론은 국제무역체제의 개방성이 클수록 총소득이 증대된다고 주장하며, 이러한 결론은 각국의 크기나 경제발전 수준을 막론하고 모든 국가에 적용된다. 그러나 한 시점에 있어서의 개방의 혜택은 일반적으로 국가의 크기와 역(逆)의 관계에 있다. 즉 무역은 작은 국가들에는 보다 많은 혜택을 가져다 주지만 큰 국가들에는 상대적으로 적은 혜택을 준다. 경험적으로 볼 때 작은 국가들은 국민총생산에서 무역이 차지하는 비율이 높다. 그렇다고 이들이 큰 국가들, 특히 대륙을 차지하고 있는 국가들이 향유하고 있듯이, 국민경제규모에 있어서의 규모의 경제를 잠재적으로 지니고 있다든가 혹은 부존요소가 풍요로운 것도 아니다.

개방이 사회적 안정에 미치는 영향은 정반대로 전달된다. 높은 수준의 개방이 급변하는 세계시장에 국내경제를 노출시키기 때문이다. 즉 개방되면 될수록 국내생산의 형태가 국제가격의 변화에 따라 조정되어야 하므로 폐쇄경제의 경우보다 높은 수준의 생산요소의 이동이 일어나게 되고, 한 부문에서 다른 부문으로 이동하는 요소들(특히 노동) 간에 갈등이 발생하므로 결과적으로 사회적 불안정이 증가되는 것이다. 이러한 영향은 큰 국가보다는 작은 국가의 경우, 그리고 발전된 국가보다는 미발전된 국가의 경우, 보다 강력하다. 큰 국가들의 경우 국제경제에 덜 개입되어 있고, 부존 생산요소의 상대적으로 적은 부분만이 국제시장의 영향을 받기 때문이다. 또 발전된 국가의 경우는 생산요소를 보다 잘 조정할 수 있기 때문이다. 예컨대 숙련노동은 미숙련노동이나 영세농보다 한 종류의 생산에서 다른 종류로 쉽게 이동할 수 있는 것이다. 그러므로 다른 조건이 동일하다면, 사회적 안정은 개방과 역관계에 있으며, 국제무역구조에의 노출로 인한 해독은 보다 큰 규모와 보다 높은 수준의 발전에 의해 상쇄된다고 할 수 있다.

정치적 세력과 국제무역구조와의 관계는 폐쇄에 따르는 상대적 기회비용으로 분석할 수 있다.[3] 즉 폐쇄의 상대적 비용이 높을수록 그 국가의 정

---

3) 이 개념은 다음 저작에 반영되어 있다. Albert O. Hirschman, *National Power*

치적 지위는 약해지는 것이다. 허쉬만이 논의한 바와 같이 이 비용은 직접적 소득 상실(income loss)의 크기과 재배분(reallocation)되는 요소의 조정비용(adjustment costs)으로 측정될 수 있는데,[4] 큰 국가와 발전된 국가일수록 적다. 왜냐하면 국제경제체제에 편입된 부문의 비율이 작으므로 효용상실의 크기가 작을 수밖에 없고, 생산요소가 보다 이동적이므로 재배분비용 역시 적기 때문이다. 따라서 상대적으로 규모가 크고 발전된 국가는 폐쇄의 기회비용이 작으므로 개방에 따라 그 정치적 세력이 향상된다. 큰 국가는 자신의 경제적·비경제적 목표를 달성하기 위해 무역체제를 변경하겠다는 위협을 이용할 수 있는 것이다. 역사적으로 이에 대한 유일한 예외는 원유 수출국들이다. 특히 사우디아라비아로 대표되는 이들 원유 수출국들의 경우, 그 발전의 수준이 낮았음에도 불구하고 막대한 원유 부존량으로 말미암아 폐쇄의 경제적 기회비용이 대단히 낮았던 것이다.

국제경제구조와 경제성장 간의 관계는 보다 교묘하다. 경험적으로 볼 때 작은 국가들에 있어 경제성장은 개방과 대체로 연관되어 있다.[5] 국제체제에의 노출로 인해 자원의 배분이 훨씬 효율적으로 될 수 있기 때문이다. 비교적 선진 기술수준을 보유하고 있는 큰 국가의 경우에도 개방에 따라 성장률이 상승할 가능성이 크다. 이들의 경우 유치산업을 보호할 필요가 없고 또 확대된 세계시장을 이용할 수 있기 때문이다. 그러나 장기적으로 상품 및 자본과 기술의 개방은 국내경제로부터 자원을 유출시키고 잠재적 경쟁국들에게 성장에 필요한 지식을 제공함으로써 규모가 크고 발전된 국가들의 성장을 방해하게 된다. 대단히 규모가 큰 나라라 할지라도 완전개방된 경제체제로부터 파생되는 이러한 바람직하지 못한 결과를 피하기 위해서는 자국의 기술 우위를 유지하고 새로운 산업을 지속적으로 개발하는

---

and the Structure of Foreign Trade, Berkeley: University of California Press, 1945; Robert W. Tucker, The New Isolationism: Threat or Promise? Washington: Potomac Associates, 1972; Kenneth Waltz, "The Myth of Interdependence," in Charles P. Kindleberger(ed.), The International Corporation, Cambridge: MIT Press, 1970, pp.205-223.

4) Hirschman(fn.3), pp.13-34.

5) Simon Kuznetz, Modern Economic Growth: Rate, Structure, and Spread, New Haven: Yale University Press, 1966, p.302.

것이 유일한 대책이다. 중간 규모 국가들에게 있어서 성장과 국제무역구조
간의 관계는 이론적·경험적으로 명확히 규정짓기가 불가능하다. 한편으로
중상주의자들로부터 미국의 보호주의자들과 독일 역사학파, 그리고 최근
의 종속이론가들에 이르는 필자들은, 완전개방체제가 한 국가의 발전노력
을 무산시키고 저발전에까지 이르게 한다고 주장해 왔고,[6] 반면 보다 전형
적인 신고전주의 입장의 추종자들은 국제경제에의 노출이 경제적 변형을
촉진한다고 주장해 왔던 것이다.[7] 이 주장들에 대한 입증은 아직 이루어지
지 않고 있다. 단언할 수 있는 것은 작은 국가들과 기술 우위를 유지하고
있는 큰 국가들의 경우 개방이 경제성장을 향상시킨다는 점이다.

2) 국가목표에서 국제무역구조로

이 글의 다음 단계는 규모와 발전수준으로 규정된 각국간 잠재적 경제
력의 특정 분포를 개방화의 정도로 규정된 국제무역구조에 연관짓는 것이
다.

우선 다수의 작지만 고도로 발전된 국가들로 구성된 체제를 고려해 보
자. 이러한 체제는 개방된 국제무역구조로 귀결될 가능성이 많다. 왜냐하
면 개방체제에 의해 각국의 총소득과 경제성장이 향상될 것이기 때문이다.
반면 국제경제에의 노출로 인한 사회적 불안정은 고도의 발전수준으로 가

---

6) 미국의 사조에 대해서는 David P. Calleo and Benjamin Rowland, *America and
   World Political Economy*, Bloomington: Indiana University Press, 1973, Part II를
   참조; 중상주의에 관한 고전적 논의와 최근의 연구로는 Eli Heckscher, *Mercan-
   tilism*, London: Methuen, 1955를 참조; 자유무역의 해독에 대해서는 Andre
   Gunder Frank, *Latin America: Underdevelopment or Revolution*, New York:
   Monthly Review, 1969; Arghiri Emmanuel, *Unequal Exchange: A Study of the
   Imperialism of Trade*, New York: Monthly Review, 1972; Johan galtung, "A
   Structural Theory of Imperialism," *Journal of Peace Research*, VIII, no.2, 1971,
   pp.81-117을 참조.

7) 자유무역의 혜택에 대한 논의로 다음을 참조. Gotfried Haberler, *International
   Trade and Economic Development*, Cairo: National Bank of Egypt, 1959; Carlos F.
   Diaz-Alejandro, "Latin America: Toward 200 A.D.," in Jagdish Bhagwati(ed.),
   Economics and World Order from the 1970s to the 1990s, New York: Macmillan,
   1972, pp.223-255.

능해진 요소 이동성에 의해 상쇄될 것이며, 폐쇄의 비용이 모든 구성국들에게 대칭적(symmetrical)이므로 개방에 따르는 정치적 세력의 상실도 일어나지 않기 때문이다.

다음으로 불균등하게 발전된 대규모 국가들 소수로 이루어진 체제를 검토해 보자. 이같은 잠재적 경제력의 분포는 폐쇄체제로 귀착되기 쉽다. 각국은 보다 개방된 체제로 인해 소득을 증진시킬 수 있겠지만 그 이득은 비교적 작을 것이기 때문이다. 반면 미발전된 국가의 경우 개방에 의해 사회적 불안정이 생기게 된다. 왜냐하면 발전된 지역의 성장률은 향상될 것이나 보다 후진적인 지역의 성장은 좌절될 것이기 때문이다. 또한 미발전국가는 생산요소의 이동이 어려우므로 폐쇄의 기회비용이 크고 따라서 보다 개방된 체제에 의해 정치적 지위가 취약해진다. 이런 손해 때문에 규모가 크지만 덜 발전된 국가들은 개방된 무역체제를 받아들이지 않으려 한다. 군사력이 훨씬 우월하지 않은 한, 보다 발전된 국가들로서도 이들에게 개방을 강요할 수는 없다.

마지막으로 다른 무역상대국에 비해 훨씬 크고 발전된 한 국가가 존재하는 패권체제(hegemonic system)를 살펴보자. 이 체제에서는 개방의 비용과 혜택이 모든 구성국들에게 대칭적이지 않다. 패권국은 개방체제를 선호하게 되는데 이는 개방체제가 패권국의 총국민소득을 증대시켜 주기 때문이다. 패권국이 상승기에 있을 때, 다시 말해 상대적 규모와 기술 우위가 증대되고 있는 시기에는 개방체제에 의해 성장률 역시 증대된다. 나아가 폐쇄의 기회비용이 가장 작으므로 정치적 세력도 증대되며, 국제경제에의 편입수준이 상대적으로 낮고 부존 생산요소의 이동성이 높으므로 국제체제에의 노출로 야기되는 사회적 불안정도 이에 의해 상쇄된다.

패권체제의 다른 구성국들은 어떤가? 작은 국가들의 경우, 총소득과 성장의 양 측면에서 혜택이 큰 반면 자신들의 정치적 세력은 여하튼 제한되어 있으므로 개방을 선호하게 된다. 중간 규모 국가들의 반응은 예측이 쉽지 않으며, 최소한 부분적으로나마 패권국이 자신의 자원을 사용하는 방식에 좌우된다. 잠재적으로 지배적 세력을 지닌 국가는 다른 국가들이 개방체제를 수용하도록 유도하거나 강요할 수 있는 상징적, 경제적 및 군사적 능력을 지니고 있는 것이다.

상징적 수준에서, 패권국은 어떻게 경제성장이 달성될 수 있는지를 보여주는 전형이 된다. 심지어 다른 국가에는 부적절한 경우에조차 패권국의 정책이 모방되곤 하는 것이다. 만일 차별성이 너무 큰 경우라면 군사력이 사용되어 약한 국가들이 개방체제를 받아들이도록 강제할 수도 있다. 그러나 강제력은 경제정책을 바꾸기 위해 사용되기에는 효율적인 수단이 아니며, 또 중간 규모 국가들에 대해 사용되기도 쉽지 않다.

가장 중요한 점은 개방된 구조를 창출하기 위해 패권국이 경제적 자원을 사용할 수 있다는 것이다. 보상적 유인의 차원에서 패권국은 광대한 자신의 국내시장과 상대적으로 저렴한 수출품을 제공할 수 있고, 제재적 차원에서는 해외 금융지원을 중지하거나 제3국 시장에서 약소국과 경쟁을 벌여 이들을 파탄시킬 수도 있다. 나아가 패권국의 규모와 경제적 견실성은 안정된 국제통화체제의 유지를 위한 신뢰를 제공하며, 패권국의 통화는 개방체제의 지속에 필요한 유동성을 공급할 수 있다.

요컨대 패권국이 상승기에 있을 때 개방이 일어날 가능성이 가장 높다. 이러한 패권국은 저관세와 높은 무역률, 그리고 낮은 지역주의 경향으로 특징지어지는 구조를 창출하려는 이익과 능력을 지니고 있기 때문이다. 잠재적 국력의 분포가 다른 경우에도 개방이 가능할 수는 있다. 많은 수의 고도로 발전된 국가들로 구성된 체제의 경우이다. 그러나 이 가능성은 실현되지 않을 수도 있는데, 이는 국제협정하에 공동보유자산이나 개별 통화군에 의해 적정 유동성이 공급되어야 하는 국제통화체제에 대한 신뢰성의 문제가 존재하기 때문이다. 마지막으로 상당히 규모가 큰 국가, 특히 불균등한 발전수준에 있는 국가는 개방된 무역관계를 받아들이지 않으려 할 것이다.

<표 1> 잠재적 경제력 분포에 따른 개방 무역구조의 확률

		국가 크기		
		비교적 균등		상당히 불균등
		소규모	대규모	
국가발전 수준	균등	중간-높음	낮음-중간	높음
	불균등	중간	낮음	중간-높음

잠재적 경제력의 분포와 무역구조의 개방수준 간의 관계에 대한 앞의 논의와 기타 다른 이념형에 관해서는 <표 1>과 같이 요약할 수 있다.

3. 종속변수: 국제무역체제의 구조

국제무역구조는 행태적·제도적 속성을 지니고 있다. 개방의 정도는 무역장벽과 국제수지에 대해 각국이 취하는 정책 및 상품의 흐름이라는 두 가지 요소로 이해될 수 있다. 양자는 물론 무관한 것은 아니나, 완전히 일치하는 것도 아니다.

일상적으로 우리는 제도에 주로 관심을 기울여왔다. 따라서 개방은 각국 관세들이 상당히 낮추어진 시기, 즉 19세기의 3/4분기나 제2차 세계대전 이후의 시기 등과 연관되곤 한다.

그러나 관세 하나로는 구조의 적절한 지표를 이룰 수 없다. 관세는 우선 계량화하기가 쉽지 않고, 또 반드시 높아야만 효과적인 것도 아니다. 비용함수(cost function)가 거의 동일하다고 가정할 경우 낮은 관세도 무역을 방해할 수 있으며, 반면 효과적 관세가 명목 관세율보다 훨씬 높은 경우도 있다. 한편 국가 간 비교가 용이하지 않은 비관세 무역장벽이 관세를 대신할 수도 있고, 평가절하된 환율이 국제경쟁으로부터 국내시장을 보호하기도 한다. 관세 수준 하나로는 국제무역구조를 규정할 수 없다.[8]

두 번째 지표는 제도적이 아니라 행태적인 것으로서, 여러 국가들의 국민소득에서 무역이 차지하는 비율, 즉 무역률이다. 관세율과 마찬가지로 이 지표 역시 각국의 추세를 종합하여 구조의 성격을 파악한다. 예컨대 대부분 국가의 경우 이 지표가 증가하고 있는 시기는 국제무역구조의 개방이

---

8) 명목관세와 효과적 관세에 관한 논의로 Harry Johnson, *Economic Policies Toward Less Developed Countries,* New York: Praeger, 1967, pp.90-94를 참조. 관세 수준을 결정하는 데 따르는 문제에 관해서는 Bela Balassa, *Trade Liberalization among Industrialized Countries,* New York: MacGraw Hill, 1967, ch.3를 참조. 관세와 환율의 평가절하가 지니는 유사한 효과에 관해서는 Hans O. Schmitt, "International Monetary System: Three Options for Reform," *Interna- tional Affairs*, L, vol.200, April 1974을 참조.

증대되는 시기로 파악될 수 있다.

세 번째 지표는 발전 수준이 상이한 국가들로 구성된 지역내에 무역이 집중되는 정도이다. 이같은 지역적 요새화(encapsulation)의 정도는 비교우위에 의해 결정되는 것이 아니라(상대적 부존요소에 의해 거의 모든 후진지역이 거의 모든 선진지역과 무역할 수 있기 때문), 정치적 선택이나 정치적 필요에 따라 결정된다. 세계체제의 변덕으로부터 자신을 보호하기 위한 시도로 규모가 큰 국가들이 지역적 블록을 창출함으로써 그들의 이익을 극대화시키려 하는 것이다. 지금까지 세계경제체제의 개방은 사실상 선진 산업국가들 간의 무역증대를 의미해 왔고, 따라서 특정 선진국가들이 특정 후진지역들과 함께 지역적 체제 안에 요새화되는 것은 곧 폐쇄의 시기와 연관되는 것이다.

이렇게 볼 때 국제무역체제의 성격 규정은 절대론적이라기보다는 비교론적인 것이다. 즉 관세가 하락하고 무역률이 증가하고, 또 지역화된 무역양상이 완화되는 시기가 곧 국제무역구조가 보다 개방화되는 시기이다.

1) 관세 수준

1820년대에서 1879년에 이르는 기간은 기본적으로 유럽에서 관세가 하락하던 시기였다. 이 추세는 1820년대 영국이 관세 및 기타 무역장벽을 감축하면서 시작되었다. 영국은 다시 1846년에 곡물법(Corn Laws)을 철폐함으로써 농업의 보호주의 정책이 마감되었다. 프랑스는 1830년대에 이르러 몇몇 중간재에 대한 관세를 감축하였고 1852년에는 석탄과 철강에 대해서도 관세인하를 단행하였다. 졸버린(Zollverein)의 경우에는 1834년에 이미 상당히 낮은 수준의 관세율을 책정하고 있었으며, 벨기에, 포르투갈, 스페인, 피드몬(Piedmont), 노르웨이, 스위스 및 스웨덴 등 여러 나라도 1850년대에 이르러 수입세를 인하하게 되었다.

그러나 자유무역의 황금기는 1860년 영국과 프랑스가 콥든-쉐발리에 조약(Cobden-Chevalier Treaty)을 체결하여 사실상 양국 간의 무역장벽을 철폐하면서 시작되었다. 이 조약 이후 거의 모든 유럽 국가들 간에 일련의 무역협정이 체결되었다. 단, 한 가지 주목할 점은 이와 같은 무역장벽 감축의

전반적 추세에 미국은 거의 동참하지 않고 있었다는 사실이다.9)

이러한 자유주의 심화로의 추세는 1870년대 후반 역전되었다. 1876년
과 1878년, 오스트리아와 헝가리가 관세를 인상하였고, 1878년에는 이탈
리아가 관세인상을 단행했으며, 1879년에는 자유무역에의 중대한 위반이
독일에 의해 행해졌다. 프랑스의 경우, 1881년에 소폭으로 관세를 인상하
였다가 1892년에 이를 대폭 인상하였고, 1910년에는 또다른 관세인상을
단행하였다. 다른 국가들도 대체로 이러한 추세를 뒤따르고 있었다. 단지
영국과 벨기에, 네덜란드 및 스위스만이 1880년대를 통하여 여전히 자유
무역정책을 지속하고 있었을 뿐이다. 영국의 경우에도 비록 관세를 부과하
지는 않았으나 1898년부터 해외 식민지내에 특혜체제(system of prefer-
ential markets)를 구축하기 시작하였다.10) 한편 미국은 19세기를 통해 기
본적으로 보호주의를 견지하고 있었다. 1890년대의 짧은 기간을 제외하면,
남북전쟁중 부과된 고관세가 지속되었고 1914년 이전에는 관세가 상당수
준 인하된 적이 없었다.

1920년대에 이르러 관세율은 더욱 인상되었다. 우선 서유럽 국가들은
제1차 세계대전의 자극하에 농업 생산량이 증대된 미국, 캐나다, 오스트레
일리아 및 다뉴브 지역으로부터 자국의 농업부문을 보호하였다. 영국 역시
1919년 식민지 특혜(colonial preference)체제를 도입하였고, 1921년에는
몇 가지 관세인상 조치를 취했으며, 이후 전시관세(戰時關稅)를 연장하였
다. 전(前)오스트리아-헝가리제국의 구성국들의 경우 국가적 자립을 달성
한다는 목적으로 관세를 부과하였고, 영국령들과 남미제국도 전쟁 수요로

---

9) Charles P. Kindleberger, "The Rise of Free Trade in Western Europe, 1820~
1875," *The Journal of Economic History*, vol.XXXV, March 1975, pp.20-55;
Sidney Pollard, *European Economic Integration 1815~1970*, London: Thames and
Hudson, 1974, p.117; J. B. Condliff, *The Commerce of Nations*, New York:
Norton, 1950, pp.213-223, pp.229-230.

10) Charles P. Kindleberger, "Group Behavior and International Trade," *Journal
of Political Economy*, vol.59, February 1951, pp.20-55; Condliffe(fn.9), p.498;
Pollard(fn.9) p.121; Peter Gourevitch, "International Trade, Domestic Coali-
tions, and Liberty: Comparative responses to the Great Depression of 1873~
1896," paper delivered to the International Studies Association Convention,
Washington, 1973.

육성된 자국 산업들을 보호하는 정책을 취하였다. 미국에 있어서는 1922
년의 포드니-맥컴버 관세법(Fordney-McCumber Tariff Act)으로 보호주의
가 증강되었고, 러시아는 10월혁명에 의해 서구 무역체제에서 사라지게 되
었다.11)

그러나 관세 수준에 관한 한, 국제무역구조의 극적인 폐쇄는 1930년 미
국에서 스뭇-홀리 관세법(Smoot-Hawley Tariff Act)이 통과되면서 시작되
었다. 이후 영국 역시 1931년 관세를 인상했고, 다시 1932년 오타와 회의
(Ottawa Conference)에서 제국특혜체제(imperial preferences)를 광범위하
게 도입함으로써 완전히 자유무역을 포기하였다. 독일과 일본도 자신들의
영향권내에서 무역블록을 수립하였고, 기타 주요국들도 이같은 보호주의
정책을 따르게 되었다.12)

1934년의 호혜통상협정법(Reciprocal Trade Agreements Act)으로 인해
미국은 자유주의로 이동할 조짐을 보이고 있었지만, 사실상 보호주의가 다
시 상당 수준 약화되기 시작한 것은 제2차 세계대전 이후의 일이다. 1945
년 이래 관세인하를 위한 다자간 협상이 일곱 번 성사되었고,13) 그 중 특히
1947년 제네바에서 열렸던 첫 번째 협상과 1960년대 개최된 케네디 라운
드(Kennedy Round)를 통해 보호주의 수준이 상당히 약화되었다.14)

현재의 상황은 명확치 않다. 우선 국제무역체제에는 최근 몇 가지 무역
규제가 생겨났다. 미국의 경우, 철강에 대한 자율수입협정이라든가, 1971
년 4개월간 수입품에 부과된 초과관세, 그리고 1973년과 1974년에 단행된
농산품 수출규제 같은 것이 이에 해당된다. 이탈리아도 1974년과 1975년
단기간 동안 수입 요건으로 공탁금 납입을 요구하기도 하였으며, 영국과
일본은 수출 보조금 정책을 추구하기도 하였다. 또 점차 비관세 무역장벽

---

11) Charles P. Kindleberger, *The World in Depression*, Berkeley: University of
California Press, 1973, p.171; Condliffe(fn.9), pp.478-481.

12) Condliffe(fn.9); Robert Gilpin, "The Politics of Transnational Economic Rela-
tions," *International Organization*, vol.XXV, Summer 1971, p.407; Kindleberger(fn.
11), p.132, 171.

13) 이후 개최된 도쿄 라운드와 우루과이 라운드를 합하면 총 아홉 번의 대규모 다
자협상이 GATT하에서 성사되었다-역자주.

14) John Evans, *The Kennedy Round in American Trade Policy*, Cambridge: Harvard
University Press, 1971, pp.10-20.

(nontariff barriers)의 중요성이 더해가고 있는 실정이다. 이 모든 것을 고려할 때 케네디 라운드 이래 국제무역구조는 점차 보다 보호주의적인 방향으로 움직여가고 있는 듯 하다. 그러나 이런 움직임이 확정적인 것은 아니며, 1975년 시작된 다자협상의 결과를 두고 보아야 할 것이다.[15]

요약하자면, 세계무역구조는 1820년대 이후 미국을 제외하곤 대체적으로 관세인하의 방향으로 가다가 1860년에서 1870년간의 기간에 가장 저관세를 이루었고, 이는 1879년부터 전간기(戰間期, interwar period: 제1차 세계대전과 제2차 세계대전 사이의 기간)에 이르는 동안 고관세의 방향으로 바뀌어 1930년대 극적인 관세인상이 이루어졌으며, 1945년부터 케네디 라운드가 성사되던 1967년까지의 기간에 다시 보호주의가 약화되는 방향으로 바뀌어왔다.

2) 무역의 비중

한 기간을 제외하고는 총경제활동에 대한 무역의 비중은 관세 수준과 동일한 양상으로 변해 왔다. 우선 19세기 초반에서 대략 1880년까지의 기간 동안 무역의 비중은 증대되어 왔다. 1880년에서 1900년간에는 무역비중이 감소되었는데, 이는 경상가격으로 측정하면 보다 급격히 감소되는 추세를 보인다. 1900년에서 1913년간의 기간 동안이 바로 관세 수준과 상이한 양상을 보이는 시기로서, 이 기간 총경제활동에 대한 무역의 비중이 현저히 증대되어 지금까지 무역비중이 최고에 달했던 시기로 기록된다. 1920년과 1930년대에는 각국 경제에서 무역이 차지하는 중요도가 하락했고, 제2차 세계대전 후 이는 다시 증가되었다.

<그림 1>은 이같은 발견을 보다 상세히 보여주고 있다. 이 그림에 나타나듯이 각국 간의 무역비중의 변화 추세는 상당한 차이를 보이고 있다. 우선 미국의 경우 무역의 비중이 대체로 일정수준을 유지하고 있고, 일본, 덴마크, 노르웨이 등의 국가는 1880년 이후 일어난 무역비중의 일반적 감소 추세에 전혀 영향을 받지 않았다. 그러나 영국, 프랑스, 스웨덴, 독일,

---

15) 이 다자협상이 곧 도쿄 라운드이며 비관세 장벽의 상당 수준 철폐를 위한 협정이 이루어졌음－역자주.

<그림 1> 총경제활동에 대한 무역의 비율(1800~1960, 현재의 시세)

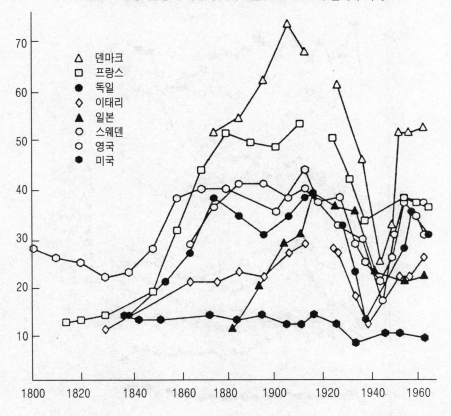

이탈리아 등의 국가들은 앞에서 설명한 양상대로 무역비중이 변화되어 왔다.

　　<그림 2>는 제2차 세계대전 후의 전개양상을 보여 주고 있다. 1950년대 초에는 1차 산업품 가격의 상승으로 규모가 큰 국가들의 경우 국내총생산에 대한 무역의 비중이 최소한 경상가격으로 측정할 때 비교적 높은 수준에 머물렀다. 이는 1960년대 초반에서 1972년에 이르는 기간 동안 일본을 제외한 대부분의 주요국들의 경우 지속적으로 상승하였다. 또 1973년과 1974년의 자료도 지속적 상승을 보여주고 있다. 작은 국가들의 경우에는 보다 변덕스런 추세가 나타난다. 벨기에의 경우는 다소 안정적인 상승

<그림 2> 국내총생산에 대한 무역의 비율(1950~1972, 현재의 시세)

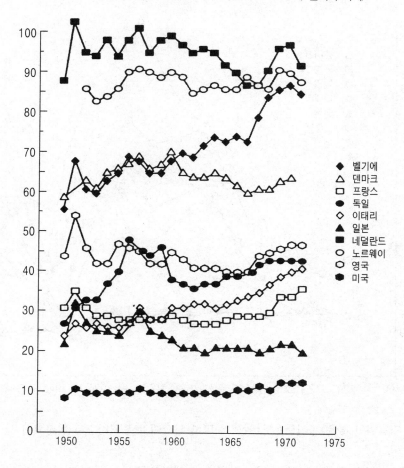

◆ 벨기에
△ 덴마크
□ 프랑스
● 독일
◇ 이태리
▲ 일본
■ 네덜란드
○ 노르웨이
◎ 영국
⬢ 미국

양상을 보이고 있으나, 노르웨이는 82%에서 90%사이에서 빈번한 변동을 보이고 있고 네덜란드의 경우 최근보다는 1950년대 후반에 더 높은 수치를 보여주고 있다. 즉 경상가격으로 측정했을 경우, 특히 큰 국가들에 있어 1960년대 이래 무역의 비중이 전반적으로 상승하는 추세에 있다고 볼 수 있다. 이 움직임은 불변가격을 사용했을 경우 보다 선명히 드러난다.16)

16) 이 수치들은 다음 자료에서 찾아볼 수 있다. United Nations, *Yearbook of*

3) 지역화 양상

세계무역체제의 개방 정도를 나타내는 마지막 지표는 지역블록화 현상
이다. 비교우위뿐 아니라 지리적 근접성에 따라서도 다른 나라와 교역하려
는 것은 자연적 성향이라고 할 수 있다. 그러나 주어진 지역적 블록내에서
의, 특히 비교적 발전된 국가들끼리의 무역이 적을수록 보다 개방된 무역
체제를 이룬다. 역사상 특정 지역들 간에는 그 상대적 부존요소의 구성이
대체로 동일했음에도 불구하고 무역형태에 있어서는 상당한 변화가 있어
왔다.

채드윅(Richard Chadwick)과 도이취(Karl Deutsch)는 1890년대 이래 국
제무역의 변화양상에 대해 포괄적인 자료를 수집해 왔다. 이들의 기본적
지표는 상대적 수용지수(relative acceptance indicator: RA)로서, 이는 한
쌍의 국가 혹은 한 국가와 한 지역 간의 무역량이, 이들이 세계무역에서 차
지하는 무역량의 비율을 기반으로 예측한 양과 정확히 일치한다는 귀무가
설(歸無假說, null hypothesis)로부터의 편차를 측정한 것이다.[17]

귀무가설이 타당할 경우 RA지수는 0이며, 0보다 작은 값은 쌍방 간에
예측된 양보다 작은 규모의 무역이 행해짐을, 그리고 0보다 큰 값은 예측
량보다 대규모의 무역이 이루어짐을 나타낸다. 우리 목적상 여기서는, 역
사상 무역이 지역적으로 보다 집중되는 경향(즉 RA지수가 0으로부터 멀어
지고 있는 현상)이 있는지, 혹은 덜 집중되는 경향(즉 RA지수가 0에 근접
하고 있는 현상)이 있는지에 초점을 둔다.

<표 2>는 채드윅과 도이취가 수집한 자료 중 1890년, 1913년, 1928
년, 1938년, 1954년 및 1958년에서 1968년까지의 수치를 제시하고 있다.

National Account Statistics, various years.

17) Richard A. Savage and Karl W. Deutsch, "A Statistical Model of Gross
Analysis of Transaction Flows," *Econometrica*, vol.XXVIII, July 1960, pp.551-
572; Richard Chadwick and Karl W. Deutsch, "International Trade and Eco-
nomic Integration: Further developments in Trade Matrix Analysis," *Compar-
ative Political Studies*, vol.VI, April 1973, pp.84-109. 앞의 글에서 채드윅과 도
이취는 몇 가지 방법상의 수정을 제시하고 있다. <표 2>에는 이런 점이 반영
되지 않았다. 표에 제시된 자료 중 미공개된 것들을 사용할 수 있게 해준 데 대
해 도이취 교수께 감사드린다.

<표 2> 지역화된 무역양상의 추이

	영연방에서 영국으로			남미*에서		미국으로
	상대적 수용지표	영연방 수출 중 대 영국 수출 비율	영국 수입 중 대 영연방 수입 비율	상대적 수용지표	남미 수출 중 대 미국 수출 비율	미국 수입 중 대 남미 수입 비율
1890	1.64	6.51	9.83	-.14	9.86	2.91
1913	1.49	17.74	28.97	.45	19.47	8.05
1928	.72	17.55	26.49	1.27	30.21	17.41
1938	1.28	25.44	35.44	1.54	26.59	16.56
1954	1.60	18.54	38.47	2.04	42.76	19.07
1958	1.89	15.91	36.82	1.86	42.95	13.00
1959	1.77	15.78	36.79	1.68	42.87	11.66
1960	1.74	15.68	33.96	1.89	40.39	11.56
1961	1.66	14.27	33.15	2.03	39.78	11.82
1962	1.72	13.47	32.24	1.81	38.05	10.87
1963	1.62	13.06	31.67	1.84	37.02	11.13
1964	1.59	13.66	31.85	1.71	34.45	10.07
1965	1.47	11.53	27.42	1.43	32.66	9.01
1966	1.26	10.24	25.09	1.18	31.86	8.09
1967	1.08	9.82	22.90	1.13	31.47	7.26
1968	1.02	8.74	21.55	1.11	35.85	6.02

	러시아에서 동구로			프랑스에서 불령아**로		
	상대적 수용지표	러시아 수출 중 대 동구 수출 비율	동구 수입 중 대 러시아 수입 비율	상대적 수용지표	불령아 수출 중 대 프랑스 수출 비율	프랑스 수입 중 대 불령아 수입 비율
1890	-.42	1.04	.58	9.57	100.00	.08
1913	.07	1.07	.79	7.24	53.59	.89
1928	.57	1.53	5.86	5.85	39.09	3.03
1938	-.25	.70	3.75	7.22	44.12	5.02
1954	9.94	22.78	60.89	7.76	41.25	10.73
1958	8.85	23.13	55.01	7.77	41.13	8.14
1959	8.40	22.51	55.17	7.34	34.62	6.78
1960	8.48	22.73	56.08	6.87	35.16	7.15
1961	9.04	24.12	61.76	6.85	36.60	7.13
1962	9.01	25.55	63.00	6.60	38.76	6.34
1963	9.09	26.84	65.28	6.14	38.92	5.63
1964	9.22	26.73	64.18	5.55	36.41	5.28
1965	9.44	26.00	65.68	5.48	34.19	4.86
1966	9.90	24.24	64.77	4.90	32.64	4.69
1967	9.98	25.34	67.37	3.85	26.47	3.40
1968	11.78	33.84	67.06	7.58	46.18	2.57

* 남미에 포함된 국가: 아르헨티나, 볼리비아, 브라질, 칠레, 콜롬비아, 에콰도르, 멕시코, 파라과이.
** 불령아(佛領阿): 프랑스령 아프리카(French Africa)

이 수치들은 영국-영연방, 미국-남미, 러시아-동구, 그리고 프랑스-프랑스령 아프리카 등 네 쌍의 국가-지역에 대한 것이다. 각국에 대한 수출이 각 지역의 총수출에서 차지하는 비중과 각 지역으로부터의 수입이 각국의 총 수입에서 차지하는 비중이 RA지수와 함께 제시되어 이같은 무역관계의 중요도를 대체적으로 나타내고 있다.

여기에는 일반적 패턴이 존재한다. 즉 네 쌍 중 세 쌍의 경우에서 1890년, 1913년 및 1928년에 0에 가장 가까운 RA지수, 다시 말해 지역적 요새화 현상이 가장 덜 발생한 상황이 나타나고 있다. 다른 한 경우(프랑스와 프랑스령 아프리카의 경우)에 있어서는 1928년의 수치가 1964년까지 커지지 않고 있다. 네 쌍 모두가 1928년에서 1938년에 이르는 기간 동안의 RA지수는 증대되고 있는데, 이는 대공황에 따른 국제무역의 붕괴를 반영하는 것이다. 또 놀랍게도 네 경우 모두 1954년의 RA지수가 1938년보다 높은데, 이는 제2차 세계대전 직후의 기간에 이전의 지역화 경향이 지속되었거나 혹은 더 심화되었음을 나타낸다. 대체적으로 러시아와 동구를 제외하고는 1954년 이후 RA지수가 하락하는 일반적 추세가 나타나고 있다. 그러나 1960년대 후반에도 아직 상당히 높은 수준에 머물고 있다.

지금까지 논의한 세 지표, 즉 관세 수준, 무역의 비중, 그리고 무역양상 모두를 함께 고려하면 다음과 같은 시기 구분을 할 수 있다.

제1기(1820~1879): 개방 증대─관세가 전반적으로 인하되고 무역의 비중이 높아짐. 무역양상에 관한 자료는 없음. 반면 한 가지 주목할 점은 이런 추세가 보편적이지는 않았다는 점이다. 미국은 이 추세에서 거의 제외되어 있어서, 높은 관세율이 유지되었고(사실상 1860년대에는 증대됨) 무역의 비중도 거의 변하지 않았다.

제2기(1879~1900): 폐쇄로의 선회─관세율이 인상됨. 대부분 국가의 경우, 무역의 비중이 다소 하락됨. 무역양상에 관한 자료 없음.

제3기(1900~1913): 개방 확대─관세율은 대체로 불변함. 미국을 제외한 모든 주요 교역국의 무역비중 증가. 자료가 가능한 네 사례 중 세 경우에 있어서, 무역양상은 비(非)지역집중적이 됨.

제4기(1918~1939): 폐쇄기─1920년대와 1930년대에 관세율 인상. 무역비중 감소. 무역양상이 보다 지역적 요새화 경향을 보임.

제5기 (1945~1970경): 높은 개방 수준 - 관세가 하락됨. 특히 1960년대 이래 무역비중이 높아짐. 1960년 후 무역의 지역 집중화 감소됨. 그러나 이러한 경향은 비공산권에 한정됨.

4. 독립변수: 국가 간 잠재적 국력의 분포

국제관계의 분석가들은 국제정치체계에 있어서의 잠재적 국력분포를 나타내는데 거의 정해진 변수들을 가지고 있다. 국민총생산이라든가, 1인당 소득, 지리적 위치, 병력의 규모 등이 그것이다. 국제경제체계에 대해서도 유사한 변수들을 사용할 수 있다.

1인당 소득과 국민총생산 규모, 세계 무역점유율 및 투자점유율에 대해서는 장기간에 걸친 통계자료가 있다. 이 자료들을 살펴보면, 19세기가 시작된 이래 세계경제에는 영국과 미국이라는 두 개의 최대 경제강국이 있었음을 알 수 있다.

미국은 19세기 중반 총규모에 있어서 영국을 추월하였고 1880년에 이르러 공산품 생산에 있어서도 세계 최대가 되었다. 미국의 우위는 특히 당시의 첨단산업들, 즉 재봉틀이라든가 추수기(秋收機), 금전등록기, 기관차, 증기기관, 전화, 석유 등에 있어서 현저했다.[18] 반면 영국은 제1차 세계대전 시기까지 그 어떤 나라보다도 1인당 소득과 세계 무역점유율 및 투자점유율에서 우위를 지키고 있었다. 영국의 경제력 상승은 1880년경 절정에 달해서, 상대적 1인당 소득 및 세계 무역·투자점유율이 최고조에 이르렀다. 특히 1880년과 1900년 세계경제에서 영국의 잠재적 우위는 인상적이다. 당시 영국의 무역 및 투자점유율은 다른 나라들의 두 배에 달했던 것이다.

제1차 세계대전 이후에야 미국은 네 가지 지표 모두에서 보다 증대되고 발전되었다. 이같은 잠재적 우위는 1945년에서 1960년경 극적인 절정에

---

18) League of Nations, *Industrialization and Foreign Trade*, 1945, II.A.10, 13; Mira Wilkins, *The Emergence of Multinational Enterprise*, Cambridge: Harvard University Press, 1970, pp.45-65.

이르렀다. 그 이후 미국의 상대적 지위는 점차 하락하여, 1인당 소득과 세계 무역점유율에 있어서는 경쟁국인 독일과 상당히 비슷할 정도가 되었다. 1972년 이후의 달러화 평가절하는 미국의 소득과 총규모가 지속적으로 하락하고 있음을 반영하고 있다고 하겠다.

영국과 미국의 상대적인 잠재적 경제력은 <표 3>와 <표 4>에 제시되어 있다.

<표 3> 영국의 잠재적 국력(최고경쟁국과의 비율)

	1인당 소득	총규모	세계무역점유	세계투자점유*
1860	.91(미)	.74(미)	2.01(불)	미확인
1880	1.30(미)	.79(미 74~83)	2.22(불)	1.93(불)
1890	1.05(미 1899)	.58(미 1899)	2.17(독 1890)	2.08(불)
1913	.92(미)	.43(미)	1.20(미)	2.18(불 1914)
1928	.66(미)	.25(미 1925)	.79(미)	.64(미 21~29)
1937	.79(미)	.29(미)	.88(미)	.18(미 30~38)
1950	.56(미)	.19(미)	.69(미)	.13(미 51~55)
1960	.49(미)	.14(미)	.46(미 1958)	.15(미 56~61)
1972	.46(미)	.13(미)	.47(미 1973)	미확인

주: 미: 미국, 독: 독일, 불: 프랑스
　( )안은 최고경쟁국 및 자료의 해당 연도(표의 첫째항과 다를 경우)임.
　* 1870년에서 1913년의 자료는 총투자 잔고(貯量: stock)이며, 1928년에서 1950년은
　　해당연도 투자액(流量: flow)임.
출처: 부록에 있는 자료에서 산출.

<표 4> 미국의 잠재적 국력(최고경쟁국과의 비율)

	1인당 소득	총규모	세계무역점유	투자유량점유
1860	1.10(英)	1.41(英)	.36(英)	채무국
1880	.77(英)	1.23(英 83)	.37(英)	채무국
1900	.95(英 1899)	1.73(英 99)	.43(英 1890)	미확인
1913	1.09(英)	2.15(러)	.83(英)	채무국
1928	1.51(英)	3.22(소)	1.26(英)	1.55(영 21~29)
1937	1.26(英)	2.67(소)	1.13(英)	5.53(영 30~38)
1950	1.78(英)	3.15(소)	1.44(英)	7.42(영 51~55)
1960	2.05(英)	2.81(소)	2.15(英 1958)	6.60(영 56~61)
1972	1.31(英)	미확인	1.18(독 1973)	미확인

주: 러: 1917년 혁명 전 러시아제국, 소: 소련, 독: 독일, 英: 영국(Great Britain), 영: 북아
　일랜드 합산(United Kingdom)
　( )안은 최고경쟁국 및 자료의 해당 연도(표의 첫째항과 다를 경우)임.
출처: 부록에 있는 자료에서 산출.

요컨대 영국은 나폴레옹 전쟁에서 1913년에 이르는 기간동안 가장 핵심적인 무역국가였으며, 영국의 상대적 지위는 1880년까지 상승하다가 그 이후 하락하였다. 미국의 경우는 제1차 세계대전 이후 경제적으로 가장 규모가 크고 발전된 국가가 되었으나, 제2차 세계대전 이후에야 세계 무역점유율과 투자점유율에 있어서도 이전의 영국과 같은 정도로 우위에 서게 되었다.

5. 논지의 입증

보다 개방된 무역구조가 패권에 의해 이끌어진다는 주장은 지금까지의 논의에서 제시된 경험자료에 의해, 완벽하지는 않으나 어느 정도 성공적으로 입증된다. 이 주장은 1820년에서 1879년, 1880년에서 1900년, 그리고 1945년에서 1960년에 이르는 기간을 설명하는 데는 성공적이나, 단 1900년에서 1913년, 1919년에서 1939년 및 1960년에서 현재에 이르는 기간을 완전하게 설명하지는 못한다.

1) 1820~1879년

이 기간은 국제무역구조가 점차 개방되는 시기 중의 하나였으며, 동시에 패권국가가 상승세에 있던 시기 중의 하나이기도 했다. 당시 영국은 새로운 무역구조를 위한 선전과 지지의 역할을 수행하였다. 영국은 다른 어느 나라보다도 먼저 1820년대에 무역장벽을 낮추기 시작하였고, 1860년 프랑스와의 콥든-쉐발리에 조약으로 각국간에 일련의 쌍무적 관세인하를 선도하였다. 여기서 한 가지 주의할 점은 이같은 추세에 미국은 거의 개입되지 않았다는 것과 19세기 내내 미국의 무역비중이 증가하지 않았다는 사실이다.

보다 개방된 구조를 확립시키기 위해 영국은 자국 경제의 힘과 내적 적응력(flexibility)을 사용하였다. 국내적으로 볼 때, 개방은 점차 증대되는 공업부문 세력에 의해 지지되고 있었다. 게다가 농업부문의 저항은 영국경제의 조정능력에 의해 상쇄될 수 있었다. 자본투자율과 기술 개발 속도가 충분히 높았으므로 곡물법 폐지 30년 후까지는 농업소득이 떨어지는 것을 막을 수 있었던 것이다. 상징적인 측면에 있어서도, 콥든과 브라이트가 이끄는 맨체스터 학파가 자유무역에 대한 이념적 정당성을 제공해 주었다. 이들의 영향력은 유럽 전역에 퍼져나갔고 영국은 최소한 대부분의 엘리트들에게 발전의 한 전형으로 자리잡게 되었다.

영국은 또한 많은 후진지역을 개방시키기 위해 군사력을 사용하기도 했다. 그로 인해 19세기 내내 남미에 대한 영국의 개입이 빈번하였고, 직·간접적 식민지 확장으로 아프리카 내륙이 열리게 되었다. 그러나 역시 가장 중요한 것은 인도를 국제경제체제로 끌어낸 것이다.[19] 영국의 군사력은 콥든-쉐발리에 조약을 성사시키는 데도 작용하였다. 왜냐하면 개방의 경제적 영향보다는 영국과의 관계를 공고히 하는 데 루이 나폴레옹이 더 신경을 쓰고 있었기 때문이다. 일단 이 조약이 체결되자 수많은 조약들이 뒤따르게 되었다.[20]

개방체제를 창출하기 위해 경제적 수단들도 적절히 사용되었다. 우선 곡물법의 폐지는 유럽 대륙의 곡물 생산자들로 하여금 확장되고 있는 영국 시장에 접근할 필요와 동기를 느끼게 하였다. 또 영국은 19세기 국제통화체제의 중심에 있었는데, 당시 통화체제는 최소한 선진국가들과 이에 연관된 몇몇 지역에 대해서는 지극히 잘 기능하고 있었다. 각국의 환율들은 안정되어 있었고, 각국이 주기적으로 일어나는 결제상의 문제들을 해결하기 위해 무역장벽을 설치할 필요도 없었던 것이다. 바로 이 체제에 대한 신뢰와 유동성이 영국에 의해 제공되고 있었다. 우선 정화(正貨, specie)보다는 파운드화에 의한 결제가 점차 보편화되어 금·은 생산의 변화에 따라 일어나곤 하던 유동성의 문제를 경감시키게 되었다. 다른 국가들의 중앙은행과 민간은행들 역시 점차 런던에 현금 준비금을 예치하고 서로 금을 교환하여 정산하기보다는 계좌상의 정산을 하게 되었다. 한편으로는 극히 잘 발달된 금융기관들이 런던에 자리잡고 있으면서 국제 간 상품교역을 원활히 하는

---

19) John Gallagher and Ronald Robinson, "The Imperialism of Free Trade," *Economic History Review*, 2nd Series, vol.VI, August 1953, pp.1-15.

20) Kindleberger(fn.9), p.41.

데 필수적인 단기융자를 제공하였다. 다음으로, 은 가격의 하락으로 인해 1870년 이후 모든 나라들이 사실상의 금본위제도를 택하게 됨에 따라, 영국이 어느 정도 우연히도 금본위제도를 일찍부터 채택·고수하였던 것이, 결과적으로 당시 국제통화체제에 대한 신뢰의 중요한 근원이 되었다. 영국 경제의 힘에 기반을 둔 파운드화에 대한 신뢰 덕분에 영국은행(Bank of England)이 통화 위기시마다 최종 대부자(lender of last resort)로서 기능할 수 있었던 것이다.[21]

19세기의 3/4분기까지 영국은 개방된 국제무역구조를 원했고, 영국의 힘은 이를 창출하도록 해 주었던 것이다. 단, 이 구조는 전 세계적인 것은 아니었다. 이미 1860년대에 이르면 영국보다 더 경제규모가 커지고 또 기술 수준 역시 급속히 발전하고 있던 미국으로 하여금 보호주의 정책을 포기하도록 유도 혹은 강요하기에는, 영국이 지니고 있었던 자원이 충분치 못했던 것이다. 국력이론에 따르자면, 상승하고 있는 경제적 패권국이 영향력을 미칠 수 있는 지리적 경계내에서만 개방이 이루어졌던 셈이다.

2) 1880~1900년

19세기의 마지막 20년간은 국제무역구조가 어느 정도 폐쇄되었던 시기이며, 이는 1인당 소득과 총경제규모 및 세계 무역점유량에 있어서 영국의 상대적 하락과 일치한다. 관세율 인상을 촉진했던 계기는 대륙횡단철도의 건설에 의해 미국 중서부의 값싼 곡물이 유입될 수 있었던 데 있다. 이에 대한 각국의 반응은 다양하였다. 먼저 영국은 농업부문의 쇠퇴를 방임하였다. 이는 영국경제가 당시까지도 세계경제에서 강력한 우위에 있었다는 점을 감안할 때 예상 밖의 반응은 아니다. 소규모이면서 비교적 발전된 수준

---

21) Robert Triffin, *The Evolution of the International Monetary System*, Princeton: Princeton Studies in International Finance, no.12, 1964, pp.2-20; R. G. Hawtry, *The Gold Standard in Theory and Practice*, London: Longmans, Green, 1947, pp.69-80; Leland Yeager, *International Monetary Relations*, New York: Harper and Row, 1966, pp.251-261; Sidney E. Rolfe and James Burtle, *The Great Wheel: The World Monetary System, a Reinterpretation*, New York: Quadrangle, 1973, pp.10-11; Condliffe(fb.9), pp.343-380.

에 있었던 덴마크의 경우 역시 관세인상을 자제하면서 농업부문을 낙농업 위주로 전환시켰다. 이같은 개방정책은 다른 소규모 국가들에 의해서도 추진되었다. 반면 독일과 프랑스, 러시아, 이탈리아 등은 고율의 관세를 부과하기 시작하였고, 당시 영국은 이러한 정책들을 제어할 수 있는 군사력이나 경제력을 지니고 있지 못하였다. 그러나 런던이 중심이 된 국제통화체제의 제도적 구조는 붕괴되지 않았다. 또 고율의 관세에도 불구하고 무역비중은 그리 크게 감소하지 않았다.

3) 1945～1960년

패권이 개방을 추동한다는 논지로 쉽게 설명되는 세 번째 시기는 미국의 부상으로 특징지을 수 있는 제2차 세계대전 뒤의 15년간의 시기이다. 이 기간 동안 국제무역구조는 지속적으로 개방됐다. 관세율이 하락하고 무역비중이 전간기 수준보다 크게 높아졌으며, 1950년대 후반이나 되어서이지만 지역 집중적 무역형태가 감소하기 시작하였다. 또 우리의 이론이 예측한대로, 미국의 경쟁국인 소련은 자기 영향권하의 지역적 요새에 머물러 있었다.

19세기 영국의 경우와는 달리 제2차 세계대전 뒤의 미국은 양극적(bipolar) 국제정치구조내에서 움직이고 있었다. 이로 인해 미국은, 자유무역은 추구하되 유럽공동시장(Common Market)이나 일본의 수입제한정책 등에 대해, 이 지역들이 자신의 전체적 영향권하에 남아 있게 하기 위해 이를 용인하는 정책을 취하였다.[22] 미국은 국내적으로는 1934년 처음 통과된 호혜통상협정법이 제2차 세계대전 뒤 수차례 연장되었고, 국제적으로는 관세 및 무역에 관한 일반협정(General Agreement on Tariffs and Trade: GATT)이 제시하는 관세인하의 틀을 지지했다. 또 미국의 정책결정자들은 미국의 경제적 이점을 이용하여 영국으로 하여금 제국특혜체제(imperial preference system)를 포기하도록 만들었다.[23] 브레턴우즈(Bretton Woods)

---

22) Raymond Aaron, *The Imperial Republic,* Englewood Cliffs, N. J.: Prentice-Hall, 1973, p.191; Gilpin(fn.12), pp.409-412; Calleo and Rowland(fn.6), ch.3.
23) Lloyd Gardner, *Economic Aspects of New Deal Diplomacy,* Madison: University of

에서 수립된 국제통화체제 역시 기본적으로 미국의 창조물이었다. 사실상, 이 체제에 유동성을 공급한 것도 미국의 적자(deficit)였고, 신뢰를 제공한 것 역시 미국경제의 규모였던 것이다. 이 모든 경제적 현상 뒤에는 다른 선진 시장경제들에 대한 미국의 군사적 보호막이 쳐져 있었다. 이것이야말로 이들이 개방된 국제무역체제를 받아들이도록 하는 데 결정적인 유혹으로 작용했고, 실제로도 이들에게 비교적 유리한 것이었다.

다음 시기에 대해서는 앞 시기만큼 패권과 개방의 관계가 잘 설명되지 않는다.

4) 1900~1913년

제1차 세계대전 직전의 기간 동안 국제무역체제는 무역의 비중과 지역화 측면에 관한 한 보다 개방적으로 되어가고 있었다. 영국은 당시까지도 가장 큰 경제체로 남아 있었지만, 그 상대적 지위는 이미 20년 전부터 하락하고 있었다. 그렇지만 자유무역과 런던의 금융기관들에 대한 영국의 확고한 지지는 계속되고 있었다. 이러한 정책에 대해 국력이론은 몇 가지 재고를 요구한다.

무역비중이 증가된 데 대한 아마도 가장 단순한 설명은 제1차 세계대전 이전의 시기에 유럽으로부터 막대한 자금이 유출되어 점증하던 상품대금의 결제가 이 대여금에 의해 이루어졌다는 것이다. 영국은 물론 독일과 프랑스도 이 추세에 가담하고 있었다. 특히 통화체제를 중심으로 한 제도적 구조가 1879년 이후 부과된 고관세에도 불구하고 이같은 자본의 흐름을 가능하게 하여 무역의 흐름이 증가되도록 하였던 것이다. 만일 영국이 자신의 정책을 재고했다면 아마도 이러한 현상이 일어나지 않았을지도 모른다.

5) 1919~1939년

제1차 세계대전부터 미국이 세계 최강의 경제대국으로 부상하게 되었

Wisconsin Press, 1964, p.389; Gilpin(fn.12), p.409.

다. 그러나 과연 개방체제를 수립할 수 있을 정도로 미국경제의 규모가 컸는지에 대해서는 의문의 여지가 있다. <표 3>와 <표 4>에 나타나듯이, 19세기 말 영국의 경우 세계 무역 및 투자점유율이 최대경쟁국보다 100%나 컸음에 비해 미국은 각각 26%와 55%만큼 큰 데 불과했다. 어쨌든 한 가지 명백한 점은 미국의 정책결정자들이 국제무역구조를 개방시키려는 노력을 거의 하지 않았다는 사실이다. 문호개방을 주창한 것은 단지 구두선에 그쳤을 뿐 실제 정책은 아니었던 것이다. 오히려 패권의 역할을 계속하려 했던 것은 바로 영국이었다.

무역부문에 국한해 볼 때, 1922년 미국의 포드니-맥컴버 관세법은 보호주의를 증가시켰고, 이 경향은 1930년 스뭇-홀리 관세법으로 대폭 강화되어 마침내 보호주의 정책의 큰 흐름을 일으키게 되었다. 미국은 개방이 아니라 폐쇄의 방향으로 세계경제를 이끌어 갔던 것이다.

국제통화부문에 있어서도 미국 정부는 당시의 혼란상황을 바로잡으려는 노력을 하지 않았다. 1920년대 전반 동안 전쟁에 따른 인플레이션 압력으로 인해 많은 국가들이 금본위제를 포기하게 됨에 따라 주요국 화폐 간의 환율이 대폭 변동하고 있었다. 1920년대 중반에 비로소 태환성은 복구되었으나 각국 화폐의 복구된 가치는 장기적 균형과는 거리가 먼 것이었다. 예컨대 영국의 파운드화는 평가절상되어 있었고 프랑스의 프랑화는 절하되어 있었다. 그 결과 1931년 9월 영국은 금본위제에서 이탈할 수밖에 없게 되었고, 이에 따라 1929년 4월 우루과이를 필두로 시작된 금태환 포기의 세계적 추세가 가속화되었다. 1933년에는 미국이, 그리고 1936년에는 프랑스가 각각 금본위제를 포기함으로써 이 추세는 종결되었다. 1930년대에 들어 국제통화체제가 붕괴된 것이다.[24]

1920년대와 1930년대의 정치적 분위기하에서 안정된 국제통화체제를 구축한다는 것은 용이하지 않았을 것이다. 그러나 미국은 이를 위한 어떠한 노력도 하지 않았다. 우선 전후 자본흐름의 대부분이 독일에 대한 미국의 차관공여, 영국 및 프랑스에 대한 독일의 전쟁 배상금, 그리고 미국에 대한 영국과 프랑스의 전시채무(戰時債務) 상환이라는 형태를 띄고 있었음

---

24) Triffin(fn.19), pp.22-28; Rolfe and Burtle(fn.19), pp.13-55; Yeager(fn.19), pp.278-317; Kindleberger(fn.11), pp.270-271.

에도 불구하고 미국은 끝까지 전시채무와 전쟁 배상금 간의 연관성을 인정하려 들지 않았다. 결과적으로, 대공황을 촉발시킨 데에는 1920년대 후반 미국의 대여자금이 감축된 것도 작지 않은 요인으로 작용하게 되었다. 뒤따른 통화수축의 대붕괴에 직면하여 영국은 사실상 최종 대부자의 역할을 하기에는 너무 허약했고, 미국은 오히려 서구 경제를 복구하려는 노력을 사실상 방해했다. 1933년의 런던통화회의(London Monetary Conference)가 열리기 직전 루스벨트(Franklin D. Roosevelt) 대통령이 금본위제의 포기를 선언함으로써 런던 회의의 기본 전제를 뒤바꿔버렸던 것이다. 미국의 관심은 오로지 국내경제의 복구에만 있었다.[25]

그렇다고 당시 미국의 행태가 완전히 괴팍스럽기만 했다는 것은 아니나, 미국이 제공한 협력은 변덕스러웠고 또 민간부문에 의한 것이 많았다. 예를 들면 1920년대에 뉴욕 연방준비은행(Federal Reserve Bank of New York)은 파운드화를 보호하기 위해 뉴욕의 이자율을 런던보다 낮게 유지하려고 시도하기도 하였다.[26] 또 도즈(Dawes)와 영(Young)이라는 두 미국인들이 독일의 전쟁 배상금 반환 재협상에 자신들의 이름을 빌려주기도 하였는데, 사실상 대부분의 일은 영국의 전문가들에 의해 처리되었다.[27] 정부 차원에서 미국의 지도력이 최초로 발휘된 것은 1931년 6월 후버(Herbert Hoover) 대통령이 전시채무와 전쟁 배상금의 지불 유예를 주창하였던 때였다. 그러나 전쟁배상을 사실상 종결시켰던 1932년의 로잔느회의(Lausanne Conference)에 미국은 참석조차 하지 않았다.[28]

미국이 어떤 형태로든 실질적인 지도력을 행사하려 한 때는 1930년대 중반부터였다. 우선 1934년의 호혜통상협정법에 따라 1945년까지 미국은 27개 국가와 쌍무협정을 체결하였고 이에 따라 관세부과 대상품목의 64%에 대해 미국의 양보가 있었고 평균 44%의 관세인하가 이루어졌다. 그러나 애초에 관세가 너무 높았으므로 이 협정들의 실제 효과는 제한되어 있었다.[29] 영국과 프랑스의 경우에도 몇 가지 완만한 무역자유화 조치가 취

---

25) Kindleberger(fn.11), pp.199-224; Yeager(fn.19), p.314; Condliffe(fn.9), p.499.
26) Triffin(fn.19), p.22.
27) Kindleberger(fn.11), p.296.
28) Condliffe(fn.9), pp.494-497.
29) Evans(fn.13), p.7.

해졌다. 국제통화의 분야에 있어서도 미국, 영국 및 프랑스는 1936년 9월
의 삼자 선언(Tripartite Declaration)을 통해 환율 안정성을 유지하겠다고
서약하였다. 지금까지 논의한 이러한 행동들은 개방된 국제경제구조를 창
출하는 데 부적합한 것이다. 전간기 동안, 그리고 특히 1930년대 중반 이
전의 미국의 정책은 상승기에 있는 패권국가의 행태에 대해 국력이론의 설
명이 예측하는 것과 부합되지 않는다고 하겠다.

  6) 1960년~현재

  국력이론의 설명이 부적절한 마지막 시기는 지난 10여 년간이다.[30] 최
근 미국경제의 상대적 규모와 발전 수준은 하락하고 있다. 그러나 미국의
쇠퇴가 보호주의로의 명백한 선회로 이어지지는 않고 있다. 1962년의 통
상확대법(Trade Expansion Act)은 상당히 자유주의적인 것이며, 1960년대
중반의 케네디 라운드가 성공적으로 종결되도록 이끌었다. 또 보호주의적
인 버크-하트키 법안(Burke-Hartke Bill)이 통과되지도 않았다. 1974년의
무역법에는 특히 비관세장벽 철폐에 대한 의회의 재심제도나 상계관세
(countervailing duties)의 보다 철저한 부과 요구 등 분명 보호주의적인 측
면이 포함되어 있으나, 전후 관세인하를 이루는 데 초석이 되었던 대통령
의 재량권(discretionary power)이 그대로 유지되고 있다. 철강수출 자율규
제협정(Voluntary Steel Agreement)이나 1971년 8월 발표된 경제정책, 그
리고 농산물 수출의 규제 등 보호주의로의 추세는 존재하고 있으나, 개방
으로부터 근본적으로 멀어지고 있다는 확증은 아직 발견되지 않고 있는 것
이다.
  국제무역체제의 움직임에 관한 한, 1960년대의 10년간은 보다 개방된
시기임이 명백하다. 무역의 비중이 증대되었고, 전형적인 지역화 양상도
약화되었다. 이에 반해 국력이론의 설명은 미국의 힘이 약화됨에 따라 이
같은 지표들이 하락하거나 최소한 동요될 것으로 예측된다는 것이었다.
  국제무역구조의 전반적 양상은 영국과 미국의 패권이 상승하던 두 시기
와 한 공백기에 상응하는 국력이론의 예측에 부합된다. 그러나 전체적 양

  30) 이 글이 1970년대 중반에 쓰여졌음을 상기하라—역자주.

상은 일치되지 않고 있다. 즉 영국의 경우 그 지위가 쇠퇴한 뒤에도 오랜 기간 동안 개방이 추구되었고, 미국의 경우에는 세계 최강의 경제대국이 된 뒤 상당 기간 동안 개방이 추구되지 않았던 반면, 상대적으로 쇠퇴하는 기간에는 개방에의 추구가 지속되었던 것이다. 이와 같은 지연 반응을 고려하여 국력이론을 수정할 필요가 여기에 있다.

6. 논지의 수정

국제무역체제의 구조는 국가 간 잠재적 국력 분포의 변화에 완전 일치하여 움직이지는 않는다. 체제란 것은 국력이론이 예측하듯이 주어진 매순간마다 국가이익이 면밀히 계산되어 창출되고 종결되는 것이 아니라 통상 대격변과 같은 외부적 사건에 의해 생성·소멸되곤 하는 것이다. 예컨대 1879년에 개시된 국제경제체제의 폐쇄는 19세기 말의 대공황과 일치되었다. 또 19세기 국제경제체제의 최종적인 해체는 영국의 정책이나 통화정책상 변화에 따라 일어난 것이 아니라 제1차 세계대전과 대공황에 의해 촉발된 것이다. 1840년대의 감자 대흉작이 곡물법 폐지를 촉진시킨 것도 한 예이다. 미국의 경우도 6년간의 전면전으로 인류가 발가벗겨진 상태에 이르지 않았더라면 세계 지도국으로서의 자세를 감당하려 하지 않았을지도 모른다. 국가가 국가이익에 부합되도록 극적으로 정책 변환을 이루게 하기 위해서는 어떤 형태의 촉매적인 외부사건이 필요한 것으로 보인다.

일단 한 정책이 채택되고 나면, 새로운 위기가 닥쳐와서 이러한 정책이 더이상 실현성이 없다고 판명될 때까지 그 정책이 추구된다. 국내 정치구조에 대한 이전 정책의 영향에 의해 국가가 고착되는 것이다. 1846년 개방을 선택한 영국의 결정은 국가이익과 일치된다. 이는 동시에 보다 개방적 국제체제에서 활동할 기회를 얻게 된 공업 및 금융부문의 사회집단의 지위를 강화시켜주었고, 반면 농민세력을 약화시켰다. 일단 지위를 굳힌 영국의 수출산업들과 특히 런던 금융가 세력들은 폐쇄정책에 대해 저항하게 되었던 것이다.[31] 전간기에 영국의 이자소득 계급(rentier class)은 자신들의

31) Robert Gilpin, *American Power and the Multinational Corporations: The Political*

투자액을 보호하기 위해 전쟁 전의 파운드화 가치를 복원시키려고 끈질기게 노력하였는데, 이는 국내경제에 엄청난 디플레이션 압력으로 작용한 바 있다.[32]

국력의 상승기에 창조된 제도들은 이들이 더이상 적절치 않게 되었음에도 불구하고 지속적으로 움직이게 된다. 19세기 영국 금융계는 국내영업과 해외영업을 분리하여 조직되었는데, 영국은행(Bank of England)의 수뇌부는 국제금융업자들에 의해 장악되어 있었다. 따라서 영국의 통화정책은 국제경제에 맞추어 결정되었던 것이다.[33] 다른 제도적 상황하였다면 1900년 이후 국내경제의 활성화 필요에 보다 많은 주의가 기울여졌을지도 모른다. 영국의 국가 역시 과거 정책이 이루어 놓은 국내구조로부터 자유로워질 수 없었고, 영국이라는 별이 지기 시작한 오랜 뒤에도 패권 상승기에나 적합한 정책을 지속하였던 것이다.

이와 유사하게 미국의 과거 정책 역시 결과적으로 국가정책을 속박하는 사회구조와 제도를 잉태하였다. 한 세기에 걸쳐 수입경쟁산업을 보호하게 되자, 국가이익을 위한 보다 개방적 정책이 1920년대에도 선택될 수 없었던 것이다. 제도적으로 볼 때, 관세감축의 결정권은 기본적으로 의회의 위원회가 장악하고 있어서 보호주의 혜택을 추구하는 어느 집단이라도 정책 결정 과정에 쉽게 접근할 수 있었다. 심지어 이 집단들 간에 이해갈등이 생기면 당사자 모두에게 보호주의 혜택을 높여주는 식으로 해결되곤 했다. 이같은 무역정책 결정과정은 대공황의 참화 이후에나 바뀌게 되었다. 의회 위원회보다는 훨씬 사회집단의 요구로부터 격리되어 있는 대통령에게 보다 큰 권한이 주어지게 된 것이다.[34] 다른 한편으로, 미국의 상업금융체제

Economy of Foreign Investment, New York: Basic Books, 1975, ch.3; Kindleberger (fn.11), p.294.

32) Yeager(fn.19), p.279.

33) Condliffe(fn.9), p.347.

34) 이는 로위(Theodore Lowi)로부터 이끌어 낸 것이다. 특히 그의 "Four Systems of Policy, Politics and Choice," *Public Administration Review,* vol.XXXII, July ~ August, 1972, pp.298-310을 참조하였다. 또한 다음을 참조하라. E. E. Schattschneider, *Politics, Pressure and the Tariff: A Study of Free Enterprise in Pressure Politics as Shown in the 1929~1930 Revision of the Tariff,* New York: Prentice-Hall, 1935.

로는 1920년대 국제경제를 통솔하는 짐을 질 수 없었다. 미국의 제도는 국
내경제 지향적으로 운용하게 되어 있었던 것이다. 제2차 세계대전 이후에
야, 사실상은 1950년대 말이 되어서야 미국은행들은 국제통화체제에서의
달러의 역할에 충분히 걸맞는 복잡한 제도적 구조를 갖추게 되었다.[35]

1945년 이후의 개방체제를 창출한다는 중대한 결정을 한 이상, 미국의
정부는 세계적 경기수축이라든가, 대평원 지대의 극심한 가뭄 혹은 산유국
보유 달러의 악용 등과 같이 자신이 통제할 수 없는 외부 사태에 직면하기
전에는 이 정책을 변경하려 들지 않을 것이다. 스뭇-홀리 관세에 대한 명쾌
한 분석에서 샷슈나이더가 표현한 대로, 지구상 어느 나라보다도 미국에
있어서는 "새로운 정책이 새로운 정치를 창조한다."[36] 왜냐하면 미국에 있
어서 국가는 허약하고 사회가 강력하기 때문이다.[37] 따라서 국가의 이익
때문에 취해진 국가의 결정은 국가가 후에 저항할 수 없을 정도로 사회집
단들을 강화시키게 된다. 예컨대 1950년 이후 다국적 기업들은 계속 성장,
번성해 왔던 것이다. 또 국제경제정책의 결정권은 의회로부터 행정부로 건
네졌다. 이런 상황에서 노조 등과 같이 폐쇄를 선호하는 집단들이 뜻한 바
를 이루는 것은, 아마 기존 정책이 더이상 수행될 수 없다는 사실이 몇 가
지 외부사태에 의해 드러나기 전까지는 어려울 것이다.

국제무역의 구조는 충격과 경악 속에 변화하는 것이지, 잠재적 국력이
재분포됨에 따라 유유히 흘러가는 것이 아니다. 하지만 혼란상태가 벌어지
거나 기껏해야 로크(Locke)적인 자연상태가 지속되는 상황에서 질서를 창
출해 내는 것은 바로 국가들의 힘과 정책인 것이다. 최근 학자들의 주목을

---

35) 제2차 세계대전 이후 미국은행들의 해외팽창에 대해서는 Janet Kelly, "Ameri-
can Banks in London," Ph.D. diss., Johns Hopkins University, 1975을 참조.
36) Schattschneider(fn.31), p.288.
37) 국가와 사회의 상대적 힘이 대외경제정책에 미치는 영향에 관해 많은 시사점
을 던져주는 논의로는 Peter J. Katzenstein, "Transnational Relations and Do-
mestic Structures: Foreign Economic Policies of Advanced Industrial States,"
International Organization, vol.XXX, Winter 1976을 참조하라. 또한 다음을 참
조하라. Samuel P. Huntington, "Paradigms of American Politics: Beyond the
One, the Two, and the Many," *Political Science Quarterly,* vol.89, March 1974,
pp.16-17; Samuel P. Huntington, *Political Order in Changing Societies,* New
Haven: Yale university Press, 1968, ch.2.

끌고 있는 여러 가지 초국가적, 다국적, 초정부적 혹은 기타 비국가적 행위자들의 존재는 국가이익과 국력에 궁극적으로 기반을 둔, 보다 광범위한 구조의 맥락에서만 이해될 수 있을 것이다. 비록 국가란 것이 과거에 자신이 취한 결정이 가져오는 사회적 결과로 인해 구속될 수도 있지만 말이다.

● 부록

<표 1> 1인당 소득

연도	영국	미국	프랑스	독일	일본
1. 1860	325(1870)	357	133	152	미확인
2. 1883	380	292(1874~83)	156(1880)	206	미확인
3. 1899	830	790	360	525	65
4. 1913	920	1,000	400	560	90
5. 1929	915	1,380	605	625	145
6. 1937	1,055	1,330	540	685	185
7. 1950	1,085	1,940	775	665	135
8. 1955	1,245	2,195	925	975	185
9. 1957	1,280	2,185	1,015	1,070	220
10. 1960	1,368	2,817	1,336	1,300	462
11. 1963	1,586	3,151	1,743	1,670	711
12. 1969	1,987	4,578	2,813	2,526	1,644
13. 1972	2,472	5,751	3,823	4,218	2,823

주: 1~2줄의 지표는 1인당 실질생산(Real Product/P)이며 단위는 IU's*임. 3~9줄의 지표는
   1인당 국내총생산(GDP/P)이며 단위는 1955년 고정 US달러화임. 10~13줄의 지표는 1
   인당 국내총생산(GDP/P)이며 단위는 경상 US달러화임.
   * IU's(International Units): 1925~34년 동안 미국에서 평균적으로 1달러와 교환된 상품
   의 양.
출처: Colin Clark, *The Conditions of Economic Progress,* London: Macmillan, 1957, ch.III,
   Tables 23, 40, 22, 21, 28(1~2줄), Alfred Maizels, *Industrial Growth and World Trade,*
   Cambridge: Cambridge University Press, 1963, p.533, 531(3~9줄), *United Nations
   Statistical Yearbook,* 1974, pp.596-598(10~13줄)

<표 2> 총경제규모

연도	영국	미국	프랑스	독일	일본
1. 1860	8.34(1870)	11.25	4.84	5.70	미확인
2. 1874~83	11.55(1883)	14.23	5.88(1880)	10.54(1883)	미확인
3. 1899	34.00	59.00	14.00	29.30	2.80
4. 1913	42.00	97.00	16.00	37.50	4.80
5. 1929	42.00	168.00	25.00	40.50	9.10
6. 1937	50.00	171.00	22.40	46.50	12.99
7. 1950	54.70	294.00	32.40	31.80	11.10
8. 1955	63.50	362.50	40.00	49.00	16.50
9. 1957	66.00	376.00	44.80	55.00	19.80
10. 1960	71.20	509.00	61.00	72.00	43.10
11. 1963	84.60	596.00	83.30	96.20	68.10
12. 1969	109.70	928.00	141.50	153.70	168.00
13. 1972	153.00	1,151.90	197.70	260.20	299.20

주: 1~2줄의 지표는 실질소득(Real Income)이며 단위는 100만IU's*임. 3~9줄의 지표는 국
   내총생산(GDP)이며 단위는 1955년 고정가격 US 10억 달러임. 10~13줄의 지표는 국내
   총생산(GDP)이며 단위는 경상가격 US 10억 달러임.
   * IU's(International Units): 1925~1934년 동안 미국에서 평균적으로 1달러와 교환된 상
   품의 양.
출처: Colin Clark, *The Conditions of Economic Progress,* London: Macmillan, 1957, ch.III, Tables
   23, 40, 22, 21, 28(1~2줄), Alfred Maizels, *Industrial Growth and World Trade,*
   Cambridge: Cambridge University Press, 1963, p.531, 533(3~9줄), *United Nations Statist-
   ical Yearbook,* 1974, pp.596-598(10~13줄).

<표 3> 총경제규모와 1인당 소득

연도	총경제규모				1인당 소득			
	단위	소련	미국	영국	단위	소련	미국	영국
1. 1913	10억 IU's	22.3	48.0(1914)	20.39	IU's	161	508(1914)	530
2. 1928	〃	25.5	82.3	22.50	〃	168	686	535
3. 1932	〃	22.3	61.5	21.36	〃	141	499	513
4. 1937	〃	33.95	90.7	27.56	〃	206	707	637
5. 1938	〃	34.9	86.1	26.70	〃	207	666	624
6. 1940	〃	41.0	103.0	30.48	〃	236	789	미확인
7. 1951	〃	54.1	170.7	30.16	〃	267	1,122	597
8. 1958	10억 달러	144.8	406.6	미확인	U.S.달러	700	2,324	미확인

출처: Clark, *The Conditions of Economic Progress*, ch.IV, Table 23, ch.III, Table 40(1~7, 9~
15줄), Simon Kuznetz, *Postwar Economic Growth*, Cambridge: Harvard University Press,
1964, p.29(8, 16줄).

<표 4> 세계무역 점유율

연도	영국*	프랑스	독일	러시아	미국**	일본
1720,1750,1780	14.1	9.7	10.2	9.4	1.0	미확인
1820,1830	21.6	9.9	11.5	6.7	6.0	미확인
1830,1840	20.8	10.8	10.2	6.4	6.3	미확인
1840,1850	20.1	11.4	8.8	5.3	7.3	미확인
1850,1860	22.7	11.3	8.6	4.0	8.3	미확인
1860,1870	25.1	10.8	9.2	4.0	8.3	미확인
1870,1880	24,0	10.8	9.7	4.5	8.8	미확인
1880,1890	22.4	10.2	10.3	3.9	9.8	미확인
1913	15.5	7.3	12.1	12.8	12.9	미확인
1928	13.7	6.1	9.3	8.3	17.3	미확인
1937	14.1	4.8	8.3	7.4	16.0	5.1
1950	11.6	5.3	4.1	미확인	16.7	1.6
1958	9.3	5.0	7.5	3.9	20.0	2.7
1969	7.0	6.0	10.0	2.0	15.0	6.0
1973	9.0	9.0	16.0	2.0	19.0	9.0

* 1913~1937년: 영국과 아일랜드 합산
** 1913~1937년: 북아메리카 대륙 합산
출처: Simon Kuznets, *Modern Economic Growth*, New Haven: Yale University Press, 1966,
pp.306-308(1720~1937); International Monetary Fund, *Direction of Trade*, various
years,
United Nations, *Yearbook of International Trade Statistics*, various years(1950~1973).

<표 5> 해외투자

총해외투자액 (10억 달러)					해외자본투자의 점유율(%)				
연도	영국	프랑스	독일	미국	연도	영국	프랑스	독일	미국
1874	4.6	미확인	미확인	미확인	1921~29	27.7	21.8	채무국	
1880	5.8	3.0	1.2	미확인	1930~38	14.1	1.3	채무국	
1890	9.5	4.0	2.8	미확인	1951~55	10.5	2.5	2.2	
1900	11.7	5.6	3.4	미확인	1956~61	10.2	6.2	9.2	
1914	18.3	8.7	5.6						

참고: 1900~1905년을 제외하고 미국은 전기간 동안 채무국이었다.
출처: Kuznets, *Modern Economic Growth*, pp.322-323; 1914년 자료에 대해서는 Mira Wilkins, *The Emergence of Multinational Enterprise*, Cambridge: Harvard University Press, 1970, p.201.

연성국가의 정책결정*

스티븐 크래스너

　사회 전체의 목적에 관련되고 장기간 지속되는 일련의 단계적 선택들을
수립함에 따라 국가이익이 규정된다. 그러나 이러한 일련의 목적들이 존재
한다고 해서 이것들이 반드시 실행에 옮겨지는 것은 아니다. 현실주의 접
근들이 주목해 왔듯이, 국제체계의 다른 국가들에 의해 국가 지도자들은

---

* Stephen D. Krasner, "Policy-making in a Weak State," *Defending the National
Interest: Raw Materials Investments and U.S. Foreign Policy*, Princeton: Princeton
University Press, 1978, ch.3(백창재 옮김).

▶ 전통적으로 국제관계의 분석단위는 국가가 유일한 것이었다. 즉 특정 국가가 특
　정한 국가이익을 확보하기 위해 특정한 행위를 한 것으로 분석했던 것이다. 그
　러나 1960, 70년대 이후 이러한 국가중심 접근은 관료정치모델이나 초국가적
　행위자를 중시하는 접근들의 도전을 받게 되었다. 특히 국제정치경제 분야에서
　는 초국적 기업이라든가 국제기구와 레짐 등의 중요성이 더욱 부각되면서 분석
　단위로서의 국가의 중요성이 경시되곤 했다. 예컨대 미국의 특정 대외경제정책
　을 분석하면서 미국내 이익집단들의 영향력이나 각 기구와 제도의 중요성 등이
　중시되는 반면, 국가이익을 관철하기 위한 국가의 행위의 결과로 단순화되지 않
　는 것이다. 이 글은 크래스너가 미국의 원자재 확보정책을 분석한 연구서 중 이
　론 부분을 발췌, 번역한 것이다. 서문에서 밝히고 있듯이 크래스너는 전통적인
　국가 중심의 접근으로 국제관계 연구가 복귀해야 한다고 주장한다. 이같은 주장
　을 뒷받침하는 사례로써 미국의 해외 원자재 확보정책을 분석한 것으로, 미국과
　같이 국가의 대내적 힘이 비교적 약하고 사회집단들이 강력한 경우에도, 대외정
　책에 있어 국가가 핵심적 행위자이며 핵심적 국가이익이 확보됨을 보여준다. 이
　글은 국가 개념의 중요성을 일깨워 준다는 점에서 특히 국제정치경제 분야의 국
　가중심 접근의 고전으로 남아 있다. 또한 단순히 국가를 유일한 분석단위로 설
　정한 것이 아니라 국가와 사회집단 간의 관계를 분석한 결과 국가의 상대적 우
　위를 발견했다는 점에서 전통적인 접근들과는 구별된다.

좌절될 수 있는 것이다.

이같은 기본 가정을 공유하고, 이 글에서는 국가에 가해지는 내적 제약을 강조한다. 즉 국제관계에 대한 구조적 접근에서는 국가가 마치 외부 압력이 침투 불가능한 당구공인 양 취급되지만, 이 글에서의 국가는 외부는 물론 내부적 저항까지 대처해야 하는 일련의 중앙정책 결정기구 및 역할로 규정된다.

내부적 저항을 극복할 수 있는 국가의 능력을 결정짓는 가장 핵심적인 분석적 성격은 곧 자신의 사회에 대한 국가의 힘이다.[1]

1. 강성국가와 연성국가

사회에 대한 국가의 힘은 가장 허약한 것에서 가장 강한 것까지의 연속선에 위치한 것으로 상정할 수 있다.[2] 가장 허약한 국가는 압력집단에 의해 완전히 침투되어 버린 국가이다. 이 경우 중앙정부기구는 국민 전체의 목적이 아닌 특수한 이익에만 봉사한다. 1975년부터 1976년까지 벌어진 내전 기간 중의 레바논이 이런 국가로 간주될 수 있을 것이다. 당시 레바논에서는 공공업무와 직위 모두가 회교도와 기독교도들 간에 나누어져 있었고, 국가의 집단적 이익이나 공동선이 무엇인가에 대해서도 거의 일치된

---

1) 이러한 분석을 발전시키기까지 필자는 특히 카젠스타인의 저작에서 큰 도움을 받았다. 특히 *International Organization*, 1977년 가을호에 있는 그의 글 "International Relations and Domestic Structures"와 "Introduction" 및 "Conclusion"을 참조.

2) 여기서 사용된 힘의 개념은 모든 국가들에서 벌어지고 있는 정부 활동영역의 증가현상과는 별개이다. 물론 이 둘은 연관되어 있다. 즉 활동영역의 확대는 국가권력의 증대를 뜻하기 쉽다. 하지만 이 둘간에 논리적 필연성이 존재하지는 않는다. 예컨대 미국의 규제정책 기구들에 관한 '포획론(capture theory)'에 따르면, 확대된 정부 활동영역에 의해 사적 부문에 대한 국가의 통제능력이 증가된 것이 아니라 공공기구에 대한 사적 부문의 침투가 용이해졌다고 한다. 또 미국의 경우보다 국가활동영역이 보다 큰 영국에 있어서도 정부 기관들은 독자적으로 새로운 정책을 추진하기보다는 협상과 갈등해소에 더 개입되어 있다. 이에 대해서는 J. P. Nettle, "The State as a Conceptual Variable," *World Politics*, vol.20, July 1968, p.583을 참조.

견해가 존재하지 않았던 것이다. 이러한 상태의 극단적인 경우는 결국 내전이며 국가의 완전 해체이다.

이에 대한 정반대의 끝에는, 자신이 존재하고 있는 사회와 문화를 재형성할 수 있는, 즉 사적 집단들의 경제적 제도와 가치 및 상호작용 양태를 변화시킬 수 있는 국가가 있다. 이렇게 압도적으로 강력한 국가는 오직 혁명 직후에나 존재해 왔다. 이것은 이 시기에 국가가 강력해졌다기보다는 기존 행위양식이 파괴됨으로써 사회가 상대적으로 취약해졌기 때문이다. 가장 대표적인 예로 1917년 후의 러시아와 1949년 후의 중국을 들 수 있다. 양국은 모두 수년에 걸친 전쟁을 겪어 왔다. 즉 중국의 경우, 거의 한 세기에 걸쳐 구체제가 무너져가고 있었으므로 서방으로부터의 압력에 대처할 수가 없었고, 러시아의 경우는 제1차 세계대전에 의해 초토화되었고 짜르 정부의 무능이 드러나게 되었다. 양국 모두 이후 권력을 장악한 체제는 경제적, 문화적, 심지어는 가족관계에 있어서까지 근본적 변화를 이루었다.

대부분의 국가들이 레바논만큼 약하지도 않고 그렇다고 혁명 후 공산체제처럼 강하지도 않다는 점은 명백하다. 요컨대 일반적으로 국가는 사회로부터 어느 정도의 자율성을 지니고 있으며, 단 이같은 힘은 경제 및 문화체계의 구조적 변환을 급속하고 극적으로 사회에 강제할 정도는 아닌 것이다. 사적 부문과 공적 제도 간에 어느 정도의 자율성이 존재하는 자본주의 혹은 시장경제하의 국가와 사회 간 관계에 대해 다음과 같은 세 가지 이념형(ideal type)을 상정할 수 있다.

첫 번째 경우로, 국가가 사회의 압력을 저항할 수는 있으나 사적 행위자들의 행태를 변화시킬 능력은 없다. 예컨대 중앙정책 결정자가 대기업의 요청을 묵살할 수는 있으나, 대기업으로 하여금 국가적 목적을 증진시키는 정책을 따르도록 만들거나 혹은 국영기업체와 같은 대안적 존재를 창조할 수는 없는 경우이다.

두 번째 이념형에 있어 국가는 사적 부문의 압력을 저항할 수도 있고 사적 집단들이 국익을 증진시키는 정책에 따르도록 설득할 수도 있으나, 국내적 환경을 구조적으로 변환시킬 수는 없다. 여기서 공직자들은 단순히 부정적 권력(negative power), 즉 사적 부문이 공공자원을 유용하여 사익을 추구하는 행위를 막을 수 있는 힘만 지니고 있는 것이 아니라, 긍정적 권력 (positive power), 즉 공공이익이 성취되도록 사적 행위자의 행태를 변화시킬 수 있는 힘도 지니고 있다. 하지만 국가는 반드시 기존 사회구조내에서 움직여야 한다. 경제적 측면에 있어서 이 구조는 경제행위를 통제하는 제도의 법적 성격(예컨대 정부 소유 기업인가 사적 소유 기업인가의 여부)이라든가, 부문들 간의 경제활동의 분배상태, 그리고 각 부문들내에서의 특정 기업의 위치 등에 의해 규정된다.

마지막 경우에 있어서, 국가는 기존 사적 행위자들의 행태를 변화시킬 수 있음은 물론, 일정 기간 동안 경제구조 자체를 변화시킬 수도 있다. 국가는 새로운 경제 행위자들을 만들어 낼 수도 있고, 대출이나 감세 등을 비롯한 지원책에 의해 새로운 경제부문을 육성할 수도 있으며, 국익을 증진시킨다고 판단되는 특정 기업을 우대할 수도 있다. 이러한 여러 가지 경우는 <표 1>에 요약되어 있다.

한 가지 주의할 점은, 연성(軟性), 중성(中性), 강성(强性) 및 압도적이라는 분류 자체가 자유주의적 접근이나 도구적 맑스주의의 접근방법과는 다른 가정을 전제로 하고 있다는 점이다. 이같은 네 가지 이념형 모두는 국가가 그 자신의 사회로부터 어느 정도의 자율성을 지니고 있음을 함의한다. 비록 연성국가의 경우처럼 사회 압력집단이 사익을 위해 공권력 수단을 사용하려는 것을 방지할 수 있는 힘이 제한된 경우에도 말이다. 또 중성국가나 강성국가, 그리고 압도적 국가의 경우 사회환경을 변화시킬 수도 있는데, 이런 현상은 다원주의나 도구적 맑스주의의 시각에서는 파악될 수 없는 것이다.

어느 한 국가가 이러한 분류에 꼭 들어맞을 가능성은 희박하지만, 이같은 이념형은 핵심적 특성을 부각시키는 데 도움이 된다. 연성·중성 및 강성형은 선진 시장경제국들의 정치에 가장 타당한 형태이다. 이러한 나라들에서 국가는 특정 이슈 영역에 있어서는 강력하고 다른 이슈 영역에 있어서는 허약할 수 있다. 모든 정책부문에 대해 국가가 동일한 정도의 힘을 지니고 있다고 선험적으로 가정할 이유가 없는 것이다. 예컨대 한 국가가 의료체계의 구조를 변경시킬 수 있는 힘은 지니고 있지 않지만, 반면 효과적인 수송체계를 건설할 수 있는 능력은 보유하고 있을 수도 있다. 선진 자본

<표 1> 사회에 대한 국가의 힘

	사회압력에의 저항능력		사적 부문 행태 변화능력		사회구조 변화능력	
	있다	없다	있다	없다	있다	없다
존재 않음		×		×		×
연성국가	×			×		×
중성국가	×		×			×
강성국가	×		×		×(완만히)	
압도적 국가	×		×		×	

주의의 국가는 대부분의 경우 몇몇 이슈 영역에 있어서는 '중성국가'에 해당되고 다른 이슈 영역에 있어서는 '연성국가'에 해당된다. 이들 중 어느 국가도 양끝의 극단적인 경우에 해당되지는 않으며, 비교적 소수의 이슈 영역에 있어 몇 개 국가가 '강성국가' 성격을 띠고 있다.

비록 이슈 영역에 따라 차이가 있긴 하지만, 선진 시장경제국들 간에는 국가의 힘에 있어 형태론적 상이점이 존재한다. 프랑스와 일본의 경우 아마 가장 강력한 국가를 지니고 있다고 볼 수 있다. 일례로, 내각이 빠르게 바뀌곤 하던 제4공화국 동안에도 프랑스 행정부는 사적 행위자들에 대해 공적 통제력을 행사할 수 있었다. 즉 행정 엘리트들은 자신이 상대하기 좋은 이익집단들을 선택할 수 있었고, 또 자신이 원하는 바와 일치되는 관점을 지니고 있는 집단들을 우대할 수도 있었던 것이다. 프랑스의 국가는 사적 행위자들의 행태를 변화시킬 수 있는 광범위한 정책수단을 보유하고 있다. 이 중 가장 강력한 것은 금융의 통제이다. 프랑스의 기업들은 자기 자본율이 낮기 때문에 자본시장에서의 대출에 의존해야 하며, 이 시장에 대해 국가는 강력한 영향력을 지니고 있다. 예컨대 프랑스 최대의 은행은 국영기업이며 민간은행들과도 정부는 긴밀한 관계를 유지하고 있는 것이다. 또 국익 증진에 도움될 것으로 판단되는 부문에 투자하기 위해 특별기금이 마련되어 있고 이 기금은 경제계획을 담당하는 관료에 의해 움직여지며 의회의 영향권 밖에 있다. 나아가 경제계획을 담당하는 관리들은 개별 기업들과 계약을 맺어 왔는데, 이같은 계약에서 사적 부문은 생산목표나 가격 등과 같은 특정한 경제목표를 달성할 것을 약속하고 이에 대해 정부는 감세, 관세율 변경, 사회보장 보험료 할인, 자본 조달상의 우대, 정부구매 보장, 연구개발비 보조 그리고 심지어 국영 텔레비전 방송에서의 무료 광고까지 제공한다. 이같은 제도에 의해 1950년대와 60년대를 통해 지시적 경제계획이 보다 효과적이 되었던 것이다.

프랑스 정부는 또한 발전이나 핵발전, 철도 및 항공수송 등의 핵심 경제 부문에 있어서는 반관반민 혹은 국영기업을 만들어 왔다. 예를 들면 석유 부문에 있어 프랑스 정부는 이미 1929년에 CFP사(Compagnie Français des Pétroles)의 공동 소유주가 되었고, 제2차 세계대전 후 석유산업에 대한 이같은 정부개입은 더욱 확대되어 1965년 정부는 군소업체를 합병하여 두 번째 탐사·개발 회사인 ERAP을 수립하였다. 이후 원유수입은 철저히 규제되고 있고 원유탐사를 위한 특별기금이 제공되고 있으며 프랑스 및 프랑화 통용 지역에서의 원유개발에 대해서는 세금감면의 혜택이 주어지고 있다. 이러한 정책에 의해 1970년대에 이르러서는 외국회사에 의해 프랑스 내에서 정제되고 판매되는 원유의 양은 상당 수준 감소되었다.3)

일본의 국가와 경제 간 관계도 프랑스와 유사한 형태를 띠고 있다. 통산성과 대장성을 필두로 한 관료들은 광범위한 정책수단을 지니고 있어서 경제 전체의 차원이 아닌 각 경제 부문 및 개별 기업 수준에서의 개입을 쉽게 해오고 있는 것이다. 특히 통산성은 특정 산업들에 대해 생산량 및 가격의 목표를 설정해 줌으로써 이들의 행위를 적극적으로 조정해 왔다. 통산성은 감가상각 기간의 단축을 통해 실질적인 감세 혜택을 제공할 수 있으며, 또 일종의 자문심의회 체제를 구축해 놓았다. 이렇게 하여 1950년대에 통산성은 철강, 유화, 중기계, 자동차, 전자, 인조고무 및 항공기산업 등을 발전시키고 합리화시켰던 것이다. 한편 국제경제와의 관계에 있어서도 일본은 선진 자본주의 국가 중 어느 나라보다도 더 확고한 통제력을 행사해 왔다.

---

3) Ezra N. Suleiman, *Politics, Power and Bureaucracy in France: the Edministrative Elite,* Princeton: Princeton University Press, 1974, ch.12; Andrew Shonfield, *Modern Capitalism: the Changing Balance of Public and Private Power,* London: Oxford University Press, 1965, pp.129-131; Raymond Vernon, "Enterprise and Government in Western Europe," *Big Business and the State: Changing Relations in Western Europe,* Cambridge: Harvard University Press, 1974, pp.12-14; Katzenstein, "International Relations and Domestic Structures," pp.36-37.

1950년대 내내 외화의 배분은 통산성이 담당하였고, 이는 국내경제를 통제하는 데 강력한 지렛대로 사용되었다. 게다가 통산성은 일본 총수출의 50~60%를 담당하는 대규모 종합상사들과 긴밀한 관계를 발전시켜 왔고 대장성은 낮은 이자율을 고수하는 정책을 추구하여 왔다. 또 대출의 배분이 제도적으로 통제되어 왔고, 대출과 자금 분배, 보조금 지급 등에 있어 차별이 관례화되어 왔다. 이러한 자본에 대한 대장성의 결정은 지금까지 특정 산업과 기업을 강화시키는 데 사용되어 온 것이다.[4]

프랑스와 일본에 있어 이같은 국가권력의 행사는 그 정치문화에 의해 용이해졌다고 볼 수 있다. 양국에서는 국가의 적극적 역할이 대부분 받아들여지고 있는 것이다. 예컨대 프랑스에서는 가격과 생산 양태라는 것이 주어진 조건이라기보다는 공적 통제의 대상이 되는 것으로 간주된다. 일본의 경우 사기업 활동에 대한 존중심도 있지만, 정부가 공정한 안내자 역할을 해야 한다는 신념이 이에 함께 공존하고 있다. 또 양국에서는 관료가 상당히 존경받고 있으며, 뛰어난 대학들의 가장 우수한 졸업생들이 사적 부문보다는 행정부를 택하는 경향이 있다.[5]

그렇다고 해서 프랑스와 일본에서는 국가가 항상 우위에 있고 민간부문은 단지 수동적·예속적 역할만 한다는 것은 아니다. 프랑스의 경우 공영기업이라도 자동적으로 국가목표에 예속되는 것은 아니며, 공영기업 역시 어느 정도의 자율성을 지녀야 한다는 점이 인정돼 왔다. 기업들은 정책 결정자들과 협상을 벌일 수 있고 심지어는 공식적 정책을 거부할 수도 있다. 최근 들어 프랑스 경제가 국제경제에 보다 깊이 관련 맺게 되면서 예전과 같은 긴밀한 통제는 점점 어려워지고 있다. 일본에 있어서도 최근 통산성과 대장성의 지휘적 역할이 점차 줄어들고 있다. 이는 부분적으로 일본경

4) 다음 책에서 통상, 산업조직 및 금융에 관한 논문들을 참조하라. Hugh Patrick and Henry Rosovsky(eds.), *Asia's New Giants: How the Japanese Economy Works*, Washington: The Brookings Institution, 1976.
5) Suleiman, op. cit., 1974, pp.18-19; Charles-Albert Michalet, "France," in Vernon(ed.), *Big Business and the State*, p.107; Hugh Patrick and Henry Rosovky, "Japan's Economic Performance: An Overview," in Patrick and Rosovsky(eds.), *Asia's New Giants*, p.53; Eugene J. Kaplan, *Japan: The Government Business Relationship: A Guide for the American Businessmen*, Washington: Department of Commerce, 1972, p.10.

제가 대외적으로 보다 많이 노출되었기 때문이다. 최소한 한 가지 극적인 경우에서 일본정부는 민간부문의 지지를 확보하는 데 실패한 적이 있다. 즉 1969년과 1970년, 사토 수상은 당시 닉슨 행정부가 오키나와 반환문제와 연계시켰던 인조섬유 수출제한에 관한 미국과의 비밀협약을 일본업계가 받아들이도록 하는 데 실패했던 것이다.[6] 그럼에도 불구하고 미국과 비교해 볼 때 프랑스와 일본의 국가는 사회에 대해 보다 강력한 힘을 지니고 있다. <표 1>의 관점에서 볼 때, 이 두 나라는 대부분의 이슈 영역에 있어 '중성국가' 혹은 '강성국가'에 해당된다.

2. 미국의 정치체계

미국은 강한 사회와 약한 국가의 특성을 지니고 있다. 독립 후 한 세기가 지나기도 전에 미국은 세계 최대의 시장이자 기술개발의 원천이 되었다. 그리고 제2차 세계대전이 끝난 뒤에는 역사상 전례가 없을 정도의 지배적 지위에 오르게 되었다.

이 모든 것에도 불구하고, 미국의 정체체계는 여전히 허약한 상태에 있다. 미국 정치의 핵심적 성격은 바로 권력과 권위의 분절 및 분산이며, 이를 미국 정치체의 치명적인 단점으로 보는 헌팅턴(Samuel Huntington)이나 로위(Theodore Lowi), 맥코넬(Grant McConnell), 번햄(Walter dean Burnham) 등 뿐만 아니라 이를 정치체의 장점으로 간주하는 달(Robert Dahl), 폴스비(Nelson W. Polsby), 트루먼(David B. Truman) 등의 다원주의자들도 모두 이 사실은 인정하고 있다. 예컨대 폴스비는 미국정부내의 서로 다른 구성체들은 애초에 "서로 다른 이익들에 의해 점거되도록" 고안되었다고 주장한다.[7] 트루먼도 "리더십의 분산과 정책의 해체라는 것이 환영(幻

---

6) 오키나와 반환문제에 관해 I. M. Destler et al., *Managing an Alliance: The Politics of U.S.-Japan Relations*, Washington: the Brookings Institution, 1976을 참조하라. 또 전자산업부문에서 프랑스가 겪었던 난점들에 대해서는 John Zysman, *Political Strategies for Industrial Order: State, Market, Industry in France*, Berkeley: University of California Press, 1977을 참조하라.

7) Nelson W. Polsby, *Congress and the Presidency*, 2nd ed., Englewood cliffs, N. J.:

影)만은 아니다"고 지적한 바 있다.[8] 헌팅턴 역시 한마디로 "기능은 융합되고 권력은 분산된 것"이 미국의 상황이라고 요약한다.[9] 또 번햄도 미국 정치체계는 "국내문제에 관한 한 어쨌든 분산적이고 분절적이며, 따라서 극히 순간적이거나 혹은 압도적인 위기의 직접적 영향하를 제외하고는 여하한 내적 주권행사 시도에도 실패해 왔다"고 주장한다.[10]

미국의 헌법이라는 것은 국가권력을 증진시키기보다는 제한시키는 데 중점을 둔 문서이다. 미국 헌법의 아버지들(Founding Fathers)은 권력을 두려워했고, 권력을 정부 내부와 사회집단들 간에 분산시킴으로써 권력에의 유혹을 견제하려 하였다. 따라서 이들은 주정부들을 보존시켰고, 의회에 구체적이고 제한적인 법적 권한을 부여했고, 양원제를 수립했고, 대통령에게도 구체적이고 제한적인 권력을 부여하였으며, 독립적인 사법부를 창설하였던 것이다. 또 사회집단들 간의 권력분배란 개념은 헌법 자체에는 명문화되어 있지 않으나, 헌법제정의회에서 매디슨(James Madison)에 의해 주창되었고 『연방주의자』 제10편에도 명백히 제시되어 있다.[11]

미국의 국가—즉 국가이익을 설정할 능력을 지닌 유일한 기관인 대통령과 비교적 사회세력으로부터 격리되어 있는 몇 개 기관들—는 따라서 권력과 통제가 분산되고 약화되는 내적 성향에 항상 저항해야 한다. 이들은 적극적인 국가활동을 상당히 의혹스럽게 간주하는 정치문화 속에서 활동해야만 한다. 이는 특히 재계의 경우에 더 심해서, 다른 어떤 시장경제에서보다 미국 자본주의자들은 공적 경제행위에 부정적 반응을 보인다.[12] 또 미

Prentice-Hall, 1971, pp.140-141.

8) David B. Truman, *The Governmental Process: Political Interests and Public Opinion,* 2nd ed., New York: Knopf, 1971, p.529.

9) Samuel P. Huntington, *Political Order in Changing Societies,* New Haven: Yale University Press, 1968, p.110.

10) Wlater Dean Burnham, *Critical Elections and the Mainsprings of American Politics,* New York: Norton, 1970, p.176.

11) Robert A. Dahl, *Pluralist Democracy in the United States,* Chicago: Rand McNally, 1967, p.39.

12) David A. Vogel, "Why Bisinessmen Distrust Their State: The Political Consciousness of American Business Executives," *British Journal of Political Science,* vol.7, Oct. 1977.

국의 중앙정책 결정자들은 프랑스나 일본 등의 국가에서 핵심적으로 사용
되는 정책수단들도 지니고 있지 않다. 만일 주권이란 것이 존재한다고 치
더라도 도대체 이것이 어디에 있는지가 미국의 경우 불분명한 것이다.13)
게다가 각 기관들의 법적 권한의 경계 자체도 분명치 않다. "한 부(府)내에
서 리더십이 분산되고 통제의 중심이 다수 존재하는 현상은 결국 다른 부
에서의 동일한 양상을 반영한 것임과 동시에 이를 강화시켜 준다."14) 따라
서 국가이익을 증진시키려 할 때 미국의 국가는 흔히 특정 관계부서의 저
항이나 완고한 의회 혹은 강력한 사적 집단들에 부딪히게 된다.

　행정부내에서조차 대통령이 모든 관료기구들을 통제할 수 있다고는 생
각할 수 없다. 여기서조차 국가는 입법부 및 사적 부문들과 대결해야 하는
것이다. 우선 대통령이 임명하는 공직자 중 상당수가 의회의 동의를 받아
야 하고, 예산이 의회의 승인을 요하며, 또 많은 관료기구의 법적 구조 자
체가 의회 위원회의 공식적 통제가 가능하도록 되어 있기 때문이다. 이런
결과로 몇몇 관료기구들의 경우 대통령의 뜻에 반대하고, 또 이에 대한 의
회의 지지를 얻을 수 있는 것이다.15) 특정 관료기구들은 사적 부문과도 결
탁되어 있다. 즉 상당수의 규제기관들이 그들이 규제하게끔 돼 있는 사회
집단들에 의해 오히려 통제되고 있는 것이다. 이에 대해 맥코넬은 "미국정
부의 상당 부분은 협소한 지지기반을 지닌 독자적 엘리트들의 영향, 혹은
통제하에 흡수되어 왔다"라고 주장한 바 있다.16) 또한 관료기구의 장(長)
들은 사회내 지지기반에 호소할 수도 있다. 예컨대 한국전쟁 당시 트루먼
(Harry S. Truman)이 맥아더(Douglas MacArthur)를 면직시키는 데 주저
했던 것은 맥아더의 정치적 인기와 공화당 우파와의 긴밀한 관계 때문으로
설명할 수 있다.17)

---

13) 『과도기 사회의 정치질서(*Political Order in Changing Societies*)』에서 헌팅턴은 미
　　국 정치체의 특성 중 하나는 법이 입법가들보다 상위에 존재한다는, 다시 말해
　　국가가 주권을 지니지 않는다는 16세기적 개념이 아직도 지배적인 점이라고 주
　　장한 바 있다.

14) Truman, *Governmental Process*, p.436.

15) Harold Seidman, *Politics, Position and Power: The Dynamics of Federal Organiza
　　tion*, New York: Oxford University Press, 1970, pp.42-47.

16) McConnell, *Private Power and American Democracy*, p.339.

17) 이 일화에 대한 논의로 Richard E. Neustadt, *Presidential Power: The Politics of*

보다 중요한 것은 정책 결정자들이 그들이 원하는 바를 추구하는 능력
에 대한 의회의 영향력이다. 의회는 두 가지 이유에서 근본적 문제점을 제
기한다. 첫째로, 의원들은 정치적 필요와 지지기반에 있어 대통령과 다르
다. 둘째, 의회 자체내의 권력 역시 분산·분절되어 있어 사회세력이 접근
할 수 있는 다수의 창구를 제공하고 있다.

의원들은 특정 지역만을 대표하므로, 대통령과는 다른 관심을 가질 수
밖에 없다. 대통령은 한 정책의 광범위한 효과 전체에 대해 책임을 지는 반
면, 의원들이 이런 경우는 거의 없는 것이다. 또 재선되기 위해서도 의원들
은 상대적으로 협소한 지지세력의 이익에 봉사해야 하는 것이다. 결과적으
로 의원들은 자신들이 유임되는 데 필요한 지원을 해주는 자들에게 공치사
를 할 수 있는 특혜적 법안만을 선호하게 된다. 의회의 일반적 경향 역시
의원들이 자기 지지기반의 이익에 보다 잘 봉사할 수 있는 위원회에 이들
을 배정해 주는 것이다. 여기서 의원들은 사용할 수 있는 정치적 자원을 동
원하여 조직된 집단들에 봉사하며, 보통 이 집단들은 위원회의 활동을 면
밀히 감시한다. 또 의원들은 대통령의 간섭으로부터 관료기구내의 동조자
들을 보호하려 하기도 한다. 따라서 의회와 대통령 간의 갈등이 흔히 양당
간 갈등보다 더욱 중요했던 것이다.[18]

의회 자체의 결집력과 중앙권력의 부재로 인해 문제는 더 심각해진다.
즉 미국의 의회라는 것은 하나의 통일된 세력으로서 대통령과 대결하는 것
이 아니다. 따라서 중앙정책 결정자들은 각각 독자적으로 국가정책에 장애
가 될 수 있는 능력을 지닌 다수의 의회내 기구들과 타협해야 하는 것이다.

1885년 우드로 윌슨(Woodraw Wilson)은 의회에 대해 "권력은 어떤 곳
에도 집중돼 있지 않다. 오히려 의도적으로, 혹은 일종의 공동정책에 의해
그것은 수많은 소(小)두령들에게 분산되어 있다"라고 쓴 바 있다.[19] 20세

Leadership, New York: Wiley, 1960를 참조하라. 대통령의 통제에 중점을 둔 노
이스타트의 일종의 관료정치 분석은 대통령을 단지 다수 중 하나의 행위자로만
간주하는 최근 관료정치 학파의 저술들보다 본 연구의 시각에 더 가깝다. 하지
만 노이스타트조차 관료들의 힘의 원천으로서의 의회와 사회세력들을 강조하지
않음으로써 관료의 독자적 권력을 과장하는 경향이 있다.

18) 이러한 논지는 David R. Mayhew, *Congress: The Electoral Connection*, New
Haven: Yale University Press, 1974에서 발전시킨 것이다.

88

기에 들어와서는 권력분산 경향이 보다 심화되었다. 양원 모두에게 있어, 당연히 중앙권위의 중심이 되어야 할 양당 지도부들의 권력이 지속적으로 기반을 잃어 왔던 것이다. 1910년 하원의장 캐논(Joseph G. Cannon)에 대한 공격에서 시작하여 1970년대 중반의 의회개혁에 이르기까지, 이런 추세의 핵심적 요소는 바로 의회 지도부로부터 위원장 임명권을 박탈한 선임제도(seniority system)였다. 또한 1946년의 의회재조직법(Legislative Reorganization Act)은 상임위의 지위를 강화하고 의회 지도부가 법안을 각 위원회에 자의로 회부시킬 수 있는 권한을 제한하였다. 1970년의 의회개혁법(Legislative Reform Act) 역시 위원장들의 권한을 강화함으로써 의회내 권력분산을 더욱 심화시켰다. 1970년부터 1973년까지 진행된 의회내의 개혁은 대체로 이 위원장들의 권력축소를 목표한 것이었지만, 반면 소위원회(subcommittee) 위원장들의 권력이 보다 증대된 경우도 많다.[20] 최근 선임제도의 중요성이 감소되는 추세에 있긴 하지만, 그렇다고 개별 위원회에 대한 중앙통제가 복구된 것은 아니다.

제2차 세계대전 이후 의회의 참모진과 입법 자원이 증대된 것도 결집성을 어렵게 하는 요인으로 작용해 왔다. 위원회 소속 참모진의 경우 1946년 4백 명에서 1974년에는 2천 명으로 증가하였고, 의원 개인 소속 참모들의 수 역시 1974년에는 9천 명에 달했다. 또한 과거 수십 년간에 걸쳐 감사국(General Accounting Office), 입법조사국(Congressional Research Service), 과학기술감정국(Office of Technology Assessment), 예산국(Congressional Budget Office) 등의 입법보조기구들이 확대 혹은 신설되었다. 또한 무료

19) Seidman, op. cit.
20) Huntington, "Congressional Responses to the Twentieth Century," in David B. Truman(ed.), *The Congress and America's Future,* 2nd ed., Englwood Cliffs, N. J.: Prentice-Hall, 1973, pp.23-25; Harvey C. Mansfield, Sir., "The Dispersion of Authority in Congress," in Harvey C. Mansfield, Sir.(ed.), *Congress Against the President,* New York: Praeger, 1975, p.18. 1977년 카터 행정부의 에너지법안을 통과시키기 위해 발휘한 하원의장 오닐(Thomas P. O'Neill)의 지도력은 효과적이었다. 그러나 이에 의해 새로운 성향이 생겨날 수 있을지 여부는 좀더 지켜보아야 한다. 상원 및 양원 간 협의위원회(Conference Committee)에서의 처리과정이야말로 권력분산으로 야기되는 비효율성을 적나라하게 보여 주었기 때문이다.

우편이용권 등 의원들의 특권 역시 증강되어 왔다. 이 모든 추세에 의해 상
·하 양원에서 정당 지도자들의 권한은 감소되었던 것이다.[21)]
　이런 상황을 맨스필드는 다음과 같이 요약한다.

　　권력분산이란 상원의원 프락시마이어(William Proximire)나 레스 애스핀
(Les Aspin) 같은 일단의 지뢰부대와 공병들을 양산하고 장려하는 지름길이다.
이들은 눈에 띄지 않는 후미진 곳에 잠입해 들어가서 군산복합체라든가 CIA
라든가 혹은 워터게이트(Watergate) 추문이라든가 국내의 정치적 감시 등등
행정부를 폭발시켜 버릴 수 있는 고발과 비난을 심어 놓곤 하는 것이다. 또 이
에 의해 하원의원 드리난과 같은 전도사들은 자신들의 이념으로 전향할 자들
을 찾아내곤 한다. 또 권력 중개인들과 정책 장사꾼들은 자신들이 원하는 것을
모두 집어넣은 만물법안을 통과시킬 수 있게 된다. 또 박수갈채를 원하는 선수
들이 각자 활약할 수 있게 해준다. 마지막으로 상원의 경우 대통령이 되려는
야망을 가진 자들을 양산하고 격려해 준다.[22)]

　권력의 분절화는 곧 법안이 정책결정의 수많은 매듭 중 어디서라도 저
지될 수 있음을 의미한다. 하원의 경우 이는 소위원회, 위원회, 운영위원회
(Rules Committee), 본회의, 양원 협의위원회로 법안이 송부되면 다시 운
영위원회, 그리고 협의위원회 자체 등을 포함한다. 상원의 경우도 운영위
원회가 없다는 점을 제외하면 하원과 동일하다. 또한 양원의 세출위원회
(Appropriations Committee)는 세출 승인을 하지 않거나 혹은 관료기구에
정책수행의 정확한 내용을 상술한 보고서를 첨부함으로써 정책 자체를 바
꾸어 버릴 수도 있다. 이 보고서는 물론 법적으로 구속력이 있는 것은 아니
지만 관료들은 이같은 의회의 명령을 무시할 경우 의회와의 관계를 악화시
킬 수 있는 것이다. 나아가 각각의 위원회의 소관분야가 명확히 확정되어
있는 것도 아니다. 예컨대 세출위원회와 행정위원회(Government Opera-
tions Committee), 그리고 하원 운영위원회 및 양원 합동경제위원회(Joint
Economic Committee)는 모두 그들이 간여할 수 있는 정책영역이 사실상
무제한적인 것이다. 또 양원에서 소관 업무가 동일한 위원회들 간의 협력

---

21) Mansfield, *Dispersion of Authority*, pp.14-16.
22) Ibid., p.18.

이란 거의 존재하지 않는다.[23]

1) 연성국가의 원인

미국 정치체의 허약성은 역사에 깊은 뿌리를 두고 있다. 미국은 역사상 강력한 국가를 필요로 한 적이 없었던 것이다. 즉 일본이나 유럽 대륙의 경우와 같이 국가의 역할을 증대시켰던 정치적·경제적·사회적 요인이 미국에는 훨씬 적었던 것이다. 첫째로, 1812년 영국과의 전쟁을 제외하고는 미국은 한 번도 외침을 당해 본 적이 없다. 둘째로, 미국사회는 비정상적이리만치 결집력이 있었고, 지배적인 사회적 가치가 근대경제의 요구에 부합되어 왔다. 셋째로, 미국경제는 정부의 직접적 개입 없이도 훌륭히 성장해 왔고, 또 이 경제적 성공으로 창출된 풍요가 국가에 부과되는 요구들을 잘 해결해 왔다.

우선 최근까지 미국은 자신의 정치적·영토적 보전에 대한 외부 위협을 받아본 적이 없다. 유럽의 경우 16세기와 17세기에 정치 권력을 중앙집중화한 최대의 동력은 바로 끊임없는 전쟁의 위협이었다. 갓태어난 국가들은 상비군 없이는 자신을 방어할 수 없었고, 이러한 병력을 보유하기 위해서는 정치체제를 강화하는 것이 필수적이었던 것이다.[24] 반면 미국은 19세기에는 영국의 해양 장악에 따른 보호를 향유할 수 있었다. 그리고 20세기에 들어 미국이 비로소 세계무대에 던져졌을 때에는 이미 그 규모와 기술발전 덕택에 허약한 정부에도 불구하고 세계에서 가장 가공할 군사력을 지닐 수 있었다. 한 가지 흥미로운 사실은 미국의 영토 보전을 처음으로 위협하게 된 무기들 자체가 그 자본집약성으로 인해 미국으로 하여금 허약한 정부에 의한 안보를 유지할 수 있게 해 주고 있는지도 모른다는 점이다. 왜냐하면 미사일 기지를 구축하고 핵잠수함을 건조하는 데 따른 국민들의 부담은 대규모의 상비군과 이보다 더 큰 예비군을 유지하는 데 따른 부담보다는 훨씬 덜하기 때문이다.

---

23) Truman(ed.), *Congress and America's Future*에 있는 Fenno와 Huitt의 논문과 Seidman, op. cit., pp.49-50를 참조.
24) Huntington, *Political Order in Changing Societies*, pp.122ff.

미국에서 강력한 국가가 발전되지 않은 두 번째 이유는 사회적 결집과 경제발전을 위해 지배적인 사회적 가치가 바뀔 필요가 없었기 때문이다. 미국은 근대에 태어났으므로 근대화될 필요가 없었던 셈이다. 초기의 미국인들은 상속보다는 자수성가에 의한 신분과 변화에 보다 우호적이었고, 계급에 대한 집착이 약했다. 또 급속한 사회경제적 변화에 장애가 되는 귀족계급이나 봉건제도란 것이 아예 존재하지도 않았다. 이민자들은 그들보다 먼저 온 자들이 지닌 가치를 그대로 흡수하였다.[25] 헌팅턴이 주장하듯이, "유럽의 경우 근대화에 대한 사회내 저항이 정치체제의 근대화를 강요하였고, 반면 미국의 경우는 근대화의 용이함이 오히려 정치체제의 근대화를 배제하였다."[26] 이렇게 볼 때 권력분산을 원했던 헌법의 아버지들이 생명력있는 정치체제를 만들어 낼 수 있었던 것은 바로 미국사회에 대한 그들의 견해가 틀렸기 때문이다. 미국사회는 결코 이견으로 가득찬 사회가 아니라 오히려 극히 응집성 있는 사회였던 것이다. 유럽의 경우 국가에 부여되었던 통합의 기능을, 미국은 사회가 수행할 수 있었기 때문에 견제와 균형이란 것이 실제로 기능할 수 있는 대안이 되었던 것이다.[27]

마지막으로 미국에서 국가가 약한 것을 설명해 주는 일단의 경제적 변수들이 있다. 거쉔크론(Alexander Gerschenkron)은 산업화의 순서에 결부되는 현상들을 지적한 바 있다. 우선 미국이나 영국과 같이 산업혁명을 일찍 겪은 나라들은 보다 완만하게 산업화되었다. 따라서 산업의 규모도 작았고 이에 따라 민간부문이 스스로 자원을 동원할 수 있었으므로 국가의 직접 개입이 적었으며, 반면 완만한 발전이 곧 그 나라의 안보가 위협받을 수 있음을 의미하지도 않았다. 프랑스, 독일, 일본과 러시아 같은 후발국가들은 보다 급속한 성장을 경험하였다. 이들은 대규모 자본집약적 사업에 보다 의존했고, 따라서 자원을 동원하고 투자 자금을 할당함으로써 중상주

---

25) Ibid., p.126; Burnham, *Critical Elections and the Mainsprings of American Politics*, p.176; Louis Hartz, *The Liberal Tradition in America*, New York: Harcourt, Brace, 1955.

26) Huntington, *Political Order in Changing Societies*, p.129.

27) Robert A. Packenham, *Liberal America and the Third World*, Princeton: Princeton University Press, 1973, pp.154-155; Nettle, "The State as a Conceptual Variable."

92

의적 혹은 농업위주적 기반에서 산업기반으로 경제를 변화시키는 데 국가
가 보다 직접적 역할을 했던 것이다.[28]

　나아가 미국은 거의 건국 초기부터 비교적 부유한 나라였다. 미국은 자
연자원이 풍부하였고, 특히 건국 초기에는 토지가 풍부하였다. 1인당 소득
으로 따져볼 때, 미국은 이미 19세기 중엽 영국을 추월했었고 이민의 유입
등의 요인으로 하락했다가, 제1차 세계대전의 발발과 더불어 세계제일의
위치를 되찾았고 최소한 1960년대까지 이 자리를 고수하였다. 이같은 풍
요로움과 급속한 성장은 기회가 균등해지는 것을 보다 용이하게 했고 또
사정이 항상 나아지리라는 믿음이 생겨나도록 해 주었다. 사회문제들은 흔
히 정치적 해결책보다는 기술적·경제적 변화에 의해 해소되곤 했다. 이 모
든 행운들에 의해 사회적 평등과 이동성이라는 허구(myth)가 생겨나고 강
화되었다. 대부분의 사람들의 형편이 나아지고 있었기 때문에 내 사정도
나아지리라고 믿게 되었던 것이다. 이처럼 사회적 불만이 경제성장에 의해
상쇄되었으므로 정치체제에 대한 압력은 대체로 적었다. 다시 말해 정체되
어 있지 않고 계속 확장되어 가고 있는 국부(國富)를 나누어 가지고 있다고
스스로 생각하는 국민들에게는 정치란 것의 필요성이 적었으므로, 허약한
정치체제가 존재할 수 있었던 것이다. 데이비드 포터(David Potter)의 말대
로, "경제적 풍요로움은 정치적 민주주의를 이끈다."[29] 그리고 이에 덧붙
이자면, "권력과 권위를 집중시키기보다는 분산시키는 민주주의를 이끈
다."

　논의를 더 진전시키기 전에 국가의 힘에 초점을 둔 분석틀이 지니는 규
범적 함의에 대해 간략하게나마 논하고 넘어가도록 한다. 이 분석틀에는
연성국가보다는 강성국가가 더 낫다는 의미가 분명히 함축되어 있다. 연성
국가는 특정한 사회적 행위자에 의해 좌절되어 일반이익을 추구할 수 없기
때문이다. 그러나 이는 권위주의 체제가 바람직하다는 것은 아니다. 민주
주의는 강성국가와 양립불가능한 것이 아니며, 선거에 의해 정치지도자를
축출하는 것이야말로 권력의 남용에 대한 핵심적 견제수단인 것이다. 따라

---

28) Alexander Gerschenkron, *Economic Backwardness in Historic Perspective*, Cam-
　　bridge: Harvard University Press, 1962, Ch.1.
29) David Potter, *People of Plenty*, Chicago: Chicago University Press, 1954, p.112.

서 사회적 공동선을 증진시키려는 정책 결정자의 노력을 좌절시킬 수 있는 교착상태가 민주주의와 혼동되어서는 안된다. 개별 압력집단이 정부의 정책을 방해하는 능력은 시민이 정책 결정자를 퇴임시키는 능력과는 다른 것이다. 후자는 권위주의에 대한 보호책인 반면, 전자는 국가가 사회의 공동이익을 보호하려는 목적을 수행하기 어렵게 만들기 때문이다.

강성국가와 연성국가의 이점에 대한 판단을 경험적 진공상태에서, 즉 경험에 기반하지 않고 할 수는 없다. 미국이 강성국가가 되지 않은 이유는 바로 이를 필요로 하지 않았기 때문이다. 또한 연성국가는 그 자체에 이점도 있다. 즉 비록 개인이 실제로 정부에 영향력을 행사하려는 경우는 적었겠으나 그럴 경우 연성국가는 아마도 시민 개인의 효력성(efficacy)을 높여 주었을 것이다.[30] 나아가 월츠(Kenneth Waltz)가 『외교정책과 민주정치(Foreign Policy and Democratic Politics)』에서 주장했던 대로, 권력의 중심이 많이 존재하는 정치체제는 정책논의를 활성화시키고 따라서 궁극적으로 보다 명확하고 반응적인 정책을 가능케 했을 수도 있다. 또한 연성국가는 경제영역에 있어서도 보다 큰 유연성을 제공할 수 있다. 기술이 급속히 변화할 경우, 유연성은 경제발전에 있어 필수적인 요인이 될 수 있다. 중앙 결정기구들이 이런 변화를 효과적으로 이끌어간다는 것은 거의 불가능하기 때문이다.[31] 따라서 한 나라의 전체적인 경제적 복지를 검토함에 있어 강성국가와 연성국가의 상대적 이점에 대한 판단은 국가가 직면한 상황에 따라 달라진다고 볼 수 있다. 예컨대 미국의 경우 중앙정책 결정자들이 목표를 달성하는 데 있어 그렇게 많은 어려움을 지니고 있었음에도 불구하고 전체적으로 민간부문이 극히 효율적으로 운용되어 왔기 때문에 미국경제는 그동안 대단히 성공적으로 움직여 왔던 것이다. 이같은 양상이 계속될지의

---

30) 정치참여와 효력성 인식에 대해서는 Gabriel A. Almond and Sidney Verba, *The Civic Culture*, Boston: Little Brown, 1965를 참조하라. 혼동을 피하기 위해, 효율성(efficiency)와 효과성(effectiveness)을 대비하여 'efficacy'를 효력성으로 번역하였다. 효과성은 목적한 바와 달성한 바의 비율이고, 효율성은 이를 위한 비용과 수익의 비율이며, 효력성은 자신의 행동이 효과적이라고 느끼는 정도이다 —역자주.

31) 이에 관해 소련의 경우로는 Wolfgang Leonhard, "The Domestic Politics of the New Soviet Foreign Policy," *Foreign Affairs*, vol.52, October 1973을 참조. 프랑스의 사례로는 Zysman, *Political Strategies for Industrial Order*를 참조.

여부는 추후에 논의하겠다.

미국 정치체제의 비판자건 지지자건 혹은 동정자건 간에 이들 주장에 일관되게 흐르는 동일한 논지는 미국의 정치권력은 분산되어 있다는 것이다. 이런 구조는 공유된 가치, 외침의 부재, 내적 조화, 평등 및 풍요로움으로 특징지어지는 사회·경제적 기초 위에 존재하고 있다. 종종 간과되기도 하지만, 이러한 구조가 의미하는 바는 바로 미국의 국가가 허약하다는, 다시 말해 사회에 침투하여 이를 변형시킬 수 없다는 사실이며, 또한 전체적 목적이 무시되는 병적 경향이 존재하고, 이 구조에 의해 거부와 방해는 용이하고 건설적 행동은 어려워진다는 점이다.

3. 국가의 지도력과 사회적 제약

그러나 권력분산이 모든 정치적 이슈에 동일한 영행력을 지니는 것은 아니다. 특히 정치적·영토적 보전이라는 외교정책의 핵심목적에 대해서는 권력분산이 심각한 문제를 야기하지는 않았다. 그렇기 때문에 미국 정치체제에 대해 가장 비판적인 사람들조차 이같은 이슈 영역을 논의에 포함시키지 않는다.[32] 국가의 정치적·영토적 보전의 문제는 통상 사회집단들간에 이견을 만들어 내지 않는다. 정치 엘리트들은 이 목적이 어떻게 달성될 수 있을지에 관해 이견을 제시할 수도 있으나, 이에 대해 사회집단과 국가가 갈등을 벌이는 일은 흔치 않은 것이다. 이렇게 전략부문에 있어서는 국가의 목표가 개별 사회집단의 목표와 크게 다르지 않으므로, 사회에 대해 약한 국가도 이 부문에 있어서는 효과적으로 행동할 수 있다.

하지만 대외경제정책 결정이 대외정치정책 결정과 동일하다고 가정할 수 있는 근거는 없다. 경제정책은 어떠한 것이든 사회내 집단들에 상이한 영향을 미치며, 따라서 잠재적으로 사회적 갈등을 야기한다. 이러한 이유 때문에, 한 정책이 중앙정책 결정자의 동기와 인식만으로 설명될 수 있다

---

32) Theodore J. Lowi, "American Business, Public Policy, Case Studies, and Political Theory," *World Politics*, vol.16, July 1964; Burnham, *Critical Elections and the Mainsprings of American Politics*, p.176.

고 가정하는 것은 의문스러운 것이다. 요컨대 국가의 힘이 약한 체제에서는 국내경제정책은 물론 대외경제정책까지도 사회집단에 의해 영향받거나, 혹은 결정되기까지 한다.

1) 사적 부문의 정치자원

국제 원자재 수급정책(international raw materials policy)은 이에 연관된 주요 사적 행위자들이 막대한 정치적 자원을 행사하고 있기 때문에 국가이익이 사회에 의해 좌절될 가능성이 많은 정책부문이다. 특히 원유를 비롯하여 거의 모든 원자재의 국제이동에 간여하고 있는 미국기업들은 거대한 규모이다. <표 2>는 특정 원자재를 취급하는 미국기업들과 1976년 당시 미국 전체 기업들 중 이들의 매출액 순위를 제시하고 있다.

이와 더불어 원자재 산업에 종사하고 있는 기업들은 국내시장은 물론 국제시장에서조차 상당히 집중화되어 있는 시장에서 활동하고 있다. <표 3>은 미국내 각 원자재 시장의 집중화 정도를 보여 주고 있다.

최근 생산국들의 영향력이 급증하기 전까지만 해도 국제시장조차 비교적 소수의 기업들에 의해 지배되어 왔다. 예컨대 일곱 개의 기업(미국기업

<표 2> 미국 원자재 기업의 규모: 매출액 순위(1976)

석유		철금속		고무		비철금속		열대과일	
회사	순위	회사	순위	회사	순위	회사	순위	회사	순위
Exxon	1	U.S. Steel	14	Goodyear	23	Alcoa	72	P&G	19
Texaco	4	Bethelehem	33	Uniroyal	95	Reynolds	108	General Foods	44
Mobil	5	Armco	63	General Tire	111	Anaconda	151	United brands	99
Socal	6	National	76	Goodrich	112	AMAX	191	Standard Brands	126
Gulf	7					Kennecott	234	Castle and Cook	250
						Phelps Dodge	240	Hershey	328
						St. Joe's	251		
						Revere	374		

출처: *Fortune* 95(May 1977).

다섯과 영국기업 및 영국·네덜란드 합작기업)이 세계 원유시장을 압도해 왔고, 세 기업(캐나다 기업 둘과 프랑스)이 주석시장을, 여섯 기업(세 미국 기업과 캐나다, 프랑스 및 스위스)이 알루미늄 시장을, 그리고 세 기업(모두 미국기업)이 바나나 시장을 지배해 왔던 것이다. 또 철광석에 있어서는 1968년 유통된 원석의 30%가 수직적 통합구조내에서 이동하였다. 비록 1950년 이래 알루미늄과 원유, 납, 구리 등 여러 시장에서 집중화 수준이 하락하고는 있지만, 거의 모든 원자재 산업의 구조는 국제수준에서조차 이렇게 과두적으로 형성되어 왔던 것이다.[33]

<표 3> 집중화 수준: 매입 점유율(1972)

원자재	4대 기업	8대 기업
구리	72	98(1970)
납	93	99
아연	66	90(1970)
알루미늄	79	92
커피원두	65	79
석유	31	56
사탕수수	44	62
사탕무우	66	92
초콜릿 및 코코아	74	88

출처: U. S. Department of Commerce, Bureau of the Census, *Concentration Ratios in Manufacturing.*

미국의 경우 집중된 시장에서 활동하는 이러한 거대한 경제단위는 정치적 힘까지 부여받는 경향이 있다. 이들은 개별 로비스트들이나 법률회사, 혹은 산업별 조직 등을 통하여 워싱턴에서 통상 잘 대변되고, 막대한 양의

---

33) IBRD, "The Nickel Outlook Reassessed," *Economic Staff Working Paper,* no.15, Aug. 31, 1972 (mimeo), pp.2-4; UNCTAD, "The Marketing and Distribution System for Bananas," *Committee on Commodities,* TD/B/C. 1/162, Dec. 24, 1975 (mimeo); Charles River Associates, "Economic Issues Underlying Supply Access Agreements: A General Analysis and Prospects in Ten Mineral Markets," July 1975 (mimeo), Appendix, pp.1-2; IBRD, "The International Market for Iron Ore: Review and Outlook," *Bank Staff Working Paper,* no.160, Aug. 1973 (mimeo), p.11; Vernon, *Storm Over the Multinationals: The Real Issues,* Cambridge: Harvard University Press, 1977, p.81.

자금을 사용하며, 또 공직자들도 제대로 확보하지 못하는 정보들을 지니고
있기 때문이다.

다른 어떤 사회적 행위자들보다도, 대기업은 미국 정부에 존재하는 세
가지 대표의 방식, 즉 지리적·직능적 및 전국적 대표 방식 모두를 통해 공
공기관에 요구를 전달할 수 있다. 대기업은 통상 특정 지역내에서 다수의
노동력을 고용하고 있으므로 특정 의원에게 대단히 중요하다. 또 이들은
미국경제의 큰 부분을 지배하고 있으므로 행정부내 유관 기관에게도 중요
하다. 마지막으로 최소한 이들 중 몇몇은 국가경제 전체에 핵심적 역할을
하므로 백악관에도 중요한 것이다. 이 모든 속성이 합해져서 미국의 대기
업들이 의회 위원회와 행정부서와 또 종종 백악관 자체에 직접 접근할 수
있도록 해 주는 것이다.[34]

어떤 원자재 시장에서는 정치적 압력이 다른 곳-국내 생산자와 노동이
지리적으로 집중되어 있는 경우-에서 나올 수도 있다. 이 경우에도 원유
산업이 대표적으로 꼽힌다. 1960년대 중반 원유 및 천연가스 생산은 각각
와이오밍 주 주민 총수입의 45%, 루이지애나의 39%, 뉴멕시코의 22%,
텍사스의 17%, 그리고 오클라호마의 15%에 달했다.[35] 또다른 에너지원인
석탄 역시 다른 주 상당수 주민의 생계를 제공하고 있었다. 대규모 구성원
을 지닌 이런 집단들은 그 지리적 대표 방식 덕택에 의회에 대해 특히 강력
한 영향력을 행사할 수 있는 것이다.

미국 정책 결정자들은 국제 원자재 수급정책을 수립함에 있어 심각한
제약에 부딪히고 있다. 주지하듯이 미국 정치체제는 권력을 분산·분절시킨
다. 대부분의 원자재 시장에서, 상당한 정치적 자원을 지니고 있는 대기업
과 지리적으로 집중된 국내 생산자들을 포함한 사회적 행위자들과 정치체

---

34) 기업들과 여타 압력집단의 속성에 대해서는 다음을 참조하라. Schattschneider,
   Politics, Pressures and the Tariff, p.287; E. E. Schattschneider, *The Semisovereign
   People: A Realist's View of Democracy in America*, New York: Holt, Rinehart and
   Winston, 1960, p.31; James Q. Wilson, *Political Organizations*, New York:
   Basic Books, 1978, pp.165-166; Truman, *The Governmental Process*, pp.333-334;
   Huntington, "Congressional Responses," p.20.
35) 각 주의 통계수치는 U.S. Bureau of Mines, *Mineral Yearbook*, 1967, Vol.III에서
   추출된 것임.

제가 대결하게 되는 것이다. 종종 사적 행위자들이 서로 대립하고 있는 경우에도 국가정책은 좌절될 수 있다. 바로 이 정치구조와 사회이익이 미국의 중앙정책 결정자들이 움직여야 하는 범위를 설정해 놓고 있는 것이다. 그렇다고 해서 이것들에 의해 최종결과가 확정적으로 결정돼 버린다고 가정하는 것은 오류이다.

2) 지도력과 정책결정의 장

정치체제의 허약함과 사적 행위자들의 정치적 자원이, 항상 미국 지도자들이 국가이익을 추구하는 것을 좌절시키지는 않는다. 두말할 필요 없이, 사회집단과 중앙정책 결정자들의 선호가 수렴되어 양측이 서로 상대방에 영향을 미치려 할 필요조차 없는 경우도 있을 수 있다. 분석적으로 단순한 (물론 실제적으로 중요한) 경우 외에도, 권력이 분절된 체제가 정책 결정자에게 지우는 장애는 다음 두 가지 방식에 의해 제거될 수 있다. 첫째, 국가가 정치적 지도력을 발휘하는 것이다. 국제 원자재 수급정책에 있어서 가장 중요한 국가 지도력은 사적 집단의 선호를 변경시키고 이들 간의 대립을 이용할 때 발휘된다. 둘째, 특정 국내 이익집단에 봉사하는 의회나 기타 행정부서들보다는 백악관 및 국무성과 같은 중앙국가기구에 의해 정책결정이 이루어질 때 정치 지도자들의 선호가 보다 잘 채택되고 집행된다. 정책결정이 이루어지는 장(場, arena)은 그 이슈가 어떻게 규정되는가에 따라 결정되며, 이는 다시 정치적 지도력에 의해 변화되는 수가 많다. 이러한 지도력과 중앙국가기구내에서 정책결정을 할 수 있는 능력 양자(兩者)는 미국이 전형적인 연성국가보다는 <표 1>에서 나타난 바와 같은 중성국가를 닮았을 때 갖추어질 수 있는 것이다.

(1) 지도력과 선호의 수렴

공적 행위자와 사적 행위자의 선호는 다양한 이유에 따라 수렴될 수 있다. 가장 단순한 것은 명확하게 설정된 국가의 요구가 기업들의 경제적 이해와 일치하는 경우이다. 원료수급정책에 있어 안정된 공급의 확보라는 국가의 목표가 결국 기업의 이윤과 성장 및 시장지배를 증진시켜주는 정책으로 나아갈 수도 있다. 둘째로, 국가가 사회 행위자들의 인식을 변화시킴으로써 양 행위자들의 선호가 수렴될 수도 있다. 이런 인식의 변화를 가져오게 하는 한 가지 방법은, 기업 경영자들이 자신들 나름대로는 제대로 파악할 수 없는 사태들에 대해 확고한 해석을 제공해 주는 방법이다. 일관된 사태인식의 틀을 제공함으로써 국가는 사적 부문의 경영자들이 자신들의 이익을 규정하는 방식 자체를 변화시킬 수 있는 것이다. 이보다는 다소 불확실하긴 하지만, 중앙정책 결정자가 사적 행위자들의 비금전적 동기를 이용함으로써 이들의 이익에 어느 정도 불리한 정책을 지지하도록 만들 수도 있다. 다수의 소규모 자영업자들로 구성된 부문보다는 과점적이고 분산된 구조를 가지고 있는 기업과 상대할 경우 이 방식의 성공 가능성은 더 높아진다. 최근의 기업행태에 관한 연구들이 그 이유를 밝히고 있다.

고전적 경제이론은 기업이 이윤의 극대화를 위해 행동하는 것으로 논의하며, 완전경쟁을 가정한다. 각 기업은 가격과 시장조건에 대한 완벽한 정보를 지니고 있는 것으로 간주된다. 따라서 한계수입과 한계비용을 일치시키지 못할 경우 그 기업은 실패한다는 것이다. 이러한 접근은 경쟁적 상황에서 활동하는 소규모 민간 소유 기업들에게는 어느 정도 적용될 수 있다.

그러나 기업의 행태가 이윤 극대화에 의해 결정된다는 가정은 최근 도전에 직면했다. 미국경제의 많은 부문은 완전경쟁으로 간주될 수 없으며, 집중도가 상당히 높다. 또 각 기업들은 가격을 주어진 조건으로 인식하지 않으며, 각 기업의 경영자들은 자기 기업의 결정이 다른 행위자의 행동을 부분적으로 결정한다는 사실도 알고 있다. 나아가 주식 소유의 확산에 따라 통상, 소유주가 더이상 경영자가 되지도 않는다. 이런 상황들을 고려한 두 가지 접근들, 즉 만족화(satisficing) 접근과 행태적(behavioral) 접근이 최근 개발되었다.

만족화 모델은 정보(information)의 문제에 초점을 둔다. 기업들이 시장에 관한 완벽한 정보를 지니는 경우란 거의 없다. 고전적 이론의 가정은 선택체(choosing organism) 자체에 너무 불합리한 짐을 지우고 있는 것이다. 총수익은 개별 결과와 반드시 연관되어야 하고, 예측되지 않은 결과는 고려되지 않으며, 각 결과들은 그 우선 순위와 발생 확률이 결정되어야 한다. 이러한 기준이 실제 상황에서 충족될 수 있으리라는 증거는 어떤 것도 없다. 만일 각 선택체들이 만족할만한 총수익의 수준을 결정하고 이 수준 이상의 결과에 만족한다고 가정하면 실제 상황에 대해 보다 정확한 묘사를 할 수 있다. 그렇다면 다른 복잡한 정책 결정체와 마찬가지로 기업 역시 극대화 추구자라기보다는 만족 추구자로 간주될 수 있을 것이다. 이들은 과거의 경험과 기대수준에 비추어 만족할만한 결과 하나를 확보하려고 하는 것이다.[36]

만족추구 행태는 대규모 기업의 특성이다. 정보의 비용은 조직의 복잡성에 따라 증대되며, 조직의 복잡성은 어느 정도 그 규모와 분산된 구조에 따라 결정된다. 따라서 다양한 상품을 생산하고 판매하고 배포하는 다양한 하부조직을 가진 대기업은 특정 정부정책에 대해 어떠한 결정에도 도달하기가 힘든 경우가 있다.[37] 많은 기업들은 수입업체인 동시에 수출업체이기도 하다. 대규모 해외투자를 하고 있으면서 동시에 수입품과 경쟁관계에 있는 국내생산에 종사하기도 하는 것이다. 따라서 다른 나라들의 규칙에 적응하기 위해 기업 경영자들은 총괄적 정책을 구체화시키기 꺼려할 수 있있다. 1950년대말 미국 관세정책에 대한 논란에 있어서 듀퐁사(Dupont)와 제너럴 일렉트릭사(General Electric)는 하부조직 관리자들에게 각자 적절한 로비를 하도록 맡겨 두었다.[38] 1960년대 중반 네슬레사(Nestle)의 스위스 본사는 국제 코코아협정을 지지한 반면, 미국지사는 다른 미국업체와 마찬가지로 이에 반대하기도 하였다.

또 하나의 접근인 행태적 이론은 조직의 외부적인 경제적 목표보다는 내적 필요에 초점을 둔다. 이 이론은 한 사업(enterprise)을 경영자와 종업원과 공급자와 고객과 주주가 망라된 하나의 연합(coalition)으로 파악한다. 조직이 살아남기 위해서는 기업은 이 연합 구성원들의 요구를 충족시킬 수

---

36) Herbert A. Simon, *Models of Man*, New York: Wiley, 1957.

37) 기업의 분권화에 대해서는 Thomas C. Schelling, "Command and Control," in James W. McKie(ed.), *Social Responsibility and the Business Predicament*, Washington D.C.: The Brookings Institution, 1974를 참조. 기업 조직구조의 진화에 대한 일반론으로 Alfred D. Chandler Jr., *Strategy and Structure: Chapters in the History of the American Industrial Enterprise*, Cambridge: MIT Press, 1962를 참조

38) Raymond Bauer, Ithiel de Sola Pool and Lewis Anthony Dexter, *American Business and Public Policy*, New York: Atherton, 1967.

있어야 한다. 만일 과점적 상황일 경우, 이윤과 이윤배당금과 임금과 총산 출액의 전체적 수준에 관한 기존 구도가 영향받지 않은 한—즉 연합 구성 원들의 요구를 충족시키는데 사용돼 온 자원이 심각히 영향받지 않는 한— 비용에 대해서는 별 주의를 기울이지 않을 수 있다.[39]

과점적 기업의 경영자들은 상당한 재량권을 지니고 있다. 이들은 조직의 생존이 실제 관건이 되지 않는 경우에도 정책결정을 하며, 연합의 다른 구 성원들의 활동을 조정하기도 한다. 또 위험부담을 회피하려는 성향이 많다. 왜냐하면 경영실적이 나쁠 경우는 주주들의 반란이나 이사회에 의한 해고, 또는 외부 세력의 기업인수 기도 등의 위험에 처할 수 있는 반면, 경영실적 이 좋아봐야 이에 상응하는 보상을 소유주가 제공해 주는 경우는 별로 없 기 때문이다. 경영자들은, 실패할 경우 자신들의 지위를 위협할 수 있는 위 험한 시도는 회피하도록 이끄는 불균형한 상황에 직면해 있는 것이다.[40] 따라서 이들은 최적 수준보다는 수용 가능한 수준의 이윤과 판매량 및 성 장율에 목표를 두게 된다.

기업 경영자들이 감행하지 않으려는 모험적 행태 중의 하나가 바로 정 부와 공개적으로 대립하는 일이다. 기업 경영자들은 대개 겉에 드러나는 것을 싫어하는 경향이 있는데, 국가와의 직접적 대결의 결과 그 기업이 주 목받게 되고 이에 따라 경제적 문제가 생기거나 정부의 간섭이 증대될 수 있기 때문이다.[41] 사적 기업들이 막대한 힘을 지니고 있는 미국에서도 기 업의 힘이 지배적 가치체계에서 완전히 정당화된 적은 없다. 기업의 경제 적 목적과 사회 전체적 목표 간에는 항상 갈등과 대립이 존재해 왔던 것이 다.[42] 따라서 공개적으로 주목받게 되는 것은 대중의 반감을 재촉시킬 위

---

39) Richard M. Cyert and James G. March, *A Behavioral Theory of the Firm*, Englewood Cliffs: Prentice-Hall, 1963.

40) Oliver E. Williamson, *The Economics of Discretionary Behavior: Managerial Objectives in a Theory of the Firm*, Englewood Cliffs: Prentice-Hall, 1964; Joseph R. Monson and Anthony Downs, "A Theory of Large Managerial Firms," in Bruce Russett(ed.), *Economic Theories of International Relations*, Chicago: Markham, 1968.

41) Dahl, *Who Governs?* p.78.

42) James W. McKie, "Changing Views," in James W. McKie(ed.), *Social Responsibility and the Business Predicament*, Washington: The Brookings Institution,

험이 있는 것이며, 정치인들이 이를 동원하여 기업의 자율성과 수익성을 침해하게 될 수도 있는 것이다. 기업행태이론은 기업 경영자들이 이렇게 예측불가능하고 잠재적으로 위험한 상황을 스스로 불러들이지는 않을 것이라는 점을 제시한다.

행태이론은 경영자가 경제적 고려 뿐 아니라 비경제적 고려에 의해서도 움직인다는 점을 제시한다. 로버트 고든(Robert Gordon)은 다음과 같이 주장한 바 있다. "직접적 욕구 충족으로서 경제적 욕구 이외에 기업가들의 행동을 충동하는 가장 중요한 요인들은 다음과 같다: 권력에의 충동, 창조적 본능, 집단에의 귀속감과 충성심, 안전의 추구, 모험에의 충동과 게임 '자체를 즐기려는' 욕구, 그리고 다른 사람들에게 봉사하려는 마음이 그것이다."43)

또 체스터 바나드(Chester I. Barnard)는 그의 책에서 비물질적 보상이야 말로 조직을 결속해주는 진정한 접착제라고 주장하고 있다. 그의 주장에 따르면, 상업적 조직의 발전에 있어서도 특권과 개인적 권력, 지배적 지위의 확보 같은 것이 물질적 보상보다 훨씬 중요하다는 것이다.44)

이와 같이 행태이론들은 정부의 정책이, 기업을 구성하고 있는 연합의 모든 구성원들을 만족시키는 자원의 수준을 위협하지 않는 한, 정부는 이들의 중립성을 기대할 수 있다는 점을 암시한다. 설령 공식적 정책이 부정적 영향을 미친다 하더라도 위험 회피적 경영자들은 주주와 노동자와 고객들의 주목을 끌지도 모를 대결의 방식을 회피한다는 것이다. 나아가 대규모의 다양화된 기업들은 상당한 수준의 유연성을 지니고 있다. 이들은 한 생산 라인에서 다른 라인으로 옮겨갈 수 있고 생산방법을 조정할 수도 있다. 행위자들에 있어서는 정부정책의 일관성이 그 실제 내용보다 중요할 수 있는 것이다.45)

1974.

43) Robert A. Gordon, *Business Leadership in the Large Corporation*, Berkeley: University of California Press, 1961, p.305.

44) Chester I. Barnard, *The Functions of the Executive*, Cambridge: Harvard University Press, 1950.

45) 엑슨사(Exxon)의 회장은 다음과 같이 말한 것으로 전해진다. "우리는 유연하다. 우리는 그들이(미국 정부) 원하는대로 게임을 벌일 수 있다. 단 누군가가 게

비경제적 목표의 존재는 정치적 지도력을 행사할 수 있는 가능성을 열어준다. 즉 정치 지도자들은 사적 경영자들의 이런 선호를 이용할 수 있는 것이다. 행태이론은 기본적으로 기업내의 거래만을 다루어 왔으나, 경영자들이 기업 외부로부터의 보상을 얻지 못할 이유가 없는 것이다. 최소한 기업내의 연합을 지탱하는 데 충분한 자원만 확보되어 있다면, 경영자들은 기업의 경제적 성취에 해로운 정부정책을 지지할 수도 있다. 또 사회내에서 널리 받아들여지는 가치에 부합되게 정책목표가 제시된다면, 비협조적 경영자들은 상당한 인식상 혼란을 경험하게 될 수도 있다. 경영자들이 자신들을 기업의 대차대조표에만 관심을 지닌 이윤 극대화의 추구자로 인식하지 않고 사회 전체를 위한 자원의 관리를 위임받은 자로 인식할수록 이같은 심리적 불편이 증대될 것이다.[46] 만일 정부 정책 결정자들이 주창하는 정책이 기업내 연합의 중심적 구성원들을 만족시키는 기업의 능력에 위협을 주지 않는 경우, 경영자들은 정부정책을 받아들임으로써 이 심리적 불안을 해소할 수 있다.

경영자들을 사적 경제 행위자가 아니라 하나의 시민으로 보아도 유사한 결론에 도달할 수 있다. 집단이론을 적용하면서 데이비드 트루먼은 공유된 사회적 가치야말로 미국 정치체의 균형을 잡아주는 핵심적인 존재로 보았다.[47] 그는 "이익집단이 다양하게 존재함에도 불구하고 어떻게 안정된 정책이 존재할 수 있는가?"라는 의문을 제기한 뒤, "조직된 혹은 잠재적 집단의 구성원이 장기적으로는 중첩(overlapp)된다는 사실이 이익집단들에게 자율적 규제와 준봉을 요구하게 된다"고 답하였다.[48] 또 가장 중요한 "잠재적 이익집단"은 바로 널리 공유된 "이상과 전통"을 반영하고 있는 "인간의 행태 및 이들 간의 습관적 상호작용"이라는 것이다.[49] 이와는 다른 방

임의 규칙이 무엇인가만 알려준다면." Zuhayr Mikdashi, *The Community of Oil Exporting Countries: A Study in Governmental Co-operation,* London: George Allen and Unwin Ltd., 1972, p.52에서 재인용.

46) Lee E. Preston, "Corporation and Society: The Search for a Paradigm," *The Journal of Economic Literature,* vol.13, June 1975, pp.434-435.

47) Truman, *The Governmental Process,* p.514.

48) Ibid., p.168.

49) Ibid., p.51.

향에서 접근한 한스 모겐소(Hans J. Morgenthau)도 유사한 결론에 이르고 있다. 즉 "피치자들의 합의와 동의는 민주주의 체제의 효율적 외교정책에 필수적인 것이며, 특정한 사회·경제적 이익에서 나오는 것이 아니라 국가, 즉 국가의 본질과 그 제도와 목표에 대한 시민들의 충성에서 나온다"는 것이다.[50] 이러한 감정이 존재한다는 주장은 최근 미국 재계 지도자들의 태도에 대한 연구들에 의해 어느 정도 경험적으로 입증되고 있는데, 이 연구들은 기업의 특정한 경제적 이익보다도 재계 지도자들의 이데올로기적 신념이 이들의 전반적인 외교정책 성향을 결정하는 중요한 요인이라고 결론짓고 있다.[51]

따라서 국가가 당면하는 문제는, 이런 잠재적 충성을 어떻게 현실적인 정치세력으로 전환시키는가 혹은 최소한 어떻게 이들을 이용하여 잠재적 저항을 중립화시키는가 하는 것이다. 이 과제는 아마 개인들과 집단들에게 호소함으로써 이루어질 수 있을 것이다. 유진 스테일리(Eugene Staley)는 다음과 같이 쓰고 있다:

어떤 정부들은 보다 많은 인간들에게 강력히 영향을 미치는 비경제적 동기에 호소할 수 있고, 또 금전적·경제적으로 이미 성공의 정상에 오른 사람들에 대해 유별나게 성공적인 방법으로 활동할 수도 있다. 이는 바로 특수함에의 추구에 의해 가능하며, 귀족신분을 부여한다든가 훈작을 수여한다든가 하는 것에 의해 장려되고 만족된다. 뇌물이라는 것이 정부에 대한 투자가의 영향력의 원천으로서 별로 중요하지 않은 것과 마찬가지로, 한 자본가가 해외투자의 위치를 결정함에 있어서 정부 정책을 따랐다고 해서 그 직접적 결과로 이런 인정을 받게 되는 경우는 드물다. 이보다는 전직 관리들이 석유회사나 은행에 대해 좋은 일을 해 준 것과 마찬가지로, 특수 대우는 정당한 보상이고, 사회적 인정을 받는 선망의 대상이며, 다른 사람들에게 이와 유사하게 행동하도록 동기를 부여해 준다.[52]

50) Hans J. Morgenthau, "Comments," *Foreign Policy*, vol.18, Spring 1975, p.99.
51) Bruce M. Russet and Elizabeth C. Hanson, *Interest and Ideology: The Foreign Policy Beliefs of American Businessmen*, San Francisco: Freeman, 1975, pp.126-127.
52) Eugene Staley, *War and the Private Investor: A Study in the RElations of International Politics and International Private Investment*, Garden City: Doubleday,

물론 귀족 작위의 수여 같은 것은 미국에는 해당되지 않는 것이다. 그러나 여러 가지 상이라든가 대사직 임명이라든가 백악관 만찬 초대 등 기능적으로 동일한 것은 존재한다.

특정 개인에 대한 호소보다 더 중요한 것은 시민들의 전반적 관심을 이끌어 내도록 이슈를 규정할 수 있는 국가의 능력이다. 외교정책이란 것은 대부분의 개인들이 지닌 구체적 경험과는 거리가 멀다. 대외투자정책을 둘러싼 논쟁에 참여하고 있는 기업 경영자들조차 자신들이 어떤 행동 경로를 따라야 하는지 결정하기 힘든 경우가 있는 것이다. 이들은 경제적 정보뿐 아니라 정치적 정보도 분석해야 하고 자신들의 장기적인 경제적 목표가 잘 규정되어 있지 않을 수도 있기 때문이다. 반면 정치 지도자들은 자신의 목표를 보다 명확히 규정할 수 있다. 해외 원자재 수급정책을 둘러싼 구체적 논쟁을 보다 광범위한 맥락에 위치지을 수도 있고, 또 기업가들에게 해당국 정부의 정치적 안정성에 관한 평가와 같은 추가 정보를 흘려줌으로써 무엇이 자신들에게 최선의 행동인가에 대한 기업가들의 평가 자체를 변화시킬 수도 있다. 이렇게 볼 때, 효율적 지도력의 행사라는 것은 곧 경영자들이 사회자원의 수탁자들이라는 관념에 호소한다든가 혹은 시민으로서의 경영자들의 충성심과 특별 대우와 특권에의 욕구에 호소함으로써, 그리고 문제 자체를 규정해 줌으로써 사적 행위자들의 인식을 바꾸는 것이다.[53]

요컨대 만족화이론과 기업행태이론이 시사하는 바에 따르면, 이익이란 것은 단순히 당연한 것으로 간주될 수 없는 것이며 정치 지도자들은 민간 경영자들의 목적을 변경시킬 수 있다. 이런 정치적 지도력은 아마 경쟁적

Doran, 1935, pp.289-290.

53) 여기서 쓰고 있는 지도력(leadership)의 개념은 파슨스(Talcott Parsons)가 영향력(influence)과 기대의 현실화(activation of commitment)라고 명명한 것으로 이해될 수 있다. 전자는 한 행위자가 다른 행위자의 의사를 변화시킬 수 있는 능력을 가리키는 것이며, 후자는 기존 규범으로부터 효과를 거두는 것을 말한다. 이 두 과정은 행위자들이 자원을 교환하는 다른 두 가지 형태의 권력(power), 즉 물리적 폭력(coercion)이나 협상(bargaining)과는 구별된다. 협상의 상황은 프랑스나 일본에 흔한데, 이 나라들에서는 국가가 민간기업들에게 금융지원이나 기타 물질적 동기를 부여할 수 있다. 이같은 전반적 차이점에 대해 Brian M. Barry, "The Economic Approach to the Analsys of Power and Conflict," *Government and Opposition*, vol.9, Spring 1974를 참조.

시장에서 활동하고 있는 소규모 사적 소유 경제체에 대해 가장 발휘되기
힘들 것이다. 대기업 경영자들보다는 비교적 소규모 기업이 정부정책의 영
향을 인식하기 쉽기 때문이다. 이들은 전국적인 정책결정의 장에 접근하기
위한 지위와 우월성을 지니지 못하고 있다. 몇몇 개인들이 자신들의 희생
이 전혀 인정되지 않음에도 불구하고 이타적으로 행동할 수는 있으나 이들
은 분명 극히 소수에 불과하다. 목적적 동기에는 통상 유대적 동기가 수반
되며, 자기희생적 행위는 집단의 인정 없이는 지속되기 힘든 것이다.54) 정
부관리의 부탁을 들어주는 대기업 경영자는 인정받기 쉽지만, 이와 똑같이
행동한 중소기업 경영자는 그렇지 않은 것이다.

그렇다면 사적 행위자의 규모가, 보다 크고 복잡하며 이슈 자체가 널리
수용된 국가적 목적과 동일시될 때, 사적 행위자와 공적 행위자 간의 선호
가 수렴될 확률은 커지게 된다. 이러한 수렴은 단순히 객관적으로 규정된
경제적 이익의 함수가 아니며, 사회 전체의 전반적 가치체계와 이 가치들
을 구체적인 정부정책에 결부시키는 정치 지도자들의 능력에 의해서도 결
정된다. 이는 물질적 보상뿐 아니라 정치적 지도력의 함수이기도 한 것이
다. 대규모의 복잡한 기업들의 존재는 공적 선호와 사적 선호를 결합시킬
수 있는 정치적 기회를 증대시켜 준다. 만일 경영자들의 인식이 이렇게 정
치 지도자들에 의해 변화될 수 있으면, 대기업의 정치적 자원이 반드시 국
가에 대항하여 동원되지 않을 수도 있는 것이다.

(2) 정책결정의 장

자연적 수렴이나 효과적인 지도력에 의해 많은 정책 영역에 있어서 공
적 결정자들과 사적 경영자들간에 합의가 이루어질 수는 있으나, 분명 이
들의 선호가 완전히 일치할 수는 없다. 따라서 정치 지도자들은 기업가들
이 반대하는 정책을 집행하려고 시도할 수 있고, 역으로 사적 경영자들은
원자재 시장의 안정과 안전 및 고도의 경쟁이라는 전체적 목적에 반대되는
정책을 위해서 국가에 압력을 가할 수 있다. 대립의 결과는 부분적으로 이
대결이 벌어지는 정책결정의 장(arena)에 달려 있다. 특히 해외투자문제에
대해 정부내의 지지를 확보하려는 기업들의 시도가 종종 좌절되어 왔는데,

---

54) Wilson, *Political Organization*, ch.3.

이는 대부분의 투자정책을 수립하는 백악관과 국무부가 사적 압력에 대해
비교적 무감하기 때문이다. 반면 이러한 결정이 사회집단들이 침투하고 있
는 부서나 의회에서 이루어질 경우, 관리들은 자신들의 목표를 달성하는
데 큰 어려움을 겪어 왔다.[55]

정부 기능이 사회집단에 사로잡혀 있거나 혹은 공적 목적이 사적 이익
에 의해 좌절되는 정도는 이슈 영역에 따라 다르다. 모든 이익이 자동적으
로 대표된다는 다원주의적 주장이나 소수의 사회·경제적 이익이 항상 지
배적이라는 파워 엘리트론의 주장은 모두 타당성이 없다. 예컨대 보건이나
환경이나 혹은 반트러스트법과 같이 강력하고 구체적인 경제부문에 대해
명백한 부담을 부과하고 있는 법률이 많이 존재하고 있고, 반면 사회전체
적으로 공유된 의견이 공법으로 나타나지 못하는 경우도 많이 존재하는 것
이다. 따라서 미국의 공공정책결정을 하나의 단일한 과정으로 처리하기 보
다는, 이를 여러 개의 상이한 방식으로 나누는 것이 필요하다. 상이한 이슈
는 상이한 방식으로 처리되는 것이다. 이렇게 볼 때 만일 정책결정이, 특정
사회압력으로부터 비교적 유리되어 있는 백악관과 국무부 및 몇몇 다른 부
서 등의 국가기구(state institutions)에서 이루어질 경우 미국 정치체제의
본질적인 속성인 권력의 분절·분권화는 어느 정도 완화될 수 있을 것이다.

정책결정 과정에 대한 이슈 영역의 유관성에 대한 최근의 기원은 샷슈
나이더(E. E. Schattschneider)의 저술에 있다. 1930년대 스뭇-홀리 관세법
(Smoot-Hawley Tariff Act)을 다루면서 이익집단에 초점을 둔 첫 저술에서
그는 이미 이러한 주장을 시사하였고,[56] 20년 뒤 출판된 『반(半)주권적 민
중(The Semisovereign People)』에서는 모든 정치적 갈등의 결과가 그 범위
(scope), 즉 갈등해결에 간여한 사람들의 수에 의해 결정된다고 주장하였다.
범위가 곧 갈등이 해결되는 상황을 결정한다는 것이며, 상이한 행위자들은
상이한 상황에서 효과적인 상이한 자원을 지니고 있다는 것이다. 갈등의
범위가 협소할 경우, 이 갈등은 의회에서 해결될 가능성이 많으며 특정한
이익집단이 압도적이기 쉽다. 반면 갈등의 범위가 확대되면 이 갈등은 위

---

55) 미국 무역 및 통화정책에 대한 정책결정의 장의 영향에 대한 논의로 Krasner,
   "U.S. Commercial and Monetary Policy"를 참조.
56) Schattschneider, op. cit., p.288.

원회 정치보다는 정당정치에 의해 타결될 가능성이 크다. 특정 이익집단은 정당정치에서 주요한 역할을 하지 못하는데, 이는 선거에서의 승리에 이들이 결정적 공헌을 할 수는 없기 때문이다.[57]

범위의 개념은 씨어도어 로위(Theodore Lowi)와 제임스 윌슨(James Q. Wilson) 등에 의해 더욱 정교화되었다. 분배(distributive), 규제(regulative) 및 재분배(redistributive)라는 로위의 정책 분류는 정책들이 일어나는 범위에 기초하고 있다. 분배적 정책에는 무제한적인 것으로 인식되는 자원이 연관되며 모든 당사자가 얼마간 혜택을 받도록 결정이 분리된다. 정부의 강제 가능성은 작으며, 설사 강제력이 행사된다 해도 이는 개별적인 것이지 전체에 대한 것은 아니다. 이 분배적 정책은 일반적으로 의회 위원회와 소위원회에서 다루어지며, 여기서 특정 이익집단이 강력한 영향력을 지닌다. 분배적 정책의 대표적 예는 바로 1934년 호혜통상협정법(Reciprocal Trade Agreements Act)에 의해 통상정책권이 의회에서 대통령으로 이전되기 전까지의 관세정책들이다.

로위의 두 번째 정책영역은 규제적 정책이다. 여기서 정책은 분리될 수 없고 당사자의 많은 부분이 동일하게 영향받게 되며, '누가 혜택을 받고 누가 희생되어야 하는지'에 관한 직접적 선택이 내려져야 한다.[58] 개별 기업들보다는 이들을 대표하는 조직이 동원되어 정부에 영향을 미치려 하게 되며, 개별 위원회들보다는 의회 전체에 의해 결정이 이루어진다. 불공정 경쟁을 금지하는 법이라든가 기준 이하의 상품을 금지하는 법률 따위가 규제적 정책의 예이다.

세 번째는 재분배적 정책으로 여기서는 사회계급에 필적하는 광범위한 집단들이 똑같이 영향받게 된다. 이러한 이슈들에 대한 결정은 의회보다는 행정부에 의해 이루어지는 것이 일반적이다. 누진세제나 사회보장제 등이 그 예이다.[59]

---

57) Schattschneider, *Semisovereign People,* ch.1.

58) Lowi, "American Business...," pp.690-691.

59) Ibid.; Theodore J. Lowi, "Decision Making vs. Policy Making: Toward an Antidote for Technocracy," *Public Administration Review,* vol.30, May/June 1970; Theodore J. Lowi, "Four Systems of Policy, Politics and Choice," *Public Administration Review,* vol.32, July/August 1972. 로위는 네 번째 유형으로 '헌

윌슨은 이슈 영역에 대한 다른 분류를 시도하였다. 그는 분류의 기본적 기준이 비용과 혜택의 집중·분산 정도이어야 한다고 주장하였다. 일반적으로 혜택이 집중되고 비용은 분산된 정책의 경우, 잠재적 수혜자들이 조직화되어 정책결정을 내리는 정부부서와 공생관계를 이루게 된다. 반면 무임승차(free ride)의 문제 때문에 이 정책에 의해 피해를 보는 집단들이 효율적인 활동을 할 가능성은 적다. 혜택이 분산되고 비용이 집중된 경우도 이와 유사하다. 정부정책을 저지하기 위해 특정 집단들이 조직될 가능성이 높은 것이다. 공적 행위자들이 이러한 저항을 극복하기 위해서는, 광범한 대중이 공유하고 있는 정서를 동원하는 식의 효과적인 정치적 지도력을 행사해야 한다. 비용이 분산되어 있고 혜택이 분산되어 있는 경우에도 정치적 지도력이 요구된다. 이 경우 조직된 저항이 적을 수도 있으나 그래도 정치인들은 그들 자신의 지지세력을 구축해야 하는 것이다. 비용과 혜택이 모두 집중되어 있는 경우에는 공적·사적 행위자를 포함한 정치연합의 변화가 일어나는 등 집단 간의 갈등 수준이 매우 높은 경향이 있다.[60]

이러한 분석틀이 어떻게 국제 원자재 수급정책의 문제에 적용될 수 있을까? 우선 이 정책영역은 샷슈나이더의 용어로는 협소한 범위로, 로위의 분류에서는 분배적 정책으로, 그리고 윌슨의 분류로는 집중된 비용과 분산된 혜택 혹은 집중된 혜택과 분산된 비용의 정책으로 분류될 수 있다. 예컨대 관세를 부과하거나 독과점을 묵인함으로써 원자재의 가격을 인상시키면 특정 기업들이 막대한 혜택을 받게 되고 그 비용은 사회 전체에 분산된다. 또 해외 이권을 보호하는 데 실패하면 특정 기업은 막대한 손해를 보는 반면 전체 경제에 대한 영향은 대단히 적을 것이다. 위의 세 분류가 모두 암시하듯이, 이러한 조건에서 정부는 잘 조직되고 강력한 이익집단에 직면하게 된다. 여기서 정책결정은 이 집단들의 힘을 최대화시켜주는 곳, 특히 작은 사회이익에 잘 반응하는 의회 위원회나 혹은 농무부와 내무부 등의 행정부처에서 이루어지기 쉽다.

그러나 원자재의 가격결정과 소유형태에 관한 문제들은 이같이 협소한 곳에서만 이루어지지는 않는다. 국제정치는 국내적인 이슈의 경우에는 가

정적 정치(constituent politics)'를 들고 있으나 이는 본 연구와는 무관하다.

60) Wilson, *Political Organizations*, ch.16.

능하지 않은 대안들을 쉽게 제공해주기도 하며, 또 정치 지도자들 스스로 갈등을 재규정하고 결정의 장과 범위를 변화시킬 수 있기 때문에 우리는 원자재 정책에 관한 한 2차 분류를 필요로 한다. 국내정치와 국제정치 사이에 거의 다른 점이 없다고 주장하는 것이 유행처럼 되어 있지만, 분명한 사실은 전쟁과 동일한 것은 국내정치에 없으며, 또 국가가 국제체계에서 행동할 때 정치 지도자들이 이용할 수 있는 국민적 단결에의 호소같은 것도 국내정치에는 없다는 점이다.

군사력 사용에 관한 결정은 특정 국내 압력집단으로부터 두텁게 차단된 백악관이나 국무성 등에서 이루어진다. 물론 최근 명백히 목격된 바와 같이 중앙정책 결정자들이 대기업들의 요청이나 혹은 금전의 힘에 완전히 면역되어 있는 것은 아니지만, 어쨌든 이들은 예컨대 텍사스 출신 의원이 원유 쿼타제에 표결할 때보다는 압력을 훨씬 덜 받는 것이다. 이익집단이 정책결정 과정에 접근할 수 있는 접근점들은 외교적, 군사적 행동에 대한 결정보다는 관세에 대한 결정에 있어서 수백 배 더 많다.[61] 대통령의 통치 혹은 재선에 필요한 자원은 민간기업들이나 특정 경제부문들에 의해서만 공급될 수는 없기 때문이다.

행정부부처 중 압력집단의 영향을 가장 덜 받는 것은 국무부이다. 국무부는 노동(노동부)이라든가, 기업(상무부) 혹은 농업(농무부) 등과 같은 특정 국내집단의 이익보다는 국가 전체의 이익을 수호하는 임무를 지니고 있다. 그렇다고 국방부와 같이 거대한 지출규모를 지니고 있어서 특정 산업부문이나 특정 지역의 이익에 얽혀 있는 것도 아니다. 이런 점들은 물론 사회적 지지를 동원하는 능력을 제약하기는 하지만 동시에 국무부에 가해질 수 있는 압력 역시 감소시켜 주는 것이다. 따라서 국제 원자재 수급정책에 관한 문제가 물리력의 사용이나 외교적 대결로 전개되는 경우 민간기업들이 국무부로 하여금 사익을 위해 광범한 국가이익을 희생시키게 할 가능성은 적다.

또한 한 이슈가 결정되는 것이 이슈가 규정되는 방식에 따라 달라질 수

---

61) Lester W. Milbrath, "Interest Groups and Foreign policy," in James N. Rosenau(ed.), *Domestic Sources of Foreign Policy*, New York: Free Press, 1967, p. 236.

있기 때문에 우리는 국제 원자재 수급정책에 대한 2차 분류를 필요로 한다. 1934년 이전의 관세정책은 통나무 굴리기식 압력집단 정치에 의해 결정된 정책의 대표적인 것으로 누구나 즐겨 사용하는 사례이다. 그러나 1934년 법에 의해 관세 책정방식은 변화되어, 최소한 1974년의 관세법(Trade Act of 1974)에 이르기까지 대통령에게 보다 큰 권한이 주어지게 되었다. 이에 따라 특정 이익집단의 영향력은 감소되었고 통나무 굴리기식의 나눠먹기가 힘들게 되었으며, 따라서 보호주의로의 자연적 경향이 극복될 수 있었다.

이같은 법률상의 변화 자체는 관세에 대한 인식의 변화를 반영하는 것이었다. 최소한 당시 국무장관 코델 헐(Cordell Hull)과 같은 정치 지도자들에게 있어 호혜통상조약법은 세계가 자유무역을 통해 보다 번영되고 평화스러워질 것이라는 비전의 산물이었다. 대공황은 이러한 생각에 새로운 힘을 실어 주었고, 이제 관세는 단순히 미국경제의 특정 부문에 대한 물질적 혜택을 주는 도구로만 간주되는 것이 아니라 국제체계의 모든 성격에 영향을 미치는 것으로서 인식되게 되었다. 이러한 비전의 변화는 곧 정책 결정과정의 변화를 가져왔고, 이 정책결정과정의 변화는 다시 정치집단들의 상대적 영향력을 변화시켰다. 이와 같이 정치 지도자들은 이슈를 재규정하고 이렇게 함으로써 정책의 과정과 본질 모두를 변경시킬 수 있는 것이다.

국제 원자재 정책에 있어서 이슈를 재규정할 수 있는 기회는 대단히 중요하다. 원자재의 가격결정과 소유형태에 연관되어 있는 전체적 목적은, 이 문제들이 단순히 특정 기업의 경제적 문제 이상의 것들과 연관되어 있음을 암시해 준다. 즉 한 국가의 전쟁수행능력이나 경제상태, 정치체제의 안정성, 다른 국가들에 대한 영향력 등이 원자재 수급에 따라 영향받게 되는 것이다.

이 관련성은 정치 지도자들에게 가능성을 열어 준다. 이러한 광범위한 문제들을 연루시킴으로써 정치 지도자들은 갈등의 범위를 확대시킬 수 있는 두 가지 수단, 즉 경쟁성과 투명성을 증가시킬 수 있으며,[62] 갈등의 범

---

62) Schattschneider, *Semisovereign People*, p.16; Wilson, *Political Organization*, p. 355.

위를 확대시킴으로써 이슈가 결정되는 장을 변경시킬 수 있는 것이다. 『연방주의자(*Federalist*)』 제10편에서 제임스 매디슨(James Madison)이 공화국의 크기가 파벌(faction)들에 의한 폭정을 적절히 막아줄 것이라고 전제한 것은 틀린 것이다. 폭정은, 정치 지도자들이 잠재화되어 있는 정치적 압력을 동원하고 그렇게 함으로써 민간기업들에 의해 지배되는 영역으로부터 이슈를 끌어내서 다른 공적·사적 집단들이 보다 큰 힘을 지니는 영역으로 이전시킬 수 있을 때에만 피할 수 있는 것이다.

원자재 정책이 압력집단 정치에 의해 결정된다고 보아서는 안되는 세번째 이유는 사적 부문 내부에 종종 갈등이 존재한다는 점이다. 소규모 국내 기업들은 대규모 국제적 생산자들과 항상 일치된 목표를 지니지는 않는다. 또 특정 국가에 직접투자를 유치하겠다는 희망을 아직 지니고 있는 기업의 경우 이미 국유화된 기업과 똑같이 특정 정책을 지지하지는 않는다. 마찬가지로 간접투자를 하고 있는 금융기관들은 이미 자산을 상실해버린 직접투자자들과는 달리 외국정부의 채무 불이행을 방지하기 위해 보다 화해적인 정책을 추구할 것이다. 사적 부문내의 이런 갈등은 공적 행위자들이 주도권을 행사할 수 있는 여지를 열어 준다. 이렇게 해서 사적 부문내에서 강력한 반발이 있는 경우에도 정부는 특정 정책에 대한 지지를 동원할 수 있는 것이다.

이와 같이 공적 행위자와 기업 경영자들 간에 갈등이 존재할 경우 전자는 효과적인 지도력을 행사함으로써 우위를 점할 수 있다. 지도력은 대규모 과점적 기업의 경영자들이 지닌 비경제적 동기에 호소한다든가, 이슈가 인식되는 방식 자체를 변화시키다든가, 혹은 사적 집단들내의 분열을 이용하는 것들과 연관된다. 민주주의 국가는 중간집단들의 정당성을 인정해야 하므로 정치 지도자들은 공적 목표를 확보하기 위해 신중히 행동해야만 한다. 미국 정치체제에 있어서 권력의 분절화는 고질적인 것이지만 그렇다고 반드시 공공이익에 치명적인 것만은 아니다.

요컨대 미국은 약한 정치체제를 지니고 있다. 미국의 국가, 다시 말해 백악관과 국무부와 같은 중앙정책 결정기구들은 국내사회의 구조를 직접 변경시킬 수 없다. 즉 이들은 국영기업과 같은 새로운 종류의 경제단위를 수립하거나 혹은 특정 산업부문이나 기업들에만 직접적인 혜택을 주는 정책을 채택할 수 없는 것이다(물론 여러 가지 거시정책들이 간접적인 영향을 가져다 줄 수는 있다).[63] 나아가 중앙정책 결정자들은 사회내 특정 이익집단들의 저항을 극복하는 것이 대단히 힘든 일이라는 것을 깨닫게 된다. 정치권력이 분절화되어 있고 분산되어 있기 때문이다. 미국 정치체제에는 수많은 접근점들이 존재하며, 특히 의회와 몇몇 행정부서내에 이같은 접근점들이 산재되어 있다. 일단 이 곳에서 이슈가 결정되도록 정해지면, 국가의 목표가 가로막힐 수 있게 된다. 이런 점에서 미국 정치체는 마치 블랙 볼 제도(black ball system: 검은 공을 던져 넣어 반대 여부만을 결정하는 투표제)와 같다. 공적이든 사적이든 어떤 주요 행위자라도 한 정책의 채택을 가로막을 수 있는 것이다. 그러나 <표 1>이 보여주듯이 이처럼 허약한 정치체제라 할 지라도, 국가가 단지 부수현상에 그치지는 않는다. 중앙정책 결정자들은 사적 부문의 압력에 저항할 수도 있고 또 사회전체 목표에 부합되는 정책 목표를 수립할 수도 있는 것이다.

　미국의 국가가 사회에 대해 허약하다는 점이 곧 국가이익(즉 지속적인 사회전체적 목표와 연관된 중앙정책 결정자들의 선호)을 추구하려는 노력이 항상 좌절된다는 것을 의미하지는 않는다. 종종 공적 행위자들의 정책 목표와 사적 행위자들의 목표가 일치하기도 하고, 나아가 중앙정책 결정자들이 지도력을 발휘하여 사적 행위자들의 선호를 변경시킬 수도 있다. 기업행태에 대한 만족화이론과 행태적 이론들에 따르면 이런 상황은 국가가 대규모 과점적 기업들을 상대할 때 가장 발생 가능성이 높다. 기업의 활동을 조정하거나 혹은 지위나 위신과 같은 개인적 욕구를 충족시키는 데 있어 이러한 기업들의 경영인들이 상당한 자율성을 지니고 있기 때문이다. 공적 행위자들이 목적을 달성할 수 있는 능력은 또한 특정 이슈가 결정되는 정책결정의 장에 의해서도 좌우된다. 만일 사회적 압력에 개방되어 있는 행정부서나 의회에서 특정 정책문제가 결정된다면, 사적 행위자들이 국가의 목표를 가로막게 될 가능성이 높다. 그러나 백악관이나 국무부나 기타 중앙기관에서 이 문제가 결정될 경우, 사적 행위자들이 효과적으로 활

---

63) 예컨대 통화 팽창적인 정책들은 채무자에게 득이 되고 채권자에게는 불이익이 된다. 또 자유무역정책은 수출지향적 산업들에게 혜택을 주고 수입경쟁적 산업들에게는 해가 된다.

동하기는 훨씬 어려울 것이다. 한 이슈가 어디에서 결정되느냐의 여부는 한편으로는 그 이슈의 본질적 성격에 의해 결정되며, 다른 한편으로는 그 이슈가 어떻게 규정되느냐에 따라 좌우된다. 그러므로 사회집단들이 특정 문제를 인식하는 방식을 변화시키고 따라서 이 문제가 결정되는 장과 궁극적 결과 자체를 변화시킴으로써 통치자들은 지도력을 발휘하게 되는 것이다. 결론적으로, 미국정치는 국가가 사회집단의 압력에 저항할 수는 있으나 사회의 저항을 극복할 수는 없는 소위 '연성국가'적 속성을 띠고 있으나, 이런 정치과정은 효과적인 정치적 지도력을 통해 '중성국가'적 양태, 즉 중앙정책 결정자들이 사회압력에 저항할 수 있음은 물론 사회집단들의 행태까지도 변화시킬 수 있는 양태로 전환될 수 있다.

카지노 자본주의*

수잔 스트레인지

  서구의 금융체제는 거대한 카지노를 급속히 닮아가고 있다. 매일마다 이
거대한 카지노에서는 도박이 벌어지고 있고, 상상할 수 없는 양의 막대한
판돈이 걸려진다. 밤이 되면 다시 지구 반대편에서 이 도박은 계속된다.
세계의 거대도시들을 지배하고 있는 초고층 빌딩의 사무실 안에는 도박을
벌이고 있는 젊은이들로 가득차 있다. 시시각각 변화하는 가격들을 깜빡이
고 있는 컴퓨터 화면에 눈을 고정한 채 이들은 대륙 간 장거리 전화나 전자
기기들을 통해 게임을 벌인다. 카지노에 앉아서 룰렛게임기의 은빛 공이

---

 * Susan Strange, "Casino Capitalism," *Casino Capitalism*, New York: Basil Black-
   well, 1986(백창재 옮김).
 ▶ 국제경제현상에는 돈과 상품과 용역과 투자와 기술의 흐름들이 복잡하게 얽혀
   있다. 점차 경제의 규모가 커지고 국가 간의 경제관계가 양적·질적으로 심화됨
   에 따라 국제경제내의 이같은 흐름들은 더욱 복잡한 관계를 이루며 변화해 가고
   있다. 따라서 어느 한 흐름에 이상이 생기면 다른 흐름들에도 변화가 오고 결과
   적으로 국제경제질서 전체가 변동 혹은 불안정 상태에 돌입하게 되는 것이다.
   이 중 특히 최근 주목을 받고 있는 것이 국제금융과 통화체제의 불안정이다.
   예컨대 소로스의 퀀텀펀드 등으로 대표되는 국제금융체제내의 투기들은 왜 일
   어나고 있으며, 어떻게 생겨났고, 또 국제금융질서에 미치는 영향, 나아가 국제
   경제질서에 미치는 영향은 무엇일까? 1986년 출판된 수잔 스트레인지의 『카지
   노 자본주의』는 이러한 의문에 대한 체계적인 설명을 시도한 고전으로 남아 있
   다. 스트레인지는 이 책에서 브레턴우즈 체제 붕괴 이후의 국제금융질서를 도박
   판에 비유하고, 이같은 도박판식 금융질서가 야기된 원인을 추적하고 있다. 또
   이러한 현상이 심화됨에 따라 생겨나는 국제금융과 투자상의 변화를 설명하고
   이 불안정 요소를 제어할 수 있는 국가의 능력과 그 한계를 분석한다.

돌아가는 것을 보며 적색 칸이나 흑색 칸, 혹은 홀수나 짝수에 돈을 걸고 있는 도박꾼과 다를 바가 없는 것이다.

카지노와 마찬가지로 오늘날의 세계 금융계에서는 여러 가지 게임들을 할 수 있다. 룰렛이나 블랙잭, 포커 대신에 외환시장과 그 변종들이 있고 또 국공채도 있다. 이 모든 시장들에서는 선물거래가 이루어지기도 하고 옵션 등이나 여러 가지 신기한 신종 상품들을 사고 팔기도 한다. 도박꾼들 중에는 은행과 같이 막대한 돈을 거는 존재도 있고, 반면 소액의 꾼들도 많이 참여하며, 우둔한 자들에게 정보와 자문을 제공해 주는 자들도 있다. 또 세계 금융계라는 이 도박장에서의 물주는 바로 거대한 은행가들과 브로커들인데, 이들이야말로 바로 도박장을 위해 게임을 하는 존재들이며 결과적으로 이득을 챙기는 것도 이들이다.

이 은행가들과 브로커들은 전형적인 은행가들이 생각하는 금융계와는 상당히 다른 세상에서 일하고 있는, 대단히 다른 종류의 부류들이다. 은행가들이란, 전통적으로 성실하고 침착한 사람들로서 냉정한 얼굴을 하고 보수적인 정장을 입으며 고객의 돈을 조심스럽게 관리한다는 평판에 대단히 유의하는 것으로 여겨져 왔던 것이다. 무언가 엄청나고 심각한 일이 세계 금융체제에 일어났기 때문에 이처럼 도박장과 같이 변한 것이다. 그러나 이 변화가 무엇이었는지, 또 어떻게 일어났는지는 명확치 않다.

한 가지 확실한 점은 이 변화가 모든 사람들에게 영향을 미쳤다는 사실이다. 세계금융이라는 카지노가 일반 카지노와 구별되는 중대한 차이점은, 일반 카지노에서는 누구나 도박을 하든가 하지 않든가 선택할 수 있지만, 세계금융의 카지노에서는 우리 모두가 비자발적으로도 그 날의 판에 끌려들어가게 된다는 점이다. 예컨대 환율의 변화는 농부가 재배하고 있는 곡물의 가격을 절반으로 떨어뜨리거나 수출업자를 망하게 할 수도 있고, 이자율의 상승은 가게주인들이 재고비용을 치명적으로 올리게 할 수 있다. 또 금융상의 이유로 생겨나는 기업인수 때문에 공장의 노동자들이 일자리를 잃게 될 수도 있다. 이처럼 이제 막 학교교육을 마친 사람들로부터 은퇴 후 연금으로 살아가는 이들에 이르기까지, 우리 모두의 일상적 삶은 거대한 금융 중심가들의 사무실에 존재하는 카지노에서 벌어지는 일들에 의해 갑작스럽고 예측 불가능하고 불가피한 영향을 받게 되는 것이다. 이 금융 카지노는 우리 모두로 하여금 '뱀과 사다리' 게임을 하도록 만든다. 주사위를 던진 결과 우리가 사다리의 밑바닥을 차지하는 행운을 얻을지, 혹은 뱀의 머리 위에 떨어지는 악운을 만날지는 완전히 운수의 문제인 것이다.

이러한 상황은 암울한 결과를 가져올 수 밖에 없다. 사람들에게 일어나는 일이 순전히 운에 의해 결정되고 능력이나 노력, 지도력, 의지, 노력 같은 것은 점점 덜 중요해진다면, 결국 사회체제와 정치체제에 대한 믿음과 신념은 급속히 퇴색될 수밖에 없으며, 자유민주주의 사회의 근저를 지탱해주는 윤리적 가치들에 대한 존중이 위험할 정도로 퇴조되기 때문이다. 사람들이 심리적으로 변화를 일으키는 때는 바로 사랑이나 건강, 자연재해혹은 유전 등과 같이 지금까지 운수에 의해 결정되던 일들뿐만 아니라, 전혀 예기치 못했던 새로운 일들까지도 악운에 의해 망쳐버릴 때이다. 이제게으름이나 무능력뿐 아니라 운수에 의해서도 일자리를 잃게 되고, 평생의 저축이 휴지가 되고, 해외휴가 비용이 두 배가 되거나 반감되기도 하고, 또이자율이나 특정 상품가격 혹은 지금까지 비교적 안정적이었던 다른 요인들의 예기치 않은 변동 때문에 사업이 파산한다고 생각해 보라. 운명의 수레바퀴가 어떻게 돌아서 어디서 멈출지를 모르는 마당에 올바른 결정을 내리려는 것 자체가 별 의미가 없어지게 되는 것이다. 빨간 칸에 돈을 걸든까만 칸에 걸든, 그 결과가 불확실한 것은 마찬가지이다. 바로 이런 이유로불확실성의 증대가 우리 모두를 상습적인, 그러나 대부분 비자발적인 도박꾼으로 만들었다고 하겠다.

더욱이 이 체제 자체는 이미 불공평하기 때문에 이 안에서 악운을 만날확률은 결코 누구에게나 공평한 것이 아니다. 어떤 자들은 자신들을 보호할 방안을 강구할 수 있는 반면 다른 자들은 그렇지 못한 것이다. 그리고여러 가지 원인으로 생겨난 이 불평등은 훨씬 민감하게 느껴지게 되고 훨씬 신랄한 분노의 대상이 된다. 운수가 결정하는 영역이 너무 커지고 또 체제의 자의성이 대단히 불공평하게 움직여질 때 좌절감과 분노는 더욱 악화되고 보다 폭력적으로 발산되기 쉬운 법이다.

이러한 논의가 개인의 경우에 맞는 것이라면 이는 거대기업들과 각국정부들에도 역시 해당된다. 여야를 막론하고 정치 지도자들이란 자신들이경제를 장악하고 있는 듯 보이기를 원한다. 자신들의 정책이 실업을 감소시키고 경제성장을 복구하고 번영을 가져오고 투자를 활성화시킬 수 있는 힘을 지녔다고 보이고 싶어 하는 것이다. 그러나 최근 수년 동안 반복해서 나타났듯이, 나라 밖에서 벌어진 예기치 못한 변화들에 의해 정치인들의 계획은 무산되곤 한다. 달러화가 약화되거나 초강세를 보일 수도 있고 이 자율의 상승 때문에 외채상환의 부담이 견딜 수 없게 될 수도 있으며, 갑자기 은행들이 특정 국가에 대한 여신을 중단해 버릴 수도 있다. 또 유가가 급등 혹은 급락하거나, 주요 소비국의 주요 부문이 불황에 빠져서 주소득원의 수출가격이 급락할 수도 있다. 금융세계를 지배하고 있는 불확실성은 개인의 삶에만 영향을 미치는 것이 아니라 국가와 정부의 운명, 그리고 나아가 국가 간의 관계에까지 영향을 미친다. 이런 상황은 지금으로부터 50여 년전인 1929년의 대폭락(Great Crash) 직후 일어난 바 있다. 이렇게 볼 때, 지금의 불확실성이 장래 극적인 위기를 몰고올 것인지, 혹은 보다 가능성 있는 전망이지만, 세계시장경제의 지속적인 불안감을 고착시킬 것인지의 여부는 단순히 경제학자들의 관심에만 그치지 않아야 한다.

1. 혼란의 진상

당면한 현실의 관심사와 대소사에서 한 걸음 물러서서 바라보면 다음 두 가지를 관찰할 수 있다. 첫째는 현재의 혼란을 몰고 온 변화가 대략 최근 15년 동안 대단히 빠르게 진행되어 왔다는 점이다. 둘째는 이 기간 동안의 변화가 세계경제의 기능을 지탱하는 몇몇 주요 가격들에도 동시에 영향을 미쳤다는 점이다. 각국 경제체제들을 상호연결해 주는 외환시장의 환율, 상품가격의 전반적 상승률(즉 인플레율), 상품과 서비스 생산의 주요인인 이자율, 제조업과 운송업의 주 투입요소인 원유가격 등이 동일 기간 동안 더욱 불안정하게 되었던 것이다. 이 중 한 가지의 불안정은 곧 다른 것들의 안정을 위협해 왔는데, 이들을 연결하는 공통요인이 바로 국제금융체제였던 것이다. 마치 병충해가 식물의 다른 가지들로 번져가듯이, 국제정치경제를 흔들고 있는 최근의 여러 문제들은 바로 국제금융체제의 무질서에서 비롯되어 왔다.

이 문제들은 신문이나 텔레비전 또는 홍수처럼 쏟아지는 책들 덕분에 모든 사람들에게 익숙해 있다. 이 중 가장 널리 알려지고 잘 이해된 문제는 개발도상국들의 외채문제인데, 이는 우선 여신이 끊길 경우 채권자들과의 심각한 문제가 발생할 정도로 너무 많은 돈이 너무 많은 국가들에게 빌려졌던 데 원인이 있다. 둘째로 외채문제는 1970년대 후반의 저성장과 1980년대의 불황과 연관되어 있다. 금융체제의 불안정이 세 번째 원인인데, 이는 채무국들에만 국한된 것이 아니다. 기업들의 부채 역시 막대하기 때문에 신뢰할 만한 최종 대부자(lender of last resort)가 없는 한 저성장이 지속될 경우 마찬가지로 위협적일 수 있었던 것이다. 네 번째로 원유가의 불확실성과 이로 인한 생산자와 소비자들에 대한 영향, 나아가 이로 인한 많은 국가들의 국제수지 균형의 문제를 들 수 있다. 이 문제는 국내외의 정치적·경제적 불안정이라는 이중고에 시달려 온 중동의 주요 산유국들의 경우도 물론 해당된다. 이 문제들은 모두 기본적으로 경제적인 문제들이다. 그러나 이들에 못지 않게 중대한 다섯 번째 문제는 정치적인 것인데, 곧 미·소 간의 불안정한 균형과 미·서구 간의 불안한 동맹관계로 대표되는 국제정치 상황의 불안정성이다. 이 두 가지 정치적 문제 역시 금융상의 불안정과 불확실성에 어느 정도 근거를 두고 있다. 양자 모두는 전 세계 은행들의 외환담당실에서 깜빡이고 있는 컴퓨터 화면에 나타난 달러화의 등락에 의해 영향을 받고 또 영향을 주는 것이다.

이 글에서 논의하듯이 만일 이 모든 문제들이 상호연관된 것으로 이 문제들내에 국제금융의 불안정이라는 공통요인이 존재하고, 따라서 거대한 금융계 카지노의 테이블에서 벌어지는 노름에 취약하다면, 이 공통요인에 대해 주의를 기울이는 것이 이러한 문제들에 대한 해결책을 찾는 일을 훨씬 용이하게 해 줄 것이라고 볼 수 있다. 충분조건이라고는 할 수 없을 지 모르나 필요조건임에는 틀림없는 것이다. 금융상의 안정과 확실성을 복구함으로써 이 문제들 중 어느 하나에 도움이 된다면, 이는 곧 다른 문제들에 대한 해결책도 용이하게 해 줄 것이다.

그러나 해결책을 논의하기에 앞서 구체제가 언제부터 어떻게 해서 썩어가기 시작했는지를 살펴보아야 한다. 수많은 정치적·경제적 악영향을 몰고 온 이 급격한 변화가 도대체 언제, 어떻게 시작되었을까? 이 복합적 혼란이

전개된 상황을 돌이켜 보아야만이 우리는 아마 이에 대한 해결책을 강구할
수 있을 것이다.

2. 어떻게 시작되었나?

1973년이야말로 1960년대의 평온기로부터 1970년대와 80년대의 격동
기로의 눈덩이같은 변화가 추진력을 얻게 되는 기념비적인 전환점이다.
이 해에는 우선 달러화의 실질적 평가절하와 이에 따라 환율결정이 시장에
맡겨지게 되는 등 몇 가지 큰 변화가 동시에 일어났다. 이는 흔히 변동환율
제(floating rates)로의 전환이라고 알려져 있는데, 몇몇 통화의 가치가 상승
하면 다른 통화가 하락한다는 점을 감안할 때 적합한 명칭은 물론 아니다.
이 해는 또한 처음으로 원유가가 상당히 오른 해이며, 그 결과 원유소비의
충당과 빈국들의 경제성장을 위해 금융계에 보다 의존하게 된 해이기도 하
다. 이런 변화들이 다양한 방식으로, 금융체제의 불안정을 강화하게 된다.
이 상황이 어떻게 해서 벌어지게 되었는지를 이해하기 위해서는 국제통화
관계의 역사를 회고해 보는 것이 도움이 된다. 이는 또한 왜 1973년이나
혹은 다른 어떤 정확한 일자를 선택한다는 것이 자의적일 수밖에 없는지
설명해 준다. 다만 1973년이, 보다 안정된 기간에서 불안정한 기간으로 체
제가 옮겨감에 따라 일종의 변속기어의 전환 같은 특성을 나타낸다고 말할
수 있겠다.

이 체제내에 발생한 균열과 허점들은 이보다 15년전에 이미 발견되었다.
미국과 다른 나라들이 전쟁기간 동안 브레턴우즈(Bretton Woods)에서 합
의했던 국제통화상의 규칙과 약정들이 계획대로 기능하지 않고 있다는 점
이 명백해졌던 것이다. 요컨대 동일한 규칙이 모두에게 적용되는 균등한
체제 대신에 미국의 지속적 국제수지 적자와 무역상대국들의 달러화 보유
증대가 상응되는 극히 불균등한 체제가 이루어지게 되었던 것이다. 이들의
달러 보유고는, 1945년 영국이 그러했듯이, 수입품을 살 수 있는 외화가
바닥난다는 우려를 경감시켜 주었고, 따라서 무역은 다시 활성화되었다.
이는 유럽의 투자를 증진시키는 데 도움이 되기는 하였으나, 축적된 달러

화의 양은 곧 미국의 막대한 금 보유고까지도 초과하게 되었다. 왜냐하면 달러화를 미국이 전쟁 전의 고정된 가격으로 금태환해 주기로 보증했기 때문에, 유럽과 다른 나라들이 채권증서로서 달러화를 보유했다는 데 이 체제의 핵심이 있기 때문이다. 이같은 달러 오버행(overhang)에 내재된 위험은 일찍이 1958년 미국의 로버트 트리핀(Robert Triffin) 교수와 프랑스의 쟈크 뤼에프(Jacque Rueff) 교수에 의해 지적된 바 있다. 이 분석들은 프랑스 및 다른 서구 국가 정부들에 의해 받아들여졌고, 이들은 경제적 번영을 누리는 동시에 모호하게나마 체제의 불공평성, 즉 이 체제가 미국과 영국으로 하여금 자신들의 화폐를 다른 나라들이 채권으로서 보유하는 것에서 생기는 특권을 향유하도록 해주는 불공평성에 대해 불평할 수 있는 권리를 즐기고 있었다. 미국이 상품과 서비스의 수출 대신에 채무증서로써 청구서를 지불하고 있다는 의미로, 드골 장군이 부당한 특권(exorbitant privilege)이라고 부른 것은 이를 두고 한 말이다.

1960년대가 흘러가면서, 국제금융 및 자본시장의 성장, 이에 따른 보다 많은 화폐들의 교환, 그리고 체제의 결함에 대한 정부 간 인식의 불일치 등의 압력이 결합되면서 체제내의 균열은 보다 넓어졌고 체제가 기우뚱거리기 시작하였다. 이같은 균열들은 응급조치들로 메워지곤 했다. 골드풀(Gold Pool)이라든가 긴급시 구성원들에게 외화를 대출해줄 수 있도록 국제통화기금(International Monetary Fund)의 재원을 확장한다든가 하는 조치들이 그것이다. 외국이 뉴욕으로부터 대출을 해감으로써 국제수지 적자가 악화되는 것을 막기 위해 미국은 이러한 대출에 대해 세금을 부과하였는데, 이는 오히려 미국은행들이 해외로 나가도록 만듦으로써 유로달러의 런던 시장을 육성해주는 결과를 낳았다. 이견은 계속되었으나 몇 가지 타협도 이루어졌다. 1968년 스톡홀름합의에서 IMF로 하여금 SDR(Special Drawing Rights)을 발행하도록 하여 각국 정부의 보유 자산으로서의 달러화를 보조하도록 하였다.

1960년대 후반까지만 해도 이 체제의 긴장이 문제를 일으킨 것은 주로 독일의 마르크(1969년 재평가)와 같은 강세의 유럽 통화나 영국의 스털링(1967년 평가절하)과 같은 약세의 유럽 통화였다. 그러나 결국에는 미국 경제에도 문제를 일으키게 되었다. 월남전에 막대한 재원을 투입하면서 달러화의 환율을 유지하려 함에 따라 존슨 대통령은 국내적으로 긴축재정과 고이자율 정책에 의존하게 되었고, 이는 악화되어 가고 있던 무역수지를 어느 정도 개선시켜 주었다.

이처럼 존슨은 외환시장이라는 것을 기본적으로 달러화를 궁지에 몰아넣고 있는 적으로 간주하였음에 비해, 닉슨과 키신저, 코널리(Connally)는 시장이 우군이 될 수도 있고 따라서 다른 나라들이 저지할 수 없는 달러 평가절하를 가능케할 수 있다고 보았다. 1971년 8월 닉슨은 일방적으로 브레턴우즈 체제의 포기를 선언하였는데, 이에 의해 달러는 다른 통화와의 고정환율로부터 벗어나 하락할 수 있게 되었다.

이는 1973년 금태환을 완전 포기하는 결정으로 가는 첫걸음이었다. 그 중간에는 1971년 12월의 스미소니안협정(Smithsonian Agreement)이 있었는데, 이에 의해 일본의 엔화와 독일 마르크화에 대한 달러의 환율이 재조정되었다. 그러나 어느 정도는 달러화의 장래에 대한 불확실성과 우려에 의해 야기된 지속적 인플레에 의해 우선 스털링이 고정환율로부터 떨어져 나가게 되었고, 유럽 각국 통화를 상호간 안정적으로 유지하려던 노력이 무산되었다. 이같은 외환시장의 혼란으로 인해 마침내 미국은 정부가 아닌 시장이 환율을 결정하도록 하게 된 것이다.

3. 변동환율의 효과

변동환율제에 대한 애초의 기대와 실제 효과 간에 벌어지고 있는 차이를 감안할 때, 현시점에 이르기까지의 사건들에 대해 간략하게나마 기술하는 것이 대단히 중요하다. 당시 주로 미국 경제학자들을 위시한 대다수 경제학자들은 변동환율제로의 전환이 5년여 지속되어 오던 위협적인 통화위기를 마침내 종식시킬 수 있을 것이라고 장담했었다. 국제통화체계의 긴장은 보유고가 아니라 환율에 의해 해결될 수 있고, 따라서 각국 정부들이 우려할 바는 없으며 결국 시장이 각국내의 비용과 가격, 그리고 인플레율 간의 관계를 단계적으로 반영하리라는 것이다. 결과적으로 환율에 있어 더 이상 급격한 변동이 일어날 필요가 없게 된다고 이들은 장담했다.

그러나 이는 단순한 이론 혹은 기대에 불과했고 실제 결과는 상당히 다른 것으로 판명되었다. 변동환율제, 즉 시장에 대한 정부개입의 억제에 의해 시장의 급격한 변동이 감소된 것이 아니라 오히려 증대되었던 것이다.

겨우 5년 동안 시행된 결과에 의해서도 주요국들의 국제수지상 흑자 및 적자폭은 점점 증대되었음이 명백해졌다. 무슨 이유에서건 외환시장의 보이지 않는 손이 작동하지 않았던 것이다. 이전까지 최대의 국제수지 흑자를 기록했던 나라들의 흑자폭은 배가되었다. 즉 일본, 독일, 스위스, 네덜란드 및 벨기에의 1972~1973년 흑자는 총 90억 달러였는데, 1977년 이들의 흑자 합계는 180억 달러에 이르렀다. 반면, 미국, 영국, 프랑스, 이탈리아와 캐나다 등 적자국들의 적자 규모는 이들의 화폐가 시장에 의해 평가절하되었음에도 불구하고 세 배 이상 늘어났다. 결과적으로 변동환율제로 인해 보유고가 줄어들 수 있었던 것이 아니라, 여전히 대규모 수지적자의 가능성에 대처하기 위해 각국은 큰 규모의 보유고를 필요로 하게 되었던 것이다.

물론 이는 미국의 경우에는 해당되지 않는다. 금태환이 취소된 체제에서의 제일의 통화보유국으로서, 미국에 있어 달러화의 보유고는 무제한적이었고, 유럽 국가들에 비해 미국경제는 환율변동에 훨씬 덜 취약했던 것이다. 유럽인들은 미국에 비해 훨씬 무역량이 많았을 뿐 아니라, 무역량 중 많은 부분은 유럽내에서 이루어지고 있었는데, 변동환율제에 의해 각국의 통화가 양극단으로 내몰리는, 즉 초강세와 초약세로 양극화되는 경향이 생겨나게 되었다. 특히 1976년 달러화가 약화되면서부터 풀려난 자금들이 독일 마르크화와 스위스 프랑으로 몰려오게 되면서 이 화폐들을 영국이나 프랑스, 이탈리아 등 국제수지 적자국들의 화폐로부터 훨씬 더 유리시키게 되었다. 매년의 환율을 살펴볼 때 1970년대의 변동은 1960년대보다 거의 두 배 가까이 큰 폭으로 이루어졌다.

게다가 장래의 환율변동의 불확실성으로 인해 대규모 보유고를 지녀야 할 필요성이 증대했음과 동시에 도대체 무엇—달러, 금, 독일 마르크 혹은 다른 어떤 자산—을 보유해야 하는가 하는 문제도 여전히 남아 있었다. 1970년대 중반 미국은 달러화를 방어하기 위해 중앙은행의 공식 금가격을 온스당 35달러와 그 후 42달러로 억제하는 금가격 억제 캠페인을 벌였고,

이는 달러의 약세에 대한 반응으로 민간부문에서의 금가격이 앙등하고 이에 따라 몇몇 국가들이 금보유고를 재평가하려는 움직임을 보인 1979년까지도 계속되었다.[1] 이 금가격 억제 캠페인의 의미는 보다 큰 금보유고를 지닐 기회가 제한되었다는 데 있었다. 따라서 1978년까지 20년간 증대된 2,500억 달러 규모의 보유고 중 29억 달러를 제외한 거의 대부분의 보유고가 외환보유고로 남아 있게 되었던 것이다. 그리고 민간 투자가들은 물론 각국 정부들까지도 선호를 바꿀지 모른다는 가능성으로 인해 외환시장의 불안정은 더욱 증대했다.

또 하나 반드시 지적되어야 할 점은, 외환시장에서 민간 및 정부 소속 투자관리인들이 여러 화폐들 사이로 자주 움직이는 이 현상이, 변동환율제로의 전환에 따라 일시적으로 나타난 현상이 아니라는 점이다. 이는 연쇄적인 것이고 축적적인 것이었다. 보다 많은 참여자들이 게임에 참가할수록 시장의 불안정성은 증대되었고, 시장이 보다 불안정해질수록 보다 많은 신참자들이 시장에 끌려들어 오게 되었으며 또 환율변동의 영향을 받는 이들이 시장에 간여하지 않기가 힘들게 되었다. 1977년에 이르러 뉴욕 연방준비은행(Federal Reserve Bank of New York)은 뉴욕 외환시장의 '1일' 거래량만도 100억 내지 120억 달러에 달한다고 추산하였다. 3년 뒤 동일한 추산액은 대략 250억 달러였고 이 중 10분의 9가 은행들에 의한 거래였다. 또 동일한 기간 뉴욕에서의 1일 선물 외환거래량은 35억 달러에서 108억 달러로 증가했다. 한 추정에 따르면, 런던 외환시장의 1980년 1일 거래량은 대략 두 배 정도 규모이며, 1985년에는 다시 배가되었다고 한다. 전 세계적으로 1985년 1일 거래량은 1,500억 달러에 이를 것으로 추산된다.

외환거래가 이처럼 국제무역의 증대로는 도저히 설명이 안될 정도로 혁명적으로 증대된 이유는 명백하다. 그리고 대도시 한복판의 고층빌딩숲에서 젊은이들이 줄담배를 피우며 분주히 움직이는 이유 역시 명확하다.

고정환율제하에서 기업의 재무관리자들은 외환 선물시장을 이용하여 다른 화폐를 통한 거래와 자기 자산 간에 생길 수 있는 이자율의 차이로부터 자신을 보호하려 한다. 물론 특정 화폐의 환율이 변화될 것으로 예견될 경

---

1) 가격앙등이 초래한 시장가격은 한때 온스당 800달러까지 치솟았다가 400달러 이하로 종착되었다.

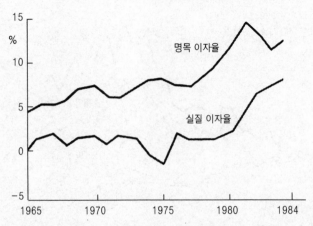

<그림 1> 미국의 장기 이자율(1965~1984)

출처: *World Development Report*, 1985, p.5. 모든 수치는 4분기별 수치의 평균임.

우 기업들이 다른 투기자들과 마찬가지로 그 화폐를 사고 팔게 되는 경우
도 있다. 그러나 대개의 경우 환율을 고정시킬 책임을 중앙은행이 떠맡고
있으므로 기업의 재무관리자들이 일상적인 변화를 우려할 필요는 없게 된
다.

그러나 변동환율제하에서는 각 기업들이 달러화 환율의 일상적 변화에
대응해야만 한다. 중앙은행이 보유고를 통해 환율변화에 간여하는 데 드는
비용이 지금처럼 민간기업들이 외환 헤징(hedging)을 하는 비용보다 훨씬
더 적었을지 여부는 논란의 여지가 있다. 은행의 이윤이 증대되었고 기업
의 재정·금융적 측면에 대한 관심이 생산적 측면에 대한 관심보다 중요하
게 되었기 때문이다.

확실한 것은 비용의 부담이 공공부문으로부터 민간부문으로, 그리고 다
시 소비자에게로 이전되었다는 사실이다. 변동환율제하에서는 기업의 은
행구좌로 들어오고 나가는 다양한 화폐들의 환율이 수시로 변할 수 밖에
없으므로, 재무관리자들이 미리 예산을 짜기 위해서는 환율인하로 인한 예
상 수입의 감소나 환율인상으로 인한 예상 지출의 증가를 상쇄하고 기업의
구좌를 보호하도록 해야 했기 때문이다. 그러기 위해 기업의 재무관리자들
은 선물거래로 특정 통화를 구입하고 동일한 가격을 단기 환시장에 투자하

<그림 2> 달러에 대한 환율 추이(1970~1985)

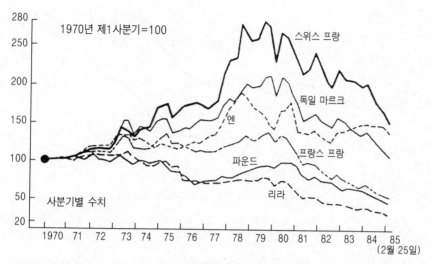

출처: *The Econmist*, 1985. 3. 16.: IMF/OECD자료에서 추출한 것임.

거나, 혹은 유럽 환시장에 투자하였다. 기업의 거래은행들은 이같은 주문들 모두를 정반대되는 주문들로 상쇄시키곤 하였다. 은행들로서는 통상 하루 아침에 통화에 있어서 불균형한 위치에 처하는 것을 원하지 않았기 때문이다. 이처럼 기업들의 헤징 거래에 대응하고 장부상 일치를 이루기 위해 서로 다른 통화상의 예금을 교환할 필요가 발생하기 때문에, 위에서 거론했던 은행 간 시장이 커지게 된 것이다. 그리고 선물 보장(forward cover) 특정 통화의 특점 시점의 가치에 대한 프리미엄과 할인)의 최종 가격은 각국 통화로 이루어진 예금에 대해 제공되는 이자율 간의 차이에 따라, 이러한 은행 간 시장에 의해 결정되어 왔다. 이것이 바로 외환시장과 단기금융시장, 그리고 환율과 이자율을 연결하는 고리이다.

따라서 환율의 불안정이 증대되었기 때문에 유럽 통화시장은, 외환거래 계정상의 변화라든가, 혹은 특정 통화에 영향을 미칠 것으로 간주되는 정치적 사건 등과 같이 환율에 영향을 주는 어떤 사건도 즉각 금융시장으로 전파되는 통로가 되었다. 통화시장의 변화가 금융시장으로 전파되도록 하는 필요조건은 바로, 외환상의 위험을 감수하지 않으려는 금융기관과 이런 위험에 대해 스스로를 보호할 필요를 지닌 국제 수출입상들의 존재이다.

이러한 필요는 물론 국제무역의 증가와 소위 다국적 기업, 혹은 보다 정확히 초국적 기업들에 의한 생산의 국제화가 증대된 데 기인한다. 그러나 여기에도 역시 순환논리가 존재한다. 왜냐하면 그간 기업들이 깨달아 왔듯이 선물시장이 기업들에게 제공하는 보호에는 한계가 있다. 기업들은 현금유통이나 손익에 있어서, 또 투자와 판매에 있어서 여러 나라의 여러 가지 화폐로부터 생기는 문제를 겪게 된다. 그러나 기업들의 주식가격과 결산시 대차대조는 단지 한 통화로만 계산된다. 따라서 장기적으로 볼 때 기업의 재무관리자는, 다른 종류의 위험들에 대처하고 또 대차대조표가 '실질적'인 손실이 아니라 다른 통화의 가치 평가로 인해 생긴 손실을 나타내고 있을 경우 이에 대해 자신을 보호할 수 있는 방법을 강구하려 하게 된다. 이경우 재무관리자들은 우선 기업의 자산과 부채를 가능한 한 다양화―예컨대 각 지역내에서 자금을 현지 조달하거나 현지 은행들로부터 대부를 받거나, 혹은 호환성 있는 유럽 국공채로 자금을 조달하는 등―하려고 해 왔으며 또 어느 정도 위험을 분담해 줄 현지 주주를 찾기도 했다. 사실 기업활동의 지리적 다양화야말로 합리적인 장기적 헤징 전략인 것이다. 이처럼 불안정한 변동환율제는 다국적 기업들의 위험을 증대시킴으로써 이들을 보다 다국적으로 만들어 왔다. 그러나 이같은 장기적 전략은 다시 단기적으로는 환율 위험에 대한 헤징의 필요성을 증대시키고, 따라서 세계금융이라는 카지노의 거래량을 더욱 증대시키게 되는 것이다.

환율의 불안정, 특히 달러화와 다른 주요 화폐들 간의 환율 불안정이 기동력 있는 초국적 기업보다는 개발도상국들에게 훨씬 위험을 증대시켜 왔다는 것은 두말할 필요 없다. 최소한 초국적 기업들은 생산하는 상품과 활동할 수 있는 나라들이 다양하며, 또 문제 해결을 위해 일하는 수많은 세무전문가들과 재무관리자들을 갖고 있다. 반면 개도국들의 형편은 다르다. 다른 많은 문제점들에 더해, 1971년 이후 개도국들은 몇 가지 환율 전략 중 하나를 선택해야 하는 상황에 직면해 왔다. 개도국들은 우선 멕시코와 같이 달러화에 고정시키거나 세네갈과 같이 프랑화에, 혹은 SDR이나 다른 통화 집단에 고정시키는 방안을 선택하거나, 또는 아예 시장에 맡겨버릴 수도 있었다.[2] 그러나 고정시킨 통화들의 환율이 변동함에 따라 잘못된 선택을 한 경우들이 나타나곤 했다. 게다가 1차산품이 주인 이들의 수출품으로부터의 소득은 달러화와 심지어 스털링 환율의 변화에 의해 크게 영향을 받았다. 예컨대 달러가 평가절상되고 독일 마르크화가 약세가 되는 해에, 한 개도국의 화폐가 달러에 고정되어 있고 그 수출품이 달러화로 표시되는 1차산품이며 이 개도국이 주로 독일로부터 수입하고 있고 독일은행들에 대부분의 부채가 있으며 또 독일 마르크화로 차관을 들여올 수 있다면, 이 나라의 재정 상태는 요술과 같이 향상될 것이다. 마찬가지로 정반대의 환율변화는 정반대의 결과를 가져오게 된다.

4. 이자율의 불안정

1970년대 중반 이후 돈을 빌리는 비용이 현저히 상승함에 따라 통화시장의 불안정이 보다 심화되었다.

1930년대에서 1960년대 중반까지 선진공업국들의 이자율 수준은 이 기간 동안 세계대전과 장기간의 냉전이 지속되었다는 점을 감안할 때 놀라우리만치 낮았다. 스웨덴과 같은 중립국에 있어서도 국방예산이 상당했는데 이는 사회복지비와 더불어 국민소득 중 정부가 차지하는 몫을 증대시키기도 록 만들었다. 여기에 처음으로 구멍이 뚫리게 된 것은 바로 존슨 대통령과 월남전 때문이라고 통상 비난되고 있다. 존슨 행정부는 월남전과 사회복지비를 충당하는 데 세금을 늘리기를 꺼려해서 국채를 증대시키는 방안을 썼던 것이다. 그러나 칼레오가 지적하고 있듯이 이러한 설명은 너무 단순하다. 미국 국방비의 증가는 1971년에서 1984년까지의 기간에 일어난 뚜렷한 세계적 현상을 설명하기에는 충분치 않다. 1963년 뉴욕 시장에서 사채

---

2) 1971년 몇몇 개도국들이 스털링에 고정하기로 하였으나 그 이후 보다 나은 선택을 하게 되었다. 세 나라가 남아프리카의 랜드(rand)화에 고정하였고, 한 나라는 스페인 페세타(peseta)에 고정했다. 주로 중남미와 중동지역에 있는 42개국이 달러에 고정하였다. 특정한 한 화폐에 고정하는 위험을 어느 정도 완화시켜주는 방법은 중요성에 따라 가중치를 지닌 몇개의 주요 화폐들의 집합에 고정시키는 것이다. SDR이 이같은 집합의 한 예이다. ECU(Europe Currency Unit) 역시 또 다른 예이나 이는 달러화를 포함하지 않는다.

의 이자율은 4% 미만이었고 미 재무성 국채는 3%를 약간 웃돌고 있었다. 1966년에는 사채의 이자율이 6%를 넘어섰고 리보(LIBOR: London Inter Bank Offer Rate)의 경우 7%를 넘었다. 그러다가 다시 1969년에 이르러서는 양자가 각각 8%와 11%에 육박하게 되었으며, 이후 등락이 반복되는 현상이 현저히 증가했다. 뉴욕의 경우는 항상 이보다 소폭으로 변동해 왔다.

의심의 여지없이 이자율의 상승과 이후의 불안정에는 유럽 통화시장이 상당히 기여했다. 런던에 중심을 두고 있는 이 시장이 크게 성장하게 된 것은 영국정부의 방임, 나아가 영국정부 자체의 적극적인 참여에 의한 것이다. 1960년대를 통해 영국은 비교적 큰 규모의 외채를 안고 있었을 뿐 아니라―전쟁에서 패한 다른 나라들은 운좋게도 바로 이 점에 의해 국내외의 채무를 체납할 수 있었다―스털링에 대한 신뢰가 지속적으로 하락하는 데서 파생되는 문제를 안고 있었다. 당시 영국내각들은 스털링 보유자들을 실질적으로 매수하는 방법으로 이에 대처하였다. 즉 이들에게 영국 국공채에 대한 높은 이자율을 제공했으며 1960년대 말에 이르러서는 높은 이자율은 물론 달러로의 교환을 보장해 주기까지 했다. 이렇게 유럽 통화시장이 성장함에 따라 우선 이식(利食)거래3)가 가능해져서, 강세의 화폐가 낮은 이자율에도 불구하고 자금을 끌어들이고 있는 동안, 비교적 이자율이 높은 약세의 화폐에도 자금이 몰리게 되었다. 둘째로 이식거래를 위해 국내시장과 유럽 통화시장 간에 자금의 이동이 가능해졌다. 그러나 이 선택은 두 가지 정치적 요인에 의해 영향을 받을 수밖에 없었다. 첫째는 '외국'의 화폐로 거래를 하는 데서 오는 위험부담이고, 둘째는 금융업에 대한 자국 정부의 규제 수준이다. 유럽 통화시장에서 미국계 은행들은 높은 이자율을 제공할 수 있었는데, 이는 연방준비(Federal Reserve)제도하에서 요구되는 지불준비 요건으로부터 자유로울 수 있었기 때문이다. 이처럼 유럽 시장이 국내금융시장보다 훨씬 빠르게 성장하게 됨에 따라, 이들 간의 경쟁이 이자율의 불안정하고 불규칙적인 상승을 부추기게 되었던 것이다. 그러나 또 다른 예측 불가능한 요인이 이에 더해져서 불확실성이 증대되었

---

3) 이식(arbitrage)거래란 이윤을 얻거나 손해를 피하기 위해 한 시장에서 다른 시장으로 자금(자산 혹은 부채)을 이전시키는 것을 뜻한다.

다.

1960년대 말 이후 특히 미국에 있어 인플레이션이 가속화되고 이에 대한 우려가 확산됨에 따라 자연히 명목 이자율과 실질 이자율 간의 괴리가 커지게 되었다. 이자율을 결정하는 '인플레이션 기대' 요인이 '돈의 실제가격' 요인보다 중요하게 된 것이다. 아마 증명할 수는 없겠지만, 경제규모가 크고 금융체제가 가장 발달한 국가들의 명목 이자율이 유럽 시장의 이자율에 보다 큰 영향을 미쳐 왔던 것으로 보인다. 앞으로도 동일한 전달체계를 통해 이들은 다른 나라들의 국내시장에 그 국가들 자체의 정책보다 더 강력한 영향을 미칠 것이다. 큰 시장들은 언제나 작은 시장들을 좌지우지해 왔고, 일단 유럽 통화시장과 같이 용이하고 저렴하며 효율적인 전달체계가 세워진 이상, 이와 같은 일이 금융시장에서 벌어지지 않으리라고 상정할 아무런 이유가 없는 것이다.

여하튼 지금까지 관찰된 사실에 따르면, 1970년대 중 이자율은 대체적으로 미국시장의 선도하에 이를 따라 왔다고 하겠다. 1979년 미국 통화관리 전략의 중대한 전환이 이루어지기 이전에도 이미 이런 현상은 분명했다. 또 1978년 10월 카터(Jimmy Carter) 정부에 의해 달러화의 하락이 수습된 뒤 레이건 행정부가 '소위' 통화주의 정책을 채택하여 통화억제 체제로 들어서는 듯 보이게 되면서 당연히 다른 나라들에 대한 미국의 영향력은 훨씬 커지게 되었다.

여기서 '소위'라는 형용사는 반드시 필요하다. 이전의 행정부들과 마찬가지로 레이건 행정부 역시 재정적자를 해결할 수 없었기 때문이다. 그 이유는 대체로 방위비의 급증 때문이었다. 따라서 공정하게 평가하자면, 그와 같은 상황하에서는 통화공급의 실질적 통제를 의미하는 '통화주의' 이론이 기능할 가능성이 없었다고 할 수 있다. 통화주의 이론은 한 번도 실제로 실험되지 않은 셈이다. 통화관리 당국이 금융의 통화기반을 제한하고 긴밀히 감시하면서 동시에 그 상당 부분을 선점한다 할지라도, 결과적으로는 금융 공급량이 축소되고 따라서 자연히 이자율의 상승이 초래될 것이기 때문이다.

그러므로 달러화의 외환시장에서 생겨난 불안정이 1970년대 후반과 1980년대 초반 달러화의 금융시장으로 번지게 되었던 것은 그다지 놀랄

<표 1> 리보(LIBOR)와 저개발국의 변동환율 적용 부채(1973~1983)*

	1973	1975	1977	1979	1980	1981	1982	1983
개도국 부채 중 변동환율에 적용되는 부채의 비율(%)	6.4	9.4	11.8	15.5	17.3	19.0	20.2	21.6
LIBOR*	9.2	11.0	5.6	8.7	14.4	16.5	13.1	9.6

주: 전체 평균은 국가 간의 큰 차이를 은폐하고 있다. 예컨대 1983년 아르헨티나, 멕시코,
브라질의 부채 중 75% 이상이 변동환율하에 있었으나 터키의 경우 25%, 케냐의 경
우 9%에 불과했다.
* London Inter Bank Offer Rate: 은행 간 대출의 이자율을 결정하는 기반임.
출처: *World Development Report*, 1985: 79.

<표 2> 장기 실질 이자율(9)*

	미국	일본	영국	독일	스위스
1965~1969	1.8	2.1	3.1	4.7	1.0
1970~1974	0.7	-3.4	1.0	3.2	-1.3
1975~1979	0.3	0.5	-2.2	3.0	1.6
1980~1984	4.9	4.1	2.9	4.2	0.3
1983	8.1	5.6	6.2	4.6	1.2
1984	8.2	4.5	5.8	5.4	1.6

* 실질 이자율은 채무자에게 부과된 양에 인플레이션율을 감안한 것이다. 따라서 부의
값은 채무자가 인플레이션율보다 낮은 비용으로 대부 받았음을 나타낸다.
출처: Bank for International Settlements.

일이 아니다. 물론 소련의 아프카니스탄 침공[4]과 같이 일시적으로 달러의
환율을 안정시켰던 다른 요인들도 존재하고 있었다.

이처럼 앞에서 설명한 방식을 통해 유럽통화체제(European Monetary
System)가 어렵지 않게 탄생해 성장하게 되었던 것이다. 그러나 그 대가는
미국의 이자율 수준을 변동시키는 어떠한 사건이나 결정들에, 보다 취약하
게 되었다는 사실이다.

---

4) 소련의 침공은 미·소 간 냉전이 확산될 것이란 우려를 증대시켰다. 그렇게 될
경우 유럽이나 중동보다는 미국에 투자하는 것이 더 안전하리라는 계산을 많은
사람들이 하게 되었다.

5. 원유 가격

환율과 이자율의 불안정성을 더욱 악화시킨 것이 바로 1970년대와 19
80년대를 통해 일어난 원유가격의 변동이다. 1973년 유가의 급변 시대가
처음 시작되었을 때만 해도, 일단 10월 전쟁의 결과 야기된 사재기 소동과
수요의 증가, 그리고 OPEC 국가들 간의 연대 등의 복합적 요인들에 의해
상승된 유가가 계속 그 수준에 머물러 있으리라는 것이 일반적 예측이었
다. 유가가 1979년에 다시 50% 이상 뛰어오를 것이라든가, 또 1976년의
20% 인상을 뒤이어 1977년에 9%, 그리고 1983~1984년에 다시 평균
30% 이상 실질 가격이 하락하는 사태가 오리라고는 아무도 예측하지 못했
던 것이다.

제1차 유가인상은 금융기관들이 순환시켜야 할 800억 달러에 달하는 오
일달러를 만들어 냄으로써 금융시장과 금융기관들의 중요성을 부풀려 놓
았을 뿐만 아니라, 원유 소비국들과 궁극적으로는 산유국들 모두의 국제수
지에 영향을 주는 새로운 요인을 유발하였다.

독일의 경우 원유수입에의 높은 의존도와 제1차 유가인상의 결과, 무역
량으로 가중된 통화 배스킷 기반에 있어 마르크화가 1973년 중반의 121에
서 1975년 말 116으로 떨어지게 되었다. 이는 독일정부의 강력한 금융정
책으로 다시 상승되었으나 1981년의 제2차 유가인상에 의해 또다시 떨어
지게 되었다. 유가인상에 대한 취약성과 그 대응, 즉 상승한 원유값을 치르
기 위해 더 많이 수출하는 식의 대응에 있어 일본의 경우가 더욱 확연하다.
1972년에서 1981년 사이 엔화는, 1973년 7월과 1978년 10월 및 1981년
9월의 세 '최고점'과 유가인상 직후인 1974년과 1980년의 두 '최저점' 사
이를 오가며 변동하였다. 이 최고점과 최저점들에서 달러화와 파운드화는
정확히 정반대되는 반응을 외환시장으로부터 얻었다.

유가변화가 OECD 국가들 각각에 서로 다른 영향을 미친다는 점은 세
계경제의 전반적 안정에 대단히 중요하다. 상호간 가장 많이 교역하는 나
라들이 바로 OECD 국가들이기 때문이다. 이들은 세계 무역량의 대부분을
차지하고 있다. 또 상대방 경제에 가장 많이 투자하고 있고 따라서 국제 자
본 흐름의 대부분을 차지하고 있는 것도 바로 이들이며, 국제 외환시장과

금융시장에 대부분의 사업 거리를 제공하고 있는 것도 바로 이들이다. 역사적 기록들을 검토해 볼 때 다음 두 가지 결론에 동의하지 않을 수 없다. 첫째, 원유가격은 환율의 불안정성에 큰 영향을 미쳤다. 둘째, 유가가 보다 안정되거나 세계무역과 국제수지에 있어 석유의 중요성이 줄어들지 않는 한, 환율은 쉽게 안정되지 않을 것이다. 석유 자급도가 높거나 혹은 국제수지와 자국 화폐의 환율에 대한 영향이 작은 새로운 대체 에너지원을 개발하는 나라들만이 이를 이룰 수 있을 것이다.

국제통화체제에서 일어나는 대부분의 혼란을 야기시키고 있는 것이 바로 OECD 국가들 환율의 불균형이라는 점은 사실일지 모르나, 어쨌든 유가의 불균형한 변화에 의해 가장 심각하게 영향을 받고 있는 것은 원유를 수입하는 개도국들인 것으로 보인다. 1972년 가격을 기준으로 1973년에는 저개발국가 생산품들의 가격이 원유를 앞지르고 있었으나, 이후 어떤 생산품도 원유가를 따라가지 못했고, 1981년에 이르면 식품, 농작물 및 광산품 들의 실제 가격이 원유가의 6분의 1에도 미치지 못하게 되었다. 원유의 가격 지표가 식품이나 농산품과 광산품 등 다른 모든 가격 지표를 여섯 배 이상으로 추월한 것이다.

1970년대 중반 이후 오일달러의 순환이 이루어지면서 비산유 저개발국가들(NOPEC's)이 비싸진 원유를 살 수 있을 만큼 돈을 빌릴 수는 있게 되었으나, 이들의 발전전략은 즉각 또다른 유가인상이나 이자율 인상, 달러 강세 등에 취약하게 되었다. 브라질과 같은 나라들의 경우 유가의 1% 하락으로부터 수백만 달러의 국제수지상 혜택을 받게 되고, 반면 유가의 1% 인상에 의해 수십억 달러를 잃게 되는 것이다. 멕시코와 같이 채무국이자 산유국인 경우는 두 가지 변화 모두가 큰 재난을 불러오게 된다.

이렇게 해서 많은 다른 나라들이나 기업들과 마찬가지로 NOPEC들은 갑자기 자기 자신이 '뱀과 사다리' 게임을 벌이고 있음을 발견하게 되었다. 더우기 이들의 게임에 있어 사다리는 더 긴 반면 뱀의 수가 많고 또 뱀의 길이 역시 길어지게 되었다. 특히 에너지나 식량 생산 등에 있어서 장기적인 정책결정은 하나의 복잡한 도박이 되었다. 대표적인 사례로 들 수 있는 것이 브라질이 파라과이와 함께 파라나 강의 이타이푸 지역에 벌인 거대한 수력발전계획이다. 장기적으로 이 댐은 126억 Kw를 생산하게 되는데 이는 세계 최고의 생산량이다. 그러나 이 댐 건설의 경제성은 1970년대 초반에 계산된 것으로, 시간이 흐름에 따라 경제성이 있어 보이기도 하고 낮아지기도 하고 다시 높아지기도 하는 등 변동이 계속되었다.

장기적으로 볼 때 값싼 전력의 독자적 공급은 비용의 측면에서나 경제 안정의 측면에서 브라질이 취할 올바른 정책임에 틀림없다. 그러나 이 댐의 건설계획과 여러 가지 막대한 비용이 요구되는 다른 계획들의 자금을 충당하기 위해 브라질은 어쩔 수 없이 IMF와 여러 은행들의 도움을 요청하게 되었다. 몇 달 전에만 해도 IMF와 아무런 관계가 없음을 자랑스럽게 여기던 나라로서는 정말 수치스런 경험이었던 것이다.

이자율과 마찬가지로 원유가격이 지닌 문제는, 그것이 너무 높았다는 데 있다기보다는 너무나 예측 불가능하고 불안정했다는 데 있다. 그리고 이같은 불안정성은 거대한 세계금융 카지노에 원유 선물거래라는 신종 도박을 만들어 냈다. 이 도박은 다음과 같은 방식으로 형성되었다. 1980년대에 원유시장에 대한 OPEC의 통제가 약화되고, 외환 확보에 다급해진 몇몇 산유국들이 비밀 이면거래를 통해 협정가격보다 낮은 가격을 제시하게 됨에 따라 점점 더 많은 양의 원유가 로테르담(Rotterdam) 현물시장이라는 잘못된 명칭을 지닌 곳에서 거래되게 되었다. 그러나 로테르담 현물시장은 구매자와 판매자가 정해지고 가격이 알려져 있는 일상적 의미의 시장이 아니다. 이 시장은 단지 100여 명의 원유 거래상들과 중개인들로 이루어져 있고 이들은 장거리 전화와 텔렉스로 서로 연결되어 있는데, 곡물시장의 중개인들처럼 이들 역시 시장가격을 올리거나 내림으로써 이윤을 증대시키려는 유혹을 받게 된다. 1978년까지만 해도 현물시장에서의 거래는 전체 원유거래의 5%에 불과했으나, 이제는 40%를 상회하고 있다. 일반적으로 달러화로 표기되는 유가와 외환시장에서의 달러화의 가격 간에 존재하는 밀접한 연관성 때문에, 결국 런던과 뉴욕에 달러화와 달러화 자산의 선물시장에 대응되는 서면 배럴(paper barrel)의 선물시장이 성장하게 된 것이다. 이 서면 배럴 계약은 50번까지도 주인이 바뀔 수 있고, 실제의 원유가 필요한 것도 아니다. 북해 브렌트(Brent)산 원유의 경우, 선물거래량은 실제 연간 생산량의 8배에 이르는 것으로 여겨지고 있다.

의문의 여지없이 환율의 불안정이 원유시장의 안정을 해쳐온 반면, 이제

원유시장이 다른 시장들 모두에게 새로운 도박 게임을 가져다 주고 있는
것이다.

6. 시장의 강화인가, 국가의 약화인가?

지금까지 그려온 그림에서 국제금융체제는 마치 카지노의 도박꾼들이
통제 불가능한, 혹은 거의 통제권 밖으로 벗어나 있는 것과 같다. 따라서
많은 사람들에게 떠오른 의문은, 과연 과거 15년간 정부들이 약화되어 온
것인지, 아니면 여러 가지 경제현상들이 우연히 합쳐져서 시장이 보다 강
력해진 것인지의 여부이다. 이 질문은 대단히 중요하다. 해답 여하에 따라
저 거대한 도박을 통제하고 축소시키고 폐쇄시킬 수 방법이 결정될 것이기
때문이다.

이 질문은 다음 두 번째 질문과 연관되어 있다. 모든 국가들이 시장과의
관계에 있어 약화되어 온 것인가? 아니면 보다 중요한 나라들 중 하나 혹
은 몇 개의 정부가 약화되어 온 것인가? 모든 정부들이 약화되어 왔다고
생각하는 사람들은 대체적으로 폭넓고 일반론적인 설명을 하는 경향이 있
고 이들이 제시하는 해결책 역시 가장 모호하고 일반론적이다. 이와 대조
적으로 몇 개의 국가들, 혹은 국제금융체제의 지배적 존재인 미국으로부터
설명을 찾는 사람들의 경우 그들이 제시하는 설명과 해결책이 훨씬 구체적
이다.

신기하게도 이같은 설명은 좌파와 우파 모두로부터 나오고 있는데, 이들
각자가 해답의 한 부분씩을 지니고 있는 셈이다. 좌파들은 제2차 세계대전
이후 보다 개방된 세계경제, 즉 국제무역뿐 아니라 투자와 생산에 대해서
도 보다 개방된 세계경제를 구축하는 데 기여한 미국의 역할에 초점을 두
어 왔다. 이들에 따르면 선진공업국들은 영토와 주민과 자원에 대한 통제
를 위해 경쟁하는 대신 점차 자국 생산자들을 위해 세계시장의 점유율을
놓고 경쟁하기 시작했다는 것이다.

이런 시각은 미국내 우파 학자들(Gilpin, Krasner, Katzenstein 등)의 국
가정책에 대한 분석들과도 일치한다. 이들의 분석에 의하면, 개방되고 상

호연계된 세계경제내에 존재하는 국가는 경제성장과 시장점유율을 유지하기 위해 군사전략뿐 아니라 과학 및 산업전략까지도 필요로 한다는 것이다. 이 새로운 게임에서 미국보다는 일본이 성공적이었던 것으로 보이며, 미국은 영국의 선례를 따라 자국 금융기관들이 투자를 통해 다른 나라들의 부와 힘을 키워주도록 방임함으로써 스스로 자신의 힘과 부를 허물어뜨려 왔다고 이들은 주장한다.

세계경제에서 패권국의 자멸적 행태라는 개념은 1970년대에 상당한 반향을 불러일으켜서 미국내 학술지와 연구사업들 전체가, 후일 '패권안정론 (hegemonic stability theory)'이라고 불려진 것에 할애될 정도였다. 이는 세계경제의 안정이, 지배적 국가 혹은 패권국에 의해 유지된다는 개념이다. 그러나 세계경제의 안정을 유지하는 가운데 패권국(예컨대 미국)이 스스로를 파괴하게 되는 '패권의 딜레마(Hegemon's dilemma)'가 존재한다는 주장이 이에 뒤따른다. 따라서 만일 세계경제가 이전보다 불안정해 보인다면, 이는 패권을 행사하는 짐을 지었던 미국이 이 때문에 그 힘을 상실했기 때문이라는 것이다.

미국인을 제외한 대부분의 사람들에게, 이 주장은 교묘하지만 설득력이 없는 변명같이 들린다. 미국 군사력의 규모나 미국계 금융기관들의 크기와 영향력들을 감안할 때, 이에 그러한 푸념을 조화시키기란 여간 힘든 일이 아니다(Samson, 1981). 이 주장은 또한 미국의 달러화가 현재 전 세계적으로 사용되고 받아들여지며, 이 이유로 미국이 다른 선진공업국들보다 환율 및 기타 다른 가격의 불안정성에 덜 취약하다는 사실에도 부합되지 않는다. 미국의 통화정책이 방향을 바꾸고 이에 대응해 미국의 이자율이 변화하게 되면 다른 나라들로서는 이에 맞추어 각자의 이자율과 국내정책들을 바꿀 수밖에 없고 그 반대의 현상은 한 번도 일어나지 않았다는 사실을 미국인들은 다른 나라 사람들만큼 확실히 인식하지 못하고 있는 것이다.

보다 설득력이 있는 것은 종종 동일한 필자들이 주장하고 있듯이 미국이 허약한 국가를 지니고 있다는 관찰이다. 미국의 정부는 압력집단들에 의해 침투되어 있고 특수 이익들에 의해 끌려다니며, 이 집단들 각자는 정부정책을 거부할 수 있는 힘을 지니고 있어서 결국 전체적인 국가이익을 강력하고 일관되게 추구할 수가 없다는 것이다. 이러한 상황은 강력한 국

가를 지니고 있는 듯 보였던 혁명 후 중국이나 소련 등과 대비된다. 미국에
서의 국가의 허약성은 부분적으로는 미국 헌법 자체와 행정, 입법, 사법 간
의 권력분립 원칙에 그 책임이 있을 수 있고, 또 부분적으로는 정부의 간섭
을 받지 않는 기업경영의 자유가 정치적 원칙으로 받들어지는 시장경제의
자유주의 이데올로기에도 그 원인이 있을 수 있다.

　거대한 대륙에 살고 있는 사람들에게는 명확하게 보이지 않아서였는지,
혹은 자본주의 체제가 의존하고 있는 국제금융체제 전체의 증대되는 불안
정에 대해 미국의 책임을 인정하는 셈이 되기 때문이었는지는 모르겠으나,
미국의 은행들이 국제금융체계로부터 막대한 이윤을 챙겨왔고 반면 미국
정부의 재정적 힘에 의해 이 위험스런 사업의 결과로 야기되는 재난으로부
터는 구제되어 왔다는 사실은 지금까지 잘 거론되지 않았다. 미국사회 내
부에는 이렇게 불안정하고 불확실한 환경에 의해 이윤을 거두고 또 이 환
경하에서 살아남을 수 있는 은행들이나 거대기업들이 있고, 다른 한편에는
그렇게 하기가 훨씬 힘든 농민이나 노동자, 중소기업들이 있으며, 이 양자
간에는 이해의 상충이 존재했고 또 아직도 존재하고 있다. 여러 가지 단기
적 처방에 의해 미국인의 생활수준이 다른 나라의 생활수준보다 낮게 보이
는 한, 미국 안팎에 존재하는 이같은 체제의 불균형에 관심을 가지는 것이
도움이 된다고 생각하는 정치인은 아마 많지 않을 것이다.

　어디서나 마찬가지겠지만 미국에서도 정치적 지평이란 것은 대단히 제
한되어 있다. 그러나 미국 정치인들의 인식의 한계와 제한된 정치적 지평
은 국제금융체제에 대해 매우 중대한 영향을 미친다. 과거 15년간의 기록
에 따르면, 국제금융체제에 영향을 주는 중대 결정을 할 때 미국 행정부들
은, 건강하고 안정되고 번영하는 세계경제를 유지해 줄 수 있는 건강하고
질서있고 안정된 금융체제를 수립한다는 장기적 국가 이익을 인식하기 보
다는 단기적이고 국내적인 고려에 의해 좌우되어 왔던 것이다.

II

자유주의

1929년 공황에 대한 분석*

찰스 킨들버거

원래의 문제제기로 되돌아가자. 무엇이 1929년의 세계공황을 야기했으며, 왜 그것은 그렇게 광범하게, 깊숙하게, 그리고 오랫동안 진행되었는가? 그것은 실물요인에 의해서 야기되었는가, 아니면 통화요인에 의해서 야기되었는가? 그것은 미국에서 혹은 유럽에서, 혹은 주변부의 1차산품 생산국에서, 아니면 그들 간의 관계에서 시작되었는가? 국제 자본주의 체계의 본질에 결정적인 취약점이 있었는가, 아니면 그것이 운용되던 방식, 즉 정부 정책들에 있었는가? 그러한 정책들이 중요했다면, 그것은 무지의 결과인가, 근시성의 결과인가, 아니면 악의의 결과인가? 공황의 깊이와 기간은 비교적 안정적 체계에 대한 충격의 강도를 반영하고 있는 것인가, 아니면 정상적 힘(어떻게 측정하든)의 작용, 혹은 일련의 작용하에서 체계의 불안정

---

* Charles P. Kindleberger, "An Explanation of the 1929 Depression," *The World in Depression, 1929~1939*, Berkeley: University of California Press, 1986(1973), ch.14(이호철 옮김).

▶ 찰스 킨들버거는 경제학자이면서 국제경제 관계에서 정치적 요인의 중요성을 설득력 있게 주장했다는 점에서 국제정치경제 분야의 선구자라 할 수 있다. 특히 그는 안정적이고 개방적인 자유주의 경제질서는 패권국가가 존재해야 유지되고 관리될 수 있다는 패권안정이론을 주장했다. 여기에 번역된 이 논문은 킨들버거의 잘 알려진 책『세계공황, 1929~1939』(1973)의 결론에 해당하는 장이다. 이 장에서 킨들버거는 1929년의 공황의 원인을 패권국의 부재에서 찾고 있다. 즉 영국은 더이상 패권국으로서의 역할을 수행할 수가 없었고('능력'의 문제), 미국은 패권국으로서의 역할을 수행하지 않으려 했다는('의지'의 문제) 점을 지적한다. 따라서 이 장은 세계공황을 패권안정이론에 입각해서 설명하는 대표적인 논문으로서의 의의를 갖는다.

142

성을 보여주는 것인가? 혹은 사무엘슨(Paul Samuelson), 밀튼(Milton), 프리드만(Rose Friedman), 그리고 필자 사이의 논쟁을 다시 한 번 환기해 보면, 공황은 우연적 사건이었는가, 미국연방준비원(U.S. Federal Reserve Board)의 교묘하고도 잘못된 통화정책의 결과였는가, 아니면 금융요인과 실물요인을 포괄하는 복합적이고 국제적인 요인에 기인하는가? 불가피하게 여러 요인들을 정돈해 나가는 과정에서 선입관이 상당히 작용할 것이다. 나는 그 10년간의 역사로부터 나의 선험적 입장을 지지하는 통계, 사실, 사례들을 선별했다는 비난을 피하지는 않을 것이다. 그러나 나는 이하에서 전개되는 나의 설명에 맞지 않는 어떠한 사실도 의도적으로 배제하지 않았으며, 다른 설명들, 예들 들면 미국의 통화정책(프리드만), 금본위제의 오용(로빈스), 잘못된 디플레이션(케인즈), 현실의 스태그플레이션(한센), 구조적 불균형(스벤닐슨) 등에 입각한 설명들을 무시하지도 않았다. 이 장도 '하나의 설명'이지 '유일한 설명'을 의도하고 있지는 않다.

1929년 공황이 광범하고 깊숙하게, 그리고 오랫동안 지속된 것은 다음의 다섯 가지 기능을 수행함으로써 국제경제체계를 안정시키는 책임을 영국은 맡을 수가 없었고(inability), 미국은 맡지 않으려고 함으로써(unwillingness) 국제경제체계가 불안정하게 되었기 때문이라고 이 책은 설명한다. 다섯 가지 기능이란 다음과 같다.

① 과잉상품을 위하여 비교적 개방된 시장을 유지하는 것
② 항주기적(抗週期的)인, 혹은 적어도 안정적인 장기융자를 공급하는 것
③ 비교적 안정적인 환율체계를 유지하는 것
④ 거시경제정책의 조정을 확립하는 것
⑤ 금융위기시에 할인을 해주거나 혹은 유동성을 공급함으로써 최후수단의 대출자로서 행동하는 것

이러한 기능들은 체계유지를 위한 책임을 맡는 하나의 국가에 의해서 조직되고 실행되어야 한다고 본다.1) 만약 이것이 가능하고, 특히 그 국가

1) 정치학자들은 단 하나의 국가의 지도력을 '패권'으로 부른다. 나는 그것을 책임

가 금융위기시 최후의 대출자로서 역할을 한다면, 다른 사람은 몰라도 내 생각으로는, 경제체제는 통상 시장기제 수단에 의해서 상당히 심각한 정도의 이탈(dislocation)도 조정할 수 있다. 간혹 구조적 이탈이 아주 광범해서 제2차 세계대전 이후의 마샬 플랜(Marshall Plan)이나 영국의 대출과 같은 보다 철저한 조치가 요구될 경우도 있다. 모그리지(D. E. Moggridge)에 의하면 1929~1931년 동안의 이탈은 매우 뿌리깊은 원인에 근거하고 있었기 때문에 프랑스나 미국으로부터 오스트리아, 독일, 영국에 대한 구제대출도 통화의 연쇄적 붕괴를 억제하지 못했을 것이라고 한다.[2] 문제는 체계에 대한 충격—1차산품의 과잉생산, 프랑스의 독일에 대한 배상금 지불의 고집, 미국의 전쟁부채 지불요구, 파운드화의 과평가 및 프랑스 프랑화의 저평가, 뉴욕의 해외대출 정지, 주식시장의 붕괴 등—이 아주 심각해서 어떠한 방어책도 무용했던 것인지, 아니면 안정자로서의 역할을 수행할 수 있고 또한 기꺼이 수행하고자 하는 국가가 없는 상황에서 체계에 대한 최

으로 생각하고자 한다. 그러나 패권이란 용어가 냉소적이기는 하지만 현실적일지도 모른다. 정치학자들은 평화의 유지와 세계경제의 안정을 위해서 패권이 필요한가에 관해서 논쟁하고 있다. Robert Keohane, *After Hegemony: Cooperation and Discord in the World Political Economy*, 1984 참조. 커해인은 국제레짐이 패권을 대체할 수 있다고 생각한다. 레짐이란 협력의 제도화된 습관이다. 보다 정확하게 "특정 문제영역에서 행위자들의 기대가 수렴하는 원칙, 규범, 규칙, 그리고 의사 결정 절차"로 정의된다. Stephen D. Krasner, "Structural Causes and Regime Consequences: Regimes as Intervening Variables," 1983, p.1.

2) 그의 "Policy in the Crises of 1920 and 1929" 참조. 해버러(Haberler)도 이러한 입장에 동의한다. 즉 제1차 세계대전과 제2차 세계대전 이후의 상황은 물리적, 경제적, 정치적 파괴와 이탈의 정도에서의 차이로 인해서 차별적인 처방을 요구했다는 것이다. 그의 다음 논문 참조 "Die Weltwirtschaft und das internationale Wahrungssystem in der Zeit zwischen den beiden Weltkriegen," pp.288-289. 그러나 몇 년 전에는 해버러도 Roy Harrod, Friederich Lutz, Jacob Viner, 그리고 상원의원 Joseph Ball 등과 같은 입장을 취했는데, 이들은 '달러 부족(dollar shortage)' 정책, 그리고 마샬 플랜 등에 반대하면서, 전쟁 직후 유럽의 안정과 성장은 국가들이 "인플레이션을 억제하고 외환율을 조정한다"면 복원될 수 있을 것이라고 주장했다. 필자의 *Dollar Shortage*, 1950, pp.2-6 참조. 양차 대전 이후의 시기는 기본적으로 동질적이라는 정치적인 견해에 관해서는 다음 참조. Charles S. Maier, "The Two Postwar Eras and the Conditions for Stability in Twentieth-Century Europe," 1981. Stephen A. Schuker와 필자의 논평과 Maier의 응답도 참조

소수준 이상의 어떠한 형태의 충격도, 불안정한 체계를 공황으로 몰고 갈
수밖에 없었는지 하는 것이다.

　문제의 근원은 체계내에 잠재해 있는 상당한 불안정성과 안정자의 부재
에 있었다는 것이 나의 주장이다. 제1차 세계대전 이전 영국은 위에서 열
거한 기능들을 수행함으로써 그리고 금본위제 신화의 도움을 받으면서 세
계경제를 안정시켰다. 그러한 역할과 조치들을 사용함으로써 영국은 안정
적인 외환율을 내부화했고, 거시경제정책들을 조정할 수 있었다. 1873년
중 유럽과 미국이 장기간의 공황에 처해 있었을 때처럼 영국이 개입하지
않거나 독자적으로 행동할 때도 있었다.3) 1890년 5년간의 가속적인 해외
대출 이후 런던 자본시장은 갑자기 정지했다. 1890년에서 1895년까지 지
속된 공황을 겪은 후 체계는 1886년 발견된 트랜스바알의 랜드 광산으로
부터의 금유입에 힘입어 구제되었다.4) 1929년, 1930년, 1931년에 영국은
안정자로서 행동할 수 없었고, 미국은 안정자로서 행동하려 하지 않았다.
모든 국가들이 사적 국가이익을 보호하고자 함으로써 세계 공공이익은 구
현될 수 없었고, 그 결과 사적 이익도 실현될 수가 없었다.

1. 과잉상품에 대한 시장의 유지

　과잉상품에 대한 시장을 유지하는 것은 다른 형태의 금융으로 간주될
수 있다.

　자유무역은 두 차원을 갖고 있다. 즉 국내자원을 해외생산능력의 변화에
적용시키고, 긴장기에 수입시장을 개방하도록 하는 것이다. 전자는 덜 생
산적인 직업으로부터 자원을 전환할 필요가 있고 수입경쟁을 기꺼이 수용
하고자 하는 급속히 성장하고 있는 국가들에 의해서 보다 쉽게 달성될 수
있다. 후자의 경우, 공황기에 자유무역을 굳게 유지함으로써 비록 단기적
으로 수입경쟁 부문의 자원에 비용을 초래하지만 해외에서 축적된 초과분
에 대한 시장을 제공한다. 영국은 1846년부터―혹은 소득 이외의 모든 관

---

3) 필자의 *Manias, Panics, and Crashes*, p.211 참조..
4) 필자의 "International Propagation of Financial Crises" 참조..

세를 철폐했던 1860년 경부터—1916년까지 자유무역을 견지했다. 1873년 이후 영국은 비록 급속히 성장하고 있지는 않았지만, 영국의 쇠퇴해가는 산업이 수입경쟁부문이 아니라 수출부문이었기 때문에 지속적으로 자유무역을 유지했다. 공황기에도 영국이 자유무역을 견지한 것은 세계경제에 대한 의식적인 봉사에 기인했다기보다는 문화적 지속이나 아담 스미스의 자유무역전통에 근거했을 것이다.

이는 1930년의 스무트-홀리 관세법(the Smoot-Hawley Tariff Act)과 대조를 이룬다. 농업에서 문제의 조짐이 보이자 후버 대통령은, 전 세계 국가들은 관세 휴전을 맺어야 한다는 1927년 세계경제회의(The World Economic Conference)의 권고에도 불구하고 슘페터가 지적한 바 있는 공화당의 단골처방을 추진했다.

그러한 행동이 가지는 중요한 의미는 미국의 무역수지에 대한 충격이나 혹은 채권국으로서 행동하지 못한다는 점에 있다기보다는 미국의 무책임성에 있었다. 의회의 다수는 농업에서 1차산품 및 모든 종류의 제조상품에 이르기까지 보호조치를 확대했다. 후버 대통령은 30개국 이상으로부터의 공식적인 항의와 1,000여 명에 이르는 경제학자들의 충고에도 불구하고 법안에 서명하고 말았다. 이는 무모하고 연쇄적인 보호와 수입억제를 불러일으켰고, 모든 국가들은 수입의 통화수축 압력을 막으려고 하면서 동시에 수출의 상호억제를 통하여 그러한 압력을 만들어가고 있었다. 국내물가를 부양시키기 위해서 환율인하를 추진함으로써 일국의 이득은 모든 다른 국가들의 손실이었다. 관세보복과 경쟁적 절하를 통하여 상호손실은 확실해져 갔다. 1933년 세계경제회의에서 제안된 관세휴전과 환율안정화 방식은 물가를 부양하고 고용을 증대시키는 데 긍정적인 조치를 제공하지 못했다. 그럼에도 불구하고 그것은 더욱 악화되는 것을 지연시키는 중요한 역할을 했다. 지불문제에 처해 있는 국가들에게 장기자본이나 할인조치를 제공하는 것은 말할 것도 없고, 과잉상품에 대해 시장을 제공하거나 평가절상을 허용해 줄 만한 주요국가가 없는 상황에서 디플레이션은 확산되어 나갈 수밖에 없었다.

2. 항주기적 대여

19세기에 영국은 이미 언급한 1890년의 경우를 제외하고는 항주기적 기초하에서 해외대출을 제공하는 경향을 보였다.5) 그러나 대체로 특히 19세기 중반 이후부터 해외대출과 국내대출은 상호조응하는 방식으로 유지되었다. 국내침체는 해외대출을 자극했고, 반면에 국내에서의 경기부상은 대여를 줄이고 수입이 확대되도록 했고, 이는 동시에 타국가들로 하여금 빌린 자금으로 국내투자를 하기보다는 수출을 자극하도록 했다. 항주기적 대여(抗週期的 貸與)는 체계를 안정시켰다.

1920년대 미국의 해외대출은 국내투자와 반비례가 아닌 비례의 관계를 보였다. 1920년대 미국의 경기부상은 해외대출을 수반했고, 1930년대 공황기에는 자본흐름이 역전되었다. 1943년에 쓰여진 『미국과 세계경제(The United States and the World Economy)』에서 할 래리(Hal Lary)는 미국이 수입과 대출을 동시에 감축했다는 근본적인 사실들을 기록하고 있다. 대출감축은 실제로 투자가들이 도오즈 융자(Dawes loan) 이후 조성되었던 해외공채에서의 호경기로부터, 1928년 봄 이후 국내 주식시장에서의 호경기로 투자를 전환함으로써 주식시장 붕괴 이전에 이미 일어났다. 독일에 대한 디플레이션 압력 요인은 논쟁의 여지가 있다. 그러나 주변부 저발전 국가들에 대한 압력은 분명했다.6) 더구나 1929년에 영국 또한 1928년 이후의 미국과 마찬가지로 대출 감축에 가담했다.

3. 안정적 환율

19세기에 환율은 금본위제로 인하여 안정적이었다. 금의 가격은 영국에서는 1717년에, 프랑스에서는 1726년에 고정되었고, 전쟁과 위기로 인한

---

5) 필자의 "The Cyclical Pattern of Long-Term Lending" 참조.

6) Fleising, "The United States and the World Periphery in the Early Years of the Great Depression," in Herman von der Wee(ed.), *The Great Depression Revisited: Essays on the Economies of the 30s*, The Hague: Martinus Nijhoff, pp.145-181.

경우를 제외하고는 각각 1931년, 그리고 1928년까지 지속되었다. 많은 경제학자들은 금본위제가 프랑스 은행, 함부르크 은행, 러시아 국립은행의 간헐적인 도움을 받으면서 영국은행에 의해서 관리되어 왔다고 본다. 그 체제는 변화시키기 힘든 객관적 사실로 받아들여졌다. 그것은 내국화되었고 따라서 정통성을 갖고 있었다.

제1차 세계대전으로 인한 인플레이션 때문에 환율을 복원시키거나 조정해야 했을 때, 환율을 균형수준에 맞추는 것이 중요한 문제였다. 따라서 그 문제에 상당한 주의를 기울였다. 대부분의 나라에서 경제학자들은 구매력 등가치를 계산하는 데 전념했다. 그러나 영국의 해외자산의 손실, 1926년 당시 해외에서 정상적인 거래지로 돌아가기를 기다리고 있던 막대한 프랑스의 자본 등과 같은 구조적 변화에 대한 적절한 허용치를 고려하지 못했다. 이탈리아는 환율을 거의 위신에 근거해서 설정했다. 이러한 환율 유형은 체계에 긴장을 유발했다.

그리고는 공황이 왔고, 대출이 차단되고 수출가격이 급락하던 상황에 직면한 주변부의 많은 국가들은 자국통화를 절하시켰다. 경쟁적인 환율절하가 발생했다. 영국은 파운드의 하락에는 관여하지 않은 반면 그 상승을 억제하기 위해서 환율균등화계좌(Exchange Equalization Account)를 설정했다. 1930년대 환율의 혼란에 대한 대응책으로서 각국의 통화당국들은 이웃 궁핍화 정책을 방지하기 위해서 1944년 브레턴우즈에서 고정환율을 선택했다. 국가들이 독자적인 거시경제정책을 추진함으로써 고정환율이 불안정하게 되자 많은 경제학자들은 변동환율을 주장하기 시작했다. 자유롭게 유동적인 환율제도하에서 특정국가는 세계경제의 불안정으로부터 차단될 수 있다는 것은 이미 많은 사람들에 의해서 주장되었고 여전히 다수의 통화주의자들에 의해서 주장되고 있다. 그러나 1930년대와 1970년대의 경험은 다른 결과를 보여주었다. 1930년대처럼 디플레이션의 세계에서 완전한 변동환율제는 디플레이션을 유발한다. 평가절하는 국내물가는 변화시키지 않고 환율이 절상된 국가들의 물가를 인하시킨다. 반면에 1970년대의 인플레이션의 세계에서는 반대의 현상이 일어난다. 평가절하는 국내물가를 인상시키고 평가절상은 외국의 물가를 변화시키지 못한다.

단기적으로 일정한 수준을 유지하며, 장기적으로는 구조적 변화와 거시

경제정책의 차이에 따라서 조정되는 최적의 환율안정을 어떻게 달성할 수 있는가 하는 문제에 관해서는 경제학자들도 합의를 보지 못하고 있다. 뿐만 아니라 비록 1970년대 초까지 미국이 브레턴우즈 제도들을 주도했지만, 지도력이 이러한 역할을 어떻게 수행하는지도 분명하지 않았다.

4. 거시경제정책의 조정

환율과 마찬가지로 거시경제정책도 19세기 금본위제하에서는 어느 정도 자동적으로 조정되었다. 영국은행은 런던의 화폐 및 자본시장을 관리하는 기술을 점진적으로 개발했고, 런던시장은 통화정책을 영국의 다른 지역들에, 그리고 전 세계에 파급시켰다. 재정정책은 평화 시기의 균형예산하에서의 세금형태 변화 이외에는 거의 존재하지 않았다. 세금형태의 변화도 자원배분과 소득재분배를 목적으로 했고 국가소득의 안정을 유지하기 위한 목적이 아니었다.

금본위제는 기본적으로 미국과 프랑스가 금을 축적하면서 금본위제를 무력하게 만들어 갔던 양차 대전 사이에 붕괴되었다. 통화정책도 나중에 실책으로 간주되었던 1927년의 경우를 제외하면 주로 국내목적을 달성하기 위한 것이었다. 독일은 1923년의 인플레이션으로 인해 인플레이션에 극도로 민감해 있었다. 긍정적 재정정책은 거의 어디에서도, 심지어 스웨덴에서도 실시되지 않았다. 그리고 통화정책도 조정되지 않았다. 그것은 말하자면 '될대로 되라,' 혹은 총체적 붕괴를 의미하는 것이었다.

5. 최후의 대여자

최후의 대여자로서의 기능은 두 가지 차원을 의미하는데, 하나는 국내적 차원이고 다른 하나는 국제적 차원이다. 국내적 차원에서 최후의 대여는 적절하게 추진되었다. 영국은행의 몬태그 노만(Montagu Norman)은 1929년 1월 윌리엄 디콘스 은행을 살렸다. 그 해 10월 뉴욕 연방준비은행의 조지 해리슨(George Harrison)은 뉴욕 시장의 유동성을 받쳐주기 위해서, 워싱턴의 연방준비원이 그에게 부여한 권한을 훨씬 넘어서 공개시장 운영을 과감히 침해했다. 이탈리아에서는 1930년에―그 해 11월과 12월 미국에서 최초의 은행공황이 일어나기 훨씬 전에―비밀리에 다수의 은행이 구제되었다. 독일의 기록은 덜 적극적이다. 1931년 7월의 사회민주당의 각서는 제국은행이 금 및 외환 보유고에 의해 부과되는 법적 한계를 무시하고 신규 은행채를 발행해야 하고, 할인율을 인상해서 인플레이션을 억제해야 한다고 주장했다. 제국은행은 후자를 추진했으나 전자는 추진하지 않았다.[7] 그리고 다나트뱅크(Danatbank)가 도산하는 것을 방치하였는데, 이것은 오늘날의 관점으로서는 용인하기 힘든 태만죄에 해당하는 것이었다.[8]

그러나 국제적 차원에서 최후의 대여는 분명하게 부재했었다. 그러한 임무는 힘든 것이었다. 그러나 영국이 1931년 6월 오스트리아에 5천만 실링까지 제공하려 하자, 다른 국가들이 발을 빼버렸다. 이후 영국은 독일에 대한 대출에 불참했고, 프랑스와 미국이 공동으로 대여를 했으나 프랑스가 엄격한 정치적 조건을 달았다. 또한 '지나치게 소액에다 너무 늦게' 제공되었다. 이제 영국이 대여를 요청하는 차례가 되자 미국과 프랑스는 한 번에 하나의 대출만을 제공하는 살라미 전술(salami tactics)을 썼고, 두 번째 대출에 지나치게 엄격한 경제적 조건을 달았기 때문에 노동당 정부는 결국 붕괴되고 말았다. 오늘날 제3세계 국가들과 IMF와의 협상에서 으레 제기되는 조건성은 결코 새로운 문제가 아니다.

6. 영국의 지도력

1931년까지는 영국이 지도력을 행사할 수 없다는 것이 분명하지 않았다. 1920년대 초 오스트리아와 헝가리의 통화를 안정화시키기 위한 국제연맹의 프로그램들이 추진되었다. 이들 프로그램들은 상당한 정도 영국이

---

7) Holtfrerich, "Alternativen zu Brunings Wirtschaftspolitik in der Weltwirtschaftskrise," p.6.
8) Irmler, "Bankenkrise und Vollbeschaftigungspolitik," p.287.

주도했고, 국제연맹의 경제, 재정, 운송국을 관장하던 스칸디나비아, 베네룩스, 그리고 영연방의 전문가들의 도움으로 추진되었다. 나중에 독일의 배상금을 해결하기 위한 도오즈 앤 영 계획(Dawes and Young plans)도 영국의 전문가들에 의해서 주도되었고, 미국인들이 배상금과 전쟁부채를 묶으려는 영국의 의도를 돕기 위해서 전면에서 지원했다.

1931년에서야 지도력을 발휘하려는 영국의 능력은 사라졌다. 영국의 지도력은 어느 정도, 노만과 모로간 사이의 유치한 중앙은행 분쟁으로 소진되었다. 그러나 유럽 소국들의 중앙은행에 대한 지배력 경쟁은 실제라기보다는 대부분이 모로간의 상상력에서 나왔을 뿐이었다(벤자민 스트롱은 이 분쟁을 중재하기 위해서 열심히 노력했고, 1928년 그의 죽음은 체계의 안정에 큰 손실이었다).

보다 중요한 사실은 프랑스의 스털링 수지균형의 부담이었는데, 이로 인해 영국은 최후의 대여자로 기능할 수 없었다. 1933년의 세계경제회의에서 영국이 연방을 이용하거나 스털링화를 자유롭게 관리하면서 수행하던 세계의 지도적 역할을 더이상 수행할 수 없다는 것이 분명해졌고, 이러한 역할은 미국으로 넘겨졌다.

7. 미국 지도력의 부재

윌리엄 윌리엄스(William A. Williams)와 같은 수정주의 사가(史家)들은 미국이 찰스 휴즈(Charles E. Hughes)하에서, 이미 1922년의 군축회의 때부터 지도적인 세계적 역할을 수행했다고 주장한다.9)

9) 예를 들면 다음 참조.. William A. Williams, *The Tragedy of American Diplomacy*, 1959. 특히 ch.4, "The Legend of Isolationism." 맑스주의 수정주의 역자학자인 윌리엄스는 다음과 같이 진술한다. "후버(Hoover)는 공황이, 내전 때부터 발생해서 1895~1905년의 10년간 진행되어 온 기업경제에서의 스태그네이션의 징후라는 사실을 알지 못했다"(p.123); 그리고 "1932년 가을부터 루스벨트와 헐은 국내경기의 부양과 확대를 위해서 그리고 전쟁과 혁명을 유발했던 조건들을 세계적으로 구제하기 위해서 대외무역의 중요성을 강조했다"(p.128). 그러나 역사학자가 첫 번째 취임사(First Inaugural Address)와 같은 증거를 무시하면서 어떻게 루스벨트에 대해 그러한 진술을 할 수 있었는지 믿기 힘들다.

국제경제 분야에서 이러한 입장을 지지하기란 힘들거나 불가능하다. 이는 카아(E. H. Carr)와 같은 사가들의 전통적인 인식과도 같이 하는데, 그는 "1918년 세계 지도력은 거의 보편적인 동의로 미국에 제의되었으나 거부되었다"라고 지적한다.[10] 스트롱과 해리슨 하의 뉴욕 연방준비은행, 그리고 모로우(Dwight Morrow), 라몬트(Thomas Lamont), 데이비스(Norman Davis) 등으로 대표되는 뉴욕의 금융가는 유럽사태에 대한 관심이 있었다. 도오즈(Charles G. Dawes)와 멜론(Andrew Mellon)과 같은 몇몇 비뉴욕 인사들이 국제금융과 외교에 가담하기도 했다. 그러나 전반적으로 럿지(Henry Cabot Lodge)가 베르사이유조약과 국제연맹에 대한 미국의 적극적 참여를 반대하면서 주도했던 고립주의(isolationism)가 당시의 지배적인 분위기였다.

미국은 자신의 국제적 역할에 대해 불확실해 했다. 영국은 협상기술에서 교묘하고 민첩하며 우회적이어서, 국제회의에서 미국은 자국만 피해를 볼 것이라고 생각했다. 스팀슨은 1931년 7월, 제국 마르크(Reichsmark)를 구제하기 위한 대규모 할인조치를 하려 했으나 그러지 못했다. 후버, 멜론, 그리고 밀즈는 할인조치가 요구하는 바에 따라서 악화(惡貨)가 아닌 양화(良貨)를 제공하려 했으나 반대에 부딪혔다. 1933년 워버그(James Warburg), 몰리, 그리고 추정컨대 우딘과 루스벨트 등은 여전히 악화 이후에 양화를 공급하는 데 반대하고 있었다. 국제통화기금을 설립하려는 제안들이 쏟아졌고, 영국도 공식적으로 하나의 제안을 발표했다. 그러한 제안들은 이미 지불되지 않은 전쟁부채와 동결협정(the Standstill Agreement)으로 인해 미국이 많은 손실을 입었다는 이유로 모두 기각되었다.[11] 1942년

---

10) Edward H. Carr, *The Twenty Years' Crisis, 1919~1939: An Introduction to the Study of International Relations*, 1946, p.234.

11) Pedersen은 1931년의 유동성 위기는 미국이 독일 마르크를 지지하지 못했기 때문이고, 또한 금태환이 중단되었을 때는 미국이 스털링을 보증하지 못했기 때문이라고 지적한다. 다음 참조. "Some Notes on the Economic Policy of the United States During the Period 1919~1932," in his *Essays in Monetary Theory and Related Subjects*, pp.208-209. 이것은 오늘날에도 동의할 수 있을 것이고, Pedersen 교수 자신이 1933년 이러한 주장을 개진했다. 그러나 그 자신도 지적하고 있듯이(p.210), 미국은 그 시기에 "정상적 편견"에 입각해서 행동하고 있었다.

에 가서야 해리 화이트(Harry D. White)는 로드 케인즈(Lord Keynes)의 계획과 함께, 제한적 할인을 위한 세계적 계획을 브레턴우즈에서 논의하기 위해 준비에 착수했다.

8. 협력

중앙은행 협력이 1928년 중반까지 유지되었으나 그 이후에는 중단되었다는 클라크(Clarke)의 결론에 관해서는 이미 상세히 다루었다. 요컨대 소국들의 중앙은행에 대한 패권문제나 균형환율의 선택문제 등에 관한 협력이 1926년 이전에는 부적절했고, 프랑스 은행은 1931년 늦은 여름에 파운드화를 충실히 (그리고 비싸게) 지지했다. 보다 심각한 문제는 그러한 협력이 충분했는가 하는 점이다.『세계경제에서 미국의 역할』에서 알빈 한슨(Alvin Hansen)은 국내에서의 완전고용, 자유무역, 자본이동, 세계통화체계의 개선 등을 위한 국제협력을 미국의 정책으로서 제시하고 있다.[12] 되돌아보건대, 단순한 협력 이상의 것, 즉 지도력(leadership)이 제공되었던 것으로 보인다. 단순한 협력만으로는 OECD, 10개국 그룹(Group of Ten), 국제해결은행(Bank for International Settlements), IMF, 국제은행(International Bank), GATT 등의 기구나 정책이 형성될 수 없었을 것이다. IMF 측근이 지적하듯이, 만약 미국이 지도력을 행사하지 않았다면 아무것도 이뤄지지 않았을 것이다. 지도력은 추종자를 갖지 못할 수도 있고, 잘못된 제안이나 심지어 적절한 제안이라 하더라도 지지세력이 없다면 실현될 수 없을 것이다. 그러나 소국가들로부터 제의된 제안은 그것이 아무리 적절하다 하더라도, 그것을 실현시킬 만한 능력이 없거나 그렇게 할 만한 국가들을 열거하지 못한다면 쓸모가 없다. 비록 1927년의 세계경제회의는 새로운 아이디어가 없었던 것으로 보이지만 1933년의 세계경제회의는 그렇지는 않았다. 그러나 지도력을 행사할 수 있었던 단 하나의 국가가 국내문제에 정신이 없었고 고립을 지키고 있었다.

협력의 특별한 한 형태는 세계경제문제에서 영·미 간 공동 지도력이었

---

12) Alvin Hansen, *America's Role in the World Economy*, 1945.

을 수 있다. 1980년대에는 미국이 지도력을 행사할 수 있는 능력(capacity)
과 행사하려는 의지(will)가 사라졌기 때문에 독일, 일본, 미국 3국 간의 공
동 지도력이 자주 언급되고 있다. 그러나 경제학자나 정치학자들은 그러한
지도체제가 이점체제(duopoly, 二占體制)이건, 혹은 쌍무적 독점이건 통상
불안정하다고 지적한다. 카는 팍스 앵글로-색소니카(Pax Anglo-Saxonica)
에 대한 희망은 낭만적이고, 팍스 아메리카나(Pax Americana)는 "보다 쉬
운 우연일 수 있다"고 분명 말하고 있다.[13] 판시타르트는 동결협정과 독일
의 라인란트 점령을 언급하면서 세계경제회의 서문을 다음과 같이 기술하
고 있다. "2년 전 행동이 요구되었을 때 두 정부(영국과 미국)는 3년 뒤 영
국과 프랑스 정부가 그랬던 것처럼 서로의 뒤로 숨어버렸다."[14]

2인 집정제든, 삼두체제든, 혹은 7국 정상회담(Summit of Seven), 10국
그룹(Group of Ten) 등과 같은 보다 넓은 집단책임의 형태든 안정성을 보
장할 수는 없다.

9. 지도력의 변화

프리드만과 슈바르츠는 대공황을 설명하는 데 있어 미국내에서 통화정
책 지도력의 변화, 즉 뉴욕에서 워싱턴으로의 변화를 중요시한다.[15] 그들
은 "큰 사건은 큰 기원을 갖고 있는 것이 일반원칙이기" 때문에 이러한 설
명이 설득력이 없을지도 모른다고 지적한다. 그러나 그들은 간혹 작은 사
건이 반작용과 누적된 힘에 의해서 큰 결과를 야기하기도 한다고 지적한
다. 그들이 말하는 일반원칙은 필자에겐 의심스러워 보이지만[16] 지도부의

13) Carr, *The Twenty Years' Crisis, 1919~1939*, pp.233-234.
14) Vansittart, *The Mist Procession*, p.466.
15) Friedman and Schwartz, *A Monetary History of the United States, 1867~1960*, p.419.
16) Cf. Benjamin Franklin, *Maxims Prefixed to Poor Richard's Almanac*, 1757: "오크
나무를 슬쩍 치기만 해도 엄청난 양의 오크가 떨어진다." 그리고 "작은 경솔함
이 잘못을 가져온다. 못 하나가 없어서 말발굽을 못쓰게 되고, 말발굽 하나가 없
어서 말을 못쓰게 되고, 말을 못쓰게 되어 기수를 잃게 된다." 누적적 환류에 대
한 예외는 두 번째 인용을 의미하는 것이지 첫 번째 인용을 의미하지는 않는다.

변화가 불안정을 결과했다는 관찰은 타당한 것으로 보인다. 프리드만과 슈바르츠가 미국내의 통화문제만을 배타적으로 다루지 않았더라면, 그들은 후버로부터 루스벨트로의 대통령직 승계와 더불어 가속화되고 있던 공황 ―통화공급이 엄청나게 확장된 이후 일어나고 있던― 을 인식할 수 있었을 것이다. 필자가 보기에 더욱 중요한 것은 화이트홀(Whitehall)에서 백악관(White House)으로 세계경제 지도력의 이양과 더불어 가속화되고 있던 공황을 인식하는 것이었다.

에드워드 네빈(Edward Nevin)은 1931년 금본위제가 붕괴된 결정적 원인을, 두 개의 중심으로 인한 금융체계의 불안정, 혹은 하나가 지도력을 포기하고 다른 하나가 지도력을 물려 받는 지도력 교체의 과정에서 일어나는 금융체계의 불안정에서 찾는다. 그는 어네스트 하비(Ernest Harvey) 경이 맥밀란 위원회(Macmillan Committee)에서 한 증언을 인용한다. "우리가 보유하고 있는 지도력은 미국이 획득한 지위에 의해 영향을 받아왔고," 맥밀런 보고서에 제시되어 있는 과거의 체계에 변화를 야기하고 있다. 과거의 체계하에서는 은행율이 영국의 외환보유를 규율했고, 다른 국가들은 그들의 보유고를 영국의 보유고에 맞추어 조정했다. 그는 나아가 "두 명의 우수한 운전자가 자동차의 통제를 위해서 영원히 싸우는 것보다는 차라리 우수하지 못한 한 명의 운전자가 운전하는 것이 더 낫다"고 말한다.[17] 자동차의 통제를 위해서 싸우는 두 명의 우수한 운전자라는 비유는 적절하다기보다는 강조를 위한 것으로 볼 수 있다. 오히려 불안정은, 한 운전자가 점진적으로 취약해지고 있는 데 반해 다른 운전자는 충분한 관심을 갖지 않는 데 있는 것으로 보인다. 윌리엄 브라운은 그 당시의 금본위제가 '하나의 중심이 아닌' 두 개의 중심을 갖고 있었다고 기술한다. 그러나 그의 중요한 저작의 결론은 세계경제의 이러한 측면의 중요성을 상술하지 않고 있다.[18]

---

17) Nevin, *The Mechanism of Cheap Money*, p.9n., 12, 14.

18) William A. Brown, *The International Gold Standard Reinterpreted, 1914~1934*, vol.2, p.781: "1928~1929년의 국제 금본위제와 1914년의 금본위제와의 결정적 차이는, 전후 세계가 금본위제로 다시 돌아왔을 때 국제금융체계를 하나의 중심이 아니라 런던과 뉴욕을 축으로 구축했다는 점이다." 제20장의 제목은 "하나의 중심이 없는 금본위제의 실험(The Experiment of a Gold Exchange

10. 소국가들과 프랑스의 역할

관심이 없지는 않았던 승객들 중 하나는 프랑스였다. 책임성이 없었던 한 집단 혹은 자동차의 뒷자리에 앉아 있던 승객들은 소국가들이었다. 즉 벨기에, 네덜란드, 스위스, 그리고 스칸디나비아 등이었다. 소국가들에 관해서 먼저 이야기해 보자. 본(Born)의 분석에서처럼 소국가들은 1931년 여름 스털링을 금으로 태환하거나 혹은 1930년 이후 관세를 인상하는 등 무책임하게 행동해 왔다는 비난을 가끔 받고 있다. 그러나 소국가들을 위한 보편적으로 인정되고 있는 행동기준은 없다. 한편으로 소국가들은 중대한 사건의 결과에 영향을 미칠 힘이 없고, 따라서 세계경제 전반의 안정과 같은 공공재(public good)에 관심을 갖기보다는 사적 국가이익(private national interest)을 추구할 특권을 누리게 된다. 보다 높은 윤리적 차원에서 소국가들은 일반적으로 수용될 수 있는 방법으로만 행동하도록 하는 칸트적인 범주적 원칙에 순응할 수도 있을 것이다. 물론 그러한 여건에서는 소국가들이 1931년 봄에 오스트리아로부터, 그 해 여름 독일과 영국으로부터, 그리고 그 해 가을 미국으로부터 채권을 회수하지 않았을지도 모른다. 경제학자들은 아마 비교비용에 근거해서 어느 기준을 선택할 것이다. 만약 네덜란드가 자국의 스털링을 금으로 태환하지 않음으로써 발생할 비용을 알았더라면 파운드화의 붕괴가 가속화되고 세계공황이 심화되는 위험에 처한다고 하더라도 금으로 태환하지 않았을 가능성은 희박하다. 해외원조, UN의 평화유지활동에 대한 지원 등의 국제행위에 높은 기준을 설정하고 있는 스웨덴, 캐나다, 뉴질랜드와 같은 국가들은 오로지 윤리적 근거에서 태환하지 않았을 수도 있다. 혹은 이 국가들은 대안들 중에서 주로 비교적 비용이 덜 드는 기회를 잡고자 했을 것이다. 따라서 우리는 소국가들이 신속하게 수입을 차단거나, 평가절하하거나, 혹은 스털링이나 달러를 금으로 태환함으로써 실질적으로 디플레이션에 크게 기여했다고 지적할 수 있다. 그러나 그것으로 그들을 비난하기는 힘들다.[19]

Standard without a Focal Point)"으로 되어 있다.

19) 타국가들의 지도력하에서 무임승차하는 국가들의 정치 모델에 관해서는 다음을 참조. Norman Froelich and Joe A. Oppenheimer, "I Get Along with a Little

156

소국가들의 역할에는 또다른 측면이 있다. 소국가들은 회복방안을 제시할 수 있다. 왜냐하면 채택된 회복방안을 추진하기 위한 주요비용은 타국가들에 의해서 부담될 것을 소국가들은 알기 때문이다. 1933년 세계경제회의 이전의 워싱턴 논의에서 초기의 국제통화기금에 관한 안들이 폴란드, 터어키, 벨기에, ILO 등에 의해서 제시되었다. 영국도 하나의 안을 제시하기는 했으나 미국이 부정적인 반응을 보이자 재빨리 회수해 버렸다. 소국가들은 이러한 안들을 효과적으로 추진할만한 자원이 부족하기 때문에 그들의 안이 적절할 때에도 자문역할에 국한된다. 소국가들은 결국, 지도국이 자국의 자원을 사용해야만 하는 새로운 안의 창안자라는 것을 확신시켜야 하는 것이다.

프랑스의 경우는 다르다. 프랑스는 자국의 위치가 세계경제나 정치의 안정에 미칠 반향을 고려하지 않은 채 자국의 국가이익의 관점에서 힘을 추구했다. 배상문제에서의 엄격성이나 1931년 오스트리아에 대한 2차 신용대출에 정치적 조건을 결부시키려던 시도, 그 해 7월 독일에 대한 대출심사 등이 이러한 사실을 입증한다. 9월 스털링의 평가절하로 손해를 입은 프랑스 은행은 국내로부터의 강한 정치적 압력하에서, 미국의 이익을 고려하고 협력하는 것이라 주장하면서, 1931~1932년 동안에 사적 국가이익을 위해서 달러를 금으로 태환했다. 동유럽 중앙은행들의 독립성과 그 지역의 통화안정을 복원하는 데 있어 지도력을 장악하고자 했던 프랑스 은행과 영국은행 간의 경쟁은 이해의 여지가 있었다. 그러나 프랑스는 영국에 대해 채무청산을 요구하는 위협을 가함으로써 체제 전체를 불안정하게 하는 위험을 초래하고 말았다.

양차 대전 간의 프랑스의 위치는 결코 바람직하지 못했다. 프랑스는 그에 부과된 책임을 감당할 만큼 충분히 크지도 못했고 또한 무책임의 사치를 누릴 만큼 소국이지도 않았다. 프랑스는 불안정자로 행동할 힘을 갖고는 있었으나 안정시킬 만큼의 충분한 힘을 갖지는 못했다.[20] "영국과 미국은

Help from My Friends," 1970. 그러나 지도력의 책임성은 상품의 시장개방, 자본의 항주기적 수출, 그리고 위기시 재할인 메커니즘을 유지하는 것이라는 데 함축되어 있듯이, 이 모델에서 지도국은 특권에 대한 지불이 아니라 보상을 받고 있다는 점을 주의해야 한다(p.119).

20) 필자의 다음 논문 참조. "International Monetary Politics of a Near-Great Pow-

함께 전쟁 전의 하나의 중심을 대체한 축이었으나, 프랑스의 위치와 정책은 영·미 양국관계 및 양국의 타국가에 대한 관계에 큰 영향을 미쳤다."[21] 이러한 상황에서 프랑스는 두 강대국—하나는 무력하고 다른 하나는 무책임한—의 존재하에 체계를 떠맡아서 관리할 능력이 없으면서 체계를 불안정하게 한다는 비난을 받을 수 있었고 또한 비난을 받았다.

11. 공공이익 대 사적이익

냉소적 입장에서는, 지도국은 그 고통에 대해 위신의 형태로 충분히 보상을 받으며, 아무리 공공복지를 위해 행동한다고 주장해도 근본적인 관심사는 사적인 것이라고 본다. 자유무역이란 경제대국이 다른 국가들에 의해서 추격당하는 것을 막기 위한 무기라고 비스마르크는 주장했다. "백인의 책임"이란 오늘날 조롱의 표현이다. 위신을 얻기 위해 교묘히 행동하는 프랑스 같은 국가를 볼 때, 문제해결에 관심을 갖는 국가들은 배반적이거나 자기기만적이다. 그럼에도 불구하고 체제운영에 대한 책임을 수용하는 것과 거부하는 것에는 엄연한 차이가 있다. 영국은 비록 책임성을 행사할 수는 없었으나 5천만 실링을 대출하는 등 책임성을 수용하기는 했다. 프랑스와 미국은 안정성을 책임지려 하지 않았다. 쿨리지와 후버 당시 미국은 해외재건이나 통화안정과 같은 계획에 참여하지 않으려고 했으며, 이러한 문제들은 연방준비원(Federal Reserve System)에 미루어두고 있었다.[22] 루스벨트는 1936년 삼자통화협정(Tripartite Monetary Pact) 시까지, 그리고 궁극적으로는 제2차 세계대전 동안에 이르기까지 세계경제에 대해 적극적으로 간여하지 않았다. 프랑스내에서는, 프랑스와 다른 강대국들 사이에서와 마찬가지로, "모든 집단들은 그들의 상대방이 더욱 단결되어 있고 헌신적이라고 생각했으며, 일반이익에 대한 관심은 거의 없었다."[23]

---

er: Two French Episodes, 1926~36 and 1960~70," 1972.

21) W. A. Brown, *The International Gold Standard Reinterpreted, 1914~34*, p.785.

22) Chandler, *Benjamin Strong*, p.255.

23) Sauvy, *Histoire economique de la France entre les deux guerres*, vol.1, p.73.

공공재를 제공할 수 없게 되자 영국은 점점 더 사적 이익을 추구해 갔다. 케인즈의 관세에 대한 옹호론이나 1931년 이후 안정화를 더 이상 구상하지 않았던 것으로도 이를 알 수 있다. 이러한 움직임은 영국이 아니라 영연방이 주도했다는 증거를 발견할 수도 있을 것이다.[24] 전후 한동안, 영국의 경제학계와 일반은 모든 국가는 대외효과를 고려할 필요 없이 자국에 전념해야 한다는 교훈을 믿기 시작했다.

이러한 점은 1943년 영국 재무성에서 헨더슨(Hubert Henderson)이 기술한 『전간 국제경제사(*International Economic History of the Interwar Period*)』라는 각서에 잘 나타나 있다.[25] 이 각서는 공황의 기원에 관한 통상적 견해를 요약하고 있다. 즉 통상적 견해는, 공황이 민족주의와 관세, 세계무역의 붕괴, 쌍무주의와 차별적 대우에 의해서, 그리고 국제연맹의 권고를 무시함으로써 야기되었다고 본다. 그리고 전후에는 전 세계가 보다 엄격하게 경제적 민족주의를 피해야 하며 국제신용과 더불어 보다 자유로운 경제체제를 구축해야 하며, 무역장벽을 축소하고 질적 규제를 위법화해야 한다고 결론을 내린다.[26] 헨더슨은 전간(戰間)의 역사는 이러한 견해를 지지하지 않는다고 진술한다. 그는 환절하(煥切下)에 반대한다. 즉 "파운드화의 절하가 금 가격의 폭락에 일부 책임이 있다는 것은 거의 의심의 여지가 없다. 그리고 환절하로써 국가별 회복을 촉진할 수 있다는 주장에 대해서는 영국 내에서뿐만 아니라 미국내에서 더욱 우려의 소리가 크다"고 기술하고 있다.[27]

---

24) *Documents diplomatiques francais, 1932~39*, vol.3, no.470, 1967, Bonnet to Paul-Boncour, 9 July 1933, p.871: "한 가지 사실은 분명하다. 그것은 영국은 자유롭지 않다는 것이다. 영연방, 특히 강력한 수상 베네트를 갖고 있던 캐나다는 영국에 결정적 영향력을 행사했고, 영국은 몇 초만에 그의 견해를 완전히 수정하기까지 했다." 이것은 물론 의심할 바 없는 과장이다. 캐나다인이 쓴 보다 최근의 제국선호의 기원에 관해서는 다음을 참조.. Drummond, *Imperial Economic Policy, 1917~39*.

25) Hubert D. Henderson, *The Interwar Years and Other Papers*, 1955, pp.236-295.

26) Ibid., p.236, 290.

27) Ibid., p.260, 262. 291에는 다음과 같이 기술하고 있다. "1930년대에 각국 정부들이 추진한 조치들 중에서 교묘한 환절하만큼 불행한 결과를 야기한 조치는 없다. 그것은 환절하를 추진한 국가에게는 최소한으로 유용했고, 타국가들에게는 최대한으로 유해했다."

그러나 통상적 견해는 모든 본질적 측면에서 잘못되었다. 구국제질서는 보다 나은 질서를 위해서 붕괴되었다. 그것을 다시 세우려 한다는 것은 무용하고 좌절을 가져올 뿐이다. 개별 국가들은 자본이동의 통제, 양적 규제, 육성책, 자율적인 신용정책 등을 사용해서 대외경제를 효과적으로 규제하는 데 자유로워야 한다.[28]

1930년대에 걸쳐서 그리고 전쟁 말기에 이르기까지, 케인즈도 공유했던 이러한 견해는 이해할 만하다. 그러나 이 견해는 전간의 역사가 주는 주요한 교훈을 놓치고 있다. 즉 세계경제가 안정되기 위해서는 안정자(stabilizer)가 있어야 한다는 것이다.

12. 1980년대와 1990년대에 대한 적실성

1980년대에 지도력(leadership)이라는 용어는 부정적 의미를 함축하고 있는데, 의사결정에의 참여라는 표현이 보다 미학적인 것으로 간주되고 있다. 퓌러(der Führer)나 듀스(il Duce)의 강한 어조는 여전히 남아 있다. 그러나 지도력이, 위신이라는 사유재나 추종자의 착취가 아니라 책임성이라는 공공재의 제공을 의미한다면 그것은 여전히 긍정적인 생각이다. 언젠가는 주권국가들이 모여서 개별 주권국가들의 일반이익에 반하는 행동을 제한할 수도 있을 것이다. 이러한 현상은 오늘날 세계경제체제를 안정시키기 위해서 필요한 몇몇 영역에서 거의 달성되고 있다. 세계중앙은행이 아직 없는 상황에서 위기시 세계 재할인기제로 기능하는, 현물거래와 단기신용을 위한 바젤협정(Basel arrangements)을 예로 들 수 있다. 이러한 영역에서, 그리고 자유무역과 자본과 원조의 자유로운 흐름을 유지하기 위한 세계기구들에서, 위임권위가 없기 때문에 지도력은 필요하다. 미국의 지도력은 빠져나가고 있다. 보다 확대된 유럽경제공동체하의 유럽이나 일본의 증대하고 있는 힘이, 과잉공급된 재화나 공세적 상품에 대한 시장을 제공하고 국제자본이동을 안정시키고 위기시 재할인기제를 제공하는 등 지도력의 선언으로 연결될지는 아직 불확실하다. 잠정적으로 위기시 재할인기제

28) Ibid., p.293.

의 제공을 위한 바젤협정은 지속될 것이다. 여러 가지 지표로 볼 때 유럽은 여전히 상품을 위한 거대한 시장으로 남을 것이다. 그러나 농산물에 대해서는 예외인데, 세계적 관점에서 볼 때 이는 중요한 예외이다. 자본흐름을 항주기적으로 안정화시키기 위해서는 여전히 더 많은 노력이 필요하다.

세계경제에서 미국의 경제적 지도력이 비틀거리고 있고, 유럽과 일본의 힘이 커짐에 따라, 정치적으로 안정적인 세 가지 결과와 불안정한 세 가지 결과를 상정할 수 있다. 안정적인 결과로서는 먼저, 미국이 1963~1968년간 환통제 및 최근의 보호주의 추세를 역전시키면서 지도력을 지속하거나 복원하는 것이다. 다음으로는 세계체제의 안정을 위해서 유럽이나 일본 혹은 브라질과 같은 의심받지 않는 제3국이 지도력을 선언하고 책임을 떠맡는 것이다. 마지막으로는 세계중앙은행, 세계자본시장, 그리고 효과적인 GATT 등 국제제도에 경제적 주권을 효과적으로 양도하는 것이다. 마지막 결과가 가장 바람직하기는 하지만 어렵기 때문에 가능성이 가장 적다. 처음의 두 가지 결과는 불가능하지는 않다. 그러나 바람직하지 못한 대안을 단순히 피하기 위해서, 책임감 있는 시민은 동전을 던지든지 어느 경우에나 만족하든지 둘 중 하나를 선택해야 한다.

불안정 요인으로 인해서 피해야 할 세 가지 결과는 다음과 같다.

① 미국, 일본, EEC가 세계경제의 지도력을 장악하기 위해서 경쟁하는 경우
② 1929~1933년에서처럼 일 국가는 지도력을 행사할 수가 없고(unable) 다른 국가들은 지도력을 행사하지 않으려고(unwilling) 하는 경우
③ 각 국가들이 자체의 긍정적인 대안을 제시하려고는 하지 않으면서 체제를 안정시키고 강화시키려는 프로그램들에 대해서 거부권(veto)만을 행사하는 경우

IMF협정 조문들은 미국이 반대하는 행동에 거부권을 행사할 수 있도록 했다. 통화체계에 특별인출권(Special Drawing Rights, SDRs)을 추가했던 1969년의 개혁에서, EEC도 거부권을 행사할 수 있도록 IMF 할당을 조정

하였다. 이는 UN 안전보장이사회에서 두 강대국이 동의할 수 없을 경우처럼 교착상태(stalemate)의 가능성을 열어두는 것이다. 안전보장이사회의 경우에는 전쟁으로 악화될 위험이 있다면, 경제영역에서는 정체와 공황으로 전화될 위험이 있다.

　실제적 권위와 주권성을 갖는 국제제도라는 세 번째 긍정적 대안의 필요성은 절박하다.

보호주의와 자유무역: 1873~1896년의 위기*

피터 거비치

1860년 리차드 콥든(Richard Cobden)과 미쉘 슈발리에(Michel Cheva-lier)가 만나서 영국과 프랑스 간의 관세율 하락을 위한 그 유명한 조약에 서명할 때만 해도 국제경제체제는 새로운 시대에 돌입하고 있는 것인 양 보였다. 사실 1830년대와 40년대는 대단히 어렵고 혹독한 시기였다. 산업화는 실업과 굶주림을 가져왔고 마을과 도시를 초만원으로 만들었으며 또 기존의 일자리들을 없애버리고 폭동과 혁명을 가져옴으로써 수백만의 사람들을 고난으로 몰고갔던 것이다. 새로운 기술이 새로운 일자리를 만들고

---

* Peter Gourevitch, *Politics in Hard Times: Comparative Responses to International Economic Crisis*, Ithca: Cornell University Press, 1986, ch.3(백창재 옮김).

▶ 이 글은 거비치의 대표적 연구인『고난기의 정치: 국제경제위기에 대한 대응의 비교연구』중 19세기 말의 사례를 분석한 부분으로 19세기 말의 국제적 경제 위기상황에 대한 각국의 상이한 대응양식의 원인을 분석하고 있다. 여기서 거비치는 특정한 정책대응이 선택된 원인으로 이데올로기에서 안보상황에 이르는 요인들을 검토하고 있다. 비록 이 글에서는 두드러지지 않지만 거비치가 보다 중시해 온 것은 사회연합 중심적 접근(social coalitional approach)이다. 특정한 정책대응을 국가가 국가이익을 확보하기 위한 것으로 간주하는 국가 중심적 시각과는 달리 사회연합들을 분석단위로 하는 분석틀은, 특정 정책대응이 이루어지는 과정 자체에 관심을 둔다. 요컨대 경제구조가 변화하게 되면 이에 따라 사회세력들의 이해가 변화되고 이들 간의 관계가 재편되며, 이들 간의 연합과 대립의 결과 정치적 승자의 선택에 의해 특정 대응이 수립된다는 것이다. 이같은 분석틀은 국가이익, 즉 특정한 대응방안이 어떻게, 왜 형성되었나를 설명한다는 점에서 국가 중심적 접근이 간과하고 있는 측면을 조명해 줄 뿐 아니라, 급변하고 있는 오늘의 국제경제질서 속에서 각국이 취할 대응과 그 결과 형성될 국제경제질서의 성격을 전망하는 데 유용한 통찰력을 제공해 줄 수 있다.

보다 많은 부를 널리 퍼뜨린다는 생각은 하나의 환상이었을까? 많은 사람들이 그렇다고 생각하였고, 이 시기의 혼란한 정치가 이를 여실히 보여주었다.[1]

그러나 1848년의 정치적 대격변 이후 세계경제라는 배는 스스로 항로를 바로잡아 갔다. 기술발전의 기적이 자리잡아감에 따라 실제로 부와 번영이 확신되었고, 이윤과 수요가 서로를 견인하여 투자를 촉진시키는 '행복한 순환구조'가 작동하기 시작한 것이다. 공장들은 전례없이 싼 가격으로 상품을 생산했고 일자리를 제공했으며, 따라서 자기 제품을 살 수 있는 소득을 제공하게 되었다.

이러한 순환구조를 제일 먼저 겪기 시작한 것은 영국으로, 섬유와 철강산업을 통해 영국은 산업화의 첫 두 단계에서 압도적 위치에 있었다. 그러나 1850년대에 이르면 다른 나라들도 혜택을 받기 시작하였다. 영국은 이 나라들의 생산품(식품, 목재 및 기타 원자재)을 구입하고 그럼으로써 이들은 영국의 완제품을 살 수 있게 되었으며, 이는 다시 영국으로 하여금 수입품에 대해 지불하고 잉여를 투자할 수 있게 한 것이다. 이 투자 역시 해외로 확산되어 다른 나라들이 산업화를 개시할 수 있게 하였다. 벨기에와 프랑스, 미국, 그리고 이후 독일로 통일되는 각 지역들이 영국의 기술을 모방하기 시작했고 곧 그들 고유의 기술을 창조하게 되었다. 새로운 아이디어가 드디어 기능하기 시작한 것이다. 기존 경제원리가 주장하듯이 부(富)라는 것은 힘에 의해 배분되는 고정된 양이 아니며, 새로운 기술의 응용을 통해 창출될 수 있는 것이다. 1850년대와 60년대 철도 건설의 대호황과 번영은 이렇게 30년대와 40년대 고통의 시기를 대체하였다.

이러한 번영은 고전적 자유주의 경제정책의 채택을 부추기게 되었다(새로운 상품에 대한 갈망이 충족 불가능할 정도로 컸으므로, 영국이 특정 제조업 부문에서 독점적 지위를 잃어가고 있다는 사실에 아무도 개의치 않았다). 이에 이끌려 콥든-쉐발리에 조약이 맺어지게 된 것이다. 1846년 이래

---

1) 제임스 커쓰가 상품주기와 경제주기에 관한 그의 분석에서 이같은 연쇄과정을 1840년대의 고통의 시기부터 시작한 것은 옳다. 하지만 여기서 나는 지면과 시간과 힘을 아끼기 위해 1870년대부터 시작한다. James Kurth, "The Political Consequences of the Product Cycle: Industrial History and Political Outcomes," *International Organization*, vol.33, Winter 1979, pp.1-34.

자유무역주의자였고 이에 대해 확신에 차 있었던 영국은 보호주의적이었던 프랑스를 설득하여 프랑스도 특화에 따라 혜택을 얻게 될 것이라고 믿게 하였다. 즉 프랑스가 자신의 제품을 특화하면서 영국이나 기타 다른 나라의 수출품을 받아들인다면 다른 나라들도 프랑스 상품을 보다 많이 사게 되리라는 것이다. 이런 사고는 널리 확산되었다. 독일의 경우 우선 관세동맹과 그 후의 통일에 의해 수많은 관세장벽들이 무너지게 되었다. 이렇게 해서 비단 이론에서뿐 아니라 현실에 있어서도 자유무역이 국제경제의 지배적 원리가 되어가는 듯이 보였다.[2]

그러나 이 낙관론은 단명에 그쳤다.[3] 20년 이상의 호황과 약 10년간의 자유무역이 계속되자, 곧 앞으로 20년 이상이나 지속될 문제들이 발생하기 시작하였던 것이다.

1873년경부터 시작된 고난의 시기는 그 이전의 호황기로부터 직접적으로 파생되었다. 기술과 투자에 의해 과잉 생산능력이 초래되었고, 종국적으로 저 유명한 투자주기의 논리가 각국 및 국제경제에 작용하게 된 것이다. 이 논리에 따르면, 새로운 생산설비에 대한 투자를 통해 이윤을 얻으려는 경쟁은 이윤폭을 극도로 악화시켜 결국 투자가 중지되고, 수요가 하락되며, 이에 따라 대규모 생산능력을 지닌 새로운 공장들이 구매자도 없는 상품들을 생산하게 된다.

임마누엘 월러스타인(Immanuel Wallerstein)의 용어를 빌리자면, 당시 일어났던 상황은, 최초의 산업중심국(core) — 즉 영국 — 이 반주변부(semiperiphery) 국가들을 편입시켜 보다 확대된 새로운 중심부를 형성한 것이다.

---

2) Charles Kindleberger, "The Rise of Free Trade in Western Europe, 1820~1875," *Journal of Economic History,* vol.35, 1975, pp.20-55.

3) Hans Rosenberg, "The Depression of 1873~1896 in Central Europe," *Journal of Economic History,* vol.13, 1943, pp.58-73; Joseph Schumpeter, *Business Cycles,* New York: McGraw Hill, 1939; Charles P. Kindleberger, "Group Behavior and International Trade," *Journal of Political Economy,* vol.59, 1951, pp.30-46; David Landers, *The Unbound Prometheus,* Cambridge: Cambridge University Press, 1969; S. B. Saul, *The Myth of the Great Depression,* New York: Humanities, 1969; W. W. Rostow, *The British Economy of the 19th Century,* Oxford: Oxford University Press, 1948; Peter Flora, *State, Economy and Society in Western Europe,* vol.1, London: Macmillan, 1983.

이에 따라 세계경제의 부는 증가하였으나, 이같은 변화는 대규모의 극히 어려운 재조정(readjustment)을 요하는 엄청난 구조적 변환을 초래하였다.[4]

호황기 10년간은 공업과 농업 모두를 변화시켰다. 농업의 경우, 새로운 기술개발은 단지 인류가 지구상에 발을 디딘 이래 가장 노동집약적인 산업의 산출량을 엄청나게 증대시켰을 뿐만 아니라, 비교우위의 지리적 분포를 완전히 새로운 형태로 만들어 버렸다. 기계화된 수확기와 파종기, 그리고 비료, 관개수로, 새 품종의 밀 등의 변화는 새로운 땅에 새로운 기술로 농사지을 수 있게 하였다. 이제 북미의 대평원과 아르헨티나의 평원, 그리고 우크라이나의 흑토들에서 곡물이 자라나고 가축이 키워질 수 있게 된 것이다. 그것도 새로운 기계 덕분에 한정된 노동량에 의해서 말이다.[5]

---

4) Immanuel Wallerstein, *The Modern World System: Capitalist Agriculture and the Origins of the European World-Economy in the Sixteenth Century*, New York: Academic, 1974. '대평원 국가들(plains countries),' 즉 미국, 러시아, 아르헨티나, 캐나다, 오스트레일리아 등에 있어서 상이한 산업화 요소들(강력한 국내자본이라든가, 외국자본, 운송업, 금융업 등의 존재)의 결과, 이 국가들의 대응이 달라지는 것을 비교·분석하는 것은 매우 흥미로울 것이다. 예컨대 Theodore H. Moran, "The Development of Argentina and Australia: The Radical Party of Argentina and the Labor Party of Australia in the Process of Economic and Political Development," *Comparative Politics*, vol.3, 1970, pp.71-92를 참조하라. 또 월러스타인 등에 의해 개발된 중심, 주변, 반주변부 등 세계경제내에서의 특수기능적 범주를 적용시키는 것도 지적 자극을 주는 작업이다. 예컨대 영국은 중심부였으므로 자유무역을 추구했고 다른 나라들은 보호주의화 해야 했다는 것이다. 이러한 사고는 크게 보아 타당할 수 있으나, 시기의 문제, 특히 왜 영국이 패권을 상실한 후 그렇게 오랜 뒤에야 반응을 했는지에 대한 설명을 하는 데는 별 도움이 되지 않는다. 위의 참고문헌 이외에 다음을 참조하라: Tom Naylor, "The Rise and Fall of the Third Commercial Empires of the St. Lawrence," in Gary Teeple(ed.), *Capitalism and the National Question in Canada*, Toronto: University of Toronto Press, 1972; Naylor, *The History of Canadian Business, 1867~1914*, vol.2, Toronto: Lorimer, 1975. 또한 캐나다의 경제발전을 국제적 맥락에 연결시킨 네이더의 현재 진행중인 작업도 참조하라.

5) Michael Tracy, *Agriculture in Western Europe*, London: Cape, 1964; J. D. Chambers and G. E. Mingay, *The Agricultural Revolution, 1750~1880*, London: Batsford, 1966; Alexander Gerschenkron, *Bread and Democracy in Germany*, *1943*, New York: Fertig, 1966.

농업에 있어서 또 하나 중요한 요인은 운송의 혁명적 발전이었다. 1846
년 영국이 곡물법을 폐지했을 때만 해도 부적절한 수송이 마치 관세의 구
실을 하고 있었다. 즉 세계의 곡물을 영국으로 가져다 주기에는 수송능력
이 불충분했던 것이다. 그러다가 1870년에 이르러 상황은 완전히 변화되
었다. 철도에 의해 수로체계의 지리적 약점이 극복되어 이제 거대한 내륙
지역이 국제경제에 통합될 수 있게 된 것이다. 이렇게 해서 운송의 기계동
력화와 냉장설비의 발전이 북미와 아르헨티나, 그리고 러시아의 곡물들을
유럽의 시장으로 가져다 주게 되었다.

이런 변화의 결과를 대참사라고 부른다 해도 결코 과언이 아니다. 가격
은 폭락하였고, 모든 농산품에 있어 조방적이고 자본집약적인 농업이 노동
집약적이고 토지집약적인 농업을 단숨에 제쳐버렸다. 대부분의 유럽국가
들은 경쟁을 할 수도 없었다. 예컨대 수세기간 서유럽의 곡물 공급원이었
던 프러시아와 기타 동유럽은 이제 높은 비용의 생산자가 되어버렸다. 다
른 서유럽 국가들도 형편은 마찬가지였다. 영국과 프랑스, 독일, 이탈리아,
스칸디나비아 및 저지대 국가들 농민의 대부분은 더이상 이전의 방식대로
동일한 작물을 생산할 수 없게 되었다. 무언가 변해야만 했다.

공업에 있어서도 20년에 걸친 번영기는 세계를 변화시켰다. 영국의 자
본은 미국과 남미 및 유럽 대륙에 철도를 건설할 수 있게 해 주었고, 이 철
도 건설은 미국뿐 아니라 모든 산업국가들의 제철 및 철강산업이 엄청나게
성장하도록 자극하였다. 그러나 1870년이 되면 이같은 산업발전의 필수적
요소에서 영국의 지배적 지위가 사라지게 되었고, 10년 뒤에는 미국과 독
일에 의해 빼앗기게 되었다.[6] 섬유산업 역시 유사한 양상으로 진행되었다.

농업과 마찬가지로 공업에 있어서도 결국 번영이 문제의 원천이 된 것
이다. 철도건설이 점차 줄어들게 됨에 따라 철의 공급이 수요를 초과하게
되었다. 1873년에는 특히 급격한 경기주기 곡선의 하락이 있었고, 이는 곧
상승되었으나 예전같은 속도는 아니었다. 가격은 하락하였고 이윤폭은 감
소되었던 것이다.

다음 20년 이상의 기간 동안 유럽과 북미의 산업경제들은 상당한 재난

6) Landers, *Unbound Prometheus*, pp.191-194; E. J. Hobsbawm, *Industry and Empire*,
   London: Weidenfeld & Nicolson, 1968.

에 시달리게 되었다. 아마 콘트라티에프 곡선의 하향국면이라는 말 이외에는 당시 상황에 대한 편리한 명칭이 없는 듯하다. 이 시기 전체는 결코 경기주기상의 불황은 아니었다. 경기주기상의 하강은 몇 번 있었으나 생산량이 상당히 증대되었기 대문이다. 또 가격이 하락하였으므로 이 시기를 디플레이션의 시기로 보는 사람들도 있다. 현대인들에게도 당시 문제의 본질은 명확하지 않다. 어떤 사람들은 이를 위기로 보고 어떤 사람들은 단순히 제한되고 부분적인 재조정으로 간주한다. 또 어떤 이들은 경기주기상의 일시적 하락으로 보는가 하면, 어떤 이들은 이를 당시까지의 상황과는 근본적으로 다른 일종의 새로운 시대로의 전환기적 변동으로 보기도 한다. 또 당시 상황에서 취해질 수 있는 조치는 아무 것도 없었다고 보는 이들이 있는가 하면, 어떤 이들은 중대한 정부정책들이 요구되었다고 보기도 한다.

실제로 19세기 3/4분기에 벌어졌던 위기는 그 불분명함에 있어서 1930년대의 대공황보다는 1970년대와 80년대의 위기와 더 유사하다. 대공황은 불분명하지 않다. 대공황은 엄청난 규모의 대재난이었고 또 그렇게 이해되었으며, 이에 대해 무엇을 해야 할 것이가에 대한 논의도 이미 종결되었다. 그러나 위의 다른 두 위기에 있어서의 의견대립은, 과연 무언가가 일어나고 있는가, 그리고 이에 특별히 주의해야 하는가 여부에 대해서조차 일치하지 않을 정도로 근본적인 것이었다. 이같은 불분명함은 당시의 정책논의 과정 자체에 영향을 미쳤고, 따라서 소극적 대응의 개연성을 보다 높여 주었다. 또 논의과정을 연장시키는 결과를 가져왔다. 반면 대공황의 드라마는 10년 남짓, 혹은 그 절반 정도만 지속되었다.

1873년에서 1896년까지의 위기를 무엇이라 부르든, 이 시기는 분명 국제경제의 거대한 구조 재조정이 일어났던 시기 중의 하나이다. 국제분업체계—효율적 생산의 지리적 위치, 또는 상품의 교역조건 등에 있어서—에는 거대한 전환이 일어나곤 하며, 이같은 변화는 상당한 긴장을 초래해왔다. 이 긴장을 해소하기 위해서는 광범위하고 깊이있는 재조정이 요구되었다. 즉 인간과 상품과 자본이 이동하고, 변화하고, 붕괴되고, 또 성장해야 했다. 1896년의 총소득이 1873년보다 높았다는 것은 사실이다. 그러나 모든 집합적 수치가 그러하듯이 이 통계수치 역시 엄청난 고통을 숨기고 있는 것이다.

고통받고 있던 사람들은 도움을 찾기 시작했다. 사실, '찾는다'란 단어는 너무나 약한 표현이다. 이들은 도움을 요구했고, 간청했으며, 도움을 얻기 위해 소리치고 비명까지 질렀던 것이다. 이렇게 해서 정책을 둘러싼 대논쟁이 시작되었다. 국제경제의 대변화에 각국은 어떻게 대응해야 하는가?

대별하여 두 가지 선택, 즉 시장과 보호주의의 두 방안이 제시되었다. 시장 혹은 고전적 자유주의 처방은 우리에게 익숙한 그 모든 이유를 근거로 새 국제분업을 받아들일 것을 촉구하였다. 특화를 심화시키면, 생산능력(부를 창출할 수 있는 능력)이 증대되고 따라서 세계 전체의 부가 증대되었을 것이다. 그러나 시장으로 하여금 생산요소를 배분하도록 하는 것은, 곧 인간과 자본을 이동시키고, 공장을 수립하기도 하고 폐쇄하기도 하고, 토지용도를 변화시키기도 하고, 또 주택을 비우기도 하고 새로 짓기도 하는, 점점 복잡해지는 공업경제에서의 끝없는 연쇄적 사태를 의미하는 것이었다.

이에 대한 대안으로서의 보호주의는 관세장벽을 이용해 값싼 외국상품으로부터 유럽의 생산자들을 보호해 주는 것이다. 농업에 있어 관세는 농민들이 농토에 머무를 수 있게 해 줄 것이며, 비록 이들이 완전히 이전의 방식대로 해나가지는 못할지라도 최소한 재조정의 과정은 완만해질 수 있었을 것이다. 그러나 유럽에서 생산성 높은 농민들조차 가격하락에 의해 생계를 위협받고 있었다. 이들에게 관세는 아무런 보탬이 되지 않았고, 따라서 이들은 화폐가치의 하락, 운송업의 규제, 협동조합적 판매망 등의 다른 해결책을 요구하였다.

공업에 있어서도 관세가 바람직한 해결책이었다. 농업과 마찬가지로 공업에 있어서도 관세는 최소한 변화에의 압력을 완만하게 해 줄 것이며, 생산설비의 근대화나 노동과 자본의 이동 중 어느 하나를 할 수 있을 정도의 시간 동안은 기업과 일자리를 유지할 수 있게 해 줄 것이기 때문이다. 심지어 효율적인 기업들조차 관세를 희망했는데, 이는 막대한 투자를 잃지 않기 위해 내수시장의 충분한 안정을 확보하고 싶었서였다.

그렇다고 관세가 유일한 정책도구는 아니었고, 또 정부 개입만이 시장의 움직임을 변화시킬 수 있는 유일한 방안도 아니었다. '질서를 창출'하기 위해, 즉 가격과 시장점유율을 고정시키기 위해 기업들은 카르텔과 기업합병을 할 수 있었고, 또 실제로 그렇게 했던 것이다. 정부 역시 조세정책이나 정부구매나 규제나 공공사업이나 혹은 사회보험 등의 정책도구들로 도울 수 있었다.

그러나 이 시기에 있어 정책논의의 핵심은 보호주의 대 자유주의의 대결이었다. 그러므로 앞으로 여기서 묘사하고 설명할 것은 바로 무역정책이다. <표 1>에서 보듯이, 영국을 제외한 모든 국가는 무역장벽을 구축하였다. 프랑스와 독일, 스웨덴은 공산품과 농산품 모두에 관세를 부과하였고, 효율적 농업 생산국이었던 미국은 공산품에만 관세를 부과하였다. 영국의 경우에도 1846년 이전으로 복귀하여 곡물법을 복구하고 또 최소한 제국 외부의 국가들에 대해서는 공산품에도 관세를 부과하려는 시도가 있었다. 그러나 이러한 노력들은 실패했고, 결국 영국은 자신이 발전시켰던 자유무역의 원리에 충실한 상태로 남게 되었다.

<표 1> 농업과 공업의 관세 수준(1880~1914)

		공업	
		높음	낮음
농업	높음	프랑스, 독일, 스웨덴	
	낮음	미국	영국

왜 이런 결과가 일어났는가? 왜 공화제하의 미국과 프랑스, 독일 제국, 왕정하의 스웨덴 및 기타 유럽국가들이 보호주의를 위해 콥든-쉐발리에 조약의 자유무역에의 희망을 저버렸는가? 왜 영국은 공업국들 중 유일하게 이 조류에서 이탈했으며, 덴마크와 같은 몇몇 작은 농업국들만이 영국과 보조를 같이 했는가? 이같은 질문에 대한 해답은 여러 가지 각도에서 주어질 수 있다. 예컨대 각자의 경제적 상황에 따라 형성된 사회적 행위자들의 선호라든가, 이들을 대표하는 단체들의 체계, 국가의 제도적 구조, 경제적 이데올로기, 또는 국제 국가체계 등이 그것이다. 이렇게 다양한 주장들을 역사적 경험과 대면시키기 위해 우리는 5개 국가에서의 정책논의를 살펴보면서 각 주장에 요구되는 증거를 탐색해 볼 것이다.

이 글은 영국과 독일에 대한 비교분석을 중심으로 구성되었다. 이 두 나라는 정책결과에 있어 극명하게 대비된다. 전자는 자유무역을 계속하였고 후자는 관세로 전환했다. 이 둘은 또한 설명변수에 있어서도 대비된다. 영국은 산업혁명의 선두에 있었음에 반해 독일은 후발국이었고(생산구조의 형태(production profile)), 영국은 중앙집권과 관료의 제도화가 낮은 수준에 있는 입헌적 질서하에 있었음에 비해 독일은 잘 발전된 관료와 강력한 중앙 통제를 지닌 권위주의 국가하에 있었다(국가 구조). 또 영국의 자유무역 전통과 독일의 보다 국가주의적이고 민족주의적인 전통(경제 이데올로기), 그리고 영국이 해군을 통한 안보를 확보하고 있었음에 비해 독일은 다른 대륙국가들과의 관계에서 안보의 위협을 느끼고 있었던 점(국제 국가체계) 역시 대비된다.

1. 영국

영국은 우리의 분석대상 중 유일하게 이 시기 동안 공산품과 농산품 모두의 관세를 인상하지 않은 나라이다. 사회 행위자들에 기초한 해석에 따라 영국의 생산구조 형태(production profile), 즉 국제경제에 있어서 한 국가내 경제 행위자들의 위치와 이들의 상황이 정책선호에 연관되는 방식을 살펴보자.

1870년대 초반에 이미 영국경제는 고도로 진화되었다. 공업에 있어서 제철 및 섬유산업은 위기가 도래할 당시까지도 세계적으로 지배적인 위치에 있었고 다른 제조업과 광업 등의 유관산업을 이끌고 있었다. 또 금융업과 운송업도 고도로 발달하여 세계적으로 지배적인 위치에 있었다. 금융업은 특히 국내 투자금융보다는 무역금융과 해외 투자금융에 치중하고 있었고, 운송과 보험업 역시 세계무역 쪽으로 기울어져 있었다.

농업에 있어서는 상당한 수준의 집중화가 이루어져 있었고, 시장경제 내에서 완전히 상업화되어 있었으며, 고품질 상품의 생산에 치중하고 있었다. 또 농업이 국민경제에서 차지하는 비율은 다른 어느 나라보다도 빠르게 하락하고 있었다. 마지막으로 영국은 선진경제 중에서도 가장 공업노동자의 비율이 높았고, 이들 대부분이 매우 경쟁적인 부문에 고용되어 있었으므로 이미 노동조합이 상당수준으로 조직화되어 있었다.

이러한 집단들은 1870년 이후의 새로운 경제조건에 어떻게 반응하였을
까? 우선 관세인상에 대해 농업과 공업부문 모두에 있어 내부적 분열이 있
었다. 각 부문에서 보호주의자들이 다시 형성되어 1846년의 곡물법 폐지
이후 사실상 금기시되었던 논의를 부활시키려 했고, 반면 자유무역주의자
들은 다른 집단들과의 연합을 통해 이를 물리쳤다.

공업에 있어서 자유주의 입장의 힘은 아마 선발개발국(early developer)
과 후발개발국(late developer)에 대한 거쉔크론의 유명한 유형화로 쉽게 설
명될 수 있을 것이다. 거쉔크론은 모든 나라의 발전이 동질적이라는 개념
을 공격한다.7) 최초의 개발국인 영국은 경쟁자가 없는 환경에서 성장한 반
면, 나머지 개발국들에게는 경쟁자가 있었다는 것이다. 그 관세정책상의
결과는, 선발개발국들의 경우 세계시장을 지배하고 있고 따라서 개방적 무
역체제로부터의 혜택이 많으므로 당연히 자유무역 지향적이 되고, 반면 후
발국들의 경우 자신의 경쟁력이 구축될 수 있게 해 줄 보호막을 필요로 하
게 된다는 점이다.

영국과 독일을 대비해 보면 이같은 유형이 잘 들어맞는 듯 보인다. 수십
년간 세계시장을 지배해왔기 때문에 영국의 제조업자들은 국제경쟁에서
자신들의 우세함에 대해 상당한 확신을 지니고 있었다. 국경을 열어놓음으
로 해서 영국은 국제적 분업과 특화를 조장해 왔고, 저가품을 수입하고 고
부가치 제품을 수출해 왔던 것이다. 이런 정책은 1850년대와 60년대의 번
영기 동안 눈부시게 성공적이었고 또 앞으로도 지속될 가치가 있는 것으로
여겨졌다.

그러나 1873년 이후의 새로운 국제무역조건은 영국 제조업에도 문제를
가져왔다. 다른 나라들이 자국산 제품으로 영국상품을 대체하거나 해외시
장에서 영국상품과 경쟁을 벌이거나 혹은 영국 국내시장에 침투해 들어오
면서도 자국 시장에 대해서는 영국제품에 무역장벽을 구축해 놓고 있었던
것이다. 이같은 문제들로 인해 전면적인 범위에 대한, 혹은 대영제국 외부

7) Alexander Gerschenkron, "Economic Backwardness in Historical Perspective,"
in Alexander Gerschenkron(ed.), *Economic Backwardness in Historical Perspective*,
Cambridge: Harvard University Press, 1962.

에 대한 관세부과 요구가 생겨나게 되었다. 이에 따라 공정무역연맹 같은 것이 형성되었고, 특히 챔벌린(Joseph Chamberlain)과 같은 정치인들은 제 국특혜제(imperial preference) 정책을 통해 새로운 노-자 연합을 조직하려 하기도 하였다.[8]

보호주의자들의 선동은 몇 가지 요인에 의해 좌절되었다. 우선 경쟁의 압력은 실제 느껴지고 있었으나 다른 소득원과 판매원이 존재하고 있었다. 비록 캐나다와 오스트레일리아가 관세장벽을 구축하고는 있었지만 제국내 의 나머지 지역들은 영국제품에 대해 안정된 수요를 유지하고 있었고, 해 외투자나 밀접한 무역관계와 이에 있어서 영국의 우위 등은 지속되고 있었 던 것이다. 시장이 크게 변동하게 되자 영국의 철강 및 기타 제조업들은 생 산설비에 대한 투자를 줄임으로써-비록 이 방법이 장기적으로는 오히려 경쟁력 복원에 장애가 되었지만-위험부담을 감소시키고 이윤을 확보하고 있었다.

영국의 상황에서 가장 경이로운 사실은 국제금융 및 운송으로부터의 소 득이 늘어났고 이로 인해 판매에 있어서의 상대적 하락이 은폐되었다는 점 이다. 영국은 선발 산업화의 특혜를 거두어들이고 있었던 셈이다. 섬유와 철강에서 벌어들인 돈이 세계의 은행이 되는데 필요한 자본을 형성해 주었 고, 이러한 국제금융은 그 자체가 하나의 산업부문이 된 것이다. 금융업은 국내산업에 대한 긴밀한 연계를 지니고 있지 않았으므로 국제분업과 특화 의 심화를 받아들일 수 있었고-혹은 환영했고-상품과 자본의 흐름을 위 해 개방된 국제경제를 유지하기 위해서는 어떤 수단에도 찬성하였다. 따라 서 금융업자들과 무역업자들은 보호주의에 대항하는 로비를 이끌게 되었 다. 이들에 동조한 것은 원료비 절감을 원했던 완제품 생산업자들과 철강

---

8) 다음을 참조하라. Landes, *Unbound Prometheus*; Rostow, *British Economy in the 19th Century*; Saul, *Myth of the Great Depression*; Hobsbawm, *Industry and Empire*; Benjamin Brown, *The Tariff Reform Movement in Great Britain, 1881~1895*, New York: Columbia University Press, 1943; J. H. Clapham, *An Economic History of Modern Britain*, Cambridge: Cambridge University Press, 1958; P. J. Perry(ed.), *British Agriculture, 1875~1914*, London: Methuen, 1973; Leland Hamilton, Jenks, *The Migration of British Capital*, New York: Knopf, 1927; S. B. Saul, *Studies in British Overseas Trade, 1870~1914*, Liverpool: Liverpool University Press, 1960.

수요자들이었고 또 영국이 세계시장에서 계속 우위를 점하고 있었던 여러 가지 특화품의 제조업자들이었다.

농업에 있어서도 유사한 대결이 벌어졌다. 영국의 곡물재배가 이미 비경쟁적이 되었으므로, 1873년 이후의 자유무역이란 곧 국내 곡물생산을 더 감축하고 유제품이나 육류, 과실 및 야채 등과 같은 고품질 식품의 생산을 확대하는 것을 의미하였다. 저가의 수입곡물은 우선 우유와 육류 등을 산출하는 가축의 사료로서의 투입요소가 될 뿐 아니라, 소비자들에게 저가의 식품을 제공함으로써 남겨진 수입으로 고품질 식료품에 대한 수요를 증대시킨다는 차원에서 요구되고 있었다. 또 근대화된 농업부문은 공업의 성장으로부터 큰 혜택을 거두게 된다. 왜냐하면 거센크론이 덴마크식 모델(Danish model)이라고 명명했듯이[9] 소비자의 소득이 오르면 고품질 식품의 비중도 증가하기 때문이다.

역으로 보호주의 정책은 이같은 특화와 근대화를 가로막거나 지연시켰을 것이다. 곡물수입에 대한 관세는 기존 작물들의 국내생산을 보조할 것이고 전통적 경작방식이 지속되도록 할 것이다. 따라서 보호주의는 보다 많은 농업인구를 보존시킬 것이고, 영국의 식량 자급자족을 유지시켰을 것이다.

영국의 경우 양쪽 입장 모두에 주창자들이 있었다. 우선 지주들, 특히 곡물가의 급락으로 피해를 보던 지주들은 보호주의를 추진하였다. 그러나 보호주의에 대한 영국 농민들의 지지도는 독일이나 프랑스에 비할 때 훨씬 약했다. 왜 특히 영국의 토지소유 귀족들이 보호주의를 추구함에 있어 융커들이나 프랑스 지주계급만큼 필사적이지 않았을까? 영국의 귀족들이란 어쨌든 정치체제내에서 특권적 지위를 지니고 있었고, 의회와 지방정부에서 상당히 과잉대표(overrepresentation)되고 있었으며, 부와 특권을 누리고 있었다. 그런데도 어째서 이런 결과가 나왔을까? 이에 대한 해답은 바로 영국 산업발전의 선진적 수준이 이미 농업에 결부된 동기 구조(incentive structure)를 바꾸어 놓았다는 데 있다. 즉 많은 토지가 이미 도시시장을 향한 고가품의 생산으로 전환되었던 것이다. 또 비록 토지소유가 집중되어 있었으나 융커 농장의 소작제와는 뚜렷이 구별되는 방식으로 토지들이 임

---

9) Gerschenkron, *Bread and Democracy*.

174

대되고 있었고, 축산과 기계화 영농에 요구되는 고도의 기술을 갖춘 농민들에게 주로 임대되고 있었다.10)

영국의 공업발전은 또다른 방식으로 영국 귀족들이 1873년 이후의 상황을 평가하는 데 영향을 미쳤다. 영국 귀족들은 융커들보다 공업발전에 훨씬 깊이 개입하고 있었으므로 농업의 쇠퇴가 이들의 생계를 그렇게 심각히 위협하지는 않았던 것이다. 영국 귀족들은 수세대 동안 광업과 제조업과 무역에 투자해왔고, 도시의 성장 역시 이들 소유의 토지 위에 건설되었으며 광물들도 이들의 토지 밑에서 발견되었다. 또 이들의 아들, 딸들은 당시 성장하고 있던 자본가들과 통혼하고 있어서 이 집단들 간의 경계는 사실상 흐려져 있었다. 최소한 상당수의 영국 귀족들은 다양한 소득원을 지니고 있었고 새로운 산업질서에 대해 강력한 유대감을 지니고 있었던 것이다.11)

이와 같이 토지 이익 내부의 다양성으로 인해, 1832년의 개혁법안으로부터 곡물법의 폐지, 그리고 1870년대 재개된 정책논쟁에 이르기까지 산업화 이슈에 대한 정책선호상 분리된 입장의 기반이 마련되었다. 영국 토지귀족의 상당 부분에 있어서는, 선진화되고 자유무역 지향적인 공업의 이익과 근대화된 농업의 이익이 수렴되었던 것이다. 자유무역을 통한 특화가 공업에 좋은 것과 마찬가지로 이는 특화된 농업에도 좋은 것이며, 공산품의 소비자로서 농민의 입장에서는 공산품의 자유무역이 가격을 하락시켜 주기 때문에 역시 좋은 것으로 간주되었던 것이다.12)

---

10) Chambers & Mingay, *Agricultural Revolution*; C. S. Orwin and E. H. Whetham, *A History of British Agriculture, 1864~1914,* Hamden, Conn.: Archon, 1964를 참조하라. 흥미롭게도 당시 영국에 관한 논의들은 왜 1970년대에 보호주의로의 복귀가 일어나지 않았는가 하는 문제보다는 농업이 근대화에 실패했었는가의 여부와 그 원인에 집중되어 있다. 한 원인으로 지적되고 있는 것은 독일의 경우와 동일하다. 즉 토지소유의 집중화로 인해 근대화를 이루는 데 필요한 중간계층이 너무 적었다는 점이다.

11) F. M. L. Thompson, *English Landed Society in the 19th Century,* London: Routledge & Kegan Paul, 1963; Barrington Moore, Jr., *Social Origins of Dictatorship and Democracy,* Boston: Beacon, 1966을 참조..

12) Paul Smith, *Disraelian Conservatism and Social Reform,* London: Routledge & Kegan Paul, 1967; Robert Blake, *Disraeli,* New York: St. Martin's, 1966을 참조하라. 벤자민 브라운(Benjamin Brown)은 다음과 같이 말한 바 있다: "제국주의 운동으로서의 공정무역연맹에 대해서는 의심스러운 바가 있었다. 즉 이 연맹

　1870년대 노동계는 자유무역을 강력히 지지하고 있었다. 1840년대에 이미 반곡물법 운동가들은 소비자 물가, 특히 식료비를 낮추기 위해 노동계가 자유무역을 지지해야 한다고 주장했었다. 그러나 당시 노동계는 이에 대해 회의적이었다. 관세란 것은 중산층의 관심사항일 뿐이며, 오히려 차티스트 운동의 보다 광범위한 정치적 요구를 흐려지게 할 것이라고 간주했기 때문이다. 또 자유주의 경제정책이 일자리를 위협할 것이라는 우려도 있었다.

　영국 노동계가 자유무역을 받아들이게 된것은 1850년대와 60년대의 번영을 경험하고 난 뒤의 일이다. 자유당과 보수당이 정권을 획득하기 위해 대중의 지지를 얻으려 총력을 경주함에 따라 자유당의 입장이 점차 노동집단들간에서 우세하게 되었다. 일터에서의 값싼 식량이 노동 대중의 이익을 증진시킨다는 구호가 곧 영국 노동의 정치경제학 원리가 되었고, 이들이 자유당 소속 기업들의 일부와 연합을 이루는 근거가 되었다. 반면 조셉 챔벌린은 토리당을 통하여 교회와 왕실과 제국특혜제에 기반한 대안적 연합을 시도하였다. 그의 시도는 제철부문의 노동에 대해 어느 정도 성공을 거두기도 하였으나, 대체로 대부분의 영국 노동과 스코틀랜드 및 웨일즈 지역에서 실패하였다.

　이렇게 볼 때, 우리는 영국의 생산구조 형태에 있어 상당히 광범위한 세력들이 자유무역의 유지를 지지했음을 알 수 있다. 공산품과 농산품의 관세에 대한 각 집단들의 정책선호에 따라 이들을 분류하면 <표 2>와 같은 결과가 나온다. 한 집단이 원점으로부터 멀리 있을수록 이들의 정책선호는 보다 강력하며, 가까울수록 불명확하다. 대부분의 집단들이 실제 정책결과를 나타내는 사각형 안―즉 농산품에 대한 저관세와 공산품에 대한 저관세

___

은 보호주의라는 자신들의 배가 항구까지 도달할 가망이 없었기 때문에 제국이라는 우수한 배에 단지 무임승차하고 있는것이 아니냐는 의혹을 결코 불식시키지 못하였다"(*Tariff Reform Movement*, p.89). 후에 그는 이 점을 부연설명하였다. "사람들은 통상 생계를 확보하기 위해 보호주의자가 된다. 그러나 종종 보호주의자가 되는 이유가 단지 자신이 보수당이기 때문에 자유당을 저격할 탄환이 필요해서 일 수도 있고, 또는 제국에 대한 신뢰 때문일 수도 있으며, 간혹 자신의 선조들에 대한 존경이나 단지 영국교회의 일원이기 때문에 보호주의자가 되는 수도 있다"(p.102).

<표 2> 1873년 이후 영국에서의 관세에 대한 정책선호

		농업관세	
		고관세	저관세
공업관세	고관세		철강 제조업
	저관세	곡물공업	대부분의 농업, 고품질 농업, 완제품 제조업, 금융 및 운송업

-에 모여 있음을 알 수 있다.

19세기 말 영국의 저관세 정책에 대한 우리의 두 번째 설명은 정당과 이익집단의 분석을 요한다. 이 기간 중 이런 조직들은 대폭 증가되었다. 19세기 중반만 해도 유럽의 정치는 느슨한 조직의 정당들과 사교모임 같은 기업 단체들, 그리고 동료애로 모인 노동조합들을 중심으로 움직여졌다. 많은 부분들에 있어서 조직들은 거의 존재하지도 않아서, 예컨대 맑스는 프랑스 농민들을 부대 속의 감자들이라고 묘사하기도 했던 것이다. 그러나 19세기의 마지막 30여 년 동안에는 부분적으로 위기에 대한 반작용으로 말미암아 여러 조직들이 폭발적으로 성장했고 또 제도화되었다. 또다른 원인으로 대중사회(mass society)의 성장, 선거권의 확대, 도시와 공장 및 대규모 경제단위의 성장과 같은 요인들이 작용하였을 것이다. 이렇게 다양한 요인들에 의해 조직화에 대한 강력한 동기가 부여되었던 것이며, 특히 관세에 대한 정부정책을 바꾸기 위해서는 수많은 수준에서 지지를 동원하고 권력 중심부에서 대표권을 획득할 수 있는 능력이 요구되었던 것이다.

대부분의 나라에서 이러한 현상은 위기기간 중 발생하였다. 각 조직들이 대부분 새로운 조직들이고 또 빠르게 변하고 있었으므로 당시의 정치적 논쟁에 대한 이들 고유의 영향을 따로 분리시키기는 쉽지 않다. 그러나 영국의 경우, 정당은 이미 조직적·실질적 내용 양자를 갖추고 있었다. 이들은 또 관세정책의 논의에 영향을 미치는 방식으로 지도부의 엘리트들과 대중을 연결시킬 수 있는 전략들을 개발해 놓고 있었다. 즉 19세기 중반의 여러 정책논쟁을 통하여 자유당은 정치개혁(점진적 민주화)과 종교적 자유 및 자유무역정책의 혼합에 기반한 새 연합을 구축하였다. 이 연합은 수출과 무역을 열성적으로 지지하던 중부지역의 산업자본가들과 런던의 금융가와 운송업자, 그리고 새로 부상하던 노동을 연결하고 있었다.

19세기 말에 관세에 대한 논쟁이 재연되자 자유당은 1844년에 채택되었던 정책을 고수하기 위한 싸움을 이끌게 되었다. 선거의 경쟁에 있어서 이들은 자유무역에 대한 대중적 지지를 유지하기 위해 국내경제에서의 자유방임주의(laissez-faire)와 복지정책 간의 타협을 추구하였다. 보수당조차 자유무역을 완전히 받아들인 적이 없었다. 조셉 챔벌린은 비스마르크와 유사한 연합, 즉 외국과의 경쟁으로 피해를 입은 산업자본과 농민 및 노동의 연합을 조직화하려 시도하였다. 그러나 디즈레일리의 방책, 즉 개혁법안들을 통한 점진적 민주화와 선거권 확대 및 교회의 위상 제고, 제국의 확장, 그리고 경제적 변화로 야기된 피해자들에 대한 사회적 책임의(최소한 구두상의) 수용을 통한 모든 사회계급의 단합이란 방책이 채택되었다.13)

독일과의 대비는 매우 뚜렷하다. 영국에는 잘 발전되고 폭넓은 사회연합의 구축을 위한 전략까지 지니고 있는 두 정당이 있었고, 이 둘 모두는 입헌주의적, 민주적 왕정을 지지하고 있었으며 동시에 자유무역을 수호했다. 앞으로 논의하겠지만, 독일에는 이같은 정당이 없었다. 독일의 정치는 집단들에 의해 중재되지 않은 사회적 범주들 간의 직접적 투쟁에 보다 가까웠고, 따라서 이 투쟁에 있어서는 특히 비스마르크와 같은 개인이 권력의 매개자로서 중대한 역할을 수행할 수 있었다.

사회행위자들과 중간집단들은 국가를 통해서만 활동할 수 있다. 따라서 우리의 세 번째 해석은 '제도(institution)'에 대한 것이다. 청교도혁명중에 궁정 관료제가 붕괴된 이래14) 영국의 국가는 궁정내의 소수가 지닌 견해를 사회에 강요할 수 있는 능력을 상실하고 있었다. 따라서 국가의 정책은 사회내에서의 변화를 따라가고 있었다. 물론 대중이 아니라 귀족 및 이들과의 제휴세력들이 정책을 만들고는 있었지만, 프러시아나 일본과는 달리 영국은 입헌주의적이고 비관료주의적인 체제를 지니고 있었던 것이다. 또 군대나 기타 폭력수단들은 상대적으로 미발전된 상태에 있었다.

따라서 18세기와 19세기에 공업의 이익들이 급속히 성장하게 되자 영국의 국가로서는 이에 적응하고 변화하는 정책 외에는 다른 방법이 별로 없

---

13) P. F. Clarke, *Lancashire and the New Liberalism,* Cambridge: Cambridge University Press, 1971; Smith, *Disraelian Conservatism*; Blake, *Disraeli*.

14) Christopher Hill, *Puritanism and Revolution,* London: Secker & Warburg, 1958.

었다. 귀족들 역시 비록 특권을 쥐고는 있었으나 국민 전체에게 자신들이
원하는 바를 일방적으로 강요할 수는 없었고, 또 보다 중요하게 그들 자신
도 이를 원치 않은 것으로 보인다. 사회적 요구가 개혁과 자유무역을 원하
게 되자 국가는 이러한 변화를 그대로 표출했던 것이다. 따라서 관세논쟁
에 있어 영국 국가의 특기할 점은 사회의 영향력에 대한 상대적으로 높은
침투성이라 하겠다.

1873년 이후 자유무역정책의 지속에 대한 또 하나의 설명은 경제 이데
올로기, 즉 영국 정치문화내에서 자유무역의 개념이 지니는 힘을 대상으로
한다. 최초의 공업국으로서 영국은 비교우위란 개념을 발전시켰다. 영국의
이론가들은 국제분업구조에서 영국의 상황을 정당화해 주었고, 또 영국의
번영은 이들의 원리에 대해 신빙성을 부여해 주었다. 따라서 이같은 개념
이 널리 받아들여지고 있었음은 별로 놀라운 일이 아니다. 사실 영국의 예
는 너무나 강력한 것이어서 찰스 킨들버거가 지적했듯이 영국만큼 그 혜택
이 명확하고 직접적이지 않은 나라들조차 이 원리를 따르고 있었던 것이
다.15)

1873년 이후 경제적 조건이 변화했을 때에도 상황 자체가 명확하게 파
악되지는 않았다. 당시 사람들은 세계 산업 발전사에 있어서 자신들이 전
환기에 이르렀는지 여부를 알지 못했고, 이처럼 불명확한 상황에서는 통상
사람들의 사고와 행태를 결정하는 데 있어서 이데올로기가 크게 작용한다.
그들을 세계의 지배적 경제로 만들어 준 경제정책으로 무장하고 있었던 당
시 영국인들이 왜 이를 바꾸겠는가? 이익집단과 각종 제품의 생산자들로부
터 정치인과 관료들에 이르기까지 영국의 사회집단들은 당시 영국의 대응
책을 과거의 정책과 유사한 논리로만 분석하였고, 따라서 이들은 경쟁의
심각성을 무시하고 있었고 또 근대화를 위해 시장을 안정화시키는 데 관세
가 효과적일 수 있다는 측면을 아예 간과하고 있었다.

이렇게 해서 자유무역을 합리적으로 만들었던 조건들이 사라지고 난 후
에도 자유무역은 지속되었고, 지금도 마찬가지지만 경제이론이 자유무역
을 계속 최적으로 간주함에 따라 이러한 상황을 부채질하고 있었던 것이
다.16)

---

15) Kindleberger, "Rise of Free Trade."

마지막 설명은 국제 국가체계로부터 도출된다. 자유무역은 국제분업에 있어서의 특화를 수반하며, 상대적으로 허약한 산업부문들의 자원을 비교우위가 있는 산업들로 이전시킬 수밖에 없도록 만든다. 이같은 특화는 곧 필요한 상품에 대한 외국에의 의존, 그리고 국내 생산품의 외국시장에의 의존을 의미한다. 이러한 의존은 다시—특히 식량에 대한—안보의 문제를 수반한다. 오직 안보가 확보된 나라나, 혹은 완전히 취약한 나라(예컨대 덴마크)만이 특화할 수 있고 따라서 자유무역을 받아들일 수 있는 것이다. 당시 영국은 그 해군력에 의해 안보를 확보하고 있었다. 뿐만 아니라 영국 해군은 무역의 안정성을 확보해 주고 있었고, 해외로부터 식량의 공급을 보장해 주고 있었으며, 또 시장과 자본의 흐름과 부채의 지불에 있어 질서를 유지시켜 주고 있었다. 자유무역과 영국 해군은 서로를 강화시켜 주는 관계에 있었던 것이다.[17]

이렇게 영국은 자유무역정책을 고수하였다. 이것이 과연 영국에게 최선이었는가는 명확치 않다. 돌이켜 보면 이 시기에 지금까지 계속되고 있는 영국 국내생산의 피곤한 쇠락이 시작되었던 것이다. 이 첫 번째 경제위기 동안 특정 경제정책에 대한 결정이 바로 정치에 의해 만들어졌던 것이다. 지금까지 살펴본 다섯 가지 해석은 각각 이를 설명하고 있다. 그러나 영국의 사례 하나로는 한 해석을 다른 것과 구분하기 어려우며 따라서 다른 나라와의 비교가 요구된다.

---

16) Robert Gilpin, *U. S. Power and the Multinational Corporation*, New York: Basic, 1975. 영국의 철강산업에 대해서는 Steven Webb, "Tariff Protection for the Iron Industry, Cotton Textiles and Agriculture in Germany, 1879~1914," *Jahrbucher für Nationalökonomie und Statistik 192*, nos.3-4, 1977, pp.336-357; "Tariffs, cartels, Technology and Growth in the German Steel Industry, 1879 to 1914," *Journal of Economic History 40*, March 1980, pp.309-329; "Cartels and Business Cycles in Germany, 1800 to 1914," *Zeitschrift für die gesamte Staatswissenchaft 138*, Jume 1982, pp.205-224; Robert McCloskey, *Economic Maturity and Entrepreneurial Decline: British Iron and Steel, 1870~1913*, Harvard Economic Series vol.142, Cambridge: Harvard University Press, 1973을 참조.

17) Paul Kennedy, *The Rise of the Anglo-German Antagonism, 1860~1914*, London: Allen & Unwin, 1980.

2. 독일

독일은 1873년에 시작된 경제상황의 악화에 대해 관세로 대응한 최초의 나라였다. 철과 보리의 연합, 비스마르크의 역할, 독일국가에서 융커들의 특권적 지위, 민족주의적 이데올로기의 우세, 그리고 독일 군국주의의 부상 등의 제요소가 독일의 이러한 역사 속에서 두드러진다. 따라서 이들 간의 관계를 탐구하는 데 독일은 대단히 쓸모있는 사례라 하겠다.

독일의 관세정책을 사회 행위자와 이익집단의 관점에서 설명하려면 먼저 당시 독일의 생산구조 형태를 알아야 한다. 거쉔크론으로부터 도출된 단순한 독일사회의 모델은 네 개의 주요집단을 구분하고 있다. 첫째는 농업부문으로 융커, 혹은 대농장 소유 귀족과 소작농 및 소규모 자영농으로 구성되어 있었고, 둘째는 제조업부문으로 이는 대체로 내수시장 지향적인 중공업과 완제품 및 수출 지향적인 생산업자로 양분되어 있었으며, 셋째는 노동으로 대기업의 조직화된 노동과 비조직화된 개별 노동자들로 구성되어 있었다. 마지막으로 점원, 장인, 운송업자, 금융업자, 기타 전문직 종사자 등의 여러 계층들이 혼재해 있는 집단이 있었다. 이 네 집단은 각각 1873년 이후의 새로운 경제상황에 대해 특정한 이해를 지니고 있었다.

농업에 있어서 핵심적 의문은 바로 왜 프러시아의 융커들은 덴마크와 영국의 지주들이 받아들인 근대화란 해결책에 대해 그렇게도 강력하게 저항했는가 하는 것이다. 고품질의 농산물은 높은 수준의 노동에 의해 가장 효율적으로 생산되었다. 예컨대 자영농이나 장기 임차농들에 의해 운영되는 소규모 단위가 인근 도시시장을 위한 육류와 유제품 및 과실의 생산에 필요한 숙련 영농을 제공하는 데 최적이었으며, 농노 혹은 소작농과 같이 농토가 없는 농업노동은 이런 농산품을 생산하는 데 가장 부적합하였던 것이다. 역으로, 곡물이나 면화 및 기타 기초 농산품은 대규모 농장에서 효과적으로 생산될 수 있었다(이는 모든 지역에서 언제나 통용될 수 있는 일반론이 아니며 단지 당시 상황에 한정된 것임을 강조한다). 이외는 대조적으로 미국의 경우 육류는 대규모 방목장에서 고용노동에 의해 생산되었고 곡물은(기계화에 필요한 충분한 자본에 의해) 가족농업에 의해 효율적으로 생산될 수 있었다. 그러나 19세기 말 유럽에 있어서 고품질 식품의 생산으로 전환하게 되는 것은, 자율적인 농업 '경영자'가 토지를 소유 혹은 임차하고 생산의 조직화에 중요한 역할을 담당하는 일종의 분산된 생산구조와 연관되어 있는 것으로 보인다.

이러한 조직 형태상의 차이는 농업 근대화의 정치에 상당한 의미를 지니고 있었다. 즉 소규모 생산단위가 이미 지배적인 경우 근대화는 보다 용이하게 진행되었다. 반면 낮은 수준의 고용노동에 의해 운영되던 농업의 경우 근대화는 훨씬 어려웠다. 장비와 교육에 엄청난 투자가 요구되었을 뿐 아니라 농촌지역의 사회적·경제적 질서가 광범위하게 재조직화되어야 했기 때문이다.

이 시대 농업 근대화에 있어서 소규모 영농이 지닌 장점은 덴마크의 예에서 명확히 나타난다. 1873년의 위기가 시작되었을 때 당시 덴마크의 사회경제적 조직은 새로운 형태의 특화에 적합한 상태였다. 서유럽의 대부분과 마찬가지로 덴마크는 엘베 강 동쪽의 프러시아와는 상당히 다르게 발전해 왔다.[18] 소규모 자영농과 가족 농업, 그리고 경영권을 지닌 소작농들이 경제적으로 중요한 존재로 남아 있었고, 또 민주화가 진행되면서 이들은 정치적으로도 중요하게 되었던 것이다. 따라서 낙농 및 축산 중심으로의 대전환이 대규모 사회적 재조직화 없이도 이루어질 수 있었다. 물론 근대화는 위험을 수반하며, 비록 덴마크의 농업 구조 때문에 토지 소유자들이 이같은 변화에 보다 수용적이긴 했지만 그렇다고 이들이 완전히 자발적인 것만은 아니었다. 그 비용은 어느 정도 사회 전체가 감당해야 했으며, 따라서 덴마크 정부는 농민들에게 영농자금을 대출하고 교육과 기술을 제공하고 또 협동조합을 후원해 주는 등의 도움을 주었던 것이다.[19]

엘베 강 동쪽 독일의 상황은 전혀 달랐다.[20] 그렇다고 융커들이 국제시

---

18) Gerschenkron, *Bread and Democracy*.

19) Einar Jensen, *Danish Agriculture: Its Economic Development,* Copenhagen: Schultz, 1937.

20) 독일 농업에 대해 다음을 참조. Gordon Craig, *Germany, 1866~1945,* Oxford: Clarendon, 1978; Gerschenkron, *Bread and Democracy,* passim; Ivo Lambi, *Free Trade and Protection in Germany, 1868~1896,* Weibaden: Steiner, 1963; Hans-Jürgen Puhle, *Politische Agrarbewegungen in kapitalistischen industriegesellschaften: Deutschland, USA und Frankreich im 20. Jarhrhundert,* Gottingen: Vandenhoeck & Ruprecht, 1975; J. Aldon Nichols, *Germany after Bismarck: The Caprivi Era,*

장에 대한 경험이 별로 없었다는 것은 아니며, 오히려 이들은 15세기 이래 유럽경제에 통합되어 왔다(사실 서유럽에서 농노제가 무너지고 있는데도 불구하고 이곳에서는 다시 대두된 근본 원인이 바로 이같은 통합에 있다고 많은 사가(史家)들은 보고 있다). 독일을 덴마크와 다르게 만든 것은 바로 국제시장 지향적 동프러시아 시장경제의 성격, 즉 대규모 농장에서 예속적 노동에 의해 운영되는 노동집약적 곡물재배라는 성격이었다. 이러한 성격은 19세기 말 극적으로 전개된 경제상황에 썩 어울리지 않는 것이었다.

융커들이 변화하는 것 자체가 불가능했던 것은 아니다. 척박한 토양과 음습한 기후가 물론 장애는 되었겠으나 폴란드의 햄이 그러했듯이 분명 이 지역 산물도 세계 어디선가는 시장을 발견할 수 있었을 것이다. 그러나 그 같은 산물은 결코 동일한 조직 형태와 동일한 이윤율로 똑같은 규모의 인구를 먹여살릴 수 없었을 것이다. 따라서 사회적 차원과 인프라 및 금융구조 모두에 있어서 근본적인 재조직화가 동시에 이루어져야 했을 것이다. 고품질의 농산품이 대가족 단위가 경영하는 소규모 독립적 단위에 의해 생산되던 덴마크식 모델은 라티푼디아식의 사회조직과는 충돌할 수밖에 없었다. 문제는 대규모 토지 소유자들에게 있었던 것이 아니다. 예컨대 영국의 경우 소수의 귀족들이 대토지를 집중적으로 소유하고는 있었지만 이들은 수많은 자유농들에게 자신의 토지를 장기 임대의 형식으로 나누어 주고 있었다. 이 점에 있어서 영국의 농촌은 덴마크와 유사했으며, 따라서 새로운 형태의 특화로 전환할 수 있었다.

미국의 미시시피 유역은 당시의 또다른 효율적 농업 모델을 제시한다. 광대한 토지 위의 자본집약적인 가족 규모 곡물농업과 소수의 카우보이들에 의해 감독되는 방목적 축우가 그것이다. 또 구(舊)북서부(일리노이주의 동쪽)로부터 북동부의 전통적 농업지대에 이르는 지역은 덴마크식 모델에 따라 곡물을 원료로 고품질 식품을 생산하여 북동부 도시시장에 판매하였다. 그러나 이러한 미국식 모델 역시 독일에 적용되기 위해서는 융커제의

Cambridge: Harvard University Press, 1958; Sarah Tirrell, *German Agrarian Politics after Bismarck's Fall, Studies in the Social Science 566,* New York: Columbia University Press, 1951. 코포라티즘적 주장과 농민 조직에 대해서는 Suzanne Berger, *Peasants against Politics,* Cambridge: Harvard University Press, 1972를 참조.

대규모 재조직화, 영농방식의 변화, 노동력의 규모와 성격의 변화, 인프라 건설, 농업 기계화, 정보와 판매망과 재정의 조직화와 같은 엄청난 변화가 필요했을 것이며, 아니면 방목장을 만들기 위해 주민 대부분을 쫓아내야 했을 것이다.

이같은 '대안'들은 너무나 비현실적이었으므로 융커들은 보호주의를 위해 강력히 투쟁하였던 것이다. 관세는 그들이 극적으로 변화할 필요가 없게 해 줄 것이며, 수입품의 홍수를 가로막는 고관세의 장벽 뒤에서 이전과 같은 삶이 영유될 수 있을 것이었다. 융커들은 계속 저품질의 곡물을 비롯한 농산품을 생산하여 제국내—대규모 인구를 지니고 있고 계속 인구가 증가하며 또 급속히 번영하고 있는—에 팔 수 있을 것이고, 수입품이 들어오지 못하는 한 독일시장은 융커들의 생산량을 모두 소화할 수 있을 정도로 충분하였다. 이렇게 관세장벽만 있으면 국제분업의 새로운 조건들에 대한 재조정은 보다 점진적이거나, 혹은 아예 필요치 않을 수도 있었던 것이다.

물론 보호주의적 대안에도 비용은 수반되었다. 독일 소비자들이 높은 가격을 지불해야 했던 것이다. 곡물 및 이를 투입요소로 하는 제품에 대해 직접적으로 높은 가격을 지불해야 했고, 공산품에 대한 수요의 상실과 비효율적 농업이 점유하는 자원 때문에 경제전반에 스며드는 높은 가격이라는 차원에서 간접적으로 높은 가격을 지불해야 했다. 이러한 비용이 독일사회의 다른 집단들의 정책선호에 어떻게 영향을 미쳤는가에 대해서는 뒤에서 논의하겠다. 여기서의 논지는 국내에서의 보호주의의 비용이 융커들에게 부담되지 않았다는 점이다. 장기적이고 넓은 시각에서 볼 때 재조정이 합리적이었을지 모르나 실제 상황에서는 가장 바람직하지 않은 대안이었던 것이다.

융커들이야말로 가장 열렬한 보호주의 주창자들이었지만 그렇다고 이들이 독일농업의 전부는 아니었다. 1871년 구축된 제국의 서부 및 남부의 농촌은 프랑스나 영국, 덴마크 혹은 저지대국가들과 유사했다. 이 지역들은 대지주와 자영농, 농업노동, 농지 임차인, 도시와 읍, 구중산층과 신중산층, 최신 설비의 대규모 공장과 전통적 장인 등이 모두 있는, 다시 말해 엄청나게 다양하고 복잡해져가고 있는 사회에 구시대와 신시대가 공존하며 살아가는 상황에 있었다. 서부 농민들에게 있어서 막스 베버가 말하는 '삶의 기회(life chances)'는 동부 농민과는 상당히 달랐다. 이들 중 일부는 다양한 규모의 토지를 소유한 지주가 되기도 하였고, 임차농이 되기도 하였으며 또는 토지 없는 농업노동자가 되기도 하였다. 농민들은 흥할 수도 있었고 망할 수도 있었다. 이들은 능력이나 운, 결혼 등을 통해 더 많은 농토를 획득할 수 있었고 시장에서의 이윤을 바라보며 토지를 소유 혹은 임대하였으며 혹은 끝없는 상속으로 인해 농토가 분할되어 간신히 생계를 이어갈 수 있을 정도의 소규모 영농의 신세로 하락하기도 하였다.

따라서 독일 서부와 남부의 농민들은 1873년 이후의 국제 경제조건과의 관계에서 융커들과는 상당히 다른 위치에 있었다. 구조적으로 이들은 덴마크 농민들과 유사했으므로 국제분업에서의 심도있는 특화를 통한 근대화라는 덴마크식 위기 대응책이 보다 가능했던 것이다. 이 경우 곡물은 근대화하는 농민에게 투입요소가 될 것이며 따라서 이 농민들은 수입곡물에 대한 관세에 반대할 것이다.

거쉔크론은 서부와 남부의 소규모 자영농들이 자유무역 연합의 '당연한' 구성원이라고 상정하였으나 독일 농업전체는 보호주의를 지지했다고 관찰한 바 있다. 따라서 그는 융커라는 농업의 일개 부문의 관점이 소규모 자영농의 관점을 압도하였다고 상정한 것이다. 이같은 현상을 설명할 필요에서 거쉔크론은 정치적 기술과 이데올로기 및 조직사회학적 측면을 고려하였다. 즉 융커들에게는 정치적 활동을 할 수 있는 시간과 자원이 풍부하였고, 이들은 농업단체들을 조종할 수 있었으며 또 이들이 불러일으킬 수 있었던 농촌의 독자성과 독일의 자급자족이란 이데올로기 때문에 소규모 자영농들이 융커의 지휘를 받아들이게 되었다는 것이다.

최근의 연구들은 이 분석에 대해 몇 가지 중요한 점에서 반론을 제기하고 있다. 소규모 자영농이 곡물에 대한 관세를 받아들인 것이 당시 상황에 있어서 자신들의 이해를 잘못 이해한 결과가 아니라, 불확실성과 치열한 경쟁 및 경제적 고통의 압력에 대한 나름대로 분별있는 대응이었다는 것이다. 덴마크 농민들은 시장이 요구했기 때문에만 근대화를 한 것이 아니며 덴마크 정부가 이에 대한 동기를 부여했기 때문에 근대화에 참여했다. 이러한 도움이 결여된 상태에서 독일농민들이 다른 형태 농업으로의 전화에 수반된 위험을 감수해야 했는지는 의문스럽다. 이렇게 볼 때 융커의 보호

주의에 대한 소규모 자영농들의 지지는 단순히 정치적·문화적 강제의 경우라고만 보기는 어려운 것이다.[21]

그렇다면 서부와 남부의 소규모 자영농들의 상황에 대한 우리의 결론은 기껏해야 불명확했다고 말할 수 있을 것이다. 보호주의 이외의 대안이 분명 큰 손해였던 융커들과는 대조적으로 이들은 정치와 시장이 제공하는 동기를 기반으로 선택할 수 있었다. 이들은 적절한 도움이 제공될 경우 특화를 지향할 수도 있었고 혹은 융커들이 그렇게도 열렬히 바라던 관세장벽 뒤에 피해서 이전과 같이 곡물생산을 계속할 수도 있었던 것이다.

지금까지 우리는 국제경제의 위기가 농업 생산자들의 농산품에 대한 태도에 미치는 영향을 분석하였다. 그러나 이것만으로는 충분치 않다. 왜냐하면 농촌의 상황은 공업에서의 상황 전개에 의해 크게 영향받기 때문이다. 농업은 공산품의 소비자이자 동시에 공업 생산자에 대한 판매자이기도 하다. 지주이건 소규모 자영농이건 혹은 농업 노동자이건 간에 이들은 모두 못과 냄비와 농기계를 사며, 또 제조업에 사용되는 다양한 원자재와 식품을 공업 생산자에게 파는 것이다.

이러한 의미에서 도시와 농촌은 끝없는 갈등관계에 있다. 도시는 값싼 식품과 원자재를 원하고, 반면 자신의 공산품에 대해서는 높은 가격을 원한다. 고용주와 노동자 모두는 식품의 가격을 낮추기 위해 단결한다. 노동자의 경우 그들이 소비자의 대부분을 차지하기 때문에, 그리고 고용주의 경우 임금인상의 압력을 피하고 공산품에 대한 수요를 자극하기 위해 그렇게 한다. 역으로 농업 생산자들은 소비자의 부담이 어떻든 자신들의 생산품을 가능한 최고의 가격으로 팔기를 원하며, 또 생산자의 부담이 어떻든 공산품을 가능한 최저의 가격으로 사기를 원한다. 그 결과의 하나는 관세에 대한 이들 간의 입장이 명확히 나뉜다는 점이다. 농민은 농업에 대해서는 고관세를, 그리고 공업에 대해서는 저관세를 원하며, 제조업자들은 그 역을 원한다.[22]

1873년의 경기주기상 하강국면이 광범위한 위기로 치닫게 되면서 독일

---

21) Robert G. Moeller, "Peasants and Tariffs in the Kaiserreich: How Backward were the Bauern?" *Agricultural History*, vol.55, 1981, pp.370-384.

22) 특히 Gerschenkron, *Bread and Democracy*를 참조.

의 산업자본들은 분열되었다. 일부에 있어 새로운 국제분업은 곧 성장과 지배적 위치를 이룰 수 있는 기회가 되었고, 다른 일부에게 새 경제조건은 적극적 도움을 요청해야 하는 엄청난 고통이었다. 따라서 자유무역과 보호주의 간의 대결은 독일정치의 새 국면을 이루었고 정치는 물론 정책에 있어서도 중대한 재편이 일어나는 데 일조하였다.

보호주의의 가장 강력한 주창자는 섬유와 제철부문의 생산자들이었다.23) 양 부문에 있어서는 영국이 산업혁명 시작부터 줄곧 세계의 지배적 생산자였다. 따라서 독일의 산업발전은 영국이 경험한 바와는 매우 다른 환경에서 이루어졌다. 독일을 비롯한 모든 후발국가들은 보다 선진적이고 보다 효율적인 생산국의 그늘 아래서 경제성장을 해야 했다(거쉔크론은 이러한 차이를 '선발' 및 '후발' 발전이란 이분법으로 명제화한 바 있다.).

발전의 시점(timimg)은 역사적 전개과정에서의 위치에 따라 각 생산자들이 특정 정책선호를 지니게 되는 데 상당한 영향을 미친다. 기술이나 요소비용에 있어서의 우월한 지위로 인해 세계시장을 지배할 수 있는 생산자들은 자유무역 지향적일 가능성이 많으며, 보다 강력한 경쟁자의 그늘에 가리워져 있는 생산자들은 관세나 기타 다른 형태의 정부 지원을 추구할 가능성이 많다. 이같이 비교적 단순한 원리가 19세기 독일 제조업 부문들의 정책선호와 행태를 구분하는 데 상당한 도움을 준다. 예컨대 독일의 섬유와 철강 생산자들은 일관되게 보호주의적이었다. 이들에게 자유주의 원리란 것은 계속적인 영국의 시장지배를 받아들이는 것과 같았고, 관세의

---

23) 다음을 참조하라. Lambi, *Free Trade and Protectionism*; Hans-Ulrich Wehler, "Bismarck's Imperialism, 1862~1890," *Past and Present*, vol.48, 1970, pp.119-155. 이는 *Bismarck und der Imperialismus*, Cologne: Kiepenheuer & Witsch, 1969의 요약이다. Halmut Kaelble, *Industrielle Interessenpolitik in der Wilhelminischen Gesellschaft*, Berlin: de Gruyter, 1967; Helmut Böhme, "Big Business Pressure Groups and Bismarck's Turn to Protectionism, 1873~1879," *The Historical Journal*, 10, 2, 1968, pp.218-236. 이는 *Deutschlands Weg zur Grossmacht*, Cologne: Kiepenheuer & Witsch, 1966의 요약이다. David Calleo, *The German problem Reconsidered: Germany and the World Order, 1870 to Present*, New York: Cambridge University Press, 1978; Kenneth D. Barkin, *The Controversy over German Industrialization 1890~1902*, Chicago: University of Chicago Press, 1970.

보호가 없이는 이들은 영국의 그늘로부터 결코 빠져나오지 못할 것이었기 때문이다.

부분적으로, 이는 시장경제의 틀 안에서 정당한 보호의 경우가 되는 소위 유아산업론(infant industry argument)이라고 볼 수 있다. 한 산업의 경제적 발전은 자본과 지식에 있어서의 시동비용을 필요로 한다. 즉 발전의 초기에 갓태어난 산업이 생존력 있고 독립적인 성인이 될 기회를 가지기도 전에 기존 생산자들과의 경쟁으로 인해 압사당할 수도 있는 것이며, 관세는 이러한 기업들이 독자적으로 경쟁할 수 있게 될 때까지 이들을 보호한다는 점에서 정당화된다. 그러나 일단 이 유아들이 성인이 되고 난 후에는 관세의 보호는 제거될 수 있고 또 그렇게 되어야만 한다. 자유주의 경제학의 틀 안에서 표출된 이러한 발전주의적 논리는 효율성을 근거로 그 타당성이 주장되었던 것이다. 이밖에 보호주의를 정당화하는 다른 근거들도 제기되었다. 공업이 국가의 힘의 기반이라든가, 공업이 재능과 가치를 함양한다든가, 시장의 효과가 너무 많은 고난을 초래한다든가 하는 것들이 그것이다. 또 19세기에도 우리가 지금 '비교우위를 창출하기 위한'[24] 산업정책이라고 부르는 것을 주창하는 사람들—즉 시장의 힘이 '결코' 산업 근대화를 함양하는 믿을만한 도구가 될 수 없다고 믿는 사람들—이 이미 다수 존재하고 있었다.

이 모든 주장들이 독일 산업부문의 보호주의자들에 의해 제기되었다. 섬유부문에 있어서는 영국과 기타 외국 경쟁자가 상당히 강력했다는 것이 사실이다. 그러나 철강부문의 행태에 대해서는 더 논의할 필요가 있다. 이 부문에 있어서도 영국이 세계 생산을 지배해 왔음이 사실이며, 독일 철강업계는 이를 따라 잡으려 했고 따라서 보호주의를 요구하였다. 이에 따라 이들은 제조업에 있어서의 자유무역을 원하던 융커들과 대립하게 되었다. 사실 이같은 경제정책을 둘러싸고 벌어진 갈등은 19세기 중반 독일 통일에 있어 최대의 걸림돌 중의 하나였다. 따라서 1873년 이후에도 독일 철강업계가 보호주의의 지속을 원했던 것은 당시 영국 철강업계의 우월성을 감

---

24) '비교우위의 창출'에 대한 논의로 John Zysman and Laura Tyson(eds.), *American Industry in International Competition: Government Policies and Corporate Strategies*, Ithaca: Cornell University press, 1983을 참조

안할 때 쉽게 이해될 수 있는 일이라고 할 수 있다.

독일 철강업계가 세계에서 가장 효율적인 생산자로 급속히 부상하고 있었다는 이같은 논리에 문제점이 있다. 19세기의 마지막 10년간 독일은 이미 선두주자들을 따라 잡았을 뿐만 아니라 미국과 함께 이들을 추월하고 있었다. 독일과 미국은 당시 신기술에 막대한 자본을 쏟아붓고 있었고 엄청난 제철·제강 능력을 개발하고 있었다. 독일산 철강제품의 품질은 매우 높았고 가격 역시 경쟁력이 높았으며, 심지어 미국과 영국을 비롯한 세계 모든 시장을 침투하고 있었다. 그렇다면 왜 독일의 철강업계가 보호주의의 최일선에 있었을까? 왜 이들은 '철과 보리의 연합(iron-rye coalition)'에 그같이 열렬히 참여했을까?

이에 대한 해답은 제철기술에 대한 투자구조에 있을 수 있다. 제철 및 제강은 대단히 자본집약적 산업이다. 철의 대량생산기술이 수공업을 대체하게 됨에 따라 용광로 건설에 드는 자본에의 요구가 섬유업 정도는 상대가 되지 않을 정도로 급속히 증대되었고, 기술개발에 따라 자본의 필요량도 증대되었다. 따라서 제철업은 철의 주요 소비자인 철도업과 마찬가지로 거대한 자본의 소비자가 되었으며, 19세기 중반에 이르면 이제 철강 생산력에는 기술 획득 못지않게 자본의 조직화가 관건이 되었다. 사실 거센크론의 핵심적 명제 중의 하나에 따르면, 후발 공업화의 이점 중 일부는 조직 차원의 이점, 즉 섬유업에 있어서의 분산적 산업혁명이 수용하기에는 너무 강력했던 중상주의 국가가 후에 중앙의 광범위한 조정이 효과적이 되자 유용하게 되었다는 점이다.[25]

후발성은 최신 기술을 개발하는 데 있어서도 유리하다는 것이 입증되었다. 영국은 제철업에 있어서 우위를 지켜왔지만, 기술개발에 따라 점차 그 우위는 잠식되고 있었다. 영국의 자본은 이미 낙후되어 버린 기계설비에 잠겨있었던 반면, 독일과 미국의 자본은 최신 설비에 투자되고 있었기 때

---

25) 주 16에서 참조된 Webb와 McCloskey의 저술을 참조. Derek Aldcroft(ed.), "Introduction: British Industry and Foreign Competition," *British Industry and Foreign Competition*, London: Allen & Unwin, 1968, pp.11-36. 또한 흔히 낙후되고 소규모이고 자본집약성이 낮은 것으로 간주되는 경제체들의 이점에 대한 논의로 Michael Piore and Charles Sabel, *The Second Industrial Divide*, New York: Basic, 1985를 참조.

문이다. 효율성의 이점은 오직 막대한 자본의 유입에 의해서만 얻어질 수 있는 것이었다.

따라서 전 세계에 걸쳐 철강의 수요가 무한한 것으로 생각되던 1860년 대와 70년대에 막대한 금액이 제철부문에 쏟아부어지게 되었다. 그리고 나자 시장이 흔들리기 시작한 것이다. 이같이 막대한 생산능력이 새로 추가된 것과 당시의 불확실한 시장상황을 함께 고려하면, 효율적인 생산자가 보호주의를 추구하게 된 것이 어느 정도 이해됨직 하다. 막대한 투자는 장기간에 걸쳐 회수되어야 했고, 유연성이 있는 것이 아니었으며, 또 세계적 과잉생산의 압력으로 더욱 변덕스러워진 경기주기에 따라 변동될 수 없는 것이었다. 이런 규모의 투자를 위해서는 일정한 생산량이 특정 가격에 팔릴 수 있다는 보장이 있었어야 했는데, 이 보장을 얻기 위해서 카르텔 형성, 기업합병, 정부구매 및 관세 등의 다양한 방법이 존재했던 것이다. 관세장벽의 뒤라면 효율적인 생산자는 어느 정도의 장기적 예측성과 최소한 막대한 투자량을 정당화시킬 수 있을 정도의 이윤에 대한 예측을 할 수 있었을 것이다. 이렇게 국내시장이 확보되면, 생산자들은 국제시장에서의 보다 치열한 전쟁에서 경쟁할 수 있었을 것이고, 국내시장의 과점에서 얻어진 이익으로 가격 할인과 덤핑 등의 국제경쟁의 무기들을 사용할 수 있었을 것이다. 앞으로 논의하겠지만, 제철 및 제강업은 이런 이유로 세계 어느 곳에서나, 심지어 영국에서조차 보호주의 운동의 전위에 서 있었던 것이다.

제철·제강·섬유업이 독일 보호주의 운동을 이끌고는 있었지만, 그렇다고 이들이 독일 전 산업계를 대변하고 있었던 것은 아니다. 국제분업의 몇몇 분야에서 당시 독일은 기술개발과 생산의 선봉에 있었다. 특히 화학과 전기 설비에 있어서는 독일 과학계의 지원을 받고 있던 독일업계가 새로운 제품과 신공정을 개발하고 있었다. 화학염료라든가, 각종 화학물질, 그리고 기계류, 신에너지 설비, 전기 및 전기 모터 등의 분야에서 독일은 단순히 선두주자와 경쟁을 벌인 것이 아니라 이를 훨씬 추월할 수 있었다.

국제분업의 심화는 이러한 첨단분야의 기업에게는 유리하기만 할 뿐이었다. 만일 모든 나라들이 비교우위의 원리를 따르고 자유무역을 허용할 경우, 이 기업들은 전 세계를 시장으로 할 수 있고, 선두주자로서 막대한 이윤을 얻을 수 있었기 때문이다. 반대로 관세는 시장을 축소시킬 것이었

다. 만일 독일이 섬유와 철과 곡물에 대해 관세를 올린다면 다른 나라들도
유사하게 반응할 가능성이 높았다. 또 독일의 국내시장도 크기는 하지만
그래도 세계시장, 특히 다른 공업국들의 시장보다는 작았다. 따라서 독일
의 이러한 기업들은, 취약한 기업과 제품들은 정리하고 해외로부터의 수입
으로 대체하며 보다 고부가가치 부문으로 자원을 이전시킨다는 영국식 개
념이 타당하게 여겨졌던 것이다.

이렇게 자유무역의 이점을 원했던 것이 단지 화학업계와 전기업계 등의
거대기업들뿐만은 아니었다. 소비재 생산자들 대부분에게 철강은 투입요
소였고, 또 섬유와 식량은 임금노동자의 기초 소비품으로 이들의 높은 가
격은 곧 다른 소비재의 구매력을 낮추는 결과를 의미했던 것이다.

따라서 독일의 각 공업부문은 1873년 이후 출현한 새로운 국제분업에서
서로 상이한 위치에 있었다. 섬유와 같은 구산업과 철강 등의 2세대 산업
은 과잉생산과 수요의 위축이라는 심각한 문제들을 안고 있었고 가장 근대
적이고 효율적인 기업들조차 곤란한 상황에 처해 있었다. 반면 화학 및 전
기 등의 신산업과 완제품 소비재의 생산자들 역시 어려운 경제상황의 영향
을 받지 않은 것은 아니지만, 이들에게 국제무역은 실현될 수 있는 가능성
이었다. 따라서 이 두 집단은 대외경제정책의 문제에 상이한 입장을 취하
게 된 것이다.

이와 같이 경제정책에 대한 각국의 논의를 비교할 때 이 나라들 안의 경
제발전의 유형에 주목하는 것이 극히 중요하다. 선진경제를 구성하는 각
산업과 부문들 모두가 국제경제와 동일한 관계를 지니는 것은 아니다. 어
떤 산업은 국제경쟁에서 보다 우위에 있거나 열세에 있을 수 있고, 혹은 대
규모 투자를 위해서 보다 안정된 수입을 필요로 할 수도 있고 아닐 수도
있는 것이다. 그 결과 이들은 경제정책에 대해 서로 합의하지 않을 가능성
이 많다.

지금까지 우리는 제조업만을 중심으로 살펴보았다. 이외에도 특히 금융,
운송, 유통부문과 같은 다른 형태의 자본도 중요하며, 전문직이나 노동 역
시 중요하다. 국제경제정책에 관련된 이들의 상황은 어떠하였을까?

독일의 금융은 영국과는 상당히 다르게 발전하였다.26) 최초의 공업국인

---

26) Gerschenkron, "Economic Backwardness"; Kurth, "Political Consequences of

영국에 있어서 금융은 제조업과는 별도로 발전하였다. 우선 비교적 단순하고 분산된 금융체계를 통하여 섬유업이 자체적으로 자본을 창출할 수 있었고, 이같은 고도성장 기업들의 막대한 수입으로부터 제2세대 기업들의 초기 새로운 투자가 이루어질 수 있었다. 철강산업의 초기에는 자본의 필요량이 아직 비교적 적었고 이는 제1세대 산업에 의해 축적된 막대한 이윤에 의해 동원될 수 있었던 것이다. 따라서 영국의 금융업은 상업과 무역 및 간접투자의 도구로 발전하였으며, 운송, 농업, 무역, 해외간접자본 및 국내 신탁투자 등에 필요한 자금을 조달하고 있었다. 이러했기 때문에 영국 금융은 국제경제에서 제조업과는 다른 독자적 상황에 놓이게 되었다.

독일이 산업발전을 개시했을 때는 이미, 특히 철강부문에 있어서의 고도의 기술이 훨씬 자본집약적이 되어 있었다. 막대한 양의 자본이 동원되어야 했고 그것도 급속히 이루어져야 했다. 통일을 전후하여 독일에서는 정부 지원하의 금융에 의해 이것이 이루어졌다. 따라서 독일의 금융은 시작부터 제조업과 긴밀한 관계를 지녔던 것이다(대체적으로 독일금융은 영국과 같이 상업금융 중심이 아니라 투자금융 중심으로 이루어졌다). 그 결과 독일금융은 제조업과 특별히 구분되는 상황이나 외양을 지니고 있지 않았으며, 공통된 이익을 분석하고 규정하고 표출하기 위해 각 산업부문의 특정 기업과 긴밀히 협력하고 있었다.

다양한 전문직에 대해서도 똑같이 논의할 수 있다. 법률가와 회계사와 경영인과 과학자, 교수들 모두는 각각 다른 상황에 처한 각각 다른 고용주들을 위해 일하고 있었고, 따라서 고용주의 상황이 변화함에 따라 그들 자신의 이해도 변화했던 것이다. 한편 운송업은 자유무역 지향적인 상황에 있었다. 보다 많은 국제무역은 보다 많은 수입 및 수출량을 의미했고, 이는 곧 운송업에 대해 보다 많은 일거리를 뜻했기 때문이다. 반면 철도와 운하 및 하상 수송업체들은 주로 독일내에서 활동했으므로 국내경제를 육성하는 방법으로서의 보호주의에 만족하고 있었다.

유통업은 판매량의 증대를 꾀하고 있었다. 대규모 시장을 형성하는 데는 유통업자가 파는 상품가격의 하락이야말로 지름길이었으며, 나아가 식품 및 기타 원료의 낮은 가격이 또한 소비자의 구매력을 증대시켰을 것이다.

the Product Cycle."

반면 자유무역은 몇몇 산업부문에 있어서 어느 정도 고용을 감축시켰을 것이다(유통업자의 입장에서는, '소비자의 수를 감소시켰을' 것이다). 여기서 우리는 당시 노동의 상황을 분석해야 한다.

노동은 물론 자본만큼이나 상당히 넓은 분석단위이며, 따라서 노동이 처한 상황도 매우 다양하다. 노동력의 판매자로서 노동자들은 고용주들과 상당히 광범위한 면에 걸쳐 갈등관계에 있다. 우선 일반적으로 노동자들은 높은 임금과 근로조건의 개선을 바라고 고용주들은 낮은 임금과 값싼 근로조건을 원한다. 뿐만 아니라 노동조합의 지위와 노사관계의 성격에서부터 작업장내 안전과 복지, 노동의 경영참여, 그리고 재산권의 개념에 이르기까지 여러 측면에 있어서 갈등이 발생한다.

그러나 몇 가지 이슈에 있어서는 노동 일부의 이익과 경영자 일부의 이익이 수렴될 수 있다. 예컨대 양자 모두 낮은 식료품 가격을 원할 수 있는데, 이는 노동의 경우 소비자로서 식비가 절감되기 때문이고 고용주의 경우 임금인상 압력을 회피할 수 있게 해 줄 뿐 아니라 공업제품에 대한 구매력을 증진시켜 주기 때문이다. 이 경우 농산품 및 공산품 가격을 둘러싼 농업과의 갈등에서 노동과 자본이 협력할 수 있는 것이다.

자본-노동의 관계는 보다 복잡하다. 앞에서 지적한 바와 같이 자본은 결코 정책적 입장이 동일하지 않다. 노동비용을 낮추어야 한다는 데는 자본 전체가 동의할지 모르지만, 특정 대외경제정책에 대해서는 우리가 살펴 보았듯이 자본 내부에 상당한 갈등이 존재한다. 자유무역 대 보호주의의 갈등에서 양 진영은 연합세력을 찾게 될 수 있고, 노동의 지지를 동원하기 위해 임금을 둘러싼 노동과의 대립을 완화시키려 할 수도 있다. 이럴 경우 노동 역시 자체내의 갈등과 대립에 대한 결정을 내려야만 한다. 소비자들의 집합체로서 노동은 낮은 상품가격에 전체 이익이 있지만, 생산자의 일부로서의 노동에는 내부적 분열—보호주의적 고용주에 고용된 노동은 고용주의 입장을 따라가게 되고 자유무역주의적 고용주에 고용된 노동은 생산자 및 소비자로서의 이익이 수렴되는 상황—이 존재하기 때문이다.

그렇다면 이같이 배치되는 선호 중 어느 것이 우세한가에 따라 노동은 정책에 대해 다양한 태도를 취할 수 있다. 어떤 조건이 어떤 행태를 이끄는가에 대해서는 비교분석을 통해 보다 세밀히 검증할 필요가 있다.

독일제국의 경우 노동조직들과 노동조합 및 사회민주당은 대체로 자유
무역을 지지하였다. 이들은 1879년 이후 비스마르크의 정책방향에 반대하
였고, 이를 되돌리기 위해 1890년에서 1894년까지 카프리비(Georg von
Caprivi)에 의해 결성된 연합의 일부가 되기도 하였다. 노동의 일부는 보호
주의에 이끌리기도 하였으나 '보다 자유로운' 무역에의 지지가 훨씬 우세
하였다.[27]

　지금까지 19세기 후반의 '경제 위기'에 대한 독일 사회내 각 집단의 정
책선호를 분석하였고, 이러한 선호가 국제경제에서 각 집단이 처한 상황과
관련되는 방식에 대해 설명하였다. 이같은 정책선호는 다음의 <표 3>과
같이 나타낼 수 있다.

<표 3> 19세기 후반 독일의 관세정책 선호

		농산품 관세	
		고관세	저관세
공산품 관세	고관세	소규모 자영농	중공업 중공업 노동자
	저관세	융커	완제품 제조업 완제품 노동

　<표 3>은 농업 및 공업의 관세에 대한 각 집단의 입장을 보여준다. 그
러나 정치행태는 단순히 선호의 결과일 뿐 아니라 그같은 선호의 강도에
의해서도 결정된다. 추측컨대, 실현성 있는 대응책들이 많을수록 상황으로
부터의 결정요소는 보다 다양하게 받아들여질 것이며, 따라서 선호는 보다
불명확해지거나 보다 강도가 낮을 것이다. 이 표에서 선호의 강도는 축과
의 거리로서 나타낼 수 있다. 즉 원점에 가까울수록 그 집단의 이익은 불명
확한 것이며, 원점으로부터의 거리는 해당 이익의 명확성과 강도를 의미한
다

　1879년 법에 의해 결정된 실제 결과는 농업 및 공업 모두에 대한 관세
책정이었다. 이러한 결과를 원했던 집단은 아무도 없었고 이 법 자체는 이
들 간의 타협의 산물이었다. 이 결과는 사회 행위자에 기반한 설명에 잘 들

---

27) Nichols, *Germany After Bismarck*; Tirrell, *German Agrarian Politics*.

어맞는 듯 보인다. 이익집단 간의 나눠먹기식 행태(logrolling)는 이 관점에서 우리가 예측할 수 있는 것이다.

그렇지만 이와는 다른 결과, 즉 양 수입품에 대한 저관세의 결과 역시 이익집단적 설명에 들어맞을 수 있다. 나눠먹기식 타협이 완제품 생산자와 노동, 운송 및 하역업자, 판매원, 소비자, 그리고 서부와 남부의 농민들을 포함하는 저관세 선호집단들 간에 이루어졌을 수도 있는 것이다. 이같은 연합은 특정 기간중에는 오히려 다수연합이었을 수도 있으며, 실제 단기적이나마 정책상 성공을 거두기도 하였다. 1890년에서 1894년에 이르는 기간 동안 카프리비 총리 아래 호혜적 무역조약이 체결되고 관세가 하락하기도 하였던 것이다. 그러나 어쨌든 이 연합은 장기적으로는 결국 패배하였음이 자명하다. 그렇다면 그 취약점은 도대체 어디에 있었을까?

한 가지 해답은 독일의 이익집단 조직과 정당에 기반한 분석적 전통에 의해 제공된다. 당시 갓 통일된 독일의 정당들은 보통선거권의 확대에 따라 급속히 성장하고는 있었지만, 독일사회내의 다양한 세력들을 연결할 수 있을 정도로 광범위한 동원 능력은 아직 지니지 못하고 있었다. 요컨대 독일정당들은 영국의 정당과 같은 조직이나 경험, 전통 및 이데올로기를 갖추지 못하고 있었다. 특히 자본과 노동의 결합을 위해, 자유주의적 경제와 입헌주의 및 임금과 근로조건의 개선이라는 정강을 개발한 정당은 아직 없었다. 사회당의 경우 그 세력은 성장하고 있었으나 성장의 방식 자체가 이런 과제를 수행하기 어렵게 만들고 있었고, 자유주의 연합의 경우 경제위기가 시작되기 전에도 허약하였고 위기가 닥친 뒤에는 경제정책을 둘러싼 내부분열로 보다 허약해졌다. 따라서 융커들에 의한 조작이라든가 조직적 힘과 같은 것은 무시해도 좋으며, 단지 융커와 소규모 자영농들은 모두 고통스런 경제적 조건 때문에 보호주의를 지지했다는 것이 앞에서 제기한 의문의 해답이라는 것이다.[28]

또다른 해석은 보호주의자들을 유리하게 만든 독일의 제도적 장치들에 주목한다. 특히 이 해석은 '국가능력(state capacity)'을 구성하는 국가 조직 요소로서[29] 가중투표제(weighted voting)와 관료제 및 총리나 왕과 같은

---

28) Böhme, "Big Business Pressure Groups," p.218.

29) Samuel P. Huntington, *Political Order in Changing Societies,* New Haven: Yale

핵심적 정치 행위자들의 선호에 초점을 둔다. 이 모든 영역에서 보호주의
자들, 특히 융커들은 큰 이점을 지니고 있었다. 이제 독일을 지배하고 있는
프러시아의 지배적 세력으로서 융커들은 국가의 핵심적 구성요소인 군(軍)
내에서 특수한 지위를 누리고 있었다. 이제 독일군이 된 프러시아군의 엘
리트 지위가 융커 귀족들에 의해 독점되어 왔던 것이다. 중산층도 장교 직
위에 오를 수 있었지만, 단 융커의 가치관을 받아들인 연후라야 했다. 관료
역시 마찬가지였다. 융커들이 관료집단을 실제로 채우지는 않았다 하더라
도 이들은 관료집단의 모습과 성격을 형성할 수 있었다. 이와 같이 풋카머
체제(Puttkamer system)라고 알려진 충원 과정을 세심히 통제함으로써 독
일의 보수주의자들은, 공식적으로는 왕권과 행정부의 우위, 그리고 사회적
으로는 엘리트들의 우위라는 원리로 헌법을 이해하고 있던 사람들의 손에
국가기구가 안전하게 맡겨지도록 할 수 있었던 것이다.

프러시아의 헌법 역시 권력분배에 영향을 미쳤다. 1871년의 제국헌법이
보통선거를 천명하고는 있었지만, 프러시아 의회 선거는 재산권에 따라 세
선거인단으로 분리되어 조직되었다. 이런 제도는 노동자와 소규모 자영농
및 장인들의 유권자 대중의 힘을 크게 약화시켰고, 반면 프러시아 엘리트
들에게는 상당히 유리했다. 이 프러시아 엘리트의 주요 구성원이 융커였음
은 물론이다.

이 기간 중 보호주의자들의 주 도구는 행정부였으며 따라서 비스마르크
와 왕과의 관계는 보다 세밀한 분석을 필요로 한다. 1870년대 이전까지 자
유무역주의자이던 비스마르크와 황제는 가격이 급락하기 시작하자 융커들
의 입장으로 선회하였다. 당시의 독일제국에서 행정부가 어느 편이 된다는
것은 결코 무시할 만한 일이 아니다. 기술적으로는 제국헌법이 의회제를
규정하고 있었고, 불신임 동의안의 가결에 의해 수상과 내각은 해임되어야
했다. 이런 면에 있어서 정부는 정치세력들로부터 독립적이지 않았다. 다
른 입헌정부와 마찬가지로 제국의회에서 다수를 결집하고 유지해야 했다.
이런 점에서, 행정부만을 강조하는 제도적 설명은, 규칙의 효과라는 것이

University Press, 1969; Theda Skocpol, "Bringing the State," in Peter B.
Evans, Dietrich Rueschmeyer and Skocpol(eds.), *Bringing the State Back In*, New
York: Cambridge University Press, 1985.

다수가 조직화되어야 하는 사회 자체로부터 분리되어 있는 것이 아니라는 점을 간과한다고도 볼 수 있다.

그러나 당시 독일의 행정부는 다른 나라의 행정부와 같지 않았다. 행정부의 의회에 대한 책임이라는 것이 한 번도 양자 간의 대치나 투쟁 혹은 신임투표 같은 것에 의해 이루어지지 않았던 것이다. 수상과 의회 간에 벌어진 가장 극적인 갈등은 1860년대 군조직 법안(Army Bill)에 있었다. 당시 비스마르크는 의회의 반대를 무시하고 징세와 국채발행을 계속했으며 자신의 정책을 밀고 나갔는데, 덴마크와 오스트리아에 대한 무력시위가 성공한 후 의회는 군개혁과 재정문제를 사후승인하였다.[30] 그 결과 의회에 대한 행정부의 책임이란 개념은 크게 약화되었다. 이는 대륙식 행정부를 만들려던 17세기 스튜어트 왕가의 노력이 실패한 후의 영국정치나 혹은 강력한 대통령에 대해 의회가 승리를 거둔 프랑스 제3공화국과 뚜렷이 대비된다.

독일의 행정부는, 황제와 수상이 의견의 일치를 이루는 한-실제 대부분 그러했다-막대한 권위를 지니고 있었다. 관료들 대부분과 사실상 거의 전 독일사회는 의회내 다수보다는 황제와 수상의 편을 드는 것이 자신의 의무라고 생각하였다. 군 역시 이와 같았음은 물론이다. 사실 이를 위해 여러가지 행정적 변화가 일어났다. 군조직과 군에 대한 정책의 상당 부분이 해당 장관의 수중에서 박탈되었는데, 그 이유는 의회가 이에 대해 해당 장관에게 책임을 부과할 수 있는 기술적 방편들을 없애기 위해서였다. 군과 경찰 및 관료라는 근대 국가기구들의 대다수가 권위적 결정에 있어 의회보다는 행정부를 따르고 있었던 것이다.

이러한 행정부는 막대한 자원을 지니고 있었다. 우선 잘 발달된 경찰기구가 있었고, 의회의 감독을 받지 않는 엄청난 양의 예산을 통제하고 있었으며, 일치된 이데올로기를 지닌 관료집단을 보유하고 있었다. 따라서 어떤 집단이든 행정부를 자기편에 끌어들일 수 있으면 정책 싸움에서 막대한 자원을 얻게 되었는데, 당시 보호주의자들은 황제와 수상 모두를 수중에 넣었던 것이다. 물론 비스마르크 자신 역시 융커였고, 자기 토지의 이윤율

---

30) Gordon Craig, *The Politics of the Prussian Army, 1640~1945*, New York: Oxford University Press, 1956.

하락을 염려하고 있었다. 그러나 이것만으로는 그의 행태에 대한 적절한 설명이 되지 않는다. 실제 비스마르크는, 프러시아에서의 자신들의 지위를 위협하게 될지도 모른다고 융커들이 두려워하던 독일 통일이나, 혹은 그들이 너무 자유주의적이라고 생각하던 1871년 헌법제정 등 융커들이 반대하던 많은 일들을 하였기 때문이다.

비스마르크에게 보호주의는 그가 수상에 오른 뒤부터 줄곧 그를 괴롭혀왔던 문제, 즉 어떻게 의회에 순응적인 다수세력을 형성할 수 있는가, 다시 말해 어떻게 해야 선거를 통해 정치적 정당성을 유지하고 동시에 정책에 대한 통제력도 잃지 않도록 행정부-의회관계를 이끌어갈 수 있는가 하는 문제[31]에 대해 정치적 해결책을 제공하였다. 비스마르크는 전통적 독재를 원하지는 않았다. 국왕은 항상 그런 명령을 할 수 있어야 한다고 한 장군이 말했던대로 제국의회의 의원들을 쏘아 죽이라고 명령하려 하지는 않았던 것이다. 헨리 키신저(Henry Kissinger)가 백색 혁명가(White Revolutionary)라고 부른 비스마르크는 대중정치의 힘을 이해하고 있었고, 절차적 측면이 아닌 실질적 측면에서 독일대중을 만족시켜 주려 하였다. 그는 독일 대중의 많은 실질적 요구들, 즉 통일이라든가 산업화, 시장의 자유, 보조금 및 노동조직의 통제 등을 충족시켜 주려 한 반면, 사회와 정치과정의 민주화를 위한 과정적 요구에는 동의하지 않았고 또 자유주의적, 입헌주의적 가치의 확산을 결코 용납하지 않았던 것이다.

1860년대에 융커들과 신중산층 대다수는 대립과 충돌의 길로 들어서고 있었다. 전자는 통일을 두려워했고 자신들과 농업의 특수 지위를 유지하길 원했던 반면 후자는 외부경쟁으로부터 보호된 국내 자유시장과 독일의 통일을 원하였기 때문이다. 이런 상황에서 군의 목적은 국내적 탄압, 즉 융커들에게 세상을 안전하게 해주는 것이라고 대부분의 독일인들은 여기고 있었다. 군을 통일의 도구로 사용함으로써 비스마르크는 이러한 상황을 바꾸어 놓았다. 그러나 1871년 이후에도 상황은 불확실한 상태로 남아 있었다.

---

31) Arthur Rosenberg, *Imperial Germany,* trans. Ian Morrow, Boston: Beacon, 1964; A. J. P. Taylor, *The Course of German History,* New York: Coward-McCann, 1964; Craig, *Germany;* Henry Kissinger, "The White Revolutionary," *Daedalus,* Summer 1968.

당시에 벌어졌던 일들에 대한 반대세력이 상당수 존재했고 이 가운데는 자유주의자, 구교도, 연방주의자, 노동자, 그리고 민주주의자들이 포함되어 있었다. 반대세력의 이질성이야말로 최대의 취약점이긴 하였으나, 비스마르크의 권위를 위협할 수 있는 연합의 형성이 전혀 불가능한 것은 아니었다.

1870년대에 비스마르크는 소위 쿨터캄프(Kulturkampf)라고 불리었던, 학교에서의 교회의 역할을 둘러싼 정책 갈등을 이용하여 수정주의 연합의 결성을 막을 수 있었다. 구교도(Catholics)를 공격함으로써 반대세력을 분열시켰고 동시에 그가 역사의 진전을 따라가고 있다는 인상을 개신교도들과 자유주의적 반교권주의자들에게 심어줄 수 있었던 것이다. 그러나 이같은 정치적 방책은 정치적으로 믿을만하지 않은 자유주의자들에게 정부가 너무 의존하도록 만들었다. 게다가 그 정치적 성향에 의해 보수주의 연합의 초석이 될 수 있었던 구교도들을 배제시켜 버리는 결과가 초래되었다.

1873년부터 전개된 새로운 상황은 그가 찾고 있던 새로운 해결책을 비스마르크에게 가져다 주었다. 새로운 토대위에 보수주의 연합을 재결성할 수 있게 해 주었던 것이다. 융커집단과 대기업들, 즉 구엘리트와 신엘리트, 농본주의자들와 공업주의자들이 관세를 위해 과거의 적대감을 떨쳐버리고 있었다. 자본가들은 관세와 반(反)사회주의 입법 및 지배적 다수집단으로의 진출(또 뒤에는 해군으로부터의 계약 발주) 등과의 교환으로 융커에 대한 적대감과 입헌주의 요구를 포기하였다. 구교도들 역시 이제는 그 기능을 관세가 대신하기 때문에 비스마르크가 쉽게 폐지할 수 있게 된 쿨터캄프의 폐지와 관세를 조건으로, 헌법에 대한 비판을 포기하였다.

이제 융커들은 공산품에 대한 고가격과 공업부문의 요구들을 받아들일 수밖에 없게 되었으나, 농산품의 고가격을 보장받을 수 있었고 또 체제내에서의 특권적 지위를 유지할 수 있었다. 농민들은 당시의 고난을 덜어줄 수 있는 보호주의 혜택을 받게 되었고, 이는 덴마크식과 같이 장기적으로 바람직한 해결책은 아니었다 하더라도 그 당시로서는 효과적이었다. 또 노동측은 사회보험을 제공받았고, 군은 군비확장을 얻을 수 있었다(이는 철강업계가 수주하였다). 이 연합은 기존 헌법과 경제질서에 도전하는 어떤 세력도 배제하였다. 즉 사회주의자(사회민주당은 관세가 도입되는 같은 해에 불법화되었다), 연방주의자, 그로세도이취(grossedeutsch)의 지지자, 민주주의자, 자유주의자 등이 배제되었다. 카프리비하의 1890년대 초반을 제외하고 이 연합은 1918년까지 권력을 장악하게 된다. 이처럼 독일정치를 재조직화한 그 중요성으로 말미암아 1879년의 관세는 제국의 재건이라고까지 불리우는 것이다.

행정부에 대한 통제 덕분에 비스마르크는, 연합의 각 구성원이 연합 결성의 비용―특히 상대방 부문에 대한 높은 관세―을 분담해야 하는 고도로 복잡한 연합정치과정을 지휘할 수 있었다. 일단 타협이 이루어진 뒤 이를 유지할 수 있게 해주는 도구 역시 외교정책의 장악에 의해 제공되었다. 사실 비스마르크 외교정책에 있어서 국내적 고려가 차지하는 비중은 여러 사람들(예컨대 Eckhart Kehr와 그의 지적 전통을 이어받은 Hans-Uhlrich Wehler 등)에 의해 강조되어 왔다. 비스마르크는 내부 갈등을 은폐하고 중산층과 노동계급의 체제비판을 분쇄하기 위해 제국주의와 민족주의와 국제적 위기를 이용하는―고대로부터 유명한 전략이자, 최근 마가렛 대처(Margaret Thatcher)가 포클랜드 전쟁에서 크게 재미를 본―전략을 사용하곤 했던 것이다. 독일이 적국 혹은 최소한 강력한 경쟁국으로 둘러싸여 있다는 관점과 민족주의는, 식량생산과 공업에 있어서의 자급자족을 정당화하고 강력한 군사력 구축을 지지해 주는 역할을 하였다. 벨러가 쓰고 있듯이, "안정을 지향하는 역사적 전통이 결여되어 있었고 또 권위주의라는 외투로도 그 첨예한 계급갈등을 가리지 못하고 있었던 국가에게 1880년 이후 제국주의는 통합의 이념적 힘을 제공해 주었다."[32]

보호주의자들은 대외 경제정책을 둘러싼 싸움에서 이같이 다양한 자원들을 사용할 수 있었다. 그렇다면 자유무역주의자들―더 정확히는 '보다 자유로운 무역의 지지자들(freer traders)'―의 경우는 어떠했는가? 이들의 연합은 몇 가지 약점하에서 움직이고 있었다. 첫째로 이 연합은 극히 이질적이었다. 자유무역 연합은 생산자와 소비자, 제조업자와 운송업자, 고용주와 노동자, 그리고 도시 주민과 농민 등 이질적인 경제적 범주에 걸쳐 포용을 시도했으나, 이 세력들을 함께 묶거나 공동 목적을 추구하도록 할 일상적 공통점이 거의 없었을 뿐더러 오히려 재산권이나 근로조건, 임금 또는

---

32) Wehler, "Bismarck's Imperialism," p.143.

세제를 둘러싼 대립과 분쟁 등과 같이 이들간의 분열이 조장되는 경우가 많았다. 이들은 또한 종교나 연방주의, 헌법 민주화와 행정부와 군의 입헌적 통제 등과 같은 비경제적 이슈에 대해서도 대립하였다. 그러나 보호주의자 동맹의 경우와는 달리 이 저관세 연합은 행정부의 도움 없이 이러한 분열을 극복해야 했다. 카프리비의 수상 재임 4년간에만 행정부의 자원이 저관세 연합에 이용가능했으나, 이 당시조차 카프리비는 사법부, 황제, 군 및 관료집단으로부터 소외되어 있었다. 이같은 취약점에도 불구하고 저관세 동맹도 성공을 거둔 적은 있었다. 특히 관세인상 이후 최초의 선거인 1881년 선거에서 저관세 연합은 비스마르크에게 패배를 안겨 주었다(이는 벨러가 주장하듯이 비스마르크가 사회적 제국주의로 더 경도되게 하였다). 나아가 1890년이후 카프리비는 일련의 상호 관세협상을 지휘하였고 이에 따라 관세가 인하되었다. 당시의 상황은 저관세 동맹의 단합을 유지하기 위해 무엇이 필요한지를 암시한다. 국내적으로는 평등주의와 입헌주의(반 사회주의 법률의 폐지)를 조금 증진시키고, 대외정책상으로는 약간의 국제주의의 강화—그렇다고 독일제국의 위신에 무관하라는 것은 아니며 단지 국제분업구조로 편입되려는 의향이 강화되는 정도—만이 요구되었던 것이다.

요컨대 보호주의의 승리에 대한 제도론적 설명은 독일 대외경제정책을 둘러싼 투쟁에서 국가구조가 고관세 연합에 부여해 준 이점들을 강조한다. 즉 비스마르크 지휘하에 프러시아 모델이 승리하였고, 프러시아의 제도들이 세 제국에서 특히 큰 비중을 차지하였으며, 관료와 군, 사법부 모두가 수상을 통해 왕권이 발현하는 행정부의 의지에만 반응하는 극히 보수적인 인물들로 충원되었다. 또 프러시아에 유리했던 연방제와 삼분 계급별 투표제(three-class voting system), 그리고 막대한 재정적·조직적 자원들 역시 비스마르크를 지원하고 있었다.

이러한 이점들은 상당히 영향력이 큰 것이며, 이는 대단히 그럴듯한 설명요인이다. 비스마르크는 당대에 가장 수완있는 정치인이었고, 프러시아-독일 국가는 가장 고도로 발전되어 있었다. 따라서 '제도적 능력(institutional capability)'란 것이 당시 유럽 어딘가에 존재하고 있었다면, 바로 독일에 있었던 것이다. 이같은 능력은 약한 국가의 경우 대단히 어려웠을 주도적 경제정책 수립을 보다 용이하게 해 주었고, 더욱이 국가기구를 담당하고 있던 자들이 보호주의를 선호했었기 때문에 관세정책에서의 보호주의의 승리는 훨씬 용이했던 것이다.

이 논지는 강력하기는 하나 한 가지 중대한 문제에 대해서는 혼란스러움을 준다. 비스마르크의 행태는 어떻게 설명될 수 있을까? 보호주의에 대한 그의 지지는 제도적 구조(국가능력)의 결과인가, 혹은 그가 지닌 사회세력과의 관계의 결과인가? 제도적 설명은 그 근본원인을 국가의 공식적 구조, 즉 국가의 규칙과 절차 및 그 관료적 형태에서 찾고 있으나, 이런 제도적 구조가 사회집단에 대해 어떻게 영향을 미쳤는지를 계속 언급하고 있다. 예컨대 제도적 구조를 통제한 것이 비스마르크에게 자원을 가져다 준 것은 확실하지만, 그가 수상직을 장악했던 것 자체는 바로 엘리트와 대중집단으로부터 그에 대한 지지를 동원할 수 있었던 능력 때문이다. 그리고 지지의 동원은 여러 가지 결과, 즉 정부에 대한 지지를 동원하도록 기능한, 혹은 고안된 이데올로기와 정책들을 초래하였다. 이런 식의 주장은 제도적 설명이라기보다는 정치적 설명이며, 양자는 동일하지 않다. 이 구별은 기억해 두어야 할 것이다.

보호주의 연합의 성공에 대한 또 하나의 설명은 경제 이데올로기에 주목한다.[33] 프리드리히 리스트(Friedrich List)의 사상과 연관된 독일 민족주의 학파는 국가의 힘과 복지를 증진시키기 위해 경제에 대한 국가의 개입을 선호하였다. 전체적으로 볼 때, 자유무역과 자유방임의 원리는 독일에서는 깊이 뿌리박히지 않았다. 이와 대조적으로 영국의 경우 중상주의적 경제발전 전략은 1650년대 이미 내전의 결과 사라지게 되었다. 왕정 관료의 해체에 따라, 국가에 의한 제조업의 조직화를 수행할만한 제도적 능력도, 그리고 이에 대한 신뢰 자체도 사라지게 되었던 것이다. 비슷한 시기 독일에서도 신성로마제국이 붕괴되었으나 그렇다고 절대주의가 막을 내린 것은 아니었다. 여기서는 수많은 소규모 정치체들이, 이윤추구 성향의 개인들은 부를 창출하는 데 신뢰될 수 없다는 믿음하에 움직이고 있었다. 따

---

33) 경제 이데올로기의 중요성에 대해서는 Charles P. Kindleberger, "The Rise of Free Trade in Western Europe, 1820~1875," *Journal of Economic History* 35, 1, 1975, pp.20-55를 참조하라.

라서 국가가 신중한 정책을 통해 제조업을 육성하였다. 즉 영국과는 대조적으로 독일에서는 자유주의적 사회도, 자유주의적 국가도 발전하지 않았던 것이며, 산업혁명이 독일에도 번져오게 되자 자유주의적 전통이 아닌 중상주의적·개입주의적 전통이 이를 뒷받침하게 되었다.

나아가 독일의 정치적 분열은 19세기에 있어서 강력한 민족주의적 충동을 야기하였다. 후발발전국으로서의 독일로서는 경제성장을 증진시켜야 한다는 확신을 중심으로 통일과 산업발전과 국력강화라는 이념들이 합쳐졌으며, '자연'이 그렇게 하도록 내버려둘 수는 없었던 것이다. 그래서 이 설명에 따르면, 국제상황이 변화함에 따라 독일의 경제 행위자들은 자유주의 이데올로기가 보다 강력했던 영국과는 달리 보호주의라는 형태로 국가가 개입하는 것을 훨씬 쉽게 받아들일 수 있었던 것이다.

관세정책에 대한 마지막 설명은 국제 국가체계에서 각국의 위치에 주목한다. 이 논리에 따르면, 한 나라의 경제정책은 특정한 경제적 계산에서만 나오는 것이 아니라 안보나 독립 혹은 국가적 영광 등과 같은 다른 고려로부터도 영향을 받는다. 국제분업과 특화는 곧 상호의존을 의미하며, 개방된 경제는 식료품과 원료와 공산품 공급의 교란이라든가 혹은 해외시장의 변화 등에 자신이 취약해지는 결과를 가져온다. 따라서 지정학적 상황이 확실히 안전한 국가는 이같은 위험을 무릅쓰겠으나 그렇지 못한 국가는 이 위험 가능성을 무시할 수 없을 것이다.

따라서 도서국가이자 세계 최강의 해군력을 보유하고 있었던 영국은 수입품에 의지할 수 있었던 것이다. 그러나 만일 독일도 이렇게 할 경우 독일은 바로 그 해군력에 취약하게 되지 않겠는가? 독일의 대외경제정책을 둘러싼 논의에서 이러한 국제적 맥락에 대한 고려는 상당히 크게 작용하였다. 보호주의자들이 그들의 주장을 정당화하기 위해 국가안보의 이슈를 이용했던 것이다. 제국을 수립하고 산업을 건설했으며 막강한 군사력을 보유한 적대국들에 의해 독일이 둘러싸여 있다고 이들은 주장하면서, 독일 역시 이와 같이 하려면 산업의 전 부문에 걸쳐 생산능력이 있는 균형된 국내경제를 건설하는 것이 필수적이라고 주장하였다.

이 논리는 정책결과의 설명요인으로 국제체계에서의 위치를 지목한다. 이러한 위치는 객관적인 것이며 국내 행위자들에게 그 의미가 주어진다고 전제하는 것이다. 그러나 국제체계와 그 속에서의 한 나라의 위치 및 정책적 함의를 해석하는 데는 통상 다른 방식들도 존재한다. 19세기 말 독일의 경우에도 세계평화의 틀 안에서의 국제무역이 독일로 하여금 그 야망을 이루도록 해준다는 주장이 있었다. 독일의 산업들은 강하고 경쟁력이 있으며, 국내생산이 불리한 부문에서의 수입과 경쟁력 있는 산업부문에서 자원을 흡수할 수 있다는 것이다. 또 이같은 국제주의 학파에 따르면, 영국, 프랑스 및 러시아가 동맹화되어가고 있는 것은 어떤 불가피한 현상이 아니고, 단지 독일의 공격적 행태에 대한 반응일 뿐이며, 독일이 보다 협력적으로 행동할 경우 이같은 반독 동맹은 방지될 수 있으리라는 것이다.

그러므로 국제 국가체계에서의 군사적 경쟁 자체가 보호주의를 가져온 것은 아니며 보호주의는 많은 가능성 중 하나였을 뿐이다. 보호주의의 승리는 국제체계로부터 도출될 수 없으며, 이는 국제체계의 영향이 국내정치라는 반사경을 통하여 굴절되었기 때문이다. 보호주의는 상이한 관점들간의 갈등과 이들 중 하나의 승리에 연관된 현상이다. 따라서 국제체계가 경제정책의 결과에 어떠한 영향을 미쳤는가를 이해하기 위해서는 국내정치 갈등과 국제적·국내적 이슈들의 연관성을 신중히 분석하여야 한다. 사실이 두 관점간의 갈등은 고전적인 것으로, 양측 모두는 국내정치와 국제정치의 연관성에 대한 국제관계 저술과 독일 사료편찬에 있어 중요한 전통을 대표하여 왔다.[34]

다른 방식의 국제체계론적 설명은 국가 간 경제협상의 구조에 초점을 둔다. 관세란 상호작용적인 것이다. 즉 한 국가가 관세를 인상하면, 다른

---

34) 국제체계와 국내의 내부적 이슈들에 대한 논의의 훌륭한 요약으로 Calleo, *German Problem Reconsidered*를 참조. 외교정책의 국내적 근원에 대한 고전적 저술로 Eckart Kehr, *Schlachtflottenbau und Parteipolitik,* Berlin, 1930, trans. by Pauline R. and Eugene N. Anderson as *Battleship Builing and Party Politics in Germany, 1894~1901,* Chicago: University of Chicago Press, 1973; Kehr, *Der Primat der Innenpolitik,* Berlin: de Gruyter, 1965; Theodore Hamerow, *Restoration, Revolution, and Reaction: Politics in Germany, 1815~1871,* Princeton: Princeton University Press, 1958를 참조. 독일 학계의 경우 외교정책의 우선성은 보수주의적·민족주의적 학파의 주장이었으며, 자유주의자와 급진주의자와 국제주의자들은 국내정치의 우선성을 들어 이에 도전하였다. 이러한 논의는 지금까지 계속되고 있다.

국가들은 거의 항상 이에 대해 보복하게 된다. 그러나 상호관세협정이란 신중한 협상을 요구하는 것이며, 저관세체제가 구축되고 유지되는 것 역시 쉽지 않다. 다른 나라들의 자유무역정책에 무임승차하려는 '근린 궁핍화 정책(beggar thy neighbor)'에의 유혹이 항상 존재하기 때문이다. 저관세 레짐은 일종의 국제적 카르텔, 즉 공동 규칙으로부터의 일탈을 방지하기 위한 상호이해로 간주될 수 있다. 따라서 19세기 말 벌어진 상황을 이해하기 위해 우리는 그같은 국가 간 협정이 수립되고 붕괴되도록 만든 조건들을 고려해야 한다. 어떤 이론가들은 패권적 존재(hegemon), 즉 자유무역 카르텔을 조직하고 그 거래비용과 유지비용을 감당할 능력이 있는 지배적 강대국의 존재가 그 핵심이라고 주장한다. 다른 이론가들은 전반적 경제상황에 따라 이런 협정이 수립되고 붕괴된다고 주장한다. 번영기에는 자유무역이 유지될 수 있는 반면 불황기에는 그렇지 않다는 것이다.

19세기 말은 양 조건 모두가 만족되지 않았다. 당시 영국은 이미 지배적 위치를 상실하였고, 따라서 국제 경제체제에는 더이상 패권적 존재가 존재하지 않고 있었다. 나아가 경기주기의 하향국면이 시작됨에 따라 자유무역의 이점은 흐려지기 시작한 반면 그 비용은 보다 강렬하고 뼈아프게 느껴지게 되었다. 이런 맥락에서, 다른 국가들의 보호주의적 행태 때문에 독일이 고관세 정책으로 나아가게 되었다고까지도 주장될 수 있을 것이다. 그러나 구득가능한 자료에 따르면, 1890년대 초반 카프리비의 저관세 정책으로부터 금세기 초 폰 뷜로우(Bernhard von Bülow)의 연합으로의 전환은 외국 정부의 변화로부터 결과되지는 않았다. 이보다는 자신들의 국내적 지위가 더이상 위태로워지는 것을 막기 위해 동원된 중공업과 군, 융커, 민족주의자 및 보수주의자들 간의 비스마르크적 연합이 그 원인이었던 것이다.[35]

---

35) '레짐'의 형성과 쇠퇴, 특히 패권적 존재의 중요성에 관한 논의로 다음을 참조. Robert O. Keohane, *After Hegemony: Cooperation and Discord in the World Political Economy*, Princeton: Princeton University Press, 1984; Stephen Krasner, "State Power and the Structure of International Trade," *World Politics*, vol.28, April, pp.317-343; Gilpin, *U.S. Power*; Charles Lipson, "The Transformation of Trade: The Source and Effects of Regime Change," in Krasner(ed.) *International Regimes*, Ithaca: Cornell University Press, 1983; Charles Kindleberger, *The World*

205 보호주의와 자유무역: 1873~1896년의 위기 205

요컨대 지금까지 살펴본 다섯 가지 설명 모두가 19세기 마지막 4/4분기 중 독일의 경험을 설명하는 데 부합된다고 볼 수도 있다. 1873년 이후의 경제상황은 주요 이익집단들이 고관세를 지지하는 데 충분한 유인을 제공하고 있었고, 중간집단들은 사회로부터의 압력을 수용하고 있었다. 또 정치제도는 보호주의자들에게 유리한 지렛대를 제공하였고 황제와 수상이 이렇게 되도록 보장하고 있었다. 독일의 경제적 전통 역시 보호주의자들의 승리를 정당화시키는 데 일조했으며, 국제 정치체계는 보호주의를 하나의 국가안보의 문제로 만들어 주었다. 그렇다면 보호주의의 승리를 설명하기 위해 이 모든 요인들은 과연 반드시 필요한 것일까? 아니면 이는 단지 인과관계의 과잉결정화(overdetermination)의 경우일까? 다른 나라와 다른 정책을 검토할 때까지 일단 이에 대한 판단을 유보하기로 한다.

3. 프랑스

프랑스는 우리에게 독일과는 대단히 상이한 정치체제가 극히 유사한 정책결과를 배출했던 사례를 제공한다. 독일과 마찬가지로 프랑스에 있어서도 모든 인과적 변수들은 동일한 방향을 가리키고 있다. 예컨대 핵심적 경제 행위자들의 이익을 살펴보면, 공업 및 농산품에 대한 고관세를 우리는 예측할 수 있다. 제2제국과 콥든-쉐발리에 조약하에서 놀라운 혜택을 거두었음에도 불구하고 프랑스 공업은 독일과 미국 등과 같은 다른 후발국들보다도 분명 덜 효율적이었다. 따라서 중공업과 고도의 자본집약적 산업 및 기타 취약 산업들은 보호주의에 대해 막대한 이익을 지니고 있었다. 반면 운송업 및 성공적 수출업자들은 이에 반대하였다.[36]

독일과 마찬가지로 농업 역시 다양화되어 있었다. 프랑스에는 융커와 똑같은 존재는 없었다. 프러시아와 비교해 볼 때, 대농장의 경우도 토양이 보

---

in Depression, 1929~1939, Berkeley: University of California Press, 1973.

36) Thomas Kemp, *Economic Forces in French History,* London: Dobson, 1971; C. P. Kindleberger, *Economic Growth in Britain and France,* Cambridge: Harvard University Press, 1967; Kindleberger, *Economic Response: Comparative Studies in Trade, Finance and Growth,* Cambridge: Harvard University Press, 1978.

다 비옥했고 노동력이 보다 자유로웠으며, 소득을 토지에 전적으로 의존하는 정도가 적었던 것이다. 그럼에도 불구하고 크든 작든 간에 시장에 간여하던 모든 생산 단위들은 1870년대의 가격하락에 의해 큰 상처를 입게 되었고, 반면 생계수준에 있던 수많은 영세농들의 경우는 그 영향을 적게 받았다. 소규모 영농이 우세했던 점은 근대화를 프러시아의 경우보다는 용이하게 만들어 주었으나, 그래도 이는 비용이 많이 드는 일이었다. 대부분의 농업부문에 있어 가장 저항이 적은 길은 고관세 뒤에서 과거의 방식을 답습하는 것이었다.

우리가 예측했듯이 대부분의 프랑스 생산자 집단들은 가격이 하락함에 따라 점차 보호주의화되었다. 이미 1870년대 초반 공화국의 대통령으로서 띠에르(Adolphe Thiers)가 재정 목적으로 관세인상을 시도하였으나 실패한 바 있다. 이후 새로운 집단들이 관세제의 개선을 요구하다가 1881년에 이르러 의회가 최초의 전반적 관세제를 입법화하였는데, 이에 의해 농업 보다는 공업에 대해 보호주의 혜택이 주어졌다. 그러나 같은 해 보건상 이유로 미국산 육류의 수입이 금지되었다. 설탕 역시 1884년 이 혜택을 받게 되었고, 1885년과 1887년 관세법에 의해 곡류와 육류 역시 혜택을 받게 되었다. 마지막으로 1892년 멜린느(Meline) 관세법에 의해 농업 및 공업에 대한 전반적 보호가 제공되었다. 이후 관세는 계속 인상되어 1910년의 관세법에서 그 절정에 이르렀다.[37]

이같은 정책 대응에는 프랑스의 제도와 집단들이 일조하였다. 소규모 자영업자들로 이루어진 사회에 보통선거권이 주어지면 당연히 소비자의 이익보다는 생산단위의 이익이 우선되게 된다. 물론 비관세를 위한 투쟁도 심각하였으나 그렇다고 보호주의자들이 서로를 찾아내는 것을 막을 수는 없었다. 공화주의자이든, 왕정주의자이든 혹은 교권주의자이든 반교권주의자이든 간에, 보호주의자들은 자유무역주의적 동족들을 떠나서 멜린느 관세법을 위해 표를 던졌던 것이다.[38] 이 보호주의자들 중 일부는 종교적, 입

---

37) Eugene Golob, *The Meline Tariff*, New York: Columbia University Press, 1944; J. H. Clapham, *Economic Development of France and Germany*, 4th ed., Cambridge: Harvard University Press, 1968; Michel Augé-Laribé, *La Politique agricole de la France de 1880 à 1940*, Paris: Press Universitaires de la France, 1950, Michael Tracy, *Agriculture in Western Europe*, London: Cape, 1964.

헌주의적 분파들을 몰아내기 위해 경제 및 사회적 이슈제기를 통해 정당체제를 개혁하려는 의도까지 지니고 있었다. 이러한 노력은 결국 실패했으나, 관세 문제가 제기될 때마다 초당파적 다수 연합이 결성되었고, 또 고관세 자체는 많은 보수주의자들이 공화정과 화해하는 데 도움을 주었다.[39]

프랑스의 경우 보호주의적 결과는 국제체제적 설명에 의해서도 예측된다. 국제 정치적 경쟁이 국내 식량수급과 군사적 인력원을 보존해야 한다는 안보상 고려를 초래했던 것이다. 마지막으로 프랑스의 이데올로기적 전통 역시 국가 개입을 찬성하는 주장들을 양산해냈다. 사실 콥든-쉐발리에 조약은 최고위층에서 주도된 것이고 그 승인과정에 있어서도, 영국에서 곡물법 폐지를 둘러싸고 벌어졌던 장기간의 대중간의 대결로부터 형성되었던 자유무역에의 대중적 지지 같은 것은 존재하지 않았었다. 따라서 1880년대의 관세들은 그 이전의 현상을 복구시켜 놓았던 것이다.

프랑스와 독일의 비교에서 특히 두 가지 점이 두드러진다. 첫째, 프랑스에는 비스마르크나 혹은 비스마르크를 지지하고 있던 국가 조직과 같은 것이 존재하지 않았다. 따라서 공업과 농업부문간의 전국적 타협은 상층부로부터의 도움 없이 이루어졌다. 이익집단들과 정치인들이 선거와 정당체제를 통해 활동하면서 함께 이를 이루어낸 것이다. 또 정당체제나 헌법 혹은 뛰어난 인물이 특히 어느 한 연합에 더 유리하게 작용했던 것도 아니다.

둘째 꽤 놀라운 일은 이 연합이 형성되는 데 상당한 시간이 걸렸다는 점이다(비스마르크와 같은 존재가 없었으므로 어쩌면 당연한 결과일 수도 있다). 보호주의를 위한 싸움은 먼저 공업부문이 선도하였고 그 첫 승리를 거두었던 것으로 보인다. 그렇게 많은 수의 사람들을 대표하고 있었음에도 불구하고 1881년 관세에서 농업은 제외되어 있었던 것이다(반면 당시 독일의 경우 1879년 관세에서 농업에 대한 고관세는 이미 핵심적 부분이 되

---

38) Sanford Elwitt, *The Making of the Third Republic: Class and Politics in France, 1868~1884*, Baton Rouge: Louisiana State University Press, 1975, pp.270-272.

39) John McManners, *Church and State in France*, London: S. P. C. K. for the Church Historical Society, 1972; Stanley Hoffman(ed.), "Paradoxes in the French Political Community," *Search of France*, Cambridge: Harvard University Press, 1963.

어 있었다). 전반적인 관세법안을 획득하기까지 왜 이후 11년이 더 걸렸을까? 아마 부분적인 이유는, 구조적으로 우월한 위치에 있으면서 특정 정책에 영향을 미치기 위해 활동하는 지도자들이 없었다는 데 있을 수도 있다. 어쨌든 미국 역시 관세를 인상하던 때와 유사한 시기에 마침내 프랑스는 전반적 관세인상법안을 확보하게 되었다.

4. 미국

이 글에서 분석된 다섯 국가 중 오직 미국만이 동일한 정치체제 아래 저비용의 농업과 역동적인 공업의 양자를 모두 지니고 있었다. 공업의 고관세와 농업의 저관세라는 정책결과는 생산구조형태론의 주장에 부합된다. 효율적 농업을 구비하고 있던 미국으로서는 이를 보호할 아무런 이유가 없었고, 반면 오랜동안 영국이라는 거인의 그림자밑에 있었던 공업의 경우는 보호주의를 필요로 하였던 것이다. 그러나 그 효율성에도 불구하고 혹은 이 때문에, 미국 농업은 19세기 후반 심각한 문제를 안게 되었다. 따라서 여러 측면에 있어서 농업은 공업과 심각한 갈등을 일으키게 되었으며, 결국 전반적으로 공업이 승리하게 되었다.

통화정책에 있어서, 화폐가치가 점증함에 따라 동부 금융가들에 대한 농가부채의 가치가 증가되었다. 한편 농업생산의 지속적 증대는 가격의 지속적 하락을 가져왔고, 따라서 점증하는 부채를 갚기 위해 보다 많은 생산량이 소요되었다. 그러나 화폐가치의 하락을 위한 시도는 계속 좌절되곤 하였다. 또한 운송부문에 있어서도 아무런 대안적 운송수단이나 혹은 운송업체가 존재하지 않았으므로 농가들은 운송비의 조작에 대단히 취약한 상태에 있었다. 마침내 이에 대한 규제가 이루어지기는 했으나, 이것이 농부들의 노력 덕분인지 혹은 공멸적 경쟁을 피하고 나름대로의 질서를 찾으려던 철도업계와 제조업자들이 원해서였는지는 명확치 않다.[40] 보험 등도 한 부문에서 다른 부문으로 소득을 재분배하는 데 기여하고 있었다.

---

40) Robert Wiebe, *The Search for Order, 1877~1920*, New York: Hill & Wang, 1967.

관세 자체도 농업부문에 해가 되었다. 공업품에 대한 보호가 결국 농부
들로 하여금 농산품을 팔 때는 자유 시장에서 팔고, 공산품을 살 때는 보호
주의하의 시장에서 팔도록 하기 때문이다. 조세정책에 있어서도 공업부문
은 1913년까지 소득세제의 시행을 가로막고 있었고, 따라서 소득세 및 법
인세가 부과되기 전까지는 토지에 대한 조세 부담이 가장 컸다. 또 가격 급
변과 같은 시장 불안정은, 정부에 의한 저장시설 제공이라든가 가격 안정
화 기구라든가 가격 지원제 같은 것으로 어느 정도 해결될 수 있는 것이었
지만, 이같은 정책수단 역시 제1차 세계대전 이후에야 비로소 제공되기 시
작하였다. 가격차별제(상품의 가격이 공장의 위치가 아니라 본부의 위치에
따라 결정되던 관행) 역시 일종의 관세와 같이 기능함으로써 농촌으로부터
북동부로 소득을 이전시키는 효과를 지니고 있었다. 반독점법이 이러한 문
제의 일부를 해결하려 했으나 대부분의 문제들은 방치되고 있었다. 마지막
으로 연방정부 사업과 보조금 분배에 있어서 떡고물 나누기식 관행(pork
barrel)으로 말미암아 농촌지역, 특히 남부지역은 제 몫을 분배받지 못하고
있었다.[41)

　사실 정치발전과 산업발전의 과정에 있어서 농업부문의 패배는 불가피
한 것으로 보인다. 어떤 지표(국민총생산 점유율이나, 노동력 비율, 혹은
토지 점유율 등)를 통해 보든 간에 농업의 중요도는 점차 하락하게 된다.
소작농이나 농업노동, 자영농, 부농 혹은 대지주를 막론하고 농민들은 산
업화 과정에서 외환과 식량과 노동력을 공급하는 역할을 하며, 종국에는

---

41) 헤이즈(Rutherford B. Hayes)를 백악관의 주인으로 만든 1876년의 대타협
　　(Compromise of 1876)은 사실상 이미 끝나가고 있던 재편입(Reconstruction)과
　　는 별 관련이 없고, 오히려 남서부 관통 철도와 기타 특혜를 얻으려던 남부인들
　　의 바람과 관련이 있다. 다음을 참조. C. Van Woodward, *The Origins of the New
　　South*, Baton Rouge: Louisiana State University Press, 1951; *Reunion and Reac-
　　tion*, Boston: Little Brown, 1951; Tom Watson, *Agrarian Rebel*, New York:
　　Free, 1963; Kolko, *Railroads and Regulation*, Princeton: Princeton University
　　Press, 1965; William Appleman Williams, *Roots of the Modern American Empire*,
　　New York: Random House, 1969; Frank Taussig, *A Tariff History of the United
　　States*, 8th rev. ed., New York: Capricorn, 1964; Paul Glad, *McKinley, Bryan
　　and the People*, Philadelphia: Lippincott, 1964; John Hope Franklin, *Reconstruc-
　　tion: After the Civil War*, Chicago: University of Chicago Press, 1961.

사라지게 되는 것이다.

그러나 이 과정이 진행되는 속도는 다양하다. 중국의 경우 오늘날까지 진행될 정도로 대단히 완만했고 프랑스의 경우도 완만했으나, 반면 영국의 경우는 급속히 진행되었다. 미국의 경우에 대한 나의 주장은, 산업의 한 부문으로서의 농업의 패배는 신속하고 철저했다는 것이다. 물론 토지소유자 일부는 성공적이었다. 이들은 체제 자체에 대한 공격으로부터 재빨리 벗어나 자신들의 특혜를 위해 이익집단을 결성하고 로비를 했다. 그러나 농업에 종사하던 대부분의 대중들은 싸움에서 졌고 농토를 떠나게 되었다.

베링턴 무어(Barrington Moore, Jr.)가 지적했듯이 미국이 독일과는 달리 프랑스식으로, 즉 통제되고 완만한 산업발전에 의해 농촌의 대규모 인구가 유지되면서 균형있게 발전했을 수도 있다고 생각할 수 있다.[42] 그러나 이런 상황이 발생하도록 하려면 당시 미국 정책결정을 지배하고 있던 동부의 금융 및 산업자본과의 싸움에서 소규모 자영농 집단들을 도울 수 있는 우방이 필요했다. 이들의 패배를 이해하기 위해서는 우리가 유럽 각국을 분석할 때와 마찬가지로 당시 사회세력들의 동기구조를 분석하는 것이 유용하다. 앞에서 제시한 농업부문의 불만—화폐나 이자율 등과 같은—이 관세와 기능적 등가물(functional equivalent)이라고 간주하고 나면 우리는 미국과 유럽에서의 연합 형성과정을 비교할 수 있게 된다.

당시 두 연합 세력들이 각자 동일한 집단들의 찌를 얻기 위해 경쟁하고 있었다. 우선 중공업과 금융 및 섬유업의 핵심적 보호주의자들은 노동에 대해, 노동의 이익은 소비자로서가 아니라 공업부문의 생산자로서의 입장에서 결정된다고 설득하였다. 도시시장 지향적인 농민에 대해서도 보호주의자들은 공업(도시)부문이 강해야 한다는 익숙한 논지로 설득했다.

이에 대한 반대연합은 중공업과 금융업에 대한 적대감을 중심으로 형성되어, 소비자로서의 노동자 및 농민, 채무자이자 공업부문의 농간(弄奸)의 희생자로서의 농민, 공업화의 참상에 대항하는 빈민과 이민, 금융업의 농간으로 채무자로 전락한 농민, 또 운송비의 인하를 요구하는 운송업자와 제조업자 등 다양한 이익들에 호소하였으며, 관세의 인하와 공업에 대한 규제의 확대(근로조건, 시간, 임금 등)를 요구하였다. 전체적으로 볼 때, 이

---

42) Moore, *Social Origins,* pp.11-55.

'잭슨주의' 연합이 '위그' 이익에 대항한 것이며, 보통사람들이 재산가들에 도전한 셈이다.

그렇다고 진보주의적 저관세 연합이 허약했던 것은 아니다. 농업에는 당시까지도 최대의 인구가 종사하고 있었고, 연방제에 의해 남부 전체와 중서부 및 미시시피 유역에서 이들은 상당한 이점을 지닐 수 있었을 것이다. 또 중서부의 일부가 공업화되어 가고 있었음도 사실이나, 반면 북동부의 상당부분은 아직 농업지역으로 남아 있었다. 그럼에도 불구하고 이 연합은 패배했고, 이 패배는 곧 1896년의 핵심적 정당재편 선거(critical realignment election)로 귀결되었다. 당시 민중주의의 패배는 20년간에 걸친 정당간의 격심한 경쟁을 종료시켰고, 이후 40년간의 공화당 패권(hegemony)을 열었으며, 동시에 한 산업부문으로서의 농업에 있어서는 일대 전환점이 되었다. 1896년의 전 기점에서 일단 물러서서 이같은 결과를 낳은 보다 넓은 맥락으로 되돌아가 보는 것이 이를 분석하는 데 있어 유용한 전략이다.

1896년의 전투는 저관세 연합의 기수였던 윌리엄 제닝스 브라이언(William Jennings Bryan)의 성격과 전략에 의해 형태가 이루어졌다. 브라이언은 언론과 적대적 관계를 지녀왔는데, 이는 그의 민중주의가 일종의 반지성적이고 종교적 근본주의의 색채를 띠고 있었기 때문이다. 정치적으로 이런 특성은 취약점이며, 이는 농민의 목적을 이루는 데 절실히 요구되는 연합 세력의 규합을 어렵게 만들었다. 브라이언의 스타일이나 그가 사용한 심볼과 정강정책들은 민중주의의 추진세력인 미시시피 유역과 남부의 농민들에게는 의미있는 것이었겠지만, 자유무역주의적 기업가들은 물론이고 대다수 도시주민들과 이민들과 구교도들에게는 이해될 수 없는 것이었다. 민주당 후보지명전과 이후의 본선거 운동 중 브라이언은 "자유로운 은화주조(free silver)"를 강조하곤 했는데, 사실상 자유로운 화폐주조는 민중주의 경제분석의 일부였을 뿐, 비농민들에게 강력히 호소할 수 있는 것도 아니었고 그렇다고 농민들 자신에게도 가장 중대한 이슈는 아니었다. 예컨대 도시주민들의 경우, 화폐가치의 하락은 물가인상의 위협이 된 반면, 디플레이션은 실질임금을 향상시켜주는 효과가 있었다. 동조세력을 규합하기 위해서는 공업세력들에 대한 다른 식의 공격방안이 개발될 수 있었으나, 이같은 은의 이슈가 이를 압도해버린 것이다.

농업부문내에서조차 비교적 부유한 농민들은 브라이언 선거운동의 격렬성과 은 이슈에의 집착에 대해 우려하게 되었다. 1890년대에 들어서서 미국농업은 상당한 수준으로 다양화되었다. 우선 미시시피 유역의 농업은 열악한 상황에 있었다. 이 지역 농민들은 단일 작물을 재배했고 거의 자본이나 여유자산이 없는 취약하고 주변적인 생산자였다. 남부의 농업 역시 다른 연유에서 주변적인 상태에 있었다. 반면 북동부와 중서부 농업은 훨씬 다양화되어 있어서, 곡물에 대한 의존도도 적었고 보다 자본집약적으로 되었으며, 보다 심해진 철도회사들 및 운송회사들 간의 경쟁과 도시시장에의 직접적 접근기회로부터 혜택을 누리게 되었다. 이 농민들은 마치 영국의 낙농업자나 덴마크의 대다수 농민들처럼 공업부문에 연관되어 있었던 것이다. 노동자들과 이민자들을 위협했던 것과 마찬가지로 브라이언은 이 농민들도 위협하였다. 한 집단에게 그를 지지하도록 만들었던 바로 그 요인들이 다른 집단들에 있어서는 그를 적대시하도록 만들었던 것이며, 이는 최근 골드워터(Barry Goldwater)와 맥거번(George McGovern)의 경우와 마찬가지로, 브라이언으로 하여금 후보지명전에서는 승리하도록 해 주었으나 본선거에서는 패할 수밖에 없도록 하는 방식이었던 것이다. 브라이언의 선거운동은 동조가능 세력들로 하여금 그들의 이익을 농민들의 이익과 양립할 수 없는 것으로 규정하게 하였고, 농민들에 대해서도 이들을 끌어들이기보다는 오히려 멀어지게 하였다. 노동자들 역시 브라이언을 고용주들에 대한 투쟁의 동지로 보기보다는 그들이 종사하고 있는 공업부문 전체에 대한 위협으로 간주하게 되었다. 또 이민자들에게도 브라이언은 토착주의자이며 반(反)외국주의자였다. 나아가 부유한 중서부 농민과 남부 위그당원들과 북동부 운송업자들도 당연히 그를 부에 대한 위협으로 간주하였다.

한편 공화당은 보다 노련하였다. 이들은 막대한 선거자금을 보유하고 있었을 뿐 아니라, 블레인(James G. Blaine)이나 해리슨(Benjamin Harrison), 맥킨리(William McKinley) 등은 자신들이 동조세력을 필요로 하며 이들의 지지를 적극적으로 유도해야 함을 알고 있었다. 비스마르크처럼 이 공화당 지도자들은 반대파를 분열시키기 위해 최소한의 양보를 하였다. 독일에 있어 이러한 양보조건은 노동자에 대한 사회보험과 농민과 제조업에 대한 관세, 그리고 군에 대한 총과 군함이었다. 미국의 경우 맥킨리와 그 지지자들은 금 이슈를 다루는 데 있어서 클리블랜드(Grover Cleveland) 대통령을 능가하였고, 그리고 나서는 농민들의 지지를 획득하러 나서게 되었다. 즉 화폐 이슈의 중요성을 최소화시킨 뒤 이들은 해외시장이란 대안―구체적으로, 중국과 남미시장에 잉여분을 수출하고, 관세인하를 협상하며, 미국산 육류의 수입을 금지하기 위해 유럽인들이 수립한 보건위생 규제에 맞추기 위해 도축업계에 대한 규제를 강화한다는 등―을 제시하였다. 노동계급에 대해 공화당은 브라이언과 농본주의자들이 결국 그들의 직장을 빼앗아 갈 것이며 물가를 폭등시킬 것이라고 설득하였다. 그러나 노동자들에 대해 사회보험은 한번도 제시되지 않았다. 결국 맥킨리는 비스마르크보다도 싼 대가를 지불하였던 셈이다.

그렇다면 1896년에 공화당 후보는 민주당 후보보다 전략적으로 보다 노련하였다고 말할 수 있다. 그러나 이 상황은 반대일 수도 있었다. 예컨대 당시 민주당 후보가 오하이오 주 출신의 카리스마적인 인물로 그 모친은 구교도이고, 노동자들에게 전통적으로 친밀한 형이며, 농부들의 문제를 잘 이해하는 것으로―마치 대도시 소수민족 집단과 조직정치(political machine) 지도자들과 흑인들과 대도시 교외 거주 진보주의자들에게 동시에 호소할 수 있었던 고(故) 로버트 케네디 상원의원처럼―알려졌다고 치자. 이러한 가상적 인물은 물론 좀처럼 찾아보기 힘들지만 그렇다고 불가능한 것은 아니다. 당시 이런 인물이 설사 존재했다 치더라도 이 후보 역시 심각한 약점하에서 고군분투했을 것이다. 브라이언과 맥킨리의 차이는 단순히 성격이나 우연이 아니었던 것이다.

브라이언을 그들의 기수로 만들었던 요인은 이미 미국 정치의 구조 속에 구축되어 있었다.

첫째, 연합을 결성하는 데 있어서 맥킨리의 성공은 산업사회의 고유한 특성에서 비롯되었다. 독일에서와 마찬가지로 생산자 집단은 구조적 이점을 지니고 있었다. 농부와 노동자와 소비자를 함께 묶는 것은 산업사회 어디에서든 극히 힘든 일이었고, 미국의 경우 민족적, 지리적, 종교적 다양성이 이를 더욱 어렵게 만들고 있었던 것이다.

둘째, 공업가들이 양당 모두를 통제하고 있었다. 지방 수준에서 무엇이

214

벌어지든 간에 민주당 중앙당은 남부 보수주의자들과 북부 기업가들에 의해 확고히 장악되어 있었다. 1896년 이전의 매 전당대회마다 이들은 자신들의 생각대로 정강정책을 만들었고 자기편 인물들을 민주당 후보로 추대하였다. 금화주의 민주당원(Gold Democrats)이란 것은 선택에 의한 것이 아니라 하나의 반항이었을 뿐이며, 공화당원들조차 이렇게 간주하고 있었다. 예컨대 1892년 선거 후 앤드류 카네기(Andrew Carnegie)는 헨리 클레이 프릭(Henry Clay Frick)에게 다음과 같은 편지를 보낸 바 있다: "자, 이제 우리가 두려워할 것은 아무것도 없고, 오히려 최선의 상황이라고 볼 수 있네. 사람들은 그동안 보호되기만 했던 기업가들이 이제야말로 다스려지고 있다고 생각할 것이고, 따라서 선동같은 것도 이제는 끝날걸세. 사실 클리블랜드는 참 좋은 사람이야. 내일 베니스로 떠나네."[43] 금화주의 민주당원들의 선거조직에 싸워 이기려면 오직 통상적이지 않은 행동이 필요했고, 따라서 브라이언과 같은 십자군이 구조적으로 필요하였다고 할 수 있다. 그러나 이러한 성공조건은 이미 1896년 11월의 실패의 씨앗을 뿌려놓은 셈이었다.

앞으로 돌아가서, 왜 공업가들이 정당을 장악하고 있었을까? 남북전쟁이 이에 대한 열쇠이다. 공화당은 그 창당 당시부터 근면, 자조 및 기회에 대한 신념을 지니고 있던 기업가들과 농부들과 법률가들과 전문인들의 혼합체였으며, 이들은 바로 중간 규모 농장 출신이었다. 이들은 남부를 싫어했는데, 그 이유는 단지 이들이 흑인들을 돕고 싶거나 혹은 노예제를 폐지하려 했기 때문이 아니라, 남부와 노예제라는 것이 바로 "자유로운 토지, 자유로운 노동, 자유인"이라는 것의 정반대를 상징하고 있었기 때문이다.[44] 남북전쟁은 공업화의 속도를 가속시킴으로써 공화당내의 힘의 균형을 공업가들 쪽으로 변화시켰다. 또 남부에 대한 전국적 반감을 동원함으로써 남북전쟁은 북부와 서부를 융합시켰고 유권자들을 공화당 수중에 고정시켜 주었다. 1860년 이전까지만 해도 반기업적이고 잭슨주의적이었던 사람

43) 1892년 11월 8일자 서신이며 Joseph Wall, *Andrew Carnegie*, New York: Oxford University Press, 1970에서 재인용.

44) Eric Foner, *Free Soil, Free Labor, Free Men*, New York: Oxford University Press, 1970.

들이 기업에 의해 지배되는 연합의 구성원이 된 것이다.[45]

남부에서는 구 위그당들이 자본을 절실히 필요로 하고 있었고 사회변화를 두려워했으며 잭슨주의자들을 경멸하고 있었다. 이들은 자신들의 농장을 재건하고 보수주의 지배를 복원하기 위해 북부 공업가들에 의지하려 하였다. 이들이 공화당에 참여하지 못한 것은 단지 급진적 공화당원들이 지닌 적대감 때문이었다. 대신에 구 위그당원들은 민주당으로 갔고, 결국 금화주의 민주당원들을 규합, 유지하는 데 성공하여 남부 민주당 조직의 통제권을 둘러싸고 민중주의와 대결하게 된 것이다.

이렇게 볼 때 미국의 저관세 연합에는 몇 가지 구조적 제약이 있었다고 할 수 있다. 그렇다면 경제 이데올로기와 국제체제는 어떠했는가? 미국에서는 자유무역이 영국과 같은 정도의 이데올로기적 힘이 된 적이 없다. 농업과 국가에 대한 불신이 자유무역의 기반을 제공했던 것과 마찬가지로 주요 공업국들과의 경쟁과 유치산업들이 보호주의 전통의 기반이 되었던 것이다.

관세는 또한 연방정부 재정수입의 주 원천이었다. 주지하듯이 "자유로운 토지, 자유로운 노동, 자유인"이라는 구호는 미국에서 강한 호소력을 지니고 있었고, 이데올로기적으로 이에 일치되려면 '자유무역'이 추가되어야 했을 것이다. 그러나 경제적 상황이 이를 정반대로 몰아갔던 것이다.

무역은 외교정책과도 어느 정도 연관이 있었다. 위릴엄 애플맨 윌리엄스(William Appleman Williams)의 저술이 보여주듯이, 세계사에 대한 미국의 개입은 시장의 추구, 즉 처음에는 농산품 시장의 추구, 그리고 이후에는 공산품 시장의 추구에서 비롯되었다. 그렇지만 국제정치체제가 관세정책을 결정했다고 주장하기는 어렵다. 미국은 자원이나 식량의 수급을 외국이 통제할지도 모른다는 걱정을 할 필요가 전혀 없었고, 어쨌든 저관세 연합의 외교정책이나 고관세 연합의 외교정책이나 서로 다른 점이 별로 없었던 것이다.

---

45) Walter Dean Burnham, *Critical Elections and the Mainsprings of American Politics*, New York: Norton, 1970; James L. Sundquist, *Dynamics of the Party System*, Washington, D.C.: Brookings, 1973; S. M. Lipset and Stein Rokkan, *Party Ssytems and Voter Alignments*, New York: Free, 1967.

5. 스웨덴

1870년대가 시작될 즈음 스웨덴은 이 글에서 분석된 국가들 중 가장 저발전된 나라였다. 스웨덴의 경제는 압도적으로 농업 위주였고 자원추출적 성격이었으며, 주로 목재와 곡물류 및 원석 상태와 반가공 상태의 금속에 기반하고 있었다. 그러나 스웨덴은 이미 국제무역에 상당히 참여하고 있어서, 이런 원자재를 영국, 독일, 러시아 및 기타 유럽대륙 국가들에 수출하고 있었다. 1850년대에 들어 스웨덴은 처음으로 급속한 경제성장을 시작하여, 우선 농업부문에서 그리고 임산자원 및 임산자원 가공부문 등 전반 연계효과가 큰 부문에서 급속한 성장을 이루었다. 경제수준 자체가 원래 낮았기 때문에 스웨덴의 경제는 오히려 독일이나 미국보다도 신속히 성장하였다.[46]

1870년대에 들어 스웨덴의 공업발전은 일약 '도약'하기 시작하였다. 국내 및 해외자본을 끌어들여 스웨덴 기업가들은 곧 유명해질 상품들—크림 분리기와 같은 유가공기기, 볼 베어링, 전기기기, 발전기, 모터, 전화, 내연

---

46) 스웨덴에 관해 나는 많은 저술들에 의존했고, 또 많은 스웨덴 학자들이 유용한 비판을 해 주었다. Steven Koblik(ed.), *Sweden's Development from Poverty to Affluence, 1750～1970,* Minneapolis: University of Minnesota Press, 1975는 좋은 참고문헌 목록을 제시한다. Eli Hecksher, *An Economic History of Sweden,* Cambridge: Harvard University Press, 1954; Donald Hancock, *Sweden: The Politics of Post-Industrial Change,* Hinsdale, Ill.: Dryden, 1972; Kurt Samuelson, *From Great Power to Welfare State,* London: Allen & Unwin, 1968; Robert Dahl, *Political Oppositions in Western Democracies,* New Haven: Yale University Press, 1966; Lennart Jorberg, *The Industrial Revolution in Scandinavia, 1850～1914, Fontana Economic History of Europe 4,* London: Collins, 1970; Jorberg, *Growth and Fluctuations in Swedish Industry, 1869～1912,* Stoclholm: Almquist & Wiksell, 1972; Herbert Tingsten, *The Swedish Social Democrats: Their Ideological Development,* trans. Greta Frankel and Patricia Howard-Rosen, Totowa, N. J.: Debminster, 1973; Tingsten, *The Debate on the Foreign Policy of Sweden, 1918～1939,* trans. Joan Bulman, London: Oxford University Press, 1949; Douglas Verney, *Parliamentary Reform in Sweden, 1866～1921,* Oxford: Clarendon, 1957. 또다른 참고문헌을 위해서는 Peter A. Gourevitch, "Breaking with Orthodoxy: The Politics of Economic Responses to the Depression of the 1930s," *International Organization,* vol.38, Winter 1984, pp.95-130을 참조.

기관 등—을 생산하였다. 그러나 스웨덴의 국내시장 기반은 비교적 낙후된 상태였고, 따라서 당시 개발되고 있던 첨단산업제품에 대한 충분한 수요를 제공하지 못하고 있었다. 수년 뒤에야 비로소 경제적 번영이 확산되어 내수시장이 조성될 수 있었다.

1873년의 위기는 다른 나라와 마찬가지로 스웨덴에도 심각한 문제를 야기하였다. 따라서 스웨덴인들 역시 똑같은 선택의 기로, 즉 국제분업을 받아들이고 비교우위가 있는 부문으로 자원을 이전하느냐, 아니면 관세장벽을 구축함으로써 이러한 특화와 조정의 과정을 완만히 수행하느냐의 기로에 서게 되었다.

이렇게 상반되는 정책 간의 싸움은 치열하였다. 물론 이 이슈가 당시 스웨덴 정치의 전부는 아니었으며, 종교, 민주화, 헌법, 행정개혁, 외교정책, 노동문제와 재산권 이슈 등 역시 중요한 이슈로 작용하고 있었다. 그러나 관세의 이슈는 초석과 같은 이슈였으며, 때로 가장 지배적인 정치적 균열을 이루었다.

보호주의 진영에는 대농장 소유주와 비교적 비옥하고 풍요롭고 곡물을 재배하는 평야지대인 스케인(Skåne) 지역의 수많은 소규모 자영농 및 귀족들이 있었다. 반면 중부와 북부지역의 소규모 자영농들은 훨씬 척박한 산악지역에서 농사를 짓고 있었고, 따라서 남부의 이웃들보다 형편이 나았던 적이 없었다. 새로운 경제상황에서 이들은 새로운 기회를 발견하게 되었다. 값싼 외국산 곡물의 유입과 낙농 및 축산제품 수요의 증가에 따라 보다 나은 생활을 영위하는 것이 가능해졌던 것이다.

한편 섬유, 철강 및 기타 공업가들은 보호주의를 추구하였고, 자유무역 지지자들은 첨단산업부문과 항구의 운송업자들, 그리고 대기업에 관련된 금융업자들이었다. 노동의 경우는 다른 나라와 마찬가지로 식량가격에 관심이 있었고 따라서 자유무역을 찬성하는 경향이 있었다.

따라서 스웨덴에서의 사회세력의 편성은 영국이나 독일과 크게 닮은 점이 있었다. 세계시장의 확대를 추구하던 첨단산업 부문의 수출업자들, 식료품비와 기타 생활비의 하락에 관심을 둔 노동자들, 그리고 새로운 국제분업에서 자신들의 부분을 찾아 가지려던 농민들의 세 집단이 자유무역을 위해 싸우게 되었다. 경제적 이익에서의 이 집단들 간의 일치와 협력은 다른 이슈 영역으로도 확대되었다. 헌법 개정에 있어서의 협력(국왕이 아니라 선출된 국민의 대표에 대해 정부가 책임을 진다는 원리를 수립하는 것 등), 선거권의 민주화, 종교적 자유, 행정개혁 등 사회, 경제, 정치에 있어서 자유주의와 개인주의의 결합을 성취하기 위한 협력이 이루어졌던 것이다.

보호주의 진영 역시 다른 나라와 마찬가지로, 귀족 출신의 대농장 소유주들, 경쟁에 취약한 제조업자들, 기존 질서와 국왕에 강한 유대를 지닌 집단들로 구성되어 있었다. 독일이나 영국에서와 마찬가지로 보호주의자들이 추구하던 정치는 교회의 권위 확립, 가부장적 질서와 권위주의로 요약되는 보수주의였다. 이 시기 대부분의 기간 동안 보호주의자가 승리하였는데, 이는 우리가 지금까지 검토해 온 접근들과 일치된다.

보호주의자들은 여러 측면에서 막대한 이점을 지니고 있었다. 이들은 국가에 대한 별도의 접근기회와 정보입수 능력을 지니고 있었고, 조직상의 이점도 보유하고 있었으며, 반시장적 이데올로기라는 이점도 지니고 있었던 것이다.

그러나 몇 가지 점에서 스웨덴의 사례는 특수하다. 우선 스웨덴 역시 귀족과 관료가 존재했지만 독일과는 달리 군은 큰 중요성을 지니지 않았다. 이는 국제 상황에 대한 인식이 달랐기 때문이다. 또 스웨덴은 인구가 비교적 적었으므로 내수시장이나 식민시장의 보호에 기초한 성장전략을 추구할 수 없었고, 오직 국제분업에서의 특화를 통해서만 성장할 수 있었다. 당시 스웨덴의 선택은 객관적 필요성의 측면에서는 도저히 설명될 수 없으나, 어쨌든 체제 자체가 그 기능적 요구를 완수하지 못한 셈이다. 궁극적으로, 제1차 세계대전과 같은 국제적 요인의 큰 영향 때문에 이같은 정책이 역전되도록 국내 정치세력이 재편된다.

이렇게 볼 때 19세기 후반 스웨덴은 '철과 보리의 연합'을 지니고 있었던 셈이다. 독일과 비교할 때, 스웨덴의 철-보리 연합은 내적 통제가 훨씬 약했는데, 이는 그 경제적 연관성이 훨씬 약했기 때문이다. 역동적이고 급속히 성장하던 다른 공업부문들은 자유주의 진영에 속해 있었고, 농민들 중 큰 집단 역시 자유무역에 기울어 있었으며, 자유무역을 지지하던 노동정당도 정치적으로 비교적 덜 소외되어 있었다. 이러한 차이점들은 1930년대 위기에 명확한 영향을 주게 된다.

6. 위기에 관한 대안적 설명들

19세기의 마지막 30년은 세계의 국가들로 하여금 국제경제환경의 극적인 변화에 직면하도록 하였다. 우리의 분석대상 5개국 중 4개국은 자유무역으로부터 이탈하게 되었고, 단지 영국만이 자신이 발견한 길을 계속 갔다. 각국내에서 벌어진 국제경제정책에 대한 싸움에서 각 정책들은 사회적 지지를 필요로 하였고, 각 경제 행위자들이 관세를 평가하는 것은 세계경제의 상황에 달려 있었다. 예컨대 새로운 생산지와 생산방식 때문에 위협을 받고 있던 유럽의 농민들이나, 강력한 국제경쟁과 막대한 투자의 문제에 직면해 있던 철강 생산자들, 그리고 선발공업국들과의 경쟁에 처해 있던 여러 유치산업부문들과 섬유업등은 보호주의를 지지하였고, 반면 화학과 전기 등 새로운 산업부문의 선두주자들과 완제품 생산자, 무역업자, 운송업자 및 상업 금융업자들은 자유무역을 지지하였다.

각국의 경우가 서로 다른 이유는 여러 가지 요인들의 특정 배합 때문이다. 우선 영국의 경우, 국제주의자들은 생산구조형태에 있어 독특한 위치에 있었다. 런던 시의 권력과 선발공업국으로서의 우위, 그리고 상업적 농업에 일찍이 적응하였던 점 등이 자유무역에 대한 사회적 지지의 기반이 되었다. 다른 나라들에 있어서는 미국의 경우를 제외하고는 국제주의적 기업들이 훨씬 약했고 보호주의적 농업은 훨씬 강했다. 세계경제상 첫 번째 위기에의 대응에 대한 이같은 해석은 정책선택을 설명하기 위해 각국의 생산구조 형태를 구체적으로 분석해야 함을 보여준다. 각국 경제의 구성과 무엇이 누구에 의해 생산되어 어떤 종류의 시장에서 누구에게 판매되며 어떤 종류의 생산자와 경쟁하고 있고 다른 생산자들과는 어떤 관계에 있는가 하는 점들을 먼저 밝혀야 하는 것이다. 이는 바로 ≪월스트리트 저널(*Wall Street Journal*)≫에서 ≪프라우다(*Pravda*)≫에 이르기까지 많은 분석가들이 전개하고 있는 익숙한 주장이다.

그러나 생산구조 형태론 역시 문제가 없는 것은 아니다. 각국의 승자들 중에는 그 정책선호가 국제경제에서의 자신의 위치와 관련되는 경제 행위자들이 있다. 불행히도 패자들의 경우 역시 마찬가지이다. 패자 중에도 역시 자신의 선호가 무역관계에 연관되어 있는 경제 행위자들이 있는 것이

220

다. 따라서 왜 특정 정책이 선택되었는지를 설명하려면 왜 특정 경제행위
자가 다른 경제 행위자들을 이겼는가를 알아야 하는 것이다.

경제적 상황에 기반한 설명은 정책선호의 문제, 즉 왜 각 집단들이 특정
한 결과를 원했는가 하는 문제로 우리의 주의를 이끈다. 그러나 어떻게 이
같은 정책선호가 정책 자체로 전환되었는지에 대해서는 명확치 않다. 분명
우리는 경제 행위자들과 정치과정 간의 연관에 개한 개념과 정책선호가 권
력을 얻게되는 메커니즘에 대한 개념을 필요로 하는 것이다. 어느 한 집단
도 자신이 원하는 바 모두를 얻을 수는 없고, 따라서 행위자들간의 거래가
발생하게 되며, 이러한 연합이 구축되는 과정이 존재해야 한다. 또 연합이
결성되었다 하더라도 이 연합이 승리하기 위해서는 권력의 획득을 필요로
하게 된다. 마치 충분한 권력을 지녔다는 증거가 곧 승리 자체인 것인 양,
특정 집단이 승리한 이유는 바로 그 집단이 충분한 권력을 지니고 있었기
때문이라고 말하는 것은 충분하지 않다. 이는 결국 순환논리이며, 이보다
우리는 선호와 이익과 이익집합과 정치권력 획득 간에 존재하는 연관성에
대해 생각해야 한다.[47]

이러한 논리의 둘째 문제는 이익이라는 개념의 모호성에 있다. 경제적
이익에 기초한 설명은 주어진 경제상황의 의미를 각 집단이 명확히 파악하
며 따라서 이에 대한 '최선의' 정책선호와 정치적 행태가 따르게 된다고
전제한다. 그러나 많은 경우 반드시 그렇지만은 않다. 앞에서 우리가 보았
듯이 1873년 영국 공업가들에게 자유무역이 유리한지, 혹은 프랑스와 독
일의 농민들에게 자유무역이 불리한지는 명확치 않았던 것이다. 사실 경제
행위자들은 종종 상반된 압력을 받게 된다. 노동의 경우 생산자로서의 이
해(일자리와 높은 임금)와 소비자로서의 이해(저물가) 중 어느 하나를 택해
야 하는 상황에 빠지는 경우가 많은 것이다.

정책선호로부터 권력으로의 전환과 이익의 불명확성이란 두 문제들로
인해 많은 정책분석들은 다른 주장들을 제시한다. 경제 이데올로기는 이익
이 이해될 수 있도록 정보를 제공해 주고, 중간집단들은 경제 행위자들의

47) Robert Dahl, *Preface to Modern Democratic Theory*, Chicago: University of Chicago Press, 1956; John Gaventa, *Power and Powerlessness: Quiescence and Rebellion in an Appalachian Valley*, Urbana: University of Illinois Press, 1980.

대표성에 대해 무언가를 우리에게 알려주며, 국가제도는 특정 집단의 권력을 강화시켜주고, 국제 국가체계는 특정 정책에 유리하게 작용한다.

19세기 4/4분기의 모호한 경제 상황을 감안할 때, 당시 경제 행위자들은 어떤 객관적이고 명백한 상황에 따라 움직였다기보다는 경제상태에 대한 자신들의 인식(perception)이나 경제현상의 원인과 결과에 대한 자신들의 이론에 따라 행동했을 가능성이 크다. 그 명백한 예는 1873년 이후의 경제에 대한 독일과 영국의 분석을 대조할 때 발견된다. 주지하듯이 독일은 관세를 채택했고, 영국은 다른 공업국들에 대해 자유무역을 지속하였다. 이 두 국가들은 각기 상당히 다른 산업혁명의 발전경로를 경험하였고, 따라서 경제에 대해 서로 다른 '문화'를 지니고 있었다. 최초의 공업국으로서 영국은 자유시장에 대한 일반적 개념들을 자기 고유의 발전형태와 결합시키고 있었고, 후발공업국으로서의 독일의 경우 이러한 개념은 다른 나라에만 유리한 것으로 받아들여졌고 민족주의적 경제개념이 성행하게 되었던 것이다. 따라서 영국과 독일의 경제 이데올로기는 19세기 후반의 정책 결과에 상응한다. 즉 자유주의 이데올로기를 지닌 나라는 자유무역정책을 추구하였고 강한 개입주의적 전통이 있는 나라는 보호주의적 정책을 추구하였다.

그러나 이 논리체계 역시 그 특징적 문제들을 지니고 있다. 최소한 국가주의 전통이 별로 없던 한 나라, 즉 미국 역시 보호주의로 선회했던 것이다. 또 각국마다 새로운 경제상황의 영향으로 자신의 정책적 입장을 급히 바꾼 경제 행위자들(가장 명백한 예는 독일의 융커들이다)이 존재한다. 독일의 경우에도 자유주의적 전통이 없었던 것은 아니며, 수세기간 융커들은 강력한 자유무역주의자들이었다. 그러나 19세기 말 가격이 폭락하기 시작하자 융커들은 보호주의를 절대적으로 신봉하게 되었던 것이다. 이데올로기적 설명은 이렇게 정책적 입장이 급속히 변화하는 현상을 설명하지 못한다. 이데올로기가 설명도구로서 유용성을 지니려면, 설명대상에 비해 상대적으로 고정되어 있어야 하며, 그렇지 못할 경우 융커의 사례에서처럼 급속한 변화를 설명하는 데 어려움이 생기는 것이다.

두 번째 문제는 이데올로기의 사회학과 연관되어 있다. 독일에도 자유무역주의 관념과 보호주의 관념이 모두 있었고, 영국의 경우도 마찬가지였다. 왜 특정 관점이 다른 관점에 승리하였는가를 이해하기 위해 우리는 누가 어떤 입장을 지니고 있었고 이들이 각기 어떤 권력 자원을 사용할 수 있었는가를 밝혀야 한다. 이는 단순히 속류 맑시즘의 문제가 아니라 다분히 베버적인 것이다. 종교와 이데올로기 및 신념체계 전체를 분석함에 있어서 베버는 '관념보유 계급(idea bearing class)'—즉 세계와 사회체계에 대한 관념을 습득하고 확산시키고 전달하는 사회계층—을 거론한 바 있다.[48] 관념과 이를 확산시키는 힘은 결코 사회내에 균등하게 배분되지 않는다는 점을 우리는 상기해야 한다.

권력이란 그 집단이 사회내에서 행하는 기능으로부터 나온다. 투자를 한다거나 노동을 한다거나, 혹은 구매를 하는 등의 핵심적 기능은 곧 권력에의 지렛대로 작용하는 것이다. 그러나 상당수의 행동들은 이들을 대표할 조직이나 제도를 필요로 하며 정당과 이익집단 조직들이 바로 이 구실을 하게 된다. 경제 행위자들을 국가에 연계시킴에 있어서 이러한 조직들은 그 결과에 영향을 미치게 되는데, 이는 반드시 직접적이지는 않다. 정책결과에 대한 사회 행위자들의 선호를 중재하는 능력을 이 조직들이 얻게 되기 때문이다.

19세기 후반 각국에 있어서 정당과 이익집단의 체계는 상당히 상이했다. 영국의 경우 의회체제의 발전에 따라 정당들이 서서히 발전하였고, 독일의 경우는 국가체제 자체가 새로운 것이었으므로 전국적 집단 역시 마찬가지였다. 그러나 당시까지는 이 국가들 모두에 있어서 중간집단 체계가 아직 발전되지 않은 상태였다. 대중정치는 이제 막 시작되었고, 이에 따라 대중을 조직화하려는 집단들도 생겨나게 되었다. 그러나 이 시기 초기에는 정당과 이익집단들 대부분이 외부로부터의 침투에 취약했었고 말기가 되어서야 이들은 보다 강인하고 제도화된 조직이된다. 또 이들은 지지자들이 정책선호를 바꿈에 따라 신속히 자신의 입장을 바꾸고 있었다(이 점에 있어서 특히 독일의 경우가 주목된다). 집단들의 영향력이란 한쪽으로는 지지자들에 대해, 다른 한쪽으로는 국가에 대해 행사되는 영향력인데, 당시

---

48) Max Weber, "Class, Status and Party," in Hans Gerth and C. Wright Mills (eds.), *Reading from Max Weber,* New York: Oxford University Press, 1946; Clifford Geertz, "Ideology as a Cultural System," in David Apter(ed.) *Ideology and Discontent,* New York: Free, 1964; David Laitin, "Religion, Political Culture and the Weberian Tradition," *World Politics,* vol.30, July 1978, pp.563-592.

의 집단들은 이같은 능력을 아직 개발하지 못하고 있었던 것이다.

국가—규칙의 체계와 관료—는 특정 집단을 다른 집단보다 우대하고 특정 연합을 다른 연합보다 돕거나 방해한다.[49] 독일에 있어서 국가는 보호주의자들을 유리하게 해 주었고 영국은 국가가 자유무역론자들을 우대하였다. 독일의 경우 자유무역론자들은 그 정책목표를 달성하기 위해 제도개혁을 위한 투쟁을 벌여야 했던 반면, 영국의 경우 자유주의자들은 단지 무역정책에만 전념하면 되었다. 이렇게 볼 때 이 시기의 정책결과들은 제도주의적 논지에 상당히 부합되는 것처럼 보인다. 이 논지는 경제적 이익이나 경제 이데올로기에 기반한 설명들이 간과했던 정치권력의 이슈를 고려하고 있는 것이다. 그럼에도 불구하고 제도주의적 설명 역시 취약점을 갖고 있다. 각국을 개별적으로 살펴보면, 제도와 이 제도를 이끈 인물이 커다란 역할을 하였음을 발견할 수 있다. 그러나 각국을 비교해 보면, 국가 제도의 중요성은 사라지게 된다. 상이한 구조를 지닌 나라들이 유사한 정책을 채택했던 것이다. 프랑스와 스웨덴 및 미국은 모두 19세기 후반 관세를 인상하였다. 또 독일의 가장 현저한 특성들, 즉 융커와 군과 비스마르크에 유사한 존재들은 어디에도 나타나지 않았다. 멜린느나 맥킨리는 결코 비스마르크와 같은 존재가 아니었다. 대부분의 분석들이, 미국의 경우는 전형적으로 약한 국가를 지니고 있었던 것으로 취급한다. 반면 프랑스의 경우는 고도로 발전된 관료제를 지니고 있었으나 그렇다고 강력한 행정부를 지닌 것은 아니었다. 요약하면 제도의 다양성에도 불구하고 정책결과가 수렴되었다는 사실은 한 나라에 한정된 정치체계의 성격이라는 것이 결과를 설명함에 있어 핵심적이지 않다는 점을 보여준다 하겠다.

제도론적 설명은 다른 문제도 지니고 있다. 사회현상의 설명에 있어서 '환원주의적(reductionist)' 요소를 비판하면서 이러한 요소들을 무시함에 따라, 제도주의적 설명은 집단이라는 요소를 이론적으로 방치하고 개발하지 않고 있는 것이다. 그러나 제도의 영향력이란 이 제도를 통해 활동하고 그것에 영향을 미치는 사회 행위자들 없이는 이해될 수 없는 것이다. 규칙과 관료는 권력관계를 일정 방향으로 편향시킬 수 있고 심지어 국가는 행

---

49) 국가구조의 역할에 대한 논의로 Evans, Rueshmeyer, Skocpol, *Bringing the State Back In*을 참조.

위자들을 만들어내거나 이들의 상황을 규정해 줄 수도 있다. 그러나 우리는 제도라는 메커니즘이 연결되는 사회 자체에 대한 모델이 없이는 과연 제도가 무엇을 하는지 이해할 수 없는 것이다.

독일의 경우 국가기구들이 보호주의자들에게 편향되었던 것은 이 국가기구와 독일사회를 잇는 사회적 연계 때문이었다. 예컨대 군은 자동적으로 한 세력에 편향되어 있었던 것이 아니라 17세기까지 소급되는 융커와의 특수한 연관을 지니고 있었기 때문이었다. 게다가 프러시아 국가를 형성할 때 왕권은 귀족들과 특정한 약정을 맺고 있었다. 따라서 군의 독자성은 융커제에 긴밀하게 연관된 것이었고, 비스마르크와 황제가 권력을 행사한 방법 역시 이같은 역사적 관계에 밀접히 연관된 것이었다.

사회의 형태를 규정지을 수 있는 국가의 능력은 정치적 투쟁에 있어서 국가를 중요한 존재로 만든다. 그러나 국가기구에게 주어지는 목적은 단순히 국가의 능력이나 그 규칙만을 고찰함으로써 이해될 수 없다. 국가행위의 효과와 힘은 사회 행위자들에 대하여 국가가 동원할 수 있는 권위에 달려 있는 것이다. 규칙은 변할 수 있고, 관료제는 만들어졌다가 해체될 수도 있는 것이며, 권위란 창출되었다가 사라질 수 있는 것이다. 그러므로 19세기 관세정책을 설명하기 위해 제도론은 각국에 있어 이같은 제도와 사회 세력들 간의 관계에 대한 설명을 필요로 한다.

상이한 정책 결과에 대한 국가체계론적 해석은 당시의 관세정책 논의를 군사적·정치적 경쟁체계에서의 각국의 상이한 위치에 연관시킨다. 특히 오토 힌쩨(Otto Hintze)는 영국과 독일의 상이한 정치발전을 양국의 지리적 위치(도서국가 대 대륙국가)와 이에 영향받은 군사력의 형태(해군 대 육군) 및 이에 따라 프러시아 군대가 독일정치에서 행사하게 된 영향력에 연관시킨 바 있다. 19세기 중 국제분업의 비용과 혜택에 대한 국가 간의 상이한 태도에 대해서도 이와 똑같은 대조적 차이점이 영향을 미쳤을 수 있다. 즉 영국은 국제분업에서의 특화를 수용함으로써 국제경제에 대한 의존도를 증대시켰다. 이제 더이상 자급자족적일 수 없는 영국으로서는 원자재와 식량을 수입하고 완제품을 수출할 수밖에 없었다. 따라서 바다는 영국의 생명선이며 국제경제는 영국의 심장이 되었고, 양자 중 어느 하나에서의 교란과 혼돈은 곧 본토에 재앙을 가져다 주게 될 것이었다. 영국이 이같은 취약성을 기꺼이 받아들인 것은 자신이 세계 최강의 해군력을 보유하고 있었기 때문이라고 주장될 수 있을 것이다. 이 해군력이 무역로를 보호하고 영국이 지배하고 있는 경제체제를 방어하기 위해 해외에 개입할 수 있는 능력을 확보해 주었던 것이다.

반면 독일은 전략적으로 훨씬 취약하였다. 무역을 방해할 뿐 아니라 직접 침략할 수도 있는 강대국들에 둘러싸여 있는 나라에게 특화란 훨씬 위협적인 것이 된다. 전쟁은 단지 독일의 군사적 안보를 위협할 수 있을 뿐만 아니라 그 경제적 안보도 위협할 수 있는 것이었다. 영국의 해군력이 무역에 기반한 국제주의적 성향을 강화하게 해 주었다면, 독일의 안보 상황은 자립체제와 지배로의 성향을 유도했다고 할 수 있다. 외부 적들로부터의 위협 때문에 독일은 군사력에 치중하게 되었고, 군사력은 다시 경제력을 필요로 하게 되었으며, 이는 곧 자급자족을 의미하였던 것이다. 이 논리구조는 보호주의로 나아가게 되어 있었으며, 곧 식량과 철강과 군사장비의 자급자족을 보장하게 되었고, 노동자보다는 농민이 보수주의적 목적에 대해 정치적으로 믿을만하고 복종적이라는 이유로, 병사들에 대한 양질의 곡물 제공이라는 정책으로 농민을 보호하게 되었다. 제국과 해군이 영국으로 하여금 자유무역에 의존할 수 있게 해 준 반면, 제국의 부재는 독일로 하여금 자립체제로 나아갈 수밖에 없게 만들었다.

그러나 이러한 강력한 설명도 난점들을 지니고 있다. 이 설명은 국제체계에서의 위치가 객관적인 것이며 이로부터의 요구가 국내 결정과정에 영향을 미친다고 전제하고 있다. 그러나 국제적 정치·군사 상황을 당연한 것으로 간주할 수는 없다. 이 상황은 다르게 인식될 수 있는 것이고, 정책에 대해 다양한 의미를 지닐 수도 있으며, 한 국가는 상황 자체와 이에 대한 대처방안에 대해 이견을 지닐 수도 있다. 따라서 왜 안보의 필요성에 대한 특정한 해석이 다른 해석들을 압도하게 되는지에 대한 설명이 필요하게 되며, 이는 다시 이익집단이라든가, 제도 혹은 이데올로기와 같은 국내적 변수들에 대한 고려를 필요로 하는 것이다. 이 점은 사회과학과 역사학에서 오랫동안 논의되어 온 바 있으며, 독일이야말로 이같은 논지의 전형적 예라 하겠다.[50]

---

50) Kehr, *Primat der Innenpoliyik*.

독일은 안보상황이 취약하므로 강력한 군사적·경제적 자급자족체를 필요로 한다는 관점은 어떤 집단들에게는 받아들여졌고 어떤 집단들에게는 거부되었다. 전간기(戰間期)에도 그러했듯이, 다른 강대국들과의 협력과 공조, 국제분업체제에서의 특화, 그리고 무역을 통한 국력 함양을 촉구했던 독일인들이 19세기 말 당시에도 존재하고 있었다. 몇몇 분석들에 따르면 심지어 비스마르크 자신도 통일을 통해 그가 이루어 놓은 독일의 힘 자체를 사용하는 데 있어 어느 정도 자제하려 했다고 한다.

다른 한편에는 훨씬 공격적이고 전투적인 행동가들이 있었고, 이들은 세계적 제국과 유럽의 지배를 추구하고 있었다. 이러한 민족주의적·제국주의적 성향은 이미 비스마르크하에서 증대되고 있었고, 그의 퇴임 후에 급속히 번져나가게 되었다. 비스마르크나 그의 후임자들에게 민족주의 성향은, 어떻게 권위주의 체제에 대한 대중적 지지를 동원하고 개혁주의적 연합이 형성되는 것을 막을 수 있는가 하는 국내정치적 문제를 해결해 주었다. 민족주의는 권위에 대한 경외심으로 집단들을 결속시켰고 체제에 대한 지지를 얻는 데 필요한 정책들―공업부문에 대한 해군 함정 건조 및 군수 계약, 융커와 농민에 대한 보호주의 관세, 많은 계급들 중 불안정한 자들에 대한 국가적 영광의 강조 등―에 정당성을 제공해 주었다. 국내적 갈등을 통제하기 위해 대외 모험을 감행한다는, 고대로부터 정치이론가들에게 익숙한 원리를 발전시키는 데 독일은 이렇게 공헌했다.

한 나라의 안보문제와 국제 국가체계에서의 위치는 당연시되어서는 안 된다. 이러한 문제들은 국내 정치갈등의 일부분이며, 다른 정책논쟁과의 연관선상에서 파악될 필요가 있다. 이 문제들은 결국 특정 관점을 형성하게 되고 이 관점이 권력을 획득하게 되는 현상을 우리는 분석하고 이해해야 하는 것이다. 경제문제와 안보문제 모두에 있어서, 우리가 한 나라의 국제체계에서의 상황을 검토할 때 알아야 할 것은 많다. 그러나 종종 이러한 상황은 문제의 국가에 대해 상당한 정도의 자유를 허용하고 있다. 어떻게 한 나라가 이 자유를 행사하느냐 하는 문제는, 어떤 집단 혹은 어떤 관점을 지닌 집단이 정치적으로 압도적인가 하는 측면에서 설명되어야 한다.[51]

51) Peter Gourevitch, "The Second Image Reversed: The International Sources of Domestic Politics," *International Organization*, vol.32, Autumn 1978, pp. 881-

7. 각 설명들의 비교

19세기 후반 관세정책의 문제에 대해 다섯 가지 설명양식 모두는, 영국과 독일의 비교에서 명확히 보여지듯이 동일한 방향을 가리키고 있다. 우선 영국의 자유무역성향은 최초의 공업국으로서의 생산구조 형태에 부합되는 것이고 독일의 보호주의는 후발공업국으로서 지녔던 상황에 일치되는 것이다. 또 독일의 경제적 관념은 민족주의적이고 국가주의적이었고 영국은 자유무역주의적이고 국제주의적이었다. 중간집단 체계 역시 독일의 경우 허약하여 사회적 압력의 성격을 반영하고 있었고 영국의 경우는 보다 강력한 체계가 자유무역에 이미 부착되어 있어서 보호주의적 충동을 가로막을 수 있었다. 또한 국가구조 역시 독일은 보호주의를, 영국은 자유주의를 유리하게 해 주었다. 국가 간 경쟁과 안보상 고려도 양국의 상이한 반응을 가져왔다. 영국의 경우 그 강력한 해군력에 의해 세계에 대한 의존이 가능하게 되었던 반면, 이같은 세계적 지위를 지니지 못했던 독일은 내부지향적 자급자족체제를 강화하게 되었던 것이다.

이렇게 볼 때 설명의 각 단계에서 다양한 독립변수들이 상호작용하고 있음을 알 수 있다. 그러나 거대한 인과관계의 구조 속에서 이들이 동일한 비중을 지니고 있는 것은 아니다. 각국을 비교해 보면, 이들 간의 연관성이나 관계, 이들이 영향력을 발휘하는 순간이 드러난다. 우선 각 국내 행위자들이 처한 국제경제에서의 상황이, 최소한 이 기간 동안의 정책대결에 관한 분석을 시작할 수 있는 가장 중요한 출발점이며, 다른 요인들은 경제 행위자들 간의 관계에 미치는 영향을 통해 분석에 포함되게 된다. 즉 이들은 독립적이 아니라 연합 형성을 매개함으로써 정책 결과에 영향을 미치는 것이다. 그러므로 정책 결과를 이해하기 위해 우리는 각 연합의 정책선호와 집단들 간의 타협 조건 및 각 집단들이 합쳐지는 방식을 파악해야 하며, 어떤 조건하에서 각 연합이 이와 다르게 형성될 수 있었는지를 고려할 필요가 있다.

이 시기에 있어서 각국에 대한 비교연구에 의해 명백히 드러나는 한 가지 결과는 각국 간의 수많은 차이점에도 불구하고 각국의 승자들은 극히

912.

유사한 성격을 지녔다는 점이다. 특정 국가의 제도나 정당이나 이데올로기가 어찌되었든간에, 강력한 정책선호를 지니고 있고 국가경제에서 전략적 지위를 점하고 있는 고도로 집중된 공업 생산자가 어디서나 승리를 거둔 것으로 보인다. 이는 실제 정치적 자원이 곧 경제적 자원에 연관되어 있었고 정치적 이점이 곧 경제적 위치에 연결되었음을 암시한다 하겠다. 또 체제의 성격과 무관하게 이들은 승리했다. 서로 상반된 체제들(예컨대 공화정하의 프랑스와 제국하의 독일)이 보호주의란 동일한 결과를 낳았고, 반면 서로 유사한 체제들(입헌 민주주의였던 프랑스, 영국, 미국)은 서로 다른 정책을 선택했던 것이다. 사실 각국이 실제와 다른 체제를 지니고 있었다 할지라도 그 정책 결과는 일단 1873년의 충격이 전해졌을 때 역사상 나타났던 바와 크게 다르지 않았을 것이다.

  실제로 이 시기에 있어서 사회 행위자들의 정책 요구에 대한 정치체제의 침투성은 각 체제를 강화해주었고, 1870년대의 경제위기가 처리된 방식은 각국의 정치에 큰 흔적을 남기게 되었다. 예를 들면 독일의 경우 관세정책이 다른 많은 갈등을 해소하는데 공헌하였다. 관세정책은 하나의 바퀴축과 같은 존재가 되어 여기에 제국내 각각의 바퀴살과 같은 존재들이 확고하게 결합될 수 있었던 것이다. 구교도들과 자유주의자들과 융커와 공업가들과 농민들은 관세정책이 아니었더라면 그렇게 쉽사리 상호이해에 도달하지 못했을 것이다. 나아가 관세정책은 자체의 로비를 낳게 되었다. 근대화를 추구했을 수도 있는 다른 모든 소규모 자영농들도 일단 곡물에 대한 보호가 시작되자 고관세에 의존하게 되었고 이를 지키려고 치열하게 싸우게 되었던 것이다. 마찬가지로, 독일의 해군함정 건조사업은 군산복합체(military-industrial complex)의 고전적 예를 낳게 했다.

  저관세 정책이 수립되었을 때 독일사회에 과연 얼마나 많은 변화가 생겼을지는 명확치 않다. 저관세 연합하의 독일은 아마 상당히 다른 모습이 되었을 것이나, 애초에 상당히 다른 독일이었어야 저관세 연합이 지배하게 되었을 것이다. 독일에서 만일 반곡물법 동맹같은 것이 승리하였더라면 아마 영국처럼 입헌주의적 형태로 계급 간 연합이 창출될 수도 있었을 것이나, 이와 대조적인 뷜로우 블록(Bülow bloc)의 승리로 인해 독일사회내에서는 실제 결과가 강화되었던 것이다. 그러나 자유주의 체제하에서도 민족주의와 군국주의와 제국주의는 생겨나는 것이며, 카프리비식의 연합이라도 이같은 요소들을 정당화의 도구로 사용했을 수 있다고 생각해봄직하다.

프랑스의 경우도 보호주의가 공화국을 강화해 주었다. 농업 및 공업 부문의 보수주의자들이 공화국도 보수적일 수 있고 또 공화국을 통해서도 자신들의 이익이 보호될 수 있다는 점을 깨닫게 되었기 때문이다. 관세는 농장과 작업장에서의 보수주의를 보존하고 도시와 공장에서의 급진주의를 위축시키는 데 기여하였다. 독일에서와 마찬가지로 보호주의는 다른 정치적 균열들, 특히 헌법과 교회를 둘러싼 균열들을 녹여주는 용매의 역할을 하였다. 1890년대 초반에 정당구조의 재편이 일어날 수 있었음도 사실이다. 그러나 드레퓌스 사건(Dreyfus affair)도 유산자들의 이익이 확보되었었기 때문에 가능했던 것이며, 양측이 모두 이 사건을 추궁하게 된 것도 바로 정당 재편의 가능성을 피하기 위해서였다.

영국의 입헌군주제는 새로운 지지를 동원하지 않아도 확고한 것이었으나, 대륙국가들의 경우와 마찬가지로 관세정책에 의해 기존 질서가 강화되었다. 우선 곡물법 폐지가 재확인됨에 따라 농업과 토지 이익들의 지위는 계속 하락하였다. 1880년 이후 농업에 종사하는 인구의 절대수치가 급격히 감소되어 영국은 절대 다수의 인구가 비농업부문에 종사하는 최초의 국가가 되었다. 귀족의 특권들도 지속적으로 사라져갔다. 지방정치에서 귀족집단의 영향력을 없앤 1888년의 군의회법(County Councils Act), 비밀투표제, 하원 개혁, 교육제도 개선 및 교회 지위의 개혁 등은 모두 농업부문 영향력의 위축과 연관되었던 것이다. 농업의 위축은 또한 근대적인 정당체제의 발전을 용이하게 하여, 1890년대 산업관계라는 단일 균열구조를 바탕으로 두 개의 광범위한 세력이 출현하게 되었다. 이러한 발전은 노동당이 자유당을 대체한 것보다 먼저 일어난 것이다.[52] 만일 농업이 보호되었더라면 프랑스에서처럼 다른 이슈들이 영국정치에서 유관성(saliency)있는 존재로 남게 되었을 것이다.

미국에서도 입헌주의적 질서의 생존이 관건은 아니었다. 관세논쟁에 의해 영향을 받은 이슈는 미국에서 공업의 지배적 지위에 관한 것과 정당체

---

52) P. F. Clarke, *Lancashire and the New Liberalism*, Cambridge: Cambridge University Press, 1971.

계의 성격에 관한 것들이었다. 만일 잭슨주의 대 위그당이라는 구조 위에 수립된 정당체계가 지속되었더라면, 지역적·부문적이 아닌 전국적인 정당 체계가 유지되었을 것이고, 따라서 전국의 유권자들은 일련의 이슈에 따라 배열되어 있었을 것이다. 그랬다면 1880년대의 공황이 급습했을 때 남부 농민들이 서부 농민들과 결합하여 그들의 요구에 보다 민감한 민주당을 지 지했을 것이다. 즉 우드워드(C. Vann Woodward)가 남부의 쇠스랑이라고 명명한 방식과 유사하게, 잭슨주의적 개혁 원리에 기반한 서부와의 연합이 동부 빈민들을 포함하게 되었을 것이다.[53]

그러나 남북전쟁은 북부-서부 간의 연합을 낳았고 이 연합은 실제 남부 의 상층부까지 확대되었으며 따라서 농업부문은 분할되었다. 그 결과 공업 부문이 정치를 지배하게 되었고, 다른 모든 집단들은 이에 맞추어 자신의 이익을 재규정하게 되었고 토리적 보수주의를 보존했을 수도 있는 전 산업 적 엘리트들은 벼락부자들의 사회적 다원주의에 의해 멸종되어 갔다. 또 노동계급의 상당부분은 정치적 대결을 유산자 대 무산자의 관점이 아니라 공업 대 농업의 부문적 이해대립으로 해석하게 되었다. 공업부문의 이익이 자신이 이익이라고 간주하게 된 노동은 이 체제내에서의 성공의 기준, 즉 부의 축적을 받아들이게 된 것이다. 한편 남부는 귀족들(Bourbons)과 빈민 들(Crackers)을 한 정당내에 묶어주는 유일한 방안으로 인종차별주의를 발 전시키도록 유도되었다. 공업가들은 승리하였고 이들의 승리는 놀라우리 만치 견제받지 않았던 것이다. 서구의 다른 어떤 나라들, 심지어 독일에서 조차 이처럼 공업가들이 권력을 독점한 곳은 없(었)고, 또 이들의 비전과 지위와 정책에 대해 이렇게 비판이 적은 곳도 없(었)다. 남북전쟁이 바로 이런 상황을 만들어 주었고, 1896년의 선거가 이를 재확립해 주었던 것이 다. 1932년의 선거에 의해 상황이 약간 변하기는 하지만 이러한 형태가 실 제 크게 바뀐 것은 아니다.

관세 논쟁의 정치적 결과에 대한 이런 관찰은 분명 추론적인 것이다. 보 다 직접적인 문제로, 사회내에서의 지배권을 둘러싼 광범한 투쟁과, 가격 하락에 따라 야기된 보다 구체적인 정책적 문제 간에 존재하는 연계에 관 해 생각해 보는 것이 중요하다. 한때 나는 이 둘이 동전의 양면과 같은 것

---

53) Woodward, *Origins of the New South.*

으로, 즉 관세 수준과 이를 지탱하는 연합이 함께 부침한다고 생각하였다. 다시 말해 연합이 패배하면 관세 수준도 변화하고 관세 수준을 방어하지 못하면 그 연합 역시 붕괴되는 것이다. 그러나 각 사례를 주의깊게 분석한 뒤 나는 양자가 거의 독립적이라고 생각하게 되었다.

정치체제의 성격이 여러 가지 정책들의 내용에 거의 영향을 미치지 않을 수도 있다. 정책 이슈들은 어느 정도 중립적인 성격을 지니고 있고, 아주 다양한 정치적 색채를 띨 수 있다. 극히 성격이 다른 체제도 동일한 정책을 자신의 우월성과 효율성 및 정당성의 증표로 이용할 수 있는 것이다. 54) 그렇다면 정책이 체제에 미치는 정확한 영향은 그 역사적 맥락에 의해 좌우되며, 정책 자체가 이미 포기되었거나 고루해진 이후에도 그 효과는 지속될 수 있다. 어떤 사람들은 이를 정치의 파생적·종속적 성격의 증거로 간주하기도 한다. 이와 정반대로 나는 정치의 독창성과 독립성이 제시되는 것이라고 생각한다. 왜냐하면 정치체제의 형태, 즉 정책결정 양식은 그 자체가 하나의 가치이며 정책내용에 대한 그 영향력이 다른 가치들에 대한 영향보다는 작을 수 있기 때문이다. 이슈들이란 그 정치적 효과에 있어서는 유연성이 크나, 그 내용에 있어서는 이보다 덜 유연하다. 따라서 정치인들이 이슈를 이용할 때, 이는 그 본질적인 효과와는 상당히 다를 수 있는 것이다.

19세기 말 관세정책의 특성은 정책 결과에 대해 경제적 상황이 비교적 큰 역할을 한 반면 다른 요인들은 비교적 작은 역할을 했다는 점이다. 동시에 당시 정치인들은 그들이 극히 제한적인 통제력만을 지니고 있었던 정책 논의의 객관적 압력을 이용하여 비교적 그들의 통제력이 강했던 정치적 목적에 영향을 미치려 하였다. 그러나 19세기 후반의 위기에는 들어맞았던 인과관계가 그후의 위기에도 타당할지는 확실하지 않다. 그러므로 정치의 역할이 곧 이제 우리가 분석할 1930년대 대공황이라는 경제위기에서 주목할 대상이다.

---

54) 정책내용과 체제유형 간의 관계는 반드시 비교정책연구에 의해 설명되어야 한다. Arnold J. Heidenheimer, "The Politics of Public Education, Health, and Welfare in the USA and Western Europe: How Growth and Reform Potentials Have Differed," *British Journal of Political Science*, vol.3, 1973, pp.315-340을 참조.

신자유 제도주의: 세계정치에 대한 한 시각*

로버트 커해인

　초국가적 관계의 중요성을 강조해 온 현대 세계정치의 관찰자들마저도 "국가는 세계적 사건들의 가장 중요한 행위자였으며, 지금도 여전히 가장 중요한 행위자"라는 데 동의한다(Keohane and Nye, 1972: xxiv). 게다가 그들은 국제체계(international system)가 분권화되어 있다는 것을 인정하고 있다. 즉 "형식적으로는 모두가 평등하다. 어떤 국가도 명령할 권한을 갖고 있지 않으며, 어떤 국가도 복종해야 할 필요가 없다"는 것이다(Waltz, 1979: 88). 비록 '무정부상태(anarchy)'라는 단어가 혼란 및 무질서와 연관이 있는 이유로 복잡하고 오해를 살 가능성이 있긴 하지만, 그 단어는 세계정치가 공통의 정부를 갖고 있지 않다는 의미에서 세계정치를 잘 특징짓고 있다(Axelrod and Keohane, 1985: 226). "체계 전체에 걸친 권위를 갖는 행위자가 부재하는 상황에서는, 지배와 복종의 공식적 관계는 발전하지 못

---

* Robert O. Keohane, "Neoliberal Institutionalism: A Perspective on World Politics," *International Institutions and State Power: Essays in International Relations Theory*, Boulder: Westview Press, 1989, ch.1(김우상 옮김).

▶ 조셉 나이(Joseph Nye)와 함께 국가 간의 상호의존의 중요성을 강조했던 로버트 커해인은 신자유 제도주의를 주창하는 중심적인 학자이다. 커해인은, 현실주의자들의 주장과 마찬가지로, 국제체제내에서 가장 중요한 행위자는 국가이며 이는 합리적인 행동단위체라는 가정을 수용한다. 그리고 이러한 국가들의 주요 행위자들인 국제체제는 무정부 상태임을 인정한다. 그러나 현실주의자들과는 달리, 이러한 무정부 상태하에서도 국제 레짐 또는 국제제도를 통해서 국가들 간의 협력을 도출해 낼 수 있다고 주장하는 대표적인 학자이다. 본 논문은 이러한 커해인의 주장을 잘 보여준다.

한다"(Waltz, 1979: 88).

그렇지만 무정부상태란 것이 유형의 부재를 의미하는 것도, 영속적인 전쟁상태를 의미하는 것도 아니라는 데 대해 일반적으로 동의한다. 즉 "비록 완전히 평화로운 상태는 아니지만 세계정부가 구제할 수 없는 혼란에 빠져 있는 것은 아니다"(Waltz, 1979: 114). 1988년의 유럽이 1651년 홉스가 선언한 것과 같은 상태라고 말할 수는 없다. "주권적 권위를 가진 개인들은 그 독립을 지키기 위하여 끊임없이 시기하며 무기와 눈을 상대방에게 겨누고 있는 전투사들과 같은 상태와 모양새가 된다. 즉 자신들의 성채와 요새를 만들고 왕국 국경에 총포를 올려놓은 채 지속적으로 이웃들을 염탐하는 바, 이는 전쟁상태인 것이다"(Hobbes, 1651; 1958: 108, Part 1, ch.13). 월츠(Kenneth Waltz)는 "세계정치는 비록 공식적으로 조직되어 있지 않지만 제도와 질서있는 진행과정을 완전히 결여하고 있지는 않다."는 것을 인정한다(Waltz, 1979: 114).

세계정치를 이해하기 위해서는 우리는 분권화와 제도화를 항상 염두에 두어야 한다. 월츠(1979: 114)가 자인했듯이 국제정치는 '여러 개의 정부들에 의해 주도되는' 데 그치지 않고 보다 더 근본적으로 제도화되어 있다. 즉 많은 행태들이 참여자들에 의해 확립된 규칙과 규범과 관례들을 반영하는 것으로 인지되고 있으며, 그 의미는 이러한 규칙, 규범, 관례들에 대한 이해에 비추어 해석되고 있는 것이다. 외교적 승인, 치외법권, 다자간 조직을 위한 의제의 구성과 같은 사항들은 모두 공식적 혹은 비공식적 이해에 의해 지배되고 있다.

말하자면 외교 비망록을 정확히 해석하는 것, 대사의 추방, 혹은 제한전쟁에서의 군사력의 움직임과 같은 모든 것들이 이러한 행동들과 연관된 관례의 인정을 필요로 하는 것이다.

1. 국제제도에 관한 고찰

이 책의 주된 논제는 세계정치의 제도화에 있어서의 변화가 정부의 행태에 심대한 영향을 미친다는 것이다. 특히 협력과 불화의 유형들은 국가

행위의 의미와 중요성을 규정하는 데 도움을 주는 제도의 맥락 속에서만 이해될 수 있다. 내가 '신자유 제도주의'라고 부르는 국제관계에 대한 이와 같은 시각은 국가란 언제나 국제제도에 의하여 강력히 통제된다고 주장하지 않는다. 또한 국가가 자신의 행동이 타국의 부나 국력에 미치는 영향을 무시한다고 주장하지도 않는다.[1]

내가 말하고자 하는 것은 국가의 행동이라는 것은 상당한 정도로 널리 받아들여지고 있는 제도적 장치에 의존하고 있다는 것이다. 그 제도적 장치는 다음과 같은 것에 영향을 미친다.

① 정보의 흐름과 협상의 기회
② 타국의 순응도를 감시하고 자신의 공약을 수행하는 정부의 능력─ 따라서 처음부터 믿을만한 공약을 만들 수 있는 능력
③ 국제협약의 공고성에 관한 널리 받아들여지는 기대

신자유 제도주의자들은 국제적 협약이 쉽게 만들어지거나, 쉽게 유지할 수 있다고 주장하지 않는다. 사실 우리는 그 반대를 가정하고 있다. 우리가 주장하는 것은 자신의 의사를 전달하고 협력하는 국가의 능력이, 인간이 구축한 제도에 의존하고 있다는 것이다. 이러한 제도는 역사적으로 그리고

---

1) 나이(J. Nye)는 나의 연구와 같은 것들을 "신자유주의적"이라고 부른다. 그리코(Joseph Grieco)는 나이의 문구를 확대시키면서 "신자유 제도주의"라는 적절한 명칭을 사용하고 있으며, 현실주의 정치적 사고의 시각을 바탕으로 몇 가지 흥미있는 비평을 제공한다. 하지만 불행하게도 그는 효용함수(utility function)에 관한 나의 논의를 잘못 해석하여 타국의 부와 국력에 대한 자국의 관심의 결여라고 암시한다. 내가 여전히 고수하고 있는 『패권 이후 (After Hegemony)』에서 설정한 가정은 한 국가의 효용함수는 서로 독립적이라는 것이다. 하지만 이러한 가정은, 국가가 다른 국가들의 국력과 복지에 대해 자국의 행동이 미치는 영향을 무시한다고 암시하는 것은 분명히 아니다. 이러한 변화들이 그들 자신에 대한 국가들의 장래 행동에 영향을 미치고, 따라서 그들 자신의 효용에 영향을 미치는 한에 있어서는 말이다. 실로 나의 연구에서 전략적 상호작용에 초점을 맞추고 있는 것은 행위자들은 자신들의 행동이 장래의 보상(상대방들의 국력과 동기를 통해 작동하는 효과)에 미치는 간접적 영향을 평가하는 데 있어 신중해야만 한다는 것을 확실히 함축하고 있다. 그리코(1988: 496-497)와 커해인(Keohane, 1984: Ch.5-7, 특히 p.123)을 비교해 보라.

이슈에 따라 변하고 본질(그들이 입안하는 정책과 관련하여)에서와 강도 (그들의 규칙이 명백히 구체화되고 일상적으로 복종되는 정도의 견지에서) 에서 변한다(Aggarwal, 1985: 31).

국가는, 현실주의자들에게 그러하듯이, 세계정치에 대한 우리의 해석의 중심에 자리하고 있다. 그러나 신자유주의적인 설명에서는 공식적이고 비공식적인 규칙들이 현실주의적 설명에서보다 훨씬 더 중요한 역할을 수행한다.

신자유 제도주의가 유일하게 논리적으로 연결된 하나의 연역적 이론인 것은 아니다. 자유주의나 신현실주의도 마찬가지다. 그 각각은 세계정치에 대한 어떤 시각을 제공해 주는 학파인 것이다. 각 시각은 세계정치에 있어서의 기본단위와 세력에 관한 일단의 특색있는 질문과 가정들로 이루어져 있다.

신자유 제도주의는 제도가 국가행동에 미치는 영향과 제도적 변화의 이유에 관한 질문을 던지고 있다. 그것은 국가가 주된 행위자라는 가정을 세우고 세계정치의 물질적 힘과 인간이라는 존재에 대한 주관적인 자기이해 두 가지 모두를 고찰하고 있다.[2]

이 책에 실린 신자유 제도주의자들의 시각은 두 가지 핵심적 조건들이 충족될 때에 한해서만 국제체계(international system)와 연관이 있다. 첫째, 행위자들이 상호이익을 갖고 있어야만 한다. 즉 그들이 상호협력함으로써 무언가 얻을 가능성이 있어야 한다는 것이다. 상호이익이 없는 경우에 국제협력에 관한 신자유주의적 시각은, 무역으로부터의 이득이 존재하지 않는 세계에서의 국제무역에 관한 신고전주의적 이론과 마찬가지로 부적절한 것이 될 것이다.

제도주의적 접근이 적실성을 갖추기 위한 두 번째 조건은 제도화의 정도에 있어서의 변화가 국가행태에 상당한 영향을 미친다는 것이다. 만약 세계정치의 제도들이 고정불변이라면, 행위자의 행태에 있어서의 변화를 설명하는 데 제도적 변화를 강조하는 것은 쓸데없는 짓이 될 것이다. 하지만 국가들이 상호이익을 갖고 있으며 세계정치에 있어서 제도화란 상수라

---

2) 신자유 제도주의자들의 사고의 실례들은, 다른 저술들도 있지만, 다음의 것들에서 찾아볼 수 있다. Kranser, 1983; Oye, 1986; Aggarwal, 1985.

기보다는 변수라고 결론짓기에 충분한 증거가 존재한다. 이러한 주어진 조건들하에서 협력은 가능하지만 부분적으로 제도적 장치에 의존한다. 따라서 협력에 관한 성공적인 이론은 반드시 제도의 영향력을 고려해야만 한다. 상호이익과 제도적 변화라는 두 가지 조건은 <그림 1>에 나타나 있다.

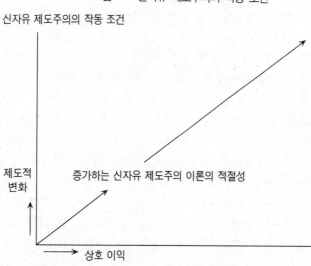

<그림 1> 신자유 제도주의의 작동 조건

1) 조직, 규칙; 관례

제7장은 내가 '제도'라는 말에 부여하고 있는 의미와 국제제도의 연구방법에 관해 갖고 있는 생각을 상세히 논하고 있다. 나는 제도를 "행태적 역할을 규정하고, 행동을 제한하며, 기대를 형성하는(공식적이고 비공식적인) 지속적이면서도 관련된 일단의 규칙들"로서 정의하고 있다. 정의된 바에 따라서 우리는 국제제도를 다음의 세 가지 형태 중 하나를 취하고 있는 것으로 생각할 수 있을 것이다.

① 공식적인 정부 간 조직들이나 국가 간의 비정부조직들—그러한 조직

들은 목적이 있는 존재들이다. 그것들은 행동을 감시하고 거기에 반응할 능력을 갖고 있으며, 국가에 의해 의도적으로 설립되고 기획된 것들이다. 그것들은 명시적 규칙들을 갖고 있으며 그것을 개인과 집단들에 구체적으로 부과하는 관료적 조직들이다.[3] 수백 개의 정부 간 조직들이 국제연합체제에 포함되거나 또는 포함되지 않은 채 존재한다. 국가 간의 비정부조직들 또한 많이 존재한다.[4]

② 국제 레짐(regimes) – 레짐이란 국제관계에 있어서의 특정 문제들과 관계된, 정부들이 인정하는 명시적인 규칙들을 말한다. 영(Oran Young) 의 용어에 따르면, 그것들은 "협상결과로서의 질서"를 구성한다(Young, 1983: 99). 예를 들면 1944년 브레턴우즈에서 설립된 국제통화 레짐, 1970년대 국제연합의 후원하에 이루어진 협상을 통해 설립된 해양법 레짐, 미국과 소련 사이에 존재하고 있는 제한적 군비통제 레짐 등이 있다.[5]

③ 관례 – 철학과 사회이론에 있어서, 관례란 행위자들의 기대를 형성하는 묵시적 규칙과 이해를 갖춘 비공식적인 제도를 말한다. 그것은 행위자들이 서로를 이해할 수 있게 해 주며, 명시적인 규칙들이 없이도 그들의 행위를 조정한다. 관례는 특히 조정이 필요한 상황, 말하자면 다른 사람들이 같은 행동을 취하는 한, 자신도 특정 방식으로 행동하는 것이 모두의 이익에

---

3) 이 정의는 국제적 협력과 제도에 관한 회의에서 하스(Ernst Haas) 에 의해 제공된 것으로부터 개작되었다. 사회과학연구위원회 (Social Science Research Council)에 의하여 후원되었던 이 회의는 1988년 1월 29일 스탠포드 소재 행태과학 고등연구원(The Center for Advanced Study in the Behavioral Sciences)에서 개최되었다.

4) 다국적 기업으로 가장 잘 알려져있는 초국가적 조직들은 별개의 분석을 위한 주제이다. 흔히 그것들은 본질적으로 한 국가에 뿌리를 두고는 초국가적으로 작동하는데, 이는 진실로 국제적인 정부적 조직들이나 비정부적 조직들과는 상이한 것이다.

5) 레짐에 관한 광범한 용어상의 논의는 나로 하여금 "레짐"이라는 용어를 국가간 협상에 의한 명시적 규칙들을 갖고 있는 제도에 한정시키는 것이 가장 바람직할 것이라는 확신을 갖게 하였다. 해거드(Haggard)와 시몬스(Simmons)가 지적하였듯이, "'암묵적 레짐들'에 초점을 맞추는 것은 행위자들의 기대의 수렴을 포착하며, 행태의 복합적인 유형을 요약하는 데 도움을 준다. 그러나 사실상 국가행위가 어느 정도까지 규칙에 의해 지배되는가 하는 논점을 교묘하게 회피하게 한다"(Haggard and Simmons, 1987: 494).

들어맞는 그런 상황에 적합하다. 중요한 의미를 갖는 수인의 딜레마 문제들을 다루기 위해서는 보다 구체적인 계약의 형태를 띠고 있는 해결책이나 앞에 사용된 의미에서의 레짐이 필요하다.6) 그렇지만 하딘(Russell Hardin)이 강조하고 있듯이, 관례란 순수한 조정상황들에서 조정을 촉진시키기만 하는 것은 아니며, 행위자의 동기에도 영향을 미친다. 다른 사람의 기대와 다르게 행동하는 것은 그에 따른 대가를 치루어야만 하기 때문에(Hardin, 1982: 175) 관례란 그것이 존재하지 않는 상황에서 배신함으로써 이득을 얻게 되는 상황에 있어서조차 배신하지 않게 하는 어떤 동기를 제공하는 것이다. 영의 용어에 따른다면 관례란 전형적으로 "자발적 질서"로서 발생하는 것이다. 전통적인 외교적 면책특권은 1960년대에 두 개의 공식적인 국제협약에서 명문화되기 이전에도 수세기 동안 이러한 의미로 하나의 관례로서 존재해 왔다.7) 호혜주의 또한 하나의 관례이다. 즉 정치지도자들은 그것이 긍정적이든 부정적이든 간에 호혜적인 처우를 기대하며, 만약 자신들이 그것을 터무니없이 위반한다면―예컨대 자신들의 수출품에 대해 타국에 의해 부과된 장벽들에 어울리지 않는 비율로 반응하는 것―대가를 치르게 될 것이라고 기대하는 경향이 있다.

국제제도에 관한 고찰에 있어서는 관례를 항상 염두에 두고, 공식적 조직이나 레짐에 대한 참조의 틀을 제한하지 않는 것이 중요하다. 세계정치에 있어서 관례란 널리 퍼져있는 것일 뿐만 아니라 또한 레짐이 공식적인 국제조직에 시간적·논리적으로 우선하는 것이다. 관례가 존재하지 않는다면, 국가들 간의 협상이 어렵게 되거나 서로의 행동의 의미를 이해하기조차 힘들게 될 것이다. 실제로 국제 레짐이란 그와 같은 협상들을 가능하게 하는 관례의 존재에 의존하고 있는 것이다.

---

6) 스나이덜(Duncan Snidal) 이 주장하듯이, 어떤 문제가 비교적 경미한 수인의 딜레마적 요소를 포함하고 있을 때, 관례가 적절한 역할을 할 수 있다. 그러나 "주요 수인의 딜레마 문제의 성공적인 해결은 조정의 문제에 있어서보다 더 높은 수준의 제도화를 필요로 할 것이다"(Snidal, 1985: 939).

7) 용어상의 혼란은, 국제법에 있어서 그와 같은 공식적 협약들은 흔히 "관례"라고 알려져 있다는 사실에 의하여 발생할 수 있다. 외교적 면책에 관한 협약들은 1961년의 외교적 관계에 관한 비엔나 협정과 1963년의 영사관계에 관한 비엔나 협정 등이다(Schacter, 1985). 하지만 나는 "관례"를 국제법적인 의미보다는 사회이론적 의미로 사용하고 있다.

여기서 사용되고 있는 의미의 제도화는 다음과 같은 세 가지 차원에 의해 측정될 수 있다.

① 보편성－적절한 행위에 대한 기대와 행동을 어떻게 해석할 것인가에 대한 이해가 그 체계에의 참여자들에 의해 공유되는 정도
② 구체성－이러한 기대가 규칙의 형태로 명백히 구체화되는 정도
③ 자율성－규칙을 변경하는 데 있어서 전적으로 외부의 다른 기관에 의존하기보다는 스스로 변경할 수 있는 범위[8]

제도화가 전혀 되지 않은 가상적 국제체계에는 공유된 기대와 이해가 결여될 것이다. 이 경우 공동의 이익이 존재한다 하더라도 조정이 불가능해진다. 진정한 의미에서의 정책은 미지의 것이 되고, 국가 간 상호작용은 무작위적인 것이 된다. 실제에 있어 우리가 알고 있는 모든 국제체계는, 행동의 조정과 그 행동의 의미에 대한 해석을 정비시키는 관례를 갖고 있거나 혹은 재빨리 획득한다.

하지만 관례가 반드시 규칙을 정확히 구체화시킬 필요는 없다. 국제체계들이 이전의 관례에 근거하여 국제 레짐이 협상될 때, 관례들은 관련된 이슈들을 규제하는 규칙을 전형적으로 확장시키고 명백하게 한다. 그러므로 국제 레짐이 발전해 나아가는 과정은 제도화가 증대되는 과정인 것이다. 그러나 레짐은 스스로 순응하거나 변화하지는 못한다. 국제조직이 존재하지 않는 상황에서는, 국제 레짐들은 전적으로 그 구성국가들의 이익의 표출인 것이다. 하지만 국제조직은 일부는 조직으로서의 자신들의 이익에 반응하여 또 일부는 그들의 지도자들의 생각과 이해에 반응하여 발전한다. 그리고 이 발전과정에서 자신들이 속해 있는 레짐의 본질을 변화시킬 수도 있는 것이다. 매우 명확한 규칙을 갖고 있는 레짐은 자율성을 거의 갖고 있지

---

8) 이와 같은 기준은 헌팅턴(Samuel P. Huntington)에 의하여 제시되었는 바, 그는 자율성을 그의 기준들 중 하나에 포함시키고 있으며 "특정 사회집단들의 이해관계만을 단순히 나타내고 있지 않는 정치적 조직들과 과정의 발전"이라는 의미를 부여하고 있다(Huntington, 1968: 20). 헌팅턴의 다른 세 가지 기준－ 순응성, 일관성, 복합성－은 여기서 사용되고 있는 제도화보다는 그의 저작의 주된 논점, 즉 정치조직과 더 연관성이 있는 듯 보인다.

못하며 모호한 규칙들을 바탕으로 하는 조직체들보다 더 제도화될 수 있다. 그러나 규칙이 변화하지 않는 한, 국제조직의 출현은 제도화의 수준이 높아지고 있다는 것을 나타내 주는 것이다.

관례와 레짐 및 조직 간의 구별은 실제에 있어서는 이러한 양식화가 의미하고 있는 듯이 보이는 것처럼 명확하지는 않다. 협상결과로서의 협약들은 흔히 모호한 관례적 이해와 명시적 규칙을 결합하고 있는데, 이는 다소 애매할 수 있다. 대개 예외 없이, 국제조직은 국제 레짐에 속해 있다. 즉 국제조직들이 하는 대부분의 일은 레짐의 작동을 감시하고 경영하며 수정하는 일이다. 조직과 레짐은 분석적으로는 구별될 수 있지만, 실제에 있어서는 거의 동일하다고 볼 수 있다.

2) 제도의 중요성

국가들의 행동에 있어서 국제제도는 중요하다. 왜냐하면 국제제도는 국가들의 근본적인 이해가 자율적으로 규정되는 경우조차도 그 국가들이 직면하고 있는 동기에 영향을 미치기 때문이라는 게 그 이유의 일부분이다. 국제제도는 국가가, 국제제도가 없이는 상상도 할 수 없었을 행동들을 취하는 것을 가능하게 한다. 예를 들자면, 유엔 사무총장이 이란과 이라크 간의 분쟁조정에 착수하게 한다든지, 파키스탄에 핵원자로 장치를 보내는 것에 대한 거부를 정당화함에 있어서 핵확산금지 조약에 호소한다든지 하는 것들이다. 국제제도는 또한 독자적으로 존속해 왔을지도 모르는 대안들과 관련된 비용에도 영향을 미친다. 즉 미·소 군비통제조약에 포함된 규칙들은 탄도요격 미사일 체계를 구축하는 데 드는 비용(특히 미래의 협약들에 대한)을 증가시키며, 수입장벽에 대한 관세 및 무역에 관한 일반협정 (GATT) 규칙들은 수입품들에 대하여 공식적인 차별 쿼타(quota)를 부과하는 데 따르는 비용을 증가시킨다. '자발적 수출억제'와 같은 신제도의 제정이 보여주듯이 종종 회피하는 것이 가능하지만, 제도는 항상 원했던 목표를 얻지는 못한다 할지라도 행위에 영향을 미치고 있다.

그렇지만 제도의 중요성을 동기에 미치는 영향에 한정하는 것은 오해의 여지가 있다. 제도는 국가 지도자들이 자신들이 수행해야만 하는 역할에 대해 갖고 있는 이해에도 영향을 미칠 수 있으며, 그 지도자들이 다른 이들의 동기와 인지된 이익에 대해 갖고 있는 가정에도 영향을 미칠 수 있는 것이다. 국제제도는 통제적인 측면은 물론 제정적인 측면도 갖고 있다. 다시 말해 국제제도는 이익이 어떻게 규정되고 있는지, 그리고 행동이 어떻게 해석되고 있는지 등을 규정하는 데 도움을 주고 있는 것이다.9) 의미들은, 호혜성의 원칙을 반영하고 있는 일반적 관례 및 "완전하고도 솔직한 의견의 교환"이 외교 공동성명에서 어떤 의미를 갖고 있는지를 나타내 주는 보다 구체적인 관례들에 의해 상호소통된다. 또한 의미들은 국제 레짐의 규칙들에도 포함되어 있는데, 예를 들면 호혜성의 원칙을 구체화시켜 실행에 옮기고 있는 GATT의 규칙들과 같은 것이다.10)

국제제도의 제정적 차원은 웬트(Alexander Wendt, 1987)가 최근에 "대리인-구조 문제(agent-structure problem)"라고 묘사한 문제를 제기한다. 국제관계의 대리인들―주로 국가들―은 국제체계에 의하여 어느 정도까지 '구성되거나' 또는 '창출되는가?' 웬트(Wendt)는 '자본주의'의 개념 없이는 '자본가들'을 대리인들로 이해하는 것이 불가능할 것이라는 점을 지적하면서 국제관계에 대한 비유를 이끌어 내고 있다. "국가의 인과적 힘은 국내 및 국제적 사회구조에 의하여 부여되는데, 국가는 그 구조 덕택으로 말미암아 처음부터 국가가 된 것이다"(Wendt, 1987: 360).

웬트가 그랬듯이, 국가의 지도자들이 자신들의 상황을 개념화시키는 방

---

9) 규칙들의 제정적·통제적 측면들에 관해서는 기든스(Giddens, 1984) 참조.. 이러한 이슈들에 대한 나의 사고는 데슬러(David Dessler)와의 토론과 최근의 그의 논문(Dessler, 1988)에 의해 도움받았다.

10) 어떤 관례들은 그 규칙이 행동의 근본적 성질을 변화하게 하지 않고는 변화할 수 없다는 의미에서 매우 제정적이다. 나는 이러한 관례들을 관행이라고 부르고 있다. 국제정치에 있어서 주권국가의 지위라는 것이 관행의 가장 좋은 예이다. 즉 만약 주권의 개념과 주권적 행위자의 인정을 규율하는 법칙들이 변화한다면, 그와 같은 것으로서의 국제적 관계는 근본적으로 변화할 것이다. 본질적으로 주권국가의 지위와 관련되어 있는 한, 외교적 면책과 호혜주의 또한 관행의 지위를 갖고 있는 것으로 간주될 수 있다. 관행은 관례의 경우처럼 생성되지만, 레짐의 형태로 성문화될 수 있다. 하지만 모든 관례가 관행은 아니라는 것이 강조되어야만 한다. 많은 관례들은 관행의 자격을 갖출 수 있을 만큼 충분히 국제관계에 본질적인 것은 아니다. 실로 그것들은 세계정치의 본질에 근본적 영향을 미치지 않고 변화할 수 있는 습관적인 행태의 반영일 수 있는 것이다.

법이 국제관계의 제도에 의하여 강하게 영향받는다는 것은 지적할 만한 가치가 있다. 즉 국가들은 국제체계를 형성할 뿐만 아니라 그것의 관례, 특히 그 관례의 실천에 의하여 형성되기도 한다. 그러나 이 추상적으로 유효한 지적이 너무 강조되어서는 안된다. 근대의 국제관계에 있어서, 국내적 이익으로부터 받는 압박과 국가체제의 경쟁성으로부터 창출된 압박들은 국제제도를 광범하게 규정한 경우에 있어서조차, 국제제도가 국가정책에 미치는 영향보다 훨씬 강한 영향력을 행사한다. 국제적 '사회구조'는 작은 동질적 공동체, 혹은 근대의 민족사회들의 그것보다 명백히 취약하다. 따라서 비록 내가 국가와 국제제도 간의 호혜적 상호작용에 주목하라는 구조화 이론가(structurationist)의 충고를 받아들인다고 할지라도, 국가정책에 대한 국제제도의 인과적 영향이, 국제제도에 대한 국가의 영향만큼이나 강력하다라는 견해를 내 자신이 받아들이고 있는 것으로 해석되고 싶지는 않다.

제도의 제도화 정도와 그것이 세계정치에 대해 갖는 중요성 간에는 어떤 직접적 관계도 존재하지 않는다. 제도화에 관한 질문을 던지는 것에 덧붙여, 우리는 효율성에 관한 질문을 던질 필요가 있는데, 이 효율성이란 것은 반드시 제도화와 상호연관돼 있는 것은 아니다. 매우 잘 제도화된 장치는 보수화되고 껍질로 자신을 싸거나 부적절한 것이 될 수 있다. 예컨대 헤이그에 있는 국제사법재판소는 확실히 잘 제도화되어 있지만 오늘날 세계정치에 있어서 비교적 미약한 중요성밖에 갖고 있지 않다. 국제사법재판소는 가끔씩 관례나 레짐을 표출하고 구체화하는 역할을 수행하기도 하지만 -이란의 미국인 인질 사건이 그랬던 것처럼-매우 드물게 그러한 요청을 받을 뿐이며, 국가들이 빈번히 그런 결정을 하지 않는다. 마찬가지로 잘 제도화되지 않은 관행(practices)들이 세계정치 전반에 걸친 행동의 해석을 위한 근거를 제공하는 한 아주 중요하다. 주권국가의 지위는 그 규칙이 법전화되기 이전조차도 하나의 그러한 관행이었다. 따라서 증가하는 제도화가 보다 커다란 영향력을 갖게 되느냐의 여부는 추측되어서는 안된다. 그 문제는 이론-어떤 조건하에서 제도화가 효율성을 증가시키는가?-과 경험적 조사연구의 일상적 조합에 의해서 표명될 필요가 있다.

내가 마음 속에 갖고 있는 국제제도란 것이 무엇을 의미하는가를 이와 같이 명확히 한 후, 이제 이 책에 예시된 바와 같은 신자유 제도주의자들과 당대 신현실주의 정치이론 및 자유주의라는 두 개의 기존 학파들을 비교해 보기로 한다. 신자유 제도주의는 이 두 학파와 유사성 및 불일치성을 갖고 있다.

2. 신자유 제도주의, 신현실주의, 자유주의

국제관계에 관한 현대의 저작들에 있어서 명칭은 커다란 역할을 수행하고 있다. '현실주의자(realist),' '신현실주의자(neorealist),' '중상주의자(mercantilist),' 혹은 '자유주의적인(liberal)'과 같은 호칭들이 문헌들에 넘쳐나고 있다. 이와 같은 개념적 명칭들은 흔히 이슈들을 집중시키고 논쟁을 촉발시키는 데 도움을 주지만, 그것들이 낡아빠진 것이거나 부적절한 것일 때는 명확화하기보다는 더 큰 모호함을 만들어 낸다. 나의 연구는, 이 책에 나타나 있는 것처럼, '신현실주의적'인 것, '자유주의적'인 것으로 다양하게 묘사되어 왔지만, 내 시각으로는 이러한 명칭들은 내 저술들과 나와 지적인 취향이 비슷한 연구들 모두를 잘못 묘사하고 있다. 따라서 이 장에서 나는 신자유 제도주의와 신현실주의 및 자유주의라는 두 가지 경쟁적 경향들 간의 유사점 및 차이점을 보여줌으로써, 두 가지 모두를 비교할 것이다.

1) 신자유 제도주의와 신현실주의

현대의 신현실주의적 국제정치이론은, 월츠의 저작에서 잘 윤곽잡혀 있는 것처럼, 구조의 개념을 명확히 함으로써, 또 세력균형의 형성과 같은 국제정치행위의 특정하게 두드러진 형태를 간결하게 설명하는 데 이러한 개념을 사용함으로써, 세계정치에 대한 우리의 이해를 증진시켜 왔다. 이 책의 제3장은 신현실주의(거기서는 '구조적 현실주의'로 언급되어 있음)를 분석하고 있으며, 그 강점과 약점에 대한 평가를 제공하고 있다.

신자유 제도주의는 몇 가지 중요한 지적인 공약들을 신현실주의와 공유하고 있다. 신현실주의자들처럼, 신자유 제도주의자들은 분권화된 국제체

계의 본질을 분석함으로써 행태적 규칙성을 설명하고자 한다. 신현실주의
자들도, 신자유 제도주의자들도 모두 문헌을 해석하는 것으로는 만족하지
않는다. 양쪽 이론가들 모두, 비록 언제나 어느 정도는 베일에 가려져 있다
고 할지라도, 부분적으로나마 이해될 수 있는 국제정치의 현실이 존재한다
고 믿고 있는 것이다. 또한 양쪽 다 인식론 역시 문제성이 있다는 사실을 인
정하면서도 이론들을 시험하고자 하는 노력을 믿는다. 즉 어느 한쪽 시각도
현실이 객관적으로 알려질 수 있다는 순진한 생각을 견지하고 있지 않다.

　　신자유 제도주의를 신현실주의와 결합시키는 또다른 이유는 두 가지 경
향 모두가 국제체계를 분권화된 것으로 간주하고 있으며 국가의 힘을 중시
한다는 것이다. 나의 초기 저술에서 나는 비국가 행위자들의 중요성을 강
조하였는데, 당시에는 그것이 지금보다도 훨씬 더 자주 무시되었다. 그 이
후의 연구, 특히 『권력과 상호의존(*Power and Interdependence*)』(1977)에 관한
연구는 나로 하여금, 비록 국가가 변화하는 체계적 제한 때문에 비전통적
인 방식으로 행동할지라도, 이러한 행위자들은 지속적으로 국가의 하부에
존재한다고 믿게 하였다. 그래서 나는 관심의 초점을 다시 국가로 돌렸던
것이다.

　　마지막으로 신자유 제도주의자들은; 신현실주의자들에 의하여 규정된
바, 국제체계의 구조를 이해함으로써 우리가 '소수의 크고 중요한 것들'을
알 수 있게 된다는 점에서 신현실주의자들과 의견의 일치를 보고 있다
(Waltz, 1986: 329). 월츠가 언급하고 있듯이 "한 체계의 동학(動學)이 그
구성단위들의 자유를 제한하는 정도에 따라, 그것들의 행태와 그 행태의
결과들을 예측할 수 있게 된다"(1972: 72). 이것은 그것들이 완전히 예측
가능해진다고 말하는 것은 아니다. "체계이론들은 왜 상이한 구성단위들이
유사하게 행동하며, 그들 자신의 변화에도 불구하고 기대된 범위안에 속하
는 결과를 만들어 내는지를 설명해준다. 그와 반대로, 구성단위 수준의 이
론들은 우리에게 왜 상이한 구성단위들이 체계내에서의 그들의 유사한 배
치에도 불구하고 상이하게 행동하는지를 설명해 주고 있다"(Waltz, 1979:
72). 어떠한 체계이론도 구성단위들의 행태를 설명해 줄 것으로 기대되지
않기 때문에, 우리는 정책들과 국가권력의 행사에도 주목해야만 한다. 이
는 세세한 경험적 조사와 역사적 연구를 필요로 하는 주제들이다.

그렇지만 신현실주의와의 이러한 유사점들에도 불구하고, 신자유 제도주의는 하나의 구별되는 학파로 간주돼야만 한다(Keohane, 1986: 25-26, fn.7). 비록 신자유 제도주의자들이, 가능한 한 국제체계의 본질에 대한 이해를 통하여 국가행태를 설명하고자 하는 신현실주의자들의 목적을 공유하고 있지만, 우리는 구조에 대한 신현실주의자들의 개념이 너무나 협소하고 한정적이라고 생각한다. 신현실주의는 상대적인 국력의 변동으로부터 초래되는 변화들만을 설명할 수 있을 뿐이다. 월츠에게 있어서 국력이란 한편으로는 주로 국가의 경제적 자원과 생산성을, 다른 한편으로는 군사력을 말한다(Waltz, 1979: 98, ch.7-8). 구성단위들의 위치가 상대적으로 변화하지 않는 한, 신현실주의자들은 그들의 행태에 있어서의 변화를 설명할 수 없는 것이다. 그렇지만 앞에서 지적했듯이, 나는 세계정치에 있어서의 관례가 국가 간 국력의 배분만큼이나 근본적인 것이라고 믿는다. 사실 신현실주의자들이 의미하는 국가행동이란 주권국가의 지위와 같은 관행의 수용에 의존하고 있는 것이다[따라서 나는 구조에 대한 월츠의 개념은 정적일 뿐 아니라 지나치게 불완전한 것이라는 러기(John Ruggie)의 주장을 받아들여 일반화하고 있다(Ruggie, 1983)]. 깊이 각인된 기대는 구성단위의 국력의 근원이 그러한 것처럼 세계정치에 근본적인 것이다.

세계정치에 있어서의 기대와 관례의 역할에 대한 이와 같은 암시적 평가는 나이(J. Nye)와 내가 1970년대에 발전시켰던 '복합 상호의존'의 개념을 근저에 깔고 있으며, 내게는 여전히 그것이 민주 산업국가들 간의 관계를 더욱 더 특징짓고 있는 듯이 보인다. 비록 민주 산업국가가 아닌 지역에서도 그러한 것은 아니지만 말이다. 복합 상호의존의 핵심적 특징은 국가 간의 무력의 사용이나 위협의 비효율성에 대한 근거있는 기대들이다. 이러한 기대는 무력사용의 위협을 비합법화시키는 관례나 레짐에 대한 지지를 창출하는 데 도움을 준다. 서유럽과 북미, 그리고 일본은 하나의 복합적 상호의존 지대를 형성하고 있다. 이들 국가들 간의 관계에 있어서-국가와 비국가 행위자들 간의 관계에 있어서는 물론이고-국력은 중요한 요소이지만, 이 국력이라는 것이 서로에 대한 무력의 사용이나 위협으로부터 나오는 것은 아니다.[11]

---

11) 복합 상호의존의 개념, 그리고 나이와 내가 그것을 표출한 방법에 있어서의 약

복합 상호의존은 세계정치에 있어서의 기대와 관례의 역할을 예증함으로써 위에 규정된 제도화의 역할 또한 예증하고 있다. 내 주장은 신현실주의는 그것이 세계정치의 제도적 특징들에 있어서의 변화에 관한 이론화에 실패하였기 때문에 구체화가 덜 되었다는 것이다. 신현실주의는 국제환경의 본질을 적절히 구체화시키지 못하고 있으므로, 자조(self-help), 구성단위의 국력에 대한 의존, 국가 간 관계 형태의 변화의 원인 등과 같은 것들에 대한 신현실주의의 결론은 흔히 틀렸거나 기껏해야 오도된 것일 뿐이다. 상이한 국제정치체계들은 각기 다른 제도화의 정도를 갖는다. 비교적 비제도화된 체계들에 있어서는 국가의 물리적 능력이 가장 중요하다. 이는 아마도 월츠가 국제관계에 관해 "권위는 순식간에 국력의 특정한 표현으로 축소된다"라고 말했을 때 마음에 갖고 있었던 생각일 것이다(1979: 88). 그러나 비교적 제도화된 국제체계에 있어서 국가는 광범한 외교적 규범, 법적으로 제도화된 초국가적인 재정망, 동맹이라는 국제제도 등을 끌어들임으로써 영향력을 행사할 수도 있다. 예컨대 이란 인질위기 동안 미국은 이러한 제도화된 장치들이, 인질들의 영광된 복귀를 확보하는 데 있어서 군사력-전형적인 현실주의적 국력인-보다 더 유용하다는 것을 알았다(Christopher et al., 1985). 세계정치에 있어서의 국가행동에 대한 적절한 이해는 제도화의 장점과 단점에 대한 진가의 인정에 달려 있는 것이다.

이 책의 제1부에 있는 에세이들은 1980년에서 1988년 사이에 쓰여졌는데, 어떻게 그리고 어떤 조건하에서 세계정치가 다소 제도화되는가에 관한 우리의 이해를 돕고자 노력하고 있다. 1980년에서 1983년 사이에 씌어진 제3장에서 5장까지는 신현실주의라는 용어에 도달하게 된 나 자신의 지적 투쟁기이다. 제3장과 4장은 신현실주의자들의 주장에 꽤나 많은 양보를 하고 있다. 특히 패권안정이론에 관한 제4장은 신현실주의 이론의 설명력에 대해 최근의 내 저작들보다 훨씬 많은 긍정적 평가를 보여준다.[12] 앞장들에

간의 어려움들에 대한 보다 풍부한 논의를 위해서는 Keohane and Nye, 1987을 참조.

12) 이 책의 제4장 '패권안정이론'에서 나는 "사건들을 설명하는 강력한 방법으로서 패권안정이론을 앞에 내놓는 것에 대하여 우리는 조심해야만 한다"라고 결론짓고 있다. 하지만, 나는 "그것과 현실과의 일치와 그것의 상당한 정도의 설명력을 무시하는 것은 어리석은 짓이다"라고 덧붙이고 있다. 『패권 이후(After

근거하여, 제6장과 7장은 호혜주의의 작동을 탐구하고, 합목적적 선택과 반응적 접근방법의 비교를 통하여 제도적 변화라는 이슈를 고찰하고 있다.

2) 신자유 제도주의와 자유주의

자유주의는 때로 경제에 대한 국가의 통제보다 시장이 우월하다는 믿음으로 규정된다. 그렇게 규정했을 때, 자유주의는 내 저술에는 매우 부적절한 명칭이 될 것이다. 내 저술은 정부들 간의 상호유익한 정책조정을 촉진시키는 데 있어 국가들에 의해 구축된 국제제도의 중요성을 강조하고 있기 때문이다.[13] 자유주의의 또다른 개념은 그것을 개인적 자유의 가치에 대한 믿음과 결합시키고 있다. 비록 내가 그러한 믿음에 동의한다 할지라도, 이와 같은 나의 언명이 국제관계에 대한 내 분석과 특별히 관련되어 있는 것은 아니다. 사람들은 개인적 자유의 가치를 믿으면서 동시에 세계정치에 대한 자신의 분석에 있어서는 현실주의자나 신현실주의자로 남아 있을 수 있는 것이다.

그러나 자유주의는 또한 현대 사회과학을 위한 일단의 선도적 원칙들로서 봉사하고 있다. 사회과학적 사고에 대한 하나의 지침으로서, 그것은 인

Hegemony』(1984)에서 나는 마찬가지로 패권안정이론은 분석을 위한 유용한 출발점을 제공한다고 주장하였다. 나는 그것을 "제시적이지만 결코 결정적이지는 않은 것"으로 간주하였다. 그러나 그 책에서 나는 그것을 "다소 단순한 것"으로 특징지으면서, 그것의 '설명력'에 대한 어떠한 참고도 생략하였고, 그것의 논리는 물론 경험적 근거에 관해서도 질문을 던졌다. 두 개의 논거는 일관성이 있지만, 나의 최근의 저술은 보다 회의적이며, 내 이전의 저술을 그 이론에 대한 변호로 잘못 이해하는 것을 피하고자 하는 열망 또한 나타내고 있음은 물론이다. 국제관계에 대한 당대의 저작들에 있어서, 잘못 대변하지 않기 위해서는 자신의 논거의 본질에 대해 주의를 기울여야 할 뿐만 아니라 그 말투와 수사에도 또한 주의해야 한다.

13) 내가 규범적인 것에 근거하여 이와 같은 신고전주의적 자유주의에 특별히 동정적이라고 믿는 것 또한 실수가 될 것이다. 나는 잘 작동하는 시장의 효율적 우월성과 국가통제의 불리함을 인정하고 있지만, 통제되지 않는 시장이란 매매기술과 유동성 혹은 세련화 등의 결핍으로 인하여 불리한 사람들에게 편파적이라고 간주한다. 약간의 통제는 단지 시장이 효율적으로 기능하게 하기 위해서뿐만이 아니라 그것들이 창출해내는 불공평함을 상쇄시키기 위해서도 필요한 것이다.

간이 만들어 낸 제도가 개인의사의 집합이 집단적 결정을 만들어 내는 과
정에 미치는 영향을 강조하고 있다. 그것은 단순히 불변의 구조의 중요성
을 강조하기보다는 변화 가능한 정치과정의 중요성을 강조하고 있으며, 적
어도 인간사에 있어서의 축적적 진보의 가능성에 대한 믿음에 의거하고 있
다. 이러한 의미에서 이 책에 제시되어 있는 연구는 진실로 자유주의적 정
신을 반영하고 있다. 제도는 인간행동의 결과로서 변화하며, 그 결과 나타
나는 기대와 과정의 변화는 국가행동에 심대한 영향을 끼칠 수 있다.

국제적 협력이 한편으로는 신현실주의자들에 의해서 또다른 한편으로는
신자유 제도주의자들에 의해서 어떻게 조망되는지를 고찰해보자. 신현실
주의자들과 신자유주의자들은 세계정치는 안정적 위계를 결핍하고 있다는
데 동의하며, 월츠(1959: 186)가 지적하였듯이 "무정부상태에서는 어떠한
자동적인 위계도 존재하지 않는다"는 데 견해를 같이하고 있다. 그러나 월
츠는 또한 이러한 진술과 "자주적인 국가들 사이에서 전쟁은 필연적이다"
는 언명 간에는 "어떠한 명백한 논리적 관계도 존재하지 않는다"는 것을
인정하고 있다(1959: 186, Waltz의 강조). 신자유주의자들은 무정부상태
와 전쟁 간의 필연적인 논리적 연계를 구축하는 것이 불가능하다고 주장한
다. 즉 조화의 결핍과 전쟁간에 존재할 수 있는 어떠한 관련도 체계내의 지
배적인 기대를 조건으로 한 것이다. 따라서 결국은 제도를 조건으로 하고
있는 것이다.

신현실주의자들은 "무정부상태의 상황 속에서는 상대적 이익이 절대적
이익보다 더 중요하며"(Waltz, 1959: 198) "어떠한 관계에 있어서도 국가
의 근본적 목표는 타국이 그 상대적 국력에 있어서의 우위를 확보하지 못
하도록 하는 것이다"(Grieco, 1988: 498)라고 공언하고 있다. 이러한 언명
들은, 대략 제2차 세계대전 이후의 미·소관계를 잘 묘사하고 있으며, 그것
들은 다른 많은 관계들에도 적용될 수 있다. 예를 들면 인도와 파키스탄 간
의 관계, 이란과 이라크 간의 관계 등이다. 그것들은 또한 국가들이 다른
모든 국가들을 적대적이고 믿을 수 없을 것이라 여길 때와 국가의 생존의
여지가 작을 때에도 이론적으로 그럴듯하다.[14] 그러나 이러한 언명들이 제

---

14) 하딘(Hardin, 1982: 213)은 신뢰성에 대한 평판은 신뢰할만한 행동이 별로 발
   생하지 않는 체계내에서는 얻어질 수 없다는 점을 지적하고 있다. "만약 거의

2차 세계대전 후 최소한 20년 동안의 미국의 대 유럽 정책이나 대 일본 정책 혹은 유럽공동체(EC)의 구성원들 간의 관계를 정확히 묘사해주고 있지는 않다. 그리고 상당한 정도의 상호이익이 협력을 통하여 현실화될 수 있는 상황 및 타국이 무력으로 자국을 위협하리라고 기대하지 않는 상황에 적용되었을 때에는 이론적으로 받아들이기 어렵다.[15)]

그러한 언명들이 모든 경우에 다 틀린 말은 아니지만, 그것들은 지배적인 규칙과 기대의 본질, 즉 앞에서 규정된 것과 같은 국제제도를 조건으로 하고 있는 것이다. 세계정치를 이해하기 위해서는, 우리는 단지 공동의 정부의 결핍상태로서 규정된 '무정부상태'의 존재에 관해서만이 아니라 제도에 관해 알아야만 한다.

이는 신자유 제도주의가 우리에게 해답을 준다고 말하려는 것은 아니다. 그것은 단지 올바른 질문을 던지고 있다는 것이다. 우리는 어떤 제도적 유형이 국가들 간의 보다 더 협력적인 행동을 이끌어내는지를 이해할 필요가 있다. 즉 우리는 교조적 일반화보다는 시험 가능한 조건적 언명을 필요로 한다. 어떤 관례와 레짐, 조직들이 협력을 증진시키는가? 신자유주의적 제도주의자들과 현실주의자들이 국가의 지도자들은 예기된 행동의 수순의 비용과 이득을 계산한다는 가정을 공유하고 있기 때문에, 문제를 이런 식으로 설정하는 것은, 제도는 국가들이 직면하고 있는 동기에 어떻게 영향을 미치는가를 물어봐야만 한다는 것을 함축하고 있다. 국제 레짐의 '필요성'에 관한 제5장과 호혜주의에 관한 제6장은 이러한 시각에서 협력의 문제를 고찰한다.

신현실주의와의 이러한 불일치성은 내 견해의 자유주의와의 유사성을 명백히 해 줄 수 있을 것이다. 자유주의와 같은 방식으로, 나는 상대적 이

모든 사람들이 신뢰받지 못한다면, 내가 아주 신뢰성이 있다 하더라도―안타깝게도, 이 사실을 나만 알지만―신뢰받지 못할 것이다… 이는 우리가 중고차에 대해 흔히 갖는 경험이다. 우리 중에 고물차와 같이 믿을만하지 못한 사람이 많을 경우 우리 모두의 평판은 깎일 것이다."

15) 월츠(Waltz)와 그리코(Grieco)가 주장하듯이 만약 상대적 이득이 절대적 이득보다 무조건적으로 더 중요하다면, 강대국들간의 무역은 이례적인 것이 될 것이다. 소련에 대한 미국의 수출통제와 같은 것이 예외적인 것이라기보다는 규칙이라고 기대하게 될 것이다.

익의 견지에서의 이익에 대한 불변적 정의나 국가 간 갈등의 영원한 패턴 같은 것을 가정하기를 거부한다. 나에게 있어서, 정치란 끔직하게도 순환 적인 것이기보다는 무한정하며 잠재적으로 진보적인 것이다.

그렇지만 내 주장들의 많은 부분은 자유주의적인 국제정치이론과는 의견을 달리한다. 국제관계에 있어서의 자유주의는 내가 다른 저서에서 공화주의적, 상업적 자유주의라고 지칭했던 것으로 생각된다(Keohane, 1989). 공화주의적 자유주의는 공화국이 전제국보다 더 평화지향적이라고 주장한다. 기본적으로, 상업적 자유주의는 통상은 필연적으로 평화상태에 이르게 된다고 주장한다. 자유주의의 그 결과로서의 풍자는 카아(E. H. Carr, 1946)에 의하여 몹시 따끔하게 비판되었던 '이익의 조화'를 단정하고 있다.

내 견해는 공화국들은 서로에 대해서는 현저히 평화적이지만, 비공화국이나 국가로서 조직되지 않은 사회들에 대해서까지 평화적으로 행동하지는 않는다는 것이다(Doyle, 1983). 나는 정돈된 일단의 규칙들하에서 상호 이익이 되는 교환의 기회에 의해 특징지어지는 개방된 국제경제적 환경이, 평화적 행동의 동기를 제공한다고 믿지만, 그것이 그러한 행동을 반드시 수반하거나 보장한다고 믿지는 않는다. 즉 협력이란 조화와 구별되어야만 하는 것이다. 협력은 자동적인 것이 아니라, 계획과 협상을 필요로 한다. 그것은 행동의 유형이 변경돼야만 하는 정도로 매우 정치적인 과정이며 결국 영향력이 행사되는 과정이다. 그리고 영향력은 설득과 권위의 도움에 의해서만 확보되는 것이 아니라 자원—주로 복합적 상호의존의 상태하에서의 경제적 자원과, 이익의·갈등이 매우 날카롭고 무력의 사용이나 그러한 위협이 효과가 있을 때의 군사적 자원—의 사용을 통해서도 확보된다.16)

신자유 제도주의자들은 결정주의를 멀리하고 국력의 역할을 평가절하하지 않으면서, 국제제도의 중요성을 강조하는 자유주의적 원칙들의 견해를 수용한다.

---

16) 협력과 조화에 관해서는 Keohane, 1984, pp.51-55를 참조. 복합 상호의존과 현실주의에 관해서는 Keohane and Nye, 1989, pp.158-162 and Ch.1-2를 참조.

3. 연구를 위한 몇 가지 제안들

나는 앞에서 국제정치를 이해하기 위해서는 국제제도를 이해해야만 한다고 주장하였다. 신현실주의에 대한 비평 끝부분에서 제3장은 다음과 같은 점을 강조하면서 유사한 지적을 하고 있다. 즉 불확실성을 감소시키는 정보는 세계정치에 있어 중요하고 변수적이며, 제도의 주요한 기능들 중의 하나는 정보를 보유하고 전달하는 것이다. 제4장은 전후의 국제경제 레짐에 있어서 변화 유형의 어느 정도가, 현실주의자들이 예측하듯이 세력의 변이에 의하여 설명될 수 있는가 하는 것에 질문을 던지고 있다. 제5장은 국제 레짐의 출현과 존속의 근저에 깔려있는 조건들—공급과 수요의 조건들 모두—을 고찰하고 이러한 레짐들에 의하여 수행되는 기능들 중 몇 가지를 설명하는 데 합리주의적 이론을 사용하고 있다. 제6장은 명확한 호혜주의와 모호한 호혜주의를 구분하고 있으며, 국제무역협상들에 있어서의 제도적 혁신이 어떻게 다자간의 무역협정들을 촉진시키는 방식으로, 두 유형의 호혜주의의 측면들을 결합시키는 효과를 가졌는지를 탐구하고 있다. 마지막으로, 제7장은 제도적 변화를 이해하기 위한 합리주의적 연구 프로그램을, 인간의식의 역할을 강조하는 '반영적' 주장들과 대비시키고 있다.

연대순으로, 이 에세이들은 세계정치에서 행위의 제도적 맥락의 중요성과 복합성에 대한 점점 커져가는 의식을 드러내고 있다. 그들 중 가장 빠른 제4장은 1978년에서 1979년 사이에 씌어져서 1980년에 출판되었는데 맥락의 중요성을 인정하고 있지만 그 구성요소를 구체화하거나 제도화에 관한 이론을 형성하는 데 실패하고 있다. 제3장과 5장은 1982년에서 1983년 사이에 출판되었는데, 정보를 제공함에 있어서의 제도의 역할에 관해서는 훨씬 명확하지만, 이들 에세이에서 제도의 개념은 위에서 규정된 것과 같은 관례의 범위에는 미치지 않는다. 호혜주의에 관한 에세이(제6장)는 이제 내가 호혜주의의 관례라고 부르고자 하는 것을 고찰하고 있으며, 제7장은 구체적 제도들이 관행들—언급된 것처럼 관례의 한 형태인—에 포함되어 있다고 주장하고 있다. 나의 개인적인 지적 역사(제2장)는 원래 자전적인 에세이 모음을 위해 씌어졌는데, 내 가정배경과 교육, 그리고 직업적 역할이 세계정치에 관한 나의 시각에 어떠한 영향을 끼쳤는지를 탐구함으로써, 강조점에 있어서의 이러한 변화들을 조명해보고자 고안된 것이다.

　제1부에 있는 에세이들은 경험적 혹은 역사적 이슈들을 깊이있게 탐구하기 위해서라기보다는 이론을 명확히 하기 위하여 씌어졌다. 그렇지만 이론과 조사연구는 언제나 연결되어야만 한다. 이론가들은 역사적 사실들에는 관심을 둘 필요가 없다라고 믿는 것은 오도된 것이며 해로운 것이다. 장기적으로 보았을 때 경험적 연구를 결여한 이론은 이론적 배경이 없는 사실들의 나열 만큼이나 실속이 없다. 따라서 제1부에 있는 에세이들—특히 아무런 경험적 공헌도 하고 있지 않은 제3장과 5장 및 7장—의 가치는 궁극적으로는 내 생각을, 학자들이 세계정치의 주요한 이슈들을 이해하기 위해 사용하는가의 여부에 달려 있는 것이다.

　제2부의 에세이들은 최소한 역사를 고찰하기 위해 이론을 사용할 필요성에 대해 언급하고 있다. 제8장은 러기(John Gerard Ruggie)가 조정을 맡은 한 프로젝트를 위해 씌어졌는데 그것은 원래 1970년대 말 제3세계 연구자들을 흔들어 놓았던 한 가지 질문에 의하여 자극받았던 것이다. 그 질문은 바로 제3세계 국가들은 자신들의 경제를 서구의 발전된 국가들로부터 분리시킴으로써 이익을 얻을 수 있는가 하는 것이었다. 제3세계에 대한 나의 지식이 미미한 것이기에, 나는 초점을 전쟁 전의 미국의 경험에로 돌렸다. 국제제도에 대한 충분한 이해보다는, 국제적 독립에 관한 나의 이제까지의 연구들이 이 에세이에 대한 나의 개념적 시각을 제공하였다. 그러나 제1장에 나타나 있는 제도에 대한 강조와 잘 들어맞지 않음에도 불구하고 "연합된 미국의 발전(Associative American Development)"은 역사적 분석을 이론적 질문과 결합시키는 것에 대한 나의 흥미를 조금이나마 나타내주고 있다. 1940년대의 미국 석유정책에 대해 상세하게 검토한 제9장의 에세이는 내가 최근의 체계이론에 사로잡혀 있음에도 불구하고 외교정책에 있어서의 개인의 힘과 법인의 이익의 역할을 망각하지 않고 있음을 드러내 준다. 즉 정책은 체계적 조건에만 의존하고 있는 것이 아니라 국내정치에도 의존하고 있다. 마지막으로 제10장은 1950년대의 미국정책이 어떻게 패권적 지도전략의 유지에 필수적인 미국 국력 자원들을 확보하는 데 실패함으로써 그 전략의 폐지를 가져왔는지를 보여줌으로써 국내정치가 갖는 영향력을 다시 한 번 강조하고 있다. 제10장은 미국 패권의 쇠퇴를

둘러싼 뒤늦은 현재의 논쟁에 대한 배경을 어느 정도 제공해 준다.

이 에세이들은 우리를 제도주의자들의 연구 프로그램의 출발점에 데려다 줄 것이다. 이론적 논문들은 신자유 제도주의 시각의 필요성을 설명하고 있고, 역사적 서술형식의 논문들은 국내정치의 중요성과 체계구조의 제한적 설명효과를 보여준다. 그러나 이론과 역사적 서술의 연계는 이루어져 있지 않다. 사실상 모든 역사적 서술형식의 에세이들은 주요 이론적 논문들 이전에 쓰어졌던 것이다. 1984년에 내가 저술한 『패권 이후(After Hegemony)』는 비교적 잘 통합된 방식으로, 전후의 국제 정치경제를 탐구하는 데 제도주의 이론을 사용하고 있다. 그러나 이 책에서는 보다 더 깊게 역사에 몰두한다든지, 혹은 안보문제를 분석하는 것에 제도주의적인 틀을 사용한다든지 하는 것들은 고의적으로 삼가고 있다. 제도주의적인 관점을 바탕으로 한 보다 깊은 역사적 서술형식의 연구와 안보문제들에 관한 심도있는 조사가 우리의 연구 의제에 포함되어야만 한다.

국제제도를 심각하게 고려할 때의 연구 결과는 어떠한 것인가? 그 다음에는 어떠한 연구를 중점적으로 해야 하는가? 이러한 질문들을 던지는 것 자체가 일종의 오만을 드러내고 있는 듯이 보인다. 왜 다른 사람들이 연구해야만 하는 것을 규정하려고 하는가 말이다. 따라서 나는 아무도 따르지 않을 거대한 계획을 세우는 것보다는 이 논문에서 요약된 시각이 보여주는 몇 가지 일반적인 방향을 제시하려고 한다. 나는 우리가 신현실주의 이론과 신자유 제도주의 이론의 비교적인 장점들을 평가하는 데 도움을 줄 수 있는 연구에 대해 고려함으로써 결론을 내리고자 한다.

신자유 제도주의는 국제제도에의 쇄신된 주의를 요구한다. 지난 15년 동안, 학자들은 유럽공동체나 국제연합과 같은 주요한 국제조직들의 중요성을 손상시키는 정책을 좇아왔다. 그렇지만 이와 같은 조직들에 대한 문헌의 부재로부터 오는 예측과 달리, 이들은 생명력을 갖고 있는 듯 보인다. 내가 이같은 글들을 쓰고 있는 1988년 9월, 유럽공동체(EC)는 1985년 말에 회원국들에 의해 채택된 단일유럽조례(Single European Act)에 입각하여 1992년까지 내부적인 통상장벽을 해체시키는 주요 프로그램에 착수하고 있다. 그리고 유엔 사무총장은 지난 수개월간 아프가니스탄으로부터의 소련군대의 점진적 철수와 이란과 이라크간의 휴전을 조정하였다. 이러한 두 가지 조치는 1988년에 노벨평화상을 수여한 바 있는 유엔 평화유지군에 의하여 단속될 것이다. 국제조직들은 현대의 세계정치에 중심적이지는 않지만, 신현실주의자들의 연구가 기꺼이 인정해왔던 것보다는 더 중요한 위치를 차지하고 있다.

신자유 제도주의는 또한 국제 레짐들의 중요성과 그것들이 발생하고 존속하는 조건들에 대한 지속적인 탐구의 중요성을 역설한다. 국제관계 학술지들에 게재된 논문들로부터 판단할 때, 이 전투는 정치경제의 영역에서 승리하였다. 즉 특정 국제경제 레짐들에 관한 연구들이 활발히 진행된 것이다.17) 일반적으로 인정되듯이, 레짐들이 어떻게 작동하며 어떻게 변화하는가, 그리고 그것들이 정부에 미치는 영향은 무엇인가를 탐구함에 있어서 국내정치를 고려에 포함시키는 것은 중요하며, 이는 제7장에 제시되어 있다. 그렇지만 몇몇 학자들이 시작하였듯이, 국제 레짐에 대한 조사를 안보 영역에까지 진전시킬 필요가 있다.18)

이 논문의 시작부분에 논의되었던 국제제도의 세 번째 유형은 관례이다. 관례란 암시적 규칙과 이해를 갖고 있으면서 행위자의 기대를 형성하는 비공식적인 제도이다. 관례는 비록 그 변화 속도는 느릴지 몰라도 시간의 흐름에 따라 변화한다. 수세기에 걸친 세계정치의 변화를 이해하기 위해서는 관례들이 어떻게 변화하는지 이해해야만 한다. 그렇지 않으면 우리는-현실주의가 흔히 가정하듯이-과거란 스스로 반복된다고 가정하든지, 시대착오의 오류-즉 현재의 전제와 가치들을 과거의 것으로 이해하는-를 범할 가능성이 있다. 주권에 대한 러기의 탐구는 이전 세대들의 사고의 전제와 유형을 탐구하는 것의 중요성을 보여준 바 있다(Ruggie, 1983). 그러나 그의 시사적 차원에서 행해진 연구에 뒤이은 관례 및 그 변화 방법에 대한 상세한 연구들은 이루어지지 않고 있다.19)

우리가 세계정치에서의 제도의 역할들을 더욱 많이 이해하게 됨에 따라,

---

17) 부분적 목록은 Keohane and Nye, 1987, p.741, fn.33에 있다.
18) Nye, 1987. 특히 pp.374-378는 이 이슈에 대한 자신의 논의에 있어서 연관된 저작들을 인용하고 있다.
19) 국제조직에 있어서의 적응과 학습에 관한 하스의 근간 연구는 국제조직을 선도하고 있는 사상들이 어떻게 변하고 있는가와 관련된 문제를 고찰하고 있다(Hass, 1988).

제도의 원인이나 효과를 이론화하는 데 있어서 신현실주의의 실패는 더욱 두드러질 것이다. 어떤 국가들이 적잖은 상호이익을 갖고 있는가 하는 이슈들과 관련하여, 신자유주의 이론들은, 정부들이 영속성있는 국제 레짐과 조직들을 창출해낼 것이며, 가장 강력한 권력이 비교적 몇 안되는 회원들로 구성되어 규칙 준수를 감시할 수 있는 조직들에 주어질 것임을 정확히 예측하였다. 유럽공동체, 국제재정문제에 있어서의 5개 선진산업국(G-5), 그리고 유엔 안전보장이사회(총회와 비교해서) 등이 바로 그러한 경우들이다. 본질적인 상호이익을 갖고 있는 문제들에 관하여—세계무역이 한 가지 두드러진 사례이다—이슈 연계는 흔히 신자유주의 이론이 예측하는 것처럼, 협력을 촉진시킨다. 그리코가 제안하였듯이, 국제 정치경제에 적용된 신현실주의와 신자유주의 이론의 체계적 비교를 해보는 것은 유용할 것이다. 이러한 이슈들에 대한 분석의 틀로서 신자유주의가 우월함을 제시할 만한 많은 증거가 있다.[20]

안보문제에 대한 연구에는 신현실주의 이론이 적합하다고 흔히 인정되어왔다. 그렇지만 몇몇 안보문제들에 있어서는 오직 제도화된 협력을 통해서만 실현시킬 수 있는 본질적 상호이익들을 국가들이 갖고 있다. 예컨대 국제 동맹이라는 현상을 고찰해 보자. 현재, 동맹에 관한 이론적 문헌들은 그것들을 신현실주의적 시각에서 조망하고 있다. 문헌들에 따르면, 동맹은 주요 적대관계로부터 초래되는 것이며 자체 동맹세력들의 힘을 보완하기 위해 형성된다(Liska, 1962: 14-20, 26-27). 동맹들은 그 체계의 구조— 신

---

20) 조직의 규모와 영속성, 그리고 이슈 연계의 영향력—그리코가 실증될 것 같지 않아 보인다고 생각하였던—에 관한 신자유주의 이론의 예측들에 관해서는 Grieco, 1988, pp.505-506을 참조. 신자유주의 이론에 대한 그리코의 주장은, 그가 신자유주의는 조건적 이론임을 강조하는 데 실패하는 한, 과도하게 단순화되어 있다고 볼 수 있다. 상호이익이 거의 존재하지 않는 상황에서—이런 경우 국제관계는 일련의 영합게임(zero-sum game)에 가까워진다—신자유주의 이론의 예측은 신현실주의의 예측과 상당히 중첩된다. 이와 같을 때, 국가들은 서로 협력하기를 꺼리게 되며 보다 영속적인 조치를 택할 것이다. 게다가 연계는 협력을 방해하기조차 한다. 협력을 통한 상호 이익의 기회가 많을 때에만 두 이론들의 예측이 달라지는 것이 명백해진다. 신현실주의 이론에 따르면, 이 상황하에서는 상대적 이익에 대한 국가의 집착은 감소할 것이다. 국가들은 명시적인 규칙과 조직을 갖고 있는 상당히 영속적인 조직에 참여할 것이며, 비록 항상 그러한 것은 아니지만, 이슈 연계가 협약을 촉진시킬 것이다.

256

현실주의자들에 의해 규정된-에 의하여 근본적으로 형성되는 것으로 간주된다. 스나이더(Glenn Snyder, 1984)는 북대서양조약기구(NATO)의 안정성은 양극체제의 구조에 의하여 확고화된다고 주장하였으며, 로스(Robert S. Ross, 1986)는 미·중관계의 변화가, 소련의 위협 및 미·중·소 삼각관계에서 미국과 중국의 위치 변화로부터 초래되었다는 것을 보여주고 있다. 또 월트(Stephen M. Walt)는 당시 중동지역에서 국력과 위협의 변동이 동맹관계 정비 유형에 미치는 영향을 고찰하고 있다. 그러나 지각력이 있을 수도 있었던 이들 저작들 중 어느 것도, 동맹은 제도이며, 그 영속성과 강도-대가를 치러야 하는 경우에조차도 국가가 동맹에 충실한 정도-는 부분적으로 동맹의 제도적 특징들에 달려있다는 사실을 이용하고 있지 않다. 이들 중 어느 저작도 동맹이 의존하는 공식적·비공식적 규칙들과 관례들을 분석하는 데, 제도에 관한 이론들을 사용하고 있지 않다. 따라서 다음과 같은 문제들을 대상에 포함시키지 않고 있다.

① 공식적 동맹이 비공식적 협약들에 기초한 것보다 더 영속적이거나 강한가?
② 동맹의 영속성이나 강도와 관련하여 동맹조직의 집행 수뇌부와 관료 조직들은 얼마나 많은 차이를 야기시키는가?
③ 동맹은 그 구성원들에게 협력을 촉진시키는 정보를 어느 정도까지 제공하며, 그로 인해 동맹의 영속성이나 강도에 얼마나 공헌하는가?
④ 동맹은 이해의 계산에 종속적이지 않은 규범들을 규정하고 그럼으로써 참여자들에게 진실로 규범적인 규약들을 개발한 적이 있는가? 만약 있다면, 어떤 상황하에서(국제적인 상황은 물론 국내적인 상황들도 포함해서) 그러한 규약들이 발생하는가?
⑤ 개방적인 민주정부들이 폐쇄적인 권위주의 정체들보다 동맹의 유대를 지속하는 것에서 더 용이한가?[21]

---

21) 이와 같은 효과에 대한 고찰은 Keohane, 1984: 95에서 찾아볼 수 있다. 그러나 내가 아는 한, 어느 누구도 이 주장을 경험적으로 시험해 보려고 하지 않았다.

동맹에 대한 신현실주의적 해석들을 세련된 신자유주의적 해석과 비교해 보면, 신자유주의 이론이 신현실주의의 가치있는 논점들을 희생시키지 않으면서 보다 풍부하고 새로운 통찰력을 제공할 것이라고 믿는다. 경제적 제재 및 군사적 조달을 위한 일방적 조치 대 다자간 조치 등과 관련된 다른 안보문제들에 있어서도 유사한 결론을 내릴 수 있다.[22] 사실 신자유주의 이론을 바탕으로 하는 안보와 협력에 관한 연구는 이후 10년 동안에 매우 가치있는 주제가 될 것이다.

신자유 제도주의를 신현실주의와 비교할 때, 신자유 제도주의가 단순히 신현실주의에 대한 대안이 아니라 사실상 그것을 포함한다는 주장을 이해해야만 한다. 조건이 명확히 나타나 있는 상태에서—상호이익은 낮고, 따라서 국가들에게 상대적 이익이 특별한 중요성을 갖는 경우에서—신자유주의 이론은 신현실주의가 국가행동의 요인들을 설명해 줄 것이라고 기대한다. 그러므로 신현실주의의 성공이 반드시 신자유주의의 실패인 것은 아니다. 그렇지만 유리한 환경하에서조차 신현실주의는 제도적 변화를 근원으로 하는 행태의 측면들을 설명하는 데 실패할 것이다. 즉 동맹에 대한 신현실주의의 설명은 가치있지만 미약하다. 그리고 상대적 이득과 무력의 위협에 대한 관심이 낮은 조건하에서는, 신자유주의는 신현실주의가 잘못된 예측을 할 것이라고 기대한다.

지난 몇 년동안 신현실주의자들과 신자유 제도주의자들 간의 토론은 광범하고 격렬한 것이었다(Keohane, 1986). 이제 더이상의 이러한 이론적 논쟁은 쓸모없는 것이 되어버릴 지경에 이르러 있다. 추상적 논거는 경험적 연구와 평가에 따라야 한다. 나는 장래의 연구가, 신현실주의와 신자유 제도주의의 예측들이 어디서 달라지는지를, 그리고 전반적으로 신자유 제도주의의 예측들이 더 풍부하고 정확할 것이라는 것을 보여줄 것을 기대한다. 신현실주의의 예측들이 본질적으로 올바른 경우에 있어서조차도, 제도적 변화에 대한 주의 집중은 종종 통찰력을 한층 더 제공해 줄 것이다. 만약 이러한 기대들이 이루어진다면 이 책에 있는 논문들이 가치있는 것이었음이 밝혀질 것이다.

---

22) 이러한 주제들에 관한 유망한 박사학위 논문들이 하버드 대학의 마틴(Lisa Martin)과 모라브식(Andrew Moravcsik)에 의하여 각각 집필되고 있는 중이다.

다자주의: 제도의 분석*

존 제라르 러기

　10년도 채 되기 전에, 한 저명한 현실주의 이론가가 국제정치에서는 매우 낮은 확률의 일일 것이라고 주장했었던 평화적인 변화가,[1] 1989년에 일어나 전후의 시기, 아니 아마 20세기 전반에 걸쳐 가장 근본적인 지정학적 변천을 가져오게 되었다. 그것은 바로 소련과 동구제국의 붕괴와 이에

---

　* John Gerard Ruggie, "Multilateralism: The Anatomy of an Institution," *International Organization*, vol.46, no.3, 1992(신욱희 옮김).

　▶ 이 글은 다자주의를 다룬 *International Organization*의 1992년 특집호에 수록된 러기의 서두 논문을 번역한 것이다. 이 특집호는 다른 논문들을 포함해서 이후 *Multilateralism Matters*라는 제목의 책으로 출판되었다. 다자주의는 탈냉전기의 국제협력을 논의하는 데 있어 가장 빈번하게 언급되는 개념이다. 하지만 러기는 기존의 신자유주의자들이, 협력이 이루어지는 '제도'에만 관심을 두고 그것이 이루어지는 '형태'는 상대적으로 경시해 왔다고 지적한다. 따라서 그는 자신의 논문에서 다자주의가 갖는 구체적이고 질적인 측면을 부각시키려 하고 있다. 러기는 우선 다자주의의 의미를 고찰한 후, 다자주의의 역사적인 사례를 설명하고 제2차 세계대전 이후 미국 패권하의 다자주의의 전개를 분석한다. 그리고 마지막으로 현재의 국제적 변환에 있어서의 다자주의의 역할을 조망하고 있다. 그의 분석에 따르면 다자주의란 불가분성과 포괄적 상호성으로 대표되는 근대적인 국제정치적 삶의 특징적 형태라 하겠는데, 우리에게 있어서는, 이러한 서구적 아이디어가 주는 제약과 가능성, 그리고 적실성의 문제에 대한 논의가 그 본질에 대한 이해와 아울러 요구되는 것으로 생각된다.

1) Robert Gilpin, *War and Change in World Politics,* New York: Cambridge University Press, 1981, p.15를 보라: "비록… 체제 균형의 평화적인 조정이 가능하지만, 역사를 통해 주요한 변화의 기제는 전쟁, 즉 우리가 패권 전쟁 — 말하자면 어떤 한 국가나 국가들이 우위를 점하고 체제를 지배할 것인가를 결정하는 전쟁 — 이라고 부르는 것이었다."

따르는 냉전의 종언이다. 이 변천에는 여러 요인들이 작용하였다. 하지만 다자주의적인 규범과 제도들이 그러한 것들의 국제적인 결과를 안정시키는 데 도움을 주었다는 점에 대해서는 별 의심의 여지가 없다. 실지로 그와 같은 규범과 제도는 현재의 세계체제에서의 광범위한 지역적·지구적 변화의 관리에 중요한 역할을 하고 있는 것으로 보인다.

한 계산에 따르면 유럽에서는 적어도 15개의 다자적 그룹들이 그 지역의 집단적 운명을 좌우해 나가는 일에 연관되어 있다.[2] 토론의 여지없이 유럽공동체(EC)가 서구에서의 경제관계와, 점증되는 공동적인 정치적 비전의 닻의 역할을 담당한다. 그리고 구동구권 국가들도 그들의 경제적 운명을 EC와 연결시키는 것을 가장 바라고 있고 그 목표는, EC 회원국들이 재건설과 개발을 위한 유럽 은행을 만들거나 경우에 따라 연합적인 합의를 통해 촉진시켜 왔던 것이다. 하지만 10년 전 또다른 영향력 있는 현실주의 저작의 저자는 EC에 대해 단지 순간적인 언급만을 했었고 그 당시 EC가 심지어 현재도 진행 중인 기미를 보이지 않는, 연합된 국가의 형태를 갖추지 않는 한 국제적인 '구조'에 있어 주요한 의미를 갖지 못할 것이라고 주장했었다.[3]

유럽 안보 관계영역에서의 중심적인 현 의제는 새로운 유럽의 지정학적 현실에 대한 북대서양 조약기구(NATO)의 변형과, 부수적인 서구 고유의 아니면 유럽 전체의 다자적인 안보기제가 형성되어야 하는가 하는 문제이다.[4] 대부분의 예상과는 달리 소련은 독일의 통일에 대해 장애를 제공하지 않았고, 광범위한 서구의 제도적 조직에 속한 통일 독일이, 유럽의 중심에서 다른 방향으로 이끌려지는 중립적인 독일보다 훨씬 적은 안보 위협이 될 것으로 예측하였다.[5] 하지만 아마도 현 유럽에서의 제도적 진전의 가장

---

2) William M. Clarke, "The Midwives of the New Europe," *Central Banker* 1, Summer 1990, pp.49-51; Bruce Stokes, "Continental Shift," *National Journal,* nos.33 and 34, August 1990, pp.1996-2001.

3) Kenneth N. Waltz, *Theory of International Politics,* Reading, Mass.: Addison-Wesley, 1979. 특히 p.180의 연합된 유럽에 대한 언급과 pp.201-202의 논의를 보라.

4) 더우기 헝가리과 체코는 이미 유럽각의에 가입하였고, 두 나라는 NATO와의 일정한 연계를 구축하는 문제를 제기하고 있다. "Prague Courts NATO," *Los Angeles Times,* 19 March 1991, p.M1을 보라.

현저한 징표는 소문난 개가 짖고 있지 않다는 것, 즉 어떠한 지위에 있는 누구도 경쟁적인 쌍무적 동맹 체제로의 복귀를 찬성하거나 은밀히 준비하고 있지 않다는 점인데, 이러한 일이 유사한 역사적 맥락에서 일어난 것은 분명 1815년의 비엔나 회의 이후 처음이다.6)

아태지역의 안보관계는 동일한 주장을 부정적인 측면에서 제공한다. 전쟁 직후 이 지역에서는 다자적인 제도적 틀을 구축하는 것이 가능하지 않았다. 이러한 협의의 부재는 오늘날 근본적인 지구적 변화에의 적극적인 적응을 저해하고 있다. 그 한 예로 미국과 일본은 불안정성을 드러내어 이 지역 전체의 군비확장을 촉발시킬 수 있다는 우려에서, 그들의 구시대적 상호방위 조약에 대해 진지한 질문을 제기하는 것을 꺼려한다. 아태지역에

---

5) 제도의 효용성을 경시하는 미어샤이머(Mearsheimer)나 다른 사람들은 유럽 안정의 장래에 대해, 냉전의 종언으로부터 극단적인 추론을 이끌어냈다. 이와 대조적으로 제도를 좀더 심각하게 받아들이는 스나이더(Snyder), 밴 에베라(Van Evera) 등은 미래의 적응적인 정치질서를 예견하는 경향을 갖는다. John Mear-sheimer, "Back to the Future: Instability in Europe After the Cold War," *International Security*, vol.15, Summer 1990, pp.5-56; Jack Snyder, "Averting Anarchy in the New Europe," *International Security*, vol.14, Spring 1990, pp.5-41; Stephen Van Evera, "Primed for Peace: Europe After the Cold War," *International Security*, vol.15, Winter 1990~1991, pp.7-57을 보라.

6) 웨버(Weber)에 의하면, 1989년에 "파리의 몇몇 외교정책 입안자들이 이전의 생각으로 복귀하여 독일에 대항하여 새로 등장하는 동유럽 국가인 폴란드와, 그리고 아마도 소련과도 새로운 동맹을 맺을 것을 제안하였는데 이와 같은 쌍무적 조약과 새로운 세력 균형의 시도는 거의 뒷전으로 미루어졌다." Steve Weber, "Security after 1989: The Future with Nuclear Weapons," in Patrick Garrity (ed.), *The Future of Nuclear Weapons*, New York: Plenum Press, forthcoming을 보라. 유사한 역사적 맥락으로 나는 1848년, 1919년 그리고 1945년을 뜻한다. 1848년 이후 유럽 협약 체제의 잔재는 급속도로 경쟁적인 동맹의 체제로 변화하였고, 제1차 세계대전 이후 특히 프랑스는 독일에 대항하는 쌍무적 동맹의 보호를 원했으며, 제2차 세계대전 이후 몇몇 서구 국가들은 미국과 그리고 각국과의 쌍무적 동맹을 추구하였다. 앞의 두 시기의 유용한 참고물은 다음과 같다. Rene Albrecht-Carrie, *A Diplomatic History of Europe Since the Congress of Vienna*, New York: Harper & Row, 1958; E. H. Carr, *International Relations Between the Two World Wars*, New York: St. Martin's Press, 1961; Henry W. Degenhardt, *Treaties and Alliances of the World*, 3d ed., Essex: Longmans, 1981; A. J. P. Taylor, *The Struggle for Mastery of Europe, 1848~1918*, New York: Oxford University Press, 1971.

는, 예를 들자면 유럽에서의 불-독관계에서 북대서양 조약기구나 EC가 해온 역할과 같이 많은 지역적 안보 딜레마를 완화시킬 수 있는 기구가 없으며, 실지로 상호신뢰 구축의 최소한의 작업을 시작할 수 있을만한 헬싱키(Helsinki)와 같은 과정도 존재하지 않는다.[7] 따라서 현재 유럽에서는 전통적인 형태의 세력균형 정치를 넘어서려는 잠재성이 있는 반면, 아태지역에서는 어느 정도의 안정된 균형이 희망할 수 있는 최고의 것이다.[8]

세계경제의 영역에서는 "1930년대와 똑같은"[9] 20년간의 급작스런 통화 위기와, 실전으로 변화될 수 있는 무역 전쟁에 대한, 경우에 따라서는 히스테릭칼한 예측에도 불구하고, 세계무역의 성장률은 세계적 생산의 성장률을 계속 넘어서고 있고 국제적인 자본의 흐름은 더욱 더 확대되고 있다. 그리고 성과가 없을 것으로 성급하게 판단되었던 여덟 번째의 주기적 통상교섭의 라운드는 완결을 향해 나아가고 있으며 레짐의 입안자들이 국제적인 규칙의 대상이 되리라고는 꿈꾸지 못했던 어려운 국내적 의제와 새로운 국제적 사안들이 이번에 포함되고 있다. 쌍방 간에 상당한 정도의 긴장이 존재함에도 불구하고 미국과 일본은 그들의 본질적인 교역 격차에 대해—처칠(Churchill)의 표현을 빌면—'전쟁-전쟁'보다는 '대화-대화'의 자세를 지속하고 있다.[10]

---

7) 이와 같은 취지의 몇몇 제안들은 Stuart Harris, "Architecture for a New Era' in Asia/Pacific," *Pacific Research,* vol.3, May 1990, pp.8-9에 제공되었다.

8) 남미는 그 중간 정도에 위치하는 것으로 보인다. 최근의 한 평가에 따르면 "미국이 서반구에서 다자주의를 무시하거나 손상시키고 있는 동안 남미 국가들은 어느 정도는 미 정책에의 반응으로써 더 큰 협력, 그들 용어로는 'concertacion'로 향해 움직이고 있었다." Richard J. Bloomfield and Abraham F. Lowenthal, "Inter-American Institutions in a Time of Change," *International Journal,* vol.45, Autumn 1990, p.868.

9) 이러한 우려는 C. Fred Bergsten "The New Economics and U.S. Foreign Policy," *Foreign Affairs,* vol.50, January 1972, pp.199-222에서 시작되었다. 최근의 표명으로는 "Echoes of the 1930s," *The Economist,* 5 January 1991, p.15, 16, 18을 보라.

10) 관세 및 무역에 관한 일반협정(GATT)의 최근 변화에 대해서는 Gilbert R. Winham, "GATT and the International Trade Regime," *International Journal,* vol.45, Autumn 1990, pp.796-882를 보라. 하나의 실제적인 문제는 현존하는 다양한 교역 협의가 통상적인 GATT의 용법의 한계를 벗어나고 있으며, 어떠한 형태의 단독적, 쌍무적, 그리고 또다른 기제들이, GATT의 다자적 속성의 기반

다자적 접근의 제한적인 성공은 심지어 지구적인 안보영역에서도 발견
된다. 하나의 예는 핵확산 금지 분야에서이다. 1960년대에 책임있는 관료
와 정책 분석가들은 1980년대까지는 약 24개국의 나라들이 핵을 가질 것
이라고 예측하였다.[11] 하지만 결과적으로는 실제적, 잠재적인 문제국들의
총합은 그 수의 반에 불과하다. 미 군축위원회의 한 관료와 로렌스 리버모
어(Lawrence Livermore) 국립연구소의 한 분석가에 따르면 이는 적어도 부
분적으로는 핵확산 금지 조약(NPT)에 기인한 것이다. "실질적으로 모든
확산금지의 시도들이, 그들이 제안되거나 계획될 당시 예상됐던 것보다는
훨씬 더 효율적인 것으로 드러났고, 확산금지의 성공 비용은 예상보다 그
다지 크지 않았다. NPT 레짐에 의해 핵확산 문제가 '제한'되었다는 사실
은 정책시도가 소수의 국가들에 대해 초점이 맞춰지고 있다는 것을 의미한
다."[12]

더욱이 냉전에 의해 죄어져 있던 시기 이후 국제연합(UN)은 국제적인
분쟁관리에서의 유용성을 재발견하게 되었다. UN의 억제 역할은 아프가
니스탄에서 유효한 것으로 판명되었고, 탈식민지화의 기능은 나미비아를
도와주었다. UN은 캄보디아에서 서부 사하라까지의 지역적 문제를 해결
하는 수단의 하나로서 기능하고 있다. 그리고 아마 새로운 탈냉전기에 있
어 가장 중요했던 것은, 이라크에 의한 쿠웨이트의 침략와 병합에 대해
UN 안보리가 내린 제재의 태도가, 국제적 침략에 대한 UN의 가장 종합적
이고 완강하고 통일된 반응을 구축했다는 점이다.[13]

과 양립하거나 대립하는 것인가에 대한 새로운 합의가 존재하지 않는다는 것이
다. 이러한 사실은 내가 여기서 제안하고 있는 개념적 정리의 유형에 추가적인
적실성을 부여한다.

11) 이 예측에 대해서는 Mitchell Reisss, *Without the Bomb: The Politics of Nuclear
Nonproliferation*, New York: Columbia University Press, 1988, pp.3-36을 보라.

12) Thomas W. Graham and A.F. Mullins, "Arms Control, Military Strategy, and
Nuclear Proliferation," paper presented at a conference entitled 'Nuclear Deter-
rence and Global Security in Transition,' Institute on Global Conflict and Co-
operation, University of California, La Jolla, 21~23 February 1991, p.3을 참
조. 그레이엄(Graham)과 멀린스(Mullins)가 지적하듯 국가들은 최근에 그들이
'문제의' 명단에 올라갔던 것보다 더 빨리 그 명단에서 빠져 나왔다. Joseph F.
Pilat and Robert E. Pendley(eds.), *Beyond 1995: The Future of the NPT Regime*,
New York: Plenum Press, 1990도 참조.

정치적·경제적 힘의 기초적인 분포에서 원인을 찾는 통상적인 국제관계 이론의 시각에서 보면, 현재의 국제적인 변화에서 규범적인 규제나 제도가 행사하는 역할들은 모순적임에 틀림없다. 먼저 규범과 제도란 그 쪽에서는 그다지 중요치 않으며, 그들은 비록 부수적인 것은 아니나 무력관계나 생산관계의 결과물로 여겨진다. 더 나아가서 만약 통상적인 문헌의 한도에서 국제체제에서의 광범위한 제도화에 대한 어떠한 설명이 있다면 소위 패권 안정이론이 그것이다. 하지만 그 이론이 겪고 있는 다른 모든 역사적·논리적 문제들에 부가해서,[14] 단지 현재의 지역적·지구적인 제도의 역할의 총체가 기인할 수 있는 패권을 발견한다는 것은 극복할 수 없는 것은 아니라 해도 만만치 않은 도전이라 할 수 있다.

규범과 제도가 중요하다는 사실은 국제관계의 '신제도주의자'들에게는 놀라운 사실이 아니며 실제로 그것은 그들의 상당히 오래된 메세지였던 것이다.[15] 하지만 이상하게도 그들은 현존하는 국제제도적 협약들의 핵심적 특징인 그들의 다자적 형태에 대해서는 분명하고 상세한 분석적 관심을 크

---

13) 하이스버그(Heisbourg)가 시사하듯이 "UN 안보리의 결정이 없었다면 7개월 간의 위기와 전쟁을 종결시키는 (국제적인) 연계가 존재하지 않았을지도 모르며, 무력사용을 용인한 안보리 결정 678이 없이는 미 의회가 공격적인 군사 계획을 승인하지 않았을 것이라는 추측이 증명하기는 힘들지만 가능하기는 하다." Francois Heisberg, "An Eagle Amid Less Powerful Fowl," *Los Angeles Times*, 10 March 1991, p.M5.

14) Robert O. Keohane, "The Theory of Hegemonic Stability and Changes in International Economic Regimes, 1966~1977," in Ole R. Holsti, Randolph M. Siverson, Alexander L. George(eds.), *Changes in the International System*, Boulder, Colo.: Westview Press, 1980, pp.131-162; Arthur A. Stein, "The Hegemon's Dilemma: Great Britain, the United States, and the International Economic Order," *International Organization*, vol.38, Spring 1984, pp.355-386; Duncan Snidal, "The Limits of Hegemonic Stability Theory," *International Organization*, vol.39, Autumn 1985, pp.579-614; John A. C. Conybeare, *Trade Wars: The Theory and Tractice of International Commercial Rivalry*, New York: Columbia University Press, 1987.

15) 나는 여기에서 커해인에 의해 구별된 두 가지 이론적 갈래—합리주의자와 반향주의자—를 모두 포함시키려 한다. R. Keohane, "International Institutions: Two Approaches," *International Studies*, Quarterly 32, December 1988, pp.379-396을 보라.

게 표명하지 않았다. 문헌 조사에서 다자주의의 개념에 해당하는 것은 상대적으로 적은 것으로 나타나며 그들 중 소수만이 국제관계 이론가들의 관심의 대상이 된다. 신제도주의자들의 초점은 때로는 특정한 제도적 하위체계로 인식되는 국제 레짐과 공식적 조직체들과 함께 일반적인 의미의 '협력'과 '제도'에 맞춰져 왔다.16) 예를 들자면 로버트 커해인(Robert Keohane)만큼 국제관계의 신제도주의에 대해 많이 기고한 사람은 없지만 그의 저작 속에서 다자주의의 개념은 많이 사용되지 않으며 심지어 그 주제에 대한 문헌 검토에서도 마찬가지이다. 또한 그가 사용하고 있는 다자주의의 정의—"셋 이상의 집단에서 국가정책을 조율하는 관습"—는 순전히 명목적이다.17)

다자주의의 명목적 정의는 어떤 목적을 위해서는 유용하기도 하다. 하지만 이 정의는 예를 들자면 삼제동맹과 같은 비스마르크식의 동맹체제의 사례와 같이, 다자주의가 아니라 쌍무주의의 표현으로 전통적으로 간주되어 온 제도적 형태들을 포함하게 되는 문제를 야기한다. 간단히 말해서 다자주의의 명목적 정의는 다자주의 현상을 특징짓는 질적인 측면을 놓치고 있는 것이다.18)

---

16) Stephen D. Krasner(ed.), *International Regimes*, Ithaca, N.Y.: Cornell University Press, 1983; Kenneth A. Oye(ed.), *Cooperation Under Anarchy*, Princeton, N.J.: Princeton University Press, 1986; Robert O. Keohane, *After Hegemony*, Princeton, N.J.: Princeton University Press, 1984.

17) Robert O. Keohane, "Multilateralism: An Agenda for Research," *International Journal*, vol.45, Autumn 1990, p.731을 보라. 다자주의의 개념을 소개하고 이런 방식으로 정의한 후 커해인은 실질적으로 일반적 의미의 국제제도를 논의하기 시작한다. 모두 통상에 관한 구체적인 합의의 두 사례에서만 다자주의를 간략히 언급한 그의 *After Hegemony*와 색인에서 다자주의의 항목이 포함되어 있지 않은 *International Institutions and State Power*, Boulder, Colo.: Westview Press, 1989도 참조하라. 나는 이와 같은 비판이 제도의 주제에 관한 내 자신의 작업에도 해당된다는 것을 고백해야만 한다. 커해인은 친절하게도 1975년도의 내 논문이 "다음 10년의 많은 개념적 작업들을 예시해주고 있다"고 말한 바 있다. 하지만 그것은 공식적인 국제기구에 대한 연구로부터 국제기구 연구를 차별화시키기 위한 것에 대한 관심, 즉 '레짐'의 개념 도입에 치중했던 사각의 면을 또한 보여주고 있다. Ruggie, "International Response to Technology: Concepts and Trends," *International Organization*, vol.29, Summer 1975, pp.557-583을 언급하고 있는 Keohane, "Multilateralism," p.755, fn.44를 보라.

현 세계 통상관계의 엄청난 다양성을 분류해 보고자 하는 시도로서의 다자주의에 대한 훌륭한 토의에서 윌리엄 디볼트(William Diebold)는, 내가 명목적인 다자주의와 질적인 다자주의로 지칭했던 것과 거의 비슷한 의미로 '형식적인' 다자주의와 '실질적인' 다자주의를 구분할 필요성을 초심자들에게 강권하고 있다. "그러나 그것은 문제의 끝과는 거리가 멀다. 코델 홀(Cordell Hull)의 쌍무적 협약은 할마 샤트(Hjalmar Schacht)의 그것과 기본적으로 다른 것이다."[19] 말하자면 디볼트는 참가국들 사이에서 생겨나는 관계의 종류가 중요한 것이지 당사국의 수가 그렇게 중요한 것은 아니라는 것을 시사한다. 내가 이 논문에서 관심을 가지고 있는 점도 통상뿐만이 아니라 전반적인 국제관계의 제도적인 차원에 있어서 다자주의의 구체적이고 질적인 특징인 것이다.

국제 레짐이나 정부 간 기구의 개념에 의해서도 이 질적인 차원은 정확하게 포착되지 않는다. 우리가 잠시 후에 검토할 나치의 통상·통화 레짐의 경우처럼 형태상 다자적이지 않은 국제 레짐도 있다. 다자적인 공식 기구에 있어서도 그들이 분석상의 신비함을 수반하지는 않더라도 모든 신제도주의의 주창자들은, 이 제도들이 그들이 관심을 가지는 광범위한 국제제도의 형태 중의 하나의 작은 부분을 구성한다는 점에 동의하는 것이다.

하지만 이렇게 경시된 다자주의의 질적인 차원은, 전후의 세계질서를 재구축하려는 미국의 의도에 대해서 잘 알고 있었던 이전의 제도주의적 담론을 보더라도 금방 포착되지는 않는다. 여기서 국제통상에서 다자주의를 이야기할 때, 우리는 즉시 그것이 국가행위의 특정한 원칙, 무엇보다도 무차별성의 기반하에서 조직되는 교역을 지칭한다는 것을 알 수 있다.[20] 이와

---

18) UN식의 맥락에서는, 커해인이 다자적이라고 정의한 것은 다국적인 것—예를 들자면 시나이(Sinai)의 다국적(비 UN) 참관팀과 같이—으로 불려진다. UN에서는 다자적 협의체에 의해 정당하게 권위가 주어진 것만이 다자적인 것으로 간주된다. 그러나 내가 이 논문의 뒤에 논의하는 것처럼, 커해인의 정의가 분석적으로 너무 허술하다면 UN의 개념은 너무 제한적이다.

19) William Diebold Jr.(ed.), "The History and the Issues," *Bilateralism, Multilateralism and Canada in U.S. Trade Policy*, Cambridge, Mass.: Ballinger, 1988, p.1을 보라. 디볼트는 일방주의, 쌍무주의, 그리고 그가 다원주의라 부르는 최근의 통상 절차 중 어떤 것이 GATT 레짐이 기반하고 있는 다자주의의 원칙과 일치하는 것인가를 구별하는 몇 가지 원칙적인 기준을 찾으려 한다.

266

유사하게 안보관계에서의 다자주의를 이야기할 때 우리는 그것이 집단안
보나 집단 자기방어의 어떤 표현을 뜻한다는 것을 알고 있다.21) 그리고 부
시(Bush) 대통령이 오늘날 중동이나 다른 지역에서의 '신세계 질서'-보편
적 열망, 협력적인 억지, 그리고 공격에 대한 공동 대응22)-를 천명했을 때
그것이 비전이건 수사에 불과하건 간에, 그 뜻은 내가 아래에서 주장하는
전후 미국의 다자주의를 환기시키고 전적으로 그에 상응하는 것이다. 종합
해 보건대 다자주의에 있어 특징적인 것은 그것이 다른 조직적 형태에서도
그러하듯이 단지 셋 이상의 집단에서 국가정책을 조율한다는 것만이 아니
라 그러한 국가들간에 질서관계의 일정한 원칙에 기반해서 작용한다는 점
이다.

따라서 오늘날의 국제관계이론의 세계에서는 심각한 비정상이 존재하고
있다. 통상적인 이론들이 거의 주의를 기울이지 않는 제도적 현상이 만연
하고 큰 의미를 갖는 것과 동시에, 그러한 변화를 낳는 특징들은 국제제도
의 많은 연구자 자신들에 의해서는 대충 얼버무려지는 것이다. 이 논문은
그러한 비정상성의 두 부분 모두를 해결하는 것에 도움을 주려는 목적을
갖는다.

이 논문의 전제는 우리가 실질적인 역사적 사례로부터 다자주의의 원리
적인 의미를 발견함으로써, 어떻게 그리고 왜 그러한 원리적 의미가 근대
의 국가간 체제의 역사를 통해 제도화되었는가를 보여 주고, 어떻게 그리
고 왜 그것들이 원초적으로 생성된 조건들이 변화되었음에도 불구하고 오

20) 위에 언급된 책과 Richard Gardner, *Sterling Dollar Diplomacy in Current Perspective,* rev. ed, New York: Columbia University Press, 1980; Jacob Viner, "Conflicts of Principles in Drafting a Trade Charter," *Foreign Affair*s, vol.25, July 1947, pp.612-628; Herbert Feis, "The Conflict over Trade Ideologies," *Foreign Affairs,* vol.25, January 1947, pp.217-218; Robert Pollard, *Economic Security and the Origins of the Cold War,* New York: Columbia University Press, 1985를 보라.
21) Robert Dallek, *Franklin D. Roosevelt and American Foreign Policy,* New York: Oxford University Press, 1979; John Lewis Gaddis, *The Long Peace,* New York: Oxford University Press, 1987, pp.3-47; Pollard, *Economic Security and the Origins of the Cold War.*
22) George Bush, "President Bush's Address to Congress on End of the Gulf War," *The New York Times,* 7 March 1991, p.A8에서 인용.

늘날 자신들을 영속시키고 있는지를 탐구함으로써 현재의 국제적 전환에 있어 다자주의적 규범과 제도의 역할을 좀더 잘 이해할 수 있다는 것이다.

이와 같은 다자주의 개념에 대한 '심층적' 연구는 강력한 적실성의 주장이 제기되기 이전에 더욱 철저한 검토를 필요로 하는 일련의 작업가설들을 제안한다. 그럼에도 불구하고 다자주의에 관한 이 심포지움에서 나와 내 동료들은 그 가설들이 충분히 흥미가 있으며 우리가 그를 위해 제공하는 사례들이 더 이상의 연구를 보증할 만큼 충분히 의미가 있다고 믿으며 따라서 그런 생각에서 여기에 제시하는 것이다.[23] 그 주장은 간단히 말해 다음과 같다. 다자주의는 근대의 국제적 삶의 일반적인 제도적 형태이다. 따라서 이는 그 출발부터 존재하고 있었다. 다자주의의 일반적인 제도적 형태는 상대적으로 최근에 등장했고, 상대적으로 단지 제한된 중요성을 가지는 공식적인 다자적 기구와 혼동되어서는 안된다. 역사적으로 다자주의의 일반적인 형태는 국가의 국제적인 소유권을 정의하고 안정화시킬 때, 조정의 문제를 관리할 때, 그리고 협조의 문제를 해결할 때에 발견되어 왔다. 이 다자주의 형태의 사용 예들 중 마지막 것은 역사적으로 가장 덜 빈번했던 것이다. 문헌들 속에서는 이 사실이 전통적으로 패권의 등장과 쇠퇴에 의해서, 그리고 보다 최근에는 다양한 기능적 고려에 의해서 설명되어 왔다. 우리들의 분석은 그 시기의 강대국들의 관용적인 국내 환경이 적어도 마찬가지로 중요하며 어떤 경우에는 더욱 더 중요하다는 점을 시사한다. 예컨대 우리가 제2차 세계대전 이후의 상황을 좀더 면밀하게 들여다 보면, 다자적 협약의 증대를 설명할 수 있는 사실이 미국의 '패권'이라기보다는 '미국'의 패권이라는 점을 발견한다. 마지막으로 우리는 다자적 형태의 제도적 협약이 다른 제도적인 형태들이 결여하고 있는 적응력, 심지어는 재생산 능력까지도 가지고 있으며 따라서 그러한 것이 현재의 국제적인 변동을 안정시키는 것에 있어서의 다자적 협약의 역할을 설명하는 데 도움을 주고 있다는 점을 제시하고 있다.

---

23) 이번 호 *IO*의 논문들, James Caporaso, "International Relations Theroy and Multilateralism: The Search for Foundations"; Miles Kahler, "Multilateralism with Small and Large Numbers"; Steve Weber, "Shaping the Postwar Balance of Power: Multilateralism in NATO"를 보라. 또한 Ruggie, *Multilateralism Matters*의 기고논문도 볼 것.

1. 다자주의의 의미

다자주의는 그 핵심에 있어 특정한 원칙에 따라 셋 이상의 국가 간의 관계를 조율하는 것을 지칭한다. 하지만 그 원칙이라는 것이 정확히 무엇인가? 그리고 그 원칙이 정확히 무엇에 해당하는가? 좀더 공식적인 정의의 구축을 쉽게 하기 위해서 모든 사람이 다자주의가 아니라고 하는 것, 즉 쌍무주의의 역사적 사례들을 먼저 검토해 보기로 하자.

금세기 초반에 나치 독일은 쌍무주의의 순수한 형태를 체계적인 조직원리로 정교하게 연마하는 데 성공하였다. 디볼트가 말하듯 '쌍무적'이라는 일상적인 개념은 현재 국가 사이에 제도화되는 질적인 관계에 관해서 전적으로 중립적인 것이다.[24] 따라서 그것이 갖는 질적인 속성을 표현하기 위해서 나치 체제는 특성상으로는 쌍무주의자로 그리고 그 조직원리로 쌍무주의를 구현하는 것으로 전형적으로 취급되어 왔다. 일단 1934년에 나치 정부의 뉴 플랜(New Plan)이 발효된 후에 샥트는 모든 경우에 쌍무적인 통상협약을 고안하여 협의를 청산하였다.[25] 독일의 국제통상 레짐의 핵심은 국가가 자신의 대외통상 상대국과 '상호적인' 협약을 교섭하였다는 데 있다. 이 협의는 어떠한 재화와 용역이 교환될 것인가와 그것들의 양과 가격을 결정하였다. 독일은 빈번히 그들의 교역국들로부터 자국이 수출하는 것보다 많은 양을 의도적으로 수입하였다. 그러나 독일은, 상대국들의 독일에 대한 상환을 자국에 재투자하거나 비싸게 책정된 가격의 독일상품을 구매함으로써 처리하도록 요구하였다. 따라서 그 교역국들은 독일에 이중적으로 종속되게 되었다.

이러한 통상 레짐은 이어서 쌍무적인 금융결제 협정과 연결되어 있었다. 예를 들자면 이 협약하에서 독일의 수입자는 자신의 수입에 대해 물자나 용역의 대외적 근원지가 아닌 독일의 공화국은행(Reichsbank)에 마르크로

---

24) Diebold, "The History and the Issues."
25) 나치 체제에 대해 고전적이고 적절하게 이름 붙여진 연구로는 Albert Hirschman의 *National Power and the Structure of Foreign Trade*, 1945, reprint, Berkeley: University of California Press, 1980이 있다. Leland B. Yeager, *International Monetary Relations: Theory, History, and Policy*, New York: Harper & Row, 1976, pp.357-376도 볼 것.

지불을 하며, 그 반면 외국의 거래 상대방은 자신의 중앙은행으로부터 자
국의 화폐로 대금을 받는다. 독일의 수출품은 그 반대의 형식을 취한다.
외환이 직접 교환되는 것이 아니며 외환시장은 우회되고 자의적인 환율이
득세하게 된다. 이러한 방식으로 결재되는 허용가능한 총액은 두 국가 간
에서 교섭이 되었다.

독일의 쌍무주의는 전부는 아니나, 전형적으로 1차상품을 수입하고 가
공품을 수출하는 중동부 유럽이나 발칸, 그리고 남미의 약소국들에 초점을
맞추고 있었다. 그러나 그 계획은 본질적인 제한은 없는 것이었고 독일에
서부터 퍼져나가는 쌍무적 협약의 거대한 거미줄로써 전 지구를 덮도록 지
리적으로 보편화될 수도 있는 것이었다.26)

명목상의 다자주의의 정의가 샤트(Schacht)식의 쌍무적 기제를 배제하는
것은 아니며 이는 셋 이상의 국가들 간의 경제관계를 조율하였다. 또한 협
상이 쌍무적으로 이루어졌다는 사실이 결정적으로 중요하지는 않다. 결국
은 GATT의 많은 관세 인하 또한 쌍무적으로 협의되는 것이다. 물론 그 차
이점은 GATT내에서는 쌍무적으로 협상된 관세 인하가 최혜국 대우조항
(MFN)의 기반하에서 다른 상대국들에도 확대되는 반면, 샤트식의 방법은
그것이 전 세계를 포괄하더라도 쌍무적 협상이 사례별·생산품별로만 적용
되도록 하기 위해 근원적·기본적으로 차별적이었다는 점이다.

다음으로는 일반적으로 다자주의자의 원칙을 구현하고 있다고 인식되는
제도적 협의체의 하나인 집단안보체제를 살펴보자. 순수한 형태가 존재한
적은 없지만 그 원리는 간단하다. 그것은 평화란 나눌 수 있는 것이 아니며
따라서 한 국가에 대한 전쟁은 사실상 모두에 대한 전쟁으로 간주된다. 그
러므로 국가의 공동체는 우선은 외교적 수단, 다음에는 경제적 제재, 마지
막으로는 필요하다면 무력의 공동 사용에 의해 공격의 위협이나 실재에 반
응하여야 할 의무가 있다. 그러한 공동체 단위의 반응에 대한 예상에 직면
하여 모든 합리적인 잠재적 공격자는 억제되고 단념을 하게 된다. 따라서
전쟁의 발발은 점차 감소된다는 것이다.

---

26) 영국과 미국을 포함하는 몇몇 주요국들도 독일과 Sondermarks―외국인들은
독일에 특정한 상품을 판매함으로써 얻을 수 있지만 반대로 독일로부터의 구매
는 특정한 상품에 제한되는 마르크―에 대한 제한된 협약을 갖고 있었다.

집단안보의 원리는 분명히 셋 이상의 국가 간의 안보관계를 조율한다. 하지만 위에 언급된 것처럼 단지 전통적인 동맹의 집합에 다름 아니었던 삼제동맹도 마찬가지로 그러하였다.[27] 집단안보의 원리에 있어 특징적인 것은 그것이 아더 셀터(Arthur Salter) 경이 50년전에 표현했던 것처럼 "알려지지 않은 적에 대한"[28] 그리고 그가 덧붙였으면 좋았을 '알려지지 않은 희생자'를 위한 영속적인 잠재적 동맹을 함축하고 있다는 것이다. 동맹과 집단안보 형식간의 제도적인 차이는 간단하게 묘사될 수 있다. 두 경우 모두 만약 B국가가 C국가로부터 공격을 당하면 A국가는 B를 돕도록 되어 있다. 하지만 집단안보 형식에서는 만약 C가 B로부터 공격을 당할 경우 또한 A는 C를 도와야 하는 것이다. 따라서 허드슨(G. F. Hudson)이 지적한 것처럼 "A는 B를 C 이상의 동맹으로 생각할 수 없으며, 이는 만약 전쟁이 발발하면 B와 C 중 누가 침략자가 될 것인가 하는 것은 이론적으로 답이 정해지지 않은 질문이기 때문이다. 마찬가지 방식으로 B도 A와 C에 대해 무한정의 의무를 갖게 되고 C도 A와 B에 대해 그러한 것이며 그 체계가 더 많은 국가로 확장될수록 더 많은 변수가 그에 해당된다."[29] 미국 상원에서의 국제연맹의 운명을 결정한 것도 바로 집단안보 체제와 동맹과의 이 차이점이었다.[30]

---

27) Taylor, *The Struggle for Mastery of Europe,* ch.12.

28) Arthur Salter, *Security,* London: Macmillan, 1939, p.155; 원전의 강조.

29) G. F. Hudson, "Collective Security and Military Alliance," in Herbert Butterfield and Martin Wight(eds.), *Diplomatic Investigations,* Cambridge, Mass.: Harvard University Press, 1968, pp.176-177; Charled A. Kupchan and Clifford A. Kupchan, "Concerts, Collective Security, and the Future of Europe," *International Security,* vol.16, Summer 1991, pp.114-161.

30) 속설과는 달리 우드로 윌슨(Woodrow Wilson)은 미국을 국제연맹하에서의 명확하고 자동적인 군사적 의무에 복속시킬 준비가 되어 있지 않았다. 그의 집단안보 계획은 여론과 무기 제한, 그리고 강제의 방식보다는 조정에 기반하고 있었다. 상원의원 캐보트 라지(Cabot Lodge)의 국제연맹에 대한 근본적인 반대는, 그것의 영속성과 보편주의가 미국에게 끊임없는 개입을 가져다 줄 것이라는 점 때문이었다. 그는 반대로 독일에 대항하는 프랑스에 대한 강력하고 좀더 구체적인 안보 제공을 선호하였다. Lloyd E. Ambosius, *Woodrow Wilson and the American Diplomatic Tradition,* New York: Cambridge University Press, 1987, pp.51-106을 참조.

그 노력에 뒤따르는 영속적인 제도적 결과는 아직 두고 보아야 하겠지만, 미국은 페르시아 만의 위기와 뒤이은 전쟁에서 반 이라크 제휴를 이끄는 데 있어 집단안보의 방식에 빈번히 의존하였다.[31] NATO도 실질적으로는 하나의 적에 대해서이지만 형식상으로는 잠재적인 모든 적에 대항하여, 부분이 되는 국가가 무제한의 기간에 집단적인 자위체제를 구성하는 이 모델의 불완전한 형식을 반영하고 있다. 그럼에도 불구하고 이 방식은 내부적으로 두 가지의 다자주의적 원칙에 입각하고 있다. 첫 번째는 위협의 집단성에 대한 불가분의 측면이며—즉 공격을 받는 것이 독일인가, 영국인가, 네덜란드인가, 노르웨이인가는 중요치 않고 이론적으로는 누구의 공격인가 하는 것도 중요치 않다는 것이다—두 번째는 무조건적인 집단 대응의 요구이다.[32]

우리는 이제 다자주의의 핵심적 의미에 대해 좀더 명확히 해야 할 지점에 왔다. 커해인(Keohane)은 제도를 일반적으로 "행태적인 역할을 처방하고 행위를 규제하며 기대를 형성시키는 공식적·비공식적인 지속적이고 연관된 규칙의 집합"으로 정의한다.[33] 매우 간단히 말하면 '다자적'이라는 용어는 '제도'라는 명사를 수식하는 형용사이다. 따라서 다자주의는 국제관계에서의 일반적인 제도적 형태를 묘사한다. 어떻게 다자적이라는 단어가 제도를 수식하는가? 우리들의 예는 다자주의가 '일반화된' 행위의 원칙, 즉 어떠한 특별한 사태에 존재할 수 있는 집단들의 특정한 이해나 전략적 상황에 관계없이, 한 유형의 행동에 대해 적절한 행위를 명시할 수 있는 원칙에 기반해서 셋 이상의 국가들의 관계를 조율하려는 제도적인 형태라는 것을 시사한다. 최혜국 대우조항은 경제 분야에서의 하나의 고전적인 예인데 그것은 같은 상품을 생산하는 나라들 간의 차별을 금지하고 있다. 안보

---

31) 물론 UN 방식의 집단안보의 주된 결점은 UN이 침략에 대한 군사적 반응을 수행할 수 있는 자체의 수단이 없다는 것이다. 왜냐하면 어떤 국가도 상비군을 가능하게 만드는 43조의 동의안에 대해 협의해 오지 않았기 때문이다. 걸프전 이후 미국의 UN대사 토마스 피커링(Thomas Pickering)은 1991년 3월 4일의 Veterans of Foreign Wars 모임의 연설과 1991년 4월 26일 워싱턴의 American Bar Association에서의 연설에서 43조의 재고를 제안하였다.

32) 연합적인 지휘와 핵에 대한 미국의 통제에 반대하는 프랑스의 불응은 문제를 더욱 복잡하게 만들고 있다.

33) Keohane, "Multilateralism," p.732.

관계에 있어 그에 상응하는 것은, 어떠한 특정한 경우가 그들의 개별적인 선호에 적합하건 그렇지 않건 간에 공격이 발생하면 어느 때, 어느 곳이건 국가들이 그에 대응해야 한다는 요구조항이다. 이와 대조적으로 샤트식의 방식과 전통적인 동맹과 같은 쌍무주의적 형태는, 선천적으로 특정한 조건이나 상황적인 전개에 정확히 기반하여 사례별로 관계를 차별화하는 것이다.

쌍무주의와 다자주의가 국가들의 제도적 유형의 전부를 차지하는 것은 아니다. 제국주의도 세 번째의 일반적인 제도적 형태로 고려될 수 있다. 제국주의는 쌍무주의나 다자주의와는 달리 대상국들의 주권을 무시하지만 이 또한 셋 이상의 국가 간의 관계를 조율하는 하나의 제도이다.[34]

다자주의에 대한 우리의 정의로부터 두 가지의 결과가 추론된다. 첫째, 일반화된 조직원리는 논리적으로 문제가 되는 행위 영역에 관련된 회원국들 간의 집합성의 불가분성을 수반한다. 상황에 따라서 그러한 불가분성은, 집합성이 국경을 따라서 표준화를 취하는 기차선로의 물리적인 결합에서부터, 국가들이 평화는 불가분의 것이라는 전제를 채택하는 것에 이르기까지 상당히 다양한 형태를 취할 수 있다. 하지만 여기서의 불가분성은 하나의 기술적인 조건이 아니라 사회적 구성이라는 것에 주목하라. 집단안보의 구상에서 국가는 평화가 불가분의 것이라는 것처럼 행동하며 따라서 그것을 그렇게 만드는 것이다. 이와 유사하게 교역의 경우에서 교역체계를 나눌 수 없는 하나로 만드는 것은 교역 자체의 어떤 내재적 속성이 아니라 최혜국 규범에 대한 GATT 구성국들의 준수인 것이다.[35] 대조적으로 쌍무주의는 관계들을 다수의 양자적 관계로 분할하여 격리시킨다. 둘째로 아래에 자세히 논의되는 것과 같이 다자주의의 성공적인 사례들은 실제적으로 그 구성원들 사이에서 커해인이 "포괄적 상호성"의 기대라고 부른 것을 창

---

34) Michael Doyle, *Empires*, Ithaca, N.Y.: Cornell University Press, 1986, pp. 19-47을 보라. 비록 그것들이 실제로 제국적 형태를 갖추지는 않았지만 나치 협약의 좀더 약탈적인 표현 중 일부는 이에 매우 근접하고 있다.

35) 분명히 핵무기의 존재, 경제적 상호의존, 외부효과 또는 다른 기술적 요인들이 국가가 선택하는 사회적 구성에 영향을 미칠 수 있고 아마 실제로 그러할 것이다. 나는 여기서 인과성을 탓하는 것이 아니라 단순히 개념을 명확히 하는 것이다.

출하는 것으로 보인다.[36] 말하자면 그 협약은 참가자들에게 집단적, 장기적으로 이윤에 거의 상응하는 것을 생산하는 것으로 기대된다는 것이다. 이와는 달리 쌍무주의는 구체적 상호성, 즉 항시 각 편의 다른 편에 대한 특정한 보상의 동시적 균형에 기반하고 있다.[37]

이와 같은 정의와 추론으로부터 다자주의는 상당히 요구조건이 많은 제도적 형태라는 점이 도출된다. 따라서 역사적인 사례는 그 대안들에 비해 많지 않게 되며 특정한 시기에 상대적 실현의 가능성이 높아지더라도 그 현실이 설명돼야 하는 흥미있는 문제점들을 부과하는 것이다.

다음으로 제시될 분명한 주제는 커해인이 지적하듯이 국제제도의 일반적 개념이 실제적으로 국가들 간의 제도화된 관계의 많은 상이한 유형에 적용되고 있다는 사실이다.[38] 따라서 마찬가지로 다자적이라는 형용사도 그러한데 일반화된 행위의 원칙에 따라 셋 이상의 국가를 조율한다는 다자주의의 일반적인 속성은, 그것이 적용되는 제도화된 관계의 유형에 따라 서로 상이한 특정한 모습을 갖게 될 것이다. 몇 개의 사례를 검토해 보기로 하자. 문헌에서의 통상적인 용법은 국제질서, 국제 레짐, 국제기구 세 가지의 국가 간 제도적 영역을 구분하고 있다. 각 유형은 형태상 다자적일 수도 있지만 꼭 그럴 필요는 없다.

문헌들은 국제경제질서, 국제안보질서, 국제해양질서 등을 빈번하게 언급한다. 공해의 원칙에 기반한 해양질서처럼 '개방적이고' '자유주의적인' 국제경제질서는 형태에 있어 다자주의적이다. 나치는 이미 지적된 이유로 그 형태상 다자주의적이지 않았고 비스마르크(Bismarck)에 의해 만들어진 유럽 안보질서도 그렇지 못했다. 여기서의 다자주의의 개념은 주어진 국제적 삶의 영역에서의 관계를 규정하는 구성적인 규칙-말하자면 그들의 건

---

36) Robert O. Keohane, "Reciprocity in International Relations," *International Organization,* vol.40, Winter 1986, pp.1-27.

37) 쌍무적 균형은 형평을 필요로 하는 것은 아니며 이는 단지 이것이 관습에 의해 결정되기는 하지만 쌍방 간의 상호 받아들일 수 있는 균형을 구축하는 것을 의미한다. 이 차이에 대한 추가적 설명을 위해서는 Karl Polanyi, "The Economy as Instituted Process," in Karl Polanyi, Conrad M. Arsenberg, and Harry W. Pearson(eds.), *Trade and Market in the Early Empires,* Glencoe, Ill.: Free Press, 1957, pp.243-270을 보라.

38) Keohane, "International Institutions."

축적인 차원―을 지칭한다. 그러므로 국제경제질서에서의 '개방성'의 특징
은 배타적인 블록이나 영역 또는 국제경제관계의 행위에 있어서 유사한 장
벽의 금지와 같은 특성을 말한다. 국제안보질서에 있어서 그와 상응하는
특성―그것이 '집합적'인 것으로 묘사되게끔 하는 특성―은 공통적인 안보
우산에 평등하게 접근하기 위한 조건이다. 그러한 특징적인 조건이나 조건
들이 충족되는 한도내에서 문제가 되는 질서가 형태상 다자주의적인 것이
라고 말할 수 있는 것이다. 간단히 말해서 여기서의 다자주의는 국가간 관
계의 전반적 질서의 특성을 묘사하고 있으며 정의상으로 질서가 어떻게 얻
어지는가에 대해서는 아무것도 언급하지 않는다.

레짐은 질서보다는 좀더 구체적이다. '레짐'이라는 단어는 전형적으로
하나의 질서의 기능적, 부분적인 요소를 지칭한다. 나아가서 레짐의 개념
은 폭넓게 말해서 이 용어가 국가 간의 관계를 수행하는 공통적이고 의도
적인, 하지만 빈번히 매우 비대칭적인 수단을 뜻하는 것으로 쓰인다는 점
에서, 질서의 개념보다는 '어떻게'의 문제를 좀더 포괄하고 있다고 하겠다.
그 정도는 통상적인 사용에서 분명히 드러나는 점이다. 하지만 문헌 가운
데, 모든 레짐이 사실상 그 특성에서 다자주의적이라는 널리 유포된 가정
을 수용하는 것이 있는데 이는 전적으로 잘못된 것이다. 예를 들자면 금융·
통상관계를 조직하는 샥트식의 방식을 국제 레짐이라고 부르지 않을 이유
는 없다. 그것들은 스티븐 크래스너(Stephen Krasner)와 그 동료들에 의해
명시된 기준 요건들을 충분히 만족시키고 있다.[39] 더 나아가서 두 국가간
의 레짐의 등장을 상상한다는 것이 분명 가능한데―한 예로 강대국 간의
안보 레짐은 1980년대의 토의사항들 중 하나였다[40]―그러나 그러한 레짐
은 정의상 다자적이 될 수 없다. 요약하면 레짐을 레짐으로 만드는 것은 그
것이 그에 관해 행위자의 기대가 수렴하는 포괄적인 법칙이나 규범, 규칙,

---

39) Krasner, *International Regimes*.
40) Steve Weber는 "Realism, Detente, and Nuclear Weapons," *International Organization*, vol.44, Winter 1990, pp.55-82에서 강대국의 안보 레짐의 등장을 예견하였다. Robert Jervis는 "Security Regimes," in Krasner(ed.), *International Regimes*, pp.173-194와 "From Balance to Concert: A Study of International Security Cooperation," *World Politics*, vol.38, October 1985, pp.58-79의 두 논문에서 그 가능성을 논의하였다.

그리고 정책결정 과정이라는 정의의 기준을 만족시킨다는 것이다. 하지만 그 자체로서는, 그와 같은 개념들은 실질적인 면을 결여하고 있다. 셋 이상의 국가를 포함한다는 점을 넘어서 레짐을 형태상으로 다자주의적으로 만드는 것은, 이러한 용어들의 실체적인 의미가 적절하게 일반화된 행위의 원칙들을 거의 반영하고 있다는 점이다. 예를 들면 다자적 통상 레짐의 경우에 이는 상호적인 관세인하와 안전보호의 적용, 그리고 규칙의 집행을 위한 집단적인 제재 절차 등의 규칙에 일치하는 최혜국 대우의 규범을 포함하고 있는 것이다. 집단적 안보 레짐의 사례에서는 침략불가의 규범, 침략을 억제하고 응징하기 위한 제재의 사용에 대한 일괄적인 규칙, 그리고 또다시 그것들을 집행하기 위한 집단적인 제재 절차들이 포함될 것이다.

마지막으로 공식적인 국제기구들은 본부와 공식서류, 투표 절차, 그리고 풍부한 연금 계획 등을 갖고 있는 뚜렷한 실체이다. 그들은 더이상의 개념적인 부연 설명을 필요로 하지 않는다. 그러나 또다시 그들의 다자주의 개념과의 관계는, 간혹 가정되는 것보다 덜 명료하다. 두 가지 의제를 간단히 언급할 필요가 있다. 첫 번째는 지금 현재 문제가 되는 것은 아니지만 형태상 다자주의적이 아닌 국제기구들이 존재해 왔다는 것이다. 코민테른과 코민포름을 들 수 있는데 그들은 그들의 다자적인 상대편과는 전혀 다른 레닌주의적인 조직의 원칙에 명백하게 기반하고 있었다.[41] 마찬가지로, 최근 붕괴된 소련-동구의 기구 조직도 국제기구의 연구자들이 결코 충분히 파악하지 못하는 방식으로 다자적 형태와는 차이를 보여준다.[42] 두 번째 의제는 심지어 요즈음 더욱 문제가 되고 있는 것이다. 실제적인 국제기구의 세계에서, 그리고 때로는 학문적인 세계에서 다자주의의 현상 자체를 다자적 기구나 외교의 세계와 동일시하는 공통적인 경향이 존재한다. 이전의 토의는 왜 이 견해가 잘못되었는가를 분명히 밝혀 주고 있다. 실제적으로는 국제질서나 국제 레짐의 특성에 관련된 결정이 사실상 다자주의의 장에서

---

41) Raymond Aron의 서문이 들어있는 Franz Borkenau, *World Communism: A History of the Communist International*, Ann Arbor: University of Michigan Press, 1962를 보라.

42) Gerald Holden, "The End of an Alliance: Soviet Policy and the Warsaw Pact, 1989~90," *PRIF Reports*, Frankfurt: Peace Research Institute, no.16, December 1990.

만들어지는 것이 흔한 경우인 것이다. EC는 이러한 실제적 유형을 가장 광범하게 나타내고 있고 1970년대 개발도상국들에 의한 신국제경제질서의 좌절된 추구는 그것을 획득하려는 의욕을 보여주며, 대부분의 국제통상이나 금융관계에서의 결정들은 이 중간에 위치하고 있다. 그렇지만 정의상으로 '다자적 기구'는 투표나 만장일치와 같은 결정과정의 일반적 규칙에 의해 정의되는, 분리되고 특징적인 제도화된 행위의 형태인 것이다.

요약하자면 '다자주의적'이라는 용어는 제도라는 명사를 수식하는 형용사이다. 다자적 형태를 다른 것과 구별짓는 것은, 그것이 일반화된 행위 원칙의 기반에서 셋 이상의 국가 간의 행태를 조율한다는 것이다. 따라서 다자주의의 이러한 질적인 차원을 포함하지 않는 어떠한 국제제도의 이론도 상당히 추상적인 이론이 되어 버리며, 국제제도의 다양한 형태들 간의 중요한 구분에 대해 침묵하는 것이 된다. 더 나아가서 다자주의의 의미 자체와 그것이 국제질서이건 레짐이건 기구이건 간에 그것의 특정한 제도적 표현을 혼동하지 않는 것이 중요하다. 각각은 다자적 형태가 될 수 있으나 꼭 그럴 필요가 있는 것은 아니다. 덧붙여서 다자적 형태는 세계적인 지리적 범위와 동일시되어야 하는 것은 아니며, 다자주의의 속성은 국가의 전체적 세계의 부분이 될 수도 있고 특정한 집합성 내부의 관계를 특징짓기도 한다. 마지막으로 이러한 것은 공식적인 정의이며 실제적인 묘사나 실질적인 사례가 아니라는 점을 명심하여야 한다. 그래서 우리는 실제적인 사례가 공식적인 정의에 완전히 부합되리라고 기대하지는 않는 것이다. 하지만 이제 다자적 형태를 보여주는 몇 개의 실질적인 역사적 사례를 들어보기로 하자.

2. 역사속의 다자주의

다자주의의 제도적 형태는 이제 정의되었다. 우리는 역사를 통한 그것의 명확한 표현, 그것들의 빈도수의 분포, 그리고 몇몇 가능한 연관체에 대해 무엇을 말할 수 있는가? 간단한 역사적 검토는 그 현상을 좀더 잘 자리매김하고 우리가 이러한 질문에 대답하기 시작하는 것을 도와줄 것이다. 논의를 조직화하기 위해서 나는 문헌들로부터 제도적 역할의 표준적인 분류법-국제적인 소유권의 정의와 유지, 조정의 문제의 해결, 그리고 협조의 문제의 처리-을 채택할 것이다.[43]

1) 소유권

당연하게도 근대에 형성된 다자적 협의의 가장 초기 형태는 국가주권이라는 고결한 원칙의 국제적인 결과를 해결하기 위해 고안되었다. 새로 등장한 영토국가들은 영토의 소유와 그것으로부터의 타인의 배제에 의해서 자신들의 본질, 자신들의 존재 자체를 만들어냈다. 하지만 어떻게 한 국가가 자신이 갖고 있지 않은 것을 소유하게 되는가? 그리고 아직까지 문제가 되는 것으로, 어떻게 다른 국가들을 그것으로부터 배제할 것인가?

세계의 대양들은 이러한 문제를 부과했다. 인접하는 수로들은 공유되고 함께 관리되고, 또는 중간에서 분할되는 것도 가능했다. 국가들의 국제적인 소유권은 그에 의해서 쌍무적으로 성립되었다. 대양은 또다른 문제였다. 국가들은 배타적인 일방주의적 관할권을 행사하려 했지만 실패하였다. 스페인과 포르투갈은, 스페인이 극동으로 가는 교역로의 서쪽을 독점적으로 차지하고 포르투갈이 동쪽의 통로를 차지함에 의해서 쌍무적인 해결을 시도하였으나 그것 역시 실패하였다. 이러한 모든 노력은, 그것이 특히 대양에서처럼 배제가 쉽지 않을 때, 하나의 주어진 공동체에서 해당되는 타인들에 의해 유효한 것으로 인정되지 않은 소유권을 장기적으로 입증하는 것이, 불가능하지는 않지만 극도로 어렵다는 단순한 이유로 말미암아 성공하지 못했다. 그와 같은 노력은 영속적인 도전과 빈번한 갈등으로 이어졌다. 따라서 대양의 관리에 있어서 다자적인 해결책은 불가피한 것이었다. 17세

---

43) 조정과 협조의 구분은 Arthur Stein의 "Coordination and Collaboration: Regimes in an Anarchic World," in Krasner(ed.), *International Regimes*, pp.115-140에서 제안되었다. Duncan Snidal, "IGO's, Regimes, and Cooperation: Challenges for International Relations Theory," in Margaret Karns and Karen A. Mingst(eds.), *The United States and Multilateral Institutions*, Boston: Unwin Hyman, 1990, pp.321-350과 Lisa Martin, "Interests, Power, and Multilateralism," *International Organization*, forthcoming도 참조.

기 초 그로티우스(Grotius)에 의해 처음 언명되었고 국가들이 점차적으로 채택하기 시작했던 국제적인 해양질서의 원칙은, 배타적 국가 통제하에 있는 영토적 해양과, 공동적인 사용이 가능하지만 누구에게도 속하지 않는 그 이상의 공해의 두 부분으로 정의하는 것이었다. 이것은 당시의 육지에 기반을 둔 포 사격의 거리였던 3마일로 궁극적으로 정해지게 되었다.44) 이 협약하에서 모든 국가들은 만약 그들이 단지 다른 국가의 정당한 이해를 그에 의해 침해하지 않는다면 공해를 자유롭게 사용할 수 있었다.45) 그리고 각 국가는 어떤 국가를 위한 하나의 규칙이나 다른 국가들을 위한 또 다른 규칙이 아니라 모든 국가들을 위한 동일한 규칙을 가졌다.

국가에 의한 소유권의 범위를 정한 좀더 의미있는 사례는-이것은 외부적인 것에 반해 내부적인 공간에 관련되었기 때문에 좀더 의미있는 것인데-영속적인 외교적 대표권의 기반으로서의 치외법권 원칙의 발명이다. 이 주제에 대한 그의 훌륭한 연구에서 가레트 매팅리(Garrett Mattingly)가 말한 것처럼 "인간의 양심에 대한 지고한 힘을 자신들에게 칭함으로써 새로운 국가들은 완전한 주권을 획득해냈던 것이다. 그렇게 해서 그들은 그들 내부에 작은 외국의 주권의 섬을 허용함에 의해서만 다른 국가들과 소통할 수 있다는 것을 발견하였다."46) 비록 종교적 선호나 통치자의 사회적 지위에 기반한 차별적인 협의가 먼저 시도되었지만 그러한 작은 외국의 섬을 제도화하는 것은 궁극적으로 다자주의적인 해결책을 요구하였다. 그리고 그것의 유지는, 국가들 간의 가능한 정치적 질서의 존재 자체를 위해 필요한 것으로 여겨지게 되었다.47) 결과적으로 치외법권의 원칙에 대한 심각한

---

44) 이 주제에 관한 간략한 검토와 지구 온난화와 이에 따른 해수면의 상승이 이러한 관습에 어떻게 영향을 미치는가에 대한 흥미있는 토론을 위해서는 David D. Caron, "When Law Makes Climate Change Worse: Rethinking the Law of Baselines in Light of a Rising Sea Level," *Ecology Law Quarterly*, vol.17, no.4, 1990, pp.621-653을 보라.

45) 빈번히 국가가 후원자가 되던 해적 행위가 국가들의 정당한 이해에 해를 끼치는 것으로 일반적으로 정의된 것은 18세기 초에 와서부터였다. Robert c. Ritchie, *Captin Kidd and the War Against the Pirates*, Cambridge, Mass.: Harvard University Press, 1986 참조.

46) Garrett Mattingly, *Renaissance Diplomacy*, Baltimore, Md.: Penguin Books, 1964, p.244.

불이행은 국가의 공동체 전체에 대한 위반인 것으로 여겨졌다.[48]

거의 최근까지 레짐이나 공식적인 기구들은 국제적인 소유권의 정의나 안정에 있어 의미있는 역할을 하지 못했으며 관습적인 사례들이나 우발적인 조약의 협상이 다자적인 관계의 질서를 만들게 된 것이다.

2) 조정의 문제

국가들은 국제적인 소유권에 대해 강력하고 상충되는 선호를 갖고 있다. 예를 들면 대양의 사례에 있어서 해안국가들은 내륙국가들보다 어떤 형태의 영해의 확정에 의해서도 이익을 보게 되며, 다양한 해안국가들은 그들의 연안의 길이에 따라 차별적으로 규정되는 영해를 갖게끔 되지만 그럼에도 불구하고 해안국가들은 영해에 대하여 제한을 전혀 두지 않는 것을 선호하였을 것 등을 들 수 있다. 국제관계에서는 또한 그 안에서 단지 모두가 동일한 결과를 받아들이기만 한다면, 그 실질적인 결과에 대한 원칙에 있어서는 다소간 중립적이 되는 유형의 문제들이 존재한다. 이러한 것들이 전형적으로 조정의 문제로 취급되는 것들이다.[49]

19세기 중엽에 조정 문제의 패러다임적인 사례가 전신에 의해서 야기되었는데, 예컨대 그것은 한 메세지가 프랑스와 바덴(Baden) 대공국의 접경으로 도착했을 때 그것을 어떻게 할 것인가에 관련된 것이었다. 그래서 다음과 같은 절차가 체결되었다. "스트라스버그(Strasbourg)에 한 명은 프랑스 통신국, 그리고 다른 한 명은 바덴(Baden) 출신의 두 고용원을 둔 공통의 본부를 만든다. 예를 들자면 프랑스 고용원이, 전선이 파리에서부터 광

---

47) 치외법권이 체계적인 역할을 했다는 인식의 등장에 관해서는 Adda B. Boze-man, *Politics and Culture in International History*, Princeton, N.J.: Princeton University Press, 1960. 특히 pp.479-480을 볼 것.

48) 이러한 맥락에서 이라크의 쿠웨이트 침공에 맞서 통과된 UN 안전보장이사회 결의문 660이 단순히 침략을 "비난하고" 있는 데 반해서 결의문 667은 "쿠웨이트에 있는 외교적 자산과 외교관들에게 자행된 공격적인 행동에 대해" 이라크를 "강력하게 비난하고" 있다는 점에 주목할 것. 전문은 UN 안전보장이사회, S/RES/667, 16 September 1990과 S/RES/660, 2 August 1990에 수록되어 있다. 강조 부분은 덧붙여진 것임.

49) Stein, "Coordination and Collaboration."

속으로 전달한 전문을 받았다고 하자. 그는 그것을 특별한 형태로 손으로 써서 테이블 반대편에 있는 독일인 동료에게 넘겨 준다. 그는 그것을 독어로 번역하여 다시 원 방향으로 보내는 것이다."[50] 하지만 교역의 심화와 런던, 파리, 베를린으로부터의 최신 증권시장 정보에 대한 욕구, 그리고 정부가 다른 정부에게 보내고자 하는 중요한 외교적 메세지들로 말미암아 이 협약은 유지하기가 힘들게 되었다. 그것의 대차대조상의 손실, 기회의 상실, 그리고 행정적인 부담은 빠르게 증대하였다. 그것의 1차적인 대응은 일련의 쌍무적 조약을 협상하는 것이었지만 유럽 대륙의 복잡한 커뮤니케이션 복합체에서 쌍무적인 해법도 곧 부적절함이 드러났다. 따라서 몇몇의 다자적 협약이 구축되었고 이들은 국제전신연합(International Telegraph Union)이 창설된 1865년에 연이어 통합되었다.

전신에 관한 다자주의적 협약은 세 부분으로 구성되었다. 첫 번째, 당사국들은 유럽 내부-나중에는 세계의 다른 지역에서도-의 나라들을 연결하게 될 전신망과 사용될 규정들, 소통의 합의된 우선순위, 통용될 언어, 징수될 관세의 계획, 수익이 분할되는 방식 등등에 관한 규칙들을 고안하였다. 두 번째, 그들은 이러한 규칙의 일상적인 적용을 처리하고 체제의 기술적인 운용을 조정하기 위한 사무국을 설치하였다. 그리고 세 번째로 그들은 시간이 감에 따라 필요하게 되는 기본적 체제에 있어서의 변형을 할 수 있는 주기적인 회의를 소집하였다.

위원회와 사무국, 법제적 기구, 그리고 어떤 경우에는 관리들을 위한 동일한 복장으로도 이루어져 있는 거의 동일한 유형의 협약이 라인 강이나 다뉴브와 같은 유럽의 하천교통의 영역에 있어서도 이미 예견되어 왔다.[51] 19세기 후반에는 공공 보건의 분야에도 유사한 다자적 협약이 맺어졌다.[52] 조정의 문제를 보여주는 상황들에서는 국가들이 그들의 관계를 일반화된 행위의 규칙에 따라 조절할 동기가 매우 강력하다. 그러므로 적어도 장

---

50) International Telecommunications Union(ITU), *From Semaphore to Satellite,* Geneva: ITU, 1965, p.45.

51) J. P. Chamberlain, *The Regime of International Rivers,* New York: Carnegie Endowment for International Peace, 1923.

52) Ernst Haas, *Beyond the Nation State,* Stanford, Calif.: Stanford University Press, 1964, pp.14-17.

기적으로는 거래비용을 줄이려는 욕구가 추진력 있는 요소가 된다. 역사적으로 다자주의적인 레짐과 기구가 발견되는 가장 빈번한 사례가 이 영역에 있는 것은 놀라운 일이 아닌 것이다.

3) 협조의 문제

최소한 몇몇의 국제적 소유권의 규정과 안정화에 관련되는 한, 비록 '궁극적'이란 말이 전쟁을 포함한 모든 가능한 대안이 모두 사용된 후를 의미하기는 하나, 다자적인 해결이 궁극적인 대안으로 존재하게 되는 것으로 보인다. 조정의 문제의 사례에 있어서도 여기서의 '궁극적'이란 말이, 채택되지 않은 '동등하게 받아들여질 수 있는' 결과에 있어서 각 국가가 가질 수 있는 누적된 투자와 같은 구체적인 문제들을 가리고 있기는 하다. 하지만 몇몇 결과 중에 어떤 것이 선택되는가에 대해서는 궁극적인 무차별성이 존재하는 것 같다.

불가피성과 무차별성이라는 두 개의 극단 사이에는 혼합된 동기와 갈등, 이해의 상황의 영역이 놓여 있다. 그러나 이 영역에서도 협력은 존재하며 이는 때때로 다자주의적인 기반에서 일어난다. 하지만 1945년 이전에는 이는 그리 흔한 일이 아니었다.

안보 분야에 있어 가장 유명한 사례는, 국제관계의 연구자들이 그것이 다자적 형태의 요소를 보여주었다는 사실보다는, 그것이 하나의 안보 레짐을 구성하였는가 하는 쟁점에 훨씬 많은 관심을 기울여 온 유럽 협조체제의 경우일 것이다. 찰스 쿱찬(Charles Kupchan)과 클리포드 쿱찬(Clifford Kupchan)은 최근 우리에게 한 쪽은 '이상적인' 형태이고 다른 한 쪽은 협조체제인 집단안보 협약의 유용한 연속선을 제공하였는데 우리는 이미 '이상적인' 모델의 공식적 특성들을 검토하였다. 저자들에 의하면 협력체제의 유형은 강대국들의 전횡, 비공식적인 협상과 합의에 의한 결정, 그리고 집단행동을 시행하는 기제의 명확한 규정의 부재 등으로 특징지어졌다. 그러나—그리고 이것이 그것을 집단안보기제의 하나로 분류하게끔 하는 것인데—협조체제는 그럼에도 불구하고 "하나에 대항하는 모두라는 관념에 입각하고" 있었다.[53] 다시 말해서 협조체제는 그 구성원들 간의 평화의 불가분성과 공격행위에 대항하는 무차별적인 그들의 의무에 기반한 것이었다.

나폴레옹 전쟁과 크림 전쟁 사이의 1815년부터 1854년까지 기간의 유럽에서는 헨리 키신저(Henry Kissinger)의 표현에 의하면, 참여자들이 "정당하다고" 간주하도록 해서 "그들이 그것을 전복하기보다는 그 안에서 적응을 추구하게끔 하는" 제도적인 "구도"에 의해서 평화가 유지되었다.54) 저비스(Jervis)에 의하면 그렇게 함으로써 그들은 "통상적인 '권력정치'와 확연히 다른 방식으로 행동했던 것이다."55)

저비스가 기술하는 것처럼 오스트리아, 영국, 프러시아, 러시아, 그리고 다른 네 나라의 힘으로 복원된 프랑스 왕조의 5개 주도국들은 다른 나라에 대한 자신의 국력의 상대적 위치를 극대화하는 것을 자제하고 대신 그들의 요구와 행위를 완화시켰고 다른 국가의 잠시 동안의 약세와 취약성을 이용하는 것을 피했다. 그리고 칼 홀스티(Kal Holsti)가 덧붙이기를, 그들은 "어떠한 결정을 강제하거나 그러한 통제체제 질서의 근본을 위협하는 나라들을 복종시키기 위해 무력이 개별적, 또는 집합적으로 쓰일 수 있다는 의견이 명백한 경우를 제외하고는"56) 무력의 위협이나 그들 간의 의견 차를 해소하는 수단으로 그것을 사용하는 것을 절제하였다.

어떻게 이러한 성취가 가능하였는가? 5개 강대국들은 자신들을 유럽 국

---

53) Kupchan and Kupchan, "Concerts, Collective Security, and the Future of Europe," p.120을 보라. 또한 "Reflections on the Significance of the Congress of Vienna," *Review of International Studies,* vol.12, October 1986, p.317에 있는 역사학자 리차드 랭혼(Richard Langhorne)에 의해서 제공되는 1815년 파리 조약에 대한 다음의 분석을 참고하라. "캐슬러리그(Castlereagh)의 초안인 것으로 확실시되는 조항 6조에는 개별적인 보장으로부터 강대국들에 의한 국제체제의 지속적인 관리로의 강조(의 전환)이 보이고 있다."

54) Henry Kissinger, *A World Restored,* New York: University Library, 1964, p.5 를 보라. 키신저는 유럽 협조체제의 부분인 1823년에 끝난 회의체제에 초점을 두고 있다. 하지만 나의 언급은 협조체제 전반에 해당되는 것이다.

55) Robert Jervis, "Security Regimes," p.178; Jervis, "From Balance to Concert"; Richard B. Elrod, "The Concert of Europe: A Fresh Look at an International System," *World Politics,* vol.28, January 1976, pp.159-174.

56) Kal Holsti, "Governance Without Government: Modes of Coordinating, Managing and Controlling International Politics in the Nineteenth Century Europe," paper presented at the annual meeting of the International Studies Association, Vancouver, Canada, March 1991.

제체제의 "하나의 행정조직"으로 간주하였고[57] 평화를 손상시킬 수 있었던 문제들에 대해 그들이 행동할 수 있는 통로로서의 광범위한 다자적 협의를 가졌다. 예를 들자면 그들은 벨지움과 그리스의 중립을 창출하고 보장하기 위해 집합적으로 행동하였고 그럼으로써 그 영토들에 대한 쌍무적인 분할이나 경쟁의 유혹을 제거하였다. 알브레히트 카리에(Rene Albrecht-Carrie)가 지적하는 것처럼 전반적인 "동방문제," 즉 어떻게 오스만 제국의 불가피한 쇠퇴의 변동기에 있어서 질서있는 변화와 국가적 독립을 보장할 것인가 하는 문제는, "일시적으로 한번 성공적으로 시행된 것 이상의 질서있고 평화로운 절차에 대한 진정하고 공통적인 선호의 많은 사례를 제공하였던 것이다."[58]

무엇이 이와 같은 예외적인 제도적 발전을 설명할 수 있었던 것인가? 나폴레옹의 제국주의적 야심이 세력균형의 근본적인 원칙에 부과했던 위협은, 안보 분야에서의 협력을 저해했던 통상적인 위험이나 불확실성보다 더 비중이 큰 것으로 밝혀졌던 것처럼 보인다. 더욱이 프랑스의 혁명적 전쟁이 왕조 통치의 기본 원칙에 부과했던 위험은, 한편에는 진보적이고 개신교적인 영국과 다른 한편에는 좀더 보수적이고 구교적인 오스트리아, 그리고 정교도의 러시아 사이에 존재하였던 국내적인 사회 형성의 차이보다 더욱 중대한 의미로 판명되었던 것으로 보인다. 이러한 두 위협은 협조체제가 달성하려 노력했던 체제적인 안정—5개국이 유럽의 "평온"이라고 부르기를 선호했던[59]—의 규범을 구체화시키는 데 도움을 주었다. 그들은 국가가 그들의 장래에 대해 집단적인 방책을 취하도록 고취시켰다. 그리고 협조체제에 의해 구성된 다자적 협의는 정보가 공유되고 행위자의 의도가 조사되며 행위에 대한 정당화가 제안되고 평가되는 장을 제공함으로써 그 방책에 대한 기만의 정도를 제한하였다.

유럽 협조체제는 초기의 위협에 대한 기억이 퇴색했기 때문이 아니라 시간이 지나면서 상황의 매개변수들이 변화되었기 때문에 점차적으로 쇠

---

57) 이 용어는 Gorden A. Craig와 Alexander L. George에 의해 *Force and Statecraft*, New York: Oxford University Press, 1983, p.31에서 쓰여졌다.

58) Rene Albrecht-Carrie, *The Concert of Europe*, New York: Walker, 1968, p.22.

59) Holsti, "Governance Without Government," p.4.

퇴하였다. 무엇보다도 먼저 1848년의 혁명들이 정당한 정치적 질서의 우월한 개념들을 내부로부터 심각하게 동요시켰으며 국제적인 응집의 의미는 그 이후 크게 갈라졌다. 한 프랑스 외상은 그 당시 "나는 더이상 유럽을 보지 않는다"라고 탄식하였다.60) 19세기 후반에는 다자적 협의와 자제가, 단지 외부적 제약에 의해서만 통제되는 일방적 이득을 위한 추구에 자리를 넘겨준 한편, 비스마르크에 의한 쌍무적 동맹형성이 새로운 수준의 변형의 모습으로 모색되었다.

경제적인 영역에 있어서 19세기는 전형은 아닐지라도 경제학자들이 다자주의의 패러다임이라고 간주하는 자유무역과 금본위제를 목도하였다. 자유무역이란 관세와 비관세장벽을 포함한 교역에 대한 최소한의 장벽과, 교역에 있어서의 무차별적인 대우의 두 가지를 의미한다. 국제적인 금본위제는 다음과 같은 두 가지의 조건이 충족되면 존재하게 된다. 첫 번째, 주요국가들이 실질적으로 고정적인 비율로 국내의 통화공급과 금 사이의 연계를 유지해야만 한다. 두 번째는 원칙적으로 그 국가들은 현 채무의 적자를 청산하기 위한 금의 유출을 허용하고 흑자의 경우 그에 상응하는 금의 유입을 받아들여야 한다. 이러한 조건들은 또한 상대적으로 고정된 비율에서 통화의 태환성을 세우게 되고, 원칙상 당좌계정에서의 처음의 불균형이, 잉여국가와 결손국가 모두에서 금의 유입과 유출에 따르는 적절한 국내적인 방책에 의해 자동적으로 조정될 것이라는 예상하에서 국제적인 적응을 촉진시킨다.

19세기 중반경에 산업혁명의 선두주자요, 영원한 원자재의 수입국이자 가공품의 수출국이며, 그리고 아담 스미스(Adam Smith)와 데이비드 리카르도(David Ricardo)에 의해 세워진 교리 전당의 열정적인 소유자인 영국이 일방적인 기반에서 자유무역으로 전환할 준비가 되어 있었다. 외상인 로버트 필(Robert Peel)은 의회에서 "만약 다른 나라들이 가장 비싼 시장에서 사는 것을 택한다면 그들 편에서 그러한 선택이, 우리가 가장 싼 시장에서 사는 것이 허용되어서는 안된다는 이유를 제공할 수는 없는 것이다"라고 주장하였다.61) 실제로 영국은 교역을 일방적으로 자유화하였고 이는

---

60) 그 프랑스 관료는 F. H. Hinsley에 의해 *Power and the Pursuit of Peace*, Cambridge: Cambridge University Press, 1963, p.243에서 인용되었다.

1846년의 곡물법의 폐기로 절정에 다다랐다. 그렇지만 다른 나라들은 영국이 예상했었던 대로 영국의 예를 따르지 않았다. 따라서 영국은 망설이면서, 그리고 또한 부분적으로는 광범위한 외교적 고려에 따라서 다른 나라들과 일련의 쌍무적 협약을 맺었고 다른 나라들은 제삼국과 그러한 협약을 맺었는데 이는 관세장벽을 상당히 낮추는 효과를 가져왔다. 그 전형은 1860년에 체결된 영국과 프랑스 간의 콥덴-슈발리에(Cobden-Chevallier) 조약이었다.[62] 비록 이것은 쌍무조약이었지만, 이것이 영국과 프랑스가 어떠한 제삼국과의 협의에서 얻어진 부차적인 동의도 쌍방에게 적용시킨다는 공약, 즉 무조건적인 최혜국 조항을 포함하고 있었기 때문에 다자적인 결과를 갖게 되었다. 비스마르크(Bismarck)와 루이 나폴레옹(Louis Napoleon), 그리고 카부(Cavour)는 모두 이러한 통상 조약을 교역을 다자화시키는 수단이라기보다는 주로 전통적인 쌍무적 외교의 수단으로 간주하였다. 그렇지만 그들은 그것에 대해 협상하였고 최혜국 조항을 포함시켰다. 일련의 통상조약에 이 조항을 포함시킴으로써 교역질서를 다자화시키는 효과를 가져왔던 것이다.[63]

국제통상에서 그랬듯이 영국은 다른 어느 나라보다도 금본위제의 규칙을 더 면밀하게 준수하였다. 그렇게 함으로써 영국은 세계경제에 파운드화로의 재정적 안정의 지주를 공급하였고, 다자적 태환성과 적응을 훨씬 달성하기 쉽도록 만들었다.[64] 영국의 정책은 두 가지의 다른 방식으로도 다자주의에 이바지하였다. 세계 최대의 채권국으로서 영국은 금의 막대한 재고를 축적하는 데 자신의 위치를 이용하지 않았고 대신 그러한 잉여를 부

---

61) Robert Peel, *Parliamentary Debates*, vol.29, London: House of Commons, June 1846; Jagdish N. Bhagwati and Douglas A. Irwin "The Return of the Reciprocitarians," *The World Economy*, vol.10, June 1987, p.114에서 인용.

62) 이러한 전개양상에 대한 탁월한 상이한 취급을 위해서는 Stein, "The Hegemon's Dilemma"를 보라.

63) Jacob Viner(ed.), "The Most-Favored-Nation Clause," *International Economics*, Glencoe, Ill.: Free Press, 1951. 미국은 1923년까지 계속 자신의 통상조약에 무조건적인 최혜국 조항을 포함하는 것을 거부하였다.

64) Barry Eichengreen, "Conducting the International Ochestra: Bank of England Leadership Under the Classical Gold Standard," *Journal of International Money and Finance*, vol.6, no.1, 1987, pp.5-29.

가적인 해외투자나 차관으로 유용되도록 했다. 결과적으로 세계경제는 그렇지 않았던 경우보다 더욱 유연하게 작동하였고 좀더 지속적으로 성장하였다. 그와 더불어 영국은 항상 다른 나라에 의해서 자국으로 축적되는 부채가 그들이 다른 곳에서 얻은 채권에 의해 상쇄되도록 허용하였고 이는 결과적으로 지불 차액의 다자적 청산을 용이하게 했다.[65]

자유무역과 국제적인 금본위제의 다자주의는 두 가지 요소의 집합에 의해 창출되고 유지되었던 것으로 보인다. 이것이 모순적인 것으로 보이기는 하나 이러한 다자주의의 전형적인 사례들은 다자적인 방법으로 성취되지 않았다. 결정적인 요인은 영국의 자유무역과 금본위제로의 일방적인 움직임과, 두 가지 목적을 달성하려는 쌍무적인 교섭에 있었던 것처럼 보인다. 영국은 그렇게 함으로써 개방된 무역질서와 안정된 금융질서가 갖는 비용을 감수하려는 자신의 의도를 전해주고 따라서 다른 국가에 대한 이러한 협약의 분배적이고 전략적인 불확실성을 감소시켰다.[66] 그러한 의미에서 자유무역과 금본위제는 유럽 협조체제보다 덜 '레짐적(的)'이었다고 할 수 있다. 또 하나의 결정적인 요소는 관용적인 국내정치적 환경이었다. 아더 블룸필드(Arthur Bloomfield)가 통화 영역에 관하여 지적하였듯이 "최근 수십년간 그렇게도 널리 인지되고 받아들여지고 있는 '국내적인' 경제행위와 물가의 수준에서의 타당한 안정성의 획득과 유지를 용이하게 하는 수단으로서의 중앙은행 정책의 견해는, 1914년 이전에는 거의 고려되지 않았고 분명히 통화정책의 공식적인 목표로는 인정되지 않았다."[67] 실제로 어떠한 경우는 중앙은행 자체를 포함해서 많은 나라들이 그러한 재정정책을 추구할 수 있는 제도적인 능력을 결여하고 있었다. 이 조건들의 두 번째는

---

65) Briggs에 따르면 "다자주의의 기본 공식은 영국 자체가 1차 생산국가들에 대해 채권 차액을 가지고 있었고 그들이 그들의 채무 차액을 대륙국가나 미국에 대한 수출 초과액에 의해 청산했다는 것이다. 대륙국가들은 그들 편에서 1차 생산국이나 미국과의 수입 초과액을 영국에 대한 수출 초과액에 의해 청산하였다." Asa Briggs, "The World Economy: Interdependence and Planning," *The New Cambridge Modern History,* 2nd ed., Cambridge: Cambridge University Press, 1968, vol.12, p.42를 보라.

66) Stein, op.cit.

67) Arthur Bloomfield, *Monetary Policy Under the International Gold Standard,* New York: Federal Reserve Bank of New York, 1959, p.23.

첫 번째의 것보다 훨씬 전에 쇠퇴하게 되었다.[68]

　20세기 이전의 다자주의에 대한 이러한 짧은 검토는 다자주의적인 제도적 형태의 특성을 좀더 명확히 해주는 몇 가지 광의의 일반화를 제시한다. 첫째, 전략적인 작업환경이 합의가 취하는 형태에 영향을 준다는 것이다. 국가의 소유권을 정의하고 범위를 정하는 것은 국제체제에서 어떠한 것만큼이나 근본적인 집합적 작업이다. 사실상 국가들이 먼저 가능한 모든 대안들을 시험해보는 것처럼 보이나 이러한 작업을 다자적인 기반에서 하는 것은 궁극적으로 불가피한 것으로 생각된다. 나아가서 과거에 이 영역에서 실제로 등장했던 다자적 협의는, 국가들과 성문화된 국가의 관행들에 의해서 국가관계의 효과적인 질서로 전매되었다. 다른 하나의 극단에 있어서 조정의 문제 해결에 의한 거래비용의 제한은 제도적으로 복잡하거나 특별히 요구조건이 많은 것은 아니다. 그리고 이 영역은 19세기의 세 가지 형태의 제도적 표현—질서와 레짐, 그리고 기구—모두에서 다자주의가 융성했던 영역이었다. 이 둘 사이에 가끔, 하지만 20세기 이전에는 그리 흔치 않게, 심지어 대안들이 가능하고 유용한 경우에도, 국가들이 다자적인 협약을 구성했던 이익 상황의 심각한 갈등의 문제지역이 놓여 있다. 주요국들은 이전에 그랬고 그 이후에도 다시 그러했듯이 19세기 초에 쌍무적인 동맹을 선택하거나 19세기 중반에 차별적인 경제협약을 채택할 수도 있었다. 하지만 그 특정한 시기에 그들은 그렇게 하지 않았다. 왜 그랬는가? 아마도 다자주의가 그들의 이해와 일치했을 수도 있다. 그러나 그것은 구체적으로 무엇을 의미하는가? 어떻게 그리고 왜 국가들은 그렇게 특이한 제도적 결과를 가져온 방식으로 그들의 이해를 정의하게 되었는가? 위에 언급된 것처럼 유럽 협조체제는 부분적으로 국제체제와 국내적 지배체제 모두에 가해진 외부적 충격에 기인한 것처럼 보인다. 자유무역과 금본위제는 부분적으로, 선도하려는 영국의 의지와 능력에 따랐던 것으로 보인다. 또한 두 사례 모두는 양립가능한 아니면 적어도 관용적인 국내적 환경에 의해 가능하였다.

　두 번째, 일찍이 지적된 바와 같이 다자주의의 성공적 사례는 "포괄적

---

68) Peter Gourevitch, *Politics in Hard Times*, Ithaca, N.Y.: Cornell University Press, 1986, ch.3.

상호성"을 나타내게 된다.69) 예를 들자면 유럽 협조체제의 성공에 결정적이었던 점은 저비스에 의하면 '개별적 이해'가 통상적인 것보다 더 광범위하고 장기적이었다는 것이다. 이 체제가 작동하기 위해서 각 국가는 자신의 현재의 희생이 사실상 장기적인 보상을 가져올 것이고 다른 나라들은 그들이 암묵적인 공약을 배신하려는 충동을 느끼는 위치에서도 그렇게 하지 않을 것이라고 믿어야만 했다."70)

세 번째, 20세기 이전에는 다자주의의 사례가 공식적인 기구를 생성시킨 경우는 매우 드문 것으로 나타난다. 유럽 협조체제는 결코 강대국의 협의 형태를 넘어서지 않았고 자유무역과 국제적인 금본위제는 더욱 더 특정한 쌍무적, 일방적 수단을 통해 시행되고 유지되었다. 실제로 존재했던 다자적 기구는 조정의 문제영역에서만 배타적으로 기능한 반면, 당면했던 문제는 상호적으로 납득할 수 있는 방향의 규칙을 구상하고 기술이나 다른 그러한 요소들이 변화함에 따라 어떻게 그를 변화시켜 나갈까 하는 것이었다. 그리고 이러한 조직의 역할은 그 안에서 존재하였던 전반적인 규범적 구조에 의해 엄격하게 제약되었다.

3. 20세기의 불연속성

이러한 세 번째 유형에 있어서의 중요한 단절, 즉 비판적 법률학자 데이비스 케네디(Davis Kennedy)가 공식적인 기구로의 이행을 의미하면서 묘사했던 "제도로의 이행"이 20세기에 발생하였다.71)

무엇보다도 1919년에 국제연맹으로 시작되어 이후 국제연합으로 이어진 다목적의 보편적 회원제 기구라는, 전적으로 새로운 형태가 국가의 제도적 목록에 추가되었다. 이전의 국제기구들은 단지 제한적인 회원권을 갖고 있었고 그것은 힘이나 기능에 의해, 또는 양자 모두에 의해 좌우되었다.

---

69) Keohane, "Reciprocity in International Relations."
70) Jervis, "Security Regimes," p.180.
71) David Kennedy, "The Move to Institutions," *Cardozo Law Review*, vol.8, April 1987, pp.841-988.

그리고 그들은 고도로 한정된 특정한 업무를 할당받고 있었다. 그와 대조적으로 다소간 공유된 열망에 기반하고 그 안에서 큰 나라와 작은 나라가 합법적으로 주어진 목소리를 내는 광범위한 의제를 가진 기구가 등장한 것이다. 더 나아가서 국제기구 내부에서의 의사결정도, 조약의 방식이나 관습적인 보완에 반하여 투표의 기제에 점점 종속하게 되었고 투표 그 자체도 뒤이어, 대부분의 사례에서 국제적인 절차를 집행하는 전통적인 방법인 초기의 만장일치의 요구에서 벗어나게 되었다. 마지막으로 그러한 움직임은 19세기부터 시작되었던 단순한 쌍무적 외교, 특히 '회의 외교'의 형태에 반하여 다자적인 방향으로의 경향을 증폭시켰다.[72]

이러한 제도로의 움직임은 다자주의의 지위에 관해 몇 가지 중요한 결과를 가져왔다. 첫째, 그것은 다자적 협약에서 구체화된 목표와 그것을 수행하기 위해 존재했던 어떠한 공식적인 조직적 기제 사이에서 이전에 팽배하고 있던 목적과 수단 사이의 직선적인 관계를 복잡하게 만들거나 몇몇 경우에서 실제로 역전시켜 버렸다. 또는 달리 말하면 이전에 존재하지 않았던 본인-대리인 관계를 만들어냈던 것이다. 어떤 형태의 조직적인 조정도 정책결정 결과에 영향을 미치거나 이전에는 없었던 요소를 결정의 실제와 과정에 도입시킬 수 있다. 다목적의 일반적 회원권의 조직은 심지어 어떠한 규범적 합의가 존재하지 않는 분야까지 자신을 끌어들임에 의해 그러한 상황을 복잡하게 만들어버렸다. 국제연맹과 국제기구의 여러 측면들은 모두 이 문제를 사실대로 예증해주고 있다. 둘째, 다자주의적 포럼들은 의제를 정하고 국가들을 소집하는 힘들을 점차 공유하게 되었다. 예를 들면 그러한 포럼들이 국제회의 외교의 게임을 주도하는 것이다. 아마 가장 중요한 것은 셋째, 다자적 외교가 비록 빈번히 강경한 반발을 사기도 하지만 몇몇 사례에서는, 다른 수단에서는 향유되지 않던 국제적인 정당성을 수반하는, 자신의 권리를 갖는 과정적 규범을 현실화하였다는 점이다.

간단히 말해서 20세기의 제도로의 이행의 결과로서 "사전에 조정된 방식으로 최소한 몇몇의 집단적인 업무를 다룰 수 있는" 다자주의적인 정치

72) 짧지만 탁월한 검토를 위해서는 Volker Rittberger, "Global Conference Diplomacy and International Policy-Making," *European Journal of Political Research*, vol.11, no.2, 1983, pp.167-182를 보라.

적 질서가 나타나게 된 것이다.[73] 결론적으로 나는 이러한 '제도로의 이행'에 관한 많은 묘사가 있음에도 불구하고, 그 문헌들이, 왜 국가들이 그들의 삶을 이러한 방식으로 복잡하게 만들기를 원했는지에 대한 적절한 설명을 알아내지 못했다는 것을 덧붙일 수 있겠다. 그리고 나는 현재의 제도적 합리성의 우세한 논리 안에서 어떠한 분명한 설명을 만들어내는 것도 매우 힘들 것이라고 생각한다.

4. 미국과 전후의 다자주의

지금까지의 토의는 다자주의가 1945년에 발명되지 않았다는 점을 상당히 명백하게 드러낸다. 그것은 근대 국가체제의 일반적인 제도적 형태이며 그 초기의 표현은 출발 당시부터 표출돼 왔다. 하지만 광범위한 의제에 대한 다자적 협의의 폭과 다양성은 1945년 이후부터 증가되었다. 따라서 사람들은 무척 자연스럽게 그 변화를 미국의 전후 역할과 연결시킨다.

패권안정론에 따르면 패권국가는 국제체제를 조직화하려는 그들의 추구에 있어서 유사하다. 패권안정론은 단지 일정 수준까지만 정확하다. 이러한 것들을 '안다는' 것이 가능한 정도까지, 역사적 반증들은 패권국들의 유사성이 그것을 이용하여 체제를 조직하려는 제도적 형태에 가서는 멈추고 있음을 시사하고 있다.[74] 예를 들어 제2차 세계대전 이후에 나치 독일이나 소련이 세계의 지도세력이 되었다면, 각 나라의 의도가 무엇이었건 실제로

---

73) Ibid., pp.167-168.

74) 내 주장에 대한 반론은 물론 '체제적 요소들'이 패권국들의 선호와 행태를 결정하거나 최소한 형성시킨다는 것이 될 것이다. 그것 또한 하나의 가설로는 가능하다. 그러나 이러한 특정한 사례에 관해서 나는 체제이론의 설명이나 예측의 가치보다는 제3공화국의 실질적 전후 계획과 우리가 레닌주의적 세계질서가 의도했던 것으로 알고 있었던 것 자체에 좀더 큰 신뢰성을 부여한다. 반사례에 대한 일반적인 방법론적 토의를 위해서는 Phillp Nash, "The Use of Counterfactuals in History: A Look at the Literature," *Newsletter of the Society for Historians of Americna Foreign Relations*, no.22, March 1991과 James D. Fearon, "Counterfactuals and Hypothesis Testing in Political Science," *World Politics*, vol.43, January 1991, pp.169-195를 보라.

진행된 국제적인 제도적 질서에, 멀게 나마 유사한 어떤 것을 창출하는 것을 포함하였으리라는 징후는 없다. 정치적으로 독일은 주변부의 속국으로 완성되는 유럽 중심의 제국적 구도를 추구하고 있었다. 경제적으로는 틀림없이 나치의 쌍무적이고 차별적이며 국가가 통제하는 통상조약과 금융결제의 협의가, 독일의 정치적인 목표를 보완하기 위해 지리적으로 확대되었을 것이다. 소련은 아마 복속된 경제의 생산양식을 사회주의화시키고 그러한 경제들 간의 관계가 계획적이고 차별적인 기반에서 운용되도록 하면서 재건된 코민테른을 통한 정치적 통제를 추진하였을 것이다.

실제의 측면에서 우리가 더 큰 확신을 갖고 말할 수 있는 것은 심지어 영국이 패권국이 되었더라도 몇몇 측면에서 사태는 달라졌을 것이라는 점이다. 정치적 제도로서의 식민주의는 좀더 오래 지속되었을 것이다. 그리고 금융관계가 단지 미 달러 대신 스털링에 기반하여 유사하게 조직되었을 것인 반면,[75] 영국의 제국적 선호는 국제통상의 중심적 특징으로 존속하였을 것이고 이는 아마 다른 나라들로 하여금 자신들의 지역적인 통상 블록을 구축하도록 하였을지 모른다.[76]

마지막으로 유럽은 독일이나 소련의 패권하에서는, 현재의 EC를 통해 존재하는 방식과는 크게 다르지만 분명히 '통합'되었을 것이다. 그리고 영국이 운영하는 체제에서 유럽은 전쟁 전의 다극성으로 회귀하고 독립된 국가경제의 존재가 지속되었을 것이다.

따라서 모든 패권이 똑같은 것은 아니다. 우리가 패권적 세력에 대해 말할 수 있는 최대한의 것은 그것이 아마 자신의 국제적 목표와 국내적 구조에 양립하는 노선을 따라 어떠한 형태로 국제질서를 구성하려고 할 것이라는 점이다. 하지만 궁극적으로 이를 통해 실지로 이루어진 것은 별로 없는 셈이다.

이에 따라 미국의 전후 기획자들에게 일반적 의미로의 다자주의는, 전후 세계를 재구축하는 기초적인 건축 원칙으로 기능하였다. 먼저 경제적인 영

---

75) 전후의 바람직한 금융 질서의 기본적인 윤곽에 대한 합의는 매우 강했고 이는 구축국들과 소련을 제외하고는 널리 퍼져 있었다. Ragnar Nurkse, *International Currency Experience: Lessons of the Inter-War Period,* Geneva: League of Nations, 1944. 특히 pp.66-112를 보라.

76) Gardner, *Sterling-Dollar Diplomacy in Current Perspective,* ch.5-8.

역을 살펴보자. 전후 시기의 구상이 시작되었던 전쟁 동안에 나치의 경제 질서는 미국의 적대감의 주요 초점이었다.[77] 그것은 비참가자들을 효과적으로 배제하였고 미국의 관료들에 따르면 이는 미국의 통상 기회를 제한하였을 뿐 아니라 안보영역의 갈등으로 금방 확산될 수 있는 경제적 갈등을 촉발하였다. 국무부 경제담당 차관인 윌리엄 클레이튼(William Clayton)은 그의 상관인 코델 홀(Cordell Hull)의 유명한 상투어를 반복하면서 "시장에서 적으로 행동하는 국가는 더 이상 협상 테이블에서 친구가 될 수 없다"고 경고하였다.[78]

독일의 패배와 서부 지역의 연합군의 점령은 미국에게, 새로운 서독 국가가 현저히 다른 대외 경제정책을 위한 국내의 사회적 기반을 조성하는 것을 도와주는 기회를 부여하였다. 따라서 전후 경제질서의 창출을 위해 미국에 의해 치루어진 협상 노력의 대부분은, 온건해졌지만 아직도 좀 성가신 영국의 입장을 제지시키기 위해서였다. 그것은 토리당 측의 제국적 선호에 대한 공약과, 체계적인 국가경제계획을 수립하려는 목표의 일환으로서 노동당에 의한 국제경제교류의 철저한 통제로 이루어져 있었는데 양자는 본질적으로 차별적인 것이었다. 미국은 그들의 자리에 '문호개방'이라는 세계적인 형식을 대체하려고 노력하였다.[79] 차별적인 통상 장벽과 통화 협약은 철폐되고 관세는 인하되고 탈식민지화는 촉진될 것이었다. 하지만 어떤 점에서도 국내정치는, 국내적 경제활동의 수준이 수지 균형에 의해 다스려지는 19세기의 무제한적인 교역의 자유방임과 금본위제로의 단순한 복귀를 지지하지는 않았다. 심지어 상대적으로 자유주의적인 미국에게도 '문호개방'의 국제적 구축이 뉴딜의 국내적 간섭주의에 조응해야 했던 것이다.[80]

---

77) 이는 1941년 8월에 선포된 영-미 대서양 헌장의 조항들을 보면 매우 명확하게 드러난다.

78) Pollard, *Economic Security and the Origins of the Cold War*, p.2에서 인용된 William Clayton의 말.

79) Gardner, *Sterling-Dollar Diplomacy in Current Perspective*, ch.1

80) 이러한 방식을 취하는, 뒤이은 경제 레짐의 묘사를 위해서는 John Gerard Ruggie, "International Regimes, Transactions, and Change: Embedded Liberalism in Postwar Economic Order," in Krasner(ed.), *International Regimes*, pp. 195-231을 보라. 부가적인 문서화를 위해서는 G. John Ikenberry, "A World

전후의 경제질서를 조직하는 데 있어서 다자주의의 역할에 대해서는 문헌 상에서의 논쟁이 별로 없는 편인데 합의를 이루는 점은 그 역할이 실질적이었다는 것이다. 안보의 영역에 있어서도 그 역할에 대한 논쟁이 별로 없기는 하지만 여기서는 매우 다른 이유에 의해서 국제관계의 연구자들은 다자주의의 역할이 없었다고 가정해왔다. 이 해석은 만약 우리가 다자주의를 단순히 다자적인 조직의 형태로서가 아니라 광범한 일반적인 의미로 생각해 본다면, 역사적 기록에 의해 입증되지 못한다.

제2차 세계대전의 종결이 가까와지자 루스벨트(Roosevelt)는 제도적인 문제에 봉착하였다. 루스벨트는 미국은 '미국 요새'로 다시 퇴각하지 않아야 하며, 그렇게 하지 않으면 미국은 다시 한 번, 뒤이어서 평화를 잃게 되는 전쟁에서 승리하게 될 뿐이라고 주장하였다. 그는 평화를 얻기 위해서는 미국의 적극적인 세계적 개입이 필요하다고 느꼈지만, 동시에 미국 국민들은 '뒤얽힌 동맹'을 통한 국제적 개입을 용인하지 않았다.[81] 따라서 좀 다른 형태가 고안되어야 했다. 존 개디스(John Gaddis)가 설명하기로는 문제를 더 복잡하게 만든 것은, 루스벨트가 소련에 대해 "가입을 통한 봉쇄"의 전략을 선호했고 전후의 안정된 안보질서를 위해서는 "모스크바에 그

Economy Restored: Export Consensus and the Anglo-American Postwar Settlement," *International Organization*, vol.46, Winter 1992, pp.289-321을 볼 것. 유사하게, 마샬 플랜의 역사가인 마이클 호건(Michael Hogan)은 미국의 전후 기획자들이 "홀(Hull)의 자유무역의 견해와 경제통제와 반 주기적인 안정의 새 이론들을 결합시켰다"고 주장해 왔다. Michael Hogan, "One World into Two: American Economic Diplomacy from Bretton Woods to the Marshal Plan," unpublished manauscript, Columbus: Ohio State University, n.d., p.7을 보라.

81) Dallek, *Franklin Roosevelt and American Foreign Policy*, pp.406-441을 보라. 우드로 윌슨(Woodraw Wilson)도 1차대전 이후에 유사한 난관에 직면하였다. 하지만 그는 루스벨트와는 달리 그것을 해결하는 과정에 있어 그가 세력균형 정치의 '사악한 음모'라고 이름 붙인 것을 초월하려고 노력하였다. 그는 1918년의 한 연설에서 "우리는 아직도 '뒤얽힌 동맹'에 대한 워싱턴(Washington)의 중요한 경고를 충분한 이해와 반향적인 목적을 갖고서 음미하여야 한다"고 주장하였다. "그러나 단지 특별하고 제한된 동맹만이 서로 얽는 것이다. 우리는 그 안에서 분규를 피하고 공동의 이해와 공동의 권리의 보존을 위해서 세계의 공기를 깨끗하게 할 수 있는 하나의 일반적인 동맹을 희망하는 것이 허용된, 새로운 시대의 의무를 인지하고 수용해야 한다." 윌슨의 말은 *Woodraw Wilson and the American Diplomatic Tradition*에서 Ambrosius에 의해 인용되었다.

안에서의 영속적인 위치를 제공하는 것, 소련을 말하자면, 클럽의 멤버로 만드는 것"이 필요하다고 느꼈다는 점이다.[82] 따라서 그것은 미국과 소련 모두가 속하는 클럽을 요구하는 것이었다.

그러한 목표들의 조합하에서, 루스벨트는 일정한 형태의 집단안보기구로 가는 행보 이외의 대안을 별로 가질 수 없었다. 그렇지만 이는 집단안보가 어느 면에서는 세력균형의 정치를 대체하려는 윌슨주의자의 열망에서 벗어났다는 점에서 변형된 형태가 될 것이었다. 그것은 불황과 전쟁에 시달린 1945년의 미국관료들에게는 너무 엉뚱하고 애매한 생각이었다. 대신 그들은 집단안보의 기제가 세력균형에 토대를 가지면서 또한 세력균형 정치의 해로운 영향을 상쇄시킬 수 있도록 하게끔 양자를 양립 가능토록 만들려고 노력하였다. 그리하여 그 핵심에 '이빨을 가진' 강제적 기제와 그렇지만 강대국의 거부권에 의한 제한이 존재하는 국제연합이 탄생하였다.[83]

일단 철의 장막이 드리워지고 유럽이 분할되자 배제에 의해 모스크바를 봉쇄하는 것이 주된 미국의 목표가 되었고 국제연합은 미국의 핵심적인 안보 이해에 비하여 주변화되었다.[84] 그러나 아직도 미국 요새로의 퇴각과, 뒤얽힌 동맹으로의 진입을 동시에 피하고자 하는 미국의 문제는 위협받는 유럽을 포함해서 해결되어야 했다. 스티브 웨버(Steve Weber)가 상기시키는 것처럼 미국은 그들과 쌍무적 동맹을 형성하고자 하는 유럽 우방국들의 요청을 지속적으로 거절하였다.[85] 그 대신 미국은 자신의 안보적 요구를 처리하기 위해 유럽에 경제적 자금을 제공하는 '경제안보'의 전략을 중점

82) John Lewis Gaddis, *Strategies of Containment*, New York: Oxford University Press, 1982, p.9; Dallek, *Franklin Roosevelt and American Foreign Policy*, p.508. 달렉(Dallek)에 의하면, 루스벨트에게는 "국제연합은 러시아를 서구와의 확장된 협력으로 이끄는 수단을 제공할 뿐 아니라 전후의 대외 문제에서 미국의 주요한 개입을 보장하게 되는 것이었다."

83) 이 절충에 대한 유용한 토의를 위해서는 Dallek, *Franklin D. Roosevelt and American Foreign Policy*, pp.442-448를 보라. Kupchan의 연작에서는 ("Concerts, Collective Security, and the Future of Europe"에서 요약된 것처럼) 국제연합의 구도가 집단안보기구의 내부에 놓여진 하나의 제휴로서 묘사되고 있다.

84) 미국 지원하의 국제연합은 1950년대의 평화유지 활동의 형태로서 좀더 완화된 집단안보의 역할을 획득하였고 국제원자력기구의 보호와 1960년대의 비확산 조약을 통해 핵 비확산의 역할을 수행하였다.

85) Weber, "Shaping the Postwar Balance of Power."

적으로 추구하였다.[86] 1947년에는 유럽에 대한 쌍무적 경제원조가 좀더
포괄적인 마샬플랜으로 변화하였고, 이것은 유럽 국가들이 원조를 받는 대
가로 그들의 전후 재건을 위한 다자적 틀을 만들 것을 요구하였다. 더 나아
가서 미국은 경제적, 정치적 통합을 획득하려는 유럽의 노력에 대한 초기
의 주창자이자 강력한 지원자였다.[87]

그러나 유럽의 안보는 더 많은 것을 요구하였다. 마이클 하워드(Michael
Howard)가 주장하는 것처럼, 1948년의 '대공포(La grande peur)'에 이끌
려서 유럽인들은 "어느 정도의 군사적 '보장'을 갖는 것이 (또한) 필요하다
고 느끼게 되었다."[88] 그렇지만 미국은 계속해서 쌍무적 협상을 거부하고
어떤 종류의 군사적 공약도 회피하였다.[89] 궁극적으로 미국이 입장을 누그
러뜨리기는 했지만 그것도 미국은 단지 유럽이 주도하는 집단안보 노력에
만 도움을 줄 뿐이라는 주장을 관철한 이후였다. 폴-헨리 스파크(Paul-
Henri Spaak) 아래의 벨지움 인들이 기선을 잡았고 1948년 3월에 베네룩
스 3국과 프랑스, 영국은 상호보호조약을 맺었다. 그러나 그들이 어떻게
미국을 이 구도에 연결시킬 것인가? 영국인들이 스칸디나비아로부터 지중
해까지 이르는 불가분의 안보선을 정의하는 데 있어서 핵심적인 방향 역할
을 했고 캐나다의 도움으로 그것을 서반구를 넘어서는 것으로 확장시켰

---

86) Pollard, *Economic Security and the Origins of the Cold War.*
87) 다자적인 기반에서 재건을 위해 협력하려는 유럽인들의 요구는 1948년에 유
   럽경제협력기구를 창출하였다. 그것은 궁극적으로 그를 통해 모든 선진 자본주
   의 국가들의 경제관료들이 일상적인 정책행위를 조율하는 경제협력개발기구
   (OECD)가 되었다. 유럽통합에 있어서는 1947년까지 그 안이 미국의 언론과 정
   치권에서 강력한 지지를 받았다. 펄브라이트(Fulbright) 상원위원과 보그스
   (Boggs) 하원의원은 그 해에 의회에서의 동시적인 의결을 제안하고 "국제연합
   의 틀 안에서의 유럽의 연방의 창출"을 비준할 것을 요구하였다. 그 안은 압도
   적으로 통과되었다. 유럽통합은 개별 국가들의 노력보다는 유럽의 경제 복구를
   위한 바람직한 생각으로 여겨졌고 그것은 유럽 재건과 소련 봉쇄라는 미국의 새
   로 고안된 전략의 성공을 위해 점점 더 필요한 것으로 여겨지는 독일의 재산업
   화의 보장을 부여하는 것이었다. Michael Hogan, *The Marshall Plan: America,
   Britain, and the Reconstruction of Europe,* New York: Cambridge University Press,
   1987.
88) Michael Howard, "Introduction," in Olav Riste(ed.), *Western Security: The
   formative Years,* Oslo: Universitetsforlaget, 1985, p.14.
89) Gaddis, *The Long Peace,* pp.48-71.

다.90) '북대서양'이라는 개념이 매듭을 묶는 데 도움을 주는 공간적 의미로
등장하였다. 그 형성과 수용은, 아마도 군사 지도법의 최근의 혁명, 즉 그
로 인해 '비행사의 시각'과 그에 따른 소련과 미국의 극상의 인접성이 미
국의 전략적 계획의 방침을 정하게끔 된 것에 의해 촉진되었다.91) 북대서
양 기구는 1949년에 완결되었다. 하워드는 "NATO 동맹의 체결은 이제
마침내 모든 것은 하나를 위한 것이고 하나는 모든 것을 위한 것이라는 인
식을 제공하였다"라고 말했다.92) 그리고 이것은 물론 집단안보의 개념이
항상 의미했던 것이었다.

실제로 NATO는 국제연합 헌장의 집단적 자기방어 조항의 표현으로서
고안되고 정당화되었다. 개별적이고 집단적인 자기방어의 고유한 권리를
보장하는 국제연합 헌장 51조에 대한 교섭으로부터 북대서양 조약의 고안
까지는 직접적인 통로가 존재하였다.93) 샌프란시스코에서 국제연합에 대
해 협의하였던 동일한 인물들인 영국 측의 글래드윈 제브(Gladwyn Jebb)
와 미국 측의 아더 반덴버그(Arthur Vandenberg) 상원의원이 또한 북대서
양 기구가 그것에 양립되게 하려고 노력하였다. 그 성취는 반덴버그 상원
의원이 즐겨 말하듯 미국으로 하여금 "헌장 내에서 하지만 (소련의) 거부
권 밖에서 움직이도록" 허용하였다.94) 더욱이 51조는 구상되고 있는 미래

---

90) Martin H. Folly, "Breaking the Vicious Circle: Britain, the United States, and
the Genesis of the North Atlantic Treaty," *Diplomatic History*, vol.12, Winter
1988, pp.59-77.

91) Alan K. Henrikson, "The Map as an 'Idea': The Role of Cartographic Imag-
ery During the Second World War," *The American Cartographer*, vol.2, April
1975, pp.19-53, 88.

92) Howard, "Introduction," p.16.

93) 51조에 대해서는 J. Tillapaugh, "Closed Hemisphere and Open World? The
Dispute over Regional Security at the U.N. conference, 1945," *Diplomatic
History*, vol.2, Winter 1978, pp.25-42를 보라. 북대서양 조약의 궁극적인 협상
으로 가는 국내정치적 행로를 닦은 Vandenberg 결의안과 51조와의 분명한'연
계에 대해서는 Daryl J. Hudson, "Vandenberg Reconsidered: Senate Resolution
239 and American Foreign Policy," *Diplomatic History*, vol.1, Winter 1977, pp.
46-63을 볼 것.

94) Hudson, "Vandenberg Reconsidered"에서 인용된 반덴버그의 말. 반덴버그의
외면적인 관심이 단지 눈속임에 불과하다고 가정하는 사람들은 왜 고립주의에
서 단지 최근에 전향한 공화당의 상원의원이 사소한 목적을 위해 그렇게 많은

의 NATO에는 해당되지 않았는데 그것은 국제연합 안보리에서의 미국의 거부권 밖에 놓여 있는 남미의 지역안보기구가 허용되도록 하기 위해 남미인들에 의해 부추겨진 것이었다.

명백히 강조해서 미국은 공식적인 국제기구들에게 광범위하게 독립적인 힘을 부여하려 하지 않았다. 그것은 그의 다자적인 의제가 아니었던 것이다. 미국인들은 소련인들이 하는 것과 마찬가지로 모든 면에서 국제연합 안보리에서의 거부권에 대해 고집하였다. 미국이 아직도 개별적으로 가장 큰 분할을 담당하는 국제재정기구에서의 투표도 차등을 두었었고 또 그렇게 남아 있다. GATT는 공식적인 기구로서 간신히 존재하고 있고―이는 등장한 적이 없었던 국제통상기구에 포함되는 것으로 예상되었다―최근까지 그에 대한 국무부의 비용지출은 특별한 국제회의를 위한 구좌에서 나왔다. 그리고 NATO의 'O'는 그 구성국들의 집단안보를 결정한 적도 없고 현재도 결정하고 있지 않은 것이다.

미국의 전후 다자주의적인 의제는 무엇보다도 세계적인 수준에서, 그리고 서부유럽 내부와 북대서양을 건너는 광범위한 다자적 구획을 따라 국제질서를 재구축하려는 열망으로 이루어져 있었다(다른 한편으로 동아시아에서는, 유럽에서 미국이 등을 돌렸던 쌍무적인 안보 연계 이상의 것을 구성하려는 잠재력이 결여되어 있었다).[95]

두 번째로 미국은 금융과 통상과 같은 분야에서 몇몇의 주요한 다자적 레짐의 창출을 유도하였고 또한 그러한 목적의 지원을 위해 기술적으로 적절하고 정치적으로 편리한 서비스를 공급할 수 있는 다수의 공식적 국제기구들을 설립하는 것을 도왔다.[96]

확실히 미국은 자신의 이해에 반해서 행동하지는 않았다. 그렇지만 미국

노력을 기울이는 것이 필요하다고 생각했는지를 설명하지 못하고 있다.

95) Marc S. Gallicchio, *The Cold War Begins in Asia*, New York: Columbia University Press, 1988; Gaddis, *The Long Peace*, pp.72-103; Pollard, *Economic Security and the Origins of the Cold War*, ch.8

96) 예를 들자면 *New York Times*는 궁극적으로 UN의 식량농업기구의 창설로 이어진 식량과 농업에 대한 1943년 4월의 Hot Springs 회의를, "(미국이) 전후에 설립하기를 희망했던 세계기구에 대한 준비로서의―하나의 시연회와 같은―전주"로 묘사하고 있다. Craig Alan Wilson, "Rehearsal for a United States: The Hot Spring Conference," *Diplomatic History*, vol.4, Summer 1980, p.264에서 인용.

의 행위가 자신의 이익과 일치한다는 사실이 그 행위를 설명해 주는 것은 아니다. 다자주의는 누군가가 지칭하듯이 미국에게 '소비재'였던 것은 아니며 그 자체가 목적이지도 않았다. 그렇다면 우리는 어떻게 미국의 행동을 설명할 것인가? 미국의 다자주의적 의제를 설명하는 하나의 가능한 근거는 국제체제 자체이다. 현재 국제관계의 분야에서 선호되고 있는 체제 수준이론은 핵심적으로 두 가지 종류가 있는데 그것은 구조적 이론과 기능적 이론이다. 양자는 모두 간결하며 강력한 1차적 설명을 제공한다. 전후 미국의 다자적 태도에 대한 구조적 설명은 독립변수로서 미국의 패권이나 전략적인 양극성에 초점을 맞춘다.[97] 패권을 이용한 설명의 문제점은 이미 제시되었다. 다른 패권국들은 이를 다르게 행사하였을 수도 있고 따라서 이후의 역사가 달라졌을 수도 있다는 것이다. 따라서 우리는 아직도 왜 이 특정한 패권국이 이러한 특정한 방식으로 일을 처리하였는가에 대한 통찰력을 필요로 한다.

하나의 설명으로서 양극성에 의존하는 것은-일단 양극성이 존재하기 때문에-더 가능성이 있다.[98] 하지만 양극성이 만들어지는 과정이 막 시작되었고 더우기 위에 묘사된 다자적 전개 중의 일부가 나타나고 있었던 전후 초기의 시절에 있어서는 그것에 문제점이 없는 것은 아니다. 실제로 정책결정자들이나 분석가들이 양극성의 현실을 파악하게 되는 데에는 상당한 정도의 시간이 소요되었다. 미국에 의한 진지한 전후 계획은 1942년에 시작되었다. 1944년에 출판된 윌리엄 폭스(William Fox)의 "The Super Powers"는 아직도 세 강대국이 있는 것으로 가정하고 있다.[99] 브레턴우즈 회의는 그 해에 열렸고 소련도 참석하였다. 나아가서 1944년에도 갈등해결을 위하여 세계를 세 개의 영향력의 영역으로 나누는 방식은 아직 전적으로 폐기된 것은 아니었다. 1945년에 이르러 그것은 포기되었지만 보편적인 국제연합을 선호하여 그렇게 된 것이었다.[100] 1946년의 그의 「긴 전

---

97) 길핀(Robert Gilpin)의 작업이 전자를 예시하며 월츠(Kenneth Waltz)의 것이 후자를 보여준다.

98) Joanne Gowa, "Bipolarity, Multipolarity, and Free Trade," *American Political Science Review,* vol.83, December 1989, pp.1245-1256.

99) William T. R. Fox, *The Super Powers: The United States, Britain, and the Soviet Union,* New York: Hartcourt, Brace, 1944.

문」과 「Mr. X」논문에서 조지 케넌(George Kennan)은 소련의 영향력의 영역의 등장을 경고하였지만, 오래지 않아 다극성이 전쟁의 폐허로부터 재등장할 것으로 명백히 예상하였고, 그러한 목표를 달성하기 위해 소련의 봉쇄정책을 제안하였다.[101] 더욱이 1947년까지 통상의 협상자들은 사회주의 교역국가들을 포괄하는 통상 레짐을 마련하기 위한 구획에 노력하였다.[102] 더 중요하게는 역시 1947년에 독일의 미국 군정의 대표였던 루커스 클레이(Lucius Clay)는 아직까지 가능한 상태에 있던 4자 정부를 방해한 것에 대해, 우선적으로 소련이 아니라 프랑스를 비난하였는데, 궁극적으로 그 실패는 냉전의 상징처럼 되었던 독일의 양 진영으로의 분할을 초래하게 된 것이었다.[103]

인정하건대 구조적 이론에 있어 행위자의 인식은 그다지 중요하지 않다. 그럼에도 불구하고 아직 명확하게 나타나지도 않았고 충분히 이해되지도 않았으며 어떤 점에서는 단지 행위자의 다음 행동을 생산하도록 도와주는 구조적인 조건들을 행위자의 행동을 위한 자극으로 간주하는 것은 약간 부자연스러운 것 이상의 것으로 보인다.[104]

우리가 앞서 언급했던 국제제도의 기능적 이론들은 따라서 다자주의의

---

100) Dallek, *Franklin D. Roosevelt and American Foreign Policy*, ch.14-15.

101) Kennan의 전략에 대한 토의를 위해서는 Gaddis, *Strategy of Containment*, pp. 25-53을 보라.

102) Viner, "Conflict of Principle in Drafting a Trade Charter"; Feis, "The Conflict Over Trade Ideologies."

103) Jean Edward Smith, *Lucius D. Clay: An American Life*, New York: Henry Holt, 1990. 특히 pp.423-449를 보라. 독일의 현장에서 보여진 미·소 관계에 대한 스미스(Smith)의 전반적인 평가는 다음과 같다. "소련에 대한 균형세력을 수립하는 문제는 1947년 후반까지 클레이(Clay)의 사고에 들어 있지 않았고 그때까지 러시아 인들과 그의 관계는 따뜻하고 충실한 것이었다"(p.7).

104) 저비스(Jervis)는 냉전으로 알려진 특정한 양극성의 형태를 형성시킨 만든 결정적인 사건으로 한국전쟁을 지목한다. 미국의 높은 군사비 지출, 북대서양 조약의 보장을 위한 유럽에서의 대규모 미군 주둔, 그리고 전 세계에 걸친 반공주의의 공약은 단지 이 전쟁 이후에 집행되었다. 나아가 그는 이 세상에 전쟁을 기능적으로 대체할 수 있는 것, 그래서 국제안보 환경의 그러한 특징들을 만들어 낼 수 있는 것은 없다고 주장한다. Robert Jervis, "The Impact of the Korean War on the Cold War," *Journal of Conflict Resolution*, vol.24, December 1980, p.563을 보라.

특정한 형태가 아닌 보편적인 '협력'과 '제도'에 주로 초점을 맞춘다. 이러한 고려에 대한 그들의 제한적인 효용성은 이미 지적되었다. 나아가서 기능적 이론들은 주로 거래비용, 정보비용 그리고 제도적 비효율성을 최소화하려는 욕망과 같은 요소들에 주로 관심을 가지고 있다. 이러한 주장 역시 제한점을 가진다. 첫 번째로 비록 우리의 역사적 사례들이 하나의 강력한 예를 만들기에는 너무 적지만, 그들은 이러한 종류의 제도적 비효율성을 제한하려는 노력이 조정문제의 영역에 있어 가장 강력하다는 것을 보여준다. 그것이 피를 흘리거나 평화를 지속시키려는 희망을 제도화하려는 것에 이르면, 국가들의 계산은 상이한 담론의 세계를 가지는 것으로 보인다. 두 번째로 제도적인 비효율성이나 비용을 구성하는 것들은 계산을 하는 국가의 속성과 전적으로 동떨어진 것이 아닌 것처럼 보인다. 그 한 예로 나치의 통상, 금융 레짐 보다 모든 점에서 높은 거래비용을 부과했던 제도적 협의를 상상하기는 힘들다. 그러나 그 당시의 전반적인 독일국가의 전략적 목표에서는 그러한 협의를 집행하는 것이 극소화되어야 할 지출이 아니라 하나의 투자로 간주되었다. 일본의 해외투자의 기조를 형성하는 국내적 기제도, 그 모든 제도적 '비효율성'으로 인해 유사한 개념적 문제를 제공하고 있다.[105]

요약하면 왜 이러한 특별한 제도적 의제가 추구되었는가를 결정하려면 어떤 순간에는 이러한 특정한 패권국을 좀더 면밀하게 살펴보는 것이 불가피하다. 그것은 차례로 패권국의 국제적 상황을 검토하는 것과 더불어 국내적인 영역도 살펴보는 것을 필요로 한다.

광범위한 유형의 사회적·경제적 요소들을 망라해서, 제2차 세계대전 이후의 미국은 뉴딜의 조절적 국가의 경험을 국제적인 분야에 적용하려 했던 것으로 보인다.[106] 안네-마리 벌리(Anne-Marie Burley)에 따르면 이러한

105) 소위 4인의 갱들(Chalmers Johnson, Clyde Prestowitz, Karel van Wolferen, James Fallows)은 일본이 이런 점에서 상이하다고 주장해 왔다. "Beyond Japan-Bashing: The 'Gang of Four' Defends the Revisionist Line," *Business Week*, vol.7, May 1990을 보라. 그다지 상이한 결론을 내리고 있지 않은 차분한 실증적 연구를 위해서는 Edward J. Lincoln, *Japan's Unequal Trade*, Washington, D.C.: Brookings Institution, 1990을 보라.
106) Michael J. Hogan, "Revival and Reform: America's Twentieth-Century

노력은 두 가지의 상이한 차원에 수반되었다.[107] 첫째는 국내적인 개혁 프로그램의 장기적인 지속과 성공은 양립 가능한 국제질서를 필요로 한다는 믿음이다. 둘째는 이미 국내적으로 시도되었고 뉴딜과 함께 하였던 법제적·행정적 혁명으로부터 도출되었던 제도적인 수단의 국제적인 수준에서의 수행이다. 양자의 결합은 다자적인 국제적 경제·사회 질서를 제도화하기 위한 적극적인 미국의 노력으로 전환되었다.

안보의 영역에서는 국내정치의 대두에 대해 고려하게 됨으로써 루스벨트 대통령은, 고립주의적인 경향은, 미국을 전쟁으로 끌고 갔던—그것이 고립주의자들이 세계를 보는 방식이다—바로 그 유럽 국가들과 미국이 쌍무적인 동맹을 형성하거나 또는 그에 대항함에 의해서 중화될 수 없을 것이라고 믿게 됐다. 따라서 단지 미국을 전통적인 국제정치를 '변환'시킬 수 있는 가능성이 있는 조금 더 영속적인 다자주의적 제도의 틀에 '결합'시키는 것에 의해서만이, 고립주의로의 복귀를 피할 수 있는 길이라는 생각이 루스벨트의 마음에 계속 남아 있었다.[108] 1947년에 이르러 트루먼(Truman) 행정부는 반공주의의 수사가 마찬가지의 목적을 위해 유용함을 발견하였다.[109]

더 일반적으로 말하면 피터 코헤이(Peter Cowhey)는 미국의 정치체제의 구조 자체가 전후 미국의 다자주의에 대한 공약의 신뢰성을 증진시켰다는 도전적인 주장을 제기한다.[110] 그 저작에서 상세히 조사되는 '배반'의 문제는 패권국이 아니라 오히려 잠재적인 무임승차국인 다른 한 국가나 그들 모두에게 초점이 맞추어지고 있다. 하지만 다자주의는 극도로 요구가 많은

Search for a New Economic Order Abroad," *Diplomatic History*, vol.8, Fall 1984, pp.287-310; Anne-Marie Burley, "Regulating the World: Multilateralism, International Law, and the Projecction of the New Deal Regulatory State," in Ruggie(ed.), *Multilateralism Matters*. 호건(Hogan)이 이익집단의 차원을 강조하는 한편 벌리(Burley)는 행정적이고 법률적인 차원에 초점을 맞춘다.

107) Burley, "Regulating the World."
108) Dallek, *Franklin D. Roosevelt and American Foreign Policy*.
109) Thomas G. Paterson, *Meeting the Communist Threat: Truman to Reagan*, New York: Oxford University Press, 1988, pp.3-158.
110) Peter Cowhey, "Elect Locally, Order Globally: Domestic Politics and Multilateral Cooperation," in Ruggie(ed.), *Multilateralism Matters*.

제도적 형태이며 사실상 패권국은 다른 나라들에게 허용되는 것보다 훨씬 많은 일방적, 쌍무적 대안들을 갖는 것이다.

그렇다면 어떻게 그 패권국이 다자주의에 대한 자신의 공약을 믿을만한 것으로 만들 것인가? 만약 패권국이 마음을 바꾸거나 단기적 이익을 다시 계산했을 때 배신하지 않을 것이라고 어떻게 다른 국가들이 확신할 수 있을 것인가? 코헤이는 다자주의에 대한 미 공약의 신뢰성이 자신의 외교정책의 효과적인 수행을 방해한다고 빈번히 평가되는 미국정치의 속성 자체에 기인하는 것이라고 본다. 이러한 것들은 중간 정도의 투표자로 모아지는 선거체제의 제도적 결과, 원칙적인 정책 정향의 번복을 힘들게 만드는 권력의 분산, 대외적 이해의 부분에까지도 해당하는 큰 투명성과 국내적 정치 논의의 접근 가능성 등을 포함한다. 코헤이는 '일본 주도하의 평화(Pax Nipponica)'는 잠재성이 없다는 주장이 충분히 확신을 얻고 있다고 결론짓는데, 그것은 일본이 적절한 국내적 기반을 결여하고 있기 때문이라는 것이다.

요약하자면 결정적인 하나의 의미로서 전후 시기 다자주의의 기원은 그 이전 시기의 기록을 되풀이하고 있다. 국가의 국제적인 소유권을 정의하고 안정화시키는 심각한 수준과, 조정의 문제를 해결하는 상대적으로 피상적인 수준 사이에서, 경제적·안보적 문제에서의 다자주의로의 뚜렷한 이전은 상당히 강력한 국제적 힘과 이와 양립할 수 있는 국내적 환경을 필요로 한다. 만약 그렇다면 제2차 세계대전 이후에 있어서 결정적이었던 점은 단지 미국의 '패권'이 아니라 특정하게 '미국'의 패권이었다는 사실인 것이다. 그리고 이러한 것들은 현재의 국제적인 전환에서 다자주의의 역할을 좀더 흥미있는 것으로 만들고 있다.

5. 다자주의와 전환

미국이 상대적으로 쇠퇴하고 있는가, 그리고 그렇다면 그것이 국제질서도 함께 변화시키고 있는가 하는 문제는 거의 20여 년 동안 문헌상에서 논쟁이 되어왔다.[111] 더 최근에는 양극성의 종언이 유사한 경고의 이유로 언급되었다.112) 신제도주의자들은 국제적인 권력 이전과 제도적인 해결간의 어떠한 직접적인 관계에 대해 첫 번째로 의문을 제기했다. 그들은 제도적인 관성, 잠겨진 비용, 제도가 지속적으로 공급하는 서비스, 그들이 계속 추구하는 공통의 목표 등의 요소를 지목하면서 왜 국가들이 심지어 '패권을 넘어서도' 현존하는 제도를 여전히 따르는가 하는 것에 대한 몇 가지의 기능적 이유를 제시했다.113)

하지만 우리가 토론 초반에서 본 것처럼 배타적인 것은 아니지만, 특별히 유럽에서의 현재 상황은 단순히 과거의 제도적 조정이 생명을 부지하고 있는 정도의 상태가 아니다. 적극적인 제도적 적용과 심지어 창출의 다양한 사례가 존재하는 것이다. 이론적인 문헌 중 적절한 설명을 제공하고 있는 것은 많지 않다. 그렇지만 여기에서 행해진 정의적, 역사적 분석은 작용하고 있는 몇몇 요소들을 추출해내고 있다.

그러한 요소 중 하나는 다자주의의 정의 자체에 논리적으로 내포된다. 모순적으로, 처음에 다자적 합의를 전략적으로 힘들게 했던 바로 그 특성이 일단 그것들이 자리를 잡게 되면 그러한 합의의 지속성과 탄력성을 증진시킬 수도 있는 것이다. 나는 앞에서 성공적인 다자 협의는 포괄적 상호성의 기대를 보여주게 된다고 지적하였다. 기대가 지속되고 각 편이 매 경우에 있어 똑같은 보상을 주장하지 않는 한, 그 협정의 지속성은 증가되어야 하는데, 이는 그것이 분야 간·시기 간에 교차되는 상충관계와 협상을 가능하도록 만들기 때문이라는 가설을 세워보는 것이 가능하다. EC에서의 협력의 경우가 가장 분명하게 이 유형을 나타낸다. 그것은 시작 당시 미국의 적극적인 격려로부터 힘을 얻었고 또 심지어는 그를 필요로 하였지만 그것이 자기 충족적인 제도적 경로를 따라 움직이게 된 것도 상당히 오래된 일이다.114)

---

111) 이 논쟁은 Charles Kindleberger의 책 *The World in Depression, 1929~1939*, Berkeley: University of California Press, 1973에 의해 시작되었고 이는 또한 1930년대 이후의 시기—처음에는 1970년대, 그리고 1980년대, 이제는 1990년대와의 비유의 유행을 만들어냈다.

112) 그 한 예로 Mearsheimer, "Back to the Future"를 보라.

113) Krasner, *International Regimes;* Keohane, *After Hegemony.*

114) 우리의 작업에서의 그의 논문을 통해 개럿(Garrett)는 지금까지의 다자주의의

이와 유사하게 모든 다른 조건이 일정하다면 일반화된 조직원리에 기반한 하나의 합의가 특정한 이해나 상황적인 변수에 의존한 것보다 더 탄력적일 수 있다. 따라서 그것은 국제적인 권력의 이동을 포함한 변화하는 환경에 직면하여 더욱 커다란 지속성을 또한 보여 주는 것이다. 집단안보협정은 최혜국 대우에 기반한 통상 레짐이 그랬던 것처럼 더 적절하게 그러한 전환을 흡수할 수 있다. 나치의 차별적인 질서가 제3공화국의 패권을 넘어 존속했을 것이라고 상상하기는 힘들다. 그리고 심지어 전통적인 동맹의 사례에 있어서도 적응의 주요한 수단은 단순히 압도적이던 양자 간의 연계를 포기하는 것이다. 비록 미리 예견된 것은 분명하지만 그럼에도 불구하고 바르샤바 조약기구의 전적인 붕괴에 반해, NATO의 적어도 과도기적인 협정으로의 적절한 변모의 사례들은 이러한 주장을 예증해 주고 있다 하겠다.

다자적 합의의 지속성은 또한 여기에서 제시된 분석이 시사하는 것처럼 국내적 환경의 기능의 하나이다. 예를 들면 19세기경의 유럽 협조체제의 최종적인 종언과 경쟁적인 동맹의 재등장을 설명할 수 있는 다극성으로의 변화는 존재하지 않았다. 그렇지만 국내적인 환경들은 1848년의 혁명 이후 현저하게 갈라지게 되었다. 금본위제도와 자유무역의 퇴조는 양 요소의 집합들이 변화하였다는 점에서 어느 정도는 미리 정해진 것이었지만, 영국이 세계적인 세력으로서 눈에 띄게 쇠퇴하기 이전에도 각 정부들은 두 다자적인 협정에 양립하지 못할 방향으로 그들의 국내적 경제에 개입하도록 정치적으로 압력을 받았다. 사실상 심지어 찰스 킨들버거(Charles Kindleberger)의 "영국은 할 수 없었고 미국은 하지 않으려 했던" 때인 1933년 런던 경제회의의 결정적인 사례도 직접적인 체제적 설명을 제공하는 것은 아니다.

가장 광범위한 사례인 EC 회원국들의 단일유럽법안의 채택과 시행을 분석한다. 그는 그의 이야기를 제도의 '합리주의자'의 견해와 일치하는 것으로 묘사하고 있다. 만약 그가 옳다면 그것은 주어진 일련의 협조를 위한 제도적 틀하에서 어떠한 시점을 지나게 될 경우, 통합적인 해결을 구하기 위해 더이상의 어떤 '외생적인' 힘이나 상징 또는 열망이 필요치 않을 수 있다는 것을 시사하는 것이다. Geoffrey Garrett, "International Cooperation and Institutional Choice: The European Community's Internal Market," *International Organization*, vol.46, Spring 1992, pp.533-560을 보라.

미국이 "하지 않으려 했던" 것은 자유방임주의식, 런던·뉴욕의 은행가식, 그리고 후버(Hoover)식의 경제적 다자주의의 압도적 형태를 지지하는 것이 었다. 하지만 그때까지 루스벨트 대통령을 포함한 누구도 가능하고 상호적으로 납득할 만한 대안을 찾아내지 못하였다.[115] 아더 슐레진저(Arthur Schlesinger)가 그의 고전적인 설명에서 말하듯이 "(미국과 영국 간의) 이러한 차이는 경제적이거나 외교적 술책의 형태로 중재되기에는 너무 큰 것이었다. 런던회의는 차이점을 만들어낸 것이 아니다. 그것은 단순히 어떤 일을 하기에는 너무 늦게—또는 너무 일찍—왔던 것이다."[116] 현재에는 주요 국가들 사이에서 강하게 존재하는 국내적 상이함은 존재하지 않는다. 소련의 붕괴와 동유럽의 국내적 변화는 사회주의 경제모델의 국제적인 의미를 제거해 버렸다. 일본의 국내적 경제구조가 비슷한 문제를 제기하고는 있지만 매우 유사한 정도의 문제는 아니다.[117]

더 나아가서 대개 명확한 목적을 가지는 실질적인 다자적 협정들이, 그들이 얻는 좋지 않은 평가—몇몇 문헌들에서 다수의 법칙들로 어색하게 표현된다는—에 필적하지 않게끔 되었다는 것이다. 이것에는 몇 가지 이유가 있다. 먼저 대부분의 주된 다자적 합의는 실제적으로 'K-집단'이라는 부분적 집합의 국가들에 의해 결정된다는 사실인데, 이것이 국제적인 집단행동의 많은 문제점을 제거해 주는 것으로, 던컨 스나이덜(Duncan Snidal)과 러셀 하딩(Russell Harding)에 의해 지적되고 있다.[118] 마일즈 칼러(Miles

115) Herbert Feis, *1933: Characters in Crisis*. Boston: Little Brown, 1966.

116) Arthur Schlesinger, *The Coming of the New Deal*, vol.2 of *The Age of Roosevelt*. Boston: Houghton Mifflin, 1958, p.229. 슐레진저의 결론을 지지해 줄 뿐 아니라 더 광범위한 토론을 위한 상당한 가능성을 비추는 이 사례의 게임 이론적 분석을 위해서는 Kenneth A. Oye의 작업들을 참조하라. "The Sterling-Dollar-Franc Triangle: Monetary Diplomacy, 1929~1937," *World Politics*. vol.38, October 1985, pp.173-199; "On the Benefits of Bilateralism: Lessons from the 1930s," paper presented for the Workshop on Change in the International System, Los Angeles: University of California, 5~6 May 1989.

117) 내 판단으로는 정확하게 길핀은 이것을 전후의 경제 레짐이 기반하고 있는 편입된 자유주의의 절충을 손상시킬 수 있는 잠재적 요소의 하나로 제기하고 있다. Robert Gilpin, *The Political Economy of International Relations*, Princeton, N.J.: Princeton University Press, 1987.

118) Snidal, "The Limits of Hegemonic Stability Theory"; Rusell Hardin, *Collective*

Kahler)는 스나이덜이 이론적으로 제시한 것을 실증적으로 보여주었는데 그것은 전후의 주요 세계적 레짐은 그가 '소수주의자'라고 부르는 내부 집단에 의해 지배되어 왔다는 것이다.[119] 따라서 그 레짐들은 패권의 단순한 표현이 아니며 그것에 의해 그들은 명백한 정당성의 문제를 면해왔다. 하지만 그들이 순수하게 평등주의적인 결정 규칙의 기반에서 순수하게 작동한 것은 아니다. 탈식민지화는 1960년대와 1970년대에 이러한 '소수주의'적 해결이 어렵도록 만들기 시작하였다. 그럼에도 불구하고 뒤이은 해양법 (Law of the Sea) 협의나 GATT 협의 또는 지구적인 환경회의에서 칼러는, 국가들이 결정에 도달하는 그들의 능력을 보존하면서 한 번에 그리고 동시에 다수의 참가자들을 수용하는 제도적 기제를 고안하는 데 있어서 넘을 수 없는 난점에 부딪혔다는 증거를 발견하지 못하고 있다. 심지어 해양법에 관한 UN 회의에서의 극도로 복잡하고 더욱 '민주적인' 맥락에서도 베리 부잔(Barry Buzan)은, 다수를 수용하려는 국가들의 제도적 창안능력이 뛰어났으며 개정된 조약의 체결 실패는 어떠한 규모의 기계적인 문제에서가 아니라 이해의 근본적인 충돌에 기인했음을 자세하게 보여준다.[120]

다자적 협정의 적응력에 대한 설명에서 고려되는 마지막 요소는 몇몇 사례에서 20세기의 '제도로의 움직임'이 명확하게 제 구실을 한다는 점이다. 실제로 오늘날의 다자적 협정 내부의 제도적 동기들은 제도 그 자체, 당면하고 있는 집합성을 대표하고 있다고 주장되거나 아니면 적어도 그를 옹호하고 있는 정강으로부터 나오고 있다. 또다시 EC는 그것이 유럽 자유무역지대나 동구국가와의 관계를 조율하기 위한, 아니면 공동체 자신의 미래를 위한 계획을 고려하건 간에 가장 확실한 예를 제공하고 있다.[121] 페트릭 모건(Patrick Morgan)은 요즈음 서구 유럽 국가들이 동구에게 경제적

Action, Baltimore, MD.: Johns Hopkins University Press, 1982.

119) Kahler, "Multilateralism with Small and Large Numbers."

120) Barry Buzan, "Negotiating by Concensus: Developments in Technique at the U.N. Conference on the Law of the Sea," *American Journal of International Law*, vol.75, April 1981, pp.324-348.

121) "Western Europe Moves to Expand Free-Trade Links," *The New York Times*, 8 December 1989, pp.1 and D5; "All Europe's Stage," *The Economist*, 16 March 1991, p.48; "Inner Space," *The Economist*, 18 May 1991, pp.53-54.

인 영역뿐만이 아니라 안보적인 영역에서도, 그들이 미국과의 전후의 경험에서 얻은 제도적 교훈의 일부를 적용시키려 하고 있다고까지 주장한다.122)

유럽을 넘어서는 다자적 조직의 수렴적이고 의제 형성적인 힘은 아마 공유권의 영역에서 가장 잘 나타나고 있을 것이다. 피터 하스(Peter Haas)가 보여준 것처럼 만약 다자적인 행위자가 없었더라면 지중해를 구하기 위한 계획도 없었을 것이다.123) 이와 비슷하게 다자적 행위자들은 심지어 미국을 포함한 강대국들이 기껏해야 마지못해 참석하는 경우에도, 처음에는 오존의 문제를, 이제는 지구 온난화의 문제를 교섭의 테이블로 가져왔다.124)

요컨대 오늘날의 국제적인 제도적 질서의 부분들은 꽤 강력하고 적응력이 있어 보인다. 위의 토의는 그 이유가, 단순히 이러한 것들이 제도이고 그 제도가 '요구된다는' 것만은 아니라는 점을 시사한다. 그 이유는 또한 이러한 제도들이 그 형태상 다자주의적이며 그리고 이 형태가 특정한 환경 하에서 변화에 적응할 수 있는 지속성과 능력을 증진시킬 수 있기 때문이라는 것이다. 이것은 어쨌든 여기서 제기된 다자주의 개념의 탐구가 더이상의 정밀한 검토를 위해 제시하는 중심 주제가 된다. 그러한 환경이 어떤 것이고 왜 사정이 의제에 따라 일정하지 않은가 하는 점을 명확히 밝혀내는 것이 이러한 방식에 의한 탐구의 다음 단계가 되는 것이다.

---

122) Patrick Morgan, "Multilateralism and Security Prospects in Europe," in Ruggie(ed.), *Multilateralism Matters;* Kupchan and Kupchan, "Concerts, Collective Security, and the Future of Europe."

123) Peter M. Haas, *Saving the Mediterranean.* New York: Columbia University Press, 1990.

124) Peter M. Haas, "Banning Chlorofluorocarbons: Epismetic Community Efforts to Protect Stratospheric Ozone," *International Organization,* vol.46, Winter 1992, pp.187-223; James K. Sebenius, "Crafting a Winning Coalition: Negotiating a Regime to Control Global Warning," in Richard Elliot Benedick et al., *Green House Warning: Negotiating a Global Regime.* Washington D.C.: World Resources Institute, 1991; Mark W. Zacher, "Multilateral Organizations and the Institutions of Multilaterlalism: The Development of Regimes for the Non-Terrestrial Spaces," in Ruggie(ed.), *Multilateralism Matters.*

6. 결론

이 논문은 두 종류의 의견 집단을 염두에 두고 쓰여졌다. 첫 번째는 제도를 그리 중요치 않게 여기는 국제정치 이론가들이다. 이 이론가들이 주장하는 것처럼, 그들은 모든 것을 설명하려는 목적을 갖는 것이 아니라, 그들이 실지로 설명하고 있는 것이 무엇이냐가 중요한지도 모른다.[125] 하지만 그렇다고 해서 그들이 설명하지 않고 남겨 놓은 것이 중요치 않다고 말할 수 있는 것은 아니다. 그리고 제도란 분명히 사소한 것이 아니다.

두 번째의 집단은 그들에게 있어 제도가 취하고 있는 형태가 탐구되지 않은 채 남아 있는 나의 동료 제도주의자들이다. 그들의 초점은 일반적 의미의 제도나, 혹은 좀더 보편적으로 협력에 맞춰져 있다. 국제관계에 관한 많은 것들이 이러한 시각에 의해 학습될 수 있다. 그러나 동시에 역시 많은 것들이 언급되지 못하고 남게 된다. 그리고 언급되지 않는 것-제도가 가정하는 형태-은 오늘날 세계무대에서 그 제도가 수행하는 역할에 주요한 영향을 미치고 있다. 무엇보다도 우선적으로 빠른 변화 속에서 대안을 찾으면서 사태의 흐름을 파악하고 그것을 바람직한 방향으로 유도하려고 하는 정책결정자들은 일반적인 선택들을 취급하고 있는 것이 아니며 그들의 선택은 분명히 구체적인 것들이다.

현재의 국제적인 제도적 협의의 핵심적이고 구체적인 특징은 그들의 다자적 형태이다. 제임스 캐포라소(James Caporaso)와 프레드릭 크라토크빌(Friedrich Kratochwil)이 다른 방식으로 제안했듯이 국제관계와 제도에 관한 통상적인 문헌들이 왜 이에 대하여 상대적으로 침묵을 지켰는가 하는 점은 한편의 개체주의적 존재론과 다른 편의 도구적-합리적 인식론에 관련되어 있음직하다.[126] 그렇다면 나는 최소한 이 논문이 형태가 중요하다는

---

125) 이것은 월츠의 기본적인 반응이다. 한 예로 Kenneth Waltz, "Reflections on Theory of International Politics: A Response to My Critics," in Robert O. Keohane(ed.), *Neorealism and Its Critics*, New York: Columbia University Press, 1986, pp.322-345을 보라.

126) James Caporaro, "International Relations Theory and Multilaterlaism"; Friedrich V. Kratochwil, "Multilaterlaism and the Rationalist/ Reflectivist Divide: A Unilateral Plea for Communicative Rationality," in Ruggie(ed.), *Multilateralsim*

의제를 심각하게 고찰할 가치가 있다는 점을 입증하였기를 희망한다.

이 논문에서는 어떠한 이론도 제기되지 않았고 어떤 이론도 옹호되거나 심지어 시험되지도 않았다. 우리는 우리가 우선 기술하지 않은 것을 설명할 수 없다. 그리고 개념적인 해설은 이론적으로 무장된 기술의 필수조건이며 궁극적으로 이론형성 그 자체로 이어지게 된다. 여기서의 나의 주된 목적은 다자주의의 개념을 분석적으로, 그리고 역사적으로 해설하는 것이었고 무엇이 그 사례와의 연관점들을 설명할 수 있고 그렇지 못한가, 그리고 그것이 어떻게, 왜 중요한가에 대해 초보적으로 도움이 되는 가설들을 제공하려 한 것이었다고 하겠다.

Matters.

자유주의 무역질서의 미래*

비노드 애거왈

　미래를 예측한다는 것은 위험스런 일이고, 일반적으로 고객의 필요에 따라 적절히 예측을 변화시키는 점쟁이들이나 하는 짓이다. 그렇지만 몇몇 정치학자들과 경제학자들, 특히 정책학에 종사하는 이들은 이 위험한 일을 마다하지 않아 왔다. 이들의 경우도 역시 고객들의 요구에 따라서 자신들의 예측을 변경시키곤 해왔다. 그렇다고 구체적인 예측을 개발하는 작업 자체가 전혀 가치 없는 일이라고 주장하는 것은 아니다. 사실 현상에 대한 이해가 증진될수록 예측은 이론적 타당성의 최소한 '한' 지표가 되는 것이다.

　그러나 정치학자에 의한 것이든 혹은 경제학자에 의한 것이든, 무역질서의 미래에 대한 지금까지의 많은 예측들에 적절한 이론적·논리적 기초가

---

　* Vinod K. Aggarwal, "The Future of Liberal Trading Order," in R. Leaver and J. L. Richardson(eds.), *The Post-Cold War International Order*, Sydney: Allen and Unwin, 1993(백창재 옮김).

　▶ 버클리 대학교 정치학과 교수인 애거왈은 국제정치경제 분야의 이론화를 이끌고 있는 소장학자 중의 하나로, 특히 제2차 세계대전 이후 국제무역질서의 성격과 외채문제에 대한 연구가 인정을 받고 있다. 전자의 연구서로는 『자유주의적 보호주의(*Liberal Protectionism*)』를 들 수 있는데, 여기서 애거왈은 국제경제질서에 대한 정교한 분석틀을 제시했다. 이 분석틀에 근거하여 금후 국제경제질서의 변화를 전망하고 있는 것이 이 글이다. 주지하듯이 1980년대 이후의 국제경제질서는 큰 변동의 조짐들을 보여왔고 따라서 이에 대한 여러 가지 전망과 예측들이 제시된 바 있다. 애거왈의 이 글은 특정 요인이나 측면에만 국한된 예측들과는 달리 정교한 분석틀을 근거로 다양한 시나리오를 검토하고 있다는 점에서 국제경제질서의 미래에 대한 보다 균형있는 시각을 제공해 준다.

결여되어 있다는 것이 이 글의 주장이다. 이 글의 중심적 목적은 우선 통치구조(governance structure)와 거래(transaction) 간의 관계를 분석할 수 있는 틀을 제시함으로써 지금까지의 예측들을 평가해 보는 것이다. 부차적인 목적으로 이 글 역시 무역질서의 미래에 관해 잠정적인 예측을 시도할 것이다. 물론 이같은 예측 노력을 무산시킬 수 있는 경제적·정치적 충격이 상당히 가능하다는 점을 유념하고 몇 가지 신중한 예측이 시도될 것이다.

이 글은 세 부분으로 나누어져 있다. 첫째 부분은 무역질서의 미래에 대한 시나리오를 개발하는 데 필요한 요인들을 분석할 틀을 제시한다. 이 분석틀에 입각하여 제2절에서는 통치구조와 국제거래의 영역에서 일어날 것으로 예견되는 시나리오를 검토한다. 제3절에서는 국제관계론 및 연관분야에 기초하고 있는 다양한 시나리오들을 설명하는 데 필수적인 요소들에 대해 이론적 조명을 해 볼 것이다. 또 이러한 다양한 시나리오들을 검토하면서 나 자신의 잠정적인 예측이 제시될 것이다.

1. 무역질서에 대한 분석틀

무역질서의 미래를 체계적으로 검토하기 위해서는 우리가 필요로 하는 정보가 어떤 분야에 관한 것인가를 먼저 고려해야 한다. <표 1>은 무역질서를 지지하고 있는 구성요소들 간의 관계를 보여준다.

이 도표의 구성요소들을 면밀히 검토하기 전에 먼저 이들과 이들 간 관계에 대한 전체적 논리를 제시해보자. 표의 우측부터 시작하여 여러 가지 통치구조(메타 레짐, 레짐 및 국가의 행위)와 거래를 구분하였다.

나의 견해로는 메타 레짐(meta regime)이란 국제적 제도를 지탱하고 있는 원리(principles)와 규범(norms)을 의미한다. 또 국제 레짐(international regime)은 규칙(rules)과 절차(procedures)에만 적용되는 것으로, 적용되는 힘(strength)과 성격(nature) 및 범위(scope)에 따라 검토될 수 있다.[1]

---

[1] 이러한 구분은 Aggarwal, 1983, p.618에 제시되어 있으며, Aggarwal, 1985, pp. 16-22에 보다 구체화되어 있다. 이러한 분류는 "주어진 국제관계 분야에서 행위자들의 기대가 수렴되는 명시적·묵시적 원리, 규범, 규칙 및 정책결정 절

<표 1> 무역질서의 분석틀

출처: Aggarwal, 1985: 20.

세 번째 요소는 국가행위(national actions)이다. 국제 레짐을 '상호의존 관계에 영향을 미치는 통치제도' 정도로 파악했던 이전의 개념과는 달리, 보다 구체적일수록 유용하다는 것이 나의 생각이다.

따라서 나는 레짐을 독자적 통제와 쌍무협상을 규제하는 제도적 장치로 규정한다. 국가의 이런 행위들은 물론 단지 부분적으로만 레짐에 의해 규제될 뿐이며, 레짐에 대한 순응(compliance)의 문제는 공식적 법규나 처벌 같은 것과는 별개로 검토될 필요가 있다.

마지막으로 쌍무적 혹은 독자적 통제에 의해 주어진 이슈 영역에 있어서의 거래(transaction)의 형태와 수준이 규제된다.

도표의 좌측 부분들은 우측의 요소들을 설명하는 이론적 요소들이다. 첫번째 요소는 인지적 접근(cognitive approach)으로, 이는 합의적 지식의 공급과 정책결정자들의 정치적 요구에 초점을 둔다.[2]

___

차"(Krasner, 1983: 2)라는 레짐의 일반적 정의와 대비된다. 커해인이나 나이, 해거드, 시몬즈 등이 이러한 구분에 동의하면서 제기했듯이, 레짐의 정의를 보다 공식적인 국가 간 합의에만 제한시켜야 레짐 개념이 혼란스러워지는 것을 피할 수 있다. Keohane and Nye, 1989: 258; Haggard and Simons, 1987: 494; Keohane, 1989: 17.

2) 인지적 이론들을 레짐보다는 메타 레짐의 발전에만 초점을 맞춘 것으로 보는 이런 견해에 누구나 동의하지는 않겠으나, 이렇게 할 경우 구조적 접근과 인지적 접근 사이에 존재하는 대립을 명확히 파악하는 데 도움이 된다.

다음 요소는 레짐의 발전에 영향을 주는 요인들이다. 기존 이론들에 있어서는 레짐 발전의 공급측면으로 패권국(hegemon), 즉 국제체계내의 단일한 최강대국의 존재 여부에 초점을 두어 왔다.[3] 수요 측면으로 커해인 같은 학자는 거래비용을 감소시키는 혜택, 특히 참여자들에게 정보를 제공하고 국가간 개별협정을 협상하는 데 드는 비용을 감축시키는 등의 레짐의 혜택에 초점을 두었다(Keohane, 1984).

레짐의 이 기능들이 물론 중요하기는 하지만, 내 시각으로는 거래 비용에 대한 커헤인의 집착은 너무 초점을 작게 만들어 버렸다. 낮은 수준에서의 국제적 장치를 보다 높은 수준에서 보다 광범위한 이슈들을 다루는 협정에 일치시키거나, 혹은 행위자들의 국제적·국내적 행태를 통제하는 데 있어 힘의 사용을 통하기보다는 규칙에 기반한 체계를 통하게 하는 것 등도 레짐의 주요한 역할일 수 있는 것이다(Aggarwal, 1983; 1985).

바로 이 요인들이 '패권 이후'의 국제 협력을 설명하는 데 있어, 정보의 확산이라든가 혹은 수많은 쌍무조약의 체결을 위해 협상가들을 파견하는 데 드는 비용을 감축시킨다는 등의 설명보다 우월하다는 것이 최소한 나의 견해이다.

나머지 두 구성요소들은 국내정치와 기술(technology), 조직(organization) 및 기호(tastes)이다. 국가들이 레짐의 규칙에 순응할 것인가의 여부를 결정함에 따라 국내정치는 레짐을 강화시키기도 하고 그 기반을 잠식하기도 한다.

마지막으로 국가 간 거래는 지금까지 살펴 본 통치구조에 의해서만 영향받는 것이 아니라, 경제학자들이 전통적으로 초점을 두었던 상품과 서비스의 수요와 공급에 영향을 주는 기본적인 요소들, 즉 기술과 조직 및 기호의 변화에 의해서도 영향받는다.

이제 우리는 무역질서를 전망하는데 이러한 분석틀을 이용할 수 있다(나아가 다른 이슈 영역에 대해서도 마찬가지이다). 그러나 무역에 영향을 미치는 각 요인들을 모두 검토하는 것은 너무 복잡한 작업이므로, 이 글에서는 단지 몇 가지 핵심적인 시나리오들만을 다룰 것이며 각각에 대한 상

---

[3] 그러나 보다 최근의 연구들은 국가들의 집단 역시 이같은 구조적 기능을 할 수 있다고 보고 있다(Snidal, 1985).

세한 논의는 하지 않을 것이다.

다음 절과 제3절의 첫 부분은 분석틀의 개별 요소들에 초점을 두며, 제3절의 후반부는 어떻게 여러 학자들이 두 가지 이상의 요인들을 결합시켜 왔는가를 검토할 것이다.

2. 무역질서에 관한 의문들

이 절에서는 앞에서 제시한 분석틀에 입각하여 무역질서의 미래에 대해 제기될 수 있는 의문들을 검토한다. 여기서 내가 초점을 둘 것은 통치구조와 거래의 측면에서 나타날 수 있는 잠재적 변화를 단지 열거하는 작업일 뿐 이들을 설명하기 위해 제시되었던 이론적 논점들은 아니다.

우선 무역거래에서 생길 수 있는 변화에 대한 다양한 시각들부터 시작하자(<표 1>의 우측 하단). 우리가 던질 수 있는 가장 기본적 질문으로, 과연 무역이 증가할 것인가 혹은 감소할 것인가, 예컨대 무역량이 국내총생산에서 차지하는 비중이 어떻게 변화할 것인가 여부를 물을 수 있다. 제2차 세계대전 이후의 시기 동안 이 비율은 급속히 증대되어 왔다. 그러나 이 같은 급속한 증가가 조만간 마감될 것이라고 전망되기도 한다. 두 번째 측면은 지리적 무역양상이다. 즉 무역이 지역화될 것인가, 혹은 쌍무적으로 될 것인가, 아니면 국가들 간에 비교적 균일하게 될 것인가? 무역 블록이 형성되기 시작했는지 여부를 제도적 구조에서 찾지 않고 거래의 시각에서 파악하려는 최근의 시도들(Frankel, 1991)에서 이 문제들이 논의되어 왔다. 이와 연관된 세 번째 문제는 무역의 대상이 될 상품의 형태에 관한 것이다. 농산품이 주종을 이룰 것인가, 아니면 공산품(이 중에서도 기초 공산품이냐, 첨단제품이냐)이나 서비스가 주를 이룰 것인가 하는 문제이다. 여기서 역시, 서비스가 무역증가에 기여하는 역동적 요인으로서의 역할을 지속할 수 있는 정도와 이 세 부문 중 어느 하나라도 점차 국내 지향적이 될 가능성의 정도에 대해 논란이 계속되고 있다. 마지막으로 다양한 정치적 함의를 지니고 있는 핵심적 문제는, 부문내 무역(intra-industry trade)과 기업내 무역(intra-firm trade)이 부문간 무역(interindustry)에 비해 증가될 것인가

하는 문제이다(Ravenhill, 1992a).

도표상의 통치구조 쪽에서, 먼저 국가의 행위, 특히 쌍무협정이나 독자적 무역제한이 지배적이 될 가능성을 살펴볼 수 있다. 신고전주의적 낙관론자들은 자유무역의 혜택에 대한 인식이 확산되어 정책 결정자들의 사고에 침투하게 됨에 따라 이같은 규제가 철폐될 것이라고 주장할 것이다. 그러나 1930년대와 같이 독자적 행위가 증대되거나 혹은 동기간 중 독일과 일본에 의해 추구되었던 것처럼 국가들 간에 쌍무적 협정이 증대될 가능성도 엄연히 존재한다.

다음으로 우리는 레짐의 힘과 성격 및 범위에 있어서의 변화를 살펴볼 수 있다. 우선 레짐 참여자의 수와 포함될 이슈의 범위 두 측면에 있어서 범위의 문제는 핵심적 이슈가 되고 있다. 혹자는 레짐들이 점차 지역화될 것으로[예컨대 유럽공동체(European Community), 북미자유무역협정(North American Free Trade Agreement), 아태경제협력체(Asia Pacific Economic Cooperation) 등과 같은] 보고 있고, 다른 이들은 우루과이 라운드의 성공적 타결 결과 관세 및 무역에 관한 일반협정(General Agreements on Tariffs and Trade)이 강화될 것으로 내다보기도 한다. 범위의 두 번째 차원은 세계적이든 혹은 지역적이든 간에 이러한 레짐에 포함될 이슈들의 형태에 관한 것이다. 예컨대 GATT 자체도 수많은 논란은 있었으나 새로운 형태의 비관세장벽은 물론 서비스라든가 투자제도 등의 새로운 이슈로 확장되어 왔던 것이다. 기업간 경쟁에 관한 정책이나 혹은 환경규제와 같이 거리가 먼 것으로 보이는 이슈들에 관한 레짐이 GATT의 한 부분으로 연계될 가능성도 있는 것으로 보인다.

레짐의 성격에 관한 논의는 메타 레짐의 변화를 검토할 때까지 미루겠다. 단, 여기서의 통상적인 문제는 레짐에 의해 조성되는 자유주의의 정도라는 점만을 밝혀둔다. 힘의 문제에 대해, 세계적 레짐의 구성요소로서 국제 레짐과 지역적 레짐이 강한가 약한가에 따라 네 가지 상이한 가능성을 그려 볼 수 있다. 강한 GATT와 강한 EEC가 존재하는 형태, 강한 GATT와 약한 EEC 형태, 약한 GATT와 강한 EEC, NAFTA 및 아시아권 블록이 공존하는 형태, 그리고 GATT와 지역적 협정이 모두 약한 형태를 상정할 수 있는 것이다.

마지막으로 통치구조에 대해 우리는 금후의 무역구조를 지탱하게 될 원리와 규범의 메타 레짐을 검토할 수 있다. 이는 별 제약 없는 자유주의 질서가 될 수도 있고 혹은 무역규제를 허용하는 개입주의적 레짐이 될 수도 있으며, '절충적 자유주의(embedded liberalism)'나 '개방적 지역주의(open regionalism)'와 같은 개념이 될 수도 있다.[4] 또는 APEC과 같은 형태의 레짐에 대한 메타 레짐의 경우를 예로 든다면, 어떻게 개념으로서의 개방적 지역주의가 GATT의 기본적 가치와 일치하는 조직적 활동을 요청하게 되는지를 살펴볼 수도 있을 것이다.

3. 통치구조와 거래의 변화에 대한 예측

이제 우리는 ① 인지적 변화, ② 국제체계적 요인, ③ 국내 정치적 변화, ④ 기호와 기술 및 조직의 네 구성요소들에 대해 제한된 수준이나마 시나리오를 생각해 볼 수 있다. 물론 논리적으로는 이 요소들의 변화 가능성에 한계가 있을 수 없다. 지식과 기술과 국내 정치조직 모두에 있어서의 변화를 상정할 수 있기 때문이다. 그러나 나는 네 요소 각자에 연관된 기존 논지들에만 강조점을 둘 것이며, 단기적 시나리오만을 검토할 것이다.

1) 다양한 패러다임들이 제시하고 있는 요소들과 시나리오들

메타 레짐의 분석에 대한 인지적 접근은 두 가지 요소, 즉 학자들 간의 합의로부터 결과되는 합의적 지식의 '공급'과 이익집단들이 정책 결정자에게 전달하는 수요의 두 가지 요소에 기초하고 있으며(Haas, 1980), 이 요소들의 상호작용에 의해 국제 레짐이 생겨나는 것으로 볼 수 있다. 공급의 측면에 있어서 현재 우리는 점차 경쟁적 패러다임이 생겨나고 있는 것을 목격하고 있다. 존 러기(John Ruggie)는 제2차 세계대전 이후의 합의를 '절충

---

4) 이 맥락에서, 메타 레짐이 단순히 자유주의가 증진되는 정도만을 다루는 것이 아니라, 언제 규제가 필요하며 다자주의 질서의 다른 조직형태(예컨대 자유무역 지대)가 얼마나 용납될 수 있는 가에 관한 규범을 다루고 있음을 주목하라.

적 자유주의'-즉 국가들이 개방적 무역에 참여하되 국내 혼란으로 인한
정치적·경제적 고려에 따라 어느 정도 개입을 하는-라는 개념으로 파악
하였다(Ruggie, 1983). 그러나 러기는 이런 합의가 무너질 위험성이 현재
존재하고 있다고 보고 있다. 무역에 있어서 내가 '자유주의적 보호주의(lib-
eral protectionism)'라 명명했고 길핀이 부문적 보호주의(sectoral protec-
tionism)라든가, 조직적 무역(organized trade) 혹은 양성(陽性) 중상주의
(benign mercantilism) 등으로 다양하게 부르고 있는 것들이 정책 결정자들
에 대한 국내적 요구와 국제적 요구를 절충시키는 방식이 될 수도 있었다.
그러나 섬유부문의 레짐에 대해서 내가 주장했듯이, '자유주의적 보호주
의'는 자유주의와 보호주의간의 안정된 균형점이 되는 데 실패하였다. 만
일 다른 부문들에 있어서의 부문별 보호 역시 이 두 극단 간의 균형점을
제공하지 못할 경우, 우리는 아마 기존의 인지적 합의가 붕괴됨을 상징하
는 '반자유주의적 보호주의'의 전개를 목격하게 될지도 모른다.5)

이러한 절충적 자유주의의 개념이 제2차 세계대전 이후 경제질서의 밑
바탕에 깔려 있는 원리와 규범이었다는 것은 대부분의 신고전주의 경제학
자들에게는 물론 받아들여지지 않았다. 이들에게 있어서는 미끄럼틀의 비
유가 자유무역으로부터의 일탈을 모두 묘사하는 것이었고, 이것이 곧 신고
전주의 경제학자들의 서약 같은 것이 되었던 것이다. 무역자유화에 관한
이들의 주장은, 만일 우리가 보호주의로 한 발자욱을 내딛게 되는 순간 보
호주의의 나락으로 떨어져 버린다는 것이다. 이런 식의 개념은 보호주의가
어떤 경우 실제로 사라지는 경우도 있다는 사실들과(Aggarwal, Keohane,
& Yoffie, 1987) 또 특수한 경우 국가들에게 관세인상이나 쿼타제 시행을
허용하고 있는 GATT 조약들에 의해 부인되고 있다(Finlayson & Zacher,
1983).

또한 소위 '신무역론자'들의 저술들은 개별 국가에 대한 최적 결과가 독
자적 자유화가 아니라고 주장하고 있다. 무역을 조정함으로써 규모의 경제
와 기술 우위를 이룰 수 있다는 것이다.6) 이 저술들은 종종 보호주의를 정

5) 1992년의 논문에서 러기는 섬유부문 레짐에서와 같이 시장점유율을 협상하는
   것 자체가 절충적 자유주의에 합치되지 않는다고 보고 이를 '반자유주의적 보호
   주의'로 간주한 바 있다.

당화하는 데 이용되기도 하였다. 그러나 이러한 이론의 주류에 있는 학자들은 전략적 정책을 추구하는 데 따르는 어려움에 비추어 볼 때 이 이론이 오히려 자유무역을 강화시켜 준다고까지 보고 있다.[7]

또다른 분야에서는 다자주의 질서의 대안으로서 무역 블록의 잠재성에 관심을 두고 있다. 이러한 연구들 중 대부분은 블록이란 것이 자유무역에 그리 큰 문제가 되지 않는다고 주장한다. 특히 블록이 상당량의 무역 전환을 가져오지 않을 경우 그러하다는 것이다(Lawrence, 1991). 또 보다 정치적 시각에서 이들은, 국제무역 레짐이라는 공공재를 공급하기 위해 필요한 희생을 감수할 단일한 전 세계적 패권국이 없는 상황에서 블록이야말로 자유주의의 보다 가능성 있는 대안이 될 수 있다고 주장한다(Gilpin, 1987).

무역자유화의 혜택이라는 일반적인 합의에 대한 또다른 도전은 환경보호주의자들로부터 나온다. 지금까지 제기되어 왔던 '지속가능한 개발'이라는 주장에 더하여, 최근 무역장벽이 허물어지면서 국제무역 레짐에 의해 국내 환경규제가 도전받게 되리라는 우려가 커지고 있다.[8] 국가 간 상이한 환경규제의 문제는 특히 북미자유무역협정(NAFTA) 과정에서 큰 논쟁이 되었다. 멕시코의 느슨한 환경기준 때문에 공해기업들이 국경 남쪽으로 이전해 가거나 혹은 미국 자체의 환경규제가 최소한의 접근으로 변질될 수 있다고 환경론자들이 주장하였던 것이다.

수요 측면에 대해 간략히 살펴보면, 기업과 노동이 점차 '초국화(transnationalized)' 되는 시나리오를 상정할 수 있다. 그러나 기업은 국제적으로 보다 경쟁적이 되지만 노동은 그렇지 못하고, 따라서 무역정책을 둘러싸고 국내적 갈등이 야기되는 경우가 보다 흔하다.

요컨대 지금까지 비교적 시장을 폐쇄하고 있었던 중남미와 동구 및 아시아 일부 국가들에서 수출 증진과 무역자유화가 전반적으로 추종세력을 확대해가고 있기는 하지만, 개방 무역질서의 혜택에 대한 인지적 합의는 체계 수준에서 보나, 혹은 개별 국가들과 국가내 집단들의 수준에서 보나

---

6) 신무역론의 두 학파에 대해서는 Ravenhill, 1992b의 논의 참조.
7) '신무역론'의 의미에 대한 새로운 논의로 Richardson, 1992 참조.
8) 최근 GATT가 돌고래를 위태롭게 하는 어로방식으로 잡은 멕시코산 참치를 미국이 규제할 수 없다고 판결함에 따라 이러한 우려가 크게 대두된 바 있다.

점차 도전에 직면하고 있다.

이제 두 번째 요소, 즉 레짐의 수요와 공급에 영향을 미치는 요소를 살펴보자. 수요의 측면에 대해 나는 명확치 않은 패권하 안정론적 시각보다는 상호연결된 '포괄체계(nested systems)'를 고려하는 것이 훨씬 유익하다고 생각한다. 이 포괄체계는 포괄적인 안보체계와 경제체계 및 무역체계로 이루어져 있다. 우선 안보체계에 있어서, 소련이 붕괴함에 따라 많은 사람들이 단극체계(unipolar system)로 옮겨가고 있다고 주장하고 있다. 반면 만일 체계구조의 개념적 특성으로 우리가 보복적 핵능력의 보유에 초점을 둔다면, 최소한 러시아 및 기타 핵보유국들 역시 다른 극들을 형성하고 있다고 볼 필요가 있다.[9] 보다 장기적 관점으로 볼 때는 안보체계에 있어 다른 강대국들, 예컨대 통합된 유럽 공동체라든가, 혹은 독일이나 재무장한 일본 같은 강국들이 출현할 것으로 예측할 수 있다.

포괄적인 경제체계의 수준에 있어서는 대부분의 시나리오들이 EC와 일본 및 미국을 세 축으로 간주한다. 다른 잠재적 경제대국들도 논의되는 경우가 있으나 대다수 분석가들은 이 셋에 초점을 두는 경향이 있다. 전체 무역구조에 대해서도 이와 유사한 구도가 이루어질 것으로 판단되고 있다. 다만 지속적인 무역수지 적자 때문에 미국이 보다 약화된 것으로 간주될 뿐이다.

포괄체계의 시각에서 볼 때, 이 시나리오들은 전체적으로 무역체계의 미래에 대해 비관적이다. 패권하 안정론의 시각을 따르면, 소련의 붕괴로 인해 동맹국들에 대한 위협이 감소한 것과 더불어 전체 경제체계와 무역체계에서 미국이 상대적으로 쇠퇴함에 따라 미국의 입장에서 다자 무역체계를 유지하기 위해 자신의 이익을 희생하려는 동기는 상당히 줄어들 것이다.

수요의 측면에서 레짐의 형성에 대한 거래비용론은, 패권의 쇠퇴에도 불구하고 레짐이 지속될 가능성을 제시하고 있다. 이러한 시나리오로써, 기술이 고도로 발전하고 세계경제에서 국가 및 비국가 행위자들이 증대됨에

---

9) 이 점에 있어서, 지금까지 분석가들은 체계 구조를 계측하는 데 필요한 정보에 관해 항상 불명확하다. 예컨대 왈츠의 경우, 능력(capabilities)을 측정하기 위해 고려되어야 할 수많은 요소들을 지적하고는 있지만, 바로 이 능력의 '척도'를 구성하고 있는 다양한 요소들을 어떻게 측정할 것인가에 대해서는 아무런 기준이나 시각도 제공하지 않고 있다(Waltz, 1979: 131).

따라 국제 레짐을 유지하려는 힘이 강해졌다고 주장할 수 있다. 혹은 이와
반대로 이같은 복잡성의 결과, 비용의 통제가 용이한 지역적 형태의 조직
화로 복귀될 것이라고 주장할 수도 있다.

　수요 측면의 다른 요소들에 대해 포괄체계론적 논의는 두 가지 시나리
오를 제시한다. 첫째, 포괄적인 경제기구들의 존재와 상호연결된 국제조직
들간의 두터운 연결망에 의해 행위자들이 이러한 제도적 연결 자체를 붕괴
시키려 들지 않을 수 있다. 이 시각에서 보면, 기존 무역 레짐이 보존될 가
능성이 많다. 국가들 간의 보다 광범위한 협조제도에 연결되어 있기 때문
이다. 두 번째 시나리오는 이와 상반되는 것으로, 보다 포괄적인 수준의 다
른 경제제도들(예컨대 OECD)의 문제점이 증대됨에 따라 무역상의 국제제
도를 지지하려는 동기가 줄어들 수도 있다.

　수요 측면의 마지막으로 레짐을 이용하여 각 국가가 다른 국가 및 국내
압력집단들의 행태를 통제하는 이점을 고려하자. 여기서도 우리는 상반된
두 시나리오를 작성할 수 있다. 미국의 상대적 쇠퇴에 초점을 둔다면, 미국
이 상대국들로 하여금 규칙에 충실하도록 만듦으로써 자신의 경제적 능력
을 대체하려 할 것으로 볼 수 있다. 달리 표현한다면, 더욱 쇠퇴하기 이전
에 현재의 질서를 제도화하는 것이 낫다는 것이다. 국내 행위자들에 대해
서는, 세계경제의 상호의존이 증대됨에 따라, 그리고 특정 집단들로부터의
보호주의 압력이 증대됨에 따라, 자유주의 경향의 국가들이 이 압력을 통
제하기 위해 국제 협정을 추구하는 전략을 추진할 수 있다. 반대로, 보다
개입주의적이거나 보호주의 성향의 국가들(혹은 극히 취약한 국가들)은 국
제협정에 의해 구속되는 것을 싫어하므로 국제협정을 국내 압력집단들의
요구에 따르도록 내버려 둘 수도 있다.

　국내정치에 직접 초점을 맞춰 보자. 우리는 이미 압력집단들이 어떻게
메타 레짐의 형성과 레짐의 선택에 영향을 미치는지 살펴보았다. 보다 많
은 국가들이 민주화되리라고 가정할 때, 이익집단들이 이 새로운 자유를
이용하여 무역규제적 정책을 위해 보다 많은 압력을 행사할 수 있을 것이
라고 볼 수 있다. 이처럼 보다 민주화된 사회에서는 무역제한의 축소를 위
해 소비자들 역시 행동할 수 있으나, 집합행동론(collective action)의 논리
에 의하면 관련된 특정 산업부문들에 비해 이들은 그럴 동기와 능력이 훨

씬 떨어진다.

마지막으로 무역거래에 직접 영향을 주는 변수들을 고려해 보자. 일반적으로 대부분의 모델들은 예측의 목적을 위해 기호와 기술 및 조직을 불변하는 것으로 가정한다. 그러나 최근 몇몇 분석가들은 자유무역체계의 확대에 있어 소비자 기호의 국제화가 중요하다는 점을 지적하고 있다. 조직상의 변화에 대해서는 다양한 기업 조직형태에 관한 많은 문헌들이 여러 가지 시나리오를 제공해 주고 있다. 이 가운데는 세계적인 다국적 기업들, 지역에 기반을 둔 기업들, 한 국가에 기반을 두고 있으나 원료공급이 국제화된 기업들, 그리고 세계화되었으나 행태는 '국지적'인 기업들 등이 포함된다. 마지막으로 기술의 변화는 우리가 현재 목격하고 있는 무역 양태변화의 추진력 역할을 해왔다.

2) 무역질서의 미래에 대한 구체적 예측들

지금까지 논의해 온 것과 같이 우리의 분석틀을 이루고 있는 상이한 구성요소들에 따라 수많은 시나리오를 만들어 볼 수 있다. 이제 무역질서의 미래에 대한 몇 가지 구체적 연구들이 어떠한 예측을 하고 있는지 살펴보자. 내 자신의 시나리오를 제시하기 전에 이러한 연구들이 지닌 이점과 문제점들을 확인하기 위해 세 가지 대표적 연구들을 먼저 살펴본다.

우선 월츠(Waltz, 1979)와 머샤이머(Mearsheimer, 1991)의 저술에서 제시되는 보다 일반론적인 시각과 최근 그리코(Grieco, 1990)의 저작에서 발견되는 무역에 관한 신현실주의 시각부터 시작해 보자. 그리코는 기본적으로 인지적 요소를 무시하고 국제체계의 구조에 초점을 두고 있다. 그의 기본 논지는 무역상의 어떠한 협력도 상대적 이득의 문제에 거의 완전히 따르게 되리라는 것이다. 머샤이머 역시 국제갈등을 통제하는 데 있어 제도의 역할에 대해 회의적이며, 월츠와 같은 선상에서 국가 간의 세력균형에 초점을 두어 유럽의 미래를 검토하고 있다. 머샤이머의 중심적 주제는 안보체계이며, 안보체계가 다극화되고 불안정해질 것이라고 제시한다. 또 무정부적 체계의 구성국으로서 독일과 일본이 핵무기를 개발하게 되리라고 예측한다. 전체 경제체계에 대해서는 별로 언급을 하고 있지 않지만, 이러한 논리를 따르는 분석가들은 경제체계가 형성되는 데 포괄적인 체계가 부과하는 제약들을 지적하는 것으로 충분하다고 생각한다. 따라서 무역에 대한 이들의 예측은, 한 강대국이 유리하게 얻을 수 있는 상대적 이득을 다른 무역 상대국들이 두려워한다는 식의 논리에 따라 이루어진다. 결국 이같은 논지에 일치하는 예측은, 무역체계가 지역적 블록들로 이루어지고 악성 중상주의적 행태의 가능성이 상당히 높다는 것으로 귀결된다.

이러한 측면에서 웨버와 자이스만 역시 비록 상이한 전제에서 출발하였으나 동일한 결론, 즉 '관리적 다자체계(managed multilateral system)'를 조성하는 미국의 능력이 감소될 가능성이 많다는 결론에 이르고 있다(Weber & Zysman, 1992). 이들도 세 블록의 가능성을 제시하고 있는데, 이들 주장에서의 동인은 다음 두 요소를 지니고 있다: ① 무기 체계가 점차 첨단기술에 의존하게 됨에 따라 새로운 기술의 출현이 군사적 세력균형에 영향을 미치게 된다. ② 전략적 무역정책(strategic trade policy)과 기술의 전이효과의 중요성이 결합되어 국가들로 하여금 공격적 무역정책(aggressive trade policy)을 추구하도록 하는 강력한 유인으로 작용한다. 이러한 접근은 기본적으로 나의 분석틀의 네 구성요소 중 두 가지, 즉 메타 레짐을 변화시키는 요인과 직접적으로 거래에 영향을 미치는 요인에 기초하고 있다. 나아가 이 접근은 경제적 거래와 국제안보체계상 변화 간의 환류(feedback)라는 중요한 측면 역시 논의하고 있다. 이같은 시각은 국제체계를 비교적 정적인 것으로 파악하고 국제경제체계의 구조를 무시하는 머샤이머/그리코류의 연구들과 대비가 된다. 동시에 웨버와 자이스만은 제도에는 별 주의를 기울이지 않으며, 기업들이 초국적으로 조직되고 따라서 국가적 혹은 지역적 기반을 둔 산업에 따라 블록화될 가능성 자체를 부인하고 있다. 더욱이 부분 제도의 중요성을 논의하고는 있으나, 이들의 분석에서 이러한 조직들 자체는 국제경제의 진행궤도를 형성하는 데 큰 가치를 지니는 것이 아니다.

신자유주의적 제도주의 시각은 제도로서의 GATT가 지속적으로 행위자들에 대해 중요한 기능을 수행할 것으로 본다. 심지어 이 학파 중 일부는 독일이 핵전략을 수립함에 있어서 자신이 국제체계에서 직면하는 제도적 제약에 부분적으로 기반을 둘 것이라고까지 주장한다(Hoffman, 1991:

192). 나아가 이 접근은 제도가 국가 행위자들에 제공하는 중요한 기능 때문에 제도를 계속 보존해야 한다고 주장한다. 이런 시각은 다자적 무역질서의 유지에 대해 보다 낙관적이나, 반면 지역적 블록화와도 일치된다고 하겠다.

인지적 접근은 무역에 있어서 상이한 형태의 제도적 장치들의 출현과 일치될 수 있다. 그러나 이 모델이 새로운 정치적 요구와 인지적 합의에 기초하고 있음에도 불구하고 어떠한 합의가 이루어질 것인가에 대한 이론을 결여하고 있기 때문에 이 접근은 무역상의 구체적인 결과를 예측함에 있어서 불명확하다.

요컨대 여러 학자들이 무역의 미래상을 검토하여 왔다(혹은 적어도 우리는 그들의 이론적 초점에 비추어 그들이 어떻게 했을까 추측할 수 있다). 지금까지 논의한 대로, 통치구조와 거래에 있어서의 가능한 변화를 예측하기 위해서는 다양한 수준의 구성요소들을 고려하고 이들의 비중을 측정하는 보다 통합적인 접근이 요구된다. 지면의 제약 때문에, 그리고 아직 나의 통합적 접근의 성과가 초기 수준에 있기 때문에, 이론적·경험적으로 면밀한 바탕을 둔 내 자신의 시나리오를 제시하기는 어렵다. 이보다 다음 논의는 일종의 제언적인 것이며, 무역질서에 대한 적절한 시나리오를 만들기 위한 방향을 제시하는 것쯤으로 간주하여야 할 것이다.

이러한 점을 염두에 두고, 이제부터 지금까지 논의해 온 분석틀의 요인들에 기반을 두고 내 시각에서 무역질서의 미래에 대한 가장 가능한 시나리오를 간략히 제시하겠다. 인지적 요인에 있어서, 비록 공산주의적 발전전략이 실패했다는 인지적 합의는 모든 선진국들과 개발도상국들에서 뿌리내리기는 했으나 무제한적 무역의 혜택에 대해서도 이와 똑같이 말할 수는 없다. 따라서 GATT의 기본원리 및 규범, 그리고 규제없는 무역과 산업정책들에 대한 학계의 상반된 주장들, 또 환경에 대한 고려가 포함되도록 무역 이슈의 영역을 확대하려는 압력들 간에 점차 갈등이 증가될 것으로 보인다. 이같이 GATT 규범에 대한 합의가 쇠퇴한 결과, 이에 대신한 무역체제의 출현이 용이해질 것이다. 그러나 나는 비록 취약해진 상태로나마 GATT가 지속될 것으로 기대한다.

인지적 합의가 깨어진 데다가 미국의 패권이 사라진 점을 합하면, 그 결과는 유럽과 아시아 및 북미 지역에서 일련의 블록 형태의 장치들이 출현하게 되는 것이다(그러나 이들 각자는 GATT 원칙에 위배되지 않는다고 주장한다). 거래 비용론적 시각에서 말하는 제도의 혜택으로 인하여, 또 미국과 일본이 서로 상대방을 제도적 장치에 매어두려고 할 것이므로 GATT를 강화시키기 위한 노력이 계속될 것으로 예측된다. 그러나 현실적으로 볼 때, 포괄체계가 변화(특히 전략적 위협이 사라졌다는 점)되는 상황에서 무역 블록의 형성이 별도로 진행될 것으로 보인다. 그렇다면 레짐의 강도라는 측면에서 결국 취약한 GATT와 취약한 블록이 공존할 것으로 예견된다. 나아가 이러한 블록들 간에 시장점유율 조정을 위한 협상이 계속될 것으로도 보인다. 반면 다른 전문가들과는 달리 나는 EC가 극히 보호주의화된다거나, 혹은 미국이나 일본이 자신의 휘하에 강력한 블록을 구축하게 되리라고 보지는 않는다. 이와 더불어 내 견해로는 환경의 이슈가 GATT 레짐에 포함될 것 같지는 않으며, 대신에 지역적 수준에서의 제도적 장치를 통해 다루어질 것으로 보인다.

우리 분석틀의 마지막 두 구성요소들, 즉 국내정치와 경제적 요인들에 대해, 내 예측으로는 민주화의 증폭이 추세가 될 것이며 이는 경쟁력이 떨어지는 기업들과 일자리를 잃은 노동자들에게 보호주의 압력이 증대되는 현상을 초래할 것이다. 특히 이익집단들이 자신들의 즉각적 이익을 위해 인지적 불일치를 이루려고 활동하도록 만드는 것이 바로 이 요인이다. 무역질서의 미래에 대한 나의 유보적인 낙관론의 근거는 기술과 조직의 변화 및 기호의 국제화가 지속적으로 진행되고 있다는 점이다. 블록화에 대한 저항 압력은 지역을 넘어선 기업들의 지속적인 국제화와 기술 혁신의 신속한 확산으로부터 나온다고 생각되며, 긴밀한 블록을 구축하려는 노력이 소비자와 기업들에 의해 강력히 저지되리라는 것은 의심스럽다.[10] 기업의 국제화에 관해서는, 나는 미국이 일본으로 하여금 외국투자에 대해 보다 개방적이 되도록 만드는 데 성공할 것으로 보지는 않으며, 따라서 웨버와 자이스만이 유력한 시나리오로 지적한 악성 블록화 시나리오의 실현을 가로

---

10) 이익집단의 보호주의 압력을 소비자들이 부분적으로 상쇄하는 데 민주화가 도움이 되기는 하겠으나, 앞에서 지적한 바와 같이 집합행동의 문제 때문에 소비자들은 피해를 당한 생산자 집단들보다 강력할 수 없다.

막을 것으로 생각한다.

4. 결론

지난 수년간 일어난 국제체계상의 중대한 변화에 비추어 분석가들은 안보 및 경제영역에 있어 미래에 어떤 것이 출현할 것인가 하는 문제를 해결하려 노력하고 있다. 그러나 미래에 대한 이러한 노력들의 대다수는 비이론적이며, 광범위한 요인들에 기반하지 못하고 있다.

이 글은 최소한 무역의 영역에 있어서 미래의 국제질서를 고려하기 위해서는 보다 일관된 종합적 접근으로부터 시작하는 것이 유용하다는 점을 제시한다. 제2절에서 주장하였듯이, 통치구조와 국제거래의 전개에 대해 내가 제시한 분석틀에 입각하여 여러 가지 시나리오가 개발될 수 있다. 나아가 제3절에서 제시하였듯이 이같은 시나리오들은 인지구조와 체계론적 시각, 국내정치 및 경제적 요인들을 체계적으로 다루고 있는 여러 가지 이론적 요소들에 연결될 수 있다.

제3절은 상이한 분석시각을 지닌 여러 학자들이 무역질서의 미래를 어떻게 검토해 왔는지, 혹은 어떻게 예측할 것인지를 살펴보았다. 또한 제3절의 마지막 부분에서는 어떻게 다양한 수준에 있는 변수들의 보다 체계적인 통합에 기반하여 시나리오를 세울 수 있는지를 보여주는 초보적 작업이 제시되었다. 기초적 예측으로 나는 약화된 제도적 체계와 이 체계 안에 약하고 비교적 개방된 블록들이 공존할 것으로 제시하였다.

지금까지 논의한 바와 같이 무역질서의 미래에 대한 기존 연구들은 내가 지적한 변수들간의 역동적인 상호관계를 신중히 고려하지 못했고, 따라서 그 예측의 효용을 떨어뜨리고 있다. 나의 분석틀이 무역질서의 미래에 대해 그 결과에 영향을 주는 핵심적 변수들을 지적함으로써 보다 면밀한 예측을 개발하는 데 기반을 제공할 수 있기를 기대한다. 최소한 장래의 예언가들에 대해 '조립식 시나리오 세트(Do It Yourself Kit)'와 같은 것을 제공할 수는 있을 것이다.

□ 참고문헌

Aggarwal, Vinod K. 1983, "The Unravelling of the Multi-Fiber Arrange-
    ment, 1981: An Examination of Regime Change," *International Organi-
    zation,* 37(4).

_____. 1985, *Liberal Protectionism: The International Politics of Organized Textile
    Trade,* Berkeley: University of California Press.

Aggarwal, Vinod K., R. O. Keohane and D. B. Yoffie. 1987, "The Dynamics
    of Negotiated Protectionism," *American Political Science Review,*

Finlayson, J. A. and M. Zacher. 1983, "The GATT and the Regulation of
    Trade Barriers: Regime Dynamics and Functions," in Krasner(ed.).

Frankel, J. A. 1991, "Is a Yen Bloc Forming in Pacific Asia," in R.
    O'Brien(ed.) *Finance and the International Economy,* vol.5, Oxford:
    Oxford University Press.

Gilpin, R. 1987, *The Political Economy of International Relations,* Princeton:
    Princeton University Press.

Grieco, J. M. 1990, *Cooperation among Nations: Europe, America, and Non-Tariff
    Barriers to Trade,* Ithca: Cornell University Press.

Haas, E. B. 1980, "Why Collaborate? Issue-linkage and International
    Regimes," *World Politics,* 32(3).

Haggard, S. and B. A. Simmons. 1987, "Theories of International Regimes,"
    International Organization, 41(3).

Hoffman, S. 1991, "Back to the Future, Part II: International Relations
    Theory and Post-Cold War Europe," *International Security,* 15(2).

Keohane, R. O. 1984, *After Hegemony: Cooperation and Discord in the World
    Political Economy,* Princeton: Princeton University Press.

_____. 1989, "Neoliberal Institutionalism: A Perspective on World Politics,"
    *International Institutions and State Power: Essays in International Relations
    Theory,* Boulder: Westview.

Keohane, R. O. and J. S. Nye. 1977, *Power and Interdependence: World Politics
    in Transition,* Boston: Little, Brown.

_____. 1989, *Power and Interdependence,* 2nd ed., Glenview: Scott, Foresman
    and Co.

Krasner, S. D.(ed.). 1983, *International Regimes,* Ithca: Cornell University

Press.

Lawrence, R. Z. 1991, "Emerging Regional Arrangements: Building Blocks or Stumbling Blocks?" in R. O'Brien(ed.), *Finance and the International Economy*, vol.5, Oxford: Oxford University Press.

Mearsheimer, J. 1991, "Back to the Future: Instability in Europe after the Cold War," *International Security*, 15(1).

Ravenhill, J. 1992, "The 'Japan Problem' in Pacific Relations," in R. A. Higgott, R. Leaver and J. Ravenhill(eds.), *Pacific Economic Relations in the 1990's: Cooperation or Conflict*, Sydney: Allen and Unwin.

Richardson, J. D. 1992, "'New' Trade Theory and Policy a Decade Old: assessment in a Pacific Context," in Higgott et al.(eds.).

Ruggie, J. G. 1983, "International Regimes, Transactions and Change: Embedded Liberalism in the Postwar Economic order," in Krasner(ed.).

_____. 1992, "Unraveling Trade: Institutional Change and the Pacific Economy," in Higgott et al.(eds.).

Sandholtz, W. et al.(eds.). 1992, *The Highest Stakes: The Economic Foundations of the New Security*, Oxford: Oxford University Press.

Snidal, D. 1985, "The Limits of Hegemonic Stability Theory," *International Organization,* 39(3).

Waltz, K. 1979, *Theory of World Politics*, Reading: Addison-Wesley.

Weber, S. and J. Zysman. 1992, "The Risk that Mercantilism Will Define the New Security System," in Sandholtz et al.(eds.).

Winham, G. R. 1992, "The GATT After the Uruguay Round," in Higgott et al.(eds.).

III
글로벌리즘

세계적 규모의 축적: 저발전이론의 비판*

사미르 아민

1. 주류 경제이론의 개념적 도구

사회과학만이 있을 수 있는 유일한 과학(science)이다. 왜냐하면 사회적
현실은 하나이기 때문이다. 사회적 현실을 어느 정도까지는 특정한 시각
(예를 들어 전통적인 대학 교과의 어느 한 분야인 경제학·사회학·정치학
등)으로 해석할 수 있다 하더라도, 사회적 현실은 결코 '경제적'이거나 '정
치적' 또는 '이데올로기적'인 것으로 곧바로 설명되지는 않는다. 그러나 만

---

* Samir Amin, *Accumulation on a World Scale: A Critique of the Theory of Under-
development,* New York: Monthly Review Press, 1974, "Introduction"(박건영 옮
김).

▶ 아민은 종속학파와 동일시되는 것에 거부감을 갖는, 그러나 큰 범위에서 이 그
룹의 선구자 중의 하나로 꼽힌다고 할 수 있다. 그는 선진국과 후진국 간의 불평
등 교환이 가치 이전의 주요 메커니즘이라는 점, 선진국과 후진국 간의 관계로
부터 후진사회의 구조적 특질을 분석한다는 점에서 이들과 유사점을 갖지만, 사
회(구성체) 분석에 있어서 생산과정과 계급갈등 등 국내 정치·사회적 문제의 중
요성을 강조한다는 점에서 월러스타인 등 소위 유통론자들과 차이를 두고 있다.
특히 계급투쟁에 직면한 중심부가 그 모순을 주변부로 전가한다는 그의 주장은
계급투쟁의 문제를 세계적 규모로 보는 그의 관점상 특징이라 할 수 있다. 여기
에 번역된 『세계적 규모의 축적』은 발전경제학의 명저인 바란(Paul Baran)의
The Political Economy of Growth, 뮈르달(Gunnar Myrdal)의 *Economic Theory and
Under-developed Regions* 등과 어깨를 나란히 할 수 있는 역작으로 평가받고 있다.
또한 정치경제학자들의 필독서 중 하나로 꼽히는 『불평등 발전(*Unequal Devel-
opment*)』(1973) 등의 저작은 특정 지역의 경제발전을 역사적으로 구명한 것으로
『세계적 규모의 축적』에 그 이론적 기초를 둔 것이다.

약 특정 시각이 자신의 한계를 인정하고 보편적 사회과학의 기반을 마련한다면, 이 시각은 과학적인 것이라 할 수 있다.

1870년대부터 승승장구하던 한계효용이론은 '순수한' - 보다 정확하게 표현하면 다른 모든 사회과학으로부터 '독립적인' - 경제학의 완성을 자신의 임무로 삼아왔다. '순수' 경제학은 필연적으로 탈역사적일 수밖에 없다. 왜냐하면 이 경제학이 발견하고자 하는 법칙들은 어떠한 경제·사회체제에서도 타당해야 하기 때문이다. 신고전주의 경제학은, 맑스주의의 보편적 시각을 포기하고 그리고 맑스주의가 역사를 설명하기 위해 다양한 사회과학 영역 간에 놓은 다리들을 파괴하면서, '영원한 인간(eternal man)'이라는 불완전한 심리학에 기반한 몇몇 공리로부터 추론된 대수학(algebra)이 되고 말았다.

이 '순수' 경제이론의 개념적 도구들은 추상적 수준에 머물러 있기 때문에, 구체적 사회의 메커니즘들, 심지어는 경제적 메커니즘을 분석하는 데도 별로 도움이 되지 않는다. 이 이론의 기본 개념들(특히 주관적 가치)은 무인도에 사는 로빈슨 크루소의 행동에 관한 일련의 공리에서 고안되었다. (홀로 고립된) 인간은 자연과 맞서 있으며, 경제학은 인간과 사물(필요와 희소성) 간의 관계에 관한 '과학'이 된다. 이러한 크루소는 결코 사회적 인간이 아니다. 결국 한계효용이론은 사람들이 부를 생산하고 분배할 때 나타나는 인간 관계인 사회적 경제 메커니즘이라는 실재를 시작부터 배제할 수밖에 없게 된다. 한계효용이론은 이러한 기반에서 저축·투자·(하나의 사물로서의) 자본 등의 개념을 형이상학적이고, 절대적이며, 비역사적인 것으로 정의한다. 이런 개념들은 생산양식과는 무관하게 존재하게 된다.[1]

이 개념들은 추상의 세계에서 구체의 세계로 내려오게 되면, 현상들을 즉자적인 외형 수준에서 상호연관시키는 속류적인 경험주의적 방법론에 의해 수정이 가해진다. 예를 들어, 저축은 소득에 의존하고, 투자는 기업가의 기대치(그들의 성격이 얼마나 낙관적이냐에 따라!)에 의존한다. 게다가 크루소의 공리는 경제행위의 절대적 합리성의 대수학이기 때문에, 그리고

---

1) 현행 주류 이론은 생산양식 개념에 대해 무지하다. 피그미(the Pygmy) 경제를 말할 때도 미국 경제를 연구할 때와 똑같은 개념을 사용한다. 현행 이론은 생산 과정을 검토하지 못하고 유통 과정만을 검토하고 있는 것이다.

이런 행위가 크루소로부터 모든 '경제적 대리자(economic agents)'에게로 확장되기 때문에, 말할 것도 없이 이 체계는 순수하게 합리적인 것으로 이해된다.[2] 모든 것은 최적의 세계에서 최적의 상태를 유지한다. 하나의 현상은 단지 존재한다는 이유만으로 합리적인 것으로 치부된다. 한계효용이론의 이론적 골격은 터무니없는 동어반복으로 구성되어 있다. 따라서 이것은 과학성이 결여된, 보편적 조화를 강조하는 이데올로기에 지나지 않는다. 여기서 '경제과학'의 '편린들'은 이러한 동어반복에서 파생된 질문체계에 기반한다고 할 수 있다. 화폐수량설, 국제무역의 비교우위론, 경기변동론, 그리고 국제수지 균형이론 등도 마찬가지이다. 낙후된 경제의 경우, 이 모든 이론들의 내적 취약성은 훨씬 더 극명한 방식으로 나타난다. 왜냐하면 이 이론들은 명백한 사실조차 제대로 설명하지 못하는 오류임이 쉽게 판명되기 때문이다. 저발전에 관한 연구는 우리에게 한계효용이론 개념들의 무력성을 깨닫게 하는 계기를 제공해 주며 그 오류의 원천을 파헤치는 데 도움을 준다. 이런 분석을 하기 위해서는 구조를 반드시 재고려해야 하기 때문이다.

또 한계효용이론은 그 접근 방식 때문에 구조라는 개념을 결여한다. 최근 강단 경제학은 (기술, 인구, 기업, 제도 등의) 구조들에 대해서 다양하게 설명하고 있지만, 이것들은 상호 연관성이 없고, 보편성을 보유하는 '이론'과 관련이 없는 그저 경험적 사실들일 뿐이다.[3] 이 이론은 체계의 역동성 (구조의 변형)의 문제를 꺼내는 것조차 금지하고, 이를 사학자들이 다루어야 할 문제로 규정하여 자신의 연구분야에서 배제시킨다. 결국 이 이론은 저발전이 어떻게 역사적으로 시작되었는가라는 본질적인 문제를 제기할 수 없다.

훨씬 더 심각한 문제가 있다. 보편적 조화의 이데올로기가 되어야 한다는 강박관념 때문에, '경제과학'은 '일반균형이론'이라는 옷을 걸칠 수밖에 없다. 이 이론은 진보와 변화를 체제의 외부에서 발생한다고 보는 점에서

---

2) 이 점 때문에 '사회적 최적 수익에 관한 정리(theorem of optimum social return)'의 증명은 순전히 동어반복이 된다.
3) 그 결과로 체제와 구조에 대한 묘사는 필연적으로 절충적인 방식을 따르게 된다.

필연적으로 정태적이다. 따라서 내적인 역동성, 즉 자본주의 체제의 핵심인 자본축적의 중요성은 사라져 버린다. 한계효용론이 그 개념적 도식에서 이윤을 퇴장시키는 묘수를 부리는 것도 바로 이러한 이유 때문이다.

이윤은 이미 '요소 소득'도 아니다. 이윤은 증발한다. 왜냐하면 이윤은 "실제 소득과 이론적인 소득, 즉 경제체제 전체에서의 일반 균형점 사이의 차이"에 지나지 않기 때문이다. 따라서 모든 소득—임금, 지대, 이자—은 '약간의 이윤'만을 담고 있을 뿐이다. 이 이론 전체는 '정태적 자본주의'라는 가정에 기초해 있다. 이 이론은, 처음부터 본질적인 현상을 배제했기 때문에, 사실상 비현실적일 뿐만 아니라 잘못된 결론으로 우리를 오도하게 된다.

이윤 개념을 경제이론 속에 재통합하는 것은 '요소 생산성'이라는 한계효용론적 사고 방식을 버리는 것을 뜻한다. 왜냐하면 이러한 재통합은 '저축' '투자' '자본' '이윤' 등의 개념에 역사성을 부여하는 것을 의미하기 때문이다. 곧 자본주의 생산양식에서 이러한 개념들 사이의 심층적인 관계가 이해되어야 하기 때문이다. 또한 자본주의 생산양식의 개념들과 다른 생산양식에 속하는 개념들을 혼동해서는 안된다. 예를 들어, 전자본주의 사회에서의 저축(혹은 '축재')은 자본주의적 생산양식에서의 저축(혹은 '축재')과 그 의미가 다르다.[4] 자본주의 생산양식하에서 이런 개념들이 서로 깊이 연관되어 있다면, 수요와 공급에 의해 균형이 결정되는 것—수요곡선과 공급곡선이 서로 독립적이지 않다면 이는 무의미하다—은 더이상 가능하지 않다. 우리는 외형을 뛰어 넘어야 한다. 그리고 이윤(profit)을 발생시키는 잉여(surplus)의 원천과 발생을 분석해야 한다.

우리가 필요로 하는 것은 가치이론이다. 이 이론은 본질적으로 객관적이고 사회적이며, 주관적인 동어반복이 아니다. 경제학적 타락의 마지막 단계는 사람들이 '가치론'의 절대적 필요성을 이해하지 못할 때에 나타날 것이다.[5] 이렇게 되면 이론은 외형에 대한 '경험적 관찰'—가격은 수요, 공

---

4) 이 점에 관한 한, 경제사가들과 경제인류학자들이 한계효용론적 경제학자들보다 훨씬 낫다.
5) 이리하여 사무엘슨(P. A. Samuelson)의 *Economics*나 바레(Barre)의 *Manuel de théorie éconmique*에서는, 가치론의 해설을 '형이상학적인 것'으로 규정하여 포함하지 않고 있다. 물론 이것은 영미학파의 상투적인 경험적 절충주의에 의한 것

급, 소득, 시간 등에 의존한다. 혹은 모든 것은 모든 것에 의존한다—로 대체될 것이다. 그리하여 이론은 다음과 같은 천박하고 무력한 간단한 한 마디로 요약될 수 있다. "모든 것은 그 밖의 모든 것 안에 존재한다(Everything exists in everything else)."

2. 현재의 저발전이론

한계효용론적 경제이론이 사회과학의 한 특수 분과로서 가치가 없다면, 한계효용론의 틀 안에서 저발전이론을 확립하고자 하는 시도들도 가치가 없다는 것은 자명하다.

한계효용론은 우선 '저발전'의 개념을 일반적 의미의 가난과 동일시한다. 이런 정의에서 의미있는 결론을 도출한다는 것은 불가능하다. 빈곤에 대한 묘사—세부지표는 보건, 문맹, 영양, 사망률 등이고 종합지표는 1인당 평균 소득이다—에는 길고도 이를 데 없이 상투적인 서술이 뒤따르기 마련이다. 이것은 분석 내용의 공허함을 진부한 말로써 은폐하려는 시도에서 비롯되었다. 보다 심각한 문제는 이런 정의가 곧바로 본질적인 오류를 초래한다는 점이다. 곧 저발전국은 마치 발전의 초기 단계에 있는 선진국과 같은 것으로 간주된다. 이러한 정의는 본질적인 사실들을 은폐한다. 예를 들어 저발전국들은 세계체제의 일부를 형성하고 있다는 것과, 세계체제로의 통합은 이 국가들의 특수한 구조—이 구조는 그들이 근대세계에 통합되기 이전에 갖고 있었던 지배적 구조와는 아무런 관계도 없다—를 만들어 냈다는 것 등이 그것이다.

그런데 이러한 유형의 저발전과 발전의 이론을 로스토우(W. W. Rostow)가 체계적이고 명확하며 간결하게 정식화한 것은 다행스러운 일이다. 모두가 아는 사실이지만 그는 모든 사회가 통과했거나 또는 앞으로 통과해야 할 보편적인 5단계를 제시하였다. 즉 ① 전통적 사회 단계, ② 발전을 위한 선행 단계, ③ 이륙 단계, ④ 성숙 단계, 그리고 마지막으로 ⑤ 대중 소비 단계가 그것이다. 그는 각 단계들을 정의하면서 경직되고 보편적이며 '경

이다.

제주의적(economistic)'인 용어(예를 들어 '저축 수준'에 의하여)를 사용했다. 이런 체계화는 완벽한 허구임이 입증되고 있다.

> "로스토우가 말하는 첫 번째 전통적 단계의 특징을 가진 국가와 사회는 오늘날의 세계에서는 찾아 볼 수 없다. 이것은 놀라운 일이 아니다. 왜냐하면 로스토우가 설정한 단계는 새로운 저발전국의 역사도, 또 이들과 새로운 선진국들 사이에 존재해 온 과거 수세기 동안의 중요한 관계도 전혀 설명하지 않고 있기 때문이다. … 보편적으로 받아들여지고 있지만 동시에 경험적·이론적으로 오류인 이중구조론 등이 주장하는 것처럼, 선진국과 저발전국 사이의 장기적인 관계가 단지 저발전국의 엥클라브에만 영향을 준 것은 아니다. 이 역사적 관계는 저발전국가·국민의 사회적 삶 전체를 변형시켰다…"6)

이같이 잘못된 이론화는 필연적으로 절충주의로 귀결된다. 저개발국가들이 세계 자본주의 체제 속에 편입된 것을 언급하지 않고도, 어떤 국가가 제1단계에서 '동결'되어 버린 이유를 설명하기 위해서는 반드시 '외인(外因)' 분석(exogenous explanations)에 의존할 수밖에 없다. 신맬더스주의(Neo-Malthusianism)에 의한 인구학적 설명이 현재 가장 흔히 사용되는 설명이다. 이러한 설명은 분석적으로나 현실적으로 허위임이 드러난다. 그 개념이 모호하다. 예를 들어, '자연자원'이라는 것이 이미 개발되고 있는 것을 말하는지 아니면 그 나라의 잠재적인 것을 말하는지 불분명하다. 그 기본 원리들 또한(예를 들어 수확 체감의 법칙) 오류이다. 이 설명은 많은 역사적 사실들을 무시하고 있다. 예를 들면 1870년에서 1910년 사이에 영국과 독일은 현저한 인구증가(40년간 58% 증가)에도 불구하고 발전한 반면, 인도는 같은 기간 중 인구가 겨우 19%밖에 증가하지 않았는데도 저개발 상태로 머물러 있었다. 신맬더스주의는 인구과잉이면서 저발전 상황하에 놓여있는 지역이 있는 반면(농업국에 머물도록 강요된 경우), 인구가 과소한데도 저발전에 시달리고 있는 지역도 많이 있다는 사실을 간과하고 있다. 예를 들면, 가봉은 인구 증가율이 극히 낮음(매년 0.5%)에도 불구하고 인구 증가율이 매우 높은 다른 저발전국가와 마찬가지로 저발전을 면치 못

---

6) 바란과 홉스바움의 비판: "The Stage of Economic Growth."

하고 있다. 이것은 물론 관련 국가의 발전 정책이 인구학적 요인을 고려하지 않아도 된다거나, 또는 인구증가 억제책이 수립될 필요가 없다는 것을 의미하는 것은 아니다. 여기서 말하고자 하는 핵심은 인구변동이 저발전의 원인은 아니라는 것이다.

이와 마찬가지로 '빈곤의 악순환'을 사용한 설명도 진정한 해결을 회피한다. 저발전은 저축이 불충분한 데 기인하고, 불충분한 저축은 저소득(빈곤, 즉 저발전)으로부터 발생한다는 것이다. 그렇다면 현재 발전된 사회가 어떻게 이 '악순환'으로부터 탈출할 수 있었는지 전혀 알 길이 없다. 더구나 '악순환' 명제를 완성시키기 위해서는, '판로 법칙(law of outlets)'이 지니고 있는 본질적인 정당성, 곧 투자는 일정한 조건 아래서 사전에 판로가 없더라도 사후에는 그 자신의 판로를 창출한다는 명제와 모순되는 지극히 취약한 이론에 의존할 수밖에 없다. 더 나아가서 악순환의 이론을 세우기 위해서는 사실과는 정반대되는 가정을 세우는 것이 필요하다. 즉 저발전국가에는 잉여가 전혀 존재하지 않거나, 매우 적은 양에 불과하다는 가정이 바로 그것이다.

바란(Baran)은 저발전국가들의 특징이 잉여의 결핍에 있는 것이 아니라, 잉여 사용방법의 독특함(비생산적·낭비적·국외 유출적 성격)에 있다는 것을 보여주었다. 필자는 이집트의 경우 그것이 어느 정도인가를 계산한 바 있다. 1939년에서 1953년 사이에 잉여는 이집트 국민소득의 3분의 1을 차지하였지만, 전체 잉여의 38%가 유산계급의 사치성 소비로, 34%가 부동산 투자로, 15%가 유동자산(금 및 화폐)과 준유동자산(국채)투자로 소모됐고, 단지 14%만이 생산적 형태의 투자(유보 이윤, 가족회사의 자체 금융, 주식에의 공공출자)로 들어갔다.

우리는 현실적 상황, 즉 저발전국에서의 잉여의 일관성(consistency)과 형태 및 이용을 연구할 때 반드시 현실적인 문제들에 부딪힌다. 잉여의 형태와 그 사용 방법은 주변부 국가들의 경제·사회 구성체의 성격 및 그들이 세계 자본주의 체제에 통합되는 메커니즘에 의존한다. 저발전'이론'이, 종교적 요인을 도입하는 사회학적 절충주의에 자신을 던져버리기 위해 경제적 분석을 포기한다면, 그리고 이 모든 요인들을 포괄적 사회이론으로 통합하지 못한다면, 이는 이 이론의 후퇴를 의미할 뿐이다.

3. 사회과학에서 관리기술로

대학에서 가르치는 경제'과학'이 사회과학이 되지 못하고 무력하게 사멸한 것은 객관적인 가치론을 기피했기 때문이다. 그렇지만 경제과학은 관리 기술을 남겼다. 현상들 간의 '상관관계'를 경험적으로 관찰한다면 행동에 관한 기술들을 다소 효과적으로 산출할 수 있다. 한계효용론적인 학문에서 말하는 '영원한' 개념이 실제로 자본주의적 생산양식의 관찰에서 곧바로 연역될 때만, 그 개념들은 경제적 관리기술을 개발할 수 있다. 그러나이런 기술은 완전하지 않다. 왜냐하면 이 기술은 미시경제 수준(기업관리기술)이나 거시경제 수준(국가경제정책 기술)의 이론적 기반 없이 실증적관찰에만 기초하기 때문이다. 독점형성으로 인한 자본주의 생산양식내의구조변화와 이러한 변화가 초래한 국가의 개입은 관리기술을 필수적인 것으로 만들었다. 이러한 기술영역의 본원적 문제점 때문에-일정한 시점과주어진 체제(이 경우는 자본주의 생산양식을 말하지만 대개는 언급되지 않는다) 속에서, 주어진 제약 요소(특히 자원의 희소성이라는 제약) 아래 있는 특정한 경제규모(이윤 혹은 생산물)의 극대화-이런 '기술들'의 집합 속에서 사회과학의 대안을 찾는 것은 금물이다. 왜냐하면 기술이라는 것은명시적으로든 암묵적으로든 과학에서 도출되는데, 여기에서 함축하고 있는 과학이란 한계효용론의 과학이기 때문이다.[7] 이렇듯 과학이 될 수 없는것에서 과학을 창출하는 것은 오로지 경제학의 이데올로기화, 즉 경제주의-그 기원에 대해서는 다음에 서술할 것이다-를 통해서만 가능하다.

오늘날 대학의 경제학 교육이 불협화음을 내게 된 원인은, 사회과학인가관리기술인가 하는 경제과학의 본질에 대한 혼란과 모호함에 있다. 대학에서 가르치는 경제학이란 한편으로는 로빈슨 크루소의 행동원리에서 연역된 공리들과 실제로는 아무 쓸모없는 추상적 정의의 집합이며, 다른 한편으로는 자신의 이론 체계와는 무관한 일련의 경험적 기술이다.

경제이론과 경제정책 사이에는 아무런 연관성이 없다. 즉 전자는 모든

---

7) 이점에서 최적조건이론(optimum theory)은 무의미하다. 이 이론은 문제 자체를 잘못 설정하고 있다. 진정한 문제는 단순한 경제적 차원보다 훨씬 넓은 영역을 점하기 때문이다.

것을 설명함으로써 결국 아무 것도 설명하지 못하는 하나의 신비화된 '학
문'이며, 후자는 학문이라기보다는 일련의 '처방'이기 때문이다. 수학을 이
용했다고 해서 자동적으로 문제가 해결되는 것은 아니다. 이것은 수학 사
용을 반대한다는 뜻이 아니라 오히려 그 반대이다. 이론 수립 단계, 최소한
외양이 관련되어 있을 때는 수학을 사용해야 한다. 수학은 논지를 전개하
면서, 동일한 개념을 다양하게 해석하는 애매한 추론을 피하는 데 도움을
준다. 그러나 비록 일련의 정리(定理)가 엄밀한 형태로 도출된다 하더라도,
이것이 잘못된 개념에서 출발한다면, 이 잘못된 개념체계는 어디까지나 잘
못된 개념체계 그대로일 뿐이다. 그리고 이 체계를 수식으로 바꾸어 놓더
라도 이 자체가 이 체계에 어떤 과학적 성질을 부여하는 것은 결코 아니다.
따라서 아무리 엄밀하다 해도 경제학은 단지 하나의 신비적이고 쓸데없는
지혜경쟁 유희(jeu de'sprit)에 불과하다.

　일반균형이론은 이런 류의 전형이다. 균형이 형성되면 이윤은 감소한다.
이는 이 이론의 개념 체계가 본질적 사실조차 설명하지 못하며 따라서 비
과학적이라는 것을 알 수 있게 해준다. 수학은 관리기술적 '처방'을 수립하
기 위해서 필요해진다. 사실에 대한 과학적 분석은, 피상적 수준에서조차,
혼재된 사실들에서 본질적 요소만을 가려내기 위해 부차적 요소들을 분리
시킬 수 있는 측정·선택 방법을 요구한다. 수리 통계학 이론만이 이런 방
법론을 가지고 있다. 그렇지만 여기서도 역시 검증되어야 할 가설의 선택
은, 명시적이든 암묵적이든(명시적인 것이 좋다는 것은 두말할 필요가 없
지만) 가설이 기초하고 있는 이론적 분석에서 출발한다. 하버드 경기 지표
의 대실패는, 경험적 관찰이 엄밀하게 수행되었더라도 이론이 없으면 아무
것도 얻을 게 없다는 사실을 보여주는 가장 좋은 증거이다. 예측과 행동을
가능하게 하는 모델(필연적으로 수학적인 형식을 띤다)도 위와 같은 방법
론으로부터 도출되기 때문에 그것과 똑같은 한계를 지닌다.

　또한 위기에 빠진 경제학 교육도 이런 모호성을 다분히 반영하고 있다.
학생들은 다음과 같은 질문을 한다. 관리기술을 수립할 때는 이런 이론이
도움이 되지 않는데, 이 '이론'은 어떤 쓸모가 있는가, 그리고 여기에 덧붙
여지는 질문은 이러한 관리기술의 가치는 무엇인가 하는 것이다. 이러한
질문을 피하기 위하여 이론교육을 방기하거나 수학 그 자체를 위한 수학

숭배에 빠지는 것은 단지 이 문제를 회피하는 것이지 해결하는 것은 아니다. 그럼에도 불구하고 이러한 해결이 가능한 것처럼 보이는 것은, 관리기술이 결코 그들이 주장하는 개념(몰역사적 경제과학의 개념)에 뿌리를 두고 있는 것이 아니라, 자본주의적 생산양식의 여러 메커니즘에 대한 피상적 관찰로부터 얻어진 경험적 개념에 뿌리를 두고 있기 때문이다. 따라서 이 관리기술은 전적으로 무익하지도, 불합리하지도 않게 보인다. 적어도 서방에서는 그렇다. 그러나 저발전국가에서 이런 기술은 명백히 무익하고 불합리한 것일 수밖에 없다. 이 관리기술의 기초가 되는 개념체계는 저발전국가의 피상적인 메커니즘도 설명하지 못하기 때문이다. 경제학 교육은 위기에 빠져 있다.

경제학 일반에 대해 참인 것은 발전과 저발전을 다루는 경제학 분야에서는 더더욱 참이다. 발전의 기술—발전의 정치—은 발전과 저발전을 역사적인 사실로서 설명할 수 있는 유일한 과학보다 선행하여 만들어진다. 핵심은 발전경제학이 아주 최근에 생긴 경제학의 한 영역이라는 점이다. 적어도 제1차 세계대전까지 경제이론은 체제와 구조의 분석에는 전혀 관심을 보이지 않았다. 이와 같은 환경하에서 양적으로 불균등하게 발전하였을 뿐만 아니라 질적으로도 상이한 체제들이 존재한다는 것을 경제학은 인식하지 못했다. 그러나 이러한 체제들의 존재 자체는, 당시 세계를 지배하던 선진중심 국가들과 훨씬 뒤에야 저발전국이라고 불려진 피지배적인 식민지 세계가 병존하고 있다는 사실과, 또 그것이 역사적으로 진화하고 있다는 사실의 명백한 특징이었다. 여하튼 이런 이유로 해서 체제 분석은 경제학에서 배제되었고 역사방법론(historiography)에 속하게 되었다. 그러나 이 역사방법론도 역시 경제학과 같은 쇠퇴의 길을 걷게 되는데, 곧 단순히 사건의 추이를 다루는 데 만족하거나, 적어도 사회적 변화의 일반 운동을 설명해야 하는 의무를 방기했다. 당시 오늘날의 발전경제학과 발전사회학의 영역을 구성하는 문제에 대해 숙고한다는 것은 과학적 연구의 영역 바깥에 있다고 여겨졌고, 결국 역사철학자와 평론가들에게 맡겨졌다. 이들 중 몇몇은 그 지적 통찰력이 깊이가 있었을지도 모르지만, 이 정도 수준만 가지고 경제발전과 사회발전에 관한 체계적인 과학이 시작되었다고 말할 수는 없다. 경제학은 그 자신을 기껏 '이론적' 모델과 '순수하지 않은' 현실 사이의 떨어진 거리를 주목하는 데 한정하였다. 이 거리는 체제에 따라 커지기도 하고 작아지기도 한다. 특히 저발전경제가 관련된 경우에 더욱 확연해진다.

기존 경제학의 주변에서도 반발이 일어났다. 그들의 주장은 구조와 제도에 대해서 보다 잘 알 필요가 있다는 것이었다. 그러나 그들의 노력은 현상을 묘사하는데 그쳤으며, 저발전세계의 제도와 구조보다 오히려 선진국에 특유한 제도와 구조를 연구하는 데 집중되었다. 20세기초 일본의 정치군사적 부상, 1917년의 러시아 혁명, 1919년 터키의 무스타파 케말의 혁명, 아시아 및 아랍 세계에서 민족주의 운동의 탄생, 1924년 이후 계속된 중국의 혁명과 내전 등의 사건들은 양차 세계대전 기간 동안 경제학에 아무런 영향도 미치지 못했다. 총체적 관점으로부터 출발했든 구체적 관점 특히 경제적 관점으로부터 출발했든 간에, 발전현상에 관한 과학적 연구라는 새로운 분야는 1949년 중국 혁명, 3대륙(아시아, 아프리카, 라틴 아메리카)에서의 민족주의 운동의 강화와 보편화, 그리고 제3세계 신생국들의 정치적 독립 등이 일어난 이후에야 형성되었다.

최근에 경제학의 한 분야가 된 발전경제학은 1945년부터 1960년 사이에 탄생했다. 이것은 사실들과 절박한 필요성이 그 형성에 압력을 넣은 결과이다. 발전경제학이 출발부터 추구한 것은 발전을 위한 실제적인 업무에 종사해야 한다고 주장한 각 정부에게 봉사하는 것이었다. 하지만 새로운 '발전경제학'은 일반경제학이 가지고 있는 동일한 결함의 늪에 빠지게 되었다. 제대로 정립된 발전의 과학이 아닌 발전의 기술을 지향함으로써 발전경제학은 아주 협소한 실용적 기술로 전락할 수밖에 없었다. 그럼에도 불구하고 발전경제학은 그 처방의 이론적 기초가 적절하지 못함을 인식하고 있다는 면에서 경제학의 다른 영역에 비해 더 나은 위치에 있다고 할 수 있다.

제2차 세계대전까지 사람들은 자유방임주의가 식민지 개발을 위한 가장 확실한 방법이라고 믿었다. 산업화된 중심부 국가들을 발전시킨 자유방임주의가 그대로 적용될 수 있을 것이라는 믿음에 의한 것이었다. 국제적 규모에서의 자유방임주의 철학은 그 이론적 기초(이것은 이미 도그마가 되었다)를 비교우위론과 국제분업이론에 두고 있다. 이 도그마는 전적으로 수

용되고 있어서―만약 이 도그마가 거부된다면 그것은 곧 한계효용이론의
모든 이론적 가정에 대한 도전을 의미한다―심지어 요즘도 발전경제학을
다루는 저작의 상당부분은 이 도그마에 대해 제대로 문제제기를 해본 적이
없다.

그러나 저발전에 대한 이러한 해석은 결국 발전경제학을 하찮은 것으로
만들고 만다. 곧 저발전이라는 특수한 역사적 사실을 인식하는 것은 경제
이론에 아무런 새로운 사실도 제시하지 못한다. 저발전에 대한 과학적 분
석은 선험적으로 배제되어 있다. 왜냐하면 국제적 분업이란 발전 단계의
차이를 불문하고 모든 교환 당사자들에게 이익을 주는 자연스럽고 바람직
한 것으로 간주되며, 저발전국가에 대한 외국자본의 유입도 똑같이 자연스
럽고 바람직한 것으로 간주되기 때문이다. 그러므로 발전경제학 이론은 저
발전 세계의 특정한 조건들에 한계효용론의 일반 원칙을 편협하게 적용시
킨 것에 불과하다. 이 이론은 일반경제이론을 풍부화시키는 데 어떠한 기
여도 하지 않았다. 그럼에도 불구하고, '발전 정책들'의 실패는, 관리기술
에 대한 비판을 저발전과 발전의 이론에 대한 모색으로 나아가게 하는 압
력으로 작용하였다. 이런 이론은 명시적이든 묵시적이든, 교조적인 한계효
용론과의 결별을 함축하고 있었다.

이런 점들 때문에 발전경제학의 진정한 탄생은 한계효용론의 도그마들
과 결별하는 시점에서 찾아야 한다. 이 결별은 경제이론의 기초에 대한 전
반적 재검토를 요구하는 시점이기도 하다.[8] 맑스학파는 결코 국제분업이
론을 수용하지 않았으며 1914년 이후 줄곧 그 대각(對角)에 있었다. 이들
은 레닌(Lenin), 룩셈부르크(Luxemburg),[9] 부하린(Bukharin) 등의 제국주
의의 이론으로 대표된다. 오늘날 맑스학파는 저발전세계의 구체적 현상들

---

8) 발전경제학 분야의 대표적 저작들의 한 가지 특징은 국제적 통합에 의문을 제기
   하는 것이다. 이들은 지배 때문에 발생하는 주변부의 구조(구조해체 등)를 강조
   하고 지배 이론에 의해서 현상을 분석한다는 면에서 맑스주의에 아주 가깝다.
9) 그녀의 제국주의에 대한 분석 초점은, 국민국가 간의 차이나 갈등이 아니라, 자
   본주의적인 생산양식과 비자본주의적인 생산양식 간의 구별에 있다. 즉 자본주
   의 국가는 자국의 자본가들에게 충분한 시장을 확보해 주기 위해서 보호관세를
   통해서 이해 관련 지역을 설정하고 종속시키려고 한다. 따라서 자본주의 제국이
   착취할 잉여가치는 방대한 데 비해 그 대상인 비자본주의적 시장은 상대적으로
   줄어들기 때문에 자본주의 국가들 간에 투쟁이 격화된다고 그녀는 보고 있다.

을 세계 자본주의의 총체적인 분석으로 통합시키려고 노력한다. 이 작업은
맑스학파가 처음부터 세분하기를 거부했던 경제학·사회학·정치학의 차원
에서 통합적으로 이루어지고 있다.

그리하여 새로이 태동하고 있는 발전경제학은 일반경제이론, 더 나아가
사회과학 전체를 풍부하게 하는 원천이 되고 있다. 일반경제학과 마찬가지
로, '발전경제학'에 두 개의 명확한 영역이 있는 것은 불가피하다. 그 하나
는 근본적인 분석과 관련된 것으로 역사적 현실에 대한 관찰에서 시작해서
저발전과 발전의 이론을 정립하는 것을 목표로 하고 있다. 다른 하나는 발
전 구조의 변화를 지향하는 현실 적용과 관계된 것으로 발전이론에서 도출
된 경제관리기술이 그것이다.

4. 세계적 규모의 자본축적

저발전을 명백하게 드러내는 외형상의 특징부터 논의를 시작하자. 저발
전의 구조적 특징은 ① 부문 간의 생산성 불균등, ② 경제체계의 단절성,
③ 외적 지배이다. 이 세 가지 특징이 성격상 '전통적인' 것이 아니라는 점
은 명백하다.

상이한 경제발전 단계에 속해 있는 구조들 간의 이질성은 부문간 생산
성의 불균등(1인당 생산량의 의미에서)을 통해 나타난다. 가장 극단적인
형태의 '이중구조론'은 이런 이질성을 단순히 병존하는 것으로 폄하하기
때문에 두 체계를 상호 침투적인 것으로 보지 않는다. 한 체계는 저발전세
계가 식민화되어 상품과 자본의 세계시장 속에 통합되기 이전의 단계에 속
하고 '전통적' 혹은 '전자본주의적' 체계라고 불리우며, 다른 한 체계는 통
합이 완결된 상태로서 '근대적' 혹은 '자본주의적' 체계로 불리운다. 이것
은 지나친 단순화이다. 왜냐하면 대체로 '전통적인' 영역 자체가 이미 세계
시장에 통합되어 있는 사실을 설명하지 못하기 때문이다(일례로 아프리카
농민은 '전통적' 구조라는 틀 속에서 수출상품을 생산하고 있다). 불균등한
생산성은 광범위하고 일반적이다. 심지어 선진국에서조차도 균등 발전은
불가능하며 진보는 언제나 신흥산업에 집중해서 일어난다. 그러나 선진국

은 이러한 진보의 이익을 경제 전반으로 확산시키는 강력한 경제적 힘을 갖고 있다. 이 확산은 가격조절, 산업부문 간 임금의 평준화 경향 및 이윤율의 평균화 경향 등을 통해 가능하게 된다. 이 강력한 힘은 경제의 무게 중심이 가장 진보한 부문으로 옮아가는 방식으로 작동한다. 결과적으로 1인당 생산의 분배에서 나타나는 불균등은 언제나 비교적 미미하게 된다. 선진국에서는, 가장 광범한 격차가 있는 부문 사이에도 기껏해야 1 : 2 또는 1 : 3의 비율일 뿐이다. 대부분의 노동인구는 생산성지수 평균치가 80에서 120 사이인 부문에 집중되어 있다. 반면 저발전국가에서는 1 : 4 혹은 1 : 10 또는 그 이상의 부문 간 격차 비율도 존재한다. 부문들 사이에서처럼 노동인구와 생산품의 분배 또한 극심한 편차를 보인다. 제3세계 대부분에서 농촌 인구는 지역이나 국가에 따라서 전체 인구의 3분의 2에서 5분의 4까지 차지하는 반면, 이들 지역의 농업 생산은 거의 국내총생산의 5분의 2를 넘지 못한다. 선진국 내부에는 진보를 균등하게 확산시키는 힘이 있지만 제3세계에서는 그 힘이 존재하지 않거나 존재한다 하더라도 아주 미미할 뿐이다.

이처럼 저발전경제에서 서로 다른 부문들 간에 연관성이 부족한 것은 문제의 '경제적 단절성' 때문이다. 선진경제는 전체로서 강고한 결합체를 이루고 있다. 선진경제는 상호 간에 상당한 교환을 실행하는 부문들로 이루어져 있다. 말하자면 이들 부문은 서로 보완적이고 단단하게 결합되어 있다. 채굴 및 전력산업은 기초산업에 주요한 원자재를 공급한다. 기초산업은 자본재와 중간재를 생산하여 경공업과 근대화된('산업화된') 농업을 지원한다. 이를 바탕으로 경공업과 근대화된 농업은 최종적인 소비재를 공급한다. 그렇지만 저발전경제는 오직 미미한 교환이 이루어지는 부문들로 구성되어 있으며, 대부분의 교환은 필연적으로 외부세계와 연계되어 일어난다. 이 가운데 몇몇 부문은 대규모 기업군으로 구성된 것도 있는데 대부분 외국기업과 거대한 국제자본에 종속되어 있다. 이 경우 관리의 중심은 저발전경제의 외부에 존재한다. 이러한 대기업에 의해 개발되는 금속, 석유 등의 다양한 광물들은 국내산업에 공급되지 않고, 선진국의 산업집단에게 공급되기 위해 수출된다. 저발전국가 중 상대적으로 발전된 국가에는 외국 소유든 현지 소유든 간에 때때로 경공업 집단이 존재한다. 그러나 기초산업이 취약하기 때문에 소비재를 생산하는 이 산업들은 결국 설비나 반제품을 공급하는 외부 세계에 종속될 수밖에 없다. 그러므로 저발전국의 경공업은 '통합적' 효과를 가지지 못하고 궁극적 소비에만 급급하게 되어 이들 내부의 교환은 미미하다. 이 사실은 해외경제에 기생하는 운송, 무역, 금융업과 같은 3차 산업 부문에도 똑같이 적용된다. 농업 그 자체는 때때로 병렬적인 부문들로 구성되어 있다. 하나는 외부와의 연관성이 없는 폐쇄적인 자급자족 부문이고, 다른 하나는 수출 목적의 '플랜테이션 생산품'을 생산하는 부문이다. 그러나 '전통'과 '근대' 농업부문이라는 단순 병렬적 묘사는 현실과 부합하기 어렵다. 사실상 자족을 위한 것이든 수출을 위한 것이든 이를 생산하는 것은 같은 농부인 경우가 많다. 대부분의 경우 자족적 재화는 생산자 자신에 의해 소비되며, 현지에서 상품화되는 양은 소량에 불과하다. 현지경제의 상업화는 원칙적으로 해외수요(즉 수출을 위해)에 기초해서 발생한다. 반면 도시 수요의 기초, 즉 현지 수요는 부수적인 영역일 뿐이다. 더 나아가 이런 농업은 농업의 상업화가 이루어진 곳에서도 근대화가 진전되지 못해서, 공업제품(비료, 기계류 등)의 소비량이 아주 적다.

저발전국가에서는 경제적 단절성으로 말미암아 어떤 한 부문의 발전은 나머지 부문에 동적인 효과를 미치지 못하게 된다. 이런 효과는 외국으로 이전된다. 왜냐하면 저발전경제의 각 부문은 이를 지배하는 선진경제의 각 부문이 확장된 일부이기 때문이다. 이런 단절성과 그 필연적 결과인 불균등한 생산성은 국내총생산과 투자의 분포로 나타나는데 이것은 선진국의 전형적 유형과는 상당한 차이를 보인다.

외부에의 종속은 이런 상황의 원인이자 결과다. 종속은 제일 먼저 외부 세계와의 무역 측면에서 드러난다. 저발전국가들의 무역은, 개별적으로든 전체적으로든, 다음과 같은 독특한 특징을 나타낸다. 저발전국가들의 수출은 대개가 광물과 농산물 같은 1차상품이고 수입의 상당 부분은 공산품이다. 무엇보다도 특히 저발전국의 무역은 주로 선진국과 이루어지는 반면에, 선진국의 무역은 본질적으로 그들 간에 이루어진다. 오늘날 선진국 무역의 80%—선진국들의 전체 무역량은 세계무역의 80%를 차지한다—가 자신들 간의 교환형태로 나타나며 나머지 20%만이 저발전국가와의 교환을 차지한다. 반대로 제3세계 내부에서의 교환은 저발전국가 무역의 20%를 넘지 못한다. 따라서 총체적으로 본다면, 선진국이 제3세계에 의존하는 교역의 규모보다 제3세계가 선진국에 의존하는 교역의 규모가 훨씬 크다. 이런 사실은 선진국 내부의 교역이 중지되면 자신들 생존이 불확실해지는 것만큼이나 선진국도 저발전국가 없이는 견뎌내기 힘들다는 것을 의미한다. 카티어(Cartier) 테제는 무의미하다. 왜냐하면 주변부에서 중심부로 공급되는 원자재는 후자에게 필수불가결하기 때문이다.

상업적 종속은 점차 심각해지는 금융 종속에 의해서 악화된다. 이 상황의 근본 원인은 저발전국에 투하된 외국자본이 투자의 반대 방향으로 이윤을 이전시키기 때문이다. 평균 자본수익률이 20%에서 25%라 할 때, 선진국으로 역류하는 이윤은 얼마 지나지 않아 자본투자액을 초과하게 된다. 그리고 일정한 '개방' 단계를 지나면, 국제수지가 역전된다. 이 역전은 저발전국가의 역사적 진화과정의 극명한 특징이 되며, 자본에 의해 '개방되는' 단계에서 '순조롭게 지속되는 착취'가 대세를 이루는 단계로의 이행을 나타내는 지표이다. 저발전국가에서 외국자본의 동적 효과를 기대하기 어렵기 때문에, 외국자본은 자본축적 과정에서 촉매 역할을 하지 못한다. 이러한 외자의 촉매 역할은 자본주의적 구조를 가지고 있는 국가에서만 가능하다(촉매 역할의 예로 19세기 유럽국가의 대 북미·러시아·일본 투자, 그리고 오늘날 미국의 대 서유럽에 투자를 들 수 있다.)

저발전국가에서의 외국자본투자의 결과들을 고려할 때, 국제수지의 균형을 맞추기 위해서는 빠른 속도의 수출 성장이 요구된다. 이 속도는 단순히 국내총생산의 성장속도를 앞질러야 할 뿐 아니라 수입 증가속도를 훨씬 뛰어 넘어야 한다. 그런데 저발전국가에서는 수입의 증대를 가속하게 하는 많은 요인들이 있다. 주로 다음과 같은 것이다. ① 현지의 더딘 생필품 생산이 급속한 도시화 과정을 따라잡지 못하기 때문에 주로 식품(고기, 쌀 등)의 수입 증가를 불가피하게 하는 요인, ② 현지 경제의 발전 가능성과 비례하지 않는 행정 지출의 급격한 증대(이것은 국제세계에 통합되어 있다는 사실에 따르는 책임 때문이다), ③ 소득분배 구조의 변화와 특권계급의 생활·소비 방식의 유럽화('전시효과'), ④ 불충분한 산업 발전과 산업 구조의 불균형(소비재 산업의 초강세)으로 인해 자본재와 중간재의 수입이 불가피하게 된 점 등이다. 이러한 모든 요인들이 결합하여 작동함으로써 저발전국은 외국 원조에 의존할 수밖에 없는데, 이는 하나의 "현재적" 경향으로서, 저발전국을 단지 최악의 위기에서 벗어나게 할 뿐이며, 저발전국의 점증하는 구조적 불균형으로 인한 근본적인 문제점들을 해결하지는 못한다. 이런 종속 현상은 제2차 세계대전 이후에 전형이 되었다.

경제성장이 진행될수록 주변부의 이러한 구조적 특징들은 줄어드는 것이 아니라 반대로 보다 심화된다. 중심부에서는 통합 효과를 가지고 있기 때문에 성장이 곧 발전이지만, 주변부에서는 성장이 곧 발전은 아니다. 왜냐하면 여기서는 통합 효과가 단절적이기 때문이다. 엄밀하게 말하면 세계시장 속으로의 통합에 기초한 주변부의 성장은 "저발전의 발전"인 것이다.

따라서 1인당 생산의 낮은 수준과 '저발전'을 동일시하는 것이 피상적이며 과학적으로도 부정확한 것임을 알 수 있다. 오늘날의 저작물, 특히 UN의 방대한 출판물들에서 보이는, 저발전에 대한 가장 일반적인 접근 방법에 의하면 국가들을 다음과 같은 범주로 분류하고 있다. 최저 개발국으로 1인당 소득이 100달러 미만인 국가(인도, 아프리카 내륙국들), 저발전국인 1인당 소득이 100달러에서 300달러인 국가(북아프리카, 중동, 중부아프리카 연안국들, 라틴 아메리카의 빈곤국들, 동남아시아), 발전도상국 곧 1인당 국민소득이 300달러에서 500달러인 국가(라틴 아메리카의 부국, 산유국), '가난한' 선진국, 즉 1인당 국민소득이 500에서 1천 달러인 국가(남동유럽 국가들), 그리고 '산업' 선진국 즉 1천 달러 이상인 국가(서구, 미국, 일본, 오스트레일리아, 뉴질랜드, 남아프리카) 등이다. 그러나 이런 분류는 현실적으로 무의미하다. 왜냐하면 1인당 국민소득(만약 이것을 측정할 수 있다고 할 때)이 변하지 않았다고 가정해도, 오늘날의 인도와 식민지 이전의 인도 사이에 공통점이 무엇인가? 식민지화 이전의 인도는 여러 구조들(경제 및 그 밖의 구조) 사이에 조응 관계가 존재하는 하나의 통합적 사회(혹은 여러 사회의 집단)였다. 그렇기 때문에 인도 자체만을 놓고서도 제대로 분석하고 이해할 수 있다. 하지만 근대의 인도는 외부와의 관계를 배제하고서 이해할 수 없다. 또한 쿠웨이트의 1인당 국민소득(3,290달러)은 미국(3,020달러)보다 높고, 베네수엘라(780달러)가 루마니아(710달러)와 일본(660달러)보다도 높다거나, 포르투갈(340달러)이 다수의 아프리카 국가들(예를 들면, 가나는 230달러)에 비해 그다지 높지 않다는 사실을 고려할 때 어떻게 의문을 품지 않을 수 있겠는가?[10] 오늘날 가봉의 1인당 생산은 1900년의 프랑스와 거의 같지만, 가봉이 1900년의 프랑스는 아니다. 그 축소판도 못된다. 왜냐하면 가봉의 특징적 구조는 질적으로 주변부의 구조일 뿐 발전이 뒤떨어진 '중심' 국가의 구조는 아니기 때문이다.

이같은 질문에 답하기 위하여 강단 이론은 '이중구조론(dualism)'을 내세운다. 그러나 비록 이것이 기껏해야 저발전에 대해 덜 도식적인 서술을 가능하게 하는 일련의 연구들의 기반이 되었다 하더라도, 이는 근본적으로 잘못된 분석에서 파생한 것이다. 실제로는 전통과 근대라는 두 사회의 병존이란 존재하지 않는다. 왜냐하면 저발전경제는 자본주의 세계경제라는 단일한 기계의 한 부속품이기 때문이다. 저발전경제는 세계체제 속에서 특정한 지위를 차지하고 있고 그 속에서 분명한 역할을 하고 있다. 따라서 우선 이 체제의 역사적 기원을 설명하고 그 작동 원리를 이해해야 한다.

이 역사적 사실의 기반 위에서 국제분업이론이 만들어질 수 있다. 이 이론으로 말미암아 저발전의 기원을 알 수 있고, 세계적 규모의 자본주의 축적의 메커니즘 아래서 저발전국들이 어떤 위치를 차지하는가를 이해할 수 있다. 저발전과 발전이론은 당연히 세계적 규모의 자본축적이론일 수밖에 없다. 전체적 통합성으로 특징되는 독자적인 전자본주의 경제와 사회를, 식민지 지배라는 역사적 사실을 통해 지배적 자본주의 세계에 통합된, 그리고 이로 인해 외부에서 이식된 자본주의를 특징으로 하는 경제 및 사회와 혼동하는 것은 저발전이론에 대한 잘못된 사고의 기초가 되고 있다. 필자는 다른 방향으로 접근하고자 한다. 즉 중심부에서는 발전의 과정이면서 동시에 주변부에서는 저발전의 과정-혹은 안드레 군더 프랑크(Andre Gunder Frank)의 표현을 빌면 "저발전의 발전"-이 되는 단일한 과정을 분석하고자 한다. 이러한 분석 과정 때문에 많은 개념, 즉 성장·발전(및 발전을 수반하지 않는 성장)·개방·근대화 등을 정의해야만 한다. 물론 오늘날 개방이나 근대화는 제3세계를 그 대상으로 삼고 있다. 이와 더불어 세계 체제 메커니즘 속에서 제3세계가 담당하는 특별한 역할을 분석해야만 한다.

---

10) 세계은행의 1960년도 수치.

5. 자본주의적 사회구성체론에 대해

맑스주의적 분석에 의해 탄생한 기본 개념들이 세계적 규모의 자본축적
이론에서 요구되는 필수 도구인 것은 의심할 바 없다. 그러나 말할 수 있는
것은 이것뿐이다. 왜냐하면 아직 이로부터 어떠한 이론도 만들어지지 않았
기 때문이다. 레닌은 최초로 중심부의 체제 변화를 분석했지만, 독점 형성
의 근본적 문제에 집중했을 뿐 주변부의 구성체에 관해서는 검토하지 않았
다. 바란(Baran)과 스위지(Sweezy)는 레닌의 분석을 지속했으며 이는 오늘
날에도 계속되고 있다. 그러나 그들도 중심부의 변화와 연동해서 주변부의
변화를 연구하지는 못했다. 비록 몇몇 분석 대상들은 전보다 더 잘 알려지
기 시작했지만 이 분야에서 모든 것은 아직 미해결의 상태에 있다. 강단 경
제학을 비판하는 것은 매우 유용하였다. 왜냐하면 부등가 교환 문제에서처
럼 분석 대상들이 관심을 끌게된 것은 바로 이러한 비판을 통해서였기 때
문이다. 이러한 방향을 고수하면서 현재의 경제학을 비판하는 것이 우리의
사상을 풍부히 이해하는 데 효과적이다. 결국 맑스의 『자본론』도 바로 이
러한 과정을 통해 탄생하게 되었다. 즉 맑스는 리카르도를 비판함으로써
자신의 개념들을 도출했던 것이다.

먼저 이 모든 개념들을 나열하지 않고 문제가 제기될 때마다 관련 개념
들을 설명하는 편이 훨씬 좋은 방법이 될 것이다. 그렇지만 중심부와 주변
부로 구성되어 있는 세계체제의 개념은 정의해야 한다. 특히 역사발전 초
기에 주변부 구성체가 형성되는 데 있어서 중심부와 어떻게 다른가 하는
문제와 연관해서 그러하다. 다음으로 ‘구성체’라는 개념과 ‘생산양식’이라
는 개념을 신중히 구별하는 것을 이해할 필요가 있다. 특히 왜 중심부에서
는 자본주의적 생산양식이 전일적 경향을 띠게 되며,—여기서 구성체는 생
산양식과 통합되는 경향이 있다—반대로 주변부에는 이같은 일이 발생하
지 않는가 하는 문제일 때 더욱 그렇다.

세계적 규모의 자본축적이론은 중심부와 주변부의 관계이론이며, 오직
일반이론이 될 뿐이다. 여기서 일반이론이라고 하는 이유는 자본축적이론
이 자본주의 생산양식이라는 좁은 틀 속에 한정될 수 없고, 반대로 보다 넓
게 자본주의 구성체이론으로 확대되어야 한다는 점 때문이다. 따라서 자본

축적이론은 엄밀한 의미에서 경제이론, 즉 경제주의적 이론이 될 수는 없다. 왜냐하면 사회적 현실을 경제적 현실로 환원시키는 경제주의(econo-mism)는 자본주의 생산양식과 밀접하게 결합되어 있기 때문이다. 경제법칙들이 존재하는 이유는 시장이 생산자를 지배하는 사회 외부의 객관적 힘이기 때문이다. 이런 이유 때문에 경제학은 자본주의 발달과 함께 출현하게 되었다. 그렇지만 경제학에서조차도 경제주의의 기원이 밝혀지자마자, 다시 말해서 생산양식 개념의 출현과 함께 경제주의는 극복되고 있다.

우리의 관심사인 구성체를 논의할 때 경제주의는 극복되어야 한다. 이것이 어렵다면, 그 원인은 경제주의가 하나의 이데올로기이기 때문이라는 점을 상기해야 한다. 이 점에서 나는 풀란차스(Poulantzas)의 분석에 동의한다. 즉 독점 이전의 자본주의 체제에서 지배적인 경제적 '문제(instance)'는 이데올로기적 '문제'의 정치적 성격과 병행한다. 그러나 독점자본주의하에서 지배적인 문제는 정치로 이동하게 되며, 따라서 이와 병행해서 이데올로기적 문제는 경제적인 것으로 변하게 된다. 이것이 하나의 이데올로기 즉 테크노크라트적 이데올로기가 되는 것이다. 사회구성체의 이론이 아주 뒤쳐진 것은 이러한 변화를 설명하지 못했기 때문이다.

그러므로 서로 다른 구성체 사이의 관계를 다루는 세계적 규모의 자본축적이라는 문제에서 우위를 차지하는 것은 정치 문제다. 이런 이유에서 이러한 관계를 본원적 축적에 관한 분석과 관련된 것으로 보아야지, 확대재생산에 관한 분석으로 보아서는 안된다.

따라서 저발전 현상은 다만 중심부에 이익이 되는 본원적 축적 질서가 지속되는 현상의 결과에 불과하다. 따라서 우리는 중심부에서 발생하는 변화와 연관하여 나타나는 이런 현상의 연쇄적인 형태를 연구해야 한다. 본원적 축적은 자본 이전의 역사에만 속한 것이 아니라 영구적이며 현대에도 존재하는 현상이다. 이 사실이 함축하는 바는, '저발전,' '제3세계' 등의 그릇된 개념을 일소하고 이 개념들을 '주변부 자본주의 구성체'라는 개념으로 대체해야 한다는 것이다.[11]

---

11) 필자는 이 책에서 '저발전'이라는 용어를 단지 익숙하고 간략하기 때문에 사용하고 있을 뿐이다.

6. 세계적 차원의 계급투쟁

부등가 교환에 관한 찰스 베틀하임(Charles Bettleheim)과 아기리 에마누엘(Arghiri Emmanuel) 간의 최근의 논쟁은 현대의 이 커다란 문제에 대한 중대한 논점을 제기하였다. 만약 세계 체제에서 중심부와 주변부의 관계가 지배의 관계, 즉 주변부에서 중심부로 가치가 이전되는 불평등한 관계라고 한다면, 세계체제를 최근의 표현인 부르주아 국가와 프롤레타리아 국가라는 관점에서 분석해야 하지 않겠는가? 또 주변부로부터 중심부로의 가치 이전에 의해 중심부 노동에 대한 임금이 개선된다면, 중심부의 프롤레타리아는 현상태의 세계를 유지하기 위하여 자기 나라의 부르주아와 연합해야 하지 않겠는가? 이 가치 이전이 주변부에서 임금뿐만 아니라 현지 국내자본의 이윤도 감소시킨다면, 이것은 민족경제의 해방을 위한 투쟁에서 주변부의 부르주아와 프롤레타리아 사이에 민족적 단결을 촉진하는 계기가 되지 않을까?

에마누엘은 자신의 저서에서 그렇게 주장하지 않는다. 에마누엘은 자신의 논지를 ① 중심부와 주변부 간의 관계는 불평등하다, ② 부등가 교환은 우리로 하여금 계급투쟁 문제를 재고할 것을 요청한다는 결론을 내는 데 한정하고 있다. 내가 보기에 첫 번째 명제는 증명되었으나, 두 번째 명제는 명백한 사실이지만 미흡하다고 생각한다. 이 문제를 다루지 않고 있다고 해서 에마누엘을 비난할 필요는 없다. 왜냐하면 이 결론은 자기 저서에서 다른 문제를 다루다가 돌출적으로 도출된 것에 불과하기 때문이다. 그렇다고 여기서 더 이상 전진하지 않고 있는 것을 용인하는 것은 아니다. 그러면 −불행히도 에마누엘이 ≪르몽드≫지에 기고한 논문에서 그랬던 것처럼− 부르주아와 프롤레타리아 사이의 모순이 부국과 빈국 사이의 모순으로 대체되었다는 주장을 허용하게 되기 때문이다.

베틀하임은 이러한 대체를 거부하고 있다. 왜냐하면 중심부에서 임금이 더 높은 이유는 주변부에 대한 착취에서 주로 기인하는 것이 아니라, 중심부에서 발전 수준이 보다 높기 때문이라고 그는 생각하기 때문이다. 그러나 중심부와 주변부의 불평등한 관계는 동일한 생산성을 가진 노동에 대한 보수의 격차를 심화시킨다. 베틀하임은 이 기본적인 사실을 부정하고 심지어 착취율이 선진 자본주의 국가에서 더 높다고 주장한다. 하지만 이것은 전혀 사실과 다르다. 그는 주변부의 수출은 생산성이 낮은 '전통적' 부문에서 발생하지 않는다는 점을 망각하고 있다(불행히 에마누엘도 이런 사실을 충분히 논하고 있지 않다). 주변부 수출의 4분의 3은 생산성이 높은 초근대적인 부문, 예를 들어 석유, 광물, 농산물—이 농산물들은 유나이티드 프루트·유니레버·파이어스톤 등이 소유하고 있는 플랜태이션에서 생산된다—등이 차지한다. 중심부에서와 동등한 생산성을 가진 이들 핵심 부문에서도, 임금은 중심부보다 낮다(비록 이 부문의 임금이 전통적 부문보다는 상대적으로 높다고 하더라도). 이것은 주변부의 자본이 주변부 구성체가 가진 고유한 '노동시장'의 조건으로 인해 이익을 얻기 때문이다. 보다 높은 잉여가치율, 동등한 생산성, 그리고 세계적 규모에서 나타나는 이윤율 평균화 등의 요인들이 주변부에서 중심부로의 가치 이전(외국자본의 이윤의 '가시적' 이전과 더불어 '은폐된' 이전)을 결정한다. 에마누엘이 이 메커니즘을 밝혀 냈다. 이러한 가치 이전은—이 책에서는 아니지만 에마누엘의 논문에서 나타나고 있는 지나치게 단정적인 언급과는 반대로—중심부에게는 그다지 중요하지 않지만, 주변부에서는 아주 중요하다.

베틀하임의 논점은 '레닌 이전의' 것이라고 할 수 있는 '고전적' 틀 속에 머물러 있다. 이 말은 그가 계급투쟁을 일국 차원에 국한해서 분석하고 있다는 뜻이다. 바꾸어 말하면 그는 마치 이 세계체제가 국가 단위의 자본주의 체제들이 어깨를 나란히 하고 있는 단순한 병존물에 불과한 것처럼 논하고 있다. 그리고 국제적 문제들이 또 하나의 다른 영역을 구성하고 있는 것처럼 논한다. 물론 그는 이 두 영역간의 상호작용을 부정한 것은 아니다. 그렇지만 계급투쟁이 서로 분리된 일국적 틀 속에서가 아니라 세계체제라는 맥락에서 일어난다고 보아야 이 논쟁은 극복될 수 있다.

자본주의적 생산양식을 규정하는 기본적 모순은 생산관계와 생산력을 대립시키는 모순이다. 즉 생산관계는 기본적 생산수단(이는 자본이 된다)의 사적(私的) 소유에 기초하는 반면에 생산력은 발전함에 따라서 필연적으로 생산조직의 사회적 성격을 드러낸다. 독점으로 인해 이 모순은 보다 높은 차원에서 나타난다. 왜냐하면 독점은 필연적으로 생산조직의 사회적 성격을 19세기의 소규모 가족회사보다도 훨씬 더 직접적으로 표출시키기 때문이다. 다시 말해서 생산수단 소유의 사회화는 성숙된 것이다. 이러한 객관적 성숙도는 독점기업이 국가개입에 점점 더 의존하는 것으로 나타난다. 물론 국가개입의 목적은 독점적 운영을 조정하고 유지하는 데 있다. 따라서 국가가 추진하는 '국민적' 경제정책은 자유방임주의를 지향하는 하나의 현실이 된다. 그런데 자유방임주의는 이 기본적 모순이 아직 충분히 성숙되지 않는 경우에만, 다시 말해 자동적인 시장 메커니즘만으로 축적이 진전(경기 순환을 거치면서)될 수 있을 때만 가능했다.

그러나 국가에 의지하는 것으로 자본주의의 기본 모순을 제거할 수는 없다. 결국 여기서 국가는 독점기업의 국가이다. 또 독점체는 자본주의 생산양식의 기본적 법칙에 순응할 수밖에 없다. 즉 독점체는 넓은 의미에서 경쟁을 통한 이윤의 극대화를 추구한다. 따라서 체제의 합리성은 여전히 자본주의의 합리성이다. 생산력과 생산관계 사이의 기본적 모순은 체제내의 적대적인 두 기본적 계급인 부르주아와 프롤레타리아를 대립시키는 모순으로 인해 사회적 차원으로 표출된다.

우리가 자본주의적 생산양식에 관한 논의에 머물러 있는 한, 사태는 매우 단순하다. 그렇지만 자본주의는 세계체제로 되었으며, 단순히 "일국적 자본주의들로 구성된" 병존물은 아니다. 그러므로 자본주의의 특징적 사회적 모순은 세계적 규모의 차원으로 존재한다. 즉 이 모순은 고립된 일국의 부르주아와 프롤레타리아 사이에 있는 것이 아니고, 세계 부르주아와 세계 프롤레타리아 사이에 있는 것이다. 이 세계 부르주아와 세계 프롤레타리아는 자본주의적 생산양식의 맥락에 있는 것이 아니라, 자본주의적 구성체들이라는 체제의 맥락에 존재한다. 뒤에서 밝혀지겠지만, 이 자본주의적 구성체들은 중심부의 구성체들과 주변부의 구성체들을 의미한다. 따라서 문제는 세계 부르주아와 세계 프롤레타리아가 누구냐 하는 것이다.

세계 부르주아가 누구인가의 문제는 아주 쉽다. 그들은 주로 중심부의 부르주아와 이들의 영향력하에 형성된 주변부의 부르주아이다. 지도적 핵심인 기본 동력은 "중심부의 중심"인 미국의 독점체 속에 있다. 주변부 부르주아는 중심부에 의해서 창출, 변경, 지도, 지배되는 세계시장과 궤를 같이하는 속에서 형성되었다. 이 때문에 '주변부' 부르주아는 언제나 종속적이다. 부르주아의 형태는 다양하다. 왜냐하면 이들이 취하는 형태는 전자본주의 구성체들이 세계체제 속으로 통합되면서 전자본주의 구성체의 변형과정을 통해 결정되었기 때문이다. 그 변형된 형태는 토지 부르주아(대농장주와 부농), 상업 부르주아 혹은 관료 부르주아(관료 부르주아라는 형태도 기본적으로 세계체제로의 통합에 기초한다) 중의 하나이다. 그 변형된 형태는 전자본주의의 외피(봉건적이거나 혹은 다른 형태)를 걸치고 있을지 모르지만 그것은 단지 겉껍질에 불과하다. 왜냐하면 이들의 기본적 기능은 세계 자본주의 체제라는 맥락에 의해 통제되기 때문이다.

그러면 세계 프롤레타리아는 어디에 있는가? 또 어떻게 구성되어 있는가? 맑스에게 있어 이것은 의심할 것도 없이 명확했다. 즉 그 시대에 프롤레타리아의 중추적인 핵심은 중심부에 있었기 때문이다. 당시의 자본주의 발전 단계에서 보면 나중에야 그 중요성이 인식된 식민지 문제를 제대로 파악한다는 것은 불가능했다. 추후 살펴볼 것이지만 맑스는 심지어 유럽의 사회주의 혁명이 당시 발흥하고 있던 아시아의 자본주의 세력과 충돌할 지도 모른다고 우려하기까지 했다. 그러나 당시 사회주의 혁명이 중심부에서 일어나지 않았기 때문에, 자본주의는 계속해서 발전하여 독점화되었고 세계의 계급투쟁 조건은 변화되었다. 이 점에 대해서는 레닌이 한 구절로 완벽하게 표현했는데 오늘날에는 모택동 사상이 그것을 담고 있다. 즉 "최종적으로 분석할 때, 투쟁의 결과는 러시아, 인도, 중국 등이 세계인구의 절대다수를 차지하고 있다는 사실에 의해 규정될 것이다"(Better Fewer But Better, 1923). 이 말이 의미하는 것은 프롤레타리아의 중핵이 더이상 중심부에 있는 것이 아니라 주변부에 존재한다는 것이다. 왜 이러한 변화가 일어났는가?

점증하는 체제의 기본적 모순은 실제로는 이윤율의 저하 경향으로 나타난다. 세계적 규모에서 이 경향에 대항하는 방법은 하나뿐이다. 즉 잉여 가치율을 증대시키는 것이다. 주변부 구성체들의 속성상 중심부에서보다 잉여가치율을 훨씬 크게 증대시킬 수 있다. 결과적으로 주변부의 프롤레타리아는 중심부의 프롤레타리아에 비해 상대적으로 더 심한 착취를 겪는다.

주변부 부르주아와 마찬가지로, 주변부 프롤레타리아도 여러 가지 형태를 취한다. 주변부 프롤레타리아는 근대적 대규모 기업의 임금노동자만으로 구성되어 있지도 않고, 그들이 지배적 다수를 차지하는 것도 아니다. 프롤레타리아를 이루는 또 하나의 부분은 농민 대중이다. 이들은 세계적인 교환에 통합되어 있기 때문에 도시의 노동 계급과 마찬가지로 중심부와 주변부의 잉여가치율의 차이에 반영되어 있는 부등가 교환이라는 대가를 치르고 있다. 비록 다양한 형태로 나타나는 사회 조직들(흔히 '전자본주의의' 형태를 띠는)이 농민 대중이 존재하는 틀을 형성하고 있다고 할지라도, 이들은 세계 시장으로 통합되어 결국 프롤레타리아화된다. 보다 높은 잉여가치율의 한 조건인 도시의 실업자 대중도 증대되는데 이들은 주변부 구조의 산물이다. 오늘날 세계에서 오직 "잃을 것이라고는 자신을 묶고 있는 사슬뿐인" 자들은 이들뿐이다. 또한 이들은 주변부의 '불완전한' 프롤레타리아화를 보여준다.

이들 대중의 반란, 거대한 봉기는 필연적으로 중심부의 착취를 심화시킨다. 이 방법만이 자본주의가 자신의 활동영역이 줄어드는 것에 대응하는 길이다. 이런 맥락에서 베틀하임과 에마누엘 사이의 논쟁이 극복되어야 한다. 전자의 주장, 즉 중심부의 프롤레타리아가 여전히 세계 프롤레타리아의 주요 핵심이라는 주장은 레닌주의라 볼 수 없다. 이는 체제가 갖고 있는 세계적 속성을 부정하는 것이다. 부르주아 국가와 프롤레타리아 국가를 대조시키는 주장도 체제의 세계적 속성을 부정하고 있다. 그래서 이 주장은 주변부에서의 반란이 중심부의 조건에 영향을 준다는 점을 부정하게 되고, 또한 '착취받는'(부르주아는 단지 그들의 발전을 제약당하고 있을 뿐이므로 사실 이 용어는 부정확하다) 주변부 부르주아가 중심부 부르주아를 반대할 수 있는 것처럼 가정하고 있다. 주변부에서 발생하고 있는 격렬한 주요 반란이 의미하는 것은 분명 이런 가정과는 반대이다. 왜냐하면 주변부 부르주아는 스스로가 약탈당하고 있으면서도 자신들의 프롤레타리아를 착취해야 하기 때문이다.

더욱이 중심부 프롤레타리아는 특권 집단이기 때문에 제3세계를 착취할 때 필연적으로 중심부의 부르주아와 동맹한다는 생각은 실상을 단순화시킨 것에 불과하다. 동일한 생산성을 가지고 있는 중심부 프롤레타리아가 평균적으로 주변부 노동자보다 더 높은 보수를 받는 것은 사실이다. 그렇지만 중심부에서의 이윤율 저하경향의 법칙에 대항하려고 자본은 주변부로부터 노동력을 수입한다. 중심부 자본은 이들에게 저임금으로 일을 시키고 모든 사람이 꺼려하는 일을 할당함으로써 이를 중심부의 임금을 내리는 데 이용한다. 이 노동력 수입은 상당한 차원에서 이루어지고 있다. 즉 서유럽과 북아메리카에서는 주변부로부터의 이민 증가가, 나라와 연도에 따라 다르기는 하지만 1960년부터 매년 0.7%에서 1.9% 사이를 기록하고 있다. 이는 평균 국내 노동력 증가율을 훨씬 상회하는 수준이다. 이러한 이민 노동력의 유입은 또한 주변부에서 중심부로 은폐된 가치 이전을 발생시킨다. 왜냐하면 주변부가 이 노동력의 교육 및 훈련비용을 부담해 왔기 때문이다.

이 과정과 유사한 것이 국내의 식민예비군을 동원하는 것이다. 미국의 수많은 공업 도시에서 프롤레타리아의 다수가 된 흑인의 프롤레타리아화 과정이 좋은 예다. 이런 체제의 극단적인 형태는 인종차별주의 국가(남아프리카 공화국, 로디지아, 이스라엘)에서 찾을 수 있다. 그러므로 세계체제는 자신이 착취하는 대중들을 점점 더 많이 함께 뒤섞고 있기 때문에 국제주의의 필요성은 그 어느 때보다도 증대되고 있다. 동시에 이 세계체제는 그 자신의 이익을 위해서, 백인 노동자들 사이에서 인종차별주의와 맹목적 애국주의를 선동하면서 이 대중 혼합 과정을 이용한다. 더욱이 중심부 자체의 발전과정에서도 자본은 항상 통일과 분화를 동시에 수행한다. 지배적 자본의 이익을 위한 자본집중의 메커니즘은 또한 중심부의 여러 지역간에도 작용한다. 결국 자본주의의 발전은 어느 곳에서든지 지역적 불균등의 심화를 가져온다. 그리하여 각 '발전'국은 모두 그 자신의 국경내에 각자의 '저발전'지역을 창출해 왔다. 이탈리아 남부가 그 가장 뚜렷한 예이지만, 프랑스 서부와 남부 및 기타 여러 경우도 그러한 예로서 지적될 수 있다. 오늘날 지역주의 운동의 부활은 이러한 배경하에서만 이해될 수 있다. 그러므로 설혹 레닌적 의미에서의 "노동 귀족"(매우 소수의 계층)의 개념이 보다 복잡한 분화의 출현에 의해 극복되었다 할지라도, 에마누엘이 그의 논지에서 언급하고 있는 "귀족적 국가"의 개념은 이 복잡한 분화를 숨기고 있다.

세계자본주의 체제의 대두와 미래에서의 붕괴: 비교분석을 위한 개념들*

임마누엘 월러스타인

　자본주의 세계경제내에서 산업생산부문의 성장, 이른바 '산업혁명'은 이에 수반한 제변화를 유기적 발전의 과정으로, 그리고 진보의 과정으로 규정하는 강력한 사상적 조류를 탄생시켰다. 이들 사상가들은 산업혁명으로 인한 경제발전과 이에 수반한 사회조직에서의 변화는 세계발전의 최종 직전의 그 어떤 단계에 이른 것이며, 최종단계도 시간문제일 뿐이라고 보았다. 생 시몽(Saint-Simon), 콩트(Comte), 헤겔(Hegel), 베버(Weber), 뒤르켐(Durkheim) 등 다양한 사상가들이 대표적이었다. 그리고는 맑스(Marx)를

*　Immanuel Wallerstein, "The Rise and Future Demise of the World Capitalist System: Concepts for Comparative Analysis," *Comparative Studies in Society and History*, vol.16, no.4, 1974, pp.387-415(이호철 옮김). 이 논문 번역은 정진영 편역 『세계체계론』(나남, 1985)를 참고하였음 ─ 역자주.

▶ 여기에 번역된 월러스타인의 논문은 그의 '세계체제론'과 관련된 중심개념들을 논의하고 있다. 먼저 그는 분석의 대상은 분리된 '단계들'이 아니라 하나의 총체성으로서의 세계체제이어야 한다고 주장한다. 세계체제는 "하나의 노동분업 구조와 복수의 문화체계를 내포하고 있는 단위"로서 정의된다. 오늘날에는 16세기 유럽자본주의체제가 새로운 지역들을 그 노동분업체계로 편입해가면서 확장되어온 하나의 세계체제, 즉 자본주의 세계경제만이 존재하고 있고, 분석의 대상은 바로 이 자본주의 세계경제를 대상으로 해야 한다고 주장한다. 자본주의 세계경제는 중심부, 반주변부, 주변부로 구성되어 있으며, 이들 간 관계는 '불평등 교환'에 의한 중심부의 세계경제에 대한 잉여가치의 전유로 특징지어진다. 따라서 중심부의 발전과 주변부의 저발전은 별개의 현상이 아니라 하나의 세계체제내에서 인과적으로 일어나는 불가분의 현상으로 이해된다. 그러므로 이 논문은 분석수준으로서의 세계체제를 맑스주의 입장에서 분석하고 설명한다.

필두로 하는 비판론자들도 등장했다. 맑스는 19세기 현재는 발전의 최종 전전(前前) 단계일 뿐이며, 자본주의 세계는 격동적인 정치혁명을 겪게 될 것이고, 이는 궁극적으로 최종의 사회형태, 즉 무계급사회로 귀결될 것이라고 주장했다.

맑스주의는 대립적이고 따라서 비판적 독트린이었기 때문에, 사회현실을 설명하기 위해 제기된 모델들의 부적실성을 보여주는 역사현실의 경험적 증거를 제시함으로써 (자본주의) 체제의 모순뿐만 아니라 그 이념가들에까지 주의를 환기시켰다는 강점을 갖고 있었다. 맑스주의 비평가들은 추상화된 모델에 내재되어 있는 구체적인 합리화를 간파했고, 그들의 반대 이론가들이 사회현실을 분석하는 데 실패했음을 지적함으로써 그들의 주장을 전개해 나갔다. 루카치(Lukacs)가 지적했듯이, 맑스주의와 부르주아 사상간의 결정적 차이는 역사적 설명에 있어 경제적 동기의 우위성 문제에 있는 것이 아니라, 총체성에 대한 관점의 문제에 있는 것이다.[1]

20세기 중반, 자본주의 세계경제의 중심부 국가들에서의 주류발전이론은 19세기에 그러한 분석양식을 개발했던 창시자들의 이론화 수준을 거의 벗어나지 못하고 있다. 다만 경험적 예측으로부터 벗어나는 편차를 설명하기 위해 주전원적(周轉圓的) 코드를 추가하는 등, 그 모델들을 계량화하거나 더욱 추상화시켰을 뿐이다.

그러한 모델들의 오류는 다양한 관점에서 이미 수차례에 걸쳐서 지적되었다. 나는 비맑스주의자인 로버트 니스벳(Robert Nisbet) 한 사람만을 인용하겠다. 그는 그 자신이 지칭한 '서구적 발전이론'을 성찰한 후, 다음과 같은 요약으로 결론짓고 있다.

(우리는) 사회의 유형과 구조가 변하게 되는 실제적 원인, 근원, 그리고 조건들을 찾고자 할 때 역사로 돌아간다. 그러나 근대 사회이론에서의 통상적 신념과는 달리 역사로부터 추상화된 연구들로부터는 변화에 대한 설명을 구할 수 없다. 이러한 연구들이란 사회실험실에서의 소집단에 관한 연구들이거나, 일반적인 집단동학(group dynamics)이거나, 사회적 상호작용에 관한· 단계적

---

1) George Lukacs, "The Marxism of Rosa Luxemburg," History and Class Consciousness, London: Merlin Press, 1968, p.27.

실험이거나, 혹은 소위 사회체계에 대한 수학적 분석일 수도 있다. 뿐만 아니라 모든 공간과 시간으로부터 추출된 문화적 유사성과 차별성을 보여주는 비교방법으로도 변화의 근원을 찾을 수는 없을 것이다.[2]

우리는 그러면 사회현실에 관한 보다 나은 설명을 위해서 비판학파, 특히 맑시즘에 의존해야 하는가? 원칙으로서는 그렇다. 실제에 있어서는 상이하고 간혹 상충적인 여러 갈래의 맑시즘이 존재한다. 더욱 근본적인 것은 많은 나라들에서 맑시즘은 이제 공식적인 국가 독트린이라는 사실이다. 맑시즘은 이제 더이상 19세기에서처럼 반대 독트린(oppositional doctrine)이 아니다.

공식적 독트린의 사회적 운명은 비록 대응하기가 불가능하지는 않지만 도그마티즘과 변호론으로의 부단한 사회적 압력을 받게 되고, 간혹 무역사적인 모델 형성과 같은 지적 궁지에 몰리기도 한다. 이와 관련하여 페르낭 브로델(Fernand Braudel)은 적절히 지적하고 있다.

　　맑시즘은 여러 모델들의 집합이다. 나는 그 모델에 대해서라기보다는 사람들이 정당하다고 생각하는 그 모델의 사용에 대해서 항의한다. 맑스의 천재성, 그의 지속적 힘의 비밀은 장기간에 걸치는 진정한 사회 모델들을 최초로 구축했다는 데 있다. 이들 모델들은 그 단순성으로 고착되어 버렸고, 법과 같은 힘이 부여되면서 모든 장소와 사회에 적용될 수 있는 준비된 자동적인 설명으로서 간주되고 있다. 이런 식으로 지난 세기 가장 강력한 사회분석의 창조적 힘은 속박되고 말았다. 그 힘과 생명력은 오직 장기적인 관점에서만 되찾을 수 있을 것이다.[3]

사회변화에 관한 무(無)역사적 모델들이 제기하는 왜곡을, 단계라는 개념이 제기하는 딜레마만큼 잘 보여주고 있는 것은 없다. 우리가 장기간의

---

2) Robert A. Nisbet, *Social Change and History*, New York: Oxford University Press, 1969, pp.302-303. 필자 스스로 경제사 문헌들은 이러한 비판으로부터 제외될 수 있다고 본다.

3) Fernand Braudel, "*History and the Social Sciences*," in Peter Burke(ed.), *Economy and Society in Early Modern Europe*, London: Routledge and Kegan Paul, 1972, pp.38-39.

역사적 기간―브로델의 '장기간'―에 걸친 사회변혁을 다루고자 한다면, 그리고 지속성과 변혁 모두를 설명하고자 한다면, 우리는 논리적으로 시간 A로부터 시간 B에 이르는 구조적 변화를 관찰하기 위해서 장기간을 몇 개의 단편으로 나누어야 한다. 이러한 단편들은 그러나 분별적인 것이 아니라 실제에 있어서는 연속적이다. 그러므로 단편들은 사회구조의 '발전'에 있어서의 '단계들'이다. 이 발전이란 우리가 선험적으로가 아니라 사후적으로 결정한다. 즉 우리는 미래를 구체적으로 예측할 수는 없고, 과거를 예측할 수 있다.

'단계'를 비교할 때 결정적인 문제는 그 '단계'가 동시발생적 묘사―혹은 '이념형'―가 되도록 단위를 결정하는 것이다. 무역사적 사회과학―맑시즘의 무역사적 버전을 포함하여―의 근본적 실책은 총체성의 부분들을 그러한 단위들로 물화해서 이들 물화된 구조들을 비교한다는 것이다.

농업 생산양식들을 예로 들어, 이들을 생계농작(subsistence cropping)과 상업농작(cash cropping)으로 나눠보자. 그러면, 우리는 이들을 발전의 '단계들'인 실체로서 간주할 것이다. 한 양식으로부터 다른 양식으로 전환되는 데 우리는 농민집단들의 결정에 관해서 이야기할 수도 있다. 우리는 다른 부분적 실체들, 예를 들면 국가가 그 내부에 각각 상이한 농업 생산 양식에 기반한 두 개의 별개의 '경제'를 내포하고 있는 것으로 기술할 수도 있다. 만약 우리가 이들 연속적 단계들의 각각을 이야기한다면 이 모두는 허위의 단계들인데, 많은 자유주의 경제학자들이 세계의 저발전국가들을 다루고 있는 것처럼, 우리는 '이중경제(dual economy)'라는 잘못된 개념으로 끝내고 말 것이다. 더구나 우리는 로스토우가 그랬던 것처럼, 영국 역사를 잘못 해석해서 일련의 보편적 '단계들'로서 물화시킬 수도 있다.

맑스주의 학자들도 간혹 똑같은 함정에 빠진다. 만약 우리가 농업노동의 지불 양식에 관해서 논의하고 있고, 노동자가 생계를 위해서 농업생산의 일정 부분을 보유하도록 허용되는 '봉건적' 양식과 노동자가 생산의 총량을 지주에게 주고 그 일부를 임금의 형태로 되받는 '자본주의적' 양식을 비교하고 있다면, 우리는 이들 두 양식을 발전의 '단계들'로 간주할 것이다. 우리는 '봉건' 지주들이, 그들의 지불양식이 임금체계로 전환되는 것을 막고자 하는 이해관계를 논의하기도 한다. 그리고 우리는 20세기의 특정의 부분적 실체, 예를 들면 라틴아메리카의 국가가 그러한 지주들에 의해서 지배되고 있기 때문에 아직 산업화되지 못했다고 설명하기도 한다. 이러한 연속적 단계들의 각각을 우리가 받아들인다면, 이들 모두는 허위의 단계들인데, 우리는 마치 자본주의 세계경제에서도 그런 실체가 존재할 수 있는 것처럼, '봉건적 요소에 의해서 지배되고 있는 국가'라는 잘못된 개념에 이르고 말 것이다. 그러나 안드레 군더 프랑크(Andre Gunder Frank)가 분명히 지적하고 있듯이, 그러한 신화가 라틴아메리카의 '전통적 맑스주의' 사고를 오랫동안 지배해 왔다.[4]

비교의 실체를 잘못 지정함으로써 허위개념에 이르게 될 뿐만 아니라 또한 문제 아닌 문제를 설정하게 된다. 즉 단계들을 뛰어 넘을 수 있는가? 이러한 문제는 '단계들'이 하나의 단일한 경험적 틀내에서 '공존하고' 있다면 오직 논리적으로 의미가 있을 것이다. 만약 자본주의 세계경제내에 한 국가를 봉건적으로, 두 번째 국가를 자본주의로, 그리고 세 번째 국가를 사회주의로 규정할 수 있다면, 오직 이럴 경우에만 우리는 다음과 같은 문제를 제기할 수 있을 것이다. 즉 일 국가는 봉건적 단계에서 '자본주의를 거치지' 않고 사회주의 단계로 뛰어넘을 수 있는가?

그러나 만약 '민족적 발전'과 같은 그러한 것이 있을 수 없다면, 그리고 비교의 적절한 실체가 세계체제(world-system)라고 한다면, 단계생략의 문제는 무의미하다. 어떤 단계가 생략될 수 있다면, 그것은 단계가 아니다. 그리고 우리는 사후적으로 이를 안다.

만약 우리가 단계를 논의해야 한다면—그리고 우리는 단계를 논의해야 한다—그것은 사회체제, 즉 총체성의 단계여야 한다. 그리고 존재하고 있고 역사적으로 존재했던 유일한 총체성들은 소체제(mini-system)와 세계체제(world-system)이다. 그리고 19세기와 20세기에 들어와서는 하나의 세계체제, 즉 자본주의 세계경제(capitalist world-economy)만이 존재하고 있다.

사회체제는 그 내부에 존재하고 있는 하나의 노동분업에 의해서 규정된

---

4) Andre Gunder Frank, "The Myth of Feudalism," *Capitalism and Underdevelopment in Latin America*, New York: Monthly Review Press, 1967, ch.IV(A), pp.221-242.

다. 노동분업하에서는 여러 부문들과 지역들이 지역의 필요를 원활하고 지속적으로 충당하기 위해서 경제적 교환에 의존하고 있다. 그러한 경제적 교환은 분명 공동의 정치적 구조, 심지어 동일한 문화를 공유하지 않고도 존재할 수 있다.

소체제는 그 내부에 완전한 노동분업과 하나의 문화적 틀을 유지하고 있는 실체이다. 그러한 체제들은 단지 아주 단순한 농업사회, 혹은 수렵채취사회에서 발견된다. 그러한 소체제는 더이상 존재하지 않는다. 더구나 과거에도, 그러한 체제가 종종 주장되는 것만큼 많지도 않았다. 왜냐하면, 그러한 체제가 '보호비용'으로서 조공을 지불하는 방식으로 제국에 결속되게 되면,5) 자족적인 노동분업을 더 이상 유지하지 못하게 됨으로써 하나의 '체제'로서 끝이 나게 된다. 그러한 지역에서 조공의 지불은 폴라니(Karl Polanyi)의 말을 빌면 호혜적 경제(reciprocal economy)로부터 보다 큰 재분배 경제(redistributive economy)로 전환시키는 역할을 했다.6)

이제 존재하지 않는 소체제를 제외하고 나면, 유일한 사회체제는 세계체제이다. 우리는 세계체제를 아주 단순하게 하나의 노동분업과 복수의 문화체계를 내포하고 있는 단위로서 정의한다. 그러나 이러한 세계체제도 공동의 정치체계를 갖고 있는 경우와 그렇지 않은 경우의 상이한 두 개의 체제를 논리적으로 상정할 수 있다. 우리는 이들 각각을 세계제국(world-empire), 세계경제(world-economy)로 부르고자 한다.

세계경제는 역사적으로 불안정한 구조였다. 세계경제는 분해되거나 혹은 한 집단에 의해서 정복됨으로써 세계제국으로 전환되기도 했다. 세계경제로부터 등장한 세계제국의 예는 중국, 이집트, 로마와 같이 전 근대의 소위 위대한 문명들이다. 반면에 영국이나 프랑스와 같은 소위 19세기의 제국들은 전혀 세계제국이 아니었고, 세계경제의 틀내에서 활동했던, 식민지를 보유한 민족국가들이었다.

---

5) Frederic Lane, *Venice and History,* Baltimore: Johns Hopkins Press, 1966, Part 3에 수록되어 있는 '보호비용(protection costs)' 논의를 참조. 조공(tribute)에 관해서는 pp.389-390, 416-420 참조.

6) Karl Polanyi, "The Economy as Instituted Process," in Karl Polanyi, Conrad M. Arsenberg and Harry W. Pearson(eds.), *Trade and Market in the Early Empire,* Glencoe: Free Press, 1957, pp.243-270.

세계제국은 경제형태에 있어 기본적으로 재분배를 위주로 했다. 물론 세계제국들도 경제적 교환(주로 원거리 무역)에 참여했던 상인계층들을 양성했다. 그러나 그러한 상인계층들은 아무리 그 규모가 컸다고 하더라도 전체경제에서 부차적인 부분이었고 그 운명에 결정적 영향을 미치지도 못했다. 그러한 원거리 무역은 폴라니가 주장하듯이 '무역항'을 이용하는 시장교역(market trade)이 아니라 '관리무역(administered trade)'이었다.

시장교역의 완전한 발전과 경제적 주도는 16세기 유럽에서 근대 세계경제가 등장하고 나서부터이다. 이것이 자본주의라 불렸던 체제이다. 자본주의와 세계경제—즉 하나의 노동분업과 다수의 정치체와 문화—는 동일한 동전의 양면이다. 하나가 다른 하나의 원인이 아니다. 우리는 단지 동일한 불가분의 현상을 상이한 특징들로써 규정하고 있을 뿐이다. 어떻게 그리고 왜 이 특정의 16세기 유럽의 세계경제가 재분배적 세계제국으로 전환되지 않고 자본주의 세계경제로 발전하게 되었는가 하는 문제는 필자가 다른 곳에서 설명했다.[7] 이러한 세계역사적 전환점의 발생이라는 문제는 이 논문의 주제와 관련해서는 주변적인 문제이다. 이 논문에서 논의하고자 하는 문제는 그러한 자본주의 세계경제의 틀내에서의 발전을 분석하는 데 어떠한 개념적 장치를 사용하고 있는가 하는 것이다.

그러므로 자본주의 세계경제로 돌아가자. 우리는 총체성을 분석하지 않음으로써 야기되는 두 개의 의사문제(擬似問題), 즉 소위 봉건적 형태의 존속이라는 문제와 소위 사회주의 체제의 형성이라는 문제를 다루고자 한다. 이렇게 함으로써 우리는 역사적으로 구체적 총체성인 세계자본주의 체제에 뿌리박고 있는, 비교분석을 위한 대안의 모델을 제시하고자 한다. 그럼으로써 우리는 역사적 구체성이 분석적 보편성을 상실하지 않는다는 것을 보여주고자 한다. 오히려, 보편적 명제에 이르는 유일한 길은 역사적 구체성을 통해서 가능하다. 이는 마치 우주학에서 천체를 지배하는 원리를 발견하기 위해서는 바로 이 천체의 역사적 진화를 구체적으로 분석함으로써 가능한 것과 마찬가지이다.[8]

---

7) 필자의 다음 저서 참조. *The Modern World-System: Capitalist Agriculture and the Origins of the European World-Economy in the Sixteenth Century*, New York: Academic Press, 1974.

　'봉건주의' 논쟁과 관련해서, 프랑크의 "저발전의 발전"의 개념을 출발
점으로 시작해보자. "저발전의 발전"이라는 견해에 따르면, 현대 저발전
국가들의 경제구조가 '전통적' 사회가 '발전된' 사회와 접촉할 때 보여주
는 형태도 아니며, 산업화에 이르는 '전환'의 과정에서 전 단계도 아니라는
것이다. 그것은 오히려 세계경제에 주변적 자원 생산지역으로서 포함된 결
과라는 것이다. 또는 프랑크가 칠레에 관해 언급하는 것처럼, "저발전은 4
세기에 걸친 자본주의 자체의 필연적 산물"이라는 것이다.9)

　이러한 주장은 1950~70년대에 나온 저발전국가들에 관한 대부분의 문
헌들의 주장과 상반된다. 이 문헌들은 '국가' 혹은 '문화'와 같은 비체계
(non-system)내의 '발전'을 설명하는 요소들을 찾아서, 저발전지역이 구제
되기 위해서는 이러한 요소들을 재생산할 것을 촉구했다.10)

　프랑크의 이론은, 또 한 예를 들면 남미의 맑스주의 정당이나 지식층을
오랫동안 주도해왔던 정통 맑스주의와도 대립된다. 이러한 정통 맑스주의
는 프랑크를 비롯한 많은 사람들의 비판에 의해서, 그리고 쿠바혁명 이후
의 정치적 실제와 결과에 의해서도 깨어졌다. 남미에서의 최근의 분석은
대신에 '종속'의 개념을 중심으로 이뤄지고 있다.11)

　그러나 어네스토 라클라우(Ernesto Laclau)는 프랑크의 이중구조론에 대
한 비판은 수용하나 남미 국가들을 자본주의로 보는 것에는 반대하면서 프
랑크에 반론을 제기했다. 대신 라클라우는 세계 자본주의 체제는 '그 정의
의 차원에서' 다양한 형태의 생산양식을 포함한다고 주장한다. 그는 프랑

---

8) Philip Abrams도 다음에서 보듯이 유사한 지적을 한다. "역사학과 사회학의 학
　　문적, 지적 결연은 이 두 학문이, 사회전환을 이해하는 데 관련된 가장 중요한
　　문제들에 진지한 주의를 기울이는 것을 막는 결과를 초래하고 있다." "The
　　Sense of the Past and the Origins of Sociology," *Past and Present*, No.55, May
　　1972, p.32.

9) Frank, op.cit., p.3.

10) 이러한 이론들에 대한 프랑크의 고전적 비판은 "Sociology of Development
　　and Underdevelopment of Sociology"에서 볼 수 있고, 이는 *Latin America:
　　Underdevelopment or Revolution*, New York: Monthly Review Press, 1969, pp.21-
　　94에 재수록되어 있다.

11) Theontonio Dos Santos, *La Nueva Dpendencia*, Buenos Aires: s/ediciones, 1968.
　　참조

크가 '자본주의 생산양식'과 '세계 자본주의 경제체제에의 참가'라는 두 개념을 혼동하고 있다고 비난한다.[12]

물론 이것이 개념규정의 문제라면 더이상의 논란이 있을 수 없다. 그러나 그럴 경우 문제는 어의론으로 환원되기 때문에 논쟁은 거의 무의미하게 된다. 더구나 라클라우는 그러한 정의가 자신의 것이 아니라 맑스의 정의라고 주장하는데, 이것은 더욱 논쟁의 여지가 있다. 로자 룩셈부르크(Rosa Luxemburg)는 이 논쟁과 관련한 맑스 자신의 모호성 혹은 비일관성을 지적한다. 이 모호성으로 인하여 프랑크와 라클라우는 모두 그들의 생각을 맑스와 연결시키고 있다.

주지하듯이 맑스는 농민이 자본주의 프롤레타리아로 전환되는 과정 뿐만 아니라 비자본주의적 생산수단의 축적과정-주의: 룩셈부르크는 강제노동하에서 주변부 지역에서 생산되는 1차 산품을 말하고 있다-을 구체적으로 다루고 있다. 자본론 1권 14장에서 맑스는 유럽자본에 의한 식민지 약탈을 강조하면서 영국 프롤레타리아의 기원, 자본주의적 농업에서 소작계급의 기원, 그리고 산업자본의 기원을 기술하고 있다. 그러나 이 모든 것들은 단지 원시적 축적이라는 관점에서 다뤄지고 있다는 것을 알아야 한다. 맑스에 있어서 이러한 과정들은 자본의 발생, 최초의 자본의 등장을 보여준다는 의미를 가질 뿐이었다. 즉 이러한 과정들을 통하여 봉건사회로부터 자본주의 생산양식이 출현하게 된 것이다. 그가 자본주의적 생산 및 유통의 과정을 분석하게 되자, 그는 자본주의적 생산-즉 임금노동에 기초한 생산-의 보편적이고 배타적인 지배를 재확인한다.[13]

---

12) Ernesto Laclau, "Feudalism and Capitalism in Latin America," *New Left Review*, no.67, May~June 1971, pp.37-38.

13) *The Accumulation of Capital*, New York: Modern Reader Paperbacks, pp.364-365. 그러나 룩셈부르크는 '자본주의적', '비자본주의적' 생산양식이라는 용어를 사용함으로써 더욱 혼란에 빠져든다. 이러한 용어들을 제쳐놓으면, 그녀의 관점은 완벽하다. "잉여가치를 실현하고 고정자본의 물적요인들을 생산한다는 측면에서 보면, 국제무역은 자본주의가 역사적으로 존재하기 위한 중요한 필요조건이다.… 실질상황에서 국제무역은 본질적으로 자본주의와 비자본주의 생산양식 간의 교환이다"(Ibid., p.359). 그녀는 중심부를 위한 주변부로부터의 노동의 충원-그녀가 '가변자본의 증대'라고 부르는 것-에 관해서도 유사한 통찰력을 보여준다(Ibid., p.361).

366

이 논쟁에는 결국 실질적인 쟁점이 있다. 이것은 사실 근대초기 유럽에서 '봉건주의로부터 자본주의로의 이행'에 관한 1950년대 초 모리스 돕(Mourice Dobb)과 폴 스위지(Paul Sweezy) 간의 논쟁에 내재하고 있는 실질적 쟁점과 동일한 것이다.[14] 필자가 보기에 이 실질적 쟁점이란 비교를 위한 적절한 분석단위의 문제와 관련된다. 기본적으로 비록 스위지와 프랑크가 이 점과 관련하여 명시적이지는 않지만, 그리고 돕과 라클라우가 자신들이 보다 충실하게 맑스의 주장을 따르고 있다는 것을 보여 줄 맑스의 문구들을 지적할 수 있겠지만, 필자는 스위지와 프랑크가 맑스의 문구는 아니라 하더라도 그의 정신을 더 잘 따르고 있다고 본다.[15] 또한 맑스를 논의에서 제외시키면, 실제로 일어났고 또한 일어나고 있는 일들에 대해서 이들이 돕이나 라클라우보다 더 현실에 가까운 이해를 가능케 한다고 필자는 생각한다.

라클라우가 구축하고 있는 분석적이고 역사적인 형상은 무엇인가? 문제의 핵심은 자본주의 생산양식의 규정적 특징으로서 자유노동의 존재와 관련해서이다.

자본주의의 근본적 경제관계는 **자유노동자의**(필자의 강조) 노동력 판매에 있는데, 이러한 현상의 필연적 전제조건은 직접생산자가 생산수단의 소유를 상실하는 것이다.

라틴 아메리카의 사회경제 복합체들이 정복시대 이래로 자본주의적이었

14) 이 논쟁은 Maurice Dobb, *Studies in the Development of Capitalism*, London: Routledge and Kegan Paul, 1946으로 시작된다. 스위지는 "The Transition from Feudalism to Capitalism," *Science and Society*, 14(2), Spring 1950, pp.134-157에서 돕을 비판했고, 같은 호에 돕의 답변이 실렸다. 이후 세계 여러 곳에서 많은 학자들이 이 논쟁에 참여했다. 필자는 *The Modern World System* 제1장에서 이 논쟁에 관해 논평했다.
15) 모든 위대한 사상가들과 마찬가지로 자신의 사회적 위치에 구속된 인간으로서의 맑스와, 때때로 넓은 안목으로 바라볼 수 있는 천재로서의 맑스가 있었다는 가설을 지지하기 위해서는 긴 논의가 필요할 지 모른다. 앞의 맑스는 영국의 역사로부터 일반화를 시도했다. 뒤의 맑스는 사회 실체에 대한 중요한 개념적 틀을 창출해낸 사람이다. 로스토우(W. W. Rostow)는 영국역사로부터 대안적인 일반화를 제공함으로써 전자의 맑스를 논박하려고 했다. 그는 더욱 중요한 후자의 맑스를 무시했다. 다음 참조. *The Stages of Economic Growth: A Non-Communist Manifesto*, Cambridge: Cambridge University Press, 1960.

다는 프랑크의 주장을 현재 가능한 경험적 증거들과 대비시켜 보면, '자본주의' 명제는 지지될 수 없다는 결론을 내릴 수밖에 없다. 원주민의 인구밀도가 높았던 멕시코, 페루, 볼리비아 혹은 과테말라 등의 지역에서는 노동봉사의 다양한 체계를 극대화하기 위한 경제외적 강제가 점차 강화되고 있긴 했지만, 직접생산자들이 그들 생산수단의 소유권을 박탈당하지는 않았다. 서인도제도의 플랜테이션에서 경제는 노예노동에 기초한 생산양식에 기반하고 있었던 반면, 광업지역에서는 자본주의 프롤레타리아의 형성과는 조금도 닮지 않은 위장된 형태의 노예제 및 다른 유형의 강제노동이 발전되어 있었다.16)

간단히 말하면 이것은 사실이다. 서유럽, 적어도 17세기 후반 이후 영국에는 토지 없이 임금에 의존하는 노동자들이 존재했다. 그 당시의 라틴아메리카, 그리고 어느 정도는 지금까지, 노동자들은 프롤레타리아가 아니라 노예거나 '농노'였다. 프롤레타리아가 존재하면 자본주의라는 것은 물론 확실하다. 그러나 영국이나, 멕시코 혹은 서인도제도가 분석단위인가? 각각은 별개의 '생산양식'을 갖고 있는가? 그렇지 않으면 (16~18세기 동안) 분석단위는 영국과 멕시코를 동시에 포함하는 유럽 세계경제(European world-economy)인가? 그럴 경우 이 세계경제의 '생산양식'은 무엇이었는가?

이 문제에 대한 우리의 주장을 전개하기 전에, 또 다른 하나의 논쟁, 즉 중국이 '사회주의 국가'인가 아닌가 하는 문제를 둘러싸고 모택동과 유소기 간에 전개된 논쟁을 살펴보도록 하자. 이것은 맑스주의 정당에 관한 사상의 발전과 관계되는 오랜 배경을 갖고 있는 논쟁이다.

종종 지적되고 있듯이, 맑스는 혁명 이후의 정치과정에 관해서는 거의 언급하지 않았다. 엥겔스는 아주 후기의 저작에 가서야 '프롤레타리아 독재'에 관해 언급하고 있다. 이러한 '독재'에 관한 이론은 결국 볼셰비키가 러시아를 장악하기 직전에 출판된 레닌의 『국가와 혁명(*State and Revolution*)』에서야 성립됐다. 볼셰비키가 권력을 장악하자 이미 수립되어 있던 정권의 성격에 관한 논쟁이 야기되었다. 마침내 소비에트 사상에는 역사발전의 두 단계로서, 하나는 현재 실현가능하고 다른 하나는 오직 미래에서

---

16) Laclau, *Feudalism and Capitalsim*, p.25, 30.

368

나 실현가능한, '사회주의'와 '공산주의' 간의 이론적 구별이 등장했다. 1936년 스탈린은 소련이 이미 사회주의-그러나 공산주의는 아직 아닌-국가라고 선언했다.

따라서 우리는 이제 부르주아 지배 이후의 세 단계를 확실하게 설정했다. 즉 혁명 이후의 정부, 사회주의 국가, 그리고 궁극적으로 공산주의가 그것이다. 제2차 세계대전 이후 공산당 주도의 정권들이 동유럽 여러 국가들에 수립되었을 때, 이들 정권들은 자신들은 '인민 민주주의'로 선포했었다. 이는 혁명 이후 단계의 정부에 붙여진 새로운 이름이었다. 후에 이들 국가들 중 일부는-예컨대 체코슬로바키아는- 그들이 두 번째 단계, 즉 사회주의 공화국의 단계에 들어섰다고 선언했다.

1961년 소련공산당 제22차 전당대회에서는 사회주의와 공산주의 사이에 새로운 단계가 설정되었다. 그것은 '전 인민의 국가(state of the whole people)'로 발전된 사회주의 국가를 의미했고, 소련은 그 시점에서 이 단계에 이르렀다고 간주되었다. 전당대회 강령은 "전체 인민의 조직체로서의 국가는 공산주의가 완전히 승리할 때까지 지속될 것"이라고 선언했다.[17] 이에 대한 해설자 한 사람은 이 단계의 본질과 특징을 "전체 인민의 국가는 계급투쟁이 없는, 따라서 계급지배나 억압도 없는 세계최초의 국가"로 규정한다.[18]

1950년대 소련공산당과 중국공산당 간 불화의 초기 조짐의 하나는 '공산주의로의 점진적 이행'에 관한 문제를 중심으로 일어난 이론적 논쟁이었다. 기본적으로 소련공산당은 상이한 사회주의 국가들은 그러한 이행을 추진하는 데 있어 개별적으로 전진할 것이라고 주장했던 반면, 중국공산당은 모든 사회주의 국가들은 동시에 발전할 것이라고 주장했다.

우리가 알 수 있는 바와 같이, 단계들에 관한 이 마지막 형태의 논쟁은 암묵적으로 분석단위에 관한 문제를 제기하고 있다. 왜냐하면, 사실 중국공산당은 공산주의란 민족국가의 특성이 아니라 세계경제 전체의 특성이라고 주장하고 있었기 때문이다. 이 논쟁은 이제 심오하고 오랜 근원을 가

17) F. Burlatsky, *The State and Communism*, Moscow: Progress Publishers, 1961, p.95에서 재인용.
18) Ibid., p.97.

진 것으로 알려진 이데올로기 논쟁에 의해서, 중국 국내의 장으로 옮겨졌고 마침내 문화혁명을 초래했다.

'단계'에 관한 이러한 논쟁으로부터 가능한 추론의 하나는, 계급투쟁이 공산주의가 달성되기 이전의 혁명 이후 국가에서도 지속될 것인가 아닌가 하는 문제이다. 1961년 소련 공산당 제22차 전당대회는 소련은 내부에 계급투쟁이 없는 국가가 되었으며, 소련에는 더이상 적대적인 계급들이 존재하지 않는다고 주장했다. 소련에 관해서는 언급하지 않으면서 모택동은 1957년 중국에 관해서 다음과 같이 주장했다.

> 계급투쟁은 결코 끝나지 않았다. … 그것은 오랫동안 뒤틀린 채로, 그리고 때로는 아주 첨예하게 지속될 것이다. … 맑스주의자들은 지식인들 사이에서뿐만 아니라 전체 인구 중에서도 여전히 소수이다. 그러므로 맑스주의는 여전히 투쟁을 통해서 발전해야만 한다. … 그러한 투쟁은 결코 끝나지 않을 것이다. 이것은 진리의 발전법칙이며 또한 맑스주의의 발전법칙이다.[19]

만약 그러한 투쟁들이 결코 끝나지 않는다면, 사회주의 국가들이 거쳐가야 하는 것으로 가정되고 있는 '단계들'에 관한 다수의 간단한 일반화들은 의문시되지 않을 수 없다.

「인민들 간 모순의 올바른 처리에 관하여」라는 모택동의 보고서는 다른 것과 마찬가지로 유소기가 지지한 '"계급투쟁소멸론"을 전적으로 부인한 것'으로 문화혁명 동안 찬양되었다.[20] 특히 모택동은 "사회주의 체제전환을 통한 착취계급의 소유제를 철폐하는 것과 정치적, 이데올로기 영역에서 투쟁이 소멸되는 것이 동일한 것이 아니다"라고 주장했다.[21]

---

19) Mao Tse-Tung, *On the Correct Handling of Contradictions Among the People*. 7th ed., revised translation, Peking: Foreign Language Press, 1966, pp.37-38.
20) *Long Live The Invincible Thought of Mao Tse-Tung!*, *Current Background*. No.884, July 18 1969, p.14에 실려 있는 1967~1969년에 발행된 날짜 미상의 팜플렛.
21) 이것은 모택동이 1962년 8월 뻬이타이호에서 있었던 중앙위원회 노동평의회에서 행한 연설에서 취한 입장이다. 이 연설은 위의 팜플렛 20쪽에 실려 있다. 모택동의 이러한 입장은 1962년 9월 중국공산당 8기 10중전회(中全會)에서 지지되었는데, 위의 팜플렛은 이 회의를, 중국 프롤레타리아 진영과 부르주아 진영간의 격렬한 투쟁에서 일대전환을 이룬 것으로 기술하고 있다(Ibid., p.21).

진실로 이것은 **문화적** 혁명의 논리이다. 모택동은 비록 **정치권력의 획득**
(프롤레타리아 독재)과 **경제체제의 전환**(생산수단의 사적소유의 철폐)이 이
뤄졌다 하더라도 혁명이 결코 완성된 것은 아니라고 주장하고 있다. 혁명
은 하나의 사건이 아니라 과정이다. 이 과정을 모택동은 "사회주의 사회
(socialsit society)"-필자의 견해로는 혼동을 주는 용어의 선택이지만 중요
하지는 않다-라고 부르고, "사회주의 사회는 상당히 오랜 역사적 기간 동
안 지속된다"고 본다.22) 더욱이 "사회주의 사회 기간 동안에는 계급과 계
급투쟁이 존재한다"고 주장한다.23) 1962년 9월 24일부터 27일까지 열렸
던 중국 공산당 8기 10중전회는 모택동의 견해를 지지하면서, "사회주의
사회"라는 용어를 생략하고, 대신에 "자본주의로부터 공산주의로 이행하
는 역사적 기간인 프롤레타리아 혁명과 프롤레타리아 독재의 역사적 기간"
에 대해서 언급하고 있다. 이 기간은 "수십 년 혹은 그 이상 지속될 것이
며," 이 기간 동안에는 "프롤레타리아와 부르주아 간의 계급투쟁과 사회주
의 노선과 자본주의 노선 간에 투쟁이 있다"고 말한다.24)

우리는 유소기의 반론을 직접 갖고 있지는 않다. 대신 대안적인 입장으
로서 소련에서 출판된 사회주의 체제와 세계발전의 관계에 관한 최근의 분
석을 들어보자. 이 분석은 제2차 세계대전 이후 어느 시점에서 "사회주의
는 일국의 범위를 넘어섰으며 하나의 세계체제가 되었다"고 주장하고 있
다.25) 나아가, "16세기에 출현한 자본주의는 19세기에 가서야 하나의 세계
경제체제가 되었고, 부르주아 혁명이 봉건 엘리트의 권력을 종식시키는 데
는 300년이 걸렸으나, 사회주의가 새로운 세계체제를 위한 세력을 형성하
는 데는 30년 혹은 40년이 걸렸다"고 주장한다.26) 마지막으로 이 책은 '자

22) 10중전회에서 모택동이 행한 논평. Ibid., p.20.
23) Mao Tse-Tung, "Talk on the Question of Democratic Centralism," January 30
1962, *Current Background*, no.891, Oct. 8 1969, p.39.
24) "Communique of the 10th Plenary Session of the 8th Central Committee of
the Chinese Communist Party," *Current Background*, no.691, Oct. 5 1962, p.3.
25) Yuri Sdobnikov(ed.), *Socialism and Capitalism: Score and Prospects*, Moscow:
Progress Publ., 1971, p.20. 이 책은 세계경제·국제관계연구소(Institute of
World-Economy and International Relations)의 연구진들에 의해서 편집되었으
며, 책임자는 아볼린(V. Aboltin) 교수였다.
26) Ibid., p.21.

본주의 국제노동분업'과[27] '노동의 국제사회주의 협력'을[28] 별개의 두 현
상으로 간주하면서, 이러한 대립으로부터 다음과 같은 정책 결론을 끌어내
고 있다. 즉 "사회주의 단결은 중화인민공화국의 현지도자들이 추구하고
있는 분리노선 때문에 심각한 방해를 받고 있으며," 이것은 "모택동과 그
의 집단의 강대국 국수주의에 기인하는" 것으로 지적한다.[29]

위의 두 입장 사이의 대조에 유의하여야 한다. 모택동은 '사회주의 사회'
는 구조가 아니라 과정으로 보아야 한다고 주장하고 있다. 프랑크나 스위
지처럼, 명시적으로는 아니지만 암묵적으로 그는 민족국가가 아니라 세계
체제를 분석단위로 채택하고 있는 것이다. 반면에 소련 학자들의 분석은
병존하고 있는 두 개의 노동분업을 가진 '두 개의' 세계체제를 주장하고
있다. 또한 사회주의 체제는 '분열되어' 있다는 것을 인정한다. 만약 정치
적으로 분열되어 있다면, 경제적으로는 통합되어 있는가? 아무도 그렇게
생각하지 않을 것이다. 그렇다면 체제의 존재를 주장할 하부구조적 기반은
무엇인가? 단지 도덕적 명령에 따른 것인가? 그렇다면 소련 학자들은 칸트
의 형이상학에 근거해서 그들의 개념들을 규정하고 있는 것인가?

이제 이 두 논쟁으로부터 발전된 쟁점들을, 세계체제의 기능, 특히 지난
4～5세기 동안 존재해왔던 역사적으로 특수한 자본주의 세계경제의 기능
을 분석할 수 있는 일반적 개념의 틀로써, 재해석할 수 있는지 살펴보자.

우리는 하나의 유일한 노동분업이 존재하고 있다는 것을 어떻게 보여줄
수 있는가 하는 문제부터 시작해야 한다. 노동분업은 실질적으로 상호의존
적인 그물망으로 간주될 수 있다. 경제 행위자들은, 생계, 보호, 쾌락 등 그
들의 본질적 욕구의 총체는 그들의 생산적 행위와 어떤 형태의 교환의 결
합에 의해서 상당 기간에 걸쳐서 충족되어질 것이라는 가정－개별 행위자
입장에서는 분명 명확하지 않은－에 입각해서 움직인다. 특정 영역내에서
압도적 다수 행위자들의 기대를 실질적으로 충족시켜 주는 최소의 그물망
은 하나의 노동분업을 구성한다.

외부와의 중요한 연결고리라고는 해마다 공물을 바치는 것밖에 없는 소

27) Ibid., p.26.
28) Ibid., p.24.
29) Ibid., p.25.

규모 농경공동체가 그러한 하나의 노동분업을 형성하지 않는 이유는, 이 공동체내 사람들은 보호를 받기 위해서는 세계 제국내의 다른 부분들과 '교환'을 해야 한다고 가정하기 때문이다. 그러나 교환관계의 그물망이라는 이 개념은 본질적 교환과 '사치품' 교환이라고 부를 수 있는 것과의 구별을 가정한다. 이것은 물론 행위자들의 사회적 인식, 따라서 사회적 조직과 문화 속에 근거하고 있는 구별이다. 이러한 인식은 변할 수 있다. 그러나 이러한 구별은 우리가 모든 교환행위를 체계존재의 증거로 파악하는 함정에 빠지지 않기 위해서는 중요하다. 한 체계의(소체계 혹은 세계체계) 구성원들은 제한된 범위의 교환을 통하여 체계 외부에 존재하는, 체계의 외부영역의 요인들과 연결될 수가 있다.

그러한 형태의 교환은 매우 제한되어 있다. 두 체계의 요인들은 귀중품의 교환에 종사할 수 있다. 즉 자신이 속한 체계에서는 사회적으로 중요하지 않은 것으로 간주되는 것을 다른 체계에 수출하고, 그 대신 보다 가치있는 것으로 간주되는 것을 그 체계로부터 수입할 수 있다. 이것은 단순히 현학적인 개념정의만은 아니다. 왜냐하면 세계체제들 간의 귀중품의 교환은 그 세계체제의 역사적 진화에 아주 중요할 수 있기 때문이다. 이것이 중요한 이유는 귀중품의 교환에 있어 수입자는 이윤을 획득하는 것이 아니라 초과이윤을 얻고 있기 때문이다. 이 경우 교환 상대방 모두 초과이윤을 획득할 수 있지만, 한 체계내에서 잉여가치의 교환은 영합게임(zero-sum game)이기 때문에 어느 일방만이 최대이윤을 얻을 수 있다.

이제 우리는 자본주의 세계경제의 본질적인 측면에 접근하고 있다. 그것은 최대이윤을 실현할 목적으로 시장에서의 판매를 위한 생산이다. 그러한 체계에서는 추가적 생산이 이윤을 가져오는 한 생산은 끊임없이 확대된다. 그리고 사람들은 이윤폭을 확대할 수 있는 새로운 생산방법을 찾아 끊임없이 혁신한다. 고전경제학자들은 시장을 향한 그러한 생산은 어느 정도 인간의 자연스러운 상태라고 주장하려 했다. 그러나 인류학자들과 맑스주의자들의 공동연구는 오늘날 '자본주의'라고 부르는 생산양식이 여러 가지 가능한 양식의 하나일 뿐이라는 사실을 강조하고 있다.

그러나 산업혁명 시기에 자유주의자들과 맑스주의들 간에 지적 논쟁이 발생한 이래, 산업주의(industrialism)와 자본주의를 사실상 혼동하는 경향이 있어 왔다. 이러한 혼동으로 자유주의자들은 1945년 이후 비자본주의 사회로 추정되는 소련이 어떻게 산업화했는가를 설명해야 하는 딜레마에 빠졌다. 이에 대한 가장 세련된 반응은 '자유주의 자본주의'와 '사회주의'를 '산업사회'의 두 변이로 파악하고, 이 둘은 반드시 '수렴할' 것으로 보는 것이었다. 이러한 주장은 레이몽 아롱(Raymond Aron)에 의해서 강력하게 제시되었다.[30] 그러나 마찬가지의 혼동으로 인해서 맑스를 포함한 맑스주의자들은 산업혁명 이전 16~18세기간 유럽에서의 지배적인 생산양식이 무엇이었는가를 설명해야 하는 문제에 빠졌다. 본질적으로 대부분의 맑스주의자들은 '이행' 단계(transitional stage)를 이야기하고 있는데, 이것은 사실 어떠한 조작적 지표도 없는 오점투성이의 비개념(non-concept)이다. 이 딜레마는 국가를 분석단위로 사용하게 되면 더욱 심각해진다. 왜냐하면 이 경우에는 상이한 국가들에서, 이행이 왜 상이한 비율과 시간에 일어났는가를 설명해야 하기 때문이다.[31]

맑스 자신은 이 문제를 '상인 자본주의(merchant capitalism)'와 '산업 자본주의(industrial capitalism)'를 구별함으로써 다루었다. 이것은 불행한 용어선택이라고 본다. 왜냐하면 역시 이 '이행' 기간에 관해 주장하고 있는 모리스 돕(Maurice Dobb)과 같은 결론에 도달하고 말기 때문이다.

이 시기를 왜 자본주의 단계로 봐야 하는가? 노동자들은 일반적으로 프롤레타리아화되지 않았다. 즉 그들은 생산도구들로부터 분리되지도 않았고, 심지어 많은 경우 소규모의 토지를 점유하고 있기까지 했다. 생산은 흩어져 있었고, 분산되어 있었으며, 집중화되어 있지 않았다. 자본가는 아직 상인이 지배적이었으며, 이들은 생산을 직접 통제하지도 않았고, 그들 자신의 기율을 직공이나 장인들의 작업에 부과하지도 않았다. 이들 직공이나 장인들은 개인 (혹은 가족) 단위로 노동했으며, 상당한 정도의 독립성을 (비록 줄어들고 있었지만)

30) Raymond Aron, *Dis-huit lecons de la societe industrielle*, Paris: Ed. Gallimard, 1962.
31) 필자가 생각하기로, 이것은 홉스바움(E. J. Hobsbawm)이 그가 말하는 "17세기의 위기"를 설명하는 데 있어 빠진 딜레마이다. *Past and Present*에 실린 그의 논문을 참조.하라. 이 논문은 다양한 비판과 더불어 다음에 재수록되어 있다. Trevor Aston(ed.), *The Crisis of the Seventeenth Century*, London: Routledge and Kegan Paul, 1965.

보유했다.[32]

왜 진정 그런가? 특히 돕이 몇 페이지 앞에서, 생산의 한 양식으로서의 자본주의를 강조하고 있고(그럴 경우 자본가가 어떻게 주로 상인일 수 있는가?), 그러한 소유권의 소수에의 집중을 강조하고 있고, 또한 자본주의는 소유자들이 '소규모 농업생산자들이거나 장인생산자들인' 체계와는 다르기 때문에 사적 소유제와는 동의어가 아니라는 점을 강조하고 있다는 사실을 기억한다면, 우리는 이러한 질문을 제기할 수밖에 없다. 돕은 자본주의 하에서 사적 소유의 규정적 특징을 "아무 것도 소유하지 않고, 생산수단을 갖지 못하며 따라서 다른 생계수단이 없는 사람들이, 소유하고 있는 사람들을 위해서 노동하지 않을 수 없는" 것이라고 주장한다.[33] 이러한 모순을 볼 때, 돕이 그 자신의 질문에 대해 내리고 있는 대답은 필자가 보기에 매우 빈약하다. 즉 "이 당시의 상황은 이행기였고, 자본과 임금노동의 관계가 아직 성숙하게 발전되지 못한 것이 사실이지만, 자본-임금노동 관계는 이미 특징적인 양상을 보이기 시작했다"고 한다.[34]

자본주의가 하나의 생산양식의, 즉 시장에서의 이윤을 위한 생산이라면, 우리는 그러한 생산이 일어나고 있는지 혹은 일어나고 있지 않은지 하는 점에 유의해야 한다고 생각한다. 그러한 생산은 일어나고 있었으며, 아주 실제적인 형태로 일어나고 있었다는 것이 밝혀지고 있다. 그러나 그러한 생산은 대부분 산업적 생산은 아니었다. 16세기에서 18세기에 걸쳐 유럽에서 일어나고 있었던 일은, 북동쪽의 폴란드에서, 서쪽으로 남쪽으로 뻗어 유럽 전역을 포함하고, 서반구의 많은 부분을 포함하는 광대한 지역에 걸쳐서 하나의 유일한 노동분업을 가진 세계경제가 성장하고 있었던 것이다. 거기에는 세계시장이 존재하고 있었고, 사람들은 시장에서의 판매와 이윤을 목적으로 주로 농산물을 생산하고 있었다. 나는 아주 단순히 이것을 농업 자본주의(agricultural capitalism)라고 불러야 한다고 생각한다.

그러면 임금노동의 확산을 자본주의의 규정적 특징으로 간주함으로써

---

32) Maurice Dobb, *Capitalism Yesterday and Today*. London: Lawrence and Wishart, 1958, p.21. 강조는 필자의 것임.

33) Ibid., pp.6-7.

34) Ibid., p.21.

발생하는 문제가 해결이 된다. 국가가 노동자들에게 저임금(현물임금을 포함한)을 지불하도록 한 개인을 도와주고 또한 국가가 그 노동자들이 고용을 변경할 수 있는 권리를 박탈한다고 해서 그 개인이 자본가가 아닌 것은 아니다. 노예제와 소위 '제2차 농노제'는 자본주의체제하에서 비정상적인 상태로 간주되어서는 안된다. 오히려 이 16세기 세계경제에서 폴란드의 농노나 뉴스페인의 엔코미엔다(encomienda)의 인디언은 환금작물 생산을 위해 그들에게 임금을 '지불하는'—이 용어가 아무리 완곡하다 하더라도—지주들을 위해서 일하고 있었다. 이것은 노동력이 상품인 그러한 관계였으며(노예제하에서보다 더 그럴 수가 있을까?), 11세기 부르군디(Burgundy)에서의 봉건농노와 영주 간의 관계와는 판이하게 다른 것이었다. 거기서는 경제가 세계시장을 지향하고 있지도 않았고, (따라서?) 노동력이 어떤 의미에서도 팔고 사는 것이 아니었다.

그러므로 자본주의는 확실히 상품으로서의 노동을 의미한다. 그러나 농업 자본주의의 시기에 임금노동은 노동시장에서 노동이 충원되고 보상되는 여러 양식들 중의 하나에 불과하다. 노예제, 강제된 환금작물 생산(소위 '2차 봉건제'에 대해서 필자가 붙인 이름), 병작제, 소작제 등도 모두 대안적인 양식들이다. 세계경제의 상이한 지역들이 상이한 농업생산에 전문화해가는 조건들을 여기서 상술할 수는 없다. 나는 다른 곳에서 이미 이에 관해서 논의했다.[35]

지금 우리가 유의해야 하는 것은 이러한 전문화가 세계경제의 다른 특정지역들에서 일어나고 있다는 사실이다. 이러한 지역적 전문화는 시장에서의 행위자들이 시장이 그들의 이윤을 극대화해주지 못할 때 시장의 정상적인 작동을 피하고자 함으로써 일어난다. 이러한 행위자들은 단기이윤을 확보하기 위해 비시장기구들을 사용하고자 하고, 그 결과 시장에 영향을 실제로 미칠 수 있는 정치적 실체, 즉 국민국가(nation-states)에 의존하게 된다(이 단계에서 그들이 왜 도시국가(city-states)에 의존할 수 없었던가 하는 문제는 다시 한 번 긴 논의가 필요하다. 단지 그것은 군사 및 해운기술의 발전 정도와 관련이 있으며, 또한 15세기 유럽 국가들이 다양한 귀족계급의 소득수준을 유지하기 위해서 해외로 팽창해야 할 필요성, 그리고 중

---

35) 필자의 책, *The Modern World-System*, 제2장을 참조.

세유럽이 처했던 정치적 분열상태 등과도 관련이 있다).

어쨌든 지방 자본가 계급들-환금작물 지주들(간혹 혹은 통상 귀족)과 상인들-은 비시장 제약들로부터 자신들을 자유롭게 하기 위해서 뿐만 아니라-자유주의 사가(史家)들이 전통적으로 강조하듯이-새로운 시장, 즉 유럽 세계경제의 시장에 새로운 제약을 부과하기 위해서 국가에 의존했다.

역사적, 생태학적, 그리고 지리적인 일련의 사건들로 인해서 16세기 북서유럽은 유럽 다른 지역들보다 농업 전문화를 다양화하고 여기에 특정 산업들(섬유, 조선, 금속제품 등과 같은)을 추가로 발전시키는 데 유리한 위치에 있었다. 북서유럽은 이 세계경제의 중심지역으로 부상했으며, 보다 높은 기술수준에 의해 농업생산을 전문화했고, 이러한 농업은 노동통제의 양식으로서 소작농과 임금노동을 발전시켰다(이에 대한 이유들은 너무나 복합적이어서 여기서 논의할 수는 없다). 동유럽과 서반구는 곡물, 금은, 목재, 면화, 설탕 등의 수출에 특화하는 주변부 지역이 되었고, 여기서는 노동통제의 양식으로서 노예제와 강제된 환금작물 재배 노동이 선호되었다. 지중해 유럽은 고비용의 산업생산물(예컨대 비단)과 신용 및 정화(正貨)의 거래에 특화하는 세계경제의 반주변부 지역으로 등장했으며, 그 결과 농업부문에서는 병작제(share-cropping)가 노동통제 양식으로서 발달되었고 다른 지역으로의 수출은 거의 이루어지지 않았다.

세계경제에서 세 가지의 구조적 위치-중심부, 주변부, 반주변부-는 1640년에 이르러 대략 안정되었다. 특정 지역이 어떻게 어떤 위치에 속하게 되었는가 하는 문제는 아주 긴 논의를 요한다.36) 핵심적인 사실은, 출발점에서는 미세한 차이가 주어졌으나, 북서유럽에서는 다양한 지방집단들의 이해관계가 수렴되어 강한 국가기구들이 발전하는 결과를 낳았고, 반면 주변부 지역에서는 그러한 이해관계가 뚜렷이 분열되어 매우 약한 국가기구가 생성되었다는 것이다. 일단 국가기구의 힘에 있어 차이가 생기면, 강한 국가가 약한 국가에, 중심부 국가가 주변부 지역에 강요하는 '불평등 교환'이37) 작동하게 된다. 따라서 자본주의는 소유자에 의한 노동자로부터의

---

36) 이에 대한 필자의 간단한 설명은 다음에 나와 있다. "Three Paths of National Development in the Sixteenth Century," *Studies in Comparative International Development*. VII, 2, Summer 1972, pp.95-101.

잉여가치의 전유뿐만 아니라 중심부에 의한 세계경제 전체의 잉여의 전유
도 포함한다. 그리고 이것은 산업 자본주의에서와 마찬가지로 농업 자본주
의에서도 사실이었다.

중세 초기에도 물론 무역이 있었다. 그러나 그것은 우리가 '확장된' 장
원이라고 부를만한 지역에서 일어났던 '지방적'인 것이었거나, 혹은 '원거
리' 무역은 사치품을 주로 다루는 것이었다. 중간 정도 크기의 지역들 사이
에 대규모 상품이나 주산물의 교환은 없었으며, 따라서 그러한 시장을 위
한 생산도 없었다. 중세 후기에 세계경제들이 등장하기 시작했다고 말할
수 있는데, 하나는 베니스를 중심으로 하고, 다른 하나는 플랑드르와 한자
(Hanse)를 중심으로 하는 것이었다. 이들은 1300～1450년간의 경제, 인구,
환경의 위축으로 인해서 쇠퇴하였다. 자본주의가 튼튼한 뿌리를 내리게 된
것은 오직 1450년 이후 유럽의 노동분업이 생성되면서부터이다.

자본주의는 처음부터 세계경제의 문제였지 민족국가의 문제가 아니었
다. 비록 여러 문헌들에서, 특히 맑스주의자들이 빈번하게 주장하고 있기
는 하지만, 자본주의가 범세계적이 된 것은 20세기에 들어서라고 주장하는
것은 상황을 잘못 해석한 것이다. 이러한 주장은 아기리 에마누엘의 부등
가 교환론에 대한 찰스 베틀하임의 논평에서 전형적으로 발견된다.

　　자본주의 생산양식이 범세계적이 되는 경향은, 제국주의 극과 피지배 극을
　포함해서 복합적이고 위계적인 구조를 형성하는 민족경제집단의 형성을 통해
　서 뿐만 아니라, 또한 상이한 민족경제들 및 상이한 국가들 사이에 형성되는
　적대적 관계를 통해서 뿐만 아니라, 거대자본('국제적 거대자본,' '세계기업'
　등의 형성)에 의해서 '민족적 경계'가 끊임없이 '초월되는' 현상에 의해서도
　명백하게 나타나고 있다.[38]

이 논평의 전체적인 어조는, 자본은 자본주의 세계경제내의 민족적 경계
에 의해서 그 열망이 결정되는 것을 결코 하지 않았다는 사실을 무시하고

---

37) Arghiri Emmanuel, *Unequal Exchange*, New York: Monthly Review Press,
　　1972를 참조.
38) Charles Bettelheim, "Theoretical Comments," in Emmanuel(ed.), *Unequal
　　Exchange*, p.295.

있으며, 또한 민족적 경계들의 설정—총칭하여 중상주의—은 역사적으로 체계에서 우위의 힘을 가진 국가들보다 한 단계 아래에 있는 국가들에 위치한 자본가들의 방어적 기제였다는 사실을 무시하고 있다. 그러한 예로는 1660~1715년 동안의 네덜란드에 대한 영국의 경우, 1715~1815년 동안의 영국에 대한 프랑스의 경우, 19세기 영국에 대한 독일의 경우, 20세기 미국에 대한 소련의 경우를 들 수 있다. 그러한 과정에서 많은 국가들은 민족경제의 장벽을 쌓는데, 그 결과는 종종 초기의 목적을 달성한 이후에도 지속된다. 이 후기의 시점에 이르게 되면, 그들 정부로 하여금 제약을 가하도록 압력을 가했던 바로 그 자본가들은 이러한 제약들이 자신들에게 방해가 된다는 것을 발견하게 된다. 이것은 '민족'자본의 '국제화'가 아니다. 이것은 단지 실제 경제시장, 세계경제시장내에서 항상 그들의 이윤을 최대화하려는 자본가 계급의 특정 분파들의 새로운 정치적 요구에 지나지 않는다.

그렇다고 한다면, 이 세계경제내에서의 구조적 위치를 논의하고 국가들이 어느 하나의 위치에 놓여 있다는 것을 확인하는 것은 무슨 의미가 있는가? 그리고 흔히 사용하는 중심부와 주변부 사이에 '반주변부'를 추가하여 세 가지 위치에 관해서 논의하는 것은 무엇 때문인가? 중심부 국가의 국가기구는 자본가적 지주들과 그들의 상인 동맹자들의 요구를 충족시키기 위해서 강화되었다. 그러나 그러한 사실은 이 국가기구들이 마음대로 조작되는 꼭둑각시였다는 것을 뜻하지는 않는다.

명백히 어떤 조직체든지 일단 설립되고 나면, 두 가지 이유로 인하여, 그것을 설립하도록 압력을 가한 사람들로부터 어떤 자율성을 갖는 경향이 있다. 조직은 관료계층을 창출하는데, 이들의 경력과 이익은 조직 자체의 지속적인 강화에 의해서 확대되는 데 반해, 이에 대한 자본가 지지자들의 이해관계는 변할 수 있는 것이다. 왕과 관료들은 지속적으로 권력의 자리에 남아 있고, 자신들의 이익을 부단히 증진시키고자 했다. 둘째로, 처음 강한 국가를 창설하는 과정에서 국가의 영역내의 다른 세력들과 어떤 '헌법적' 타협이 만들어지기 마련인데, 이러한 제도화된 타협들은, 그렇게 의도되었던 것처럼, 국가기구 운영자들의 행동의 자유를 제한한다. 그러므로 국가를 '지배계급의 집행위원회'로 공식화하는 것은, 어떤 조직체든 참여해 본

사람은 잘 알듯이, 집행위원회는 결코 그 구성원들의 의지를 단순히 반영하지는 않는다는 것을 명심한다면 전적으로 타당한 것은 아니다.

중심부에서 국가기구의 강화는 이것의 직접적인 대응으로서 주변부에서 국가기구의 약화를 수반한다. 16, 17세기 폴란드 왕정의 쇠퇴는 이러한 현상의 좋은 예이다.[39] 이에는 두 가지 이유가 있다. 주변부 국가들에서 자본가 지주들의 이해관계는 상업 부르주아의 이해관계와 상반된다. 주변부에서 자본가 지주들의 이해관계는, 세계시장 무역으로부터 그들의 이윤을 극대화하기 위해서 개방경제를 유지하고-수출에 대한 제한을 없애고 중심부 국가들로부터 낮은 비용의 산업생산물의 수입제한을 없애는 것-정치적 위협을 가하지 않는 외부상인들을 선호하여 주변부의 상업 부르주아를 제거하는 데 있다. 따라서 국가와 관련하여 볼 때, 중심부에서 국가를 강화시켰던 연합이 주변부에는 분명 결여되어 있었다.

두 번째 이유는, 근대 세계체제의 역사를 통하여 점점 더 강하게 작동해 왔는데, 중심부 국가에서 국가기구의 강력성은 다른 지역 국가기구의 취약성의 함수라는 것이다. 따라서 전쟁, 전복, 외교를 통한 외부세력의 개입이 주변부 국가들의 운명이었다.

이 모든 것은 분명한 것처럼 보인다. 나는 두 가지 점을 분명히 하기 위해서 이를 반복한다. 우리는 근대 세계체제 역사의 특정 시점에서의 다양한 국가기구의 강도를, 발생적-문화적 접근으로서는 적절히 설명할 수 없다. 이를 위해서는 오히려 특정 시점에서 그 국가가 행하는 구조적 역할을 봐야 한다. 확실히 어느 국가가 특정의 역할을 최초에 담당하게 되는 것은 그 국가의 우연적 위치에 의해서 결정된다. 이러한 우연은 물론 일부는 과거의 역사에, 그리고 일부는 당시의 지리적 조건에 관련된다. 그러나 이러한 부차적인 우연이 일단 주어지면, 세계시장의 작동에 의해서 그 차별성은 더욱 강화되고 제도화되며 단기간에 극복할 수 없게 된다.

---

39) 다음 참조. J. Siemenski, "Constitutional Conditions in the Fifteenth and Sixteenth Centuries," in W. F. Reddaway et al.(eds.), *Cambridge History of Poland*, vol.1, *From the Origins to Sobieski (to 1696)*, Cambridge: University Press, 1950, pp.416-440; Janusz Tazbir, "The Commonwealth of the Gentry," in Aleksander Gieysztor et al.(eds.), *Hostory of Poland*, Warszawa: PWN-Polish Scientific Publ., 1968, pp.169-271.

중심부와 주변부의 구조적 차이에 관해서 지적하고 싶은 두 번째 점은 세 번째의 구조적 위치, 즉 반주변부가 있다는 점을 인식하지 않는다면 그러한 차이를 이해할 수가 없다는 것이다. 이것은 단지 특성들을 연속선상에 자의적으로 설정한 결과 나타난 것만은 아니며, 우리들의 논리 또한, 지표곡선들을 비교함으로써 제3의 범주의 존재를 인식하게 되는 식의 귀납적인 것만은 아니다. 그것은 또한 연역적인 것이다. 반주변부는 자본주의 세계경제를 원활히 운용하기 위해서 필요하게 된다. 세계체제의 두 형태, 즉 재분배 경제를 가진 세계제국과, 자본주의 시장경제를 가진 세계경제는 모두 보상의 불균등분배를 뚜렷이 내포하고 있었다. 따라서 논리적으로, 그러한 체제가 어떻게 정치적으로 지속될 수 있었는가 하는 의문이 즉각 제기된다. 왜 착취당하는 다수가 불균등한 이득을 누리는 소수를 뒤엎지 않는가? 우리는 역사를 간단히 살펴보기만 해도, 이러한 세계체제들은 체제수준의 근본적인 반란을 거의 겪지 않았다는 것을 알게 된다. 내부의 불만은 항상 존재했지만, 권력침식이 누적되어 세계체제가 쇠퇴하기까지는 통상 상당히 오랜 시간이 걸렸으며, 그리고 종종 외부적 요인이 이러한 쇠퇴의 주요 요인이었다.

세계체제가 상대적으로 정치적 안정－체제내에서 주도적인 역할을 담당하는 특정 집단이 아니라 체제의 존속 그 자체의 관점에서－을 유지할 수 있었던 것은 세 가지의 기제에 근거한다. 하나는 주도적 세력의 수중에 군사력이 집중되어 있다는 것이다. 그 양상은 물론 기술에 따라서 변하고, 군사력의 집중을 위해서는 정치적인 선행조건이 분명 필요하지만, 그럼에도 불구하고 무력 그 자체는 중심적인 고려의 대상이다.

두 번째 기제는 체제 전반에 대한 이데올로기적 지지를 확산시키는 것이다. 이는 체제의 '정당화'를 의미하는 것은 아니다. 왜냐하면, 정당화라는 용어는 체제의 하위층이 그 지배자들에 대해 어느 정도의 친화력이나 충성심을 갖는다는 것을 의미하는데, 나는 이것이 세계체제의 존속에 큰 역할을 했다고는 보지 않기 때문이다. 오히려 이는 체제의 간부들－나는 이 용어를 의도적으로 모호한 상태로 남겨둔다.－이 자신들의 복지가 기존 체제의 존속 및 그 지도자들의 유능성에 달려 있다고 믿는 정도를 의미한다. 신화를 전파하고 신봉하는 자는 바로 이들이다.

그러나 다수가 대규모의 하위층과 소규모의 중간층으로 분할되어 있지 않다면 무력이나 이데올로기적 지지도 소용없다. 혁명가들이 변동의 전략으로서 극화를 요구하는 것이나 자유주의자들이 자유주의 정치체의 기반으로서 합의를 찬양하는 것은 모두 이러한 명제를 반영하는 것이다. 어떤 형태의 세계체제든 삼열구조(三列構造)를 갖는 것은 정상적인 상태이다. 그렇지 못하면 세계체제는 분해되고 만다.

세계제국의 경우, 중간층은 제한적 가치밖에 없는 장거리 사치품 무역을 유지하는 역할을 부여받게 되는 반면 상위층은 군사기구를 통제하는데, 그 자원을 집중하여 잉여 재분배의 중요한 양식인 공물을 수취한다. 그러나 도시화된 요소들—이들은 전근대사회에서 고립된 1차 생산자들에게 유일하게 정치적 응집력을 제공할 수 있다—에게는 제한된 범위의 잉여를 허용함으로써 상위층은 반란의 잠재적 리더십을 효과적으로 매수한다. 그리고 이들 상업적 도시 중간층의 정치적 권리를 부인함으로써, 그들의 경제적 이익이 자체의 군사력을 형성할 정도로 충분히 커지면 이를 몰수하는 조치를 취할 수 있도록 한다.

세계경제의 경우, 그와 같은 '문화적' 계층화는 간단하지 않다. 왜냐하면 하나의 단일한 정치체제가 없다는 것은 체제 전반에 걸쳐 경제적 역할이 수평적이기보다는 수직적으로 집중된다는 것을 의미하기 때문이다. 이럴 경우 해결책은 세 종류의 국가를 갖는 것인데, 각각의 내부에서는 문화적 동질화를 위한 압력이 존재한다. 따라서 상위층의 중심부 국가들과 하위층의 주변부 국가들 외에 중간층인 반주변부 국가들이 존재한다.

이 반주변부는 특정의 경제적 역할을 부여받는데, 그 이유는 경제적이라기보다는 정치적인 데 있다. 말하자면 하나의 경제로서 세계경제는 반주변부 없이도 아주 잘 기능할 것이다. 그러나 그럴 경우 극화된 세계체제가 나타나게 되어 정치적으로 훨씬 덜 안정적이다. 세 번째 범주의 존재는 중간층이 착취자일 뿐만 아니라 피착취자이기도 하기 때문에, 상위층이 다른 모두로부터 통일된 반대에 직면하지 않는다는 것을 정확히 의미한다. 따라서 특정의 경제적 역할이란 별로 중요하지 않으며, 근대 세계체제의 다양한 역사적 단계에 걸쳐 변화해왔다. 이러한 변화를 간단히 살펴보자.

그러면 이 모든 것에서 계급분석은 어디에 적용되는가? 그리고 그러한

공식화에서 민족, 국민, 인민, 인종집단 등은 무엇인가? 이 점을 여기서는
논의하지 않겠지만,[40] 나는 무엇보다 이 용어들은 내가 '인종민족(ethno-
nations)'이라고 부르는 한 현상의 변이에 불과하다고 주장한다.

계급과 인종집단, 혹은 신분집단, 혹은 인종민족은 세계경제의 현상이
다. 그들의 기능에 관한 구체적 분석에서 일어났던 많은 혼란들은 이들을
세계경제 전체가 아니라 세계경제내의 민족국가내에 존재했던 것으로 분
석했던 데 기인한다. 이것은 진실로 '프로크루스테스의 침대'였다.

경제행위의 영역이 주변부보다 중심부에서 훨씬 넓기 때문에 조합적 이
익집단들의 영역도 중심부에서 훨씬 광범하다.[41] 따라서 오늘날 예를 들면
유럽이나 북미에서와 같은 종류의 프롤레타리아는 세계의 많은 부분에 존
재하지 않는다고 광범하게 지적되어 왔다. 그러나 이것은 관찰을 혼란스럽
게 진술하는 것이다. 산업행위가 세계경제의 특정 부분에 불균등하게 집중
되어 있기 때문에 산업의 임금 노동자들도 특정 지리적 지역에서 주로 발
견되는 것이다. 조합집단으로서 그들의 이해관계는 세계경제에 대한 그들
의 집단적 관계에 의해서 결정된다. 세계경제의 정치적 기능에 영향을 미
칠 수 있는 그들의 능력은 그들이 다른 곳에서보다 특정 주권체에서 더 많
은 부분의 인구를 장악하고 있다는 사실에 기인한다. 그들 조직이 취하는
형태도 주로 이러한 정치적 경계에 의해서 지배된다. 이는 산업 자본가들
에게도 마찬가지이다. 우리가 예를 들어 프랑스 숙련 노동자들의 세계경제
내에서의 구조적 위치와 이해관계를 주시한다면, 계급분석은 그들의 정치
적 위치를 완벽하게 설명할 수 있다. 이는 인종민족에 대해서도 마찬가지

---

40) 보다 상세한 분석을 위해서는 필자의 다음 참조. "Social Conflict in Post-Inde-
   pendence Black Africa: The Concepts of Race and Status-Group Recon-
   sidered," in Ernest W. Campbell(ed.), *Racial Tensions and National Identity*,
   Nashville: Vanderbilt Univ. Press, 1972, pp.207-226.

41) 이 문장에서 영역(range)이란 인구의 상당부분이 종사하고 있는 상이한 종류의
   직업의 수를 의미한다. 그럴 경우, 주변부 사회는 전형적인 압도적 농업사회이
   다. 중심부 사회는 콜린 클라크의 세 부문 모두에 직업들이 잘 배분되어 있다.
   만약 영역의 개념에 생활 스타일, 소비 패턴, 또는 소득 분배까지 함축시키고자
   한다면 이러한 상관관계는 역전될 수 있다. 전형적인 주변부 사회에서 생계위주
   농민과 도시의 전문가 사이의 차이는, 중심부 사회에서 이들 간의 차이보다 훨
   씬 크다.

이다. 중심부 지역에서 인종의식의 의미는 주변부 지역에서의 인종의식과 상당히 다를 수밖에 없는데, 이는 바로 그러한 인종집단이 세계경제내에서 차지하는 상이한 계급적 위치 때문이다.42)

인종민족 혹은 계급분파들의 정치적 투쟁들은 물론 지방정치의 일상적 요소이다.43) 그러나 그것들의 중요성이나 결과는 그 조직적 행동이나 정치적 요구가 세계경제의 기능에 대해 갖는 의미를 파악할 경우에만 효과적으로 분석될 수 있다. 그럼으로써 또한 부차적으로 '좌'와 '우'와 같은 몇 가지의 평가기준에 입각해서 이러한 정치를 보다 합리적으로 평가할 수 있게 된다.

자본주의 세계경제가 기능하기 위해서는 하나의 단일한 세계시장에서 그들의 경제적 이익을 추구하는 집단들이 필요하다. 이들은 국가에 영향력을 행사하기 위해서 조직화함으로써 그들에게 이익이 되도록 세계시장을 왜곡하고자 한다. 국가들 중 일부는 다른 국가들보다 훨씬 강력하기는 하지만, 어느 국가도 세계시장 전체를 통제할 수는 없다. 물론 면밀히 조사하면, 일 국가가 비교적 매우 강력했던 시기들과 권력이 보다 분산되고 경쟁적이어서 약한 국가들이 보다 광범한 행동반경을 가졌던 시기들이 있었다는 것을 알게 된다. 그렇다면 세계체제의 견고함이나 이완성이 하나의 중요한 변수가 될 수 있을 것이고, 지난 수백 년 동안 그랬던 것처럼 왜 이러한 차원이 그 본질에 있어 주기적인 경향을 보였는가 하는 문제를 분석할 수도 있을 것이다.

우리는 이제 이러한 자본주의 세계경제 그 자체의 역학적 진화를 살펴보고, 하나의 체제로서 그것의 진화과정에서 구별되는 단계들을 말하는 것이 얼마나 유용한가 하는 점을 분석할 수 있는 위치에 왔다. '긴' 16세기 (1450~1640) 동안 유럽 세계경제의 등장은 하나의 역사적 위기국면에 의해서 가능했다. 즉 '봉건제의 위기'가 절정에 이르렀던 장기적 추세 위에

---

42) 필자의 다음 참조. "The Two Modes of Ethnic Consciousness: Soviet Central Asia in Transition?" in Edward Allworth(ed.), *The Nationality Question in Soviet Central Asia*, New York: Praeger, 1973, pp.168-175.

43) 여기서 지방정치(local politics)란 중앙정치에 대한 지방자치단체의 지방정치를 의미하는 것이 아니라 세계체제의 세계적 수준에 대한 지역적, 국가적 혹은 국지적 수준에서의 정치를 의미한다— 역자주.

보다 직접적인 주기적 위기와 기후변화가 가중되었고, 이는 오직 노동분업의 지리적 확장에 의해서만 해결될 수 있는 딜레마를 창출했다. 나아가 체제 간 세력균형으로 이는 가능해졌다. 따라서 인구팽창 및 물가상승과 더불어 지리적 확장이 이뤄졌다.

주목할 만한 일은 그렇게 하여 유럽 세계경제가 형성되었다는 것이 아니라 합스부르크 가(家), 특히 찰스 5세에 의해서, 세계제국으로 전환하려던 시도에도 불구하고 유럽 세계경제가 살아남았다는 것이다. 전체를 병합하려던 스페인의 시도는 실패했다. 왜냐하면 그 전 세기 이후의 급속한 경제적·인구적·기술적 폭발과, 특히 까스띠야 경제발전이 노정했던 구조적 불완전성으로 인하여, 스페인이 그러한 시도를 지속한다는 것은 감당할 수 없는 비용을 초래했기 때문이다. 스페인은 그러한 시도를 추진하기 위해서 필요한 관료기구나 군대를 감당할 수가 없었고, 결국 유사한 시도를 했던 프랑스의 군주들이 그랬던 것처럼 파산하고 말았다.

세계제국을 건설하려던 합스부르크 가의 시도가 무산되자—그리고 그 시도는 1557년에 영원히 끝났다—자본주의 세계경제는 균형을 깨기가 거의 불가능할 정도로 하나의 체제로서 확립되었다. 그것은 다른 세계체제들, 즉 오토만 세계제국, 러시아 세계제국, 인도양 원시세계경제 등과의 관계에서 빠르게 균형점에 도달했다. 유럽 세계경제내의 각 국가들, 혹은 잠재적 국가들은 재빨리 관료기구를 정비하고 상비군을 증설하고 그 문화를 동질화시키고, 경제행위를 다양화하는 경주에 돌입하였다. 1640년까지 북서유럽 국가들이 중심부 국가들로 자리잡는 데 성공했다. 스페인 및 북부 이탈리아 도시국가들은 반주변부로 하락했다. 북동유럽 및 이베리안 아메리카는 주변부로 편성되었다. 이 시점에서 반주변부 지위는 그 이전의 보다 강력한 지위에서 쇠퇴함으로써 이루어졌다.

1650～1730년 동안 체제 전반의 침체는 유럽 세계경제를 공고화시켰고, 근대 세계경제의 2단계를 열었다. 왜냐하면 침체로 인해 긴축할 수밖에 없었고 또한 상대적 잉여가 감축됨으로써 오직 하나의 중심국가만이 존속할 수 있는 여지가 형성되었기 때문이다. 투쟁양식은 중상주의였는데, 이는 그것들 자체가 위계적으로 구축된 대지역들의 세계시장—즉 세계경제내의 제국들(이는 세계제국과는 전혀 다르다)—으로부터 부분적으로 고

립, 탈퇴하는 방책이었다. 이 투쟁에서 영국은 처음 네덜란드를 상업적 우위에서 밀어내고, 자국을 추격하려던 프랑스의 시도를 성공적으로 물리쳤다. 1760년 이후 영국이 산업화 과정을 가속화함에 따라서 임박한 영국의 패권을 저지하기 위한 마지막 시도가 프랑스 자본가 세력들에 의해서 추진되었다. 이 시도는 처음 프랑스혁명에 따른 정권 담당자들의 교체로 나타났고, 이어 나폴레옹의 대륙봉쇄로 나타났다. 그러나 그 시도는 실패했다.

세계경제의 3단계가 그렇게 하여 시작되는데, 그것은 농업 자본주의라기보다는 산업 자본주의 단계였다. 그러므로 산업생산은 더 이상 세계시장의 부차적 측면이 아니라 세계총생산, 그리고 더욱 중요하게는 세계총잉여의 점증하는 비중을 차지하게 되었다. 이는 세계체제에 일련의 결과를 가져왔다.

무엇보다 먼저, 이제 지구의 전 지역을 포괄할 정도로 유럽 세계경제의 지리적 확산을 가져왔다. 이것은 부분적으로 군사화력과 선적장비에서의 기술발전으로 인해 정기적 무역을 지속할 수 있을 정도로 그 비용이 충분히 하락했기 때문이다. 추가로 산업생산은 기존의 영역내에서는 조달할 수 없는 질과 양의 원자재를 요구했다. 그러나 처음에 새로운 시장의 확보가 지리적 팽창의 주요요인이 아니었다. 왜냐하면, 새로운 시장은 과거의 영역내에서도 쉽게 확보할 수 있었기 때문이다.

유럽 세계경제의 지리적 팽창은 존속하고 있던 소체제의 병합과 다른 세계체제의 제거를 의미했다. 그 당시까지 유럽 세계체제 외부에서 가장 중요한 세계체제였던 러시아는 그 국가기구(군대를 포함한)의 힘과 이미 18세기에 이루었던 산업화의 정도에 힘입어 반주변부 지위로 편입되었다. 라틴아메리카 국가들의 독립은 그들의 주변부로서의 지위에 아무런 변화를 가져오지 못했다. 그것은 단지 스페인의 반주변부적 역할의 마지막 흔적들을 제거하고, 세계경제에 포함되지 않았던 라틴아메리카 오지 지역들을 일소했음을 의미하는 것이었다. 아시아와 아프리카는 19세기에 주변부로 편입되었다. 다만 일본은 국가기구가 강력했고, 자원이 빈약했으며—이는 세계자본주의 세력들의 무관심을 의미했다—중심부 지역에서 지리적으로 멀리 떨어져 있어, 빠르게 반주변부 지위로 상승할 수 있었다.

주변부로서 아프리카의 흡수는 두 가지 이유로 노예제의 세계적인 종말을 가져왔다. 첫째, 노예로서 사용되던 인력이 이제 아프리카내에서의 환금작물 생산—18세기 유럽인들은 그러한 환금작물 생산을 저지했었다—을 위해서 필요하게 되었다.[44] 둘째로, 아프리카가 외부지역이 아니라 주변부의 일부로 편입되자 노예제는 더이상 경제적이지 않았다. 이를 이해하기 위해서는 노예제의 경제학을 이해해야 한다. 자신의 노동에 대해 최소한의 보상을 받는 노예는 가장 비생산적인 형태의 노동이며 그 수명 또한 가장 짧다. 이것은 영양부족과 혹사, 그리고 죽음에 대한 심리적 저항의 하락에 기인한다. 더욱이 그들의 일터 주변에서 충원된 노예들은 도망하는 비율이 아주 높다. 그러므로 낮은 생산성의 상품을 위해서 높은 수송비용을 지불해야 한다. 이것은 오직 매입가격이 거의 0일 경우에만 경제성이 있게 된다. 자본주의 시장무역에서 매입은 항상 실질적 비용을 초래한다. 매입가격이 매입자의 사회체계에서 거의 0일 수 있는 것은 장거리 무역이나 사치품의 거래에서나 가능하다. 노예무역이 그랬다. 노예들은 낮은 직접비용(실제 교환된 상품들의 생산비용)으로, 그리고 통상적으로 수반되는 보이지 않는 비용(invisible costs)마저 없이 매입되었다. 말하자면 서아프리카에서 한 사람을 데려오는 것이 그 지역의 잠재적 생산성을 하락시킨다는 사실은, 이 지역이 노동분업의 일부가 아니었기 때문에, 유럽 세계경제에는 제로코스트(zero cost)였던 것이다. 물론 노예무역이 아프리카에서 더 이상 노예를 공급할 수 없는 정도까지 이르렀다면, 유럽에 대한 실질적 비용이 유발될 것이다. 그러나 그러한 시점은 역사적으로 결코 도달하지 않았다. 그러나 아프리카가 일단 주변부의 일부가 되자, 세계경제의 잉여생산과 관련하여 노예의 실질비용은 심지어 사탕수수나 면화 플랜테이션에서

---

44) A. Adu Boahen은 1751년 Cape Castle(지금의 가나에 있는 영국의 조그만 요새이자 무역 개척지)의 총독에게 영국 상무상이 보낸, 그 지역주민 Fante족이 면화를 재배하는 것을 중지시키라는 훈시를 인용하고 있다. 이유는 다음과 같이 기술되어 있다. "니그로들 사이에 경작과 산업을 도입하는 것은 기존의 우리 정책에 상반된다. 이것을 어느 지점에서 중단하고, 담배, 설탕 및 우리가 식민지에서 수취하고 있는 다른 모든 상품에까지 연장해야 하는지는 말할 수가 없다. 그렇게 되면 지금은 전쟁으로써 그들을 지탱하고 있는 아프리카인들이 경작자들이 될 것이며, 그 노예들은 미국에서와 마찬가지로 아프리카에서 그러한 농작물들을 재배하는 데 고용될 것이다." A. Adu Boahen, *Topics in West Africa History*, London: Longmans, Green and Co., 1966, p.113에서 인용.

임금노동으로 사용하는 것이 훨씬 경제적일 정도로 상승했고, 이것은 19세기 카리브 지역이나 다른 노예노동 지역에서 정확하게 일어났던 일이다.

확장된 세계경제에 광대한 새로운 지역들이 주변부로서 편입됨으로써 다른 지역들의 역할에도 변화가 일어났다. 구체적으로 미국과 독일은 이전의 주변부와 반주변부 지역들을 통합했다. 세계경제에 대한 주변적 하위지역들의 경제적 중요성이 떨어짐에 따라 이들 각국의 제조업 부문은 정치적 상승을 누릴 수 있게 되었다. 중상주의는 중심부 국가가 되려는 반주변부 국가들의 주요한 수단이 되었으며, 17세기 말과 18세기 영국과 프랑스에서의 중상주의적 추세와 유사한 기능을 여전히 수행했다. 확실히, '산업화하려는' 반주변부 국가들의 투쟁은 제1차 세계대전 전의 시기에 그 성공의 정도에서 차이를 보이고 있었다. 미국은 완전한 성공을 거두었고, 독일은 부분적으로 성공했으며, 러시아는 전혀 성공하지 못했다.

산업 자본주의하에서 중심부 국가들의 내부구조도 근본적으로 변화했다. 중심부 지역에서 산업주의는 실질적으로 거의 모든 농업활동을 폐지시켰다(20세기에 들어 새로운 기계화로 인해 산업적이라고 부를만큼 고도로 기계화된 경작법은 예외로 한다). 그리하여 1700~1740년간 영국은 유럽의 주도적인 산업 수출국이었을 뿐만 아니라 유럽의 주도적인 농업 수출국이었던 반면—이 시기는 경제 전반의 침체가 고조되었던 시기이다—1900년에 이르러서는 영국인구의 10% 미만이 농업에 종사하고 있었다.

산업 자본주의하에서는 우선 중심부는 공산품을 주변부의 농산물과 교환했다. 그래서 1815~1873년 동안 영국은 '세계의 공장'이었다. 심지어 이 시기의 영국은 어느 정도 제조업을 갖추고 있던 반주변부 국가들(프랑스, 독일, 벨기에, 미국)의 공산품 수요의 절반까지 공급했다. 그러나 이들 반주변부 집단들의 중상주의적 관행이 영국의 판로를 차단하고 주변부 지역에 대한 판매경쟁을 야기하게 되자—이 경쟁은 19세기 말 '아프리카의 분할'을 초래했다—세계노동분업은 중심부 국가가 새로운 역할을 수행하도록 재조정되었다. 즉 공산품의 제공은 줄고 하부구조—이 시기에는 특히 철도—와 공산품을 생산할 수 있는 기계류를 제공하는 역할로 변화되었다.

제조업의 대두는 자본주의하에서 처음으로 대규모 도시 프롤레타리아를 양산했다. 그리고 그 결과 처음으로 미첼스가 '반(反)자본가적 대중정신

(anti-capitalist mass spirit)'이라고 부른 것이 나타났으며,[45] 이는 구체적인 조직형태(노동조합, 사회주의 정당)로 표출되었다. 이러한 발전은 17세기 분산적인 반자본주의 지주계급이 그랬던 것처럼 이제 국가와 국가를 안전하게 장악하고 있는 자본가세력에 새로운 위협적 요소로 등장했다.

중심부 국가의 부르주아들은 국가구조의 내적 안정성에 대한 이러한 위협에 직면함과 동시에, 19세기 후반 시장의 확대를 능가하는 농업생산물 (그리고 경공업 제품들)의 급속한 증가로 야기된 경제위기에 직면했다. 잉여의 일부는 이들 상품의 구매를 촉진하고 경제기구의 원활한 작동을 위해서 재분배되어야만 했다. 중심부 국가의 산업 프롤레타리아들의 구매력을 증대시킴으로써 세계경제는 수요의 병목현상과 중심부 국가에서의 불안정한 '계급갈등'이라는 두 가지 문제를 동시에 해결할 수 있었다. 바로 이 시기에 사회적 자유주의 혹은 복지국가 이데올로기가 등장했다.

제1차 세계대전은 당시의 사람들이 관찰했던 것처럼 한 시대의 종말이었고, 1917년 10월 러시아 혁명은 새로운 시대, 즉 세계경제의 4단계의 시작이었다. 이 단계는 확실히 혁명적 혼란의 단계였지만, 또한 역설적으로 산업 자본주의 세계경제가 공고화된 단계이기도 했다. 러시아 혁명은 19세기 말 내부의 세력균형이 주변부적 지위로 쇠퇴하던 반주변부 국가에서 일어난 혁명이었다. 러시아 혁명은 해외자본이 산업부문에 현저히 침투하여 토착자본가 세력을 제거해 나가고 있었고, 농업부문 기계화에 대한 저항이 있었으며, 1905년 일본에 대한 패전에서 드러났듯이 상대적 군사력이 약화된 점 등의 요인이 복합적으로 작용한 결과였다. 혁명을 통하여 세계경제로부터 중상주의적 반(半)탈퇴라는 고전적 기술을 사용함으로써 이러한 요인들을 역전시킨 일군의 국가경영자들이 권력을 장악했다. 이러한 과정에서 지금의 소련은 특히 도시 지역에서 상당한 대중적 지지를 동원했다. 제2차 세계대전이 끝날 무렵 러시아는 반주변부의 매우 강력한 멤버로 복귀했으며, 완전한 중심부 지위를 추진하기 시작했다.

한편 1873년부터 시작된 영국의 쇠퇴는 확실시되었고 그 패권적 역할은

---

45) Robert Michels, "The Origins of the Anti-Capitalist Mass Spirit," *Man in Contemporary Society*, New York: Columbia University Press, 1955, vol.I, pp.740-765.

미국이 떠맡았다. 따라서 미국은 부상했지만, 독일은 군사적 패배의 결과 더욱 뒤처졌다. 1920년대 중동과 남아메리카에서 새로운 산업적 출구를 모색하려던 독일의 다양한 시도들은 미국의 진출과 영국의 지속적인 상대적 힘에 직면하여 좌절되었다. 실지(失地)를 회복하려는 독일의 필사적인 노력은 나찌즘이라는 유해하고 비성공적인 형태로 나아갔다.

미국이 짧은 기간 동안(1945~1965) 19세기 전반 영국과 같은 수준의 주도권을 장악할 수 있었던 것은 제2차 세계대전 때문이었다. 이 기간 동안 미국의 성장은 경이로운 것이었고 시장확대를 위한 거대한 필요성을 창출해냈다. 냉전에 의한 폐쇄는 소련뿐만 아니라 동구지역을 미국의 수출권에서 배제시켰다. 중국혁명은 지금까지 착취행위의 대상이었던 이 지역마저 떨어져 나갔다는 것을 의미했다. 세 곳의 대안적 지역이 모색되었고, 이는 면밀하게 추진되었다. 첫째, 서유럽은 신속하게 '재건되어야' 했다. 따라서 마샬플랜이 추진되었고, 이는 이 지역이 세계 생산성의 증대에 주요한 역할을 수행하도록 하기 위한 것이었다. 둘째, 라틴아메리카는 미국 투자의 보고가 되었고 영국과 독일을 완전히 배제시켰다. 셋째, 남아시아, 중동, 그리고 아프리카는 탈식민지화되어야 했다. 한편으로 이것은 1820년대 스페인에 대항한 라틴아메리카 혁명가들을 캐닝(Canning)이 은밀히 지원한 것과 마찬가지로 서유럽의 중개상들이 수취해가는 잉여를 줄이기 위해서 필요한 조치였다.46) 또한 이들 국가들은 식민지 시대에 결코 달성할 수 없었던 생산 잠재력을 동원하기 위해서도 탈식민지화되어야 했다. 식민지배는 결국 중심부와 주변부 간의 열등한 관계양식이었고, 19세기 말 산업국가들 사이의 치열한 갈등의 결과였으며 새로운 패권국의 관점에서 볼 때 더 이상 바람직하지 않은 것이었다.47)

그러나 세계 자본주의 경제는 진정한 제권을 허용하지 않는다. 찰스5세는 세계제국의 꿈을 이룰 수 없었다. 팍스 브리타니카(Pax Britanica)는 자체의 몰락을 촉진시켰으며 팍스 아메리카나(Pax Americana) 역시 마찬가

---

46) William W. Kaufman, *British Policy and the Independence of Latin America, 1804 ~1828*, New Haven: Yale University Press, 1951.

47) Cf. Catherine Coquery-Vidrovitch, "De l'imperialisme britannique a l'imperialisme contemporaine-l'avatar colonial," *L'Homme et la societe*, No.18, oct. nov. dec. 1970, pp.61-90.

지였다. 각각의 경우 정치적 제권의 비용은 경제적으로 너무 높았으며, 자본주의 체제에서 중기적으로 이윤이 감소할 때는 새로운 정치적 공식이 모색된다. 이 경우 비용은 여러 가지 방향에서 급증한다. 소련의 경우, 산업화를 심화시키고, 특권적 시장(동유럽)을 보호하고, 다른 시장에 진출하려는 노력은 엄청난 군사비 지출을 초래했다. 이것은 소련측에는 장기적 이익을 약속하는 것이었지만, 미국에는 단지 급속히 정지상태로 나아가는 것일 뿐이었다. 미국의 판로와 투자시장을 확보하기 위해서, 그리고 소련의 군사적 위협에 대응하기 위해 필요했던 서유럽의 경제적 부흥이 달성되자, 서유럽 국가구조는 집합적으로 미국만큼 강력하게 되었고, 이는 1960년대 말 '달러와 금의 위기'를 초래했으며, 닉슨 행정부로 하여금 자본주의 시장체제의 자신감 있는 지도국의 상징인 자유무역 기조로부터 후퇴하도록 했다. 제3세계, 특히 베트남으로부터의 압력이 누적되자, 세계노동분업을 재구조화하는 것은 불가피해졌다. 이에는 1970년대에 미국, 유럽공동시장, 일본, 소련에 의한 세계잉여 대부분의 4자간 분할도 포함되었다.

이와 같은 미국 패권의 쇠퇴는 자본주의 기업들의 행동의 자유를 실제로 증대시켰는데, 이는 대부분의 경우 국내 정치가들이 노동자들의 압력에 지나치게 민감하게 반응할 경우 국가 관료기구에 대항해서 움직일 수 있는 다국적기업의 형태를 취하였다. 현재로서는 특정 지역들에 한정되어 있는 다국적기업들이 소련과 어떤 효과적인 연계를 이룰 수 있을 것인가 하는 문제는 두고봐야 하겠지만 결코 불가능하지 않다.

이것은 이 글을 시작하면서 제기했던 문제의 하나, 즉 유소기의 주장처럼 중국은 사회주의 국가인가, 아니면 모택동의 주창처럼 사회주의는 지속적인 계급투쟁을 포함하는 하나의 과정인가 하는 논쟁으로 되돌아가게 한다. 이러한 용어들에 익숙하지 못한 사람들에게는 이 논쟁이 난해한 신학적인 것으로 보일 것이다. 그러나 이미 지적했듯이 이 문제는 실제적인 것이다. 만약 러시아 혁명이 세계경제에서 러시아의 구조적 위치가 상대적으로 급격히 하락하는 것에 대한 반작용으로서 일어났다면, 그리고 50년이 지난 이후 소련은 자본주의 세계경제에서 중심부 국가의 지위로 진입하고 있다고 말할 수 있다면, 세계의 3분의 1 지역에서 일어난 다양한 사회주의 혁명들이 의미하는 것은 무엇인가? 우선 사회주의 혁명이 일어났던 곳은

타이랜드나 리베리아, 혹은 파라과이가 아니라 러시아, 중국, 쿠바였다는 사실에 유의하자. 말하자면, 이러한 혁명들은 혁명전 그들 내부경제구조가 숙련된 인력, 얼마간의 제조업, 그리고 다른 요소들 등에서 어느 정도 최소한의 힘을 갖고 있던 국가들에서 일어났다는 것이다. 이러한 최소한의 힘이 있었기 때문에 이들 국가들은 자본주의 세계경제의 틀내에서 중상주의적 반(半)탈퇴의 기술을 사용하여 상당기간(이를테면 30~50년)내에 세계 노동분업에 있어 자신들의 역할을 변화시킬 수 있었던 것이다(이 점은 쿠바에 대해서는 전적으로 타당하지 않는 것으로 보이겠지만, 곧 그럴 것이다). 물론 이러한 혁명세력의 영향력이 미치는 지리적 영역이나 군사적 범위내의 국가들은 이러한 특징들이 전혀 없었으면서도 정치변동을 겪었다(예를 들면, 몽고나 알바니아). 또한 유사한 세력들이 강력하거나 그러한 세력의 등장을 막기 위해서는 상당한 대응세력이 필요한 많은 다른 국가들도 이러한 최소한의 힘의 지위를 공유하고 있다는 사실에 주목해야 한다. 칠레나 브라질, 혹은 이집트, 혹은 이탈리아 등을 생각할 수 있다.

우리는 자본주의 세계체제의 4단계에 적응한 반주변부 국가들을 위한 정치구조의 출현을 목격하고 있는 것이 아닌가? 이들 국가들에서 모든 기업들이 국유화되었다는 사실로써 이들 기업들의 세계경제에의 참여가 자본주의 시장체제의 작동양식─즉 생산의 효율성을 증대시켜 최대판매가격을 실현하고, 이로써 세계경제 잉여의 할당에서 보다 유리한 위치를 차지하는 것─에 부합하지 않을 것이라고 말할 수는 없다. 만약 내일 미국철강회사(U.S. Steel)가 노동자들의 공동관리체가 되어, 모든 피고용자들은 예외없이 동일한 몫의 이윤을 받고, 모든 주주들은 무상으로 몰수된다고 한다면, 이로써 미국철강회사는 자본주의 세계경제에서 작동하는 자본주의 기업이기를 중단하게 되는가?

그러면 기본적인 생산수단의 사적 소유가 없는 많은 국가들의 등장이 세계체제에 대해 야기하는 결과는 무엇이었는가? 어느 정도 이것은 소비의 내부적 재분배를 의미했다. 이것은 또한 자본주의 기업들의 정치적 취약성을 보여줌으로써, 그리고 사적소유가 산업생산성의 급속한 증대와는 무관하다는 사실을 보여줌으로써, 세계 자본주의의 이데올로기적 정당화를 분명히 감퇴시켰다. 그러나 이로써 새로운 반주변부 지역들이 보다 많은 부분의 세계잉여를 차지하게 되는만큼, 세계체제 존속의 근본적 요인인 삼중구조를 재창출함으로써 세계를 또 한번 비극화(非極化)시켰다.

마지막으로 세계경제의 주변부 지역에서는, 중심부가 지속적인 경제적 팽창을 누리고 — 비록 중심부는 잉여의 어느 정도의 재분배는 내재적인 것으로 보지만 — 반주변부의 힘이 새로이 강력해짐에 따라서, 주변부 지역의 정치적, 경제적 위치는 더욱 약화되어 갔다. '격차가 넓어지고 있다'는 지적은 많지만, 지금까지 누구도 이를 성공적으로 해결하지 못했으며, 많은 사람들이 이에 관심을 갖고 있는지조차 분명하지 않다. 세계의 많은 부분들에서 국가권위가 강화되기는 커녕, 16세기 폴란드의 경우와 같은 사태악화를 우리는 목격하고 있으며, 군부 쿠데타는 이러한 증후의 하나일 뿐이다. 이 모든 것들은 4단계는 자본주의 세계경제의 공고화 단계라는 결론에 이르게 한다.

그러나 공고화가 모순의 부재를 의미하는 것도 아니며, 장기적 존속 가능성을 의미하는 것도 아니다. 우리는 마침내 미래에 대한 전망을 제시할 위치에 왔다. 이것은 인간의 위대한 게임이었으며, 진정한 자기오만이었고, 원죄설에 대한 가장 설득력있는 논거였다. 단테(Dante)를 읽었기 때문에 나는 아주 간단히 말하겠다.

자본주의 세계체제의 작동에는 두 개의 근본적인 모순이 내재하고 있는 것으로 보인다. 첫째는 19세기 맑스 저작들이 지적하고 있는 모순인데, 나는 이를 다음과 같이 기술하고자 한다. 즉, 단기적으로 이윤을 극대화하기 위해서는 다수의 즉각적인 소비로부터 잉여의 회수를 극대화해야 하는 반면, 장기적으로 잉여를 지속적으로 생산하기 위해서는 회수된 잉여를 재분배함으로써 창출될 수 있는 대중수요가 필요하게 된다는 것이다. 이러한 두 가지의 고려 사항은 상반된 방향으로 전개되기 때문에(하나의 '모순'), 체제는 끊임없는 위기를 맞게 되어, 장기적으로 체제 자체를 약화시키며 특권을 가진 사람들은 게임을 할 가치를 덜 느끼게 된다.

두 번째의 근본적 모순 — 모택동의 과정으로서의 사회주의가 지적하고 있는 모순 — 은 다음과 같다. 즉 특권의 하수인들이 약간의 특권을 누리게 됨으로써 저항운동을 포섭하고자 할 경우, 그들은 의심할 바 없이 단기적으로 저항세력을 제거할 수 있을 것이다. 그러나 그들은 세계경제의 다음

위기에서 유발될 저항운동을 포섭하기 위한 비용을 올려놓게 된다. 따라서 '포섭'의 비용은 지속적으로 올라가게 되고, 포섭의 이득은 지속적으로 떨어지게 된다.

오늘날 세계경제에는 봉건체제가 없는 것과 마찬가지로 사회주의체제도 존재하지 않는다. 왜냐하면 단지 하나의 세계체제만이 존재하기 때문이다. 그것은 하나의 세계경제이며, 그 형태에 있어 자본주의적이다. 사회주의는 새로운 종류의 세계체제, 즉 재분배적인 세계제국이나 자본주의 세계경제가 아니라 사회주의 세계정부의 창출을 의미한다. 나는 이러한 전망이 조금도 이상주의적이라고 보지 않지만, 또한 그 제도화가 임박했다고도 보지 않는다. 그것은 우리에게 익숙한 형태로 그리고 아마 아주 새로운 형태로 세계경제의 모든 지역들에서 일어날 장기적 투쟁―모택동의 지속적 '계급투쟁'―의 산물일 것이다. 정부는 이러한 변혁에 동조적인 개인, 집단 혹은 운동의 수중에 있을 수 있겠지만, 국가는 그 자체로서 진보적이지도 반동적이지도 않다. 그러한 평가적 판단은 운동이나 세력들에 대해 내려져야 한다.

미래를 전망하는 데 내가 원하는 지점까지 왔으므로, 이제 결코 중립적일 수 없지만 그 자체의 논리와 어느 정도 그 자체의 우선 순위를 갖고 있는 현재의 학자적 임무로 되돌아 가자. 우리는 지금까지 관찰의 기본단위로서 구조적 부분들과 발전단계들을 가진 세계체제들이라는 개념의 윤곽을 이야기했다. 그러한 틀내에서만 전체들이나 전체의 부분들 간의 비교분석을 유용하게 할 수 있다고 나는 주장했다. 개념화가 측정에 선행하며 또한 측정을 통제한다. 나는 정치한 계량적 지표들에 전적으로 찬성한다. 나는 또한 구체적이고 역사적인 일련의 사건들을 그 직접적인 복합성의 관점에서 추적해가는 정밀하고 성실한 문서 추적 작업에도 전적으로 찬성한다. 그러나 어느 경우든 그 목적은 일어났던 일 그리고 일어나고 있는 일을 보다 잘 볼 수 있게 하는 데 있다. 이를 위해서 우리는 차별성의 차원들을 구별해낼 수 있는 안경이 필요하고, 중요성을 가늠할 수 있는 모델이 필요하며, 다른 사람들과 대화할 지식을 창출하기 위한 요약화된 개념들이 필요하다. 이 모든 것은 우리가 자기오만과 원죄를 진 인간들이고 따라서 선, 진, 미를 추구하기 때문이다.

신국제분업: 세계자본주의 체제의 발달과정*

폴커 프뢰벨, 유르겐 하인리히, 오토 크라이어

1. 자본의 증식 형태

지난 5세기 동안의 경제, 사회 및 정치사는 자본주의적 사회형태가 전세계적 규모로 발달해 감에 따라 그 구체적인 틀을 형성해 왔다. 자본주의적 사회형태는 기본적으로 자본의 운동논리에 의해 결정된다. 물론 역사적으로 피억압집단이 주체가 되어 계급투쟁을 통해 의도적이고도 혁명적인 사회구조의 변혁을 지향해 온 경우가 종종 발견되기도 한다(이를테면 러시아혁명, 중국혁명, 쿠바혁명을 통해). 이 장에서 우리는 맑스가 시도했던 자

---

* Folker Fröbel, Jürgen Heinrichs and Otto Kreye, *The New International Division of Labour: Structural Unemployment in Industrialised Countries and Industrialisation in Developing Countries,* Cambridge: Cambridge University Press, 1980, ch.2(박건영 옮김).

▶ 저자들은 맑스주의적 개념을 차용하여 노동과정의 변화와 그 결과에 대한 분석을 시도하지만, 이들의 '신국제노동분업론'은 주로 아담 스미스(Adam Smith)와 찰스 배비지(Charles Babbage)의 노동분업/노동과정의 세분화 논의에 기초하고 있다. 이들에 의하면 분업은 노동생산성을 높이고, 자본가들로 하여금 노동과정에 대한 통제를 용이하게 해준다. 아울러 세분화된 작업공정은 비용절감의 기준에서 다양하고 적절한 정도의 숙련도와 육체적 완력만을 필요로 하게 되어, 정확히 각각의 과정에 필요한 양 만큼의 노동을 구입하면 되므로 상품가격의 인하를 가능케 한다는 것이다. 전통적인 국제노동분업은 저개발국의 천연자원과 선진산업국의 공산품을 교환하는 메커니즘이었다. 노동분업과 작업공정의 세분화는 풍부하고 저렴한 저개발국 미숙련 노동자들의 활용을 가능케 하기 때문에 선진자본주의국가의 생산시설이 개도국으로 이전되게 하는 결과를 산출하였다. 이제 저개발국은 산업생산의 주요한 거점이 되고 있는 것이다. 이에 못지않게 중요한

본에 관한 분석을 원용할 것이다. 맑스가 시도했던 자본분석 논리에 따르면, 자본의 증식(Verwertung)과 축적이야말로 자본운동의 토대를 형성하는 두 개의 축이다. 자본가란 자본의 운동논리를 의식적으로 대변하는 기능을 한다고 볼 수 있다. 그렇다면 자본가의 유일한 동기는 화폐라는 형태로 추상화된 부를 무한정 점유하는 것이다.

따라서 자본주의 발달과정에 대한 분석은 자본의 증식과 축적과정, 그것을 결정짓는 인자들, 다시 말해서 자본의 증식과 축적과정에 필수적인 요소들, 그것을 가능하게 한 요인들, 혹은 저해하는 요인들을 분석하는 것부터 출발하는 것이 바른 순서이다. 임노동과 자본 간의 관계의 발달이라든가, 생산력의 발달 혹은 신념, 가치 혹은 사상체계의 발달로부터 자본주의 발달과정에 대한 분석을 시도한다는 것은 옳지 못하다. 후자의 예는 베버의 자본주의 정신(Geist des Kapitalismus)에서 전형적으로 나타난다. 다시 말하면 자유로운 노동력의 창출과 생산력의 발전은 단순히 특정 수단에 불과하다. 물론 특수한 조건하에서는 이 두 가지 요소가 자본의 증식과 축적을 보장할 수 있는 상당히 결정적인 수단이 될 수 있을 것이다. 그러나 이 두 가지 요소는 자본의 증식과 축적을 보장함에 있어 다른 종류의 수단과 병행해서 존재하는 수단에 불과하다. 자본은 다음의 조건하에서만, 즉 ① 임노동과 생산력이 더욱 높은 수준으로 발달하는 것을 저해하는 제약들(보통 경제 외적 강제라 불린다)이 제거될 수 있다면, 그리고 ② 그렇게 함으로써 더욱 큰 이윤이 창출될 수 있다면, 비로소 임노동/자본관계와 생산력을 발달시킨다.

예를 들면 자본주의 초기(1700년 무렵으로 거슬러 올라가)에 자본의 증식과 축적을 위해 마련되었던 조건을 고려해 볼 때, 자본은 자유 임노동자에게 거의 의존하지 않은 상태에서 교역, 사치품 생산, 혹은 대중상품 생산

것은 '신국제노동분업'의 확장·심화가 선진산업국에서의 구조적 실업이라는 결과를 야기한다는 점이다. 프랑크(A. G. Frank), 갈퉁(Johan Galtung) 등의 전통적 종속이론가들이 제기한 '수탈' 문제에, '잉여 잔존론'으로 대응한 아민(Samir Amin, 1974), 에반스(Peter Evans, 1979), 하인릭스(Jurgen Heinrichs, 1980) 등이 있으나, 이 글의 저자들은 '저개발국에서의 잉여 잔존'과 선진산업국의 실업 문제를 연관지어 자본주의의 세계적 수준에서의 동태성을 사회·경제적 관점에서 체계적으로 조망한 최초의 연구 중 하나로 평가될 수 있다.

(이를테면 곡물이나 의복, 설탕)에 화폐를 투자하는 것이 필요하였다. 그러나 자본은 소상품 생산재[대개는 선대제(putting-out system)의 형태로]나 농노 아니면 노예를 주 노동력으로 사용했다. 이때 자유임노동을 토대로 자본의 대규모 증식과 축적이 가능한 과정이자 동시에 필연적 과정으로 발전하기까지는 사회·정치적 혁명과 더불어 오랜 기간의 소위 본원적 축적과정이 요구되었다.

따라서 자본주의의 발달과정 뒤에 숨어 있는 결정적인 힘, 1차적인 동인은 자본의 증식과 축적과정이다. 어떠한 형태로든 임노동/자본관계를 확대·심화시키는 경향성이라든가, 생산력의 '발전'을 확대·심화시키는 경향성이 자본주의 발달과정의 1차적 동인은 아닌 것이다.[1]

그러므로 자본주의 발달의 기저에 놓인 운동법칙을 고려함에 있어서는, 어떤 방식의 역사적 분석을 시도하든, 무엇보다도 먼저 자본의 증식과 축적이 취해 왔고 또 취할 수 있는 다양한 형태를 인식하는 일이 필히 요구된다. 이들 형태는 다양한 생산양식에 기초하고 있다. 즉 역사적으로 주어진 조건이나 자생적인 조건하에서, 자본의 증식 및 축적형태는 이에 적용되는 필수조건, 가능성, 장애물 여부에 따라서 생산양식을 유지하기도 하고 해체하기도 하며, 또 이에 순응하기도 하여 이들을 결합하기도 한다.

---

1) 자본의 증식과 축적(곧 확대재생산)이 자본운동의 절대적 법칙을 구성한다는 것을 어떤 형태로든 직설적으로 '검증'하는 것은 쉽지 않다. 이러한 이유 때문에 앞서 주장했던 내용이 다소 독단적으로 여겨질지도 모른다. 일견 앞의 주장은 자본주의 발달과정사에 대한 보다 수미일관(首尾一貫)된 해석을 제공할 수 있는 능력에 따라서 정당화될 수도 있을 것이다. 자본주의와 자유임노동 간의 상관관계라든가 생산력의 자율적인 발달에 관한 전제를 기초로 해석한다면, 앞의 주장을 정당화하는 일이 다소 어려울 것이다. 사실 심층적인 연구는 다음과 같은 것을 논증해 줄 수 있을 것이다. 곧 개별적 행위자들에 의한 사익추구 또는 단순히 특정 조건하에서의 경제적 생존을 위한 필요성(무엇보다도 이는 정치적으로 미통합된 상태에 있는 세계경제 조건을 의미하며, 정치적으로 통합된 세계제국과는 반대되는 개념이다)이 어떻게 초과이윤—자본의 확대재생산을 야기하는—을 위한 지속적인 모색을 필연화시키는지를 보여 줄 수 있을 것이다. 이에 대해서는 Immanuel Wallerstein, "The Rise and Future Demise of the World Capitalist System: Concepts for Comparative Analysis," *Comparative Studies in Society and History* 16, no.4, 1974, pp.387-415을 볼 것. Ernesto Laclau, "Feudalism and Capitalism in Latin America," *New Left Review* 67, May/June 1971, pp.19-38을 참고할 것.

추상적 부의 무한적인 점유를 확보하기 위해, 그리고 자본의 증식과 축적을 위해, 자본주의 사회구성체는 인간의 의지가 개입된 전략과 본질적인 메커니즘이라는 두 가지 전제를 동시에 포함한다. 이 두 가지를 통해 전자본주의적 사회구성체와 비자본주의적 사회구성체, 그리고 개발도상의 자본주의 사회구성체의 경제·사회·정치적 조건 자체가 변형될 수도 있고 발전될 수 있다. 이러한 사회구성체 변형 및 발전은 특별히 이러저러한 호조건하에서, 추상적 부의 점유를 허용할 뿐만 아니라, 자본의 증식과 축적을 더욱 증진시키기 위한 전제조건의 지속적이고 체계적인 재생산을 허용한다. 잠시 중간적 형태에 대한 논의는 보류해 두고, 다소 도식적으로 표현한다면, 다음의 두 가지 주요한 형태가 구분될 수 있을 것이다.

① 비임금 노동관계가 자본에 포괄되는 과정은 주로 노예주, 봉건영주, 국가 등에 의해 행사되는 경제 외적 강제를 통해 성립·보존된다. 이 과정은 자본가계급으로 하여금 직접 생산자들이 생산하는 잉여생산물의 일부 내지는 대부분을 영원히 점유하도록 한다.

② 직접 생산자들은 그들 자신의 생산수단을 박탈당한다(이는 본원적 축적/최초의 소유권 박탈과 동일한 것이다). 그리고는 자신의 생계수단을 획득하기 위해서는, 겉으로 보기에는 '경제적 관계로 인해 노동해야 하는 것처럼 보이지만, 노동시장에서 생산수단을 소유한 이들에게 자신의 노동력을 영원히 팔지 않으면 안되는 상황에 놓이게 된다(즉 자본축적은 특별히 자본주의적 생산관계/자유임노동자의 착취라는 적절한 토대를 기반으로 이루어진다).

자본의 증식과 축적형태 가운데 위 ①번의 경우에 해당하는 사례는 자본주의 역사를 관통해서 발견된다. 즉 이윤추구를 위한 생산에 이용되는 노예노동, 강제노동(농노, 소작, 도제노동), 전형적인 자본주의 생산양식의 외부에 존재하는 하청 등이 좋은 예가 될 것이다. 기존 개념을 사용해서 표현한다면, 이들 생산양식은 '비자본주의적'이라 불린다. 그러나 역사를 자세히 들여다보면, 일단 적합한 조건이 성숙되면, 자본의 증식과 축적에 기여할 수 있도록 이들 최초의 생산양식을 수정·변형시키는 여러 종류의 전략과, 힘 그리고 메커니즘들이 드러난다. 이 과정은 유럽식 봉건주의 자체로부터 자본주의가 싹트는 과정을 포함한다. 뿐만 아니라 보다 일반적으로

398

는 자본주의적 사회구성체가 일단 성립되기만 하면 비자본주의적 사회구
성체가 자본주의에 의해 포섭(통합)되는 과정을 포함하기도 한다. 다음 주
제, 즉 자본의 증식 및 축적의 전제조건이 어떻게 재생산되는가와 관련해
서 보다 많은 저작들이 이미 나와 있다.2) 이 주제에 대한 탐색과정은 협의
의 자본에 대한 분석적 관점에서 볼 때, '역사적'일 수밖에 없다. 즉 자본주
의 분석이 봉건주의로부터 자본주의로 이행해 가는 시점에서 혹은 이전의
사회구성체를 포괄해 가는 과정에서 자본의 증식과 축적을 위한 선결조건
이 실제로 마련되어 있어야 한다고 전제하는 한은 '역사적'일 수밖에 없는
것이다. 다른 한편, 이전의 사회구성체를 자본주의 구성체로 통합시키는
것을 가능케 하는 특정 요인들과 과정―서유럽식 봉건주의 경우처럼 자생
적 과정을 통하든, 아니면 대부분의 제3세계 국가의 경우처럼 교역이나 전
쟁과 같은 외부적 힘에 의해 이루어지든, 아니면 아마도 일본의 경우가 이
에 해당될 텐데 이 두 가지 요소의 상호작용에 의한 것이든―에 관한 분석
은 엄밀한 의미에서 자본주의 분석의 일부는 아니다.3) 물론 이 과정에서

2) 엄격한 의미에서 역사적 관점을 취하는 문헌들은 아니지만, 다음과 같은 글들도
  볼 것. Stephen Hymer, "Robinson Crusoe and the Secret of Primitive Accumula-
  tion," *Monthly Review* 23, no.4, 1971, pp.11-36; Samir Amin, "Le Developpment
  inegal," *Essai sur les formations sociales du capitalisme peripherique*, Paris, 1973; Perry
  Anderson, *Lineages of the Absolutist State*, London, 1974; Andre Gunder Frank,
  World Accumulation 1492~1789, New York and London, 1978; Immanuel
  Wallerstein, *The Modern World-System*, New York and London, 1974. 그러나 여
  전히 노예노동이라든가 봉건시대 강제노동 등과 같은 하급의 형태로 생산활동을
  영위하는 사람들이 자본주의 생산양식의 지배를 받는 세계시장 속으로 편입되자
  마자, 그리하여 그들의 생산물을 수출시장에 팔아 자신들의 일차적인 이해관계
  를 발전시켜 감에 따라, 초과노동을 둘러싼 문명화된 공포는 노예 및 농노 형태
  의 보다 야만적인 공포와 접목되었다. 이에 미국 남부 주의 노동조합 소속 흑인
  노동자들은 그들의 생산활동이 주로 지역사회의 요구를 즉각 충족시켜 주기 위
  한 목적을 가지는 한은 다소 가부장적인 특성을 견지하였다. 그러나 면화수출이
  이들 남부 주의 이해관계를 결정하는 요인이 되는 것과 비례해서, 흑인들의 초과
  노동이 회계체계의 한 요인이 되었다. 때로 흑인들은 7년 노동을 하고 나면 자신
  의 생명을 소진하고마는 경우도 있었다. 이때 흑인들로부터 일정 양의 유용한
  생산물을 획득할 수 있느냐 여부는 더이상 문제가 되지 않았다. 그보다는 잉여가
  치 자체를 생산해 낼 수 있느냐가 문제의 관건이었다. 똑같은 상황이 다뉴브 지
  방의 강제노동의 경우에도 마찬가지로 해당되었다. Karl Marx, *Capital I*,
  Harmondsworth, 1976, p.345, cf. p.412, pp.424-425, p.645.

주요 행위자가 의도적으로 자본주의의 발달 그 자체를[4] 의도했다거나 의도하고 있다고 전제할 필요는 없다. 요컨대 중요한 것은 자본의 증식과 축적을 위해 주요 행위자들이 행하는 행동의 객관적 기능이지 그들의 주관적 동기는 아니다.

②의 경우를 생각해 보면, 출발점은 과도기적 형태가 될 것이다. 즉 자본이 증식되고 축적되며, 상업자본의 형태로 존재해 왔던 화폐로부터 산업자본이 최초로 서서히 나타난다. 물론 상업자본은 그 자체로 '비자본주의적' 생산양식에 기생적으로 착취하는 형태이다. 생산단계가 최초로 거의 무제한적인 자본의 이동에 종속되기 시작한 것은 바로 이 시점이다. 본원적 축적/최초의 점유과정은 토지를 양도성 상품으로 대규모로 전환시키며,[5] 노동자들의 생계수단을 위해 국내시장을 만들고, 무엇보다도 자본의 증식과 축적을 위한 전제조건을 창출한다. 즉 '경제적 관계 하나로 인해 한심하게

---

3) 예를 들면, Maurice Dobb, *Studies in the Development of Capitalism*, London, 1946 을 볼 것, 그리고 그 이후에 비판적 논의를 촉발시키는 동시에 논의의 발전에 기여한 바 있는 다음의 글들을 볼 것. Paul Sweezy, Maurice Dobb, Kohachiro Takahashi, Rodney Hilton, Christopher Hill, Georges Lefebvre, Giuliano Procacci, Eric Hobsbawm, John Merrington 이들의 글은 Rodney Hilton(ed.), *The Transition from Feudalism to Capitalism*, London, 1976에 재수록되어 있음. Eric Hobsbawm, "The Crisis of the Seventeenth Century"는 Trevor Aston(ed.), *Crisis in Europe 1560-1660*, London, 1969에 재수록되어 있음. Immanuel Wallerstein, "From Feudalism to Capitalism: Transition or Transitions," *Social Forces* 55, no.2, 1976, pp.273-283.

4) 자본을 그 자체의 고유한 특성을 지닌 독립적 형태의 사회적 산물로 보고, 이에 대한 분석이 시작된 것은 1800년대에 이르러서이다(Quesnay, Turgot, Smith, Ricardo, Babbage, Ure 등). 물론 그 이전 사람들도 있다. 이를테면 J. R. McCulloch(ed.), *Early English Tracts on Commerce*, London, 1970, pp.541-629에 재수록된 무명 작가의 "Considerations on the East India Trade"(1701)가 좋은 예가 될 것이다. 이 시기 훨씬 이전에 객관적 관점에서(Fugger, Colbert 등과 같이) 봉건주의 사회구성체의 틀 안에서 자본주의적 요소의 발달을 분석하는 데 공헌했던 모든 사업가와 정치가들, 혹은 퓨팅거(Peutinger), 데고(Degoe) 그리고 매드빌(Madeville)과 같은 지식인들의 경우에 위의 논의가 똑같이 적용되는 것은 물론 아니다.

5) 도시 및 상업자본의 발달과 성장이 서부 유럽 봉건주의 사회의 발달과정에서 내재적인 요소였던 것과 같이, 토지가 양도 가능한 상품으로 전환되는 것 또한 마찬가지이다. Margaret Fay, "The Influence of Adam Smith on Marx's Theory of Alienation," part II, *Science and Society*, 1978을 볼 것.

강제로 노동하지 않으면 안되는 상황'을 통해서 '자유로운' 임노동자 계급을 창출하는 것이다.[6] 선대제는 이러한 과정에 대한 하나의 적절한 예를 대변하며, 영국의 인클로저 운동 역시 또 하나의 예를 보여 준다. 저항, 적나라한 폭력, 계급갈등, 문화적 퇴보, 사회불안, 그리고 빈곤화 현상은 이러한 전제조건의 창출과 제도화 과정에 지속적으로 수반되는 결과들이었다.[7]

일단 '자유로운' 임노동자 계급이 형성되면, 자본이 법적 규제로부터 제한을 받지 않는 한 근로시간의 연장이라는 수단을 통해 더욱 많은 자본의 증식과 축적이 가능해진다. 법적 제약은 다음 두 가지 요인의 결과이다. 노동자 조직의 세력, 그리고 근로시간을 과도하게 연장할 경우 자본가에게 귀속되는 이윤이 오히려 감소한다는 사실에 대한 자본가들의 인식의 결과로 나타난다. 물론 이와 같은 이윤의 원천은 '주어진' 상황하에서 최대한의 노동일수에 의해 제한되게 마련이다. 노동생산성과 결과적으로 '착취율'을 증가시킴으로써 자본의 자기증식과 축적에 부과된 한계는 대부분 극복될 수 있다. 노동생산성을 향상시킬 수 있는 두 가지 중요한 방법이 있는데 하

---

6) 영국에서 진행된 '산업혁명'의 기원에 관한 에릭 홉스바움(Eric Hobsbawm)의 해석에 따르면, 보편화된 산업경제를 위한 안정적 기반이 다음 두 가지 요인에 의해 제공되었다고 본다. 하나는 일차적으로 대량소비를 가능케 하는 안정된 국내시장의 존재이다. 다른 하나는 수출을 통해 경제에 윤활유가 뿌려졌다는 점이다. 당시 수출은 주도면밀하면서도 적극적인 정부의 보조를 받음으로써 탄탄한 기반이 다져졌다. Eric Hobsbawm, *Industry and Empire*, Harmondsworth, 1969, 특히 2장을 참조할 것.

7) 예를 들면, 선대제에 관해서는 Josef Kulischer, *Allgemeine Wirtschafts-geschichte des Mittelalters und der Neuzeit*, vol.II, 1928-1929, 개정판, Darmstadt 1971, pp. 113-137을 볼 것; Karl Marx, *Capital I*, 26장(8부 '소위 본원적 축적'이라는 표제가 붙어 있음); Paul Mantoux, *The Industrial Revolution in the Eighteenth Century*, 개정판, London 1964; Karl Polyani, "The Great Transformation," *The Political and Economic Origins of Our Time, 1944*, Boston, Mass. 1957; Christopher Hill, *Reformation to Industrial Revolution*, Harmondsworth, 1968; Edward P. Thompson, *The Making of the English Working Class*, Harmondsworth, 1968; Stephen Hymer, "Robinson Crusoe and the Secret of Primitive Accumulation," *Monthly Review* 23, no.4, 1971, pp.11-36; William Lazonick, "Karl Marx and Enclosures in England," *The Review of Radical Political Economists* 6, no.2, 1974, pp.1-59.

나는 노동과정의 분화요, 다른 하나는 새로운 기계의 도입이다. 이때 노동
과정의 분화란 가장 적합한 노동력이 사용될 수 있도록 노동과정을 여러
요소로 세분화하는 것이다.[8]

 한 시대의 획을 긋는 자본주의 생산양식의 기능—자본의 증식과 축적을
위한 조건이 그것을 더욱 부추기거나 아니면 그것이 더욱 발전할 수 있도
록 강제한다는 조건하에서—은 아래와 같은 요소로 구성된다.

 ① 사상 그 유례를 찾아보기 어려울 만큼 빠른 속도로 발전하는 생산력.
이는 생산수단은 물론이고 과학기술, 교통, 통신 그리고 경영기법을 망라
한다.
 ② 사상 그 유례를 찾아보기 어려울 만큼 많은 양의 물질적 부의 생산.
이 과정에서 국가와 국가 간에 그리고 국가 내부에 극도로 불평등한 부의
분배가 이루어진다. 이 과정은 대략 '주변부' 인구의 약 2/3 가량의 절대적
빈곤화(단순한 상대적 빈곤화가 아닌) 현상을 포함한다. 이러한 불평등화
현상은 기본적으로 자본주의적 생산이 '유효'수요에 대응하는 것이지 인간
의 '욕구(needs)'를 충족시키기 위한 것은 아니기 때문이다.
 ③ 생산활동에 참여하는 노동자군과 산업예비군 간의 상대적 비율이 일
정한 범위 안에서만 유동성을 갖도록 하는 수단이 창출된다. 이러한 수단
을 창출하는 의도는 이를테면, '역사적'이고 '도덕적'인 임금상승 요인을
억제함으로써 이윤을 극대화하기 위함이다.[9] 물론 본원적 축적과 최초의

---

8) Adam Smith, *Wealth of Nations*와는 별도로 Karl Mark, *Capital 1*, 16장을 볼 것.
  여기서는 상대적 잉여가치와 절대적 잉여가치의 생산을 다루고 있다. 또한
  Charles Babbage, *On the Economy of Machinery and Manufactures*(1835), New
  York, 1971; Andrew Ure, "The Philosophy of Manufactures," *Or an Exposition
  of the Scientific, Moral, and Commercial Economy of the Factory System of Great
  Britain*, 1835, London, 1967; Frederick Winslow Taylor, *Scientific Management*,
  1903, 1911, 1912, Westport, 1976; Sidney Pollard, "The Genesis of Modern
  Management," *A Study of the Industrial Revolution in Great Britain*, London,
  1965; Harry Braverman, *Labor and Monopoly Capital*, New York and London,
  1974를 볼 것.
9) 우리는 현대 자본주의 사회에서 임금에 포함된 역사적이고도 도덕적인 요소를
  과대평가하는 함정에 빠지기 쉽다. 현재와 같이 주어진 조건하에서는 대중 소비
  재(임금)의 대부분이 노동력의 재생산을 위해서는 필연적인 것(다른 것으로 대

점유과정을 통해 임금노동자를 더욱 많이 창출하는 것은 인구학적, 사회적 한계에 이미 도달한 것인지도 모른다.

④ 자본은 '노동과정의 매 단계와 노동양식10)'을 통제하기 위한 독점적 지식'을 확보한다. 그리하여 피고용인들의 문화적 비하를 강화한다. 이렇게 되면 기계가 노동자를 고용하는 것이지 노동자가 기계를 이용하는 것이 아니다.

자본의 증식과 축적이 이루어지는 세 번째 형태는 ①과 ②가 연결된 메커니즘이다. 자본은 '비자본주의적' '전통적' '비공식적' 혹은 '후진(後進)' 부문들로부터 (노동을 포함한) 보조물을 추출함으로써, 또한 이를 과잉노동하는 인간의 노동력과 재량껏 결합함으로써, 그리하여 때로는 일시적이나마 개인의 신체적 재생산의 한계를 뛰어넘어, 일정한 한계 안에서, 노동자들의 소비를 위한 기금을 자본축적을 위한 기금으로 '전환'시킬 수 있다.11) 물질생산—노동력과 생계수단의 생산 및 재생산과는 반대로—은 구체적인 자본주의 생산양식의 틀내에서 이루어진다. 반면에 노동력 자체와 생계수단의 일부는 '비자본주의' 부문으로부터 파생된다. 이들 비자본주의 부문은 일단 자본주의 부문에 의해 흡수된 후에는 자본주의 생산을 위해서라면 지나치게 '늙어 버린' 노동자들을 보살펴야만 한다. 따라서 전형적인 자본주의 부문의 관점에서 조망해 보면, 노동력(노동시장)의 재생산 비용이 상당한 정도로 외재화(外在化)된다. 일일임금은 하루 일하고 다음 날 일할 때까지 즉각적으로 필요한 재생산 비용만을 제공해 줄 뿐이다. 이는 미래의 노동자 세대를 양육하는 데 드는 비용이나 노동시장에서 쓸모가 없어진 '노인'이나 노동을 할 수 없는 인구를 돌보는 데 드는 비용은 포함하지

체될 수 없는 것)으로 보아야 한다. Utz-Peter Reich, Philipp Sonntag & Hans-Werner Holub, Arbeit-Konsum-Rechnung, "Axiomatische Kritik und Erweiterung der Volkswirtschaftlichen Gesamtrechnung," *Eine problemorientirte Einfuhrung mit einem Kompendium wichtiger Begriffe der Arbeit-Konsum-Rechnung*, Cologne, 1977을 볼 것.

10) Harry Braverman, *Labor and Monopoly Capital*, New York and London, 1974, p.119.

11) Karl Mark, *Capital I*, p.748.

않는다. 그러나 이들 '전통적' 부문은 다음과 같은 의미에서 비자본주의적이다. 즉 전통부문 안에서 이루어지는 물질적 재생산이 자본주의 생산양식 내부에서 수행되지 않는다는 점에서만 그러하다. 이때 물질적 재생산은 노동력 생산과 자본주의의 전형적 부문의 이익을 위한 생계수단 일부의 생산을 포함한다. 동시에 전통적 부문은 노동력에 대한 고도의 신체적 착취(장시간 노동, 높은 노동집약도, 유년노동 그리고 보편화된 빈곤)와 낮은 자본집약도(세계적 규모의 자본주의 발달 수준에 견주어볼 때 상대적으로 낮은)가 결합된 형태에 근거하고 있다는 점에서 비자본주의적이다. 이들 '전통적' 부문이 그들의 존재양식을 가까스로 유지해 갈 수 있음은 바로 이러한 상황 때문이다. 아울러 이들 전통부문이 세계적 규모로 진행되는 자본의 증식과 축적과정에 통합되고, 때로는 의도적으로 이윤창출을 위해 보존되는 방식은 앞서 언급했던 전통부문의 보조 기능 덕분이기도 하다.[12] 하지만 이러한 정책에도 불구하고, 자본의 증식과 축적을 특징짓는 무정부 상태는 여전히 이들 '전통'부문을 파괴하는 경향이 있다(여러 형태의 농업 관련 산업을 비교해 보라).

2. 자본주의의 발달

이상에서 살펴본 바, 모든 가능한 형태의 자본의 증식 및 축적과정 안에서 추상적 부를 끊임없이 추구하는 개별 자본은 사회적 부의 생산을 조직

---

12) 예를 들면 Giovanni Arrighi, "Labour Supplies in Historical Perspective: a Study of the Proletarianisation of the African Peasantry in Rhodesia," in Giovanni Arrighi & John S. Saul, *Essays on the Political Economy of Africa*, 1969; New York and London, 1973, pp.180-234; Harold Wolpe, "Capitalism and Cheap Labour Power in South Africa: from Segregation to Apartheid," *Economy and Society* 1, no.4, 1972, pp.425-456; Ruy Mauro Marini, *Dialectica de la Dependencio*, Mexico, 1973; Claude Meillassoux, *Femmes, Greniers et Capitaux*, Paris, 1975. 여성이 수행하는 가사노동과 자녀양육은 명백히 이러한 유형에 속하는 또 하나의 매우 중요한 예이다. 그러나 이들은 또한 전자본주의 및 비자본주의 사회구성체 내부에도 광범위하게 퍼져 있으므로 자본 하나만 분석해 가지고서는 이해될 수 없다.

한다. 사회적 부의 생산의 조직은 잉여의 실현이 성공적으로 수행되어 그 몫의 대부분이 재투자된다는 가정하에, 직접 생산자들에게 잉여가 가능한 한 돌아가지 못하게 함으로써 이루어진다. 이미 생산된 추상적 부의 재분배 형태는 추상적 부의 생산 자체와는 명백히 구분되어야만 한다. 이러한 재분배의 형태들은 사기, 강도, 상품가치의 과대평가, 투기 및 고리대금업, 국가가 주도하는 모든 형태의 재분배 수단, 앞으로의 착취 조건을 보증하기 위한 기부, 그리고 모든 형태의 독점적 지대—이는 특허권을 따낸다거나 자연적 독점을 통해, 그리고 순전히 엄청난 규모로 인해 형성되는 독점을 통해 자본에 부여되기도 한다—를 통한 부의 축적 등을 포함한다.

지난 5세기 동안의 세계사는 인간의 노력과 행동의 산물인 만큼이나, 다음의 결과물이기도 하다.

① 다양한 사회구성체의 역사적 구체성
② 자본환경의 총체화를 지향하는 경향이 있는 자본의 증식과 축적의 본질적 논리
③ 의식적으로 사회를 변혁하려는 시도

자본주의 사회구성체의 현상태를 분석하기 위해서는 자연에 의해 외생적으로 부과되는 한계를 또한 고려해야 한다. 즉 과점적 '남용'을 허용하는 자연자원의 부족과 불평등한 분포, 그리고 사회적 생산력이 무제한으로 발전하는 데 장애가 되는 자연적 한계를 고려해야 한다. 이들 자연적 한계는 신체적 요인과 생리적 요인에 근거를 두고 있다. 그런데 그와 같은 한계를 일관성 있게 고려하는 것은 구조적으로 불가능하다.

따라서 자본주의 발달사는 자본의 증식과 축적이 실현되는 형태와 언제, 어디서, 어떠한 이유로 이러한 과정이 진행되는지를 밝혀 내야만 한다. 다시 말하면 우리의 작업은 언제, 어디서 특정한 양식의 자본의 증식과 축적 과정이 만개했는가를 자세히 서술해야 할 뿐 아니라, 동시에 개별 자본의 입장에서 볼 때 어째서 이러한 형태의 진화과정이—기존의 주요 제약들, 자생적 조건, 그리고 계급투쟁을 적절히 고려한 설명과 더불어—실현 가능했으며 이윤이 높았던가, 아울러—우리의 기본적 접근방법과 일치되는데

-그것은 어째서 필연적인 과정이었던가에 대한 설명을 포함해야만 한다.

물론 여기서 이러한 작업을 수행하는 일은 불가능하고,[13] 그보다는 자본주의 사회구성체의 발달과정에 작용하는 핵심적 요인들을 언급하는 데 그칠 수밖에 없다.

① 자본주의 사회구성체를 국내외적으로 '중심부'와 '주변부' 그리고 덧붙여 '반주변부'로 구분. 즉 자본주의 세계경제의 다양한 지역에서의 다양한 유형의 생산에 따른 다양한 형태의 노동통제 양식을 가진 국제분업의 발달

② 자본의 증식과 축적에 내재하는 듯한 단기·중기·장기 주기, 그리고 과학기술, 조직, 그리고 제도적 혁신에 따른 위기 등을 포함하는 자본의 자기실현과 과잉축적이 갖는 역할

③ 계급구조의 발달, 자본의 증식과 축적의 경제, 정치적 안정화 과정에서-'전통'부문에서 흡수되는 노동자들에 반하여-전형적인 자본주의 부문에 속하는 임금노동자의 특정 역할

④ 자본의 증식과 축적을 위한 전제조건의 창출과 유지에 있어 다양한 형태의 국가의 역할. 한 극단에는 부르주아 자유주의 국가가 있고, 다른 극단에는 식민지 행정기구가 위치한다. 또 다른 한편으로는 사회민주주의 개입주의 국가가, 다른 편으로는 권위적이고 억압적인 국가가 위치한다. 국가의 형태는 다음 각각의 기능에 의거하는 바, 하나는 세계 자본주의 발달단계에서 특정한 지위를 점하는 다양한 지역이 자본의 증식과 축적에 의해 성립된 세계분업체계 안에서 수행하도록 강요되었거나 수행할 수 있는 기능이요, 다른 하나는 계급투쟁하에서의 힘의 균형이다.

따라서 자본주의의 발달은 개별자본의 최대이윤을 '주어진' 조건하에서 (자연히 세계적 규모로) 산출해 내는 자본의 증식과 축적의 다양한 조합적

---

13) Samir Amin, *Le Developpment Inegal*; Perry Anderson, *Lineages of the Absolutist State*; Maurice Dobb, *Studies in the Development of Capitalism*; Andre Gunder Frank, *World Accumulation 1492~1789*; Eric Hobsbawm, *The Crisis of the Seventeenth Century*; Immanuel Wallerstein, *The Modern World-System*.

형태가 전개됨을 의미한다. 이는 다른 무엇보다도 중요하게 자본의 증식과 축적이 시작단계부터 초국가적임을 뜻한다. 이는 자본이 문자 그대로 인구학적 '처녀지'를 포함해 전 세계를 포섭해 가는 과정에 있다는 사실과 상호모순되는 것이 아니다. 국가 단위로 자본의 재생산이 이루어지는 것처럼 보이는 경우에도 자세히 살펴보면, 자본의 증식과 축적을 통한 이윤산출이 가장 높은 특정 장소와 특정 시간을 고려한 조건하에서 재생산이 이루어짐을 볼 수 있다.

3. 자본의 증식을 위한 현재의 조건

자본주의 세계경제하에서 현재 자본의 증식과 축적 조건이 기본적인 질적 변화를 경험하고 있음을 강력히 암시하는 현상들을 다수 관찰할 수 있다. 이들 현상은 '중심부'로부터 '주변부'로 대규모로 이루어지고 있는 산업재배치(심지어 '주변부' 내부에서도 일고 있다), 투자율의 정체 내지 감소현상, 중심부 산업부문 내부의 구조적 실업의 증가, 주변부의 수출주도형 제조업부문의 성장 등을 포함한다.

이제 오늘날 자본의 증식과 축적에 핵심적 요소라 간주할 수 있는 일련의 조건을 생각해 보자. 앞서 제기된 개념틀을 사용하는 자본주의 발달사는 이전의 자본주의 발달의 결과로서 나타난 이들 조건들을 잘 설명할 수 있으리라 본다.

세계적 규모의 잠재적 산업예비군의 발달

비축된 산업예비군은 실제로 고갈되지 않는다. 자본이 수억 명에 이르는 잠재 노동력을 주로 아시아, 아프리카, 라틴 아메리카 지역에서 끌어들일 수 있다는 점에서 그러하다. 경우에 따라서는 특별히 '사회주의' 국가에서까지도 산업예비군의 흡수가 가능하다. 이들 노동력의 대부분은 농촌지역의 잠재적 과잉인구로 구성된다. 농촌은 농업분야에 자본을 투자함으로써 (예를 들면 '녹색혁명') 계속해서 사람들로 하여금 일거리와 수입을 찾아도시와 슬럼지역으로 흘러들어가도록 한다. 그 곳에서 그들은 거의 무제한의 노동공급원이 된다. 또 다른 부문은 '사회주의' 국가에서 자본주의 기업을 대신하여 계약이라는 수단을 통해 자본의 생산과정 속으로 통합되는 노동자들로 구성된다. 교통과 통신기술의 발달, 그리고 노동과정의 세분화가 진행됨으로써 세계적 규모의 산업예비군이 존재하게 되었다. 왜냐하면 이들 모든 잠재노동자들은 이제 세계 노동시장에서 기존의 선진 산업국가의 노동자들과 성공적으로 경쟁할 수 있기 때문이다. 보다 구체적으로 말하면 이들 세계적 규모의 산업예비군은 자본의 증식과 축적과정에서 잠재적으로 사용되는 바 다음과 같은 특성을 나타내게 된다.

① '저임금 국가'에서 자본가가 실제로 지불해야 하는 임금은 기존의 선진 산업자본주의 국가와 비교해 볼 때 사회간접비용을 고려하더라도, 약 10% 내지 20% 수준이다. 앞서 언급한 바 있는 보조(subsidising) 메커니즘으로 인해, 이 수준의 임금은 실제 고용기간 동안 노동자의 즉각적인 일일 재생산 비용을 충당하며 그것만을 충당할 수 있을 뿐이다(대체로 노동자의 고용기간은 극히 짧다).

② 근로일수(주 혹은 햇수)는 대체로 선진 산업자본주의 국가에 비해 '저임금국가'에서 상당히 길다. 교대제, 야근, 일요일 근무가 선진국과 비교해 볼 때 훨씬 많이 시행된다. 이는 작업시간의 연장을 통해 고정자본을 '최적'으로 활용하는 방식이다.

③ '저임금국가'의 생산성은 일반적으로 동일 비교가치 과정을 고려해 보건데 기존의 선진 산업자본주의 국가와 비슷한 수준이다.

④ 노동자는 적어도 형식적으로는 기업의 결정에 따라 고용될 수도 있고 해고될 수도 있다. 이는 다른 무엇보다도 노동자들을 보다 빠른 속도로 탈진하게 함으로써 더욱 높은 강도의 노동이 강요될 수 있음을 의미한다. 탈진한 노동자들은 거의 전적으로 신선한 노동력으로 대치될 수 있다.

⑤ 대규모로 활용 가능한 산업예비군이 존재한다는 사실은 특정한 목표가 요구되면 이에 가장 적합한 노동력(이를테면 젊은 여성인력)을 '적절히' 선택할 수 있도록 해준다.

지금까지 노동조합은 이처럼 열악한 상황이 '중심부'에까지 대규모로 침투하는 것을 저지하는 데 어느 정도 성공하였다. 그러나 세계노동시장에서의 경쟁과 이로부터 야기된 기존의 선진 산업자본주의 국가내에서 나타나는 상당한 정도의 구조적 실업은 점차 이러한 보잘것 없지만은 않은 성취를 잠식해 들어가고 있다(물론 자본주의 체제내에서 적용되는 성공의 기준은 상대적이긴 하다).

기술과 작업조직의 발달과 정교화는 복잡한 생산과정을 기초적인 여러 과정들로 세분화하는 것을 가능하게 한다.

그리하여 미숙련 노동자도 상당히 짧은 시간 안에 이들 기초적인 작업을 수행할 수 있도록 훈련을 쉽사리 받을 수 있다. 이러한 방식으로 고임금의 숙련 노동자가 저임금의 미숙련 내지 반숙련 노동자로 대치될 수 있다. 만일 작업이 세분화된 곳에서 기계를 사용하는 일이 경제적인 이유로 인해 불가능하다면, 매우 값싼 미숙련, 반숙련 노동자를 고용하는 것이 자본의 증식 상황을 개선하는 기회를 제공한다[배비지의 원리(Babbage's Principle)]. 작업의 세분화는 지금까지 특별히 제조업분야에서 진행되어 왔다. 그리하여 전반적으로 매우 정교한 과정을 세분화하여 각 부문을 실행하는 것은 이제 미숙련 노동자의 경우에도 대체로 한두 주일 이상 걸리지 않을 만큼 짧은 숙련기간을 필요로 하게 되었다. 이러한 방식으로 자본은 노동과정의 통제 및 실행과 관련해서 독점적인 지식을 확보한다. 이들 지식은 노동자로부터 분리되어 버린다. 그리하여 노동자들을 단순히 생산과정의 노예로 전락되는 것이다. 노동과정은 오로지 자본가의 힘에 의해 운영된다. 노동자들을 문화적으로 전락시킴으로써 얻어지는 훈련의 효과는 우레와 테일러(Ure & Taylor)에 의해 강조되었다. 이들은 숙련 노동자들의 '변덕'에 대항해서 이와 같은 자본의 무기를 개발해 냈고, 그 위력을 찬양했다. 전통적인 학교제도와 같은 부르주아 제도는 아침, 복종, 정확성과 같은 자본주의적 미덕을 주입함으로써 노동자들을 성공적으로 훈육시키는 데 많은 공헌을 하였다.[14]

---

14) 배비지와 우레의 논의와 관련해서 자본의 증식을 위한 특수한 원리는 이 글의 부록에서 보다 세밀히 다루고 있다.

기술의 발달은 산업기지의 위치와 생산의 경영 그 자체를 지리적 거리와는 상관없도록 만들고 있다.

이들 기술은 근대적 교통 및 통신기술을 포함하는데 생산물을 신속하고도 상대적으로 값싸게 운송할 수 있도록 해준다. 운송은 최종 생산지역이나 중간 생산지역과 소비지역을 연결해 주며, 특수한 해양운송수단을 이용하여 덩치가 큰 화물이든 깨지기 쉬운 상품이든 쉽게 운반해 준다. 여기에는 콘테이너와 항공화물, 효율적인 텔레커뮤니케이션 체계, 자료처리기술, 그리고 여타의 조직방법 등을 포함한다.

우리는 이 자리에서 현재 자본의 증식과 축적을 결정하는 주요 정황들에 대해 완벽한 리스트를 제시하고자 하지 않는다. 모든 조건을 완벽하게 포함하려 시도하는 리스트는 다음과 같은 것들을 포함해야만 할 것이다. 예를 들면, 원광석의 활용이나 해저관광 등과 같이[15] 이전에는 접근이 불가능했던 자연자원들의 개발을 위한 기술개발(기술적 이유에서든 경제적 이유에서든) 등이 리스트에 포함되어야만 할 것이다. 우리는 위에서 열거한 리스트의 결과에 대한 분석에 연구의 초점을 맞추려 한다. 이는 질적으로 새로운 일련의 조건들이 자본의 증식과 축적에 미치는 영향력을 드러내기 위함이다.

이러한 발전과정은 세계자본시장의 발전을 더욱 촉진시켜 왔다. 이는 세계적 규모로 자본을 동원하는 기능이요, 보다 일반적으로 표현하면, 세계자본주의의 상부구조를 창출하는 것이다. 이들 상부구조의 역할은 초국가적 수준에서 자본의 재생산에 없어서는 안될 기능을 수행하는 일이다. 이 기능은 개별 자본이 수행할 수 없을 뿐더러, 경쟁지역내에서 불균형 상태를 야기하지 않으려면, 국가적 수준 내지 세계적 수준의 공공기구에 의해 수행되는 것이 더욱 바람직할 것이다. 그러나 초국가적 수준에서 이루어지는 자본의 증식과 축적은 국가 간 불균형(간접자본, 법인세, 임금수준, 노동법규 등등에 있어서)에 편승하는 것이지만, 초국가적 재생산의 확대 및 심화는 그럼에도 특정한 요소를 갖는 국제적 상부구조를 필요로 한다. 예

15` Dorothea Mezger, *Konflikt und Allianz in der Internationalen Rohstoffwirtschaft: das Beispiel Kupfer*, Bonn, Bremen, 1977과 비교해 볼 것. 영문판이 곧 나올 예정임. Heinemann Educational, 1979.

를 들면, 이들 요소들은 통화 및 무역정책과 관련해 다자간 혹은 양자간 협력의 제도화(IMF, GATT)라든가, 이중과세 방지협정, 투자보호협정, 훈련과 교육 프로그램, 국제적 군사협력, '발전'을 위해 전문기술자 및 경영자를 지원한다는 명분하에 초국가적 자본으로 하여금 저개발지역에 진출할 수 있는 기회를 열어 주는 '중립적' 국제기구 결성(IBRD, UNIDO, FAO 등)을 포함한다.16)

---

16) Erich H. Jacoby, "The Problem of Transnational Corporations within the United Nations System," mimeo, 1976을 볼 것.

● 부록

분업이 자본에 제공하는 이점에 관한 배비지와 우레의 논의

분업은 자본가에게 여러 가지로 결정적인 이점을 제공한다. 분업에 관한 한은 아담 스미스(Adam Smith)가 최초로 이를 과학적으로 규명한 사람이다. 무엇보다도, 노동자가 한 가지 작업만 함으로써 노동생산성은 증가된다. 대체로 분절화된 작업은 기계로 대체될 수 있고, 그렇게 되면 마찬가지로 생산성의 향상이라는 결과를 가져 오게 마련이다. 둘째로, 분업은 자본가들로 하여금 노동과정에 대한 통제를 용이하게 해준다. 노동과정은 과거에는 장인의 독점물이었으며, 그들에 의해 타인의 질투를 불러일으킬 정도로 철저히 점유되었다. 세 번째, '분업의 이점 가운데 가장 중요하고도 영향력이 큰 것'은 찰스 배비지(Charles Babbage)에 의해 발견되었다. 배비지는 정신노동 영역에서도 분업이 가능함을 명백히 간파했으며, 프로그램을 짜서 계산할 수 있는 기계, 이른바 '계산 엔진'을 최초로 고안·디자인한 인물이다.17)

만일 아래의 원리가 간과된다면, 분업의 결과 야기되는 제조업 생산물의 가격인하를 설명하는 어떠한 종류의 설명도 불완전한 것이 될 것이다.

---

17) Charles Babbage, op. cit., pp.191-202. 그는 구체적인 역사와 수학적 도표를 제시하면서 배비지는 다음과 같이 분업(=구상과 실행의 분리)을 예증하고 있다. 곧 약간 명(다섯 혹은 여섯 명)의 '탁월한 수학자들'과 다수의(일곱 혹은 여덟 명) '상당한 정도로 수학에 정통한 사람들,' 그리고 대다수(60명에서 80명 정도)의 '기본적인 두 가지 산술규칙(곧 단순 더하기와 빼기)을 제외하고는 수학에 관한 한 거의 아무런 지식을 가지고 있지 않은 사람들' 사이의 분업에 대해 예증하고 있다. 세 번째 부류에 속하는 사람들은 가장 기계적인 일을 수행해야만 한다. '이때 기계적인 일이란 … 가장 최소한의 지식을 요하는 동시에 가장 최대한의 노력을 요한다. … 그와 같은 노동은 항상 어떠한 가격으로든 구입이 가능하다.' '이 사람들은 보통 같은 주제에 대해 보다 많은 지식을 폭넓게 알고 있는 사람들보다 훨씬 더 정확한 계산을 해낸다.' 배비지는 이러한 기계적 작업이 언젠가는 기계에 의해 수행되리라는 것을 예견하였다.

즉 제조업주는 작업공정을 다양한 과정으로 실행 가능하도록 나눔으로써, 이들 각 과정은 다양한 정도의 숙련도와 육체적 완력을 필요로 한다. 정확히 각각의 과정에 필요한 양만큼의 노동을 구입할 수 있다. 반면에 전체 과정이 한 사람의 노동자에 의해 실행된다면, 그 사람은 부분부분 나누어진 공정 가운데 가장 어려운 작업을 수행하기에 충분할 만큼의 숙련도를 겸비해야만 하며, 가장 힘이 많이 들어가는 작업을 수행하기에 충분할 만큼 힘이 세어야 한다.[18]

배비지는 자신의 주장을 설명하기 위해 영국의 핀 제조업을 예로 들고 있다. 그는 핀 생산과정에 들어가는 요소들의 리스트를 만든 다음 각각의 과정에 요구되는 형태의 작업을 부가했다(연령, 성 그리고 일일임금 수준에 따라).[19]

철사만들기	남자	3s 3d
철사펴기	성인 여자	1s 0d
	소녀	0s 6d
철사깎기(뾰족하게 만들기)	성인남자	5s 3d
핀머리부분 구부려 자르기	소년	0s 41/2d
	성인남자	5s 41/2d
핀머리 만들기	성인여자	1s 3d
합금하기 또는 표백하기	성인남자	6s 0d
	성인여자	3s 0d
포장	성인여자	1s 6d

만일 위의 기본 공정을 모조리 수행할 수 있는 성인남성 숙련공 한 사람의 최저임금이 위 리스트에 나와 있는 임금수준의 최고치와 같다면, 그리고 만일 숙련공만이 이 과정에 고용된다면, 전체 임금 총액은, 똑같은 양의 핀을 제조하는 데 똑같은 방식의 분업을 사용하고, 숙련공들이 전문화된 노동자들과 똑같은 속도로 일한다고 전제할 때, 거의 4배에 이를 것이다.

해리 브레이버만(Harry Braverman)은 노동과정과 자본의 자기증식 과

---

18) Ibid., pp.175-176.
19) Ibid., pp.176-186.

정, 그리고 그로 인한 노동환경의 저하 간의 상관관계를 분석했다. 그는 배비지, 우레, 테일러와 맑스의 논의를 원용하면서 다음과 같은 결론에 도달했다(맑스 역시 이 점에 대해 배비지와 우레의 논의를 광범위하게 사용했다).

> 배비지의 원리는 자본주의 사회분업의 진화를 설명하는 데 가장 기본적인 원리이다. 이 원리는 분업의 기술적 측면에 대한 설명이 아니라 사회적 측면에 대한 설명이다. 노동과정이 세분화되는 한 그 과정은 다른 요소들보다 단순한 요소들로 분리될 것이다. 또한 각각의 요소는 전체보다 더욱 단순할 것이다. 이를 시장 용어로 말한다면, 분화된 생산과정에 투입하는 노동비용이 그 모든 분화된 노동과정 전체를 감당할 수 있는 노동력을 구입하는 비용보다 낮을 수 있다는 것이다.[20]

따라서 생산과정을 세분화하는 것은 상품의 제조비용을 낮추는 수단이 된다. 자본가가 그와 같은 종류의 노동력을 구입할 수 있는 한 노동력은 각각의 부분에 대해 최소한의 숙련 이상을 요구하지 않으며 그리하여 '항상 값싸게 구입할 수 있다.' 다시 말하면 이러한 생산과정의 세분화는 숙련 노동자들에 대한 초과수요와 '변덕스러운 기질'을 제거할 수 있는 수단이다. 경쟁으로 인한 압력은 이 가능성을 필연성으로 전환시킨다.

다음 질문, 어찌하여 자본가들은 대체로 미숙련 노동자들의 노동력을 숙련 노동자들의 노동력보다 훨씬 값싸게 구입할 수 있는가? 하는 질문은 간단히 답변할 수 없다. 왜 숙련공들이 더욱 높은 임금을 지불받아야만 하는지 그 이유를 끌어내기 위해, 숙련 노동자들의 경우는 훨씬 비용이 많이 들고 오랜 동안의 숙련 기간(이로 인해 비용이 많이 들게 된다)을 필요로 한다는 점을 지적하는 것은 적합하지 않다. 왜냐하면 이들 비용은 대개 사회가 부담하기 때문에 숙련공이 이 비용에 대해 보상받아야 할 이유는 없는 것이기에 그러하다. 덧붙여, 부르주아 교육체계가 전수하는 다소 높은 수준의 직업 숙련도는 숙련공들이 비상식적으로 많이 받게 되는 고율의 임금과는 아무런 상관관계가 없다. 이는 노동조합이 부재하는 상황에서―노동

---

20) Harry Braverman, *Labor and Monopoly Capital*, New York and London, 1974, p.81.

조합은 임금 평등을 지향하는 경향이 있다—특별히 들어맞는 설명이다. 배비지와 우레는 이와 관련해서 진정 중요한 이유가 무엇인지를 거의 정확하게 서술하고 있다. 만일 영향력을 행사하는 노동자 조직이 없다면, 노동자들은 공급과잉의 노동시장에서 미숙련 및 반숙련 노동을 위해 서로 경쟁하지 않으면 안되는 상황에 놓이게 된다. 이러한 경쟁은 임금 수준을 계속 낮추는 기능을 한다. 바로 이것이 복잡한 노동과정을 여러 가지 단순한 실행영역으로 분절화시키기 위해 끊임없이 시도하는 자본가들의 의도 뒤에 숨어 있는 가장 강력한 힘이다.

자본주의 노동분업의 일반법칙을 구성하는 원리로서 자본의 증식과 관련된 배비지 원리는 일찍이 맑스에 의해 보다 최근에는 브레이버만에 의해 분석되었다. 그들은 개별 선진자본주의 국가들 안에서 이로 인한 경제적 사회적 결과가 어떠한가에 초점을 맞추었다. 그러나 이제 세계적 규모로 대량의 산업예비군이 생성되면서 배비지 원리는 새로운 적합성과 현실성을 획득하게 되었다. 생산과정을 기초적인 작업공정으로 세분화하는 것은 미숙련 내지 반숙련 노동자의 활용을 가능케 한다. 한데 미숙련 내지 반숙련 노동자들은 다수의 '저임금 국가'들로부터 극도로 낮은 임금을 지불하고도 구입할 수 있다. 저임금 국가의 경우는 영향력 있는 노조가 조직되지 않았을 뿐더러 대규모의 산업예비군이 있을 뿐이다(활용 가능한 노동자를 대규모로 공급할 수 있다는 관점에서 생각해 보면, 자본은 심지어 높은 수준의 임금을 지불하도록 강요받지 않고도 가장 적합한 노동력—상대적으로 숙련도가 높은 노동력의 경우를 포함해서—을 선택할 수도 있다). 따라서 만일 다음의 과외 비용이—운송비용, 관세, 행정비용, 기존 공장폐쇄에 드는 비용, '정치적으로 불안정'한 지역으로 공장을 이전하는 경우 과도한 위험부담으로 인해 치루어야 할 비용 등을 포함해서—값싼 노동력을 사용함으로써 얻어지는 이득으로 인해 보상이 되고 남는다면, 값싸고 풍부한 미숙련 내지 반숙련 노동을 제공하는 지역으로 생산설비가 옮겨가야만 할 것이다. 즉 생산과정이 세계적 규모로 재조직되어야만 하는 것이다.

배비지 원리는 우리가 이 자리에서 명백히 세계적 맥락을 고려하여 설명하고 있는 바, 일단 특정 형식의 분업이 성립되면 완제품의 생산단가를 낮추고자 하는 목적 아래 단순히 가장 값싼 생산지를 찾아 다니는 과정을

설명하는 것으로 제한되어서는 안된다. 그와는 달리 배비지의 원리란 생산
비용을 최소화할 수 있는 모든 가능한 종류의 세분화(필요하다면 필수적인
기술의 개발을 포함하여)를 서술하는 것으로 이해되어야만 한다. 이것이야
말로 세계적 맥락에서 배비지의 원리를 정확하게 구성하고 있는 유일한 방
법이다. 이처럼 세계적 규모로 진행되는 효율극대화 전략(world-wide opti-
mizing strategy)을 측정할 수 있는 한 가지 기준은 각각의 초보적인 실행
과정에서 어떠한 기술이 활용되고 있는가일 것이다. 보통 새롭게 개선된
기계·기술의 도입은 그 비용이 노동자들의 임금하락으로 인해 상쇄될 때
에만 이루어진다. 이때 노동자들은 남아돌게 되거나 새로운 기계의 도입으
로 인해 탈숙련화되어 낮은 임금을 감수할 수밖에 없는 상황에 놓이게 된
다. '저임금 국가군'에서 값싼 노동력을 충분히 공급할 수 있다는 사실은
세계적 차원의 이익계산이 다음과 같은 결과를 가져오게 됨을 의미하게 될
것이다. 즉 세계적 차원에서 계산하면 노동을 신종 기계로 대체하는 것이,
모든 관계된 요소들을 고려할 때 더 많은 이윤을 남기는 것이 아닌 반면에,
국가 단위로 계산할 때는 정확히 정반대의 결과가 나타날지도 모른다는 것
이다(물론 현재와 같은 조건에서 진행되는 자본의 증식 및 축적과정을 고
려해 보건대, 개별 국가를 단위로 하여 계산하는 것은 순전히 가설에 불과
하다). 잘 알려진 바와 같이, 사람들은 이미 영국 산업혁명 초기에 다음과
같은 사실, 즉 지나치게 값싼 노동력은 개선된 기계·기술의 도입을 저해하
게 되리라는 것을 인식하고 있었다. 그러나 특정 기술의 선택은 세계적 규
모로 진행되고 있는 효율극대화 전략에 대한 하나의 판단기준에 불과하다.
이 이외의 주요한 판단기준으로는 국가마다 다양한 차이를 보이고 있는 다
음과 같은 요소들, 즉 세금, 정부보조금, 관세, 운송비용, 숙련도 및 훈련도
의 차원에서 자본이 필요로 하는 노동력의 가용성, 고용과 해고의 용이성,
'정치적 안정성,' 그리고 생산품에 대한 수요의 지속성과 광범위성 등을 포
함한다.

자본의 증식과 축적을 둘러싸고 전개되는 새로운 조건하에서, 제조업 분
야는─단순히 이전의 광업이나 플랜테이션과는 달리─이제 처음부터 세계
적 토대 위에 의존하지 않으면 안되게 되었다. 따라서 기업이 최근 들어
'진정한 기업가 정신에 대한 신뢰감의 부활'의 필요성을 강조한다 해도 그

리 놀랄 일은 아닐 것이다. 어느 독일 사업가에 따르면, '세계경제의 발달
은 새롭고도 다양한 기술개발에 의존할 뿐만 아니라, 새로운 과학, 새로운
논리, 그리고 새로운 일련의 사유양식에 근거하고 있기도 하다. 이는 혁신
적인 기업가 정신이야말로 기업 생존의 토대가 되었던 자본주의 발달의 첫
단계로 우리를 되돌려 이끈다.'21) 여기서의 비유가 슘페터(Schumpeter)가
이야기하는 기업가를 의미한다는 것은 의심의 여지가 없다.

배비지의 원리-자본가의 기본적인 운동법칙을 표현하고 있는-는 노동
비용을 감축하기 위해서는 최대한도로 숙련 노동자를 대체할 것을 요구한
다. 이는 세계적 규모로 생산공정의 요소요소에, 발견할 수 있는 한 가장
값이 싸거나 가장 적응력이 뛰어난 노동력을 조직적으로 할당하는 작업을
통해 실행되고 있다.

우레(Andrew Ure)와 테일러(Frederick Taylor)는 노동분업이 갖는 두 번
째의 결정적인 장점, 즉 노동과정에 대한 통제를 강조했다.22) 맑스는 우레
를 '자동차 공장의 핀다로스'23)라 부르기도 했는데, 우레는 공장의 기계를
기술적 기계와 도덕적 기계로 분류하였다. 기술적 기계에 관한 한은, 아크
라이트(Richard Arkwright)의 '우아한 업적(Noble Achievement)'으로 인해
상당한 진전이 이미 이루어진 바 있다. 우레에 따르면 기술적 기계의 진전
에는 다음과 같은 주요한 어려움이 따른다.

사람들이 종잡을 수 없도록 불규칙하게 일하는 습관을 단념할 수 있도록 단
련시키는 일, 복잡한 자동화 과정의 단조로운 규칙성에 스스로 적응하도록 훈
련시키는 일(과 같은 어려움이 따른다). 공장 노동자들의 근면함에 필연적으로
요구되는 조건들에 맞추어, 노동자들을 성공적으로 규율화할 수 있는 조항을
고안해 내고 이를 시행한 것은, 바로 헤라클레스 기업(Herculean enterprise),
즉 아크라이트의 우아한 업적이었다. 시스템이 완벽하게 조직화되고 노동이

21) Gerrit van Delden Jr. "Die Textilindustrie von morgen: Zukunftsvisionen
eines Unternehmens," in *Frankfurter Allgemeine Zeitung/Blick durch die Wirtschaft*,
3 July, 1975. 앞으로의 각주에는 *Frankfurter Allgemeine Zeitung*을 FAZ라 약칭할
것임. *Blick durch die wirtschaft*는 FAZ의 경제분야 증보판임.
22) Ure, op. cit. 배비지 원리는 우레와 테일러의 글 속에서도 발견된다. 그러나 배
비지 스스로 표현했던 것처럼 예증상의 명쾌함을 가지고 서술되지는 못했다.
23) 그리스 신화의 서정시인 - 역자주.

최대한도로 경감된 오늘날조차도, 사춘기를 지난 성인들을, 그가 농촌 출신이든 수공업자 출신이든 관계없이 공장에서 활용할 수 있는 유용한 일손으로 전환시키는 것은 거의 불가능함이 밝혀지고 있다.[24]

아크라이트는 다양한 종류의 방적기를 고안해 낸 사람이다. 그가 고안해 낸 '우아한 업적'은 공장 주인들로 하여금 숙련공의 수공기술과 육체적 힘을 주로 미숙련·반숙련의 여성노동으로 대체하는 것을 가능케 해주었다. 그리하여 '반역적인' 숙련 노동자들을 길들이는 것을 가능케 해주었다.

그러나 이는 우레에 따르면, 임무가 완전히 끝났음을 의미하는 것은 아니다. 노동자들을 기계의 부속품으로 전락시키는 것만으로는 충분치 않다. 진정 기계체계의 유용한 팔다리가 되기 위해서, 노동자들은 자신이 기계에 종속되었음을 자진해서 인정해야만 하며, 기계의 독단적 명령을 수용해야만 한다. 달리 말하면, 공장기계의 도덕적 기술이 적합한 형태로 정돈되어야만 하는 것이다.

제조업은 좁은 구역 안에 많은 사람들을 자연스럽게 밀집시킨다. 노동자들은 비밀결사체라든가 협동적 노조를 결성할 수 있다. 그들의 지성과 에너지는 통속적인 마음과 교류한다. … 도덕적이고 종교적인 분위기에서 성장하지 못한 사람들은, 필시 편견과 악의 노예가 된다. 이는 인간본성의 사악한 측면으로부터 연유한다. 그들은 사물을 오로지 한쪽 시각에서만 볼 수 있는데, 여기서 사악한 이기심이 그들의 관점을 통해 드러난다. 그들은 능수능란한 선동가에 이끌려 쉽게 분노할 수 있다. 또한 그들은 그들에게 최상의 은인들, 즉 그들을 고용한 기업가이자 검약한 자본가들을 질투와 적개심으로 가득찬 눈으로 바라보는 경향이 있다.[25]

우레에게 있어 이로부터 나오는 결론은 명백하다.

따라서 기술적 기계를 조직하는 것과 똑같은 원리에 따라 도덕적 기계를 조직화하려는 것은 전적으로 모든 공장주의 이해관계를 반영한다. 왜냐하면, 그

---

24) Ibid., p.15.
25) Ibid., p.407.

렇게 하지 못할 경우 공장주는 최고 품질의 생산품을 보장하는 데 가장 기본적인 요소들, 즉 부지런히 움직이는 손, 경계를 게을리하지 않고 주위를 주시하는 눈, 그리고 신속한 협동 등을 결코 명령할 수 없을 것이기 때문이다.

그렇다면 어떻게 해야 공장의 도덕적 기계가 개선될 수 있을 것인가? 학교체계에 의해 가능할 것인가?

신학교(神學校)에서는 자녀들이 부모에게 순종하고, 규율을 잘 지켜야 하며, 자신의 열정을 자제하는 방법을 배워야만 한다고 강조한다. … 3살부터 9살까지 150명에 이르는 어린이들이 수년간 이러한 교육의 혜택을 받아 왔다. 이 어린이들은 가장 행복한 결과를 가져 왔다. 방적업자들은 아무리 예의범절을 모르고 교육을 받지 못했을지라도 그리하여 일정한 수준의 판별력이 없다손 치더라도, 항상 영아학교에서 교육받은 경험이 있는 어린이들을 선호했다. 그들은 가장 순종적이고 온순했기 때문이다. … 이것이야말로 학교제도의 유용성에 대한 가장 명백한 증거이다. 동시에 부모님과 후원자들에게도 똑같이 기쁨을 안겨 주는 결과이기도 하다.26)

우레가 칭송했던 장점에도 불구하고, 아마 공장 노동자들의 삶이 가장 신나고 즐거운 것은 아니었을 것이다. 그러나

우리들에게 최우선이자 최대의 교훈은—이는 철학과 종교에 의해 동시에 같은 비중으로 주입되는 교훈인데—자신에게 가장 의미 있는 행복은 현세가 아니라 앞으로 올 내세의 상황에서 기대해야만 하리라는 것이다.27)

그렇다면 우레에게 있어 적절한 기계적 기술과 도덕적 기술의 개발은(여기서는 기계와 분업 그리고 학교체계를 의미한다), 익명의 영국인 작가가 1701년 썼던 글에서 약속했던 바를 마침내 실현하게 될 것이라 보인다. 이 약속의 실현은 자본주의가 완전히 발달한 뒤를 이어 올 것이다.

동인도 무역은 더욱 많은 예술가들, 더욱 많은 질서와 규칙성을 우리 영국

26) Ibid., p.423.
27) Ibid., p.423.

제조업계에 들여 오는 통로였던 것 같다. 무역을 통해 그들 가운데 가장 쓸모 없고 이윤이 떨어지는 항목은 도태되어 갔음에 틀림이 없다. 이러한 분야에 고용되었던 사람들은 단순하고도 손쉬운 일을 하는 이들이 하던 일이나, 아니면 가장 복잡한 제조업분야에서 일부 공정만을 담당하고 있는 이들이 하던 일을 하게 될 것이다. 왜냐하면 단순하고도 손쉬운 일은 사람들이 가장 빨리 배울 수 있는 것이며, 사람들은 그러한 일을 하면서 더욱 완벽하고도 신속하게 움직일 수 있을 것이기 때문이다. 그리하여 동인도의 무역은 매우 다양한 작업과정 가운데 적합한 일부분을 떼어 내어 그 일을 하기에 적합한 숙련공에게 할당하는 과정을 가져올 것이며, 개인 숙련공 혼자의 힘으로 수행하기에는 지나치게 많은 양의 일을 떠넘기지는 않을 것이다. 이것이야말로 보다 큰 질서와 규칙성을 우리 영국 제조업계에 소개했다는 것이 의미하는 바이다.[28]

노동력의 가치를 낮추고 노동력을 통제하는 일, 이는 배비지와 우레에 따르면, 자본주의적 생산과정과 자본의 증식 과정에서의 노동분업의 원리이다. 더불어 학교제도 안에서 어린이(미래의 노동자들)들을 교육하는 기능이기도 하다. 학교는 노동시장에 성공적으로 적응하며 노동시장에서 필요로 하는 노동력을 재생산하는 임무를 적절히 수행하는 제도이다.[29]

노동자들은 단순히 기계 부속품의 위치로 전락해 갈 뿐만 아니라, 이를 자발적으로 받아들이도록 압력을 받는다.

---

28) J. R. McCulloch(ed.), *Early English Tracts on Commerce*, London, 1970, p.590 이하에 있는 "Considerations on the East India Trade"(1701). 이처럼 탁월한 논문을 쓴 저자는 세계무역의 자유화에 호의적인 견지에서 논의를 전개하고 있다. 우리의 인용문에서도 잘 나타나듯이 이 무명의 저자는 세계적 수준의 분업이 숙련 노동시장 구조에 미칠 영향력에 대해 충분히 인식하고 있었다.

29) Harry Braverman, *Labor and Monopoly Capital*, New York and London, 1974에 덧붙여 다음 글들을 볼 것. Samuel Bowles & Herbert Gintis, "Schooling in Capitalist America," *Educational Reform and the Contradictions of Economic Life*, New York, 1976; William Lazonick, "The Appropriation and Reproduction of Labour," *Socialist Revolution* 33, vol.VII, no.3, 1977, pp.109-127; Edward P. Thompson, "Time, Work-discipline and Industrial Capitalism," *Past and Present* 38, 1967, pp.56-97; Michel Foucault, Surveiller et punir, *Naissance de la Prison*, Paris, 1975. 이 책의 사례연구에서 우리는 현 개도국의 교육제도와 전문 직업훈련제도가 도덕적 기계 공장을 위해 매우 유리한 상황을 미리 창안해 내는 방식에 대해서는 체계적으로 탐색하지 않았다. 그러나 우연히 관찰한 결과는 전적으로 이러한 효과를 가져 오는 데 영향력이 있음을 확인해 주고 있다.

신국제분업을 향한 경향

수세기에 걸친 역사적 운동과정에서 자본의 증식과 축적을 위해 앞서 언급했던 일련의 조건들을 생산해 낸 것은 압도적으로 자본 그 자체였다. 이들 일련의 조건 가운데 중요한 것은 세계적 규모의 산업예비군이 존재한다는 사실, 생산과정을 얼마든지 단순한 여러 작업으로 세분화할 수 있는 가능성, 그리고 효율적인 운송 및 통신기술 등을 들 수 있다. 이 가운데 개별적인 요소 하나하나는 오랜 기간을 지나면서 서서히 단계적으로 발달을 거듭해 왔다. 그러나 위에서 언급한 요소 전체가 하나의 집합으로서 충분히 효율적으로 발달되지 않는 한은, 세계적 규모로 진행된 자본의 재생산과정은 단순히 '고전적' 형태의 국제분업을 산출했을 뿐이다. 고전적 국제분업이란 한편으로는 자본재와 소비재를 생산하는 일부 (선진)산업국가가 존재하고 다른 한편으로는 원자재 생산자로서 세계경제에 통합되는 대다수의 저개발 국가군이 대치하고 있는 것을 의미한다. 즉 이삼백 년 동안 이어져 온 '고전적' 국제분업 상황하에서 처음에는 유럽으로부터 그리고 후일에는 북미지역과 일본으로부터 퍼져나오게 된 자본은 아시아와 아프리카 그리고 남미지역에서만 유일하게 증식이 가능했다. 당시 자본의 증식은 광물이나 농산물과 같은 원료생산을 통해서만 가능했음은 물론이다. 당시에는 자본이 처음부터 세계적 규모로 운동을 시작했다는 사실에도 불구하고, 제조업 분야의 상품생산은 우리가 충분히 그 의미를 새길 정도로 자본의 증식에 기여하지는 못했다.

우리의 주제는 다음과 같다. 즉 자본의 증식과 축적을 위한 새로운 일련의 조건들이 1960년대 들어서야 역사상 최초로 실제적 의미를 갖고 형성되기 시작했다는 것이다. 일련의 새로운 조건들은 생산과 노동영역에서 전통적 선진산업 국가군과 저개발 국가군을 동시에 포괄하는 하나의 세계시장을 만들어 냈다. 이들 새로운 일련의 조건과 부지불식중에 맞부딪힌 개별 자본은 그에 상응하는 방향으로 생산을 재조직함으로써 초과이윤을 확보할 수 있게 되었다. 즉 생산과정을 적절한 수준에서 세분화함으로써 세계적 규모의 산업예비군을 활용한다든가, 보다 진일보한 선진 운송기술 및 통신기술을 원용함으로써 초과이윤을 확보하였던 것이다. 자본가를 압도하는 경쟁의 압력은 이러한 가능성을 개별 자본가의 생존을 위한 필연성으

로 전화시켰다. 이러한 사실은 자본주의 역사상 최초로 개발도상국가의 제
조업이 반제품이나 완제품을 제조함으로써 현재 이윤을 창출하고 있으며,
세계시장에서 경쟁력을 가질 수 있게 되었음을 의미한다. 그 결과, 이들 새
로운 개도국의 제조업체들은 기존 국내시장뿐 아니라 유효수요가 지극히
제한된 개발도상국가의 조건으로 인해(이는 자본주의 세계체제의 발달로
인한 결과인데), 거의 압도적으로 해외시장을 겨냥하게 된다.

우리는 아래와 같은 경향을 지칭하면서 '신국제분업'이라는 용어를 사
용하고자 한다.

① 전통적으로 세계가 양분되는 경향, 즉 한편으로는 소수의 선진산업
국가가 존재하고 다른 한편으로는 대다수의 개발도상국가들이 단순히 원
료 생산국으로서 세계경제에 편입되는 양극화 현상이 완화된다.

② 전 세계적으로 제조업 생산과정이 다양한 산업부문에서 수많은 부분
과정으로 세분화되는 경향이 필연적으로 증가된다.

이러한 세계분업체계 안에서 분업은 최종적 결과로 이해되어서는 안된
다. 이는 끊임없이 계속되는 진행과정으로 이해되어야 한다.

이러한 경향에 대해서는 자본주의 역사 과정 속에서 잘 알려진 예화를
준거로 하여 예증하는 것이 독자들의 이해를 돕는 데 도움이 될 것이다. 이
예증은 어떤 면으로는 추론적이기도 하다. 즉 한편으로는 도시 단위의 길
드 조직과 다른 한편으로는 농촌지역의 봉건사회(좁은 의미의)가 가지고
있는 경직성이야말로, 근대유럽 초기에 해당하는 기간 동안 상업자본을 산
업자본으로 전환하는 데 있어 최대한의 장애물이었음이 입증되었다. 또한
길드 조직과 봉건사회의 경직성은 상업자본으로 하여금 생산과정에 대해
직접적인 영향력을 행사하지 못하도록 하였다. 즉 자본은 노동을 형식적으
로는 포섭하였지만 실질적으로는 복속시키지 못하였다. 봉건사회의 위기
가 새로운 가능성을 속박으로부터 해방시킴에 따라, 상업자본은 농촌지역
의 값싼 노동을 사용할 수 있게 되었다. 이들 노동은 봉건사회가 붕괴함에
따라 봉건적 구속에서 자유로워진 노동이다. 이제 농촌산업이 나타나게 되
었는데, 대부분의 경우에 선대제의 형태로 나타났다. 이를테면 '뉴 드레이

퍼리즈(New Draperies)'가 좋은 예가 될 것이다.[30] 그런데 이러한 형태의
농촌산업은 많은 수의 숙련 노동자를 필요로 하지 않았다. 농촌 노동력이
상대적으로 저렴했던 두 가지 이유는, 첫째, 농촌산업은 대개 부업으로 수
행되었기 때문에 노동력의 부분적 자급자족에 기초하고 있었다. 둘째, 농
촌지역에서는 노동력이 흩어져 있는 관계로 단일적인 상업자본에 대항할
수 있는 여하한 종류의 유력한 노동자 조직을 결성할 수 없었다. 그러나 당
시 상업자본은 생산과정의 포섭을 형식적으로만 수행할 수 있었을 뿐이었
던 반면에 – 기술과 노동과정의 조직은 단순히 접수될 뿐이다 – 오늘날 저
개발 국가에서 발전도상중인 제조업분야에서는 생산과정의 실질적인 포섭
이 처음부터 이루어진다. 즉 생산기술과 노동과정의 조직은 시작단계에서
부터 구체적으로 자본주의 생산양식이 요구하는 상황에 복속된다. 노동의
형태로 '보조부문'이 존재하고 '비자본주의' 부문으로부터 생계수단을 획
득함에도 불구하고 그러하다.[31]

따라서 우리는 오늘날 산업생산시설의 재배치(이는 전통적으로 '중심'국
가군내에서 이루어져 왔으나 오늘날은 '주변국'에서도 점차 일어나고 있
다)라든가, 덧붙여 생산과정의 분할 가능한 부분공정으로의 세분화가 세계
적 규모로 점증하는 현상을 자본의 증식과 축적을 위한 조건이 질적으로

---

30) 예를 들면, Hans Medick, "The Proto-industrial Family Economy: the Struc-
tural Function of Household and Family during the Transition from Peasant
Society to Industrial Capitalism," *Social History* III, 1976, pp.291-315; Peter
Kriedte, Hans Medick & Jurgen Schlumbohm, *Industrialisierung vor der Industri-
alisierung*, Gottingen, 1977.

31) 농촌지역에 남아 있던 봉건사회의 부식과 농촌산업의 태동이 '17세기의 위기'
상황에서 수행했던 역할은 익히 알려져 있다. 이들은 구 유럽대륙의 봉건사회
(15, 16세기) 내부에서 꽃피고 있던 상업자본으로부터 소위 '산업혁명'(18, 19
세기)의 발생을 매개하는 역할을 했다. 한편으로 17세기 서구 유럽에서 태동했
던 농촌산업과, 다른 한편으로 현재 개도국에서 진행중인 수출주도형 산업화과
정을 비유하는 것은, 물론 서구의 전형적 유형을 따라 '제3세계'에서도 장차 '산
업혁명'이 일어나리라는 것을 함축하는 것은 아니다. 물론 이는 에누리하여 이
해되어야만 할 것이다. 만일 자본이 경쟁적인 증식과 축적에 의해 '정상적인' 혹
은 '합법적인' 이윤율 대신 최대한의 이윤율을 추구한다 할지라도, 국가적 차원
의 보호장치(그리고 그로 인한 위협)는 자본으로 하여금 앞으로의 시장을 확보
하기 위해서는 현재 다소 이윤율이 떨어지더라도 일정한 생산영역을 설립하도
록 강요할 것이다.

변화한 결과로 해석한다. 이러한 변화는 신국제분업의 발전을 강제한다. 신국제분업은 자본 자체의 '제도적(institutional)' 혁신이다. 이는 개별 국가에 의해 선택된 개발전략의 변화로 인해 나타난 결과도 아니요, 소위 다국적기업 자신의 의지에 따라 자유로이 결정내린 선택의 결과도 아니다. 다양한 국가들과 기업들이 자신의 정책과 이윤극대화 전략을 이처럼 새로운 상황에 맞추지 않으면 안되는 것은, 새로운 상황의 결과이지 원인이 아닌 것이다(다시 말해서, 산업부문을 위한 세계시장의 요구에 적응하지 않으면 안되는 것이다).

우리의 분석방법이 채택하고 있는 관점에 따르면, 신국제분업이 등장하는 이유가 선진산업국가에서 이윤율이 저하되었기 때문에, 자본이 생산기지를 새로운 지역으로 재배치하는 것이라고 보는 것은 부적절한 평가가 될 것이다. 이 자리에서 우리는 그와 같은 이윤율의 저하가 실제로 일어날 가능성이 있는지 여부를 논의할 의도는 없다. 그보다는 1차적으로 다음과 같은 질문에 한정해서 답을 해보도록 하겠다. 이 질문은 실제로는 세계적 규모로 진행되는 자본의 이동으로 인해 이미 답이 주어지긴 했다. 즉 새로운 지역에서의 생산과 전통적으로 생산을 해오던 지역에서의 생산 중 어느 편이 자본의 증식과 축적을 위해 개선된 조건을 제공하는가에 한정해서 답을 생각해 보려 한다.

오늘날 '중심부'에서 관찰 가능한 위기현상—실업의 증가, 심지어 주요 기업들 사이에서도 나타나는 도산 및 기업합병의 증가, 불경기 내지 투자저하, 국가재정 문제 등—과 세계적 규모의 주기적 경기침체의 표현으로 종종 서술되는 현재의 위기상황은, 우리식 접근방법에 따르면, 근본적으로 신국제분업을 향한 움직임, 주요 흐름의 표현으로 설명되어야 마땅하다. 그런데 이러한 흐름이 진행되어 가는 속도는 여러 가지 장애요인으로 인해 제한을 받는다. 예를 들면, 기존의 시설들이 경제적으로 이용가치가 있다면 기존의 시설을 그대로 활용하는 것이 대체로 당연시된다든가, '중심부'에서 국가와 노조의 주도하에 자본이 해외로 이동하는 것을 막기 위해 어떠한 양보가 이루어진다면 그것은 일정한 효과를 낼 것이라든지, '주변국'의 '정치적 불안정'은 기업의 투자를 보류토록 한다든지, 어떤 경우에는 기업의 재배치보다는 '중심부'에서의 합리화과정으로 인해 같은 이윤을 획득할 가능성을 갖게 된다든지—이는 더욱 많은 수의 '기술적 실업'현상을 야기할 것이다—하는 등을 생각해 볼 수 있을 것이다.[32]

그러나 자본은 세계적 규모로 작동하기 때문에 '중심국'에서의 위기가 자본의 위기를 의미하는 것은 아니다. 물론 신국제분업에 따라 진행되는 자본의 증식과 축적과정에서 일어나는 제도적 혁신은, 수많은 개별 자본가의 도산을 가져 오는 동시에 혹은 생존에 성공한 개별 자본가들의 경우는 새로운 상황에 대한 광범위한 적응을 요구할 것이다. 이 과정을 '17세기의 위기'와 비교하는 것이 부적절하지만은 않을 것이다. 자세히 고찰해 보면, 17세기의 위기는 중부유럽과 남부유럽의 몰락에 결정타를 가하고 동시에 네덜란드의 부상, 특별히 영국이 자본주의의 새로운 중심부로 부상하고 있음을 숨기고 있었던 것이다. 따라서 다음과 같이 전제하는 것은 상당히 안전할 듯 싶다. 즉 현재 명백히 나타나고 있는 바, 신국제분업의 징후들은 '중심부' 자본의 증식 과정의 침체현상과 '주변부' 일부의 상대적이자 절대적인 성장이라는 새로운 국면을 활짝 열어놓고 있는 셈이다. 달리 말하면, 중력의 중심부가 전통적인 중심국가로부터 '주변국'으로 전이하는 현상은 세계자본이 치명적인 위기에 놓여 있음을 필연적으로 뜻하는 것은 아니다. 그와는 반대로, 세계적 규모로 이동하는 자본이 변화된 조건에 적응해 가는 것에 다름 아니다. 이는 다음과 같은 사실을 배제하지 않으며, 실제로는 다음의 사실을 필시 포함한다. 즉 개별 자본들은—따라서 비유적으로 말하면 개별 국가들은—이와 같은 '창조적 파괴(creative destruction)' 과정에서 불황과 쇠퇴에 직면하게 될 것이다. 이로 인해 직접 영향을 받는 사람들의 필요는 필연적으로 철저히 무시될 것이다.

---

32) 따라서 선진국 기업의 합리화 전략으로 인해 일자리를 잃은 전임 노동자들이 가지고 있던 숙련도의 평가절하 문제라든가, 소위 기술적 실업이라고 하는 것은 신국제분업을 향해 전개되는 새로운 흐름으로부터 파생되는 압력의 직접적인 산물일 가능성이 있다. 물론 이러한 경향은 대규모로 지사나 자회사를 설립하여 산업기지를 재배치함으로써 피상적인 관찰자에게는 명확하게 가시적인 현상으로 다가오지 않을지도 모른다. 우리는 이 책에서 제조업 기지의 재배치 과정이 세계적 규모로 진행되고 있으며, 뿐만 아니라 노동과정의 세분화가 점증하고 있음에도 초점을 맞추고 있다. 즉 우리의 사례연구는 ① 합리화 전략, 탈숙련화, 실업, 그리고 산업재배치, ② 세계적 규모의 산업예비군의 발달과정에 초점을 맞추고 있다.

제국주의: 자본주의 발전의 최고 단계*

블라디미르 일리치 레닌

1. 자본 수출

자유경쟁이 지배적이던 구자본주의의 전형은 상품(goods) 수출이였다. 하지만 독점이 지배적인 현대 자본주의의 전형은 자본(capital) 수출이다. 자본주의는 상품 생산의 최고 단계로서 이 단계에서는 노동력 자체가 하나의 상품(commodity)이 된다. 국내 교환뿐만 아니라 특히 국제 교역의 성장은 자본주의의 가장 뚜렷한 특징이다. 개별 기업, 개별 산업부문 및 개

---

* Vladimir I. Lenin, *Imperialism, The Highest Stage of Capitalist Development*, New-York: International Publishers, 1984, ch.4, 5, 7(박건영 옮김).

▶ 선진자본주의의 내적 모순의 격화로 인한 프롤레타리아 혁명을 꿈꾸던 맑스에게 국제관계는 1차적 관심사가 아니었다. 레닌은 힐퍼딩, 카우츠키, 룩셈부르크 등과 함께 맑스주의의 연장선상에서 초기 제국주의 이론의 골격을 마련한 대표적 인물 중 하나이다. 국제관계론의 관점에서 볼 때『제국주의: 자본주의 발전의 최고 단계』의 핵심은, 선진국의 잉여자본은 이윤 극대화를 실현하기 위해 자본이 희귀한 후진국가로 수출된다; 선진국가들이 붕괴되지 않는 이유는 해외 식민지 투자에서 발생하는 이윤으로 국내 프롤레타리아의 일부를 매수하여 혁명적 조건 창출을 지연시키고 있기 때문이다; 그런데 식민지 확대를 둘러싼 제국주의 간의 경쟁은 전쟁으로 이어질 것이다; 자본주의 붕괴의 서곡인 제국주의 전쟁(그 당시 제1차 세계대전)은 자본주의 발전의 필연적 과정이라는 것이다. 레닌의 이 저작은 노동자들을 위한 팸플릿 형식으로 만들어졌기 때문에 설명이 단순화되어 있는 것이 특징이다. 그러나 그의 주장은 1960년대 전통적 종속이론, 70년대 신종속이론의 형성에 큰 영향을 미쳤으며, 경제발전, 세계화(globalization), 전쟁의 원인 연구 등에 있어서도 기존 시각의 주요 대안적 관점으로 자리매김되고 있다.

별 국가에서의 발전이 불균등과 불규칙성을 수반하는 것은 자본주의에서
는 필연적이다. 세계에서 제일 먼저 자본주의 국가가 된 영국은 19세기 중
엽 자유무역을 채택하여 "세계의 공장," 즉 모든 나라에 대한 공산품 공급
자라는 역할을 선언하였고, 다른 나라들은 공산품과 교환하기 위해 영국에
원료를 제공해야 했다. 하지만 19세기 후반에는 벌써 이런 독점은 무너진
상태였다. 왜냐하면 다른 나라들이 관세장벽으로 스스로를 보호하면서, 독
자적인 자본주의 국가로 발전했기 때문이다. 20세기로 접어들자마자, 새로
운 형태의 독점이 현실화되고 있다. 우선 선진 자본주의 국가들에서는 독
점적 거대자본이 형성되고, 둘째로 막대한 규모로 자본축적을 이룬 몇몇
부국들은 세계 시장에서 독점적 지위를 차지하게 되었다. 선진국들에는 엄
청난 '과잉자본'이 생겨났다.

만약 자본주의가 오늘날 (산업에 비해) 크게 낙후되어 있는 농업을 발전
시킬 수 있었다면, 또 가난과 굶주림에 허덕이는 도처의 민중들의 삶의 수
준을 제고할 수 있었다면 기술적 지식의 놀랄만한 진보에도 불구하고 자본
의 과잉에 대한 토론은 있을 수 없는 것이다. 이러한 '주장'은 자본주의에
대한 프티 부르주아적 비판가들이 흔히 개진해 왔다. 하지만 만약 자본주
의가 이런 일을 한다면, 그것은 자본주의가 아니다. 왜냐하면 불균등 발전
과 대중들의 반기아 상태는 자본주의 생산양식의 근본적이고 불가피한 조
건이며 전제이기 때문이다. 지금처럼 자본주의가 계속되는 한, 과잉자본은
결코 특정 국가 대중들의 생활수준을 향상시킬 목적으로 사용되지 않을 것
이다. 왜냐하면 그렇게 된다면 자본가의 이윤이 적어지기 때문이다. 과잉
자본은 해외의 후진국에 수출됨으로써 이윤을 증대시키는 목적으로 사용
될 것이다. 후진국들은 자본이 귀하고, 대개가 이윤율이 높으며, 상대적으
로 지가는 낮고, 임금도 낮을 뿐더러, 원료도 싸기 때문이다. 자본수출이
가능하게 되는 것은 수많은 후진국들이 국제 자본주의 교역체제에 편입되
어 있기 때문이다. 이들 국가에 간선철도가 이미 건설되었거나 건설과정에
있으며, 산업발전을 위한 기초적인 조건이 형성되고 있다. 몇몇 선진국가
에서 자본주의가 '과잉 성숙'되었지만—농업의 후진성과 대중들의 빈곤 때
문에—거기에서 '이윤을 내는' 투자를 할 수 없다는 사실 때문에 자본수출
의 필요성이 생겨나는 것이다.

<표 1> 해외투자자본

(단위: 10억 프랑)

년도	영국	프랑스	독일
1862	3.6	-	-
1872	15.0	10(1869)	-
1882	22.0	15(1880)	?
1893	42.0	20(1890)	?
1902	62.0	27~37	12.5
1914	75~100	60	44.0

<표 1>은 주요 3개국이 해외에 투자한 자본의 양을 보여주는 개략적인 수치이다.[1] 이 표를 보면 자본수출이 20세기 초에 와서야 어마어마한 수준에 도달했다는 점을 알 수 있다. 전쟁 전에 이 주요 3국이 해외에 투자한 자본의 총액은 1,750억 프랑에서 2,000억 프랑에 이른다. 이 총액으로 이자율을 적게 잡아 5%로 보아도 수익은 한 해에 80억 내지 100억 프랑에 이른다. 이것이 세계 대부분의 국가와 민족에 대한 제국주의적 억압과 착취를 위한 강고한 기초를 제공한다. 한 줌밖에 안되는 부국의 자본주의적 기생성을 부추기는 강고한 기초인 것이다.

어떻게 이런 해외투자자본이 다양한 국가들에 분산되어 있을까? 또 그 것은 어디에 투자되는 것인가? 비록 이러한 질문에 대해서 단지 개략적인 답변만이 가능하지만, 그것만으로도 현대 제국주의와의 일반적인 관계와

---

1) Hobson, *Imperialim*, London, 1902, p.58; Riesser, *Die Deutschen Grossbanken Und Ihre Konzentration Im Zusammenhang Mit Der Gesamtwirtschaft In Deutschland*(*The German Big Banks and their Concentration in Connection with the Development of the General Economy in Germany*), fourth ed., 1912, p.395, 404; P. Arndt, *Weltwirtschaftliches Archiv*(*World Economic Archive*), vol.VII, 1916, p.35; Neymarck, *Bulletin de l'institut international de statistique*; Hilferding, *Finanzkapital*, p.437; Lloyd George, *Daily telegraph*지(1915년 5월 5일 자)에 보도된 하원에서 행한 연설(1915년 5월 4일); B. Harms, *Probleme der Weltwirtscaft*, Jena, 1912, p.235 및 seq.; Dr. sigmund Schilder, *Entwicklungstendenzen der Weltwirtschaft*, vol.I, Berlin, 1912, p.150; George Paish, "Great Britain's Capital Investments," etc., in *Journal of the Royal Statistical Socity*, vol.74, 1910~1911, p.167; George Diouritch, *L'expansion des banques allemandes à l'étranger, ses rapports avec le développement économique de l'Allemagne*, Paris, 1909, p.84.

<표 2> 해외자본의 개략적 분포 (1910년)

(단위: 10억 마르크)

대륙	영국	프랑스	독일	계
유럽	4	23	18	45
아메리카	37	4	10	51
아시아,아프리카,호주	29	8	7	44
계	70	35	35	140

연관을 밝혀주는 데 충분하다.

영국 자본의 주된 투자 지역은 자신의 식민지로, 아시아는 물론 아메리카(예를 들면 캐나다) 등에 넓게 퍼져 있다. 영국의 경우, 막대한 자본수출은 광범한 식민지 소유와 결부된 것으로, 제국주의에 있어서 이 관계의 중요성은 뒤에 언급하겠다. 프랑스의 상황은 전혀 다르다. 프랑스 자본수출은 주로 유럽, 특히 러시아에 집중되어 있다(적어도 100억 프랑). 이것은 주로 차관자본으로 정부차관의 형식으로 이루어진 것이지, 산업에 투하된 자본은 아니다. 영국의 식민지 제국주의와는 달리, 프랑스 제국주의는 고리대 제국주의라고 명명할 수 있다. 독일은 제3의 형태를 가지고 있다. 즉 독일 식민지들은 많지 않을 뿐더러 해외에 투자된 독일 자본은 유럽과 아메리카에 상당히 균등하게 분포되어 있다.

자본수출은 그것을 수입하는 나라의 자본주의 발전에 영향을 미치며, 그 발전을 크게 가속시킨다. 자본수출이 자본수출국의 발전을 어느 정도 정체시키는 경향을 가지는 것은 사실이나, 그것은 동시에 전 세계에 걸친 자본주의의 발전을 더욱 확대·심화하는 것이다.

자본수출국은 거의 항상 일정한 '이점'을 얻을 수 있는데, 그것의 성격은 금융자본과 독점이 지배하는 시대의 특성을 드러내준다. 1913년 10월 베를린의 ≪은행≫지에 나온 글을 인용해 보자.

아리스토파네스의 필력 수준의 희극이 지금 막 국제 자본시장에서 연출되고 있다. 스페인에서 발칸의 제국(諸國)까지, 러시아에서 아르헨티나까지, 브라질에서 중국까지의 수많은 나라들이 공공연히 또는 은밀하게 거대한 금융시장에 접근하여 차관을 요구하고 있으며, 그 중 몇몇은 매우 시급한 상황에 있다. 지금으로는 이 금융시장의 전망이 좋지 않으며, 정치적 전망도 아직은 기약할 수 없다. 하지만 인접시장에서 그것을 먼저 가로채, 작지만 어떠한 호혜적인 서비스를 보장받지나 않을까 하는 두려움 때문에, 어떤 금융시장도 감히 해외 차관을 거부하지 못하고 있다. 이러한 국제거래에서 채권자는 언제나 모종의 별도 이익을 얻기 마련인데, 그 이익은 상업적·정치적 성격을 띤 것으로서, 저탄소(貯炭所) 설치, 항만 건설 계약체결, 이익이 많은 조차지 확보, 혹은 총기류 주문과 관련된 것이다.[2]

금융자본은 독점의 시대를 열었고, 독점은 세계 어디에서나 독점적 방식을 소개하고 있다. 즉 공개시장에서의 경쟁 대신 유리한 거래를 위해 모든 '연관'을 이용하는 것이다. 가장 일반적인 경우는 공여된 차관의 일부를 채권국으로부터의 구매, 특히 군수품이나 선박 등의 구입에 사용해야 한다고 규정하는 것이다. 프랑스는 지난 20년(1890~1910) 동안, 이런 방식을 자주 사용했다. 게다가 자본수출은 상품수출을 촉진하는 하나의 수단이 된다. 이런 상황에서 특히 거대한 기업 간의 거래는 쉴더[3]가 '완곡하게' 표현한 것처럼, "뇌물 수수"와 유사하다. 독일의 크루프(Krupp), 프랑스의 슈나이더(Schneider), 영국의 암스트롱(Amstrong)은 강력한 은행 및 정부들과 밀접한 '끈'을 가지고 있는 경우인데, 차관을 체결할 때 '무시될' 수 없는 기업들이다.

프랑스는 1905년에 러시아에 차관을 공여한 후, 1905년 9월 16일 통상조약을 통해 러시아에게 '압력을 가한 결과' 1917년까지 유효한 양허 사항들을 얻어냈다. 프랑스는 일본과 1911년 8월 19일 통상조약을 체결할 때도 같은 결과를 얻어냈다. 1906년에서 1911년까지 7개월을 제외하고 지속된 오스트리아와 세르비아 간의 관세 전쟁은 세르비아에 전쟁물자를 제공하려는 오스트리아와 프랑스의 경쟁 때문에 발생한 측면이 있다. 1912년 1월, 폴 데샤넬(Paul Deschand)이 의회에서 진술한 바에 따르면, 1908년에서 1911년까지 프랑스 기업은 4천 5백만 프랑의 전쟁물자를 세르비아에 제공했다.

상파울로 주재 오스트리아-헝가리 영사가 보낸 보고서에는 다음과 같이

---

2) Die Bank, 1913, pp.1024-1025.
3) Shilder, op. cit., vol.I, pp.346, 350, 371.

진술되어 있다.

브라질 철도는 대부분 프랑스·벨기에·영국·독일 자본에 의해 건설되고 있다. 그리고 이들 나라는 철도 건설과 관련된 금융 거래를 통해 각기 자기 나라의 건설 자재를 공급하도록 규정하고 있다.

이같이 금융자본은 문자 그대로 세계 모든 국가에 자신의 그물을 쳐놓고 있다고 해도 과언이 아니다. 이와 관련하여, 식민지에 설립된 은행이나 그 지점들은 중요한 역할을 한다. 독일의 제국주의자들은 '기존의 식민지 소유국'들에 대해서 선망의 눈길을 보내고 있었다. 1904년 영국은 2천 2백 79개의 지점을 가진 50개 식민지 은행을 소유하고 있었다(1910년에는 72개 은행에 5천 4백 49개 지점이 있었다). 또 프랑스는 20개 은행에 136개 지점을, 네덜란드는 16개 은행에 68개 지점을 가지고 있었지만, 독일은 '고작' 13개 은행, 70개 지점을 가지고 있었다.[4] 미국의 자본가들은 영국과 독일을 질시하고 있었다. 즉 1915년 "남아메리카에는 5개 독일은행이 40개 지점을 가지고 있으며, 5개 영국은행은 70개 지점을 가지고 있다. … 영국과 독일은 아르헨티나, 브라질 및 우루과이에 지난 25년 동안 약 40억 달러의 자본을 투자했으며, 결과적으로 이들 세 국가의 총교역의 46%를 향유하고 있다"[5]고 그들은 불평했다.

자본수출국은 은유적인 의미에서 세계를 분할하고 있지만, 금융자본은 실질적인 의미에서 분할하고 있다.

2. 자본주의적 합병체들의 세계 분할

무엇보다도 독점자본주의적 합병체들(monopolist capitalist combines) — 카르텔, 신디케이트, 트러스트 — 은 각 국가의 전 내수시장을 자기끼리 분

---

4) Riesser, op. cit.(4판), pp.374-375; Diouritch, p.283.
5) 미국 정치사회과학 학술원 연차 보고서 제54권의 p.301, 331을 보면 유명한 통계학자인 파이쉬가 금융잡지인 ≪통계≫의 최근호에서 영국, 프랑스, 벨기에, 네덜란드의 자본수출이 400억 달러, 즉 2천억 프랑에 달한다고 밝히고 있다.

할하고 그 나라의 산업을 거의 완전하게 통제한다. 그러나 자본주의하의 국내시장은 필연적으로 해외시장과 연결되어 있기 마련이다. 자본주의는 오래전에 세계시장을 형성하였다. 자본수출이 증대하면서 해외 및 식민관계 그리고 거대한 독점적 합병체의 '영향권'이 확대되었고, 그러면서 모든 것은 '자연스럽게' 이들 합병체들 간의 국제적 협정과 국제적 카르텔을 형성시키는 쪽으로 전개되었다.

이것은 자본과 생산의 세계적 집중이라는 새로운 단계로, 이전 단계들과는 비교할 수 없는 더 높은 단계를 의미한다. 어떻게 이런 초독점(super-monopoly)이 발전하는지를 살펴보자.

19세기 말과 20세기 초반에 자본주의가 이루어낸 근대적인 기술의 가장 전형적인 성과물은 전기(電氣) 산업이다. 이 산업은 신흥 자본주의 국가인 미국과 독일에서 가장 발전해왔다. 1900년 독일의 (경제)위기는 특히 이 전기산업의 발전에 강력한 추진력을 제공하였다. 이 위기 동안에 은행들은 이미 동시대의 거의 모든 산업과 긴밀한 관계를 가지고 있었으며, 비교적 소규모 기업들의 붕괴와 대규모 기업들로의 흡수를 상당히 가속시켰다. 야이델스(Jeidels)는 다음과 같이 말했다:

> 은행들은 자본을 절실히 필요로 하는 해당 기업들에게는 구원의 손길을 거부했으며, 초기에는 광적인 경기 과열을 조성하고는 그 다음에는 자신들과 아주 밀접하게 유착되지 않은 기업들의 파산을 방조했다.[6]

결국 1900년 이후 독일에서는 엄청난 자본집중이 뒤따랐다. 전기산업 분야에는 1900년까지 7개 혹은 8개의 '그룹'이 있었다. 이들 그룹들은 각각 몇몇의 자회사로 형성되었으며(총계로는 28개가 있었다), 2개 내지 8개의 은행이 지원하고 있었다. 그러나 1908년과 1912년에는 이들 그룹 모두가 2개, 어떻게 보면 1개로 통합되었다. 아래의 도식은 이런 과정을 보여주고 있다.

---

6) Otto Jeidels, *Das Verhältnis der deutschen Grossbanken zur Industrie, mit besonderer Berücksichtigung der Eisenindustrie(The Relationship of the German Big Banks To Industry, With Special Reference to Industry, with Special Reference to the Iron Indutry)*, leipzig, 1905, p.271.

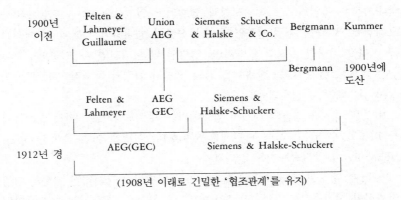

<표 3> 독일 전기산업 분야의 그룹들

(1908년 이래로 긴밀한 '협조관계'를 유지)

유명한 A.E.G(General Electric Company)는 이런 방식으로 성장했는데 175~200개의 자회사를—주식보유를 통해서—통제하고, 총자본이 약 15억 마르크에 이른다. 10개 이상의 외국에 34개의 지사를 가지고 있으며 그 중 12개는 주식회사다. 1904년 독일의 전기산업이 해외에 투자한 자본의 양은 2억 3천 3백만 마르크로 추정되었다. 자본 총액 중 6천 2백만 마르크는 러시아에 투자되어 있었다. 말할 필요도 없이, A.E.G.는 거대한 합병체이다. 제조회사만도 16개 이상이며, 공장에서는 케이블과 애자(碍子)에서부터 자동차 및 항공기에 이르는 아주 다양한 상품을 만들어내고 있다.

하지만 유럽에서의 집중은 미국에서의 집중 과정의 일부에 지나지 않는다. 그 과정은 아래의 방식으로 이루어졌다.

<표 4> 미국 전기산업의 그룹들

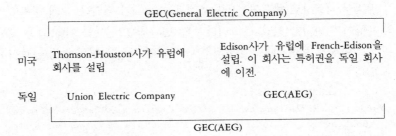

그렇게 전기산업 분야의 2대 '강자'가 형성되었다. 하이니히(Heinig)는 「전기 트러스트의 노정」이라는 자신의 논문에서 "이들 두 기업으로부터 완전히 독립적인 전기 기업은 전 세계에 하나도 없다"고 썼다. 완전한 통계는 아니지만, 이 양대 '트러스트'의 매출액과 기업 규모를 판단하는 데에 다음의 수치가 단서를 줄 수 있다.

<표 5> 양대 전기기업의 구조

	연도	매출액 (백만 마르크)	고용자 수	순이익 (백만 마르크)
미국 G.E.	1907 1910	252 298	28,000 32,000	35.4 45.6
독일 A.E.G.	1907 1911	216 362	30,700 60,800	14.5 21.7

1907년 독일과 미국의 트러스트는 세계를 자신들에게 양분하는 협정을 맺음으로써 그들 사이의 경쟁은 종식되었다. 미국 G.E.는 미국과 캐나다를 '얻었고,' A.E.G는 독일, 오스트리아, 러시아, 네덜란드, 덴마크, 스위스, 터키와 발칸 제국을 '얻었다.' 새로운 산업영역이나 공식적으로 할당되지 않은 '새로운' 국가에 '자회사'를 투입하는 것과 관련, 특별협정(본질적으로 비밀협정)이 양자 간에 체결되었다. 또 이들 두 트러스트는 발명과 실험의 결과를 교환하게 되었다.[7]

수십억에 달하는 자본을 주무르면서 세계 구석구석에 지점, 지사, 대리점 및 연락소 등을 가지고 있는 이 트러스트에 대항하여 경쟁한다는 것이 얼마나 어려운가는 어렵지 않게 이해된다. 그러나 이 양대 트러스트 사이의 세계 분할은 만약 불균등 발전, 전쟁, 파산 등의 결과로 세력관계의 변화가 있다면 재분할될 가능성이 없지는 않다.

석유산업은 그런 재분할의 기도(企圖)를 보여주는 교훈적인 사례이다. 1905년에 야이델스(Jeidels)는 다음과 같이 썼다.

세계 석유시장은 오늘날에도 양대 금융그룹 ─ 미국 록펠러의 스탠다드 석유

---

7) Riesser, op. cit.; Diouritch, op. cit., p.239; Kurt Heinig, op. cit.

434

회사와 러시아 바쿠 지역의 유전을 지배하고 있는 로스차일드-노벨(Roths-
child and Nobel)—로 크게 분할되어 있다. 두 그룹은 긴밀한 동맹관계에 있다.
하지만 최근 수년 동안, 다섯 개의 적(敵)이 그들의 독점을 위협해 오고 있다.[8]

그 적이란 ① 미국 유정(油井)의 고갈, ② 바쿠 지역에 대한 만타셰프
(Mantashev)사와의 경쟁, ③ 오스트리아 유정, ④ 루마니아 유정, ⑤ 해외,
특히 네덜란드 식민지역의 유정(영국자본과 연계되어 있는 아주 탄탄한 사
무엘과 셸(Samuel and Shell))이다. 뒤의 세 그룹은 도이치 뱅크(Deutsche
Bank)가 주도하는 거대 독일은행과 연결되어 있다. 이런 은행들은 루마니
아에서 석유산업을 독자적이고 체계적으로 개발했는데, 그것은 '자신의'
발판을 얻기 위해서였다. 1907년 루마니아 석유산업에 투자된 해외자본 1
억 8천 5백만 프랑 중 7천 4백만 프랑은 독일에서 출자한 것이었다.[9]
　경제학에서 "세계 분할을 위한 투쟁"이라 일컬어지는 하나의 투쟁이 시
작되었다. 한편에서는, 모든 것을 정복하고자 하는 록펠러 트러스트가 직
접 네덜란드내에 자회사를 설립하고 네덜란드령 동인도 제도의 유정을 매
입했다. 이 모든 것은 자신의 주적(主敵)인 앵글로-더치 셸(Anglo-Dutch
Shell) 트러스트를 타격하기 위해서였다. 다른 한편에서는, 도이치 뱅크와
다른 독일은행들이 루마니아를 수호하고 러시아와 연합하여 록펠러에 대
항하고자 했다. 하지만 록펠러측은 훨씬 더 많은 자본과 뛰어난 석유 운송
및 분배체계를 장악하고 있었다. 따라서 그 투쟁은 도이치 뱅크의 참패로
끝나야 했으며, 실제로 1907년에 끝났다. 즉 도이치 뱅크는 자신의 석유
사업을 포기하고 수백만 프랑의 손실을 보거나 아니면 항복을 선언해야 하
는 양자 택일에 봉착하게 되었던 것이다. 도이치 뱅크는 항복을 선택했고,
미국 트러스트와 아주 불리한 협정을 맺었다. 도이치 뱅크는 "미국의 이익
을 침해할 수 있는 일체의 시도도 하지 않는다"는 점에 합의했다. 그렇지
만 거기에는 독일에서 석유의 국가독점이 형성될 경우 협정은 무효화된다
는 조항이 있었다.
　그리하여 '석유에 관한 코미디'가 시작되었다. 독일의 금융왕 중의 한

8) Jeidels, op. cit., pp.192-233.
9) Diouritch, op. cit., pp.245-246.

사람인 도이치 뱅크의 폰 그빈너(von Gwinner)는 자기 비서인 쉬트라우스 (Strauss)를 통해 석유의 국가독점을 위한 캠페인을 시작했다. 독일의 대은행과 광범위하게 퍼져 있는 그 '연결체들'이 작동에 들어갔다. 언론은 미국 트러스트가 지운 '멍에'에 대항하도록 국민의 '애국적' 분노를 자극했다. 1911년 3월 15일 제국의회는 거의 만장일치로 정부가 석유 독점을 확립하도록 결의안을 채택했다. 정부는 이 '대중적인' 요구를 수용했고, 도이치 뱅크는 자신의 미국 파트너를 속이고 국가독점을 통해 (석유)사업을 증진시키고자 했던 게임에서 이기고 있는 것처럼 보였다. 독일의 석유 기업인들은 장미빛 이윤을 전망하고 있었으며, 이 이윤은 러시아의 제당 이윤에 필적할만한 것이었다. 그러나 우선, 독일의 대은행들은 그 전리품 분할을 둘러싸고 자기들끼리 싸우게 되었다. ≪디스콘토-게젤샤프트(*Disconto-Gese-llschaft*)≫지는 도이치 뱅크의 불순한 목적을 폭로했다. 둘째로, 정부는 록펠러와의 투쟁에 겁을 먹었다(사실 루마니아에서 나오는 생산량은 적었다). 셋째로, 1913년 바로 그 당시 독일은 전쟁 준비금으로 10억 마르크를 차입한다고 결정한 상태였다. 따라서 석유 독점 계획은 연기되었고, 당분간 록펠러 트러스트는 투쟁을 승리로 이끌었다.

이 점과 관련해서 독일의 평론지인 ≪은행≫은 록펠러 석유 트러스트와 싸울 수 있는 유일한 방법은 전력(電力) 독점을 확립하고 수력(水力)을 값싼 전기로 전환하는 것이라고 밝혔다.

그러나 전력 독점은 전력의 생산자들이 그것을 필요로 할 때에만 이루어질 것이다. 다시 말해 그것은, 전기산업의 대규모 도산이 또 다시 임박해 올 때, 그리고 이미 도시나 정부로부터 부분적 독점을 얻은 사적 전력 콘체른들이 많은 비용을 들여 현재 곳곳에 건설중인 값비싼 대규모 발전소들이 더이상 이윤을 내지 못하게 될 때에야 가능할 것이다. 그렇게 되면 수력을 이용해야 한다. 그러나 수력을 값싼 전기로 전환하는 일을 국가가 맡는 것은 재정상 불가능할 것이다. 그 작업은 '국가에 의해 통제되는 사적 독점'에 양도되어야 할 것이다. 왜냐하면 엄청난 보상금과 배상금이 사적 산업에 지불되어야 하기 때문이다. … 질산염 독점도 그러하였으며, 석유 독점도 그러하다. 그리고 전력 독점도 그러할 것이다. 이때야말로 아름다운 원칙에 도취되어 있는 국가사회주의자들이 마침내, 독일의 독점자본은 결코 소비자들에게 이익을 주거나, 국가에게 기업 이윤의 일부라도 넘겨주려는 목적을 추구하지도 않았으며 그러한 결과를 빚어내지 않았다는 사실을 분명히 이해하게 되는 순간이다. 그들은 단지 파산 직전에 있는 사기업을 국가의 비용으로 구제해 왔을 뿐이다.[10]

이것이 곧 독일 부르주아 경제학자들이 할 수밖에 없었던 귀중한 고백이다. 여기에서 우리는 금융자본주의 시대에 사적 독점과 국가 독점이 서로 얽혀 있다는 사실, 또한 그것들은 모두 세계 분할을 위한 대독점체들 간의 제국주의적 투쟁에서 각기 하나의 고리를 이룰 뿐이라는 사실을 확인하게 되는 것이다.

해운업에서도 집중의 엄청난 발전으로 세계 분할이 이루어졌다. 독일에서는 2개의 강력한 회사가 전면에 부상했다. 그것들은 함부르크-아메리카(Hamburg-Amerika) 회사와 북부 독일 로이드(Norddeutscher Lloyd) 회사로서, 이들은 각각 2억 마르크의 자본(주식과 회사채)과 1억 8,500만~1억 8,900만 마르크 상당의 선박을 소유하고 있었다. 다른 한편, 미국에서는 1903년 1월 1일 흔히 모르간(Morgan) 트러스트로 알려진 국제상선회사(International Mercantile Co.)가 설립되었다. 이 회사는 미국과 영국의 9개 해운 회사를 합병하여, 1억 2,000만 달러(4억 8,000만 마르크)의 자본을 소유하고 있었다. 이미 1903년에 이들 독일자본과 이 영·미 트러스트는 이윤 분배에 상응하는 방식으로 세계 분할 협정을 맺었다. 독일회사는 영·미 항로에서 경쟁하지 않기로 했다. 이들은 어느 항구가 어느 회사에게 '할당' 되는가를 엄밀하게 규정하였으며, 공동통제위원회까지 설치하였다. 이 협정의 유효기간은 20년으로 결정하였으며, 전쟁 발발시에는 효력을 상실한다는 빈틈없는 조항까지 덧붙였다.[11]

리프만(Liefmann)은 독일이 지분을 가지고 있는 국제 카르텔이 1897년에는 합계 약 40개, 1910년에는 약 100개에 이른 것으로 계산했다(1909년만 해도 맑스주의적 계산으로는 독일이 참여한 국제 카르텔이 1897년에 모두 약 40개 정도였는데, 1910년에는 약 100개나 됐다고 한다). 일부 부

---

10) *Die Bank*, 1912, p.1036; 같은 책, p.629 및 그 뒷 부분과 비교; 1913년, 제1호, p.388.
11) Riesser, op. cit., p.125.

르주아 저술가들―예를 들면 칼 카우츠키는 1909년까지 가졌던 맑스주의적 입장을 완전히 폐기하고 지금은 여기에 가담했다―에 따르면, 국제적 카르텔은 자본 국제화의 가장 극명한 표현이므로, 자본주의하에 있는 민족들(nations)에게 평화의 희망을 준다는 것이다. 이론적으로 볼 때, 이런 견해는 불합리하다. 동시에 실천적으로도 그것은 궤변이며, 가장 사악한 기회주의에 대한 부당한 방어이다. 국제 카르텔들은 자본주의적 독점체가 어느 수준까지 발전해 있는지를 보여주며, 뿐만 아니라 다양한 자본주의적 집단들간의 투쟁의 목표가 무엇인가를 드러내 보여준다. 여기서 후자가 무엇보다도 중요하다. 즉 그것만이 어떤 사태의 역사·경제적 의미를 밝혀준다. 왜냐하면 투쟁의 형태는 다양하고 비교적 특수한 일시적인 원인들에 따라서 계속적으로 변화할 수 있고 변화하지만, 투쟁의 본질 곧 그 계급적 내용은 계급이 존재하는 한 변화할 수 없기 때문이다. 예를 들어 현존하는 경제 투쟁의 내용(세계 분할)을 모호하게 만들고 투쟁의 이러저러한 형태를 강조하는 것이 독일 부르주아―카우츠키는 이들의 주장을 수용했으며, 이에 대해서는 뒤에 다룰 것이다―의 이해에 부합된다는 점은 쉽게 이해될 수 있다. 카우츠키는 똑같은 실수를 범하고 있다. 물론 우리는 단지 독일 부르주아만이 아니라, 전 세계 부르주아를 염두에 두고 있다. 자본가들은 어떤 특정한 악의로 세계를 분할하는 것이 아니라, 현재까지 도달한 집적의 수준에서 이윤을 창출하기 위해서는 그렇게 하지 않을 수 없기 때문이다. 자본가들은 '자본'과 '힘'에 비례하여 세계를 분할하고 있다. 왜냐하면 상품 생산과 자본주의 아래에서 여타의 분할 체계는 존재할 수 없기 때문이다. 하지만 힘은 경제적·정치적 발전 정도에 따라 다양하다. 현재 진행되고 있는 바를 이해하기 위해서는 이런 힘의 변화에 의해서 규정되는 문제들의 실체를 파악하는 것이 필수적이다. 이들 변화가 '순수하게' 경제적인 것인지, 비경제적인 것인지(예를 들어, 군사적인 것)에 대한 문제는 부차적인 것일 뿐, 최근 자본주의 시대에 대한 근본적인 견해에 조금도 영향을 줄 수 없다. 자본주의적 합병체들 간의 투쟁과 협정의 내용에 대한 문제를 투쟁과 협정의 형태―오늘은 평화시기, 내일은 전시, 모래도 다시 전시―의 문제로 대체하는 것은 곧 궤변론자의 역할로 말려들어 가는 것이다.

현재 자본주의 시대는 세계의 경제적 분할을 기초로 하여 자본주의 연합체들 간에 특별한 관계가 확립되고 있다는 것을 보여준다. 동시에 이런 사실과 궤를 같이하고 그것과 연계되어 정치적 연합체 그리고 국가간에 특별한 관계가 확립되는데, 이 관계는 세계의 영토적 분할, 식민지 획득을 위한 투쟁, '경제적 영토를 위한 투쟁'을 기반으로 하고 있다.

3. 자본주의의 특수한 단계로서의 제국주의

이제 제국주의라는 주제에 대해 지금까지 이야기해 온 가닥들을 한 곳으로 모아 보자. 제국주의는 자본주의 일반이 가진 근본적 특징의 발전이자 그 직접적 연속이라 할 수 있다. 그러나 자본주의적 제국주의는 자본주의가 오직 특정한, 그리고 매우 높은 발전단계에서만 가능하다. 그것은 곧 자본주의의 몇 가지 근본적 특징들이 각기 자신의 대립물로 전화하기 시작하는 때이며, 자본주의로부터 보다 높은 사회경제체제로의 이행기의 제반 특질이 모든 영역에서 모습을 드러내는 때이다. 경제적으로 볼 때 이 과정에서 중요한 것은, 자본주의적 자유경쟁은 자본주의뿐만 아니라 상품생산 일반의 기본적인 특질이며 독점은 자유경쟁의 반대적 개념이라는 점이다. 그러나 지금까지 우리는 자유경쟁이 독점으로 대체되어 가는 것을 눈 앞에서 보아 왔다. 즉 자유경쟁은 대규모 산업을 만들어내고 소규모 산업을 도태시키며, 대산업을 더욱 큰 대산업으로 대체하는 한편, 독점─카르텔·신디케이트·트러스트 및 이들과 융합하여 수십억을 주무르고 있는 10여 개 은행자본─이 형성되어 나오고 또 계속 성장해 갈 정도로 생산과 자본의 집적을 가속화시켰다. 이와 동시에, 자유경쟁으로부터 성장해 나온 독점체는 자유경쟁을 종식시키지 않고 그 위에 그와 나란히 존재하며, 또 그럼으로써 매우 첨예하고 심각한 수많은 대립과 마찰, 갈등을 낳는다. 요컨대 독점은 자본주의로부터 보다 높은 체제로의 이행이다. 제국주의를 가능한 한 간결하게 정의한다면, 자본주의의 독점단계라고 해야 할 것이다. 이러한 정의는 매우 중요한 요소를 포함한다. 왜냐하면 한편으로, 금융자본이란 독점적 산업자본과 융합하고 있는 소수 독점적 거대은행의 은행자본이기 때문이며, 다른 한편으로 세계의 분할이란 아무 장애없이 확장될 수 있었던 식민지 시대로부터, 모든 분할이 완료된 영토를 독점적으로 점유하려는 식민지정책의 시대로의 이행이기 때문이다.

그러나 간결한 정의는 중요한 것을 요약하고 있다는 점에서 편리하기는 하나, 현상의 극히 중요한 요소를 그것으로부터 연역해 내야 하는 문제가 있다. 그러므로 모든 것을 완전히 포괄할 수는 없다는, 모든 정의가 일반적으로 가지고 있는 조건적이고 상대적인 측면을 잊지 않는다면, 우리는 다음과 같은 5개의 기본적 요소를 포함하는 제국주의의 정의를 내릴 수 있을 것이다.

① 경제생활에서 결정적 역할을 수행하는 독점체를 형성할 정도로 발전한 고도 단계의 생산 및 자본의 집적, ② 은행자본이 산업자본과 융합하여 '금융자본'을 이루고, 이를 기초로 하여 금융과두제가 형성된 단계 ③ 상품수출과는 구별되는 특별한 중요성을 갖는 자본 수출, ④ 세계를 분할하는 국제 자본주의적 독점체의 형성, ⑤ 자본주의 거대열강에 의한 전 세계의 영토적 분할. 요컨대 제국주의란, 독점체와 금융자본의 지배가 확립되어 있고, 자본수출이 현저한 중요성을 가지고 있으며, 국제 트러스트들 간의 세계 분할이 시작되고, 자본주의 거대열강에 의한 지구상의 모든 영토 분할이 완료된 단계에 있는 자본주의이다.

나중에 살펴보겠지만, 만일 기본적이고 순수히 경제적인 의미—위에서 내린 정의는 여기에 한정되었지만—뿐만 아니라, 이 단계의 자본주의가 자본주의 일반에 대하여 갖는 역사적 위치나, 노동계급운동내의 두 가지 주요 경향과 제국주의 간의 관계까지 염두에 둔다면, 제국주의는 또다른 방식으로 정의될 수 있으며 그렇게 되어야 한다. 여기에서 주목해야 할 점은 위와 같이 해석된 제국주의는 의심할 바 없이 자본주의 발전의 특수한 단계를 나타낸다는 사실이다. 독자들에게 제국주의에 대한 가장 근거 있는 주장을 제시하기 위해, 나는 의도적으로, 현대 자본주의에 관해 부인할 수 없는 사실들을 인정해야 했던 부르주아 경제학자들의 견해를 되도록 광범위하게 인용하려고 노력했다. 똑같은 목적으로 나는 은행자본 등이 어느 정도로 성장했는가, 그리고 정확히 어느 시점에서 양에서 질로의 전화, 즉 발전한 자본주의로부터 제국주의로의 전화가 나타나는가를 보여주는 상세한 통계를 인용했다. 자연 및 사회에 있어서의 모든 경계는 제한적이며 가

440

변적이다. 따라서 예컨대 제국주의가 '결정적'으로 확립된 것이 몇 년 혹은
몇 년대인가에 대해 논쟁하는 것은 매우 어리석은 일이다.

제국주의를 정의하고자 할 때, 우리는 무엇보다 1889년부터 1914년까
지 25년간의 이른바 제2인터내셔널 시대에 주요 맑스주의 이론가였던 칼
카우츠키(K. Kautsky)와 논쟁을 벌여야 한다. 카우츠키는 1915년, 1914년
11월에도 제국주의에 대한 공격을 가했다. 그는 제국주의가 경제의 한 '국
면'이나 단계가 아니라 정책으로, 즉 금융자본이 '선호하는' 특정한 정책으
로 간주되어야 한다든가, 제국주의를 '현대 자본주의'와 '동일시'해서는 안
된다, 만일 제국주의를 '현대 자본주의의 모든 현상' ─ 카르텔, 보호정책,
금융업자의 지배, 식민지 정책 ─ 으로 이해한다면, 제국주의가 자본주의의
필수조건인가 하는 문제는 결국 '극히 진부한 동어반복'으로 환원되어 버
린다, 왜냐하면 그렇게 이해할 경우 '제국주의는 당연히 자본주의에 있어
필요불가결한 것'이 되어 버리기 때문이다. …는 등으로 이야기한 바 있다.
카우츠키의 사상을 표현하는 가장 좋은 방법은 카우츠키 자신이 내린 제국
주의에 대한 정의를 인용하는 것이다. 그것은 앞에서 제시한 우리의 생각
과 정면으로 대립하고 있다(왜냐하면 이미 오래 전부터 비슷한 사상을 옹
호해 온 독일 맑스주의자 진영으로부터 나온 반론을, 카우츠키는 맑스주의
자 전체의 명백한 반론으로 알고 있기 때문이다).

카우츠키의 정의는 다음과 같다.

제국주의는 고도로 발전된 산업자본주의의 산물이다. 제국주의는 세계 모
든 거대한 농업지역을 지배하거나 병합하려는 산업자본주의 국가의 노력 속에
있다.[12]

그러나 이러한 정의는 아무 짝에도 쓸모가 없다. 왜냐하면 그것은 일면
적으로, 즉 제멋대로 민족문제만을 뽑아내어 ─ 비록 이 문제가 제국주의와
의 관계에 있어서뿐만 아니라 그 자체로도 극히 중요하다 할지라도 ─ 제멋
대로 또 **부정확하게도** 이 문제를 단지 타민족을 병합하는 나라의 산업자본

---

12) *Die Newe Zeit*, 제32권, 제2호, 1914. 9. 11, p.909; 제2호, 1915, p.107 이하
참조.

과만 결부시키고 있으며, 또 농업지역의 병합만을 문제시하고 있기 때문이다.

제국주의는 병합을 추구한다. 카우츠키가 내린 정의의 **정치적** 부분은 바로 이것이다. 이것은 옳기는 하나 대단히 불완전하다. 왜냐하면 일반적으로 제국주의의 정치적 측면은 폭력과 반동으로의 지향이기 때문이다. 그러나 여기서 우리가 관심을 두고 있는 것은 카우츠키 **자신**이 그의 정의 속에 수용하고 있는 문제의 **경제적** 측면이다. 카우츠키가 내린 정의 속에 포함된 오류는 매우 명백하다. 제국주의의 특징은 산업자본이 아니라 바로 금융자본이다. 프랑스에서 1880년대 이후 병합적(식민지적) 정책이 엄청나게 격화된 이유가 바로 산업자본이 약화된 대신 금융자본이 매우 급속히 발전했다는 사실에 있었던 것은 결코 우연이 아니다. 제국주의의 특징은 농업지역 뿐만 아니라 고도로 공업화된 지역까지도 병합하려는 지향(벨기에에 대한 독일의 욕망, 로렌에 대한 프랑스의 욕망)에 있다. 그 이유는, ① 세계의 분할이 이미 완료되었으므로 새로운 분할을 기도하려는 자들은 모든 **종류**의 영토에 손을 뻗칠 수밖에 없기 때문이며, ② 열강들 간의 헤게모니 경쟁, 즉 자신에게 직접적인 도움이 된다기보다는 경쟁자를 약화시키고 그 헤게모니를 잠식하기 위해서 영토를 정복하려는 열강들 간의 경쟁이야말로 제국주의의 본질적 특성이기 때문이다(벨기에는 영국에 대항하기 위한 독일의 작전기지로서 특히 중요하며, 바그다드는 독일에 대항하기 위한 영국의 작전기지로서 특히 중요하다).

카우츠키는 영국인 저자들이 '제국주의'—카우츠키 자신이 이해하는 의미로서—라는 말에 순수히 정치적인 의의만을 부여해왔다고 되풀이하여 강조한다. 그렇다면 1902년에 출간된 영국인 저술가 홉슨(Hobson)의 『제국주의론』을 인용해 보자.

새로운 제국주의가 이전과 다른 점은, 첫째로 점점 커져 가는 단일한 한 제국의 야심을 대체하여, 정치적 팽창과 상업적 이익을 향한 욕구에 의해 자극되어 경쟁하는 여러 제국들의 이론과 실천이 나타난다는 것이며, 둘째로 금융상의 또는 투자상의 이익이 상업상의 이익을 지배한다는 것이다.[13]

---

13) Hobson, *Imperialism*, London, 1902, p.324.

그러므로 우리는 카우츠키가 영국인 저술가 일반을 예로 든 것은 전적으로 오류임을 알 수 있다(영국의 속류 제국주의자 또는 제국주의의 공공연한 옹호자를 예로 든 것이 아니라면). 또한 우리는 카우츠키가 맑스주의를 옹호한다고 줄곧 공언하면서도 실제로는 사회-자유주의자인 홉슨보다 오히려 한 걸음 후퇴하고 있음을 알 수 있다. 홉슨은, ① 여러 제국주의들 간의 경쟁, ② 상인에 대한 금융업자의 우월성이라는─현대 제국주의의 두 가지 '역사적으로 구체적인' 카우츠키의 정의는 역사적 구체성을 전적으로 결여하고 있다─요소를 보다 정확히 고려하고 있는 것이다. 만약 공업국에 의한 농업국의 병합이 주된 문제라면, 오히려 상인의 역할이 전면으로 부각되어야 할 것이다.

카우츠키의 정의는 단지 오류이며 비맑스주의적인 데 그치지 않는다. 나아가 그것은 지금까지 맑스주의 이론과 맑스주의 실천에 정면으로 충돌하는 모든 사고체계의 토대로 기능하고 있다. 이 점에 대해서는 뒤에서 살펴보기로 하자. 자본주의의 최근 단계를 제국주의라 불러야 하는가, 금융자본의 단계라 불러야 하는가 따위의 카우츠키가 제기한 용어상의 논쟁은 전혀 주목할 가치가 없다. 그것을 어떻게 이름짓든 아무런 차이도 없다. 문제의 본질은 카우츠키가 제국주의의 정치를 제국주의의 경제로부터 분리시키고, 병합을 금융자본이 '선호하는' 정책이라고 설명하며, 이것을 또 다른 부르주아 정책─카우츠키에 의하면, 이것도 역시 마찬가지로 금융자본의 기초 위에서 가능하다─과 대립되는 것으로 본다는 점에 있다. 이 경우 경제에서의 독점은 정치에서의 비독점적·비폭력적·비병합적 방식과 양립할 수 있는 것이 된다. 또한 바로 금융자본의 시대에 완료되었으며 지금은 거대 자본주의 국가들간에 벌어지고 있는 세계의 영토적 분할은, 비제국주의적 정책과 양립할 수 있는 것이 된다. 그 결과 자본주의 최근 단계의 가장 심각한 모순들의 뿌리를 파헤치는 것이 아니라 얼버무리게 되며, 맑스주의 대신 부르주아 개량주의를 취하게 되는 것이다.

카우츠키는 제국주의와 병합의 옹호자인 독일의 쿠노(Cunow)와 논쟁을 벌인다. 쿠노는 졸렬하고도 뻔뻔스럽게 이렇게 주장하고 있다. 제국주의는 현대 자본주의이다. 자본주의의 발전은 불가피하며 진보적이다. 따라서 제국주의 역시 진보적이다. 그러므로 우리는 제국주의 앞에 엎드려 절하고 제국주의를 찬미해야 한다! 이것은 1894~1895년에 나로드니키(Narod-niki)가 러시아 맑스주의자의 모습을 묘사한 것과 매우 비슷하다. 나로드니키는 이렇게 주장했다. 만일 맑스주의자들이 러시아에서 자본주의가 불가피하며 진보적인 것이라고 믿는다면, 그들은 선술집이라도 열어서 자본주의를 설파해야 할 것이다! 쿠노에 대한 카우츠키의 답변은 이렇다. 제국주의는 현대 자본주의가 아니라, 단지 현대 자본주의 정책 형태 가운데 하나일 뿐이다. 그러므로 우리는 이 정책과 투쟁할 수 있고, 또 해야 하며, 제국주의, 병합 등과 투쟁해야 한다.

이러한 답변은 매우 그럴듯해 보이나, 실제로는 제국주의와의 화해에 대한 보다 교묘하고 보다 위장된-따라서 보다 위험스러운-옹호에 지나지 않는다. 왜냐하면 트러스트와 은행의 경제적 토대는 손대지 않은 채 트러스트와 은행의 정책에 대해서만 '투쟁'하는 것은 결국 부르주아 개량주의와 평화주의이며, 인정많고 순진무구한 표현일 뿐이기 때문이다. 현존하는 제반 모순의 뿌리 전체를 폭로하는 대신 그것들을 회피하고, 그 가운데 가장 중요한 모순을 망각하는 것, 이것이 바로 맑스주의와는 아무런 관계도 없는 카우츠키의 이론인 것이다. 당연히 이러한 '이론'은 쿠노 일파와의 통일을 옹호하는 데 이바지할 수밖에 없다!

카우츠키는 이렇게 쓰고 있다. "순수히 경제적인 관점에서 보면, 자본주의가 새로운 국면, 즉 카르텔 정책이 대외정책에까지 확장되는 초제국주의(ultra-imperialism) 국면을 거치는 것이 불가능한 일은 아니다."[14] 이 초제국주의, 곧 초월제국주의(super-imperialism) 국면이란 전 세계 제국주의들 간의 투쟁이 아닌 연합의 국면이고, 자본주의하에서 전쟁이 종식되는 국면이며, "국제적으로 연합한 금융자본에 의한 세계의 공동착취"[15]가 일어나는 국면을 말한다.

'초제국주의 이론'이 얼마나 결정적으로, 그리고 완전히 맑스주의와 결별했는가를 상세히 설명하기 위해, 우리는 나중에 그것을 다시 다루어야 할 것이다. 지금으로서는 이 문제와 관련한 정확한 경제적 자료를 검토해

---

14) *Die Newe Zeit*, 제32권, 제2호, 1914. 9. 11, p.921; 제2호, 1915, p.107 이하 참조.

15) *Die Newe Zeit*, 제1호, 1915. 4. 30, p.144.

보자. '순수히 경제적인 관점에서 보면,' '초제국주의'는 가능한가, 아니면
헛소리인가?

순수히 경제적인 관점이 '순수한' 추상을 뜻한다면, 오로지 발전은 독점
을 향하여, 따라서 단 하나의 전세계적 독점을 향하여, 단 하나의 전세계적
트러스트를 향하여 진행되고 있다는 명제밖에 없다. 이 명제는 물론 논박
의 여지가 없다. 그러나 이것은 '식료품을 실험실에서 제조할 수 있을 것이
다'는 진술만큼이나 완전히 무의미한 말이다. 이러한 의미에서 초제국주의
'이론'은 '초농업 이론' 만큼이나 터무니없는 말이다.

다른 한편 만약 금융자본의 시대라는 20세기 초에 시작된 역사적으로
구체적인 시대의 '순수히 경제적인' 조건에 대해 말하자면, '초제국주의'라
는 죽은 추상―이것은 오로지 사람들의 주위를 현존하는 심각한 대립으로
부터 다른 곳으로 돌리려는 반동적인 목적에 이바지할 뿐이다―을 처리하
는 최선의 방법은 이 추상을 현대 세계경제의 구체적인 경제현실과 대비시
키는 것이다. 초제국주의 운운하는 카우츠키의 극도로 무의미한 이야기는
무엇보다도, 금융자본의 지배가 세계경제에 내재하는 불균등성과 모순을
―실제로는 증가시킴에도 불구하고―감소시킨다는 등의, 제국주의 옹호자
들이 쌍수를 들고 환영할 만한 지극히 잘못된 사상을 조장하고 있다.

칼베르(Calwer)는 『세계경제입문』[16]이라는 자신의 소책자에서, 1900년
을 전후한 세계 경제의 내적 관계를 구체적으로 보여주는, 순수하게 경제
적인 자료를 수집하여 제시하였다. 그는 전 세계를, ① 중부유럽(러시아와
영국을 제외한 전 유럽), ② 영국, ③ 러시아, ④ 동아시아, ⑤ 아메리카의
5개 '주요 경제지역'으로 나눈다. 식민지는 그것이 속한 국가의 '지역'에
포함되어 있으며, 지역에 따라 분할되지 않은 몇몇 나라, 예를 들면 아시아
의 페르시아, 아프가니스탄, 아라비아, 아프리카의 모로코, 아비시니아 등
은 '누락'되어 있다.

그가 인용한 이들 지역에 관한 자료를 간략한 형태로 제시하면 다음과
같다. 중부 유럽, 영국, 아메리카는 자본주의가 고도로 발달한―운송수단,
무역, 공업이 고도로 발달한―3개 지역이다. 이 지역들에는 세계를 지배하
는 세 국가인 독일, 영국, 미국이 있다. 독일이 별로 중요치 않은 지역과 얼

---

16) R. Calwer, *Einführung in die Weltwirtschaft*, Berlin, 1906.

<표 6> 칼베르의 세계경제 자료

주요 경제지역	면적 (백만 km²)	인구 (백만 명)	운송		무역	공업생산		
			철도 (천 km)	상선 (백만 톤)	수출입 (억마르크)	석탄 (백만 톤)	선철 (백만 톤)	방적기 (백만 대)
중앙유럽	27.6 (23.6)*	388 (146)	204	8	410	251	15	26
영국	28.9 (28.6)*	398 (355)	140	11	250	249	9	51
러시아	22	131	63	1	30	16	3	7
동아시아	12	389	8	1	20	8	0.02	2
아메리카	30	148	379	6	140	245	14	19

* 괄호안의 수치는 식민지의 면적과 인구를 나타낸다.

마 안 되는 식민지만을 갖고 있기 때문에, 이들간의 제국주의적 경쟁과 투쟁은 더욱 첨예화되고 있다. '중부유럽'의 형성은 아직 장래의 일이고, 지금 그것은 필사적인 투쟁의 한 가운데서 태어나고 있는 중이다. 따라서 현재 전 유럽의 뚜렷한 특징은 정치적 분열상태이다. 이에 반하여 영국과 아메리카 지역에서는, 정치적 중앙집권화가 고도로 발달했지만 광대한 식민지를 갖고 있는 영국과 변변찮은 식민지를 가진 미국 간에 커다란 불균형이 존재한다. 한편 식민지에서는 자본주의가 이제 막 발전하기 시작했을 뿐이며, 남아메리카를 획득하기 위한 투쟁은 점차 치열해지고 있다.

러시아와 동아시아 지역은 자본주의 발전이 미약한 2개 지역이다. 전자는 인구가 극도로 희박하고 후자는 극도로 조밀하며, 전자는 정치적 중앙집권화가 고도화된 데 비해 후자에는 중앙집권화가 존재하지 않는다. 중국의 분할이 이제 막 시작되어, 중국을 둘러싼 일본과 미국 등의 투쟁은 점차 격렬해지고 있다.

이러한 현실—경제적·정치적 조건의 상이성, 발전 속도에 있어서의 심각한 불균형, 제국주의 국가들 간의 폭력적인 투쟁—을 '평화로운' 초제국주의라는 카우츠키의 어리석은 우화와 대비해 보라. 그것이야말로 냉혹한 현실로부터 도피하려는 겁먹은 속물의 반동적인 시도가 아닌가? 카우츠키가 '초제국주의'의 맹아라고 상상한—실험실에서 새로운 알약 하나 제조한 것을 초농업의 맹아라고 '설명할 수 있는' 것과 마찬가지로—국제 카르텔이야말로 세계의 분할과 **재분할**의 실례이며, 평화적 분할로부터 비평화적 분할로의 이행 실례가 아닌가? 예컨대 국제 철도 신디케이트와 국제 해운 트러스트에 독일이 가담한 가운데 평화적으로 전 세계를 분할했던 미국 및 기타 나라의 금융자본은 이제 전혀 평화적이 아닌 방식으로 변화하고 있는 새로운 역관계를 기초로 하여, 세계를 재분할하는 데 참여하고 있지 않은 가? 금융자본과 트러스트는 세계경제 각 부분 간 성장률의 차이를 감소시키는 것이 아니라 증대시킨다. 자본주의하에서 일단 역관계가 변화하면, 힘에 의한 것 외에 또다른 모순 해결방법이 있을 수 있는가? 철도에 관한 통계[17]는 자본주의와 금융자본이 갖는 차별적 성장률을 보여 주는 대단히 정확한 자료를 제공해 준다. 제국주의적 발전의 최근 수십 년간 철도 총연장은 <표 7>과 같이 변화했다.

<표 7> 제국주의적 발전과 철도 총연장의 변화

(단위: 천 km)

	1890	1913	증가
유럽	224	346	122
미국	268	411	143
식민지 전체	82	210	128
아시아·아메리카 지역의 독립·반독립국	43	137	94
	125	347	222
계	617	1,104	

철도의 발전은 식민지 또는 아시아와 아메리카의 독립(및 반독립)국가에서 가장 급속하게 이루어졌다. 이들 지역에서는 4~5개 거대 자본주의 국가들의 금융자본이 전면적인 지배권을 장악하고 있다. 식민지 및 아시아와 아메리카 각국에 20만 km의 새로운 철도가 부설되었다는 사실은 높은 이윤에 대한 특별한 보장, 비싼 가격의 철강 수입 등 특히 유리한 조건하에서 400억 마르크 이상의 새로운 투자가 이루어졌다는 것을 의미한다. 자본주의는 식민지와 해외 여러 나라들에서 엄청난 속도로 성장하고 있으며 그 가운데서 새로운 제국주의 열강(예를 들면 일본)이 등장하고 있다. 그리고

---

17) *Statistisches Jahrbuch für das deutsche Reich*, 1915; *Archiv für Eisenbahnwesen*, 1892. 1892년 당시 각국 식민지들 간의 철도망 분포에 관한 상세한 사항은 근사치로 추정될 수밖에 없었다.

세계 제국주의들 간의 투쟁은 갈수록 격화되고 있다. 또한 특히 수익성 높은 식민지기업과 해외기업으로부터 금융자본이 징수하는 공물의 양은 점점 증가하고 있다. 이러한 '전리품'의 분할에 있어서 생산력 발전의 속도에서 항상 선두를 차지하지는 않는 나라들에게 특히 커다란 몫이 돌아간다. 식민지를 포함하여 계산한 거대열강의 철도 총연장은 다음과 같다.

<표 8> 열강의 철도 총연장

(단위: 천 km)

	1890	1913	증가
미국	268	413	145
영국	107	208	101
러시아	32	78	46
독일	43	68	25
프랑스	41	63	22
계	491	830	339

이와 같이 현존하는 전체 철도의 대략 80%는 5대 열강의 수중에 집중되어 있다. 그러나 이들 철도의 소유권, 즉 금융자본의 집적은 훨씬 더 엄청나다. 프랑스와 영국의 백만장자들은 미국, 러시아 및 기타 여러 나라 철도 주식과 채권의 막대한 양을 소유하고 있다. 영국은 식민지 덕분에 '자신의' 철도망을 독일의 4배에 해당하는 10만 km로 확장시켰다. 그렇지만 잘 알려져 있다시피, 이 기간 동안 독일에서의 생산력 발전, 특히 석탄 및 철강산업의 발전은 프랑스나 러시아는 물론 영국과도 비교되지 않을 정도로 급속했다. 1892년의 선철 생산량은 영국이 680만 톤, 독일은 490만 톤이었다. 그런데 1912년에는 영국이 900만 톤, 독일은 1,760만 톤을 생산했다. 그러므로 이 측면에서 독일은 영국보다 훨씬 앞서 있는 것이다.[18]

문제는 이렇다. 자본주의하에서 생산력의 발전과 자본축적 간의 불균형, 그리고 식민지 분할과 금융자본 세력권 간의 불균형을 극복하는 방법으로서, 전쟁 이외에 다른 어떠한 것이 있을 수 있겠는가?

---

18) Edgar Crammond, "The Economic Ralations of the British and German Empires," *The Journal of the Royal Statistical Society*, 1914년 7월호, p.777 이하도 참조.

사회세력, 국가, 세계질서: 국제관계이론을 넘어서*

로버트 콕스

상호연결되어 있는 현실세계를 분리된 영역으로 구분하고 각각의 영역을 이론화하는 것이 학문상의 전통이 되어 왔다. 세계를 이해하기 위해서는 그렇게 하는 것이 필요하고 또 실용적이라는 믿음에 기반한 관행이다. 분리되지 않은 현실세계 전체를 사고하다 보면 심오한 추상이나 신비적인 계시를 얻을 수 있을지 모른다. 그러나 (실천을 통해 현실화될 수 있는) 실용적 지식이란 원래 부분적이고 단편적인 것이다. 부분들이 제한되고 분리된 지식의 대상으로 머무르는가, 아니면 보다 더 큰 전체에 대한 체계적이고 역동적인 시각을 구축하기 위한 근간이 되는가는 방법과 목적에 관련된

---

* Robert W. Cox, "Social Forces, States and World Orders: Beyond International Relations Theory," in Robert Keohane(ed.), *Neorealism and Its Critics*, New York: Columbia University Press, 1986(박건영 옮김).

▶ 이 논문은 맑스주의의 인식론과 방법론에 기초하면서 하버마스류의 비판이론과 그람시의 헤게모니이론을 국제관계를 분석하는 틀로 활용하여, 국제관계를 끊임없이 상호작용하는 국내외 변수들 간의 역학관계로 설명한 명저이다. 콕스는 모겐소와 월츠의 정치적 현실주의 이론을, 과거 전통적 현실주의의 역사성을 배제한 몰역사적인 이론으로 평가하고, 이러한 이론은 현실 세계의 문제 해결에 집착함으로써 기존 질서를 유지하는 기능을 수행한다고 비판한다. 그는 국제관계를 분석함에 있어 문제해결이론이 출발점으로 하고 있는 기존 질서를 객관적 입장에서 접근하여 대안적 질서를 모색할 수 있어야 구조적 문제를 진정 해결할 수 있다고 보고 있으며, 이것이 이론가의 진정한 의무라고 강조한다. 콕스는 특히 '역사적 구조'라는 개념을 그람시로부터 차용하여, 이 구조내 부분들 간의 상호작용을 다양한 수준에서 펼쳐지는 지체와 선도(lags and leads)로 파악함으로써 현실감 있는 실천적 이론으로 우리를 인도하고자 한다.

문제이다. 어느 쪽이 됐건 출발점은-전통에 따라-현실을 우선 하위단위로 구분하는 것이다.

이같이 현실을 분리해 생각하는 관행은 단지 지적 활동의 편의를 위한 것일 뿐임을 염두에 두어야 한다. 분리된 영역들은 간접적이지만 분명 현실에 기반하고 있다. 이들 역시 실천의 결과, 다시 말해 현실의 압력에 대한 의식의 반응이기 때문이다. 그러므로 사회적 지식의 세분화는 특정 시간과 장소에서의 인간의 활동이 조직화되는 방식에 대체로 조응한다. 따라서 현실이 변화하게 될 때 이 지적 구분의 단위들은 점점 적실성을 잃게 된다.

그 대표적인 경우가 바로 국제관계이다. 국제관계는, 국가(대개의 경우 국민국가)가 정치권력의 집성체가 되는 시대에, 이들 간의 상호관계를 다루는 학문영역이다. 국제관계학은 전쟁과 평화의 문제를 연구하며 따라서 명백히 현실적 중요성을 지닌다. 그러나 국제정치의 현실이 변화함에 따라 행위자의 본질(여러 종류의 국가들, 그리고 비국가적 행위자들)에 관한 혼동이 야기되었고, 중요성의 범주가(상위정치뿐 아니라 하위정치까지 포괄하도록) 확장되었고, 추구하는 목표가 다양해졌으며, 행위가 발생하는 제도, 그리고 상호작용의 양식이 더욱 복잡해졌다.

국제관계를 정의하는 데 있어 한 가지 오랜 지적 전통은 국가와 시민사회를 구분하는 것이다. 이러한 구분은 18세기나 19세기에는 두 부분으로 비교적 뚜렷이 구분되었던 인간활동의 영역과 일치하면서 실용적인 의미를 지녔다. 하나는 계약과 시장관계에 기초한 개인들의 사회로서 이는 신분에 기반한 이전의 사회를 대체해 나타난 것이었다. 다른 하나는 대내 평화와 대외 국방, 그리고 시장의 필요조건을 유지하는 제한된 기능을 갖는 국가였다. 전통적인 국제관계이론은 이 두 영역의 구분을 견지해왔으며 여기에서 대외 정책은 국가이익의 순수한 표현으로 간주되어 왔다. 그러나 오늘날 국가와 시민사회는 상호 깊숙이 침투되어 있기 때문에, 그 개념들은 거의 전적으로-복잡한 현실의 규정하기 어려운 측면들을 다루기 위한-분석적인 차원의 것이 되었으며, 구분된 활동영역을 기껏해야 매우 모호하고 부정확하게 보여줄 따름이다.

최근 국제관계이론의 한 경향은 국가를 상호경쟁하는 관료체의 경쟁터

로 간주함으로써 국가개념의 단일성을 약화시켰다. 또다른 경향은 민간 차
원의 초국가적(transnational) 활동과 개별적 국가 관료기구들 간의 초정부
적 관계를 끌어들임으로써 국가의 상대적 중요성을 축소시켰다. 그러나 국
제관계 연구의 초점이 되어온 국가는 여기에서도 여전히 독보적인 개념으
로 남아 있었다. 즉 국가는 여전히 국가 그 자체였다. 국제관계이론에서 국
가-사회 복합체를 국제관계의 기본단위로 간주하려는 시도는 거의 없었다.
그 결과, 국가-사회 복합체의 구성이 서로 다른 국가들이 존재한다는 시각
은 미답의 상태로 남아 있었다.

국가에 대한 관심은 맑스주의에 와서 새롭게 제고되었다. 맑스주의는 국
가의 개념을 확대하고 다양화하였으며 특히 국가의 사회적 차원을 확장함
으로써 그간의 공백을 메꾸려 했다. 그러나 그 결과는 국가를 단일하게 규
정된 자본주의 생산양식의 한 '부분'으로 규정하는 전적으로 추상적인 성
격을 띤 것이거나(알튀세, 풀란차스) 아니면 관심을 국가와 계급갈등으로
부터 문화와 이데올로기에서의 동기적 위기(motivational crisis)로 옮긴(하
버마스) 것이었다. 어느 쪽도 국가 형태들 간의 실질적 혹은 역사적 차이를
탐구하거나, 그 차이점들이 국제관계에서 어떤 결과를 낳는가에 관해 고려
할 만큼 관심을 진전시키지는 못했다.

반맑스주의, 그리고 비맑스주의 진영 양쪽 모두에서 일부 역사가들은 국
제관계나 국가의 이론화와는 무관하지만 실질적으로 공백을 메꾸는 데 공
헌을 했다. 카아(E. H. Carr)와 홉스바움(Hobsbawm)은 모두 사회세력, 국
가의 변화하는 성격과 국제관계 간의 연속성에 대해 관심을 기울였다. 프
랑스에서는 페르낭 브로델(Fernand Braudel, 1979)이 16세기와 17세기의
전 세계관계를 이 요소들 간의 관계에 초점을 맞추어 광대한 화폭에 그려
넣었다.

월러스타인(Wallerstain, 1974; 1979)을 필두로 한 일단의 학자들은 브
로델의 작업에서 영감을 받아 본질적으로 사회관계의 관점에서 규정된 세
계체제이론을 제안했다. 세계체제이론에서 국제관계는 발전된 중심부와
저발전된 주변부간의 착취적인 교환관계로 그려진다. 각각에는 다른 형태
의 노동통제가 행해지는데 예컨대 중심부에는 자유로운 노동이, 주변부에
는 강제된 노동이 행해지며 반주변부라고 불리는 지역에서는 중간형태의

노동이 행해진다.

세계체제론은 전통적인 국제관계이론에 대해 파격적인 대안을 제시하긴 했으나 두 가지 주요한 이유에서 비판을 받아왔다. 첫째는 국가를 세계체제내 위치의 단순한 파생물로 간주함(핵심부에는 강력한 국가, 주변부에는 약한 국가)으로써 국가의 의미를 격하시키는 경향에 대한 비판이다. 둘째는 비록 의도적인 것은 아니지만 체제 유지적인 편향이 근저에 깔려 있다는 비판이다. 구조기능주의 사회학과 마찬가지로 세계체제론은 한 체제의 변형을 야기하는 모순들을 규명하기보다는 한 체제의 평형상태나 회복을 가능케하는 요소들을 설명하는 데 보다 유용하기 때문이다.[1]

이상의 논의가 이 글의 중심 초점은 아니다. 단지 세계 차원에서의 권력관계를 이해하는 방법을 기술하려는 이후의 시도에 앞서 다음과 같은 몇가지 사실에 주의를 환기시키기 위한 것이다. 즉 세계질서의 문제를 전체적으로 조망해야 한다. 그러나 세계체제를 구상화하려는 오류는 피해야 한다.[2]

국가의 힘을 과소평가하지 않되, 사회세력과 사회과정에 합당한 주의를 기울이고 그것들이 국가들과 세계질서의 발전과 어떻게 관련되는지를 관찰해야 한다. 무엇보다도 이론의 기반을 이론에 두어서는 안되며 변화하는 현실과 경험-역사적 연구에 두어야 한다. 그것이야말로 개념과 가설의 검증 기반이기 때문이다.

---

1) 세계체제론의 비판 중에는 특히 스카치폴(Skocpol, 1977; 1979)과 브레너(Brenner, 1977)를 주목할 것.

2) 나는 '국가 간 체제' 혹은 '세계체제'보다는 '세계질서(world order)'라는 표현을 선호한다. 그것은—국가가 구성요소가 되는 시기뿐 아니라—모든 역사적 시기에 적용될 수 있고 또한 이 표현이 단지 일정한 시기적 지속성을 갖는 구조, 그리고 '시스템'라는 어휘가 내포하는 균형상태(equilibrium)라는 함축성을 피할 수 있는 구조를 시사하기 때문이다. '세계'란 관계되는 전체를 의미한다. 지리적으로는 상호관계가 가능한 영역에 제한된다(일부 과거의 세계는 지중해, 유럽, 중국 등에 국한된다). '질서'란 사건들이 대체로 발생하는 방식이라는 의미에서 쓰인 표현이다. 따라서 무질서도 이 질서의 개념에 포함된다. 국가 간 체제는 세계질서의 한 역사적 형태이다. 이 용어가 복수(orders)로 쓰이는 것은 일정 시기 지속된 특정한 권력관계는 그들의 주요한 특징의 관점에서 뚜렷이 구분되는 세계질서로서 대조될 수 있다는 것을 시사하기 위한 것이다.

1. 관점과 목적에 대하여

이론은 언제나 어떤 사람을 '위한' 것이고 또 어떤 목적을 '위한' 것이다. 모든 이론은 관점을 갖는다. 관점은 시공, 구체적으로는 사회적 정치적 시공상의 한 지점에서 출발한다. 세계는 민족과 사회계급, 지배와 피지배, 부상하는 혹은 쇠퇴하는 권력, 부동 상태에 대한 혹은 당면 위기에 대한 인식, 과거의 경험, 그리고 희망과 미래에 대한 기대, 이러한 견지에서 정의될 수 있는 관점(standpoint)에서 관찰된다. 물론 수준높은 이론은 결코 단순한 관점의 표현은 아니다. 수준높은 이론일수록 그 자신의 관점을 반성하고 초월한다. 그러나 한 이론내에는 반드시 출발점이 되는 관점이 내재하며 서술 과정에 이 관점이 관계되어 있다. 따라서 시간과 공간상의 관점으로부터 독립된 그 자체로서의 이론이란 존재하지 않는다. 어떤 이론이 시공으로부터의 독립성을 표방할 때, 그 이론을 이데올로기로서 검토하고 은폐된 관점을 노출시키는 것이 더욱 중요해진다.

세계는 이같은 각각의 관점에 많은 문제를 제기한다. 다시 말해 사회 현실의 압력이 인간의 의식에 문제로서 등장한다. 이론의 우선적인 임무는 이 문제들을 명확히 인식하는 것이며, 우리의 지성으로 하여금 직면한 현실을 파악할 수 있도록 하는 것이다. 따라서 현실이 변화함에 따라 기존의 개념은 조절되거나 폐기되어야 하며, 이론가와 그가 이해하고자 하는 특정 사회 간의 대화의 초기에 새로운 개념이 형성되어야 한다. 초기의 대화란 한 관점 특유의 문제틀(the problmatic)과 관련된다. 사회-정치 이론은 근원적으로 역사적일 수밖에 없다. 왜냐하면 이론이란 결국 어떤 문제나 이슈, 즉 한 문제틀(a problematic)에 대한 역사적으로 한정된 인식이기 때문이다. 그러나 동시에 이론은 그 역사적 원인을 어떤 일반적 명제나 법칙의 틀 속에 자리매김하기 위해 그 역사적 원인의 특수성을 초월하려고 한다.

문제틀로부터 시작해, 이론은 두 가지 목적을 달성할 수 있다. 하나는 단순하고 직접적인 것이다. 즉 출발점이 되는 특정 관점내에서 제기된 문제의 해결을 위한 지침을 제공하는 것이다. 다른 하나는 이론화의 과정 그 자체에 대해 성찰하는 것이다. 이론화를 가능케 한 관점을 명확히 인식하는 것, 그리고 그 관점이 다른 관점과 갖는 관련성을 인식하는 것이다(이는 관

점에 대한 관점을 정립하기 위한 것이다). 나아가 문제틀이 대안적인 세계
를 창출할 수 있도록 또다른 유용한 관점을 선택할 수 있는 가능성을 여는
것이다. 이 목적들 각각은 서로 다른 종류의 이론을 낳는다.

첫 번째 목적은 문제해결이론(problem solving theory)으로 이어진다. 문
제해결이론은 지배적인 사회권력 관계와 그 관계들이 조직화되어 있는 제
도들을, 보이는 그대로의 세계를, 행위의 주어진 틀로 간주한다. 문제해결
이론의 일반적인 목적은 특정 문제의 원인들을 효과적으로 다룸으로써, 사
회권력 관계들과 제도들의 원활한 작동을 돕는 것이다. 제도들과 관계들의
유형 일반이 문제시되지는 않기 때문에, 특정 문제들은 그들이 발생한 특
정 활동영역과의 관련 속에서 고려된다. 따라서 문제해결이론은 많은 영역
들에 따라, 혹은 활동의 측면들에 따라 분절화되며, 각각의 활동영역은 자
신 영역내에 제기되는 문제를 해결하기 위해 다른 영역을 고정변수로 가정
한다(이로써 실질적으로 다른 영역은 무시된다). 문제해결이론의 강점은
변수들을 문제 영역에 고정시키고, 특정 문제의 진술을 제한된 수의 변수
들로 축소시켜 면밀하고 정확한 검토가 용이할 수 있게 한다는 것이다. 문
제해결이론은 '다른 모든 조건이 동일하다면'이라는 가정에 기반함으로써
일반적인 유용성을 지니는 것으로 보이는 법칙이나 규칙성을 제시할 수 있
다. 그러나 이때의 법칙과 규칙은 물론 그 문제해결 접근법에서 가정된 제
도와 관계의 변수들에 기반하고 있다.

두 번째 목적은 비판이론(critical theory)으로 이어진다. 비판이론은 현재
세계의 지배적인 질서로부터 거리를 유지하면서 어떻게 그 질서가 유래되
었는가를 질문한다는 점에서 결정적 중요성을 지닌다. 문제해결이론과는
달리 비판이론은 제도나 사회권력 관계를 당연시하지 않고, 그들의 근원을
탐구하며 그들이 과연 변화하고 있는가 또 어떻게 변화하고 있는가에 관심
을 기울임으로써 제도와 사회권력 관계들에 의문을 제기한다. 비판이론은
문제해결이론이 변수로 받아들이는 바로 그 행위의 준거틀 혹은 문제틀의
평가를 지향한다. 비판이론은 사회 정치적 복합체를 분리된 부분들로서가
아니라 전체로서 조망한다. 사실, 문제해결이론과 마찬가지로 비판이론 역
시 인간활동의 어떤 측면이나 특정 영역을 출발점으로 삼는다. 그러나 문
제해결 접근이 보다 세분된 분석적 하위단위로 나아가고 대상이 되는 이슈

를 제한하는 데 반해, 비판이론은 애초에 고려대상이 된 문제를 한 부분으로 하는 전체라는 보다 더 큰 상을 구축하고자 하고, 부분과 전체가 모두 관련되는 변화의 과정을 이해하고자 한다.

비판이론은 단지 과거를 탐구한다는 점에서가 아니라 역사적인 변화의 연속적인 과정을 탐구한다는 의미에서 역사 이론이라고 할 수 있다. 문제해결이론은 사실상 현재의 지속성 ─ 변수를 이루는 제도와 권력관계의 항구성 ─ 을 가정한다는 점에서, 비역사적 혹은 몰역사적이다. 전자의 강점은 후자의 약점이 된다. 변화하는 현실을 다루기 때문에 비판이론은 끊임없이 자신이 이해하고 설명하고자 하는 변화하는 대상에 맞추어 개념을 적응시켜야 한다.[3] 그러다보니 비판이론의 개념들과 그를 동반하는 연구방법은 고정된 질서를 준거점으로 하는 문제해결이론이 얻을 수 있는 정확성을 결여하는 듯이 보인다. 그러나 이러한 문제해결이론의 상대적 장점은 실은 그릇된 전제에 기반하고 있다. 왜냐하면 사회·정치적 질서란 고정되어 있는 것이 아니라 ─ 적어도 장기적으로 볼 때 ─ 변화하는 것이기 때문이다. 더우기 고정된 상태를 가정하는 것은 단지 방법상의 편의에 그치는 것이 아니라 이념적인 편견이기도 하다. 비판이론의 보다 폭넓은 관점에서 보면 문제해결이론은 특정 민족, 사회부문 혹은 계급의 이익을 대변하며 주어진 질서내에 안주하는 이론으로 비춰진다. 실제로 문제해결이론의 목적은 보수적인 성격을 띤다. 복잡한 전체의 다양한 부분들에서 야기되는 문제들을 해결함으로써 전체의 기능을 원활히 하는 것이 바로 주요 목적이기 때문이다. 이 목적을 고려한다면 흔히 말하듯 문제해결이론이 가치판단으로부터 자유롭다는 주장은 그릇된 것이라 할 수 있다. 이 접근은 대상으로 고려하는 변수들을 다루는 데 있어서 방법론적으로 볼 때 가치판단으로부터 자유롭다(이는 화학자가 분자를, 물리학자가 힘과 운동을 다루는 것과 마찬가지이다). 그러나 이 접근은 묵시적으로 기존 질서를 준거틀로서 받아들인다는 사실 자체로 인해 가치 지향적일 수밖에 없다. 비판이론은 자체내에 문제해결이론을 포괄하고 있다. 그러나 그것을 이데올로기의 형태로 포괄함으로써, 그 이론들이 실천의 지침으로서 갖는 유용성보다는 그 결과가

---

3) E. P 톰슨(1978: 231-242)은 역사적 개념은 "극도의 탄력성을 보이고 큰 불규칙성을 고려해야 한다"고 주장했다.

갖는 보수성에 주목한다. 문제해결이론은 정확성에 있어 우월성을 표방하며, 비판이론이 역사적 과정에 대한 과학적 지식을 얻을 수 있는지를 의심한다.

물론 비판이론은 현실세계의 문제와 무관하지 않다. 비판이론의 목적도 문제해결이론과 마찬가지로 현실적인 것이긴 하지만 그 접근에 있어 문제해결이론이 출발점으로 삼는 기존 질서의 현실을 초월하는 시각을 취한다. 비판이론은 지배적인 질서와는 다른 사회 정치적 질서를 옹호하는 규범적 선택을 고려한다. 그러나 선택의 범위는 현실적으로 기존 질서를 변형시킴으로써 성취 가능한 대체 질서로 제한된다. 따라서 비판이론의 주요 목적은 이 가능한 대안의 범위를 확정하는 것이다. 비판이론은 대안이 되는 질서의 일관된 상을 제시한다는 점에서 이상주의적인 요소를 담고 있다. 그러나 이때의 이상주의는 역사 과정에 대한 이해에 의해 제약을 받는다. 비판이론은 기존질서의 영속성을 부정하는 것과 마찬가지로 불가능한 대안은 마땅히 거부한다. 이런 식으로, 비판이론은 대체 질서를 구축하기 위한 전략적 행동에 지침이 될 수 있으며 문제해결이론은 의도했던 하지 않았던 기존 질서를 유지하는 전술적 행동의 지침이 된다.

대상이 되는 역사적 시기의 성격에 따라 어떤 이론이 더 유용한가가 달라진다. 권력관계가 뚜렷이 안정되거나 고정된 시기에는 문제해결이론이 유리하다. 냉전시대가 그러한 경우이다. 냉전 시기의 국제관계이론은, 영구적인 것으로 보이는 양대 초강국 간의 관계를 어떻게 다룰 것인가에 관심이 집중되었다. 그러나 권력관계가 불안정한 시기에는 사람들이 변화의 기회와 위험성을 이해하고자 하기 때문에 비판이론이 설 자리를 찾게 된다. 따라서 1970년대의 사건들은 불안정성이라는 정도를 넘어 세계질서의 문제를 향한 비판이론에 새로운 발전의 기회를 제공할 만큼 권력관계에 있어 커진 유동성과 다면적인 위기에 대한 인식을 제고시켰다. 그러나 이제 가능한 미래의 질서를 논하기 위해 우리는 전통적인 국제관계이론을 넘어서 탐구의 지평을 넓혀야 한다. 그리하여 사회세력과 국가형태의 발전과정, 그리고 세계 정치경제의 구조에서 작용하는 기본 과정들을 포괄할 수 있어야 한다. 바로 이 점이 본 논문의 중심 주제이다.

2. 현실주의, 맑스주의 그리고 세계질서에 대한 비판이론적 접근

　대단히 정교한 이론들을 포함하여 이론 사조들은 대개 문제해결이론과 비판이론의 특징을 함께 갖고 있지만, 대체로 어느 한 가지를 더 강조하는 경향이 있다. 여기에서는 국가 간의 관계와 세계질서의 논의에 공헌을 해온 두 가지 사조―현실주의와 맑스주의―를 비판적 접근법의 발전을 위한 시도의 예비 단계로서 고찰하기로 한다.

　국제관계에 있어 현실주의이론은 역사주의 사조에 그 근원을 두고 있다. 프리드리히 마이네케(Friedrich Meinecke, 1957)는 국가이성에 대한 연구에서 현실주의의 기원을 마키아벨리의 정치이론과, 중세사회를 이념적으로 지배했던 제도인 기독 교회가 주입시켜온 일반적 규범과는 뚜렷이 구분되는, 르네상스 이태리 도시국가의 외교에서 찾고 있다. 국가의 행위에 기저한 신조와 원칙들을 특정 역사적 상황에의 반응으로 봄으로써 마이네케의 국가 이성에 대한 해석은 비판이론에 공헌했다. E. H. 카아와 루드비히 데히오(Ludwig Dehio) 같은 현실주의 전통의 맥을 잇는 학자들은 이 역사주의 사조를 계승, 서로 다른 역사적 시기들에서 국제적 행위의 준거틀을 고정시켰던 특정한 역학관계를 기술하고 제도, 이론, 그리고 사건들을 역사적 맥락 속에서 이해하고자 했다.

　제2차 세계대전 이래 한스 모겐소(Hans Morgenthau)와 케네스 월츠(Kenneth Waltz)로 대표되는 일부 미국 학자들은 현실주의를 문제해결이론으로 변형시켰다. 개인적으로는 역사주의라는 큰 조류에 속한 학자들이었지만 그들은 국제행위의 틀에 대해 고정된 몰역사적 관점을 취함으로써 문제해결이론의 고유한 특징이라 할 경향을 보였다. 이러한 틀로부터 거리를 유지하면서 그것을 역사적으로 조건지어지고 따라서 변화할 수 있는 것으로 보았던 E. H. 카아와는 대조적이다. 이론에 있어 이러한 경향의 대두가, 국제관계에서 양극성의 범주를 요구하고 질서유지의 보루로서 미국의 국력의 유지에 절대적 관심을 요구했던 냉전시대와 일치하는 것은 결코 우연의 일치가 아니다.

　이 새로운 미국의 현실주의(이제 냉전이 부여한 현실의 역사적 틀로부터

도출된 이념적 형태라는 의미에서 이를 신현실주의라 부르기로 한다)에서
설정한 일반화된 행위의 틀은 세 가지로 특징지어진다. 이들은 고전 철학
자들이 실체 혹은 본질이라고 일컫는 것, 즉 변화하는, 그리고 우연적인 현
현(顯現) 혹은 현상에 기저한 불변의 기본 토대와 관련하여 이해될 수 있
다. 이 기본적인 현실들은 다음과 같이 간주된다. ① 인간의 본질: 이는 아
우구스티누스의 원죄, 혹은 홉스의 "죽음에 이르러서야 멈출 수 있는 영원
한 그리고 끊임없는 권력을 향한 욕망"(Hobbes, 16: part Ⅰ) 등으로 이해된
다. ② 국가라는 존재의 본질: 국내의 헌법과 힘을 동원하는 능력에서는 다
르지만 행동지침으로서의 국가이익[라이프니쩨(Leibnizian)의 단일체]이라
는 특정 개념에 대한 집착이라는 점에서는 비슷하다. 그리고 ③ 국가 체제
의 본질: 세력균형이라는 메커니즘을 통한 경쟁적 국가이익의 무한한 추구
에 이성의 제약을 가한다.

　신현실주의자들에게 역사는 동일한 주제가 다양한 형태로 나타나고 있
음을 보여줄 수 있는 원료의 공급처이다. 이 사유는 원료를 역사로부터 채
취하지만 더이상 역사주의는 아니다. 나아가, 이 사유양식은 미래는 언제
나 과거와 같다고 선언한다.[4]

　이 현실주의이론의 핵심은 게임이론과 같은 영역으로 연장된다. 게임이
론에서 인간 본질의 실체는 합리성으로 파악된다. 합리성은 유사한 방식으
로 이해관계, 대안적 전략, 그리고 각각의 대가를 평가하는 상호경쟁하는
행위자들에게 공통된 것으로 가정된다. 이같은 공통의 합리성이라는 개념
은 이 사상의 비역사주의적 성격을 강화한다. 다른 사상은 부적절한 것으
로 비판되고, 그들을 설명하려는 시도도 하지 않는다(따라서 예를 들어 국
제관계에서 이슬람 통합주의 같은 현상의 돌출을 설명하기가 어렵다).

　신현실주의의 "공통의 합리성" 개념은 자유주의적 국제주의와의 논쟁
속에서 형성되었다. 신현실주의 관점에서 보면 합리성은 (이미 전제되어
있는) 무정부적 국제체제에 대한 유일하게 적합한 대응이다. 도덕성은 물

---

4) 케네스 월츠(Kenneth Waltz, 1980)는 "미래는 과거와 같을 것인가?"라는 질문
　을 던지고 긍정적인 대답을 내린다. 같은 유형의 관계가 지배적일 가능성이 높
　을 뿐 아니라 그렇게 되는 것이 모두를 위해 선이 된다는 것이다. 월츠가 사고했
　던 미래란 바로 다음의 십여 년 후를 의미함을 주목할 필요가 있다.

리적 힘에 의해 강제되는 한도내에서만 효과적이다. 이로 인해 신현실주의
는 외관상 비규범적 이론의 양상을 띤다. 신현실주의는 도덕적 목표(신현
실주의 입장에서 자유주의적 국제주의의 약점은 여기에 있다)를 배제한다
는 점에서, 그리고 문제를 물질적 권력관계로 축소시킨다는 점에서 '가치
로부터 자유'롭다. 그러나 이러한 비규범적 성격은 피상적인 것에 불과하
다. 신현실주의에는 그 기본 전제에서부터 규범적 요소가 잠재되어 있다.
국제체제의 안정은 각각의 주요 행위자들이 이 체제를 같은 방식으로 이해
하는가, 다시 말해 그들 각각이 신현실주의의 합리성을 실천지침으로 채택
하는가에 달려 있다. 신현실주의에 의하면 행위자들은 체제내에서 경험을
통해 같은 방식으로 사고하는 경향이 있다. 그러나 이 이론은 또한 합리성
의 옹호자로서 선교사적 기능을 수행한다. 신현실주의 이론가에게 이 선교
기능은(신현실주의의 규범적인 기능은 바로 여기에 있다) 경쟁국들과 균형
을 이루는 데 필요한 정도 이상의 국력을 갖게된 국가들에 있어 특히 긴요
하다. 왜냐하면 그런 국가들은 신현실주의의 합리성을 버리려는 유혹을 느
끼기 쉽고, 특히 미국의 경우와 같이 문화적 전통이 인간, 국가 그리고 세
계질서의 본질에 대한 보다 낙관적이고 도덕적 관점에 기반한 국가들로서
는 그들 자신의 도덕적 질서관을 강요하려 하기 쉽기 때문이다.[5]

자유주의적 국제주의자들과 신현실주의자들의 논쟁은 17세기 그로티우
스(Grotius)의 자연법 사상에 대한 홉스(Hobbes)의 시민 철학의 도전을 새
로운 자료들을 가지고 재현한 것이었다. 두 사상은 각각 인간과 국가 그리
고 국가 간의 체제의 본질에 대한 서로 다른 견해에 기반을 두고 있다. 이
상호 배타적인 개념들의 대립을 넘어설 수 있는 가능성을 제시한 또다른
대안은 18세기 기암바티스타 비코(Giambattista Vico)에 의해 제기되었다.

---

5) 최근 제기된 이러한 논지의 한 예로 스티븐 크래스너(Stephen Krasner, 1978)를
들 수 있다. 신현실주의의 규범적 내용은 자유주의적 도덕주의에 대한 반박의
형태로 가장 뚜렷이 나타난다. E. H. 카아도 마찬가지 경우로서, 그는 영국의 국
제연맹 지지자들의 이상주의에 대한 반대로서 국제관계에 대한 '과학적인' 사고
를 제시했다. 딘 애치슨(Acheson)과 조지 케넌(Kennan)은 미국 냉전 정책의 기
초를 축성하는 데 있어 아우구스티누스의 인간에 대한 비관적 관점을 채용하여,
미국 문화의 원류라 할 로크의 낙관적 인간론에 도전했던 라인홀드 나이버의 사
상을 계승하고 있음을 인정했다. 크래스너가 선택한 공격대상은 '로크의 자유주
의'로서, 그는 이 사상이 미국 국익의 합리적인 보호를 침해한다고 보았다.

비코에게 있어 인간의 본질 그리고 인간제도―국가 그리고 국가간의 체제도 여기에 포함된다―의 본질은 변화하지 않는 실체라는 견지에서가 아니라 새로운 형태의 끊임없는 창출이라는 견지에서 이해되어야 한다. 지속성과 변화라는 모순 개념 중 신현실주의는 지속성을 강조했다면 비코의 사상은 변화를 강조했다. 비코는 다음과 같이 기술했다(1744; 1970: 349절). "이 국가들의 세계는 인간에 의해 만들어졌다. 따라서 그 외양은 우리 인간의 정신이 빚어내는 여러 가지 형태들 속에서 발견될 수 있다." 이 말이 극단적인 이상주의적―다시 말해 세계는 인간의식의 산물이라는―발언으로 오해되어서는 안된다. 비코에게 있어 끊임없이 변화하는 의식의 형태는 사회관계의 복합체에 의해 형성되며, 후에 맑스에 있어서와 마찬가지로, 이 사회관계의 근원에 있어 주요 역할을 하는 것은 계급투쟁이다. 그러나 의식은 현재와 과거를 연결하는 실로서, 변화하는 사회 현실을 이해하기 위한 수단이다. 인간의 본질(의식의 여러 형태들)과 인간의 제도는 인간의 역사와 동일하다. 그들은 발생론의 견지에서 이해되어야 하며 본질주의의 관점이나 (신현실주의의 경우) 목적론적인 관점(기능주의의 경우)에서 이해되어서는 안된다. 비코주의의 관점에서는 역사로부터 인간과 국가를 추상화시켜 그들의 실체나 본질을 역사에 선험하는 것으로 규정할 수 없다. 그렇게 되면 역사란 이 실체들의 현현의 상호작용을 기록한 것에 불과하게 된다. 인간 활동에 대한 올바른 연구란 모름지기 서로 다른 시대를 특징짓는 의식과 제도의 통일성을 드러내고 이같은 유형이―우리는 이를 역사적 구조라 부른다―계승되는 과정을 밝히는 것이다. 우리가 이제 '사회과학'이라 부를 비코의 연구는, "정신의 사전" 혹은 공통 개념의 집합체에 이름으로써 "이상적인 영원한 역사" 과정 혹은 인간의 본질과 제도가 경험하는 연속된 변화에서 가장 일반적이고 공통된 것을 이해할 수 있게 하는 것이다. 비코는 "자신들이 인식한 것이 실재 세계만큼 오랜 것"이라고 주장하는 "학자들의 자만심"을 비판한다. 비코에게 있어 그들의 실수는 역사의 특정 단계로부터 (그리고 따라서 사회 관계의 특정한 구조부터) 도출한 사상을 보편적으로 적용되는 것으로 간주한 것이다. 이는 바로 신현실주의가 범하고 있는 실수이며 보다 넓게는 모든 문제해결이론의 근본적 취약성이기도 하다. 그렇다고 신현실주의와 모든 문제해결이론이 그 이념의 한계내에서 갖는 실용성을 부정하는 것은 아니다. 요컨대 비코의 접근법은 비판이론의 성격을 띤다.

맑스주의는 세계질서에 대한 방법 혹은 접근법과 어떤 관련을 맺고 있는가? 우선, 맑스주의를 하나의 사조로 간주하는 것은 큰 혼동을 초래한다는 점을 유념해야 한다. 연구목적상, 구현실주의와 신현실주의를 구분한 것과 유사하게, 맑스주의를 크게 두 가지로 구분할 필요가 있다. 하나는 사회관계의 변화를 증진시킬 뿐 아니라 이를 역사적으로 추론하고 설명하고자 하는 맑스주의이다. 또 하나의 맑스주의는 자본주의 국가와 사회의 분석틀로서 고안된 것으로 생산양식을 보다 정적이고 추상적으로 개념화하기 위해 역사적 지식에 등을 돌린다. 첫 번째 사조는 그들 스스로 규정한 명칭에 따라 사적 유물론이라고 부르기로 한다. 이 사상은 맑스의 역사 연구, 에릭 홉스바움과 같은 현대 맑스주의 역사가들의 역사 연구, 그리고 그람시(Gramsci)의 사상에서 뚜렷이 나타난다. 또한 이 사상은 아날(Annales) 학파 프랑스 역사가들과 같이 결코 맑스주의자라고 볼 수 없는 (또 스스로 맑스주의자라 보지 않는) 학자들에게도 영향을 미쳤다. 두 번째 맑스주의는 알튀세와 폴란차스의 소위 구조주의 맑스주의에 의해 대표된다('소위'라함은 그들의 '구조'개념과 본 논문에서 사용하는 역사적 구조를 구별하기 위한 것이다). 이 사상은 흔히 자본론의 주석과 다른 맑스 원전의 주석의 형태로 제시된다. 구조주의 맑스주의은 탈역사적 태도, 본질주의적 인식론과 같이 신현실주의의 문제 해결 접근법의 일부 특징들을 공유하고 있다. 그러나 자료를 다루는 데 있어서의 정확성이나, 또 대체로 추상 수준의 연구에 머무르는 만큼 구체적인 문제에 대한 실용성에 있어서는 문제 해결 접근법과는 차이가 있다. 그러나 이는 본 논문의 관심사가 아니다. 그러나 사적 유물론은 비판이론의 가장 우선적인 원천이며 네 가지 중요한 점에서 신현실주의를 시정할 수 있다.

첫 번째는 변증법과 관련된다. 변증법이라는 용어는 맑스주의와 마찬가지로 때로는 상호양립이 불가능한 것들을 포함하여 다양한 의미를 나타내는 데 이용되어 왔다. 따라서 일정한 정의가 필요하다. 여기에서는 두 가지 차원, 즉 논리의 차원과 실제 역사의 차원에서의 변증법을 구분하기로 한다. 논리의 차원에서, 변증법은 모순을 탐구함으로써 진리에 도달하려는 대화법을 의미한다.6) 그 한 가지 측면은 개념들과 그 개념들이 표현하는 현실의 계속되는 대립이며 또한 끊임없이 변화하는 현실에 대한 그 개념들의 적응이다. 또 다른 측면은 개념을 적용시키는 방법의 일부로서, 현실에 대한 각각의 명제는 그 반대의 명제를 묵시적으로 내포하고 있으며, 한 명제와 그에 대립하는 명제는 상호배타적이라기보다는 진리를, 더욱이 끊임없이 운동하며 결코 어떤 단정된 형태로 묶어둘 수 없는 진리를, 어느 정도 공유하고 있다는 인식이다. 실제 역사의 차원에서의 변증법은 어떤 구체적인 역사적 상황에서 대립하는 사회세력들의 대결을 통해 대안적 발전이 나올 수 있는 잠재력을 의미한다.

현실주의와 사적 유물론은 모두 갈등에 직접적 관심을 돌린다. 신현실주의는 갈등을 인간의 상황에 내재하는 것으로 본다. 여기에서 갈등은 하나의 상수로서, 권력을 추구하는 인간의 본질에서 직접적으로 유래한다. 갈등은 고유의 법칙에 따라 치뤄지는 제로섬 게임을 통해 행위자들간의 끊임없는 권력 재편이라는 정치적 형태를 띠게 된다. 한편 사적 유물론은 인간 본질의 끊임없는 재형성의 과정을 갈등 속에서 찾는다. 게임의 법칙을 변화시키며—사적 유물론이 자신의 논리와 방법에 충실하는 한—궁극적으로 새로운 형태의 갈등을 발생시킬 수 있는 새로운 형태의 사회적 관계를 창조하는 일 또한 갈등을 통해 이루어진다고 본다. 달리 말하면 신현실주의는 갈등을 지속적인 구조에서 반복되어 나타나는 결과로 간주하는 반면 사적 유물론은 갈등을 구조적 변화의 원인으로 간주한다.

둘째, 신현실주의가 최강대국간 경쟁의 수평적 차원에만 주목하는 반면 사적 유물론은 제국주의에 초점을 맞춤으로써 권력의 수직적 차원을 추가한다. 세계 정치경제에서 수직적 차원은 강대국과 약소국 간의, 그리고 중심과 주변 간의 지배와 복종을 의미한다.

셋째, 사적 유물론은 국가와 시민사회 간의 관계에 관심을 가짐으로써 현실주의 시각의 지평을 확장시킨다. 비맑스주의자들과 마찬가지로 맑스주의자들도 국가를 단순히 시민사회내의 특정 이익의 표출로 보는 입장과

---

6) 예를 들어 콜링우드(R. G. Collingwood, 1942)는 변증법적 추론과 논쟁술의 추론을 구분하고 있다. 콜링우드는 변증법의 근원을 희랍철학에서 찾고 '변증법적 유물론'에 관한 신학적 맑스주의의 주장을 제시한다.

462

일종의 일반 이익을 대변하는 자율적인 권력으로 보는 입장으로 구분된다. 맑스주의자들이 말하는 일반 이익은 자본가의 특수 이익과는 구별되는 자본주의 전체의 이익이다. 그람시(1971: 158-168)는 정치적 행위의 원천으로서 윤리와 문화의 유용성을 인정하는-물론 이를 언제나 경제 영역과 연관시키지만-사적 유물론과 그가 사적 경제주의라고 부르는 것 혹은 모든 것을 기술적 물질적 이해로 축소시키는 견해를 대비시킨다. 미국에서 신현실주의는 국가-시민사회의 관계에 다시 관심을 돌리게 되지만 이때 시민사회는 국가에 대한 제약으로 그리고 특수 이익에 의해 강요된 국가이성에 대한 강제로 간주되며, 국가는 시민사회와는 독립된 것으로 간주되고 규정된다.7) 그람시의 사상은 구조(경제관계)와 상부구조(윤리-정치의 영역)의 상호관계를 인식함으로써 국가-사회 복합체를 세계질서를 구성하는 실체로 간주하고 이 복합체들이 취하는 특정 역사적 형태를 탐구할 수 있는 잠재력을 내포한다.8)

넷째, 사적 유물론은 국가-사회복합체가 취한 특정 역사적 형태를 설명하는 데 있어 결정적 요소로서 생산 과정에 초점을 맞춘다. 한 사회의 부와 국가 외교정책을 뒷받침하는 능력의 기초를 창출하는 재화의 생산은 생산의 임무를 통제하는 사람들과 실행하는 사람들간의 권력관계를 통해 발생한다. 정치적 갈등과 국가의 행위는 이 생산의 권력관계를 유지하거나 변화시킨다. 사적 유물론은 생산에서의 권력, 국가에서의 권력 그리고 국제관계에서의 권력을 검토한다. 대조적으로, 신현실주의는 생산과정을 거의 무시한다. 바로 이 점이 사적 유물론의 비판적 접근법과 뚜렷이 비교되는 신현실주의 문제해결이론의 편견이다. 신현실주의는 묵시적으로 생산과정

7) 크래스너(1978b)와 카젠스타인(Katzenstein, 1978)의 경우를 들 수 있다. 이들에 의해 미국은 시민사회의 힘(혹은 특히 시민사회의 이해관계의 힘)과의 관계에 있어 약한 국가로 그려진다. 반면 일본이나 프랑스와 같은 나라들은 사회와의 관계에서 더 강하다. 따라서 시민사회는 미국의 경우, 국가의 효율성(effectiveness)을 제한하는 것으로 그려진다.

8) 그람시는 상, 정치 그리고 경제를 상호 연관되어 있고 전환이 가능하며 역사적 블록(blocco storio)내에 함께 묶여 있는 것으로 본다. "역사유물론은 어떤 의미에서 헤겔사상의 개혁과 발전이라 할 수 있다. 그것은 일방적인 이념적 요소들로부터 자유로워진 철학이며 철학의 모순에 대한 완전한 인식이다"라고 그람시는 쓰고 있다(1975: 471, 졸역).

과 그 속에 내재하는 권력관계를 국가이익의 주어진 요소로 간주한다. 사적 유물론은 국가와 세계질서와 같은 다른 영역에 영향을 미칠 수 있는 생산의 영역에서 변증법적 변화의 가능성에 주의를 기울인다.

지금까지의 논의는 세계질서에 관한 비판적 접근법을 제안하기 위한 예비단계로서 두 종류의 이론을 구분하였다. 이제 비판이론의 기본적 전제를 다음과 같이 정리할 수 있을 것이다.

① 행위는 결코 절대적으로 자유로울 수 없고 반드시 일정한 문제틀을 구성하는 행위의 틀 속에서 발생한다는 인식. 비판이론은 이 행위의 틀과 함께 출발한다. 다시 말해 역사적 탐구 혹은 이론의 필요성을 제기하는 인간 경험에 대한 평가와 함께 출발한다.[9]

② 행위뿐 아니라 이론도 문제틀에 의해 형성된다는 인식. 비판이론은 자신의 상대성을 의식한다. 그러나 이러한 인식을 통해 문제해결이론보다 폭넓은 시계를 획득할 수 있고 보다 덜 상대적이 될 수 있다. 비판이론은 이론화의 작업이 결코 한 폐쇄된 체제내에서 완료될 수 있는 것이 아니라 끊임없이 새로와져야 하는 것이라는 것을 알고 있다.

③ 행위의 틀은 시간에 따라 변화하며 비판이론의 주요 목표는 이 변화를 이해하는 것이다.

④ 이 틀은 역사적 구조, 즉 사고 유형, 물질적 조건 그리고 인간 제도의 특정 조합의 형태를 띤다. 이 조합체의 요소들은 어떤 응집성을 갖는다. 이 구조는 사람들의 행위를 결코 기계적으로 결정하지는 않으며 습관, 압력, 기대 그리고 강제와 같이 행위를 발생시키는 맥락을 형성한다.

⑤ 행위를 발생시키는 맥락으로서의 틀 혹은 구조는 평형 상태나 재생산의 필수요소라는 견지에서 - 이 경우 급속히 문제해결이론으로 전환한다 - 볼 것이 아니라 구조 내부에서 발생하여 구조의 변형 가능성을 여는 갈

---

9) 행위의 틀이라는 개념은 마키아벨리(1531; 1970: 105-106)의 필연성(necessita)이라는 개념을 연상시킨다. 이는 존재의 조건이 행위로 하여금 어떤 형태의 사회적 질서를 창조하거나 유지하도록 요구한다는 의미이다. "새로운 법이 있어야 한다는 필연성이 확실하지 않은 한 국가에서 새로운 질서를 가져올 새로운 법을 환영하는 사람은 거의 없다. 그리고 그러한 필연성은 위험이 없이는 발생하지 않기 때문에 국가는 새로운 질서가 완성되기 전에 쉽게 붕괴될 수 있다."

등의 견지에서, 다시 말해 위로부터가 아니라 아래로부터 혹은 외부로부터
바라보아야 한다.10)

3. 행위의 틀: 역사적 구조

가장 추상적으로 말하자면, 행위의 틀 혹은 역사적 구조의 개념은 특정
한 역학관계의 상이다. 이 역학관계는 결코 직접적이고 기계적인 형태로
행위를 결정하지는 않으며 다만 압력과 제약을 부과한다. 개인과 집단은
압력에 따라 움직이거나 혹은 압력에 저항할 수는 있지만 그것을 무시할
수는 없다. 그들이 지배적인 역사적 구조에 성공적으로 저항하는 만큼 그
들은 대안으로서 새롭게 형성되는 역학관계, 즉 경쟁구조로써 그들의 행동
을 지지할 수 있다.

한 구조 안에는 세 범주의 힘(잠재적인 형태로 나타난다)이 상호작용한
다. 물질적 능력, 이념, 그리고 제도가 그것이다(<그림 1> 참조). 이 세 요
소들 사이에 어떤 일방적인 결정론도 전제될 수 없다. 모든 관계들은 상호
적이다. 힘이 어떤 방향으로 작용하고 있는가는 특정 사건의 연구를 통해
답변될 수 있는 역사적 질문이다.

<그림 1> 이념, 물질적 능력, 제도의 역학관계

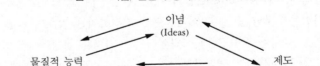

이념
(Ideas)

물질적 능력
(Material capabilities)

제도
(Institutions)

---

10) 이러한 맥락에서 호프만(Stanley Hoffman, 1977)은 다음과 같이 기술한다. "미
국에서 탄생하고 육성된 국제관계라는 학문은, 요컨대 불에 너무 가까이 있는
셈이다. 그것은 세 방향에서 원거리를 취할 필요가 있다. 우선 현대 세계로부터
과거를 향해 멀찌감치 물러서야 한다. 초강대국의 시각(그리고 대단히 보수적인
시각)으로부터 눈을 돌려 약자와 혁명세력의 시각을 취해야 한다. … 안정을 향
한 불가능한 추구로부터 물러서야 한다. 정책과학으로의 하강이 아니라 전통적
인 정치철학이 던진 질문들로 상징되는 정상을 향해 급상승해야 한다" (p.59).

물질적 능력은 생산과 파괴의 잠재력이다. 이는 동태적 형태로서 기술력, 조직력이 있고, 축적된 형태로서 기술로 변형시킬 수 있는 천연 자원, 장비(예를 들어 산업과 무기), 그리고 이들을 통제할 수 있는 부(富)가 존재한다.

이념은 크게 두 가지 종류이다. 하나는 간주관적인 의미들(intersubjec-tive meanings) 혹은 사회관계의 본질에 대한 공유된 사고로서, 이는 습관과 행위에 대한 기대를 영속화시키는 경향이 있다(Taylor, 1965). 현대 국제정치에서 간주관적인 의미의 예는, 국민은 지정된 영토에 대해 권위를 갖는 국가에 의해 조직되고 통제된다는 생각이다. 또한 국가들은 외교 대리기구들을 통해 상호 관계하며, 모든 국가들에 공동의 이익을 가져다 줄 수 있도록 외교 대리기구들을 보호하기 위한 특정 규칙이 적용된다는 생각, 그리고 국가들간에 갈등이 발생할 시에는 협상, 충돌 혹은 전쟁과 같은 특정 종류의 행위가 기대된다는 것이다. 이러한 사고들은 비록 오랜 시간을 통해 유지되어 왔지만 역사적으로 한정된 사고이다. 국제 정치의 현실은 정확하게 그런 방식으로 작동되지는 않았으며 미래에도 그렇지 않을 것이다. 그같은 사고가 어디에서 유래하는지 근원을 추적할 수가 있다. 이러한 이념의 일부가 약화되는 조짐을 탐지할 수 있다.[11)]

역사적 구조에 관련된 이념의 두 번째 종류는 서로 다른 집단들이 보유하고 있는 사회질서에 대한 집단적인 이미지이다. 지배적인 권력관계의 성격과 합법성, 정의와 공공선의 의미 등에 대한 서로 다른 견해들이 그것이다. 간주관적인 의미들은 특정 역사적 구조 전체에 걸쳐 널리 공유되며 사회적 담론(갈등을 포함)의 공동기반이 되지만, 집단적인 이미지는 여러 가지가 있을 수 있고 또한 서로 상충할 수도 있다.[12)] 경쟁하는 집단적인 이미

---

11) 테일러(Taylor, 1965)는 협상행위와 관련된 기대는 현대 세계에서도 문화에 따라 차이가 난다는 점을 지적하고 있다. 개러트 매팅리(Garrett Matingly, 1855)는 근대 국가체제에서 묵시적으로 공유되고 있는 이같은 사고들의 근원을 연구했다.

12) 집단적인 이미지는 여론조사를 통해 취합될 수 있는 개인들의 단편적인 의견의 총합과는 다르다. 그것은 세계에 대한 특정 집단들의 견해를 표현하는 일관된 사고의 유형으로, 예컨대 역사가들이나 사회학자들을 통해 재구축될 수 있는 것이다. 막스 베버(Max Weber)가 종교의식의 형태를 재구축한 것을 예로 들 수 있다.

지의 충돌은 서로 다른 발전경로의 가능성에 대한 증거를 제공하며 대안적인 구조가 출현할 수 있는 물질적·제도적 기반에 관한 생각을 촉진시킨다.

제도화는 특정 질서의 안정화와 영속화의 수단이다. 제도는 그들이 만들어질 시점의 지배적인 권력관계를 반영하며, 최소한 초기에는 이 권력관계와 일치하는 집단적 이미지를 조장하는 경향을 띤다. 궁극적으로 제도는 스스로의 생명을 갖는다. 그들은 대립하는 경향들의 경쟁장이 될 수 있다. 혹은 그에 도전하는 제도들이 다른 경향들을 반영할 수 있다. 제도는 이념과 물질적 힘의 특정 합성물로서 다시 이념과 물질적 능력의 발전에 영향을 미친다.

제도화와 그람시가 헤게모니라고 부르는 것 간에는 긴밀한 연관이 있다. 제도는 무력의 사용을 최소화할 수 있도록 갈등을 다루는 방식을 제공한다. 어떤 구조에서나 물질적 권력관계는 강요의 잠재성이 있어서, 강자는 필요하다고 판단할 경우 약자를 억압한다. 그러나 약자가 지배적인 권력관계를 합법적인 것으로 인정하는 한, 강자는 지배를 확실히 하기 위해 무력을 사용할 필요는 없다. 약자는 만약 강자가 그들의 임무를 단순한 지배나 독재가 아니라 헤게모니로 볼 경우 이 권력관계를 합법적인 것으로 받아들인다. 그것은 약자가 강자의 지도력을 인정하도록 하는 데 필요한 양보를 강자가 기꺼이 할 용의가 있을 때, 그리고 강자가 그들의 지도력을 단순히 그들의 특수 이익을 위해 활용하는 것이 아니라 보편 이익 혹은 일반 이익의 견지에서 지도력을 발휘할 경우를 의미한다.13) 제도는 이러한 헤게모니

---

13) 그람시가 헤게모니의 개념을 적용한 것은 사회계급 간의 관계였다. 예를 들어 그는 이태리의 산업 부르주아가 이태리 통일 이후 헤게모니를 수립할 수 없었던 이유를 설명하고, 이태리 산업노동자들이 농민과 프티 부르주아에 대해 계급 헤게모니를 장악함으로써 새로운 역사적 블록(blocco storio) - 본고에서 사용되는 역사적 구조 개념에 상응하는 그람시의 개념 - 을 세우게 될 전망을 검토하는 데 있어 헤게모니 개념을 적용하였다. 그람시의 저술에 나타나는 '헤게모니'라는 개념은 국제공산주의 운동에서 혁명전략과 관련하여 발생한 논쟁에 관련되어 있으며, 헤게모니 개념은 이러한 맥락에서 특히 계급에 적용된 것이다. 그러나 헤게모니의 개념은 마키아벨리에 대한 연구에서 나온 것으로 계급관계에만 국한되는 개념은 아니다. 헤게모니 개념의 적용 범위는 훨씬 넓다. 그람시가 마키아벨리의 사상을 자신이 알고 있었던 세계에 적용시킨 것은 위에서 규정한 의미에서 변증법의 훈련이라고 할 수 있다. 헤게모니 개념이 여기에서 제시되고 있는 세계 질서구조에 적용될 수 있음을 인지하는 것은 그의 방법의 적절한 연장

전략의 버팀목이 될 수 있다. 왜냐하면 그것들은 다양한 이해를 대표하는 데 있어서 뿐 아니라 정책을 보편화하는 데에도 적합하기 때문이다.

헤게모니적 구조와 비헤게모니적 구조, 다시 말해 권력기반이 의식의 배경으로 물러나 있는 경향이 있는 구조와, 권력관계의 운영이 언제나 가장 전면에 부각되는 구조를 구별할 수 있다면 편리해진다. 그러나 헤게모니는 제도의 차원으로 국한시킬 수는 없다. 제도가 물질적 힘의 관계에서의 변화나 기존의 지배질서에 대한 이념적 도전의 출현을 희석화시키는 측면이 있다는 점에 유념해야 한다. 제도는 현실의 이러한 다른 측면들과 조화를 잃게 될 수 있으며 그렇게 될 때 갈등을 통제하는─헤게모니 유지의 기능─수단으로서의 효능이 약화된다. 제도는 헤게모니의 표현 형태이지만 헤게모니와 동일한 것으로 간주될 수는 없다.

역사적 구조의 방법은 소위 제한적 전체를 나타내는 것이다. 역사적 구조는 세계 전체를 의미하는 것이 아니라 역사적으로 위치한 전체내에 인간 활동의 특정 영역을 의미한다. 문제해결이론의 오류인, 전체의 정적인 상태라는 전제를 이끄는 'ceteris paribus(다른 조건들이 모두 동일하다는 전제)'의 문제는 역사적 구조를 관련된 행위 영역들과 병치시키거나 연계시킴으로써 피할 수 있다.

변증법의 도입은 다음과 같은 형태를 띤다. 첫째는 특정 구조의 정의를 사회체제나 생산양식의 어떤 추상적인 모델로부터 도출하는 것이 아니라 그 구조가 관련을 맺고 있는 역사적 상황의 연구를 통해 도출한다. 둘째로 대안적 발전의 가능성을 보여주는 경쟁구조의 출현을 찾는다. <그림 1>에 나타난 세 가지 힘의 영역은 선험적 위계 관계의 범주들이 아니라 연구의 편의를 위해 고안된 것(a heuristic device)일 뿐이다. 역사적 구조는 대조 모델(contrast models)이다. 즉 이들이 제공하는 이상형과 마찬가지로, 완전히 구현된 현상들이라기보다는 논리적으로 일관된 형태 속에서 복잡한 현실을 단순화하고 경향만을 나타낸 것으로, 시공에 있어 그 적용이 제한된다.

이 글의 목적상, 역사적 구조의 방법을 세 가지 수준 혹은 활동 영역에

이다. 마키아벨리와 마찬가지로 그람시에게 있어 헤게모니와 관련된 일반적인 문제는 권력의 본질이며, 권력은 반인반수의 존재, 즉 무력과 동의의 조합이다. 마키아벨리(1513; 1977: 149-150)와 그람시(1971: 169-170)를 참조할 것.

적용하기로 한다. ① 생산의 조직: 특히 생산과정에 의해 배태되는 사회 세력들과 관련된 생산의 조직. ② 국가의 형태: 이는 국가-사회 복합체의 연구에서 도출된다. ③ 세계질서: 즉 전쟁과 평화의 문제틀을 연속적으로 규정하는 특정 역학관계. 각각의 수준은 지배적 구조와 그리고 부상하는 경쟁 구조의 연속으로서 연구될 수 있다.

이 세 가지 수준은 상호 관련되어 있다. 생산의 조직에서의 변화는 새로운 사회 세력을 창출하고 이 새로운 세력은 다시 국가들의 구조에 변화를 일으킨다. 그리고 국가들의 구조에서 변화가 일반화되면 세계질서의 문제틀이 변화하게 된다. 예를 들어 카아(E. H. Carr, 1945)가 주장했듯이, 19세기 후반 이후 산업노동자들(새로운 사회 세력)이 서구 국가에 참여자로서 통합되면서 국가들의 경제 민족주의와 제국주의(국가의 새로운 형태)로의 움직임이 가속화되었다. 이로서 세계경제는 분절화되고 국제관계는 보다 심각한 갈등 국면(세계질서의 새로운 구조)에 접어들었다.

그러나 세 차원의 관계는 단순히 일방적인 것은 아니다. 초국가적 사회세력들은 세계구조를 통해 국가에 영향을 미쳤다. 19세기 자본주의의 팽창(Moraze, 1957)이 중심부와 주변부 모두에서 국가 구조의 발전에 영향을 미친 것에서 그 예를 볼 수 있다.

세계질서의 특정 구조는 국가가 취하는 형태에 영향을 미친다. 스탈린주의는 적어도 부분적으로는, 적대적인 세계질서가 소련 국가의 생존에 가하는 위협을 의식하면서 나타낸 반응이었다. 중심부 국가에서 군산복합체는 세계질서의 갈등을 이유로 오늘날 자신들의 영향력을 정당화시킨다. 그리고 주변부 국가에서 횡행하는 군사독재는 국내 요소들의 특정한 결합뿐 아니라 제국주의라는 외부로부터의 지원에 의해 유지·강화될 수 있다. 나아가 국가의 형태는 지배의 다양한 수단을 통해, 한 계급의 이익을 증진하고 다른 세력의 이익을 억압함으로써, 사회세력들의 발전에 영향을 미친다.[14]

사회세력, 국가형태, 그리고 세계질서는 개별적으로 볼 때 물질적 능력, 이념 그리고 제도들의 특정 역학관계와 대략 유사한 형태로 나타난다. 역사적 과정의 실제를 보다 잘 나타내기 위해 상호연관을 고려할 때, 각각은 다른 영역의 영향을 담지할 뿐 아니라 다른 영역을 내포하기도 한다.[15]

---

14) 거비치(1978)의 글은 이 관계의 상호적 특징에 대한 논의를 담고 있다.

<그림 2> 사회세력, 국가형태, 세계질서의 역학관계

4. 헤게모니와 세계질서

현재의 역사적 상황에서 이 상호관계는 어떻게 규명될 수 있을까? 여러 가지 관계들 중 어떤 것을 통해 가장 많은 것을 설명할 수 있을까? 개념들의 역사성을 인식하면 각기 다른 역사적 시기에서 결정적으로 중요한 관계는 같지 않다는 것을 알 수 있다. 심지어 '국제체제'라는 용어가 특별한 의미를 갖는 베스트팔렌(Westphalian) 이후 시대내에서조차 그러하다. 여기에서 대강의 윤곽을 그려 본 세계질서에 대한 비판이론의 접근법은 상호 연관된 일련의 역사적 가정들의 형태를 띤다.

신현실주의는 국가에 주안점을 두지만 이때 국가는 물질적 힘의 차원으로 축소되어 있다. 마찬가지로 신현실주의는 세계질서의 구조를 물질적 힘의 역학관계로서의 세력균형으로 축소시킨다. 사회세력은 고려의 대상으로 간주하지 않으며 서로 다른 국가의 형태에도 관심을 두지 않는다(예외가 되는 경우는 자유민주정체에서의 '강력한 사회'가 국가에 의한 힘의 사용을 저해하고 국가 이익에 앞서 특수 이익을 증진시키는 경우이다). 또한 신현실주의는 세계질서의 규범적이고 제도적인 측면에 많은 가치를 부여하지 않는다.

---

15) 나는 제프리 헤로드(Jeffrey Harrod)와 함께 세계적 범위에서의 생산관계에 대한 연구를 했다. 이 연구는 생산과정에 있어 두드러지는 권력 관계의 유형을 분리된 역사적 구조로 검토하는 것에서 출발하여 여러 가지 다른 형태의 국가와 세계 정치 경제의 형태에 대한 고찰로 나아간다. 국가와 세계 정치 경제라는 두 가지 수준을 끌어들이는 것은 다른 형태의 생산관계와 그들간의 관계의 위계질서를 이해하는 데 있어 필요하다. 출발점에서 먼저 국가나 세계질서의 형태를 택하고, 역사적 과정을 설명하기 위해 궁극적으로 다른 한 수준을 끌어들이는 것도 가능한 방법이다.

현실주의의 시각을 넓혀 국제적 규범과 제도가 갖는 다양한 형태의 권위를 포괄하려는 시도는 "패권 안정(hegemonic stability)"이론이다. 로버트 커해인(1980)에 따르면 이 이론은 한 국가가 헤게모니를 장악하는 패권적 권력구조하에서 가장 강력한 국제 레짐을 이룰 수 있으며 이때 규칙도 상대적으로 구체적이고 잘 준수된다고 주장한다.16) 커해인의 주장을 예증하는 전형적인 경우는 19세기 중반의 팍스 브리태니카와 제2차 세계대전 이후의 팍스 아메리카나이다. 19세기 후반 영국의 국력이 상대적으로 쇠퇴하면서 19세기의 규범이 점차 준수되지 않게 된 사실이 이 이론을 입증한다. 이 이론의 옹호자들은 1970년대 이후 규범의 준수가 많이 약화되었다고 보고 이를 미국 국력의 상대적 쇠퇴에 연결시킨다. 커해인은 권력은 대체할 수 있는 자산(fungible asset)이 아니며 한 국가가 영향력을 갖고자 하는 맥락에 따라 분리되어야 한다고 주장하면서, 특정 문제 영역(에너지, 금융, 무역)에서 이론을 검증했다. 그는 특히 무역과 금융분야에서의 변화는, 미국 국력의 변화만으로는 설명하기에 충분치 않으며 국내의 정치·경제·문화적 요소로 설명을 보완해야 한다고 보았다.

여기에 대해 대안이 될 수 있는 접근 방법은 설명돼야 할 대상, 즉 연속

---

16) 커해인은 이 이론에 공헌한 다른 사람들로 찰스 킨들버거, 로버트 길핀, 그리고 스티븐 크래스너를 들고 있다. 여기에서 커해인은 '헤게모니'의 개념을 국가에 의한 지배라는 제한된 의미로 사용하고 있다. 이러한 의미는 이 글에서 사용되는 그람시에 근원을 두고 있는 헤게모니의 개념과 구분될 수 있다. 본고에서 의미하는 헤게모니란 지배의 구조를 뜻하며 이 지배세력이 국가인지 혹은 집단 혹은 국가와 민간 세력의 결합인지에 대해서는 제한을 두지 않는다. 다만 이러한 지배가 이념의 수용이나 이 구조와 상존하는 제도의 수용을 통한 광범위한 동의에 기반함으로써 유지된다는 사실에 초점을 맞춘다. 그러므로 세계질서의 헤게모니 구조에서 권력은 주로 동의의 형태를 띠며, 이는 권력간의 경쟁이 뚜렷이 나타나고 어떤 한 권력도 지배의 정당성을 확립하지 못하는 비헤게모니 구조와 구별된다. 헤게모니가 없어도 지배(dominance)는 가능하다. 다시 말해 헤게모니는 지배의 가능한 한 가지 유형이다. 본고에서 사용되는 제도화된 헤게모니는 커해인이 "강력한 국제 레짐(strong international regime)"이라고 부르는 것에 해당한다. 그의 이론을 우리식으로 재진술하자면 "한 강력한 국가에 의한 지배는 헤게모니의 발전으로 귀결되기 쉽다."고 할 수 있다. 현재 이 글에서 '헤게모니'는 동의에 기반한 질서란 의미로 사용되며 '지배'는 단지 물질적 힘의 우세만을 의미한다. 커해인의 헤게모니에 대한 논의는 그의 이후의 저술(1984)에서 더욱 진전하나 여기에서 논의된 내용으로부터 큰 변화를 보이지는 않는다.

되는 세계질서의 상대적 안정이 무엇인가를 재정의함으로써 출발할 수 있다. 이는 물질적 힘(특정 규범을 포함하여), 세계질서에 대한 집단적인 이미지, 그리고 보편성의 외양을 띠고 (즉 특정 국가의 지배를 위한 도구라는 것을 드러내지 않고) 질서를 관장하는 제도 사이의 일관된 결합, 혹은 접합에 기초한 헤게모니의 개념과 안정을 동일시함으로써 이루어질 수 있다. 이 접근법에서, 국가의 힘은 더이상 유일한 설명인자가 아니라 설명되어야 할 대상의 일부가 된다. 이렇게 문제를 재진술하고 나면 커해인이나 다른 학자들에 의해 시작된 신현실주의가 답하지 못하는 난문제에 대해 답변이 가능해진다. 미국이 힘의 우월성에도 불구하고 양차 대전 기간 사이에 안정된 세계질서를 수립하지 못한 이유는 무엇인가가 그것이다. 만약 한 국가의 지배적인 힘이 어떤 경우에는 안정된 질서와 시기상 일치하나 어떤 경우에는 그렇지 못하다면, 안정이란 무엇인가를 보다 면밀히 검토하고 또 안정의 충분조건이 무엇인가를 보다 넓게 사고할 필요가 있을 것이다. 강력한 한 국가에 의한 지배는 헤게모니의 필요조건은 될 수 있을지언정 충분조건은 되지 못한다는 의미가 되기 때문이다.

팍스 브리태니카와 팍스 아메리카나라는 두 시기 또한 헤게모니의 재정의와 잘 들어맞는다. 19세기 중반, 영국의 세계 지배력은 해군력에 기초하고 있었다. 영국이 상대적으로 유동적인 유럽의 세력균형에서 균형자로서의 역할을 할 수 있었기 때문에 영국의 해군력은 대륙국가의 도전으로부터 자유로울 수 있었다. 자유주의 경제의 규범(자유 무역, 금본위제, 자본과 인력의 자유로운 이동)은 영국의 권위가 확산됨에 따라 널리 수용되기에 이르렀다. 그리고 이 규범들은 조화로운 이익의 기초로 나타내는 보편주의적 이데올로기를 제공하였다. 공식적인 국제제도는 없었지만 경제가 정치로부터 분리되어야 한다는 이데올로기와 함께 런던은 이 보편적인 규범에 따라 행정과 통제의 담당자로서 역할하게 되었다. 영국의 해군력은 배후에서 잠재적인 집행자로서 존재하고 있었다.

역사적 구조는 19세기 말부터 제2차 세계대전까지의 기간 동안 세 가지 차원에서 변형되었다. 이 기간 동안에 영국의 국력은 처음에는 독일의 도전으로 그리고 다시 미국의 부상에 따라 상대적으로 쇠퇴하면서 아성처럼 유지해오던 지배력을 잃게 되었다. 자유주의 경제는 보호주의와 신제국주의 그리고 마침내는 금본위제의 붕괴와 함께 침몰했다. 국제연맹을 통한 국제적 제도화라는 뒤늦은 시도는 지배적인 한 국가나 널리 수용된 이념을 통해 지탱되지 못하고 결국 세계가 점차 경쟁하는 세력들의 블록으로 조직화되면서 실패하고 말았다.

팍스 아메리카나의 역학관계는 소련을 봉쇄하기 위해—미국의 국력에 전적으로 의존하여— 형성된 동맹의 형태를 띠면서 이전의 영국에 의한 헤게모니보다 경직된 성격을 띠었다. 이 역학관계가 안정화되면서 세계 경제의 전개를 위한 조건이 마련되었다. 새로운 세계경제에서 미국은 19세기 중반 영국과 같은 역할을 수행하였다. 미국은 자국의 특정 경제적 이익을 위해 직접 개입할 필요가 거의 없었다. 브레턴우즈(Bretton Woods)의 새로운 자유주의에 따라 가동되는 국제 경제질서의 규칙들을 유지함으로써, 이윤 추구를 위해 움직이는 미국 기업들만으로도 충분히 지속적인 국력을 보장할 수 있었기 때문이다. 팍스 아메리카나는 이전의 영국 헤게모니에 비해 훨씬 많은 국제기구를 창설했다. 19세기에 유지되었던 정치와 경제 분리의 원칙은 대공황과 케인즈 독트린이 부상하면서 약화되었다. 정부가 국민경제의 운영에 있어 합법적이고 필수적·공개적 역할을 수행하게 되면서 국제경제의 행정적 운영을 다자화하고 정부 간 협력의 성격을 부여하는 일이 필요해진 것이다.

권력과 이념, 그리고 제도의 결합이라는 헤게모니의 개념은 국가의 지배력을 안정된 국제질서의 필요조건으로 보는 이론이 갖는 일부 문제의 해결에 실마리를 제공한다. 이 개념은 헤게모니에서의 지체와 선도(lags and leads)를 고려하기 때문이다. '지체'의 예를 들면 19세기 헤게모니의 의식적 잔재는 강한 생명력을 보였다. 팍스 브리태니카의 이데올로기적 차원은 그 역학관계가 무너진 후에도 오랫동안 번성했던 것이다. 대전 사이의 기간에 금본위제과 함께 자유주의 세계경제를 재건하기 위한 결실 없는 노력이 지속되었다. 심지어는 전후에까지 영국은 자국의 산업발전과 고용문제보다 수지균형 문제를 우선하는 정책을 계속했다.[17] '선도'의 경우는 미국

---

17) 양차 대전 사이의 시기의 연구로서 특히 중요한 두 개의 고전적 저술로 칼 폴라니(Karl Polanyi, 1957B)와 E. H. 카아를 들 수 있다. 스티븐 블랭크(Stephen Blank, 1984)는 전후 영국의 경제정책을 언급하며 스티븐 크래스너(1976)도 같

의 예에서 볼 수 있다. 미국의 경우, 대전 사이의 기간 동안 나타난 국력의
성장 지표는 새로운 헤게모니의 등장을 알릴 만큼 충분한 것은 아니었다.
여기에는 미국 지도자들이 자국을 이념적 측면에서 새로운 국제질서의 필
수적 보증자로서 인식하는 것이 필요했다. 이 전환은 루스벨트 시대에 이
루어졌다. 구헤게모니를 의식적으로 부정하고—예를 들면 1933년 세계경
제회의를 무력화시키고 금본위제도를 폐기한 것—뉴딜 원칙을 새로운 세
계질서의 이데올로기적 기초로 점진적으로 통합시킨 것 모두 이 시기에 이
루어졌다. 그리고나서 미국은 이 질서를 관장하기 위한 제도의 창설에 앞
장섰다.[18] 현재 미국의 중상주의자들은 미국의 정책 결정자들에게 영국의
실수를 반복하는 위험에 대해 경고하면서 더이상 미국이 보편주의적 세계
질서의 보증인으로서 기능할 능력이 없는 상태에서 팍스 아메리카나 시대
의 원칙을 고수해서는 안된다고 주장하고 있다. 그들의 설득 노력은 이데
올로기가 물질적 힘의 관계와 관련하여 이해되어야 할 결정적 실천 영역이
라는 점을 잘 보여주고 있다.

5. 사회세력, 헤게모니 그리고 제국주의

물질적 능력, 이념, 그리고 제도의 결합으로서의 헤게모니는 역사에 대
한 순환 이론으로 이어지는 것 같다. 이 세 가지 차원은 특정 시간과 공간
에서 서로 결합하고 다른 시공에서는 서로 분리된다. 이는 민족과 민족을
오가는 비르뚜(virtù) 혹은 세계정신(welgiest)의 개념을 연상시킨다. 이렇게
비교해 보건대 아직 설명되지 않은 부분이 남아 있음을 알 수 있다. 즉 어
떻게 그리고 왜 그 결합이 이루어지고, 혹은 해체되는가에 관한 이론이 필
요하다. 나는 생산관계에 의해 형성된 사회세력의 영역에서 그 설명을 구

은 주제를 다루고 있다. R. F. 헤로드(1951)도 참조할만한 글이다.

18) 아더 슐레진저 경(Arthur M. Schlesinger, Jr, 1960: vol.2)은 저서에서 뉴딜 정
책이 국제관계에 갖는 함의에 대해서 어느 정도의 지면을 할애하고 있다. 찰스
매이어(Charles Maier, 1978)는 뉴딜과 전후 세계질서의 이데올로기의 관계에
대해 논하고 있다. 리차드 가드너(Richard Gardner, 1956)는 뉴딜 사상과, 제2차
세계대전 후 브레턴우즈 협상에서 수립된 세계경제의 제도의 관계를 설명한다.

474

할 수 있다는 것을 주장하고자 한다.

사회세력은 국가내에서만 존재하는 것으로 생각해서는 안된다. 특정 사회세력들은 국경선을 넘나들 수 있고, 세계질서는 국가권력의 역학관계에서 기술될 수 있는 것과 마찬가지로 사회세력의 관점에서 기술될 수 있다. 세계는 상호작용하는 사회세력들의 유형으로 나타낼 수 있다. 여기에서 국가는 세계적 차원에서의 사회세력들의 구조와 특정 국가내의 사회세력들의 역학관계 사이에서, 자율적이기는 하지만 중재자로서의 역할을 한다. 세계에 대한 정치경제학적 시각은 다음과 같다. 권력은 축적된 물질적 능력의 형태로 주어진 것이라기보다는 사회적 과정 속에서, 즉 이 과정의 결과로서 발생하는 것이다(맑스의 말을 빌리자면, 전자 즉 신현실주의의 관점을 "권력의 물신숭배"라 할 수 있을 것이다).19) 정치경제학적 시각에 이르면서, 우리는 물질적 능력과 이념 그리고 제도들(<그림 1>)의 역학관계로서의 세계질서의 구조적 특징을 규명하는 것으로부터, 그들의 근원, 성장 그리고 소멸을 세 차원의 상호관계라는 관점에서 설명하는 것으로 전환할 수 있다(<그림 2>).

정치경제학의 시각에서 볼 때 팍스 브리태니카는 한편으로는 영국이 중심이 되는 세계 교환경제에서 제조업의 부상에 기초하고, 또 한편으로는 영국과 유럽의 다른 지역에서 제조업으로부터 부를 취하는 계급의 사회적 이데올로기적 권력에 기초한다는 것은 물론 그렇게 대단한 발견은 아니다. 신 부르주아 계급은 국가를 직접 통제할 필요가 없었다. 그 사회적 힘이 국가 정치의 전제가 되었기 때문이다.20)

이 헤게모니적 질서의 붕괴 또한 사회세력들의 발전에 의해 설명될 수

19) 나의 주장의 핵심은 그람시(1971: 176-177; 1975: 1562)의 글귀에서도 나타난다. "국제관계는 근본적인 사회관계에 선행하는가 혹은 (논리적으로) 후행하는가? 후자가 옳은 대답이라는 것에는 의심의 여지가 없다. 사회 구조에서 어떤 조직적인 혁신이 발생하여도 그것은 기술적·군사적 표현을 통해 국제관계에서 본래 절대적이고 상대적인 관계에 변화를 가져온다." 그람시가 의미하는 '조직적(organic)'이라는 말은 상대적으로 장기적이고 영구적인 변화를 뜻하며 이와 상대되는 개념은 '일시적(conjunctural)'이다.
20) 홉스바움(1975: 15)은 "부르주아의 승리의 시기, 그 성공적인 질서를 관장한 사람들은 프러시아 출신의 반동적인 지방 귀족계급과 프랑스의 황제, 그리고 영국의 귀족 지주들이다"라고 말한다.

있다. 자본주의는 가장 발전한 국가들에서 산업 노동력을 동원하였고, 19세기 말기 산업노동자들은 국가의 구조에 영향을 미쳤다. 제조업 자본주의에 의해 형성된 새로운 사회세력인 산업노동자들을 국가에 융합시키는 과정에서 국가의 경제개입과 사회정책에서의 행동반경이 확대된 것이다. 이렇게 되자 이제는 국내 복지의 요소—예를 들어 노동자들의 충성을 유지하기 위해 필요한 최소한의 사회보장—가 대외 정책의 영역에 개입되게 되었다. 국가의 경영에서 복지의 요구는 자유주의적 국제주의의 요구와 경쟁하는 요소가 되었다. 복지의 요구가 우세해지면서 보호주의, 즉 신제국주의가 부상하게 되었고 결국은 금본위제가 종말을 맞게 되면서 자유주의적 국제주의는 긴 쇠퇴의 길에 접어들었다.21) 자유주의 국가 형태는 점차 복지국가 형태로 대체되었다.

산업화의 확산, 또 그에 따른 사회계급들의 동원은 국가의 성격을 변화시켰을 뿐 아니라, 영국의 지배를 따라잡을 새로운 경쟁국가들이 출현하면서 국가권력의 국제적 역학관계를 변화시키기 시작했다. 보호주의는, 영국의 경제력과 견줄 수 있는 경제력을 갖추기 위한 수단으로서, 이 새로운 산업국가들에게 비교우위에 기초한 자유주의 이론보다 더 설득력을 지녔다. 주요 산업강국들의 신제국주의는 국내에서 사회세력 간에 형성된 복지 민족주의적 합의가 국외로 투사된 것이었다. 영국경제의 물질적 지배력과 헤게모니적 이데올로기의 호소력이 약화되면서, 19세기 중반의 헤게모니적 세계질서는 경쟁하는 권력 블록 간의 비헤게모니적 권력관계로 바뀌게 된다.

제국주의는 다소 정밀하지 못한 개념으로서 사실상 각 역사적 시기에 따라 새롭게 정의 내려져야 한다. 서로 다른 세계질서 구조에서 지배와 복종 관계가 갖는 형태를 넘어서 제국주의의 '본질'을 찾는다는 것은 거의 의미가 없다. 국가 혹은 사회세력(예를 들어 다국적기업의 운영) 혹은 양자의 조합 어느 것에 의해 활성화되었든지, 그리고 지배의 성격이 주로 정치적인 것이든 혹은 경제적인 것이든, 제국주의의 실제 형태는 역사적 분석에 의해 결정되어야 하며 연역적 추론에 의해 결정되어서는 안된다.

---

21) 이에 동의하는 학자들로는 칼 폴라니(1975b), 군너 미르달(Gunnar Myrdal, 1960), 제프리 배러클라우(Geoffrey Barraclough, 1968)가 있다.

476

　19세기 중반 자본주의의 팽창은 세계의 대부분을 런던을 중심으로 하는 국제경제의 교환관계 속으로 끌어들였다. 이 단계의 자유주의적 제국주의는 국제경제의 규칙들이 준수되는 한 주변부 국가들이 형식적으로 독립적인지 혹은 식민모국의 정치·행정적 통제를 받고 있는지에 대해서는 대체로 무관심했다.22) 예를 들어 캐나다와 아르헨티나의 경우 각각 식민국과 형식적 독립국가라는 지위에 있었으나 실제로 처지는 비슷했다. 자유주의적 제국주의 단계에서, 생산과정과의 관계에 있어 전자본주의적 성격을 띤 각 지역 당국(예를 들어 전통적인 농업에 기반한 지배세력)은 그들의 국가를 상업체계 속에서 유지시켰다. 1870년대 이후 두 번째 단계, 소위 신제국주의 단계에 상업주의 시기에는 덜 공식적이었던 국가의 지배는 보다 직접적 형태를 띠기 시작했다. 이 정치적 보호 아래 자본주의 생산양식은 주변부 국가를 보다 구석구석 침투해 들어갔다. 특히 천연자원의 착취와, 식민지를 중심부 국가와 보다 긴밀히 연결시킬 필요에 따른 산업 기반(도로, 철도, 항구, 그리고 상업과 정부 행정기구)의 건설에 중점이 주어졌다.

　자본주의 생산양식은 주변부 국가에 새로운 사회세력을 태동시켰다. 식민지 사회에서 외부인들이 중요한 역할을 하게 되었다. 일부는 식민 행정의 대리인으로서 그리고 중심부로부터의 대자본의 대리인으로서의 역할을 수행했으며 다른 사람들은 중소기업에서 대자본과 전통적인 지역 생산 간의 간격을 메우는 일을 했다(예를 들면 동남아시아에서 중국인들, 동아프리카에서 인도인들, 그리고 서아프리카에서 레바논인들). 수적으로는 소수이지만 물질적으로 부유한 지역 노동력은 자본주의 생산양식에 이끌려 들어왔다. 정치적으로 전략적인 이 집단은 임금과 노동문제에 있어서는 자본가에 대항했으나 자본주의 생산부문의 발전에 관해서는 자본가와 협력했다. 토착 프티 부르주아 또한 성장하였다. 이들은 식민행정과 식민본국에 기반을 둔 기업에서 종속적 지위를 차지했다. 식민정부의 후견 아래 각 지역정부기구가 출현하였다. 이들은 노동력을 양성하기 위한 수단으로서 강제노동이나 인두세를 도입하는 것에서부터, 식민본국의 제도와 산업관계 과정을 식민지의 맥락에서 재생산하는 것에 이르기까지 여러 방법을 동원

---

22) 조지 리트하임(George Lichtheim, 1971)은 제국주의의 시기구분을 제안했으며 나는 그로부터 "자유주의적 제국주의"라는 용어를 차용했다.

하여 새로운 생산관계를 장려하였다.

식민지내에 노동계급과 프티 부르주아라는 이 새로운 사회세력은 정치적으로는 민족주의적 성향을 띠고 있었고, 식민행정부에 의해 도입된 근대 국가기구 요소들과 함께 제2차 세계대전 후 식민국가들을 휩쓸었던 반식민 봉기의 기반이 되었다. 이 반식민운동은 중심부의 행정적 통제에는 반대했지만 자본주의 생산 교환관계와의 연계를 지속하는 것은 반대하지 않았다. 그러나 제2단계 혹은 신제국주의 단계에서 형성된 구조를 대체한 이 세력은 제국주의의 제3단계를 도입하는 데 있어서는 반제국주의적 성격이 약화된다.

제임스 페트라스(James Petras, 1980)는 제국주의 국가체제라는 개념을 사용하면서, 현 세계질서에서 국가들의 구조적 특징과 관련한 많은 문제를 제기했다. 지배하는 제국주의 국가와 복종하는 협력자 국가는 구조에 있어 상이하며 제국주의 체제내에서 보완적 기능을 갖는다. 그들은 단순한 신현실주의 모델에서 설명하듯 힘의 크기만 다른 같은 종류의 국가들이 아니다. 그의 분석틀에서 특기할 만한 점은 분석 대상인 제국주의 국가가 미국 정부 전체가 아니라는 점이다. 그것은 "자본을 국경선 밖으로 팽창시키는 일을 추진하고 보호하는 일을 책임지는 '정부'내의 행정기구들이다." 제국주의 체제는 국가 이상의 것이기도 하고 동시에 국가 이하의 것이기도 하다. 지배하는 중심부와 종속적인 주변부를 가진 초국가적 구조라는 점에서 그것은 국가를 넘어선다. 미국 정부내에 이를 책임지는 부분이—페트라스가 의미하는 것을 감히 상술하자면—자본팽창과 공생하는 관계인 국제통화기금이나 세계은행과 같은 국제기구들과 함께 체제의 중심부를 이루며, 협력자 정부들—혹은 그들 중 체제와 연결된 부분—이 체제의 주변부를 이룬다. 한편 중심부와 주변부 국가의 내부에 비제국주의 혹은 심지어는 반제국주의 세력들까지도 존재한다는 점에서 이 체제는 국가 이하의 것이다. 신현실주의에서 그려지는 국가라는 단일체는 여기에서는 분절된 상으로 나타나며, 제국주의에 대한 찬반 투쟁은 체제를 지지 혹은 반대하는 사회세력들 사이에서 뿐 아니라 중심부와 주변부 국가구조내에서도 진행된다. 따라서 국가는 제국주의 체제를 설명하기 위해 필요하긴 하나 불충분한 범주이다. 제국주의 체제 그 자체가 연구의 출발점이 된다.

478

　제국주의 체제는 한 국가의 또한 초국가의, 그리고 중심부의 그리고 주변부의 사회세력들의 특정 역학관계로부터 지지를 끌어모으는 세계질서 구조이다. 구조를 논할 때 우리는 구상화의 언어에 빠져드는 것에 주의할 필요가 있다. 구조는 행위에 제약을 가하는 요소이지 행위자에 제약을 부과하는 것은 아니다. 제국주의 체제는 체제 수준에서 다소 공식적인 혹은 덜 공식적인 조직들을 포함한다. 이들은 사실상 국가권력을 빼앗지는 않으나 이들을 통해 국가에 대한 압력이 행사된다. 그러나 특정 국가의 행위 혹은 조직화된 경제사회 이익의 행위는 제국주의 체제라는 보다 큰 전체 속에서 의미를 갖는다. 행위는 다시 말해 체제를 통해 투사된 압력에 의하여 직접적으로 혹은 행위자들이 체제에 의해 부과된 제약을 주관적으로 의식한 데 의하여 간접적으로 형성된다. 따라서 제국주의를 국가이건 혹은 다국적 기업이건 행위자들과 동일시함으로써 이해할 수는 없다. 이들은 체제 내의 지배적인 요소들이긴 하나 구조로서의 체제는 그들의 산술적 합계 이상의 것이다. 더욱이 아무리 지배적인 구조일지라도 그 권력과 응집력을 지나치게 강조함으로써 변증법의 원칙을 무시할 수 있음을 주의해야 한다. 어떤 구조가 현저히 지배적일 경우에도 비판이론은 우리로 하여금 가능한 반구조의 지지기반과 응집력의 요소들을 모색케 함으로써 잠재적인 것일지라도 반구조를 찾게 한다.

　이제 헤게모니 혹은 비헤게모니 세계질서라는 앞서의 용어로 되돌아가 보는 것이 바람직할 듯하다. 팍스 아메리카나와 관련해서 '제국주의적'이라는 용어를 도입하는 것은 헤게모니적 그리고 비헤게모니적 세계질서 사이의 중요한 차이점을 무시하고 구조적으로 다른 종류의 제국주의-예를 들어 자유주의적 제국주의, 신제국주의 혹은 식민 제국주의, 그리고 조금 전 설명된 제국주의 체제-를 혼동하는 오류를 범할 수 있다. 본 논문의 주장은 팍스 아메리카나는 헤게모니적이라는 것이다. 그것은 소련 영향권 밖의 국가들 사이에서 광범한 동의에 기반하고 있었으며, 자신의 진영에 속하는 나라들에게 그들의 동의를 확보·유지하기 위해 충분한 혜택을 부여했다. 물론 강제력의 요소가 확고하게 침투하지 않은 주변부로 가면 동의는 약해진다. 제국주의에 대한 도전이 처음으로 나타난 곳은 바로 주변부에서이다.

팍스 아메리카나를 구성하는 권력과 이념, 그리고 제도 간의 특정한 결합이 어떻게 이루어졌는지는 앞서 논한 바 있다. 현재 현실적인 문제는 팍스 아메리카나가 돌이킬 수 없을 만큼 무너졌는가, 그리고 만약 그렇다면 무엇이 그것을 대체할 것인가이기 때문에, 여기에서 주의할 두 가지 구체적인 문제는 다음과 같다. ① 이 특정 역사적 구조에서 헤게모니를 유지시키는 메커니즘은 무엇인가? ② 이 구조내에 배태되어 구조에 저항하고 궁극적으로는 구조의 변형을 가져올 사회세력들, 혹은 국가의 형태들은 무엇인가?

6. 국가의 국제화

첫 번째 질문에 대한 부분적인 대답은 국가의 국제화와 관련된다. 팍스 아메리카나의 기본 원칙들은 팍스 브리태니카의 원칙들과 유사했다. 상품과 자본, 기술의 상대적으로 자유로운 이동, 그리고 환율의 합리적인 수준에서의 예측가능성이 그것이다. 개방된 세계무역이 평화의 필수조건이라는 코델 홀(Cordell Hull)의 확신이 이데올로기의 중심주제로 받아들여지며 여기에 경제성장과 생산성의 상승이 갈등을 완화하고 통제할 수 있다는 자신감이 보완적 역할을 한다. 그러나 전후의 헤게모니는 팍스 브리태니카보다 더 완전히 제도화되었고 그 제도들의 주된 기능은 국내의 사회적 압력을 세계 경제의 요구와 화해시키는 것이다. 국제통화기금은 국제수지 적자에 허덕이고 있는 국가들에게 조정을 위한 시간을 주기 위해 차관을 공급하고 자동적 금본위제가 가져올 급속한 통화수축이라는 결과를 피하기 위해 설립되었다. 세계은행은 보다 장기적 금융지원을 위한 기관으로서 설립되었다. 경제력이 약한 국가들은 체제 자체에 의해 지원을 받았다. 이는 체제의 제도를 통해서, 그리고 체제의 기관들에 의해 체제 규범에 대한 순응성을 인정받게 된 후에는 다른 국가들을 통해서 이루어졌다. 이 제도들은 체제 규범의 적용을 감독하고 규범 준수의 의지를 보여줄 납득할 만한 증거를 조건으로 하는 재정 지원을 효과적으로 수행하기 위한 메커니즘들을 포괄했다.

서방국들의 경우 그리고 모든 산업자본주의 국가들의 경우, 감독의 메커니즘은 국가 정책들의 조화를 위한 정교한 메커니즘들에 의해 보완되었다. 그 과정은 유럽 국가들에서는 재건 계획(마샬 원조 기금에 대한 미국의 조건)에 대한 상호비판과 함께 시작되어, NATO의 연례 검토 절차(방위와 방위 지원 계획을 다룸)로 이어졌으며 - 경제협력개발기구(OECD)와 다른 기관들을 통해 - 국가정책의 상호협의와 상호검토의 관례화로 정착되었다.

국제적 의무의 개념은 예를 들어 최혜국 원칙 혹은 합의된 환율의 유지와 같은 몇 가지 기본적 약속을 넘어서, 한 국가의 경제정책이 다른 국가들에 영향을 미치며 국가의 정책을 채택하기 전에 그 결과를 반드시 고려해야 한다는 인식의 일반화로 이어졌다. 역으로, 다른 국가들은 한 나라가 단기적으로 이를 준수하는데 어려움들을 충분히 이해해야 했다. 따라서 조정은 한 지배적 국가의 의지에 따르는 것이라기보다는 체제 전체의 필요에 반응하는 것으로 인식되었다. 국가의 정책에 대한 외부의 압력은 따라서 국제화되었다.

물론 그러한 국제화된 정책 과정은 미국 정부를 중심으로 하는 권력구조를 전제로 하고 있었다. 그렇다고 해서 그것이 일방적으로 상명하달 식의 위계적 권력구조는 아니었으며, 구조내 상호작용 단위들이 전 국민 국가들을 포괄하는 것도 아니었다. 그것은 협상을 통해 합의를 유지하고자 하는 권력 구조였으며, 여기에서 협상의 단위들은 국가의 부분들이었다. 협상의 배후에 자리하는 권력은 참가자들에 의해 무언중에 고려되었다.

정책의 조화를 모색하는 관례는 너무나도 깊이 뿌리 박혀 1970년대와 같이 국제경제 행위의 기본 규범들이 더이상 유효하지 못한 상황에서도 국가들의 경제정책을 상호조정하는 과정은 오히려 강화되었다. 뚜렷한 규범이 없을 때, 상호조정의 필요성은 더 커졌다.[23)]

---

23) 막스 밸로프(Max Beloff, 1961)는 아마도 국제기구에의 참여가 국가의 국내 정책결정 관행에 변화를 가져오게 되는 기제에 대해 지적한 최초의 학자일 것이다. 콕스(R. W. Cox)와 제콥슨(H. K. Jacobson, 1972) 등은 국제기구의 정치체제에 국가의 구성부분들을 포함시키고 있다. 커해인과 나이(J. S. Nye)는 다른 국가들의 구성부분들 간에 동맹이 형성되는 과정과 국제제도들이 그러한 동맹의 형성을 돕는 방식에 대해 지적한다. 이 다양한 저술들은 국가들 간의 정책협조와 국가내에 외부로부터의 영향이 침투되는 기제의 존재를 지적하고 있으나

이 정책 조화의 과정에 적합한 국가구조들은 그 전 단계의 복지 민족주의 국가의 구조들과 대조될 수 있다. 복지 민족주의는 민족 차원에서 경제를 계획하고 국민경제에 대한 외부의 경제적 영향을 통제하려 한다. 국가 계획을 효과적으로 하기 위해 대부분의 선진산업국에서는 조합주의 구조가 성장했다. 그 목적은 정책입안과 집행과정에서 산업과 조직화된 노동을 정부와의 협의에 끌어들이는 것이었다. 국가와 산업의 조합주의적 구조는 헤게모니 체제에서 국민경제를 세계경제에 적응시키기 위해 필요한 조정에 보호주의적 혹은 제한적 장애를 가했다. 한 국가의 차원에서 조합주의는 양 대전 간 시기의 조건에 대한 반응이었다. 세계구조의 변화로 더 이상 조합주의가 적합하지 않게 되어가고 있는 바로 그때에, 조합주의는 서유럽에서 확고히 제도화되었다.

국가의 국제화는 국내 경제정책을 국제 경제정책에 적응시키는 데 있어 핵심적 역할을 하는 특정 국가기관들―특히 재무부와 총리실―에 우월한 지위를 부여했다. 조합주의의 맥락에서 설립된 산업, 노동, 기획부 부처들은 국제화된 공공정책의 중앙기관들에 종속되는 경향이 있었다. 국민경제가 점차 세계경제로 통합됨에 따라 보다 규모가 크고 기술적으로 더 발달된 기업체들이 새로운 기회에 가장 적합한 주체가 되었다. 국제정책 네트워크은 정부의 핵심 중앙기관들 그리고 대기업들과 연결되어 새로운 영향력의 축을 형성했다. 이 새로운 비공식적 조합주의 구조가 기존의 보다 형식적인 국민적 조합주의보다 우세해졌다. 이는 세계경제를 지향하는 경제부문이 국내경제 지향부문을 지배하게 된 것을 의미했다.[24]

이 기제가 국가내에 권력의 구조에 갖는 함의를 논하지는 않는다. 내가 "국가의 국제화"라는 용어로 의미하고자 하는 바는 바로 이같은 구조적 측면이다. 크리스찬 팔로아(Christian Palloix, 1975: 82)는 "internationalization de l'appareil de l'Etat national, de certains lieus de cet appareil d'Etat"라고 하였는데 그가 지적하는 것은 국가의 구성부분 중 생산의 국제화를 위한 정책 지지로 기능하는 부분들을 의미한다. 따라서 그는 국가내에 구조적 변화의 문제를 제기하나, 이를 상술하지는 않는다. 커해인과 나이(1977)는 횡국가적 기제를 '상호의존'의 개념에 연결시켰다. 그러나 이 개념이 국가와 세계질서에서의 구조적 변화에 관련된 권력관계를 은폐하는 경향이 있으므로 나는 이 개념을 이용하는 것을 좋아하지 않는다. 거비치(1978)는 상호의존의 개념이 국가들내에 사회세력 간의 권력투쟁에 연계되어 있다고 주장하면서 이 개념의 사용을 고수하고 있다.

국가의 국제화는 물론 선진 자본주의 중심부 국가에 한정된 것은 아니었다. 주변부 국가들에서 세계 경제기구들이 차관 갱신의 조건으로 보수세력 연합에 의해서만 유지될 수 있는 정책들을 지시한 경우들을 나열하기는 어려운 일이 아니다. 터키, 페루, 그리고 포르투갈이 최근 이러한 영향을 받은 국가들이다. 자이레의 경우, 채권국 회의는 차관 갱신의 조건이 이행되는지를 감독하도록 국제통화기금 관리들이 정부의 주요 부처에 배정되

---

24) 물론 여기서의 주장에 묵시적으로 뜻을 같이 하고 있는 저술들이 많이 있다. 도움이 될만한 개략적 참고문헌들로는 다음과 같은 것들이 있다. 앤드류 숀필드 (Andrew Shonfield, 1965)는 내가 복지 민족주의 국가와 연계시키고 있는 종류의 조합주의 유형 구조의 발전을 기술했다. 일부 산업관계 저술은 대기업과 사기업의 주도하에 산업 차원의 조합주의로부터 기업에 기반한 조합주의로의 전화를 다루고 있다. 이들은 특히 '새로운 노동계급'의 출현을 다룬 저술들로서 세르지 말레(1963)의 글이 이에 속한다. 그러나 산업관계 저술들은 내가 다른 글들에서 기업조합주의라고 부르는 것과 이 글에서 논한 보다 광범위한 틀간의 연관성을 밝히지 않았다(R. W. Cox, 1977). 에르하르트 프리드버그(Erhard Fried-berg, 1974: 94-108)은 구조합주의가 신조합주의에 종속되는 것을 논한다. 계획 (Planning)에서 산업정책(Industrial Policy)으로의 용어의 변화는 국가와 경제의 국제화와 관련된다. 산업정책은 국제경제정책 결정자들에게 관심사가 되어왔다. William Diebold(1980), 그리고 John Pinder, Takashi Hosomi And William Diebold(1979)를 참조할 것. 계획이라는 용어가 경제 민족주의의 유령을 환기시킨다면, 삼자위원회의 연구에서 볼 수 있듯이, 산업정책은 세계경제 관점에서 정책의 조화를 위해 필요한 측면이라고 호의적으로 해석된다. "우리는 현대 경제에서의 구조적 문제에 대처하기 위해 산업정책은 필요하다고 주장해 왔다. 그러므로 국제적인 활동은 이러한 정책을 뿌리채 흔들어서는 안된다. 오히려 한 국가에서나 혹은 여러 국가들의 공동의 차원에서나, 긍정적이고 적응을 위한 산업정책을 위해 압력이 가해져야 한다. 산업정책은 결코 보호주의를 위한 것이 아니며 오히려 적응 과정의 고통을 줄임으로써 보호주의의 원인을 제거하는 것을 도울 수 있다"(p.50). 여기에 소개된 주장과 참고문헌들에 대해서는 이들이 미국보다는 유럽에 해당되는 내용이고, 또 실제로 조합주의라는 개념 자체가 미국의 이념에는 이질적인 것이라는 논박이 가능할 것이다. 이에 대한 재반박으로, 세계경제를 움직이는 주요 힘들이 미국에 집중되어 있기 때문에 미국의 경제는 유럽이나 주변부 경제들에 비해 적응의 필요가 적었고 따라서 적응메커니즘의 제도화도 상대적으로 발달하지 않았다고 할 수 있다. 그러나 미국경제의 구조 분석을 보면 기업 국제지향부문과 중소기업 국내지향부문이 구분되고 또한 국가의 서로 다른 구성부분들과 그들 각각에 연관된 다른 정책정향들이 구분된다. 존 갈브레이스(John Galbraith, 1974)와 제임스 오코너(James O'Connor, 1973)를 참조할 것. 슐레진저(1961: 332-342)와 같은 역사가들은 뉴딜에서 조합주의의 요소를 지적한다.

어야 한다는 조건을 걸었다.[25]

7. 생산의 국제화

국가의 국제화는 국제생산의 팽창과 관련되어 있다. 이는 초국가적 규모에서 생산과정의 통합을 의미한다. 서로 다른 국가들이 동일한 과정의 다른 단계들을 밟고 있는 것이다. 현재 국제 생산과정은 국가와 세계질서의 구조와 관련하여 19세기 중반 국민국가의 제조업과 상업 자본이 행했던 형성 주체의 역할을 하고 있다.

홉슨(Hobson)과 레닌(Lenin)이 기술했던 금융 제국주의가 주로 증권 투자의 형태를 띠었던 반면 국제적 생산은 직접 투자를 통해 팽창한다. 유가증권투자의 경우, 거래에 의해 자금이 조달되는 생산 자원에 대한 통제는 소유권과 함께 채무자에게 넘어간다. 직접투자에서는 자원의 통제는 생산과정 그 자체에 내재하는 것이며 투자의 창시자가 계속 보유한다. 직접투자의 근본적 특징은 자본이 아니라 지식의 소유이다. 이는 기술의 형태로 특히 신기술을 계속 개발하려는 능력의 형태를 띤다. 직접 투자를 위한 재정은 다양한 형태로 이루어지나 모두 기술의 통제라는 이 결정적 요소를 위한 것이다. 예를 들어 완전소유 자사형태, 현지 정부가 설립한 현지 자본과의 합작, 국유기업과의 경영계약 혹은 사회주의 기업들과의 보상협약 등이다. 마지막의 경우, 이 협약을 통해 기술공급의 대가로 이 사회주의 기업들은 기술 제공자에 의해 기획되고 통제되는 세계적으로 조직화된 생산 과정에 생산요소의 공급자가 된다. 공식적 소유권은 다양한 요소들이 생산체제에 통합되는 방식에 비해 중요성이 덜하다.

직접투자는 산업자본이 금융자본보다 우세하다는 것을 의미하는 듯이 보인다. 직접투자를 통해 세를 확장한 다국적 기업들은 어느 정도는 스스로 재정을 조달하지만 그렇지 못한 경우, 신용도가 현지 기업들의 신용도

---

25) 자이레의 경우는 19세기 후반 서구 강대국들이 오토만 제국과 이집트에 강제한 제도를 환기시킨다. 특히 그들은 외채 제공에 대해 일정한 수입을 효과적으로 압류했다. 허버트 페이스(Herbert Feis, 1961: 332-342, 384-397)를 참조.

보다 높은 그들은, 현지 자본시장, 유럽통화시장, 기술과 생산 협약으로 맺어진 다른 다국적 기업들로부터 자본의 유입 그리고 국가보조금 등의 다양한 방식으로 화폐자본을 동원하는 능력을 갖추고 있다. 그러나 특히 1970년대 이후, 금융자본은 다국적 은행의 활동을 통해 주변부 국가들에 대한 차관을 관장하는 금융 제국주의라는 기존의 형태로뿐 아니라 국제적 생산에 대한 통제와 민간 차원의 기획을 위한 네트워크로서 다시 우세한 지위를 차지하게 되었다.

8. 국제적 생산과 계급구조

국제적 생산은 사회세력을 동원한다. 그리고 바로 이 세력들을 통해 국제 생산이 국가의 성격과 미래의 세계질서에 대해 어떤 정치적 결과를 낳는가를 예측할 수 있다. 노동자들의 국제적 단결에 대한 호소가 있어 왔으나, 지금까지 사회계급들은 민족단위로 규정된 사회구성체내에 존재해 왔다. 이제 국제생산의 결과로, 민족 단위의 계급구조와 병존하는, 혹은 그 위에 부과되는 세계적인 계급구조의 관점에서 생각하는 것이 필요하다.

부상하는 세계적 계급구조의 정점에는 초국가적 경영계급이 있다. 고유의 이데올로기, 전략, 그리고 집단 행위의 제도를 가진 그들은 그 자체로서 그리고 단독으로 하나의 계급을 이룬다. 핵심조직들 즉 삼자위원회(the Trilateral Commission), 세계은행, 국제통화기금 그리고 경제협력개발기구들은 사고의 기본틀과 정책의 지침을 개발한다. 이 핵심조직들로부터, 계급의 행위는 국가의 국제화 과정을 통해 각 국가들에 침투한다. 이 초국가적 계급의 성원들은 다국적 기업간부들이나 국제기구의 고위관리들과 같은 세계적 차원에서 기능을 수행하는 사람들뿐 아니라 각 국가내에서 국제부문을 경영하는 사람들, 재무부 관리, 국제 생산체제에 관련된 기업의 현지 경영인들 등을 포함한다.26)

---

26) 횡국가적 경영계급의 존재에 대한 증거는 조직의 실제 형태, 이데올로기의 정교함, 재정적 지원 그리고 개인의 행동에서 볼 수 있다. 다른 구조는 경쟁적 경향으로 나타난다. 예를 들어 로열티, 대리점 등의 다른 구조에 의해 지탱되는

민족자본가들은 초국가적 계급들과는 구별되어야 한다. 국제생산의 도전에 직면한 민족자본의 자연스러운 반응은 보호주의이다. 민족자본은 국가를 독립된 국민경제의 보호막으로 이용하려는 바람과 국제생산과의 종속적 공생관계 속에서 국제생산의 공백을 메울 기회 사이에서 분열된다.

산업노동자들은 이중으로 분열된다. 첫 번째는 기득권 노동계층과 비기득권 노동계층 사이의 분열이다. 기득권 노동계층은 직업에서 상대적으로 안정된 지위와 안정을 확보한 계층으로 직업상 지위상승의 전망을 가진 사람들이다. 일반적으로 그들은 숙련공이며, 대기업 노동자로서 막강한 노동조합으로 조직되어 있다. 대조적으로, 비기득권 노동계층은 고용이 불안정하고, 직업상 지위상승의 전망도 없으며, 상대적으로 비숙련공으로서 실력 있는 노동조합을 형성하는 데 큰 난관에 부딪힌다. 비기득권층은 대부분 하층 소수민족, 이민자들 그리고 여성으로 구성된다. 노동계급의 행동을 위한 제도는 기득권 노동자들에게 특권을 부여해왔다. 계급단결의 이데올로기가 강력할 경우에만, 다시 말해 이데올로기가 양극화되어 있고 사회 정치적 갈등이 있을 경우에만 기득권 노동자들이 통제하는 조직들은 (노동조합과 정당) 비기득권 노동자 계층과 연대하고 그들의 이익을 옹호한다.

산업노동자들 간 분열의 두 번째 선은 민족자본과 국제자본(즉 국제 생산에 종사하는 자본)간의 분열에서 기인한다. 국제 생산분야의 기득권 노동자들은 국제자본의 잠재적 동맹세력이다. 이는 이 노동자들이 국제자본과 아무런 갈등이 없다는 뜻은 아니다. 다만 국제자본이 노자 양자가 국제 생산을 끊임없이 팽창시키는 데 이해를 같이할 수 있도록 기업조합주의를

민족자본과 그 이해 등이다. 개인이나 기업 그리고 국가기관들은 활동의 어느 단계에서 때로는 한 가지 경향 때로는 다른 경향에 속하게 된다. 따라서 구조 자체는 유지되더라도 계급에의 소속은 끊임없이 변화한다. 이것은 단지 스스로 헤게모니를 부여하는 미국 자본가에 해당하는 것이라는 주장도 있다. 이는 제국주의가 순수히 민족적 현상이라는 의미를 띤다. 이 계급이 담지하고 선전하는 가치의 뿌리가 미국적인 것임은 의심할 나위가 없지만 또한 많은 비미국 시민과 기관들 또한 거기에 참여하고 있으며 그 세계관은 세계적인 것이고 병존하고 있는 순수한 민족자본주의와는 구별될 수 있다는 것도 틀림없는 사실이다. 횡국가적 경영계급을 통해 미국 문화 혹은 특정 미국기업 문화는 세계적 헤게모니를 향유하게 된다. 물론 신중상주의 경향이 국제경제 관계에서 지배적이 된다면 이 횡국가적 계급구조는 흔들리게 될 것이다.

이룸으로써 이 갈등을 해소하고 다른 노동조합들이 관련되는 노자 갈등으로부터 이 노동자들을 고립시킬 수 있는 재원을 갖고 있음을 의미한다.

민족자본 분야의 기득권 노동자들은 보호주의와 (기업보다는) 국민적 조합주의의 호소력에 더 이끌리는 경향을 갖는다. 조합주의에서는 민족자본, 고용, 그리고 산업 관계 제도들에서 노동자들이 획득한 지위를 보호하는 것이 상호 연관된 것으로 인지되기 때문이다.[27]

국제적 생산의 팽창에서 비기득권 노동계층은 특별한 중요성을 갖는다. 생산체계는 숙련공(기득권)에 비해 점차로 늘어나는 반숙련공(따라서 대개는 비기득권층)을 이용하기 위해 새롭게 고안된다.[28] 생산조직에서의 이러한 경향에 따라 상품의 실제 생산은 상대적으로 저렴한 비기득권층 노동력이 풍부한 주변부로 분산되고 중앙에서는 미래가 달려 있는 연구개발과 생산과정에 대한 통제만을 보유하게 된다.

국제생산에 의해 비기득권 노동력이 제3세계에서 동원되면서 제3세계 각국 정부들은 이 새로운 사회세력이 계급의식으로 조직화되는 것을 막기 위해 정부나 지배 정당이 설립하고 통제하는 노동조합의 형태로 국가조합주의 구조를 강제한다. 이렇게 되면서 현지 정부들은 노동력에 대한 통제를 통해 직접투자와 관련하여 국제자본에 대해 추가적인 영향력 발휘 수단을 갖게 된다. 따라서 일부 제3세계 노동자들이 때로 정치적·사회적 침묵 상태로 전락하게 된 것은, 국가조합주의가 계급의식이 보다 뚜렷하게 표명되는 것을 궁극적으로는 완전히 제거하지는 못할지라도 적어도 지연시키는 데는 성공했음을 보여준다고 하겠다.[29]

---

27) 자동차산업과 같은 일부 산업은 이 두 가지 경향을 모호하게 모두 보인다. 경제적 팽창의 시기에 이 산업의 국제적 측면은 미국에서 지배적이었다. 그리고 미국 자동차산업 조합은 다국적 협상을 추진하려는 목적으로 주요 미국 자동차 회사를 위해 세계의회를 창설하는 데 앞장섰다. 자동차업계가 경기침체의 타격을 받게 되자 보호주의가 전면에 나서게 되었다.

28) Cox, 1978를 참조할 것. 이 경향은 생산조직의 장기적 방향의 연장선이라 볼 수 있다. 테일러주의는 이 장기적 방향의 초기단계, 즉 작업과정에 대한 통제가 점차 노동자로부터 탈취되어 실제 업무수행으로부터 분리돼 경영층에 집중되는 단계에 해당한다. 해리 브레이버맨(Harry Braverman, 1974)을 참조.

29) 브라질의 최근 동향을 보면 바르가스(Vargas) 대통령 이래 국가조합주의하에 있었던 상파울로 노동자들이 저항하는 경향을 보인다.

비록 산업이 급속히 제3세계로 이동해 가고 현지 정부들이 대체로 산업 노동력에 대한 통제력을 유지할 수 있다 하더라도 이 국가들 인구 대부분의 생활조건은 결코 향상되지 않고 오히려 악화된다. 새로운 산업에서의 고용은 노동력의 증가 속도를 훨씬 미치지 못하고, 농업에서 일어나는 변화로 농촌 인구는 궁핍해진다. 국제생산이 아무리 빠른 속도로 확산된다 할지라도 최빈곤 지역에 거주하는 세계인구의 많은 부분은 고용이나 수입, 그리고 그에 기반한 구매력의 면에서 볼 때 세계경제에서 그 비중이 극히 미미하다. 헤게모니를 추구하는 데 있어 국제자본의 주요 문제는 세계 인구의 3분의 1에 해당하는 이들이 주변화되는 것을 막음으로서 이들의 빈곤이 혁명을 촉발시키는 요인이 되는 것을 막는 것이다.30)

9. 사회, 국가구조 그리고 미래 세계질서에 대한 전망

지금까지의 논의만을 기반으로 미래의 세계질서를 예측하는 것은 신중하지 못한 태도일 뿐 아니라 논리적으로도 받아들이기 어려운 것이다. 그러나 앞서의 논의를 통해, 현재 형성되고 있는 세계질서에 방향성을 부여하는 요소들이 무엇인지 초점을 맞추는 것은 가능하다. 변화하는 생산과정에 의해 형성되는 사회세력들은 가능한 미래를 생각하는 데 있어 출발점이 된다. 이 세력들은 여러 가지 형태로 결합할 수 있으며, 시험적으로 우리는 국제체제의 미래에 있어 세 가지 다른 결과들을 가져올 수 있는 가설적인 역학관계들을 상정할 수 있을 것이다. 물론 이 세 가지 결과에 초점을 맞추는 것이 다른 결과들은 있을 수 없다는 것을 의미하는 것은 아니다.

첫 번째는 생산의 국제화에 의해 형성된 사회적 권력의 국제적 구조에 기반한 새로운 헤게모니에 대한 전망이다. 이는 현재 두드러진 그리고 상호 연관된 두 가지 경향의 결합에 의해 가능해진다. 그 하나는 주요 국가들

---

30) 세계은행은 농촌의 발전과 산아제한을 주관한다. 한때 제국주의 체제와의 '절연'을 의미하는 반제국주의의 구호였던 '자급자족'의 개념은 제국주의 체제에 의해 채용되어 주변화된 민족들 간의 자조, 즉 자립적(do it yourself) 복지 프로그램을 의미하는 말이 되었다.

내부에서 국내자본에 대한 국제자본의 계속되는 우월성이며 다른 하나는 계속되는 국가의 국제화이다. 이같은 결과에는 통화주의가 경제정책 정통으로서 지속되며 세계경제의 안정(반인플레 정책과 안정적인 환율)이 국내의 사회 정치적 요구(실업 감소와 실질 임금 수준의 유지)의 실현보다 우선시된다는 것이 내포된다.

이러한 세계질서를 유지시킬 수 있는 국가 간 역학관계는, 구성 국가들이 이 모델에 순응한다면, 미국과 독일 그리고 일본을 중심으로 한 동맹관계로 경제협력개발기구 국가들이 지원하며, 브라질과 같은 보다 선진적인 제3세계 국가들이 협력하고, 소련 영향권하에 있는 지역을 국제 생산의 세계질서 속으로 더 긴밀히 연계시키는 새로운 데탕트가 이루어지는 것을 그 내용으로 한다. 국제자본에 의해 제조업이 점진적으로 제3세계로 분산되는 과정에서 발생하는 새로운 국제노동분업은 이 국가들로부터 나오는 산업화의 요구를 충족시킬 수 있다. 중심부 국가에서 발생하는 사회적 갈등은 기업조합주의를 통해 해소되나 비기득권 노동계층의 이익은 보호되지 않는다. 주변부 국가들에서의 사회적 갈등은 국가조합주의와 억압으로 억제된다.

이 역학관계에 저항하는 사회세력들에 대해서는 앞서 기술하였다. 민족자본, 민족자본에 연계된 기득권 노동계층, 제3세계에서 새롭게 동원된 비기득권 노동계층 그리고 빈곤국에서의 사회적 주변 세력들은 국제적 자본과 국가, 그리고 국제자본에 우호적인 세계질서 구조에 대해 어떤 식으로든 잠재적 저항세력을 형성한다. 그러나 이 세력들은 본질적 결합력을 지니는 것은 아니며 효과적인 헤게모니에 의해 각각 격파되거나 혹은 무력화될 수 있다. 만약 이 세력들이 특정 국가의 특정 상황에서 결합한다면, 그리하여 정권의 변동을 야기한다면 그 국가는 세계구조를 통해 각개 격파될 수 있다. 다시 말해, 특정 국가내에서 헤게모니가 실패한다면, 그 헤게모니는 세계 구조를 통해 재실현된다.

두 번째로 가능한 결과는 갈등하는 강국들의 비헤게모니적 세계구조이다. 이 구조가 전개될 수 있는 가장 개연성이 큰 방식은 일부 중심부 국가에서 신중상주의 세력들의 연합이 부상하는 경우이다. 즉 이들이 국내 자본과 기득권 노동자들을 연계시킬 수 있고, 국제자본의 이익을 도모하도록 형성된 질서를 배격하고 국내 혹은 영향권내에서 자신들의 권력과 복지를 조직화하기로 결의한 경우이다. 신중상주의의 반동에 가장 큰 원인이 될 수 있는 것은 계속되는 통화주의 정책의 추구이다. 반인플레 정책과 같이 정당성을 부여받은 통화주의 정책은 (높은 이자율 때문에) 민족자본을 저해하고 (계획된 경기침체로) 실업을 양산하며 (예산 균형을 위한 국고 지출의 삭감으로) 사회보장 그리고 이전소득에 의존하고 있는 상대적 저소득층과 지역에 불리하게 작용한다. 이에 저항하는 연합세력은 통화주의에 대해, 외세를 위해 민족의 복지를 희생하며 (기업이 관장하는 가격조정에 의해 조작되고 있다고 믿는) 시장에 대한 허황된 신념에 기반하고 있다고 비판할 것이다. 중심부 국가 내부에서 가능한 신중상주의의 구조적 형태는 기업 차원 그리고 국가 차원의 조합주의로서, 국가정책의 입안과 집행을 위해 민족자본과 조직화된 노동계급을 정부와 연계시킨다. 주변부 국가들은 첫 번째 모델에서와 거의 유사한 구조를 가지게 되나 중심부 경제와 보다 긴밀히 연계될 것이다.

가능성이 희박하지만 세 번째로 가정해 볼 수 있는 결과는 중심부의 지배에 저항하고 주변부 국가들의 자율적 발전 그리고 중심-주변부 관계의 종식을 목표로 하는 제3세계 동맹에 기반한 반헤게모니 체제이다. 반헤게모니 체제는 세계질서에 대한 체제적 대안에 기반하며, 중심부 국가에 대한 도전을 지속할 수 있을 만큼 충분이 강력한 힘의 집중을 필요로 한다. 소위 신국제경제질서에 대한 요구는 이러한 결과의 가능성을 예시하고 있으나, 이 요구의 바탕이 되는 합의에는 반헤게모니 체제를 형성하기 위한 대안적 세계 정치경제 질서에 대한 뚜렷한 관점이 결여되어 있다.

이 국가들에서 지배적인 사회세력들은 전형적으로 소위 "국가계급(state class)"[31)]이라 불리는 세력으로서, 국가기구를 통제하고 이를 통해 국가의 생산 기구에 대해 더 큰 통제력을 확보하고자 하는 당, 관료, 군 인력과 프티 부르주아 출신 조합 지도자들의 조합이다. 국가계급은 생산의 국제화에 의해 형성된 세력에 대한 주변부내의 반응으로서, 그리고 이 세력들에 대한 통제를 확보하고자 하는 주변부 지배계급의 시도로서 이해될 수 있다. 이 국가계급의 정향은 확정적이지는 않다. 이들은 보수적일 수도 있고 급

---

31) 이 용어는 하트무트 엘젠한스(Hartmut Elsenhaus)로부터 차용한 것이다.

490

진적일 수도 있다. 국제생산의 세계경제내에서는 유리한 고지를 위해 협상할 수 있고, 혹은 국제자본에 의해 형성된 국내의 불평등한 발전을 극복하려 할 수도 있다.

전자의 경우, 국가계급은 새로운 헤게모니 세계질서에 통합되고 국제자본의 국내 동반자로서 국가조합주의를 유지하려는 경향을 띠기 쉽다. 후자의 경우, 반헤게모니 체제를 지원할 수 있다. 그러나 국가계급은 정치적 지도자들에 의해 조작된 민중주의가 아닌, 진정한 민중주의 형태로 밑으로부터의 지지가 있을 때에만 후자의 보다 급진적인 경향을 유지할 수 있다. 이는 새로운 비기득권 노동자들의 동원과, 이와 함께 점차 많은 도시인구의 주변화와 같은 국제생산의 사회적 결과가 나타날 때 가능하다. 이러한 급진적인 대안은 선진국에서의 신중상주의와 마찬가지로 제3세계가 보이는 국제자본에 대한 반응의 형태라 하겠다. 각각은 특정 국가구조와 세계질서의 미래에 대한 전망을 제시해 준다.

□ 참고문헌

Barraclough, Geoffrey. 1968, *An Introduction to Contemporary History*, Harmondsworth, Midddlesex: Penguin.
Beloff, Max. 1961, *New Dimensions in Foreign Policy*, London: Allen and Unwin.
Blank, Stephen. 1978, "Britain: The Politics of Foreign Economic Policy, the Domestic Economy and the Problem of Pluralistic Stagnation," in Katzenstein(ed.), *Between Power and Plenty*.
Braudel, Fernand. 1958, "Histoire et sciences sociales," *La longue durée. Annales E. S. C.*, 13(4). English trans. in Braudel, 1980, *On History*, Sarah Mattews, trans. Chicago: University of Chicago Press.
Braverman, Harry. 1974, *Labor and Monopoly Capital*, New York: Monthly Review.
Brenner, Robert. 1977, "The Origins of Capitalist Development: A Critique of Neosmithian Marxism," *New Left Review*, 104.
Carr, E. H. 1946, *The Twenty Years' Crisis, 1919~1939*, 2nd. ed., London:

Macmillan(The first edition was published in London by Macmillan in 1939).

Collingwood, R. G. 1942, *The New Leviathan,* Oxford: Oxford University Press.

Cox, Robert W. 1977, "Pour une étude prospective des relations de production," *Sociologie du travail,* 2.

_____. 1978. "Labour and Employment in the Late Twentieth Century," in R. St. J. Macdonald et al.(eds.), *The International Law and Policy of Human Welfare,* The Hague: Sijthoff and Noordhoff.

Cox, Robert W. and Harold K. Jacobson et al. 1972, *The Anatomy of Influence: Decision Making in International Organization,* New Haven: Yale University Press.

Diebold, William, Jr. 1980, *Industrial Policy as an International Issue,* New York: McGraw Hill.

Feis, Herbert. 1961, *Europe the World's Banker, 1870~1914,* New York: Kelly for the Council on Foreign Relations.

Freidberg, Erhard. 1974, "L'internationalisation de l'économie et modalités d'intervention de l'état: La politique industrielle," in *Planification et société,* Grenoble: Presses Universitaires de Grenoble.

Galbraith, John Kenneth. 1973, *Economics and the Public Purpose,* Boston: Houghton Mifflin.

Gardner, Richard N. 1956, *Sterling-Dollar Diplomacy: Anglo-American Collaboration in the Reconstruction of Multilateral Trade,* Oxford: Clarendon.

Gourevitch, Peter A. 1978, "The second image reversed: The international sources of domestic politics," *International Organization,* Autumn, 32(4).

Gramsci, Antonio. 1971, *Selections from the Prison Notebooks,* in Quintin Hoare and Geoffrey N. Smith(eds. and transl.), New York: International Publishers.

Gramsci, Antonio. 1975, *Quaderni del Carcere.* Torino: Einaudi editore, The full critical edition.

Harrod, R. F. 1951, *The Life of John Maynard Keynes,* London: Macmillan.

Hobsbawm, Eric J. 1977, *The Age of Capital, 1843~1875,* London: Sphere.

Hoffmann, Stanley. 1977, "An American Social Science: International relations," *Daedalus,* Summer, 106(3).

Katzenstein, Peter J. 1978, *Between Power and Plenty: Foreign Economic Policies of Advanced Industrial States,* Madison: University of Wisconsin Press.

Keohane, Robert O. 1984, *After Hegemony: Cooperation and Discord in the World Political Economy,* Princeton: Princeton University Press.

Keohane, Robert O. and Joseph Nye. 1974, "Transgovernmental Relations and International Organizations," *World Politics,* October, 27(1).

_____. 1977, *Power and Interdependence: World Politics in Transition,* Boston: Little, Brown.

Krasner, Stephen D. 1976, "State Power and the Structure of International Trade," *World Politics,* April, 28(3).

_____. 1978a, *Defending the National Interest: Raw Materials Investment and U.S. Foreign Policy,* Princeton: Princeton University Press.

_____. 1978b, "United States Commercial and Monetary Policy: Unravelling the Paradox of External Strength and Internal Weakness," in Katzenstein(ed.), *Between Power and Plenty.*

Lichtheim, George. 1971, *Imperialism,* New York: Praeger.

Machiavelli, Niccolò. 1513/1977, *The Prince,* New York: Norton.

_____. 1531/1970. *The Discourses,* in Bernard Crick(ed.) Harmondsworth, Middlesex: Penguin.

Maier, Charles. 1978, "The Politics of Productivity: Foundations of American International Economic Policy after World War II," in Katzenstein (ed.), *Between Power and Plenty.*

Mallet, Serge. 1963, *La nouvelle classe ouvrière.* Paris: Seuil.

Mattingly, Garrett. 1955/1964, *Renaissance Diplomacy,* Baltimore: Penguin Books.

Myrdal, Gunnar. 1960, *Beyond the Welfare State,* New Haven: Yale University Press.

O'Connor, James. 1973, *The Fiscal Crisis of the State,* New York: St. Martin's Press.

Palloix, Christian. 1975, *L'internationalisation du capital,* Paris: Maspero.

Pinder, John, Takashi Hosomi and William Diebold. 1979, *Industrial Policy and the International Economy,* New York: Trilateral Commission.

Polanyi, Karl. 1957b, *The Great Transformation,* Boston: Little Brown.

Schlesinger, Arthur M. Jr. 1960, "The Age of Roosevelt," *The Coming of the New Deal,* vol.2, London: Heinemann.

Shonfield, Andrew. 1965, *Modern Capitalism,* London: Oxford University

Press.

Skocpol, Theda. 1977, "Wallerstein's World Capitalist System: A Theoretical and Historical Critique," *American Journal of Sociology*, 82(5): 1975~90.

_____. 1979, *States and Social Revolutions*, Cambridge: Cambridge University Press.

Taylor, Charles. 1965, "Hermeneutics and Politics," in Paul Connerton(ed.), *Critical Sociology*, Harmondsworth, Middlesex: Penguin.

Thomson, E. P. 1978, *The Poverty of Theory and Other Essays*, New York: Monthly Review Press.

Waltz, Kenneth N. 1980, "Will the Future Be Like the Past?" Paper presented to the American Political Science Association, Washington D.C.

편역자 소개

김우상(연세대 교수), 한국외국어대, University of Rochester
김재한(한림대 교수), 서울대, University of Rochester
김태현(중앙대 국제대학원 교수), 서울대, The Ohio State University
박건영(가톨릭대 교수), 서강대, University of Colorado, Boulder
백창재(서울대 교수), 서울대, University of California, Berkeley
신욱희(서울대 교수), 서울대, Yale University
이호철(인천대 교수), 서울대, Rutgers University
조기숙(이화여대 국제대학원 교수), 이화여대, Indiana University

한울아카데미 205

국제관계론강의 2

ⓒ 박건영 외, 1997

옮긴이 | 김우상·김재한·김태현·박건영·백창재·신욱희·이호철·조기숙
펴낸이 | 김종수
펴낸곳 | 한울엠플러스(주)

초판 1쇄 발행 | 1997년 2월 28일
초판 13쇄 발행 | 2017년 6월 30일

주소 | 10881 경기도 파주시 광인사길 153 한울시소빌딩 3층
전화 | 031-955-0655
팩스 | 031-955-0656
홈페이지 | www.hanulmplus.kr
등록 | 제406-2015-000143호

Printed in Korea.
ISBN 978-89-460-4818-8 94340

* 책값은 겉표지에 표시되어 있습니다.